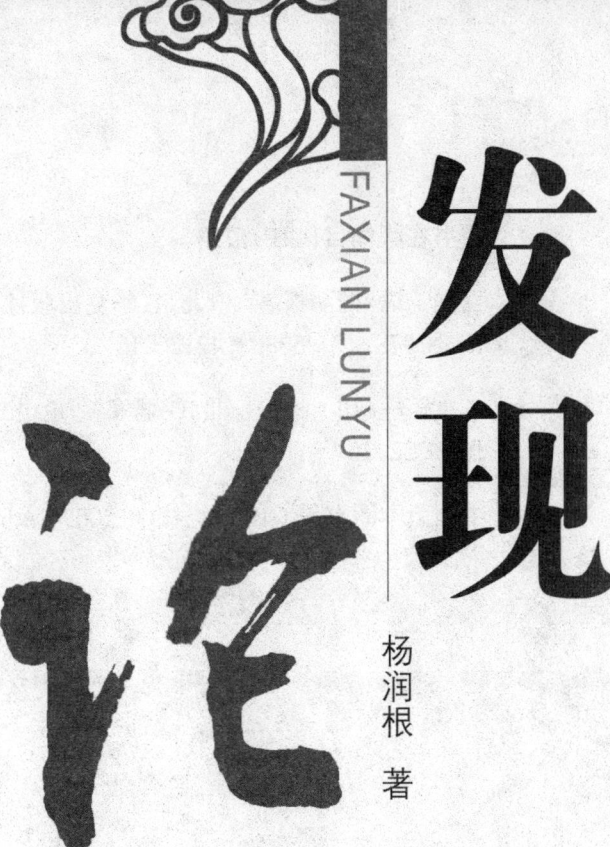

发现论语

FAXIAN LUNYU

杨润根 著

华夏出版社

图书在版编目(CIP)数据

发现论语/杨润根著．－北京：华夏出版社，2007.4
ISBN 978－7－5080－4212－1

Ⅰ．发… Ⅱ．杨… Ⅲ．①儒家 ②论语－研究
Ⅳ．B222.25

中国版本图书馆 CIP 数据核字(2007)第 055584 号

华 夏 出 版 社 出 版 发 行
(北京东直门外香河园北里4号　邮编：100028)
新 华 书 店 经 销
北 京 建 筑 工 业 印 刷 厂 印 刷
700×1000　1/16 开本　27.75 印张　448 千字　插页 1
2007 年 4 月北京第 1 版　　2007 年 8 月北京第 1 次印刷
定价：32.00 元

本版图书凡印刷装订错误可及时向我社发行部调换

序

王蒙

杨润根君很久以前就开始写作他的《发现老子》、《发现论语》系列。当我读到他赠予我的著作时,觉得非常愉快,好像吹来一阵春风,为人们开拓了新的思路。

听杨君介绍,他的这些发现来自于二十年前他读到李约瑟关于中国科学技术史的著作时受到的启迪。他当时作出的一个最直接、最简单的逻辑推理是:如果中国古人在科学技术方面是如此的杰出卓越,那么他们在哲学思维领域就绝不可能像汉代以来的先秦典籍的解释者向我们展示的那样低劣和无能。基于这样的推论,他从原文出发,发现了我们几千来年钻在文字堆里所忽视的经典最具魅力也最能发人深思的哲学思想,从而对先秦典籍作出了全新的哲学思想性的解释。这种解释也许与传统乃至权威的解释大异其趣,但也自成体系。我们现在强调创新,文化创新显然应该鼓励这种探索。

对于杨君的解释,可以仁者见仁,智者见智。这里,我也想谈一谈自己的见解。

《老子》、《论语》微言大义,语文精练,加上年代久远、语文变迁,以及古人做学问的习惯和今人照样不能避免的局限性,于是对于《老子》、《论语》的解释往往是聚讼纷纭、莫衷一是,乃至买椟还珠、郢书燕说、死读死解的情况亦是在所难免。

杨君的《发现老子》、《发现论语》则做了完全不同的尝试,他在重视和汲取前人的研究成果的同时,尽量运用现代世界与中国哲学研究的成果，以现代意识来对《老子》、《论语》二书作出新的发挥和论述，给人以别开生面和焕然一新之感。

　　做学问应该是做活的学问、与时俱进的学问，前人的经典虽然已经定型，却仍然留下了与时俱进的广大空间，就看我辈怎么学习，怎么领会，怎么思考了。老子、孔子从生活从宇宙出发，创立了极有特色的天才理论。这样的理论具有普遍的公理性，它们的活性、能动性、伸延性与灵性是无限的。老子和孔子的理论富有动感、生长感乃至爆炸感，它们不是一个模型，一个沙盘，一个千雕万琢后完成了的艺术品，而是一个仍在生长的森林，一个仍处于形成过程中的宇宙，一个仍在繁衍增殖的奇异的谱系，一个超高智商与超高语言符号建成的正在裂变和产生新的能量的反应堆。这正是老子、孔子几千年久盛不衰的魅力所在。这样，对于老子、孔子的阐释就不可抱残守缺，自足自恃。

　　我们至少可以也极有兴趣与杨君讨论他对于《老子》、《论语》的挖掘、阐发、引申与体味，得《老子》、《论语》之逼近原旨与饶有新意的发挥解释而切磋之研习之探求之乃至争拗之，人生之乐也，我期待着对于老子和孔子思想的研究的新进展。

二〇〇二年十二月

目　录

学而第一 …………………………………………（1）
为政第二 …………………………………………（23）
八佾第三 …………………………………………（46）
里仁第四 …………………………………………（73）
公冶长第五 ………………………………………（89）
雍也第六 …………………………………………（117）
述而第七 …………………………………………（142）
泰伯第八 …………………………………………（170）
子罕第九 …………………………………………（187）
乡党第十 …………………………………………（208）
先进第十一 ………………………………………（226）
颜渊第十二 ………………………………………（248）
子路第十三 ………………………………………（270）
宪问第十四 ………………………………………（299）
卫灵公第十五 ……………………………………（332）
季氏第十六 ………………………………………（354）
阳货第十七 ………………………………………（372）
微子第十八 ………………………………………（396）
子张第十九 ………………………………………（413）
尧曰第二十 ………………………………………（428）

学而第一

1.1 子曰:"学而时习之,不亦说乎?有朋自远方来,不亦乐乎?人不知而不愠,不亦君子乎?"

【译解】

孔子说:"人们在学习的时候,同时也就是在与自己所学习的对象相习为伴、密切交往,这种与自己所学习的对象的相习为伴、密切交往的活动岂不是令人欣悦欢喜的吗?因为人们在每一次的学习活动中都可以使自己获得一些崭新的知识,因此这种学习活动仿佛就是在不断地结识一些自己以前从未结识过的来自远方的朋友,这种不断结识一些自己以前从未结识过的来自远方的朋友的活动,岂不是令人幸福快乐的吗?纵使那些从未体验到学习的快乐的人们,并不能理解并欣赏我们从自己的学习活动中所获得的那些多么丰富而又多么珍贵美好的快乐,我们从自己的学习中所获得的那些多么丰富而又多么珍贵美好的快乐也不会因此而遭受到任何的损失,因而我们也丝毫没有必要因此而感到怏怏不快、闷闷不乐以至于放弃自己的学习,而始终如一地坚持学习、坚持对知识的追求,并从学习中获得快乐,从知识的追求中获得幸福,这正是生活在整个人类之中的那些堂堂正正的君子们所具备的特有的品质。"

【注释】

学:认识,觉悟,《说文》:"学,觉悟也。"但"学"并不只是指人们通常所说的认识,而是指通过系统的学习所达到的一种理性觉悟的状态。"学"相对于"教"而言,它是指在教师指导之下的全面系统的认识和由此所达到的理性的真正觉悟或觉醒。因此"学"是和抽象的思辨与系统的探索研究相联系的。人们从"学"之中所要获得的也并不是个别具体的知识,而是要获得一种思辨和探索研究的方法与技能,从而获得知识的新发现的能力。因此"学"这个字一开始便带有学园的气息。

习:它本由"羽"和"白"字构成(上下结构)。"羽"意为翅膀和翅膀之运用,即飞翔,双鸟的飞翔——比翼双飞。"白"意为表白,使人明白。《说文》:"白者,词言之气从鼻出与口相助也。"可见，"习"指的是鸟群的活动——飞翔与歌唱，引伸[①]为人们间的相互接触与交往所达到的相互理解、相互适应以至亲密无间的状态。再引伸为人们通过与外界事物的密切接触而使自己逐渐地熟悉习惯于外界的事物。现在，在人们的日常生活中还经常可以听到的词语"习惯"、"习性"、"习俗"以及"练习"、"演习"、"实习"、"温习"、"复习"等等，都和"习"的本意[②]密切相关。从字源学与构字学的角度来看，"习"与古文的"友"字与"舞"字具有相互关联的意义，因为在它们的构成之中都具有"羽"这一重要的字素。

　　说(yuè)：愉悦，快乐，听起来令人快慰的话语。本字由"言"和"兑"构成，而"兑"又由"八"、"口"和"人"构成，其意思是人们在分别("八")时彼此所说("口")的话：祈祝、祝愿、祝福，而这种祈祝、祝愿或祝福的话语显然是令人快慰的("兑现"一字的本意也许是使彼此间的祝愿成为现实)。在古代，"说"与"悦"常常不加分别地使用，这是因为"说"(令人快慰的话语)，总是要必然地在人们的心灵中引起令人快慰——"悦"——的结果。但严格说来，从文字本身来考察"说"与"悦"这两个字，两者是有区别的。

　　朋：肉体靠肉体，引伸为兄弟般的亲密关系，或关系密切的人们。泛指彼此生活在一起的人。"朋"的更古老的文字形式指的是两只始终形影不离的比翼鸟——凤凰。

　　愠(yùn)：内心郁闷，不愉快，闷闷不乐，一种心灵的情感被囚禁而无法表露的状态，它是"悦"的反意词。"怨恨"、"愤怒"只是"愠"的本意的一种转化和发展(从心理学

[①] 关于"引伸"这个词语之中的这个"伸"字，我想特别申明一下，许多古汉语著作，包括王力编写的大学文科教材《古代汉语》在内，都写为"申"，这显然是因为"申"是"伸"的本字的缘故。但是，如果我们不是站在古语古字的立场上，而是站在今语今字的立场上，把"引伸"写作"引申"显然是不恰当的。因为在现代语言中，"申"与"伸"不像在古语中那样没有区别(实际上，当"伸"字一诞生，"申"与"伸"之间就已经有了显著的区别)，而是具有严格的区别的。"申"的含意具有比较严肃、比较庄重、比较强烈的感情色彩，如申请、申报、申诉、申明、申辩等等；而"伸"的含意则是就事论事的、中性的、不带感情色彩的，如伸展、伸延、伸长、伸头、伸腿、伸手、伸腰等等。因此，按照现代词语学的观点，"引伸"只能写作"引伸"，而不能写作"引申"。如果写作"引申"，反是与现代语言的用词方式不相协调的，甚至可以说是错误的。因为作为一种语言的规范，现代人写作时显然不应当像先秦古人那样使用本字，而应当使用那些已经充分分化了的字。因此，显然只有"引伸"才符合现代语言的用词习惯和用词规范。正因为如此，许多现代汉语学著作，都写作"引伸"，而不再写作"引申"，这是完全正确的。

[②] 关于"本意"这个词语，许多古汉语作者都写作"本义"，但我总以为"本义"没有"本意"更为妥当。因为"义"所涉及的是客观对象的客观价值——一种高于我的善，因此严格说来，"本义"是指客观对象世界的本始的和固有的价值，而"意"则是指心灵的声音，心灵的观念，也即客观对象在人们心灵中形成的意念，而文字显然只是心理意念的符号，而不是客观对象的客观价值的符号。如果说，一个文字具有什么客观价值的话，那么它的客观价值也仅仅在于它是表达人们的心理的意念和认识的观念而已，并且这种客观价值也只是就它的抽象的而非具体的意义而言。因此对于一个文字来说，如果人们要涉及它的什么"本义"的话，那么人们所涉及的也就只是它的抽象的价值，而不是它的意义——它所表达的观念本身。因此我认为，严格说来，最能恰当地表达"文字符号所代表或所表达的原始观念"这一概念的是"文字的本意"，而不是"文字的本义"。并且我认为"文字的本意"维护了文字作为一种观念而存在的主观性，因此它显得比较严谨。

的角度来说))的结果,因此它们只能是"愠"的本意的引伸。

君:能够主宰自己的言行并使之符合天意的绝对道德的主体,是具有完美的道德品质的人。在"君"的原始的符号形式中,它的直接的意思是人们用自己的双手环抱("尹")世界的整体("口")。因此"君"也就是那种掌握了自己存在的世界本源与本质,从而超越了自身片面有限性的个体存在的普遍无限的世界的存在者和以普遍无限的世界为目的的道德的存在者。因此"君"是人类所能达到的绝对智慧与完美道德的光辉典范,它是理想人格的化身。"国君"这一名称反映了我们的古老祖先对于理想国王的信念,即只有那种作为人类所能达到的绝对智慧与完美道德的光辉典范,那种具有哲学家式的理想人格的人们,才能充当一国人民的领袖并掌握统治和管理国家的最高权力。正因为"君"指的是绝对智慧与完美道德的化身,他只使自己的全部情感、理性和意志服从于宇宙道德的绝对令律,因此他也是那种不为自己内心的私欲所左右,也不为外在的邪恶所动摇的人,是那种把宇宙的道德和内心的贞洁看得至高无上以至于威武不能屈、富贵不能淫、贫贱不能移的人。

应该指出,"学而时习之,不亦说乎?有朋自远方来,不亦乐乎?"这两句话之间具有相互比附的意义,即把学习这种认识活动对认识的对象(客观事物)的认识比附为人与人之间的认识、交往和由此所建立起来的友谊的关系——朋友关系。

事实上,孔子在这段话之中所表达的意思是:学习就是一种经验,一种经历和一种交往,学习就是以一种间接的方式与学习的对象打交道,因此学习也就是克服人们与自己所不熟悉、所不认识的事物之间的疏离性,并重建整个外在世界与人们之间的被人们有限感官所分割了的一体性和统一性,使自然万物不再作为我们的对立面而存在,而是作为我们的朋友而存在。因此学习、认识、研究自然万物就是和自然万物密切交往,并使之成为我们的朋友。

孔子在这里所表达的无疑是一个伟大的哲学家、因而也是一个真正学习过的人对于学习的一种真正深刻的体验:学习是快乐而幸福的,一个运用自己的心灵不断进行理性探索的人,完全可以从这种理性的探索活动本身获得美好的滋养。

1.2 有子曰:"其为人也孝弟而好犯上者,鲜矣;不好犯上而好作乱者,未之有也。君子务本,本立而道生。孝弟也者,其为仁之本与。"

【译解】

孔子逝世后,作为孔子思想最忠实和最著名的传播者之一的有若说过:"尊敬老人,爱护儿童,对自己的同龄人情同手足、亲如兄弟,我想依据这样的方式去生活的人是不太可能具有侵犯人们普遍崇尚和遵循的生活原则的嗜好的,而一个没有侵犯人们普遍崇尚和遵循的生活原则的嗜好的人,也就绝对不具有要作社会动乱的整治者或社会动乱的制造者的嗜好。任何君子,他们作为宇宙道德的主体,其所追求的是宇宙那个之所以能够使自己在其中生存并以此安身立命的根本。当自己把自己确立在宇宙那个之所以能够使自己在其中生存并安身立命的根本之上,作为自己行为之绝对依据的宇宙道德的绝对令律就会在自己的心灵中产生,并从而支配自己的心灵。可以说,尊敬每一位老人,爱护每一个儿童,对自己的每一个同龄人都情同手足、亲如兄弟,在这样的生活方式之中包含着那作为人们的安身立命之根本的宇宙道德的本质内涵。"

【注释】

有子:也即有若,孔子的学生(曾子)的学生,孔子思想的最有影响的传播者之一,很多人推测他是《论语》一书的主要编纂者。中国近代史上的著名的维新派的思想政治人物康有为就曾根据《论语》本身作过这种推测,但这种推测也仅仅是推测而已。关于有若,根据孟子的说法(《孟子·滕文公上》),在孔子逝世之后,他在授徒讲学中所赢得的声誉之高以及他所具有的影响之大,以致使孔子的学生如子夏、子张和子游认为他有如圣人,并希望人们像尊崇孔子一样尊崇他,但遭到曾子的反对。从曾子这种反对态度中,人们猜测有若是曾子自己的学生①。据《左传·哀公》记载,有若被尊称为"国士",即国家学者或国家哲学家。

孝:由"老"字(省)和"子"字构成(上下结构),从这种构成中,不难看出它的本意是泛指老一辈的人对于晚一辈的人的教育培养和养育庇护,以及晚一辈的人对于老一辈的人的尊敬爱戴和遵循听从,或者说它是指人类的生命、情感、理性、意志、信念和事业在两代人之间自然良好的传递与接替。这种传递与接替除了老一辈的人对于晚一辈的人的自然的生殖与养育的活动之外,最根本最主要的是老一辈的人对晚一辈的人的教育(人类的情感、理性、意志、信念以及人类的事业只能理解为通过教育来传递的)。因此,我们甚至可以说,对于老一辈的人来说,"孝"即教,即对晚一辈的人进行教育培养,以便把自己的知识、经验、技能传授给晚一辈的人。对于晚一辈的人来说,"孝"即效法、效仿、学习,即效法、效仿、学习老一辈的人的知识、经验、技能。但从最普遍的意义上来说,"孝"指的是老一辈的人对晚一辈的人或晚一辈的人对老一辈的人所应抱持的正确态度及其所应尽的责任义务,而这种正确态度及责任义务显然是双方面的,而决非是单方面的。其中包括父母在儿女因年幼而还无生活能力的时期内的对儿女的养育照料,以及儿女在父母因年老而丧失生活能力的时期内的对父母的养育照料。人们把"孝"理解为后辈对于先辈或子辈对于父辈的单方面的绝对的和无条件的尊崇与服从,这种理解不仅完全有背于"孝"的本意,而且也是完全有背于人类理性本身的,因为人类

---

① 参考美国现代著名汉学家 H.G.Creel 的《孔子与中国之道》一书第 97 页。

理性只对人类提出合乎理性的主张和要求①。

弟：兄弟，这里它相对"孝"——老一辈人和晚一辈的人——而言，指的是同一辈的人，即来自同一本源的人（"兄"）的序列。"弟"的本意是同一类事物的序列，转指同一辈人的序列。在这里的语境中，"弟"作动词，意指对同辈人亲如兄弟或把同辈人都作为亲密的兄弟姐妹来对待。因此"弟"作为同辈人对同辈人所应抱持的正确态度，其意思也就是"悌"，即对同辈人怀抱着兄弟姐妹的情谊，并对之尽兄弟姐妹的责任与义务。

上：上天，天帝，至上的，至高的，为人们所普遍尊敬、景仰、崇尚的对象、原则、信念等。"上"，作为动词，直接具有崇尚、敬仰的意思，它指的是人们对于"上"（上天）所应抱持的崇尚、敬仰的态度。在中国古语中，如"好"、"恶"、"病"、"痛"等作动词时，直接包含着对这些字作名词时所指代的对象所抱持的应然态度的意思。"上"在本章指的是人们所崇尚的和上天相关的至高无上的道德原则。上面、上级、上层只是"上"的引伸意义。

乱：《说文》："乱，治也。"根据我的分析，"乱"作为动词其意思就是"理乱"或"治乱"，引伸为"治乱"的结果，即"治"本身（作名词）；它作为名词时意思是需要治理的对象：混乱的、没有规则的社会秩序。"乱"和中国许多文字一样，把正反两方面的意思都包含于一身，因为正反两个方面总是相辅相成的。据信，"乱"的右边的原始符号形式（"乙"）的意思是指人民的思想情绪和行为表现。因此"乱"的本意是指政治家对于构成国家的全体人民的思想情绪和行为表现的引导疏通和对于全体人民的社会生活的组织管理，而当政治家引导疏通和组织管理不当，人民的思想情绪和行为表现就会走向政治家的政治意图的反面，从而导致人民与政治家相互对立与相互冲突的局面，显然这种局面也就是具有爆炸性的社会革命的局面。这种社会革命的局面在其使社会达到一种更高层次上的和谐有序之前，必然伴随着一场社会的大动乱。可见，现代意思上的"乱"在很大程度上只是原始意义上的"乱"的反意词。可惜，许多注释者似乎都忽视了"乱"字的本来意义，以致他们只是根据专制主义时代里流行的观念来解释这个"乱"字。

务：努力探索，努力追求，努力从事。《说文》："务，趣也。"根据许慎的解释，"务"的意思也即向自己所需要、或自己感兴趣的对象走过去，并获取它们。

本：根本，人类及万物存在的原因与本原，人类存在的根基和基础。也转指本质的、自然的、正义的、应当的和永恒常存的东西。

---

① 最近，我在写作《训诂学的批判与重建》一书时，突然发现中国文字中的那些合成字（它们从本质上说，都可以视为会意字），存在着一条普遍的字意规律，即应然或必然规律。也就是说，几乎所有的合成字的几个构字字素之间的关系都是一种应然或必然的关系。显然，应然或必然性是我们的祖先在创造那个至今我们还在使用的文字符号体系时自觉遵循的原则，也是我们理解它们时必须自觉遵循的原则，对于任何文字都不能例外。同样，对于这个"孝"字，我们也只能依据构成它的"老"与"子"所指代的对象之间的应然或必然的关系来理解它。因此我在本章中，根据本章整个语境，把"孝"理解为"尊重老人、爱护儿童"是非常恰当的。因为根据这种应然性或必然性原则，"孝"只能理解为老一辈的人和晚一辈的人（包括父母与儿女）之间的应然的责任与义务关系，而"尊重老人、爱护儿童"显然是这种责任与义务关系之中的应然与必然的内容。

立：《说文》："立,住也。从大立于一之上。"因此,"立"的本意指的是宇宙绝对的存在者根源于并扎根于宇宙的统一性之上,正因为如此,宇宙绝对的存在者才具有了永恒的不可动摇的存在("住")的必然性和可能性,也正因为如此,他们才具有了自己存在的自主性和主体性——人的自主性和主体性,这也许就是"住"的本意。"立"作为动词,意为确立,即确立自己存在的主体性,使自己扎根于宇宙整体和宇宙统一性的存在之中,只有这样,人们的存在才有可能是确定不移和不可动摇的。

道：道理,道德,宇宙万物存在和发生发展的自然过程和自然法则,宇宙万物的存在及其发生发展所普遍遵循的自然规律,因而也是宇宙万物自身存在的规定性和本质。在中国古代的哲学中(老子与孔子是这种哲学的代表),道是世界存在的本原,也是世界存在的原因,而人类只有认识自己寓于其中的世界存在的本原与原因,才可能懂得自己应如何存在、如何生活。人们认识道就是认识世界的本原和本质,也就是认识人们自身的本原和本质。这种认识也就是道理。由于道作为世界的本原和本体,它以自身的必然性创造了人类和人类赖以生存的全部条件——整个自然界,因此道本身不仅是一种绝对真的存在,而且也是一种绝对善的存在。因此善是道的存在的绝对本质,这种善的存在的绝对本质也就是道德。当人们以绝对善的方式去生活,这种生活也就是道德的生活,而在这种道德的生活中,人们也就成为道德的主体了。

仁：人类("人")与天地("二")相统一的存在本质,这种统一的存在和本质,也就是人们通常所说的天人合一的存在和本质,这存在和本质,也就是绝对的善和绝对的道德。

1.3 子曰："巧言令色,鲜矣仁。"

【译解】

孔子说："在那些仅仅热衷于美丽动听的美好言辞和令人倾倒的华丽外表的人之中,具有美德的人必然是为数稀少的。"

【注释】

巧：精巧的,精致的,美好的,动人的。"巧"的本意也许是指那种令人惊叹的人工制品及其相关的制造技术。

令：美好的,动人的,令人倾倒的。

色：脸色,表情,外表,举止。

鲜：意指稀少。

1.4 曾子曰："吾日三省吾身：为人谋而不忠乎?与朋友交而不信乎?传不习乎?"

【译解】

孔子的具有伟大影响力的学生曾参说："我每天都必须经常不断地对自己的行为进行反思：在我为他人提供理性判断与行动选择上的建议与指导

时,我的建议与指导是出自自己天生的公平正义而又善良美好的道德之心吗? 当我在与我的朋友们交往的时候,我的言语行动是诚实可信的吗? 当我向我的学生传授我所认定的真理性的知识时,我是仅仅在口头上宣传这些真理性的知识而在行动上根本不遵循这些真理性的知识而行动的吗?"

【注释】

曾子:曾参①,孔子的具有伟大影响力的学生。尽管由于一次不难设想的巨大而又十分惨痛的政治变故,曾经使孔子那些在全世界具有非凡的影响力的学生在长达几十年的时间里销声匿迹②,因而作为曾子的学生的有若乃至有若本人的学生在忠实地传播《论语》中所记载的孔子思想方面起过非常重大的作用,但有若乃至他的学生也只是使《论语》打上了有若的印记而已。也许正因为如此,后来便产生了鲁《论语》、齐《论语》与古《论语》之间的差异。但是我相信,这些差异仍然是微小的或词语上的(由于那次不难设想的十分巨大而又惨重的政治变故——孔子的那些在全世界都具有影响力的众多学生聚集一起为逝世的孔子守丧这一巨大的震撼世界的政治事件,是导致那次不难设想的十分巨大而又惨重的政治变故的直接原因。——不难设想,《论语》几乎是凭记忆而被保存下来的)。因此现在流传于世的《论语》基本上是孔子的学生在孔子逝世后的三年守丧期中集体创作的《论语》。

省(xǐng):反思,反醒,不("少")诉诸眼睛("目")的观看,而只诉诸心灵的观照。心灵的反思或心灵的观照是使人们的理性和道德心不被蒙蔽和不致麻木的必要条件,因而是被蒙蔽、被麻木的理性与道德心获得光明、恢复清醒、达到自觉的必要条件。

身:身体,这里转指人们以自己的身体为依据的实际活动或行为。

谋:《说文》:"虑难曰谋。"向人说出("言")哪一棵树上的哪一些果子是甘甜可食的,这显然需要只有经过长期积累才能获得的相当丰富的经验,而对于那些完全没有经验的儿童来说,要正确地说出哪棵树上的哪些果子是甘甜可食的,这将是非常困难的。因此"谋"的本意是给那些没有经验以致难以作出正确有益的判断和选择的人提供正确有益的建议与指导,而这种正确有益的建议与指导是以丰富的经验、广博的知识和深思熟虑的智慧为基础的,因此"谋"转而指经验、知识与智慧的运用。如智谋、谋划、谋求,都是经验、知识与智慧的运用的实例。

忠:中心,不偏不倚之心,公平之心,公正之心。"忠"既不是指符合自身意图的行动,也不是指符合他人意图的行动(以往的人们都对"忠"作这种理解,这种理解使"忠"变成了没有意志自由的奴隶对于主人的盲从),而是指符合人们天生的道德本性或良知

---

① 大多数学者认为它应该读 shēn,但我认为它应该读 cān。我的根据是,孔子曾对曾子说:"参也,参乎?"孔子的话的意思是:我的曾参呀,你理解到了吗?"因此"参"作理解解,只能读 cān,而不是 shēn。

② 对此,整个学术界一直迷惑不解。整个学术界——在全球范围内的——更感迷惑不解的是,孔子的对每一个时代都将是最具魅力的革命思想,其已经形成的巨大影响力为什么会在一段不长的时期内突然让位于庄子的那种没落的思想?

良心的活动。

信：言如其人,言行一致,引伸为诚实。人们彼此之间的诚实是人们相互信任的先决条件。人与人相互诚实的结果是人与人的相互信任,而可以信任的人也就是可以诚实以对的人。因此,在日常的生活中,除非自己诚实,以至于值得人们信任,否则你就无权要求别人对你诚实并信任你。

习：实习,实践,实行。

1.5 子曰:"道千乘之国,敬事而信,节用而爱人,使民以时。"

【译解】

孔子说:"使一个国家的全体人民走上道德高尚、生活幸福的道路的方法是:对于国家所要达成的正义、善良和道德的目标,必须郑重其事、严肃认真、深思熟虑而又坚持不懈地去为之努力,以赢得全体人民对于我们那些致力于这一国家目标的统治者的信任;对于国家的各种经费开支,必须尽量地节减,以表明我们对于全体为国家提供了各种经费的人民的热爱;最后是公正地、不偏不倚地行使国家的权利以确保人民能够在一种正义的国家关系和社会秩序中自由地支配和充分地利用一年四季中的全部有利的时机去耕种其田园,经营其事业,以证明国家的统治是人民幸福事业的促进力量,而不是人民幸福事业的障碍。"

【注释】

道：使达于道德,使符合道德。从社会和国家的意义上来说,道德归根结底只是政治的道德。因此当一个社会和一个国家的政治背离了道德,那么道德在这个社会和国家中也就消失了。

乘(shèng)：《说文》:"乘,覆也。覆者,加乎其上之名。"可见,"乘"最初是一个数学概念,意为某个数的倍数。因此,当人们说2乘(chéng)2或2乘3时,也就是说,2是2和3的倍数,或者2和3是2的倍数。当人们称以车代步为乘车时,其意思只是说以车代步的速度是人们步行速度的倍数。后来,当人们称一辆车为一乘车时,其意思也只是为了强调车辆行驶的快速度,而这种速度的快慢又是由牵引车辆的马匹的数量决定的。人们为了使车辆的行驶达到相当理想的高速度,往往要用四匹马来牵引一辆车。因此"乘"(shèng)或"一乘车",就是指那种由四匹马牵引的能够以相当理想的高速度行驶的车辆。当人们仅仅用一个"乘"字来代指这种由四匹马牵引的车辆时,只是说明这种由四匹马牵引的车辆已成为当时人们心目中的高速度的等同物。

千乘之国：具有千辆快速行驶的战车的国家。在我们的最具数学理性的远古时代,一个国家所应拥有的战车的数量,是严格地按照国家所拥有的地域的大小和人口的数量来计算的。西周的兵役法规定:六尺为步,步百为亩,亩百为夫,夫三为屋,屋三为井，井三为通，通十为成，成出革车一辆。也即为了保卫国家不受侵犯，如果以每尺为0.23米①来计算的话，相当于每个占有1,242,000平方米大的区域内的人民需要向国家武装力量提供一辆战车及其所需要的全部人员、装备和给养。因此，国家所拥有的战车的多少精确地反映了国家地域的大小。这里的"千乘"不是实指，而是虚指。因此"千乘之国"其意思也即大国。

敬：重视，对事物所抱的一种严肃认真的持重态度，这种态度也即道德的负责任的态度。"敬"由"苟"和"攵"②构成。《说文》："苟，……从羊省，从包省，从口……，羊与义、善、美同意。"我们可以这样理解，"苟"是指包含于人们的言语行为（"口"）③之中的道德意义，因此人们必须慎重地、严肃认真地对待自己的一言一行，否则就是失慎、糊涂和不智。这样人们就不能赢得别人的敬重，而只能招致他人的轻蔑。也许，人们在综合了"苟"的正反两个方面的意义之后，便在"苟"字的右边加上了一个"攵"字（意为慎重、理性），以表达"苟"的正面意义，而"苟"的反面意义可视为"敬"的失"攵"，即失去慎重和严肃的理性的结果。"苟"的意思指的正是那种对自己言行的道德意义及其所导致的道德后果漠不关心的人，他对待自己的言行就像一个草率的画家对待自己的画，人们问他："你所画的画究竟是马还是虎？"他的回答却是："马马虎虎，任你想像。"

事：为人们所从事并为人们所掌管的事务（这正是"事"的本意），为人们所直接主持的庄重事业，是人们入主其中并执掌其事的职业。"事"由"之"、"中"和"又"（执掌）构成，意为"之中并持中"。可见"事"指的是具有自觉意识和自由意志的主体的自觉自由的活动。根据这里特定的语境，它不是指一般个体所直接从事的事务，而是指国事，即有关国家政治、伦理、法律和经济的事务，而这些事务正是作为国家的主体并统治这个国家的全体人民的职责所在。《说文》："事，职也。"

使：由"亻"、"一"、"史"构成。《说文》："史，……从又持中，中正也。""史"可理解为掌握不偏不倚的公正原则并依此行事，而"吏"则可理解为始终如一或一以贯之地掌握着不偏不倚的公正原则并依此行事的人。也许在古代的纯朴自然的社会中，只有这样的人才有资格成为国家和社会的统治者，因此"吏"和"史"一样，指的是统治国家的一般官员。在甲骨文中，"史"和"吏"的意义互通，其意思都是指掌握并按照不偏不倚的公正原则行事的人。由此推而论之，"使"可理解为掌握着一以贯之的不偏不倚的公正原则的人及其活动，而作为国家的统治者，"使"作为动词，其意思也就是公正地、不偏不倚地行使国家的权力，以确保和维护国家的正义。在"使"的本意中根本没有许多注释者所解释、我们现在所理解的那种"役使"的意思。"使"到"役使"的意思的转化，是作为我们的文化之源的美好的和纯朴自然的民主文化向丑恶怪异的专制文化转化的历史反

---

① 先秦一尺，约当今23厘米。

② "攵"作为一个构字要素，本来写作"攴"，意为"执卜"，即按照占卜的结果去行动，而这正是人类深思熟虑的、有目的的、有预计的文明生活的开始。因此，人们把"攵"直接理解为"文"也是非常合适的。"攵"作为一个构字要素，其显示的意义往往是"理性地致力于……"。

③ "口"作为一个构字要素，之所以具有言语行为的含意，因为"口"不仅特指嘴巴，也泛指人的全部身体器官。与此相似，"臣"也不只特指眼睛，而且也泛指人体的全部身体器官。

映。

时：繁体字为"時"，由"日"、"士"和"寸"构成，其意思是指以数学计算和逻辑推理的理性（"士"）为前提的对于太阳（"日"）在宇宙空间中的位移的度量和测定（"寸"），时间的运动正是与太阳在宇宙空间中的位移相联系的（依据古代的地心说的观点），年、月、日和一天二十四小时、一年四季、一季六个节气本身都是以此来确定的。不难理解，"时"这个字本身所反映的是我们的祖先在遥远的古代所达到的时空统一性的科学认识。

使民以时：在古代传统中，在每年的春季到来的时刻，国家都要举行隆重的仪式，而国王都要在这个隆重的仪式上代表国家和政府向人民颁布天文学家们根据科学的观察与计算而精确制定的新年的日历，这就是所谓"授民以时"。

1.6 子曰："弟子：入则孝，出则悌。谨而信，泛爱众而亲仁。行有余力，则以学文。"

【译解】

孔子说："兄弟们和孩子们，你们作为我的学生，同时又作为我的兄弟和儿女，我请求你们听取我对你们提出的如下建议：你们要按照这样的原则去生活，即当你们回到家里，你们就要尊敬你们的父母，关心你们的儿女；当你们进入社会，你们就要把一切人都视为你们的兄弟姐妹。你们要谨慎地、严肃认真而又诚实无欺地对待你们的一言一行；一视同仁地热爱社会中的每一个人，并去亲近那些具有美德的人。在现在或将来，如果你们所从事的社会职业还不足以耗费你们的全部精力，你们就应该把你们多余的精力继续用于研究哲学、研究科学、研究历史和艺术。"

【注释】

弟子：作为老师对学生的亲密友好的爱称，其意思显然是"弟和子"，即"兄弟们和孩子们"。

则：以……为原则，以……为根据，以……为遵循。

孝：根据孔子的学生们年龄相差很大的情况，我们仍然应该把它分别理解为"尊敬父母，关心儿女"。

谨：慎重地、严肃认真地言语，慎重地、严肃认真地行动。

泛：原来由"氵"和"凡"构成，而"凡"又由"二"和"及"构成，因此"凡"的意思也就是及于天地（"二"），达于宇宙。"泛"本来也许特指洪水泛滥以至于淹没了一切，或者"泛"表明了中国古人对地球表面处处都是水的认识。后引申为普泛，普遍，这几乎和"凡"的意思一模一样。

亲：这个字原来由"立"和"未"构成（后来人们又在右边多此一举地加上了一个"见"字），意指站立在树梢所指向的崇高的天空上的天神（"亲"与"帝"在构字上具有同一性,"帝"几乎就是"亲"的直接的转化形式),而天神对于人类来说不仅是至善至美的,而且也是至亲和至爱的。"亲"在现代的语言中仍然具有善的、美的、可爱的、多么希望和多么乐意与之接近的意义。可以说,从字源学的观点来看,"亲"的本意是上帝(这里的上帝是指中国古代文化中的上帝,与上天的概念相通,而不是西方文化中的上帝),引申为人们对上帝所抱持的态度——对上帝的爱,再引申为人们对一切善的事物所抱持的态度——对一切善的事物的爱。因此从字源上看,"亲"并不是人们之间血缘关系的表征,而是人类与上帝的血缘关系的表征。

学:它既有学习的意义,又有研究的意义。

文:广义的文学或以文字为载体的全部思想文化,包括一切哲学的、科学的、历史的和艺术的著作。

1.7 子夏曰:"贤贤易色,事父母能竭其力,事君能致其身,与朋友交言而有信,虽曰未学,吾必谓之学矣。"

【译解】

子夏对那些来向他求教的人们说:"如果你们能够以对自己和他人的才能美德的重视来取代对自己和他人的外表的重视,如果你们能够在家庭中做一个完全合格的父亲和母亲并竭尽全力地对自己的儿女担当起为父为母的责任,如果你们能够在社会中做一个堂堂正正的君子并全力以赴地奉行作为一个堂堂正正的君子所尊崇的至高无上的道德原则,如果你们在与朋友的交往中言而有信、言行一致、诚实无欺,那么虽然你们说你们从未接受过什么教育,我也必定要说你们是一些非常具有教养的人们。"

【注释】

子夏:孔子的学生。《史记·儒林传》告诉我们,有四个人跟随子夏学习并在后来成为国王的教师,而子夏自己到晚年也成为魏文侯的私人教师。《墨子·非儒篇》中有墨子与子夏的一场对话,据此也可以看出,在传播和建立儒家学说的人之中,子夏是非常重要的人物。在《论语》中,孔子认为子夏的性格与子张相反,子张过于激进而子夏稳健有余。这似乎与孟子的评价相反,孟子认为,子夏和曾子对当时的丑恶的政治现实所表现出来的道德勇气,丝毫不亚于那些以敢于仗义执言而著称的无畏剑客。《论语》称子夏擅长于研究古籍中的历史文化。

贤:作为动词,其意思是珍视、热爱、崇尚以至于追求;作为名词,其意思是超人的才能与美德,而才能与美德才是最真实和最有价值的。"贤"的本意指的是一种令人注目的("臣")、人人都想占有的("又")杰出的价值("贝")。

易:变易,变化,更替,引申为会变化的,可更替的,可改变的,非永恒的,可轻易做到和轻易获得的,因而也是无重大价值的和可以轻视乃至于抛弃的。在这里,"易"既有更替或取代的意思,又具有轻视和抛弃的意思。根据张祥和先生的研究,"易"字由"日"和"月"构成,意为日升月落、日月交替,以及由此所构成的每一个日日夜夜。

事:"事"字由"之"、"中"、"又"构成,其意思是"之中并执中",即"入主其中而又执掌其事"。因此"事"作为动词,指的只能是主体性的自主的职业性的活动(《说文》:"事,职也。"),"事"作为名词,指的就是职业或事业。"事"在动词的意义上,和我们现在通用的"做"字的意义是完全一致的。"做"的本意是"人故"或"人之故",即人是人的一切活动的原因,因此人是人的一切活动的绝对主体。自汉代以来,许多学者将先秦典籍、特别是《论语》一书中的"事"字,解释为"伺候"、"服侍"、"做仆从"、"服从"等等,这正如自汉代以来,学者们都把先秦典籍中的"忠"字解释为对君王的绝对顺从是完全违背"忠"的本意的一样,这种解释也是完全违背了"事"的本意的。

本章的谈话就其对象而言,其全部意思都是针对谈话的对象的。根据本章的语境,这里的谈话对象应不是子夏自己的学生(尽管子夏的学生也在场),而是那些普普通通、没有受过正规教育而偶尔来向子夏求教的人们。"虽曰未学,吾必谓之学矣",这句话正是针对这样的对象而言,而这样的对象显然都已是人之父母了。不过,子夏的话对于那些当时也在场的学生来说,显然具有一箭双雕的作用。

显然,子夏在这里所表达的观点和孔子的观点是完全一致的:实践真理比单纯的传播和学习真理更可贵。一个只学习或宣讲传播真理而从不实践真理的人,往往就是一些出卖真理、歪曲真理并以此渔利的人。

1.8 子曰:"君子不重则不威,(不)学则不固;主忠信,无友不如己者;过则勿惮改。"

【译解】

孔子说:"一个具有完美的道德品质的正人君子如果对自己的道德品质的珍贵价值不加重视,那么他在社会生活中就不可能使自己的道德品质获得应有的影响力并发挥应有的作用;一个具有完美的道德品质的正人君子如果对自己的道德品质的重大意义不加研究,那么他在社会生活中就不可能完全固守自己的道德品质并使之处于牢不可破、坚不可摧的地位。此外,作为一个正人君子,他在社会生活中应该主张并奉行公平正义和诚实无欺的原则,不要和那些不和自己一样主张奉行这样原则的人发展密切的关系,以不和他们同流合污。这样,纵使自己难免会在社会生活中犯下错误和过失,这种错误和过失也决不会重大到自己要担心其难于改正的程度。"

【注释】

重:由"壬"和"里"构成。"壬"意为掌握并肩负,"里"意为居里或故里,它是人类生命源泉和存在的本原。"居"的本意就是"尸"的本原("古")。《说文》:"里,居也。""里"由"田"和"土"构成。意为从天地之中("二")滋生出来("丨")的果实("田"),而那从天地中滋生出来的果实就是人类赖以生存的条件。"里"作为从宇宙中滋生的果实,其思与"仁"相通,正因为如此,孔子说"里仁为美"。可见"重"的本意是"任里"、"任仁",而这正是人类重大的道德使命。这里的"重"(它作为名词)指的正是人类重大的道德使命,这里的"重"(它作为动词)指的也正是君子对自身所具备的道德品质的重视。

威:本意为家庭主妇("女")的把家庭凝聚成一个整体("一")的影响力,这种影响力显然具有某种令人敬畏的性质。后来"威"被引伸为一切具有影响力的个体及其行为,其中包括那些非道德的个体及其所使用的暴力。

学:学习、研究、认识、理解,这里指君子对自己的道德品质的经过学习和探索研究所获得的清醒认知。

固:世界("口")的内在本原("古"),它是永恒不变的和坚不可摧的。引伸为固定、坚固。

(不)学则不固:流行的版本都为"学则不固"。根据上下文的内在思想逻辑及其语言结构本身,不难发现这里漏掉了一个"不"字。没有这个"不"字,语言及其逻辑结构就不具对称性,加上这个"不"字,其良好的对称性就立即出现了,语言及思想逻辑的对称性,是古今中外所有作者写作时努力追求的美。

主:重视、主张、坚持奉行。

忠:固守而不偏离自己的本心并按照自己的本心也即自己天生的良知良心行事,中正之心、公正之心和以此为遵循的中正、公正的行为活动。

过:偏离公平正义的原则。

惮(dàn):害怕,担心。《说文》:"惮,忌难也。"

1.9 曾子曰:"慎终追远,民德归厚矣。"

【译解】

曾参说:"如果那些在一个国家的共同体里生活的所有人们,能够在作出任何一种行为选择之前,对其可能导致的最终结果及其可能产生的长远影响,作一番认真细致和深入彻底的思考研究,那么在这个国家的共同体里生活的全体人民,都必定会彻底抛弃那种非道德的行为选择,并坚定自己的道德信念,从而使自己的品质不受诱惑地回复到自然纯朴和完美无缺的道德状态。"

【注释】

慎:认真的态度,认真的考虑思索。

终:终点,结果,这里指人们所选择的行动将要产生的最终结果。

追:追求探寻,深入彻底地探索研究。

远:遥远的未来影响,这种影响往往是人们决定采取某一行动时难以预料的。

厚:古文由"后"和"土"构成(上下结构),可见"厚"的本意是"本土"、"本原",它们既是深远广大的,又是永恒绝对的。

曾子在这里所要表达的意思是:那些在国家中生活并且因此而在事实上已经和整个他人连为一体的人们,之所以往往会作出那种错误的和非道德的行为选择,只是由于他们没有认真思考和深入研究自己所选择的行为将在整个与自己连为一体的他人的生活中产生的长远的影响及其所导致的最终后果的结果,如果人们在作出非道德的行为选择之前能够对这种将被选择的非道德的行为作一番深入细致的探讨,那么人们就一定能够发现,在一个不远的将来,自己非道德的行为将以一种和物理学的定律相一致的必然性反过来作用于自身,并最终使自己成倍地承受自己非道德的行为的后果,这样人们必定会抛弃那种非道德的行为选择并坚定自己的道德信念,从而使自己受到诱惑的品质回复到自然纯朴和完美无缺的道德状态。人们往往作出非道德的行为选择,是因为人们轻信那种非道德的行为选择将为自己带来一种立即看得见和摸得着的好处,他们看不到自己将要为自己非道德的行为付出的沉重代价,这种沉重代价将使自己所获得的那些好处化为乌有。人们不仅将因自己的不道德的行为而使自己丧失对自己的自尊与自爱,而且还将不得不随时准备承受那些来自受自己的不道德的行为伤害的人们的指责和报复。正因为如此,古代那些伟大的智者的看法始终是:只有智慧的人才具有道德,而只有道德的人才享有幸福。

1.10 子禽问于子贡曰:"夫子至于是邦也,必闻其政,求之与?抑与之与?"

子贡曰:"夫子温良恭俭让以得之,夫子之求之也,其诸异乎人之与之与?"

【译解】

子禽来到子贡的住地,问子贡说:"我们的导师孔子每到一个可以称得上国家的国家,他总是要向那里的执政者们了解其政治思想与政治主张,他这样做的目的究竟是在向他们求教呢?还是在向他们宣传灌输自己的政治思想和政治主张呢?"

子贡说:"我们的导师孔子在向那些执政者们了解其政治思想与政治主张的时候,抱持着热情、善良、公正而有节制的态度,对那些执政者们的政治思想与政治主张中值得肯定与赞许的方面给予充分的肯定和赞许,对那些执政者们的政治思想与政治主张中应受批评和责难的方面提出坦率的批评和责难。因此,当孔子在向那些执政者们了解其政治思想与政治主张的时候,如果说孔子是在向那些执政者们求教的话,那么这种求教和那些直接向执政者们宣传灌输自己的政治思想与政治主张的人们的做法又有什么区别呢?"

【注释】

子禽:姓陈,名亢(kàng),字子禽,他是否是孔子的学生,学者们至今依然莫衷一是。不过从本章和《子张第十九》"陈子禽谓子贡"章看,他可能既是孔子的学生,同时又是子贡少年时代的朋友和终身的追随者、崇拜者。不难理解,此人非常可爱,但却缺少较高的天赋和理解力。这位子贡少年时代的朋友,也许仅仅是因为子贡是孔子的学生,才使得自己也成了孔子的学生。因此在孔子的门下,他既是孔子的学生,又像是子贡的伴读。由于其可爱的品格,虽然他确实缺少较高的天赋和理解力,子贡始终把他视为朋友并对他非常尊重。

子贡:孔子杰出的学生。他性情温和,举止文雅,能言善辩。他是能够把自己先天的品质与后天的修养、内在的才华与外在的表现和谐结合在一起的人。他谦虚中显露出自恃,温柔中保持着刚强。在《论语》中我们可以清楚地看到他的天赋与才华的性质,和他对孔子及其思想的坚贞不移的忠诚。我们知道他并没有在当时的社会舞台上发挥孔子所希望的那种作用,但他却成为当时最杰出的商业家,并从经济上支持了孔子及其弟子所从事的政治宣传与游说活动。他为孔子及其弟子的政治活动所提供的经济上慷慨无私的支持,以及他对自己的导师表现出来的坚贞不移的忠诚,使他在自己的同学中获得了崇高的威望。

是:曰正(这是这个字的本来的构成),也即正确的、正当的、正义的、合适的指称或称谓,可以肯定的、够得上的、与实相符合的指称或称谓。

是邦:任何一个国家,可称得上国家的任何国家。

闻:门户洞开的耳朵——倾听,了解,学习,获得信息和知识。

求:本意是到树上去摘取果实,这里的意思是向别人获取知识。

良:这个经变形的文字的本来的意思是供人享受的食品,当人们向他人提供享受的食品时,这无疑是友善和善良的表示,因此这个字从它的原始意义中引申出善良和与善相联系的品质的意思。《说文》:"良,善也。"

恭:这个字本来由"共"和"心"构成,意为共同的意愿与意志,引申为对人们的共同意愿与意志加以尊重,或在与他人的交往中尊重他人的意志与意愿。

俭:节制。

让:赞扬该赞扬的事物,谴责该谴责的事物。这个字本由"言"和"襄"构成。"襄"的本意是培植庄稼和铲除杂草,两者是相辅相成的。由"襄"所构成的字"镶",其所强调的是"襄"的培植之义,而"攘"所强调的则是"襄"的铲除之意。"壤"指的是可以开垦(铲除其杂草)并用来种植庄稼的土地。不难理解,作为一种意义的引申,"让"既具有赞美弘扬一切美好的事物的意思,又具有批评制止一切丑恶的事物的意思("让"的责难、谴责和制止之义在一些地方的人们的口语中仍然保存着)。更正确地说,"让"就是积极主动地为一切优秀和美好事物的成长开辟道路,而所谓"谦让"和"退让"的意思就是积极主动地让他人更正确、更有益的观点主张来取代自己的不尽正确、不尽有益的观点和主张,让品质更优秀、才能更杰出的人来取代自己在社会中所占据的职位。因此"谦让"和"退让"是指那些具有美德的人们依据美德的原则的自觉的和积极主动的行动,而绝对不是一种无原则的忍受屈从。事实上那种无原则的忍受屈从就是降低真理与正义的权威,而同意给谬误与非义以存在发展的一席之地。因此这种无原则的忍受屈从,事实上将起到培植谬误与邪恶的作用。在我们现在的语言习惯之中,"谦让"、"退让"完全成了无原则的忍受屈从的同意词(这是我们的文化中的道德心的丧失在语言习惯上的一种表现),因此许多注释者把这里的"让"解释为作为忍受屈从的同意词的"谦让",这是与孔子所始终抱定的道德原则不相容的。事实上,孔子作为一个明知不可为而为之的、永不向腐化堕落的政治社会现实低头退让的勇敢无畏的反潮流的革命者,他的行为原则是"当仁不让"。

得:获得,达到,实现,它的意思与本章中"求"的意思是不尽相同的。

之:代指"政"即孔子自己的政治思想。

其诸异乎人之与之与:就我所知的各种版本的《论语》都为"其诸异乎人之求之与",根据上下文和这里的语言情境,我认为"求"应是"与"之误,其所表达的意思是,孔子在向那些执政者们了解其政治思想与政治主张时,孔子的做法事实上与那些积极主动地向执政者们灌输自己的政治思想与政治主张的人们的做法并没有什么两样,所不同的仅仅是孔子的做法更为高明而已。在这句话之中,前一个"与"是动词,意思是主动地给予或提供,相对于这里特定的语言环境而言,其意思也就是积极主动地宣传灌输。后一个"与"字则是疑问词。整句话是子贡以一种反问的方式对子禽的提问"求之与? 抑与之与?"的答复。

1.11 子曰:"父在观其志,父没观其行,三年无改于父之道,可谓孝矣。"

【译解】

孔子说:"就父母对儿女们尽自己所应尽的教育培养的责任的正确方法来说,为父为母的人们应该在自己在场的时候直接考察儿女们所表现出来的志趣,在自己不在场的时候间接考察儿女们所做过的行为,以便当儿女们表现出什么不良的志趣或做出过什么不良的行为时能及时地加以纠正。如果那些为父为母的人们能够长期地、坚持不懈地按照这种正确方法来尽自己对儿女们所应尽的教育培养的责任,那么这样的父母就将可以称得上是完全合格的父母了。"

【注释】

在:原意是不受洪水淹没的土地,引伸为直接可见的、实在的,再引伸为存在、活着。这里的意思是在场。

志:志趣,志向。

没:与"在"的意思正好相反,意为被洪水淹没或沉没在水下。引伸为隐蔽的、不可见的、不实在的,再引伸为不存在、死亡。这里的意思是不在场。

三年:多年,长期。

父之道:做父母的正确行为准则,这里指父母教育儿女时所应该掌握的正确行为准则。当然,"道"也直接具有道德的含意,因而也具有行为准则的含意。但根据本章特定的语意关系,这里的"道"应理解为"方法"。"道"本身也具有"方法"之意。

孝:父母("老")将自己的生命、理性、意志和事业传递给儿女("子"),儿女继承父母的生命、理性、意志和事业,所谓"老传子,子承老"也正是这个意思。可见,"孝"作为一种父母与儿女之间的行为规范或父母与儿女之间彼此应尽的责任义务,它完全是理性的和自然的,在其中根本没有人们所理解的那种儿女对于父母的意志的无条件的屈从的意思。"孝"作为一种理想的父母与儿女之间的行为规范,可以简单地理解为做完全合格的父母与做完全合格的儿女,或者父母对儿女尽应尽的责任与义务,儿女对父母尽应尽的责任与义务。在这里,"孝"显然是相对于父母而言的,也即父母尽到了自己所应尽的责任与义务,它是"孝"(它显然可作为动词)这一活动的结果。

本章所表达的意思显然是:由于做父母的不可能时时刻刻地和儿女们在一起,因此,对于那些尽责尽力的父母来说,他们应该利用自己和儿女们在一起的机会直接了解考察他们的志趣,因为他们的志趣只能通过直接的观察才能了解,而对于他们的行为则是可以通过询问这种间接的方式来了解的。所以对于一个尽责尽力的父母来说,就应该向儿女们询问,在自己不在场的时候他们从事过哪些活动,做过哪些事。

1.12 有子曰:"礼之用,和为贵。先王之道,斯为美。小大由之,有所不行。知和而和,不以礼节之,亦不可行也。"

【译解】

有若说:"将宇宙的道德与正义的秩序运用于人类社会的政治统治,其所导致的价值珍贵而重大的结果是人类关系的和谐。以往的贤明君王将这种宇宙的道德与正义的秩序运用于国家的治理,因此曾经为人类创造了一个美好的社会。但是,如果人们在自己的政治活动中只以和谐为目的而不顾原则地一味追求这种和谐,以至于对人类生活中的一切伟大与渺小、崇高与卑微、美好与丑恶、正义与非义的东西都兼收并蓄,并任其自由地存在和发展,这是行不通的,因为这两种完全对立的东西不可能长期共存,并行不悖。对于那些深知社会和谐对于人类幸福生活的珍贵价值的人们来说,如果他们仅仅因为认识到社会和谐对于人类幸福生活的重要意义而一味追求这种和谐,却不以道德与正义的原则作自己所追求的社会和谐的最高准则与规范,那么人们也是不可能达到自己所追求的社会和谐的实际目的的。"

【注释】

礼:宇宙的规定性,宇宙的规律,宇宙的秩序,它是和谐的,因此它不仅是至真的,而且是至善和至美的。它成了一切道德的、正义的、合理的、恰当的事物的代名词。《礼记》:"乐者,天地之和也;礼者,天地之序也。"在这里,我们也可以看出,"礼"指的是宇宙的秩序,它是和谐的,并且是与人类的自由幸福("乐")密切相关的,或者更正确地说,它是人类自由幸福的绝对基础与绝对依靠。"礼"的最初的意思是指人们对于丰收以及与此相关的幸福的祈祷,在这种祈祷活动中,反映了我们古老祖先对于丰收和由此所决定的人类幸福生活与宇宙的秩序及其运动规律之间的关系的深刻认识(他们认识到丰收是一个复杂的宇宙事件,因为几乎所有的动植物都是严格地按照季节发育生长或开花结果的,而季节的变化又是天体运动的反映)。这种决定了人类的种植与养殖业的丰收以及由此所决定的人类幸福的宇宙秩序及其运动规律,在我们的古老祖先看来,也就是宇宙的至善本质的表现,就是宇宙道德与宇宙正义的表现。因而"礼"就是宇宙的至善、宇宙的道德与宇宙的正义。当人类把"礼"作为自己遵循的行为准则,以及自己学习模仿的典范,"礼"也就成为人类的政治、伦理、法律关系(或制度)的正义性与合理性的最高标准,并在人们日常的用语中成为正义与合理的政治、伦理、法律制度的代名词,成为一切正当合理的事物的代名词,成为真理与正义的代名词。因此"礼"与善同意,与道德同意,与真理同意,与正义同意,与和谐同意,与正义的政治与法律同意。在政治和法律的意义上,"礼"很接近于英文的 police 和 politics。在认识论的意义上,"礼"作为对宇宙规律的正确认识,它的意思与"理"相等同。在实践的意义上,"礼"作为对于人类行为的一种合理正义的规范,它的意思与"应然"相等同。可以说,"礼"的含意是包罗万象的,它是我们古老祖先对于宇宙、对于自身的全部认识、全部思辨与全部实践的结晶。它反映了我们古老祖先的思维理性所达到的崇高水准,以及在这种思维理性的指导下将有可能达到的文明的辉煌境界。显然,对于"礼"这样一个意义如此丰富的词的实际意义,应结合具体的语言情境来理解,这里的"礼"显然是指宇宙的道德与正义的秩序。

用:运用、作用,以及它所具有的实际意义与价值。

和:和谐,和睦,个人的意愿与行动能和他人的意愿与行动相互协调并相互满足,而不至引发矛盾冲突。

小:渺小的东西,卑微的东西,可蔑视的东西,丑恶的东西,对于当事者来说是不可声张而只能在私下里小声谈论的东西(这层意思在乡村里许多老人的语言中仍然保持着,鲁迅在一篇短小的小说中也曾经这样使用过这个"小"字)。

大:伟大的事物,令人崇敬的事物,美好的事物。孟子说:"美而有光辉谓之大。"

由:在甲骨文中,它所具有的形式形似竹篮,是古人放置装载自己所需要的东西的容器,因此"由"具有"可以采取选择的"和"值得保存和珍藏"的意思,进而引伸为"可允许的"、"可赞成的"等意思。此外这些被装在容器里的东西也就是人们可以自由支配的东西,或者说,这些东西保障了人们的需要,因此它们是人们自由的源泉。所以"由"具有"任意"与"自由"的意思(任意采取、自由选择),又具有"放任"或"任其自由"的意思,还具有"使服从"、"使……按照我的自由意志活动"的意思。在本章特定的语境中,"由"除具有"任其自由存在"的意思之外,还具有这个字所具有的最古老的采取、选择的意思。

小大由之:对于一切伟大的与渺小的、崇高的与卑微的、美好的与丑恶的东西,兼收并蓄,任其自由存在、自由发展。

有所不行:有一方行不通,即两者不能长期共存,并行不悖。

知和而和:因为理解到和谐之于人类社会的性质与意义而一味地没有原则地

去追求它,这种不顾原则、不加选择的追求只能把真理与谬误、正义与非义、善良与邪恶调和在一起,其结果只能是适得其反。因为这样相互对立的东西是不可调和的。我们基于对人的善良本性的深刻理解而主张宽容,同时我们基于同样的理解而反对调和。我们主张宽容,是因为我们想要借此鼓励和促进人的善良本性的自觉的表现;我们反对调和,是因为我们认为人们后天获得的恶习不应该占有与人们先天的善性相同的地位。

本章所表达的意思是:人类只享有建立在道德与正义的原则基础之上的和谐,如果社会没有道德与正义就不可能具有社会的和谐。

1.13 有子曰:"信近于义,言可复也;恭近于礼,远耻辱也;因不失其亲,亦可宗也。"

【译解】

有若说:"在社会生活之中,如果人们所说的话语是诚实可信并接近于真理的,那么这样的话语就是可以被人们一说再说的。在社会生活之中,如果人们所抱持的态度是公平无私并接近于正义的,那么这样的态度就可以使人们免受耻辱。同样,在社会生活之中,如果人们所遵循的生活原则并不背离生活本身所要求的善良,那么这样的生活原则就是可以受人尊重、为人效仿的。"

【注释】

义:在我之上的善,超我的善,普遍的善。正义,真理。它本由羊("善"省)和"我"构成,上下结构。

近于:接近于,"合于"或"等同于"的一种委婉的表达方式。

恭:共心,公平的态度,尊重他人的普遍意愿的态度。

礼:正义。

远:远离,避免。

因:因袭,因循,依靠。本意是指把一切伟大的事物都抱揽在自身之中的东西,因此它也就是那个普遍无限的宇宙整体,是万物的终极的原因。

失:失落,这里意为背离,是"近于"的反意词。

亲:善,至善。我们说过,"亲"与"帝"(至善的和至高无上的神)在字源上具有完全相通的意义。

宗:尊崇,效法。本章所要表达的意思是:"信"、"恭"、"因"并没有独立和绝对的价值,而只有"义"、"礼"、"亲"才具有独立和绝对的价值。假如一个人的诚实的言语缺乏理性,假如一个人的公平的态度违背正义(在善与恶的原则问题上采取一种折中主义的态度),假如一个人不是依靠善良而使自己生存下来,那么这个人就绝对不是值得赞许的人。

1.14 子曰:"君子食无求饱,居无求安,敏于事而慎于言,就有道而正焉,可谓好学也已。"

【译解】
孔子说:"君子对于食物并不要求过分的丰盛,对于居室也并不要求特别的舒适,他们所追求的只不过是在敏锐地思考自己所要做的每一件事情,并认真地检讨自己所要说的每一句话语的过程中,把自己培养造就成一个具有完美的道德品质的人,并从而使自己的一言一行都足以成为一切人的典范,而一个君子之所以能够把自己培养造就成一个具有完美的道德品质的人,并从而使自己的一言一行都足以成为一切人的典范,可以说,这只是因为他爱好探索人生和思考人生而已。"

【注释】
饱:可使人充分享受、充分满足的包罗一切("包")的食物("饣")。可以说"丰盛的、应有尽有的食物"是"饱"的本意,而"充分享受"、"充分满足"(饱餐、饱足)只是"饱"的引伸意。

敏:遇事而思。本字由"每"和"夂"(思考)构成,意为对遇到的每一件事情都加以认真的思考。这种遇事而思的做法一旦成为习惯,它将使人们的思维能力变得迅速、正确而有效。

正:正确、正义。引伸为正确正义作为典范、楷模,作为人们行为的普遍准则和普遍规范。

就有道而正焉:把自己培养造就成一个具有完美的道德品质因而可以成为整个人类的典范的人。

1.15 子贡曰:"贫而无谄,富而无骄,何如?"
子曰:"可也,未若贫而乐(道),富而好礼者也。"
子贡曰:"《诗》云:'如切如磋,如琢如磨',其斯之谓与?"
子曰:"赐也,始可与言《诗》已矣,告诸往而知来者。"

【译解】
子贡说:"先生,假如一个人不因为自己的贫穷而低声下气、卑躬屈膝,也不因为自己的富有而骄横跋扈、不可一世,你认为这个人怎么样?"

孔子说:"这样的人是值得肯定嘉许的,但是这种人还不如那种生活在贫穷之中而仍然热爱美德、生活在富有之中而仍然追求正义的人那样更值得肯定嘉许。"

子贡说:"《诗经》中有一首诗这样说过:'象牙虽好,但还要切磋;玉石虽美,但还要琢磨。'先生,我想你所说的就像这首诗所说的一样,人们应该通过后天的努力去不断地完善自己的品格,并使自己的品格达到完美无缺的境界吧?"

孔子说:"我的子贡啊,从现在起我可以引用《诗经》中的诗句来与你交谈了,因为我言及此,你便能知道彼,我谈到原因,你便能知道结果。"

【注释】

贫:分贝,一块钱被分开来,以便充当几块钱来用,这就是贫穷人家的花钱方式,而这种花钱方式所反映的正是以这种方式花钱的人的贫穷。

谄(chǎn):言语("讠")的声音住下沉("陷"省),即低声下气,这往往是说话的主体因意识到自己在品质、能力、财富、地位不如他人而深感自卑的表现,或因认识到自己的言语行为的不当和错误而深感忏悔的表现,这是"谄"的正面意义。它的反面意义是:说话的主体往往根本就没有对于自己的品质、才能、财富、地位不如人的感觉而假装不如人的样子,并用假装的低声下气的语言,在贬低自己、抬举他人的奴颜婢膝的过程中,使他人掉进自己设置的陷阱,以达到自己自利的目的,这就是所谓阿谀奉承,而被阿谀奉承者往往变成了阿谀奉承者的俘虏。因此,"谄"可以恰当地解释为语言("讠")所设置的陷阱("陷"省)。

未若贫而乐(道),富而好礼者也:在许多《论语》版本中,都没有这个"道"字,因此这两句话便成了这个样子:"未若贫而乐,富而好礼者也"。我认为,这样的话语,不符合人们在语言结构上要求对称平衡的语言习惯,也不符合孔子所要表达的思想的逻辑(除非有一种崇高的道德信念支撑着人们,否则人们是不会安于贫穷的)。因此,只有补上这个显而易见地被传抄者丢失了的"道"字,才能恢复这句话在语言逻辑和思想逻辑上的完整性。

贫而乐道:以自己的道德信念为幸福,为自己是一个道德高尚的人而感到幸福,纵使生活在贫穷的状态中,自己也将因问心无愧而心安理得。

好礼:爱好正义,爱好理性。

如切如磋,如琢如磨:见于《诗经·卫风》,本意是以兽角、象牙、玉石为材料的艺术创造或对兽角、象牙、玉石所作的艺术加工。不难理解,这种艺术制品的价值不仅取决于材料的品质本身,而且也取决于对它们的艺术加工。对于这种艺术制品,材料的品质固然是基本的和重要的,但卓越的艺术加工将更会使其价值倍增。这里子贡引用这两句诗是为了说明:人们应该通过后天的努力去不断地完善自己的品格,并使自己的品格达到完美无缺的境界。

诗:这个字本来由"言"、"士"和"寸"构成,它的本意是合于理性的逻辑尺度的言语。"诗言志",即诗是产生于一颗善于逻辑思维("士")的心灵("心")的合于理性的逻辑尺度的言语,它是一种把普遍与特殊和谐地统一起来了的语言。因为"士"的本意正是指在特殊中把握普遍(归纳,或以十合一)和在普遍中把握特殊(演绎,或以一推十)。我认为,古人通过这个"诗"字所表达出来的这种诗学或艺术理论,比现在流行的那些理论更正确,因为艺术始终是理想,因此它必然是一种思维的抽象。没有思维抽象就永远不可能有真正的艺术产生,正像没有思维抽象就永远不可能有真正的哲学与科学产生一样。艺术、科学、哲学中所必须的超越一切有限事物的思想解放与精神自由,只有抽象思维才能提供。从"诗"这个字本身不难看出,中国古人的诗学观点和古希腊哲学家亚里斯多德的诗学观点是多么一致。亚里斯多德说:"诗比历史更富有哲理,更为严肃,因为诗旨在描绘普遍的东西,而历史却只记叙特殊的东西。"

言《诗》:引用《诗经》中的诗句进行交谈,这是我国古代在宫庭和官方场合中形成的一种交谈习惯。中国古代宫庭和官方的人们在交谈时之引用《诗经》中的诗句,犹如曾经有过的西方宫廷和官方的人们在交谈时之引用古希腊古罗马著作中的著名词句。

往:过去的事,这里指原因。来:未来的事,这里指结果。

1.16 子曰:"不患人之不己知,患不知人也。"

【译解】

孔子说:"人们不应该担心别人会埋没自己的知识,而应该担心自己实际上是什么知识也没有的人。"

【注释】

患(huàn):满腹心事,串串忧虑。

不:本意与"示"的意思相联系,是"示"(显露)的反意词,意为不显示,引申为藏匿、掩盖、埋没,再引申为否定、没有。它更原始的意义可视为:小鸟飞向天空,并消失在人们的视线之外。因此"不"作为动词,具有"使消失"、"使不存在"、"埋没"之意。

不己知:埋没自己的知识。多数注释者把"不己知"视为"不知己"的倒置形式,这是不对的。

不知人:没有知识的人,无知之人。这里的"不"字和"不己知"之中的那个"不"字的词性和意义是不相同的,前者为形容词,意为"没有"、"无";后者为动词,意为无视、埋没。显然,在同一段话之中使用同一个文字的不同词性与不同意义,可以收到机智、风趣、含蓄、幽默的修辞效果。

为政第二

2.1 子曰:"为政以德,譬如北辰居其所而众星共之。"

【译解】
孔子说:"如果人们所从事的国家政治能够以构成这个国家之实体的全体成员的美德为依靠,那么人们就能够实现政治所追求的社会正义的目的,而随着社会正义在国家中的实现,那个正义的国家就将成为整个社会的最具凝聚力的力量,这种力量在整个社会中所享有的中心地位之吸引社会中的每一个成员,并使之共同围绕着它而活动,就将犹如北斗星在整个宇宙中所享有的中心地位之吸引无数其他的星星,并使之共同围绕着它而运转一样。"

【注释】
政:《说文》:"政,正也。""政"的本意是指相对于正义("正")的思考("攵"),以及在由这种思考所获得的正义的知识的指导之下的以实现社会正义为目的的活动,这种以实现社会正义为目的的活动,也就是政治实践活动,这种活动显然是相对于全体人民所构成的政治社会——国家——而言的。

德:道德,美德。孔子在这里把"德"与北辰和众星相比附,因而它指的是作为国家之目的的、并构成国家之实体的全体人民的道德。

为政:以实现社会正义为目的的政治活动。

北辰:银河系中的一颗非常著名的恒星,有许许多多的星球围绕它而旋转。

本章所表达的意思是:人民的美德是正义的依靠,而正义又是国家之具有凝聚力与吸引力的原因。一个没有正义的国家,必然是一个四分五裂的国家。在这样的国家中,人民并不是构成国家的实体,而是一盘散沙。

2.2 子曰:"《诗》三百,一言以蔽之曰:思无邪。"

【译解】
孔子说:"对于《诗经》中的全部诗篇的意义和价值,一句话便可以概括:它的每一首诗所表达的思想情感都是纯朴自然和正当合理的。"

【注释】

《诗》三百：这里是就《诗经》所收集的全部诗的总数而言的。

蔽：遮盖，这里喻为概括。

邪：参差不齐的，高低不平的。本意是具有牙齿状的地貌（"牙"）的地区（"阝"），它是不平坦的，引伸为不公平的，或不一致的、因人而异的态度和行为，这也就是不纯正的、不自然的、不合理的、个体性的、片面性的态度和行为。这里指的是没有纯正性、一致性与合理性的思想感情。

2.3 子曰："道之以政，齐之以刑，民免而无耻；道之以德，齐之以礼，有耻且格。"

【译解】

孔子说："如果社会的统治者们依靠强制性的政策措施来端正人民的品格，依靠惩罚性的法律手段来统一人民的行为，那么人民将会把他们的全部注意力放在如何成功有效地逃避法律的制裁与惩罚之上，而不再关注他们的品格与行为本身，这样他们不仅将会变得更加没有道德，而且还会变得更加厚颜无耻。但是，如果社会的统治者们依靠启发人民的道德责任心来端正人民的品格，依靠启发人民的社会正义感来统一人民的行为，那么他们将把自己的全部关注放在自己品格的道德性与自己行为的正义性之上，这样，他们不仅将会使自己的品格完全符合道德的原则，而且还会使自己的行为完全符合正义的规范。"

【注释】

道：作为动词，意为引导人民走上道德之路，从而端正人民的品质。不难理解，引导人民走向道德的过程，也就是端正人们的品质的过程。在这里，我们不能把"道"（它在这里显然是一个动词）简单地理解为"引导"。"道"这个概念在中国古代哲学家的心目中具有至高无上的重要性，因为它的意思是指支配和规范整个宇宙乃至整个人类活动的绝对法则。由于这个法则是至善的，因此它既是存在的法则，又是道德的法则和正义的法则。自从古人有了宇宙的和谐决定了万物及人类的产生和存在的认识，人们便有了道的概念。

政：在这里，它的意思与后一句话之中的"刑"既相联系又相区别，它指各种强制性的政治手段和政策措施。

齐：使一致，使协调，使统一。

免：避免，逃避，像善于逃避猎手的野兔一样，迅速使自己在猎手的视线里消失得无影无踪。"免"的本意也许正是指一只兔子的迅速逃避猎手的行为及其结果：使自己免于危险与灾难。这里"免"（逃避）的对象是"政"和"刑"。

耻：该字的另一种写法为"恥"（我似乎更喜欢这种写法），它由"耳"和"心"字构成,其意思是人们让自己的耳朵能够时刻倾听到自己心灵的呼声,因此"耻"的状态就是一种道德自觉的状态。这种道德自觉的状态必然转化为一种道德的责任感,从而使人们在自己实际的活动与生活之中选择善而摈弃恶。此外,由于人们能够时刻倾听自己心灵的呼声,当人们在实际的生活中做过什么不正义的事情,人们就会听到那发自己内心的谴责之声,这种谴责之声将使人们为自己的不义行为而感到羞愧和耻辱。相反,"无耻"就是完全抹杀自己天生的良知和良心(宇宙的道德法则就存在于其中),完全不去倾听自己心灵的呼声,完全不为自己的恶行而感到羞愧与耻辱。羞愧与耻辱只是"耻"的引伸意。

德:得自于道的本质,天生的道德之心,天生的良知良心。这种天生的道德之心(良知良心)具有不可欺骗性。人们可以在他人面前对自己的不义行为进行伪装,或为自己的不义行为进行辩解,以欺骗他人并逃避他人的谴责,然而人们却欺骗不了自己的心灵,也逃脱不了来自自己心灵的谴责,因此一个行为不义的人是不可能有内心的和平的。

格:规格,规范,合于规格,合于规范。

2.4 子曰:"吾十有五而志于学,三十而立,四十而不惑,五十而知天命,六十而耳顺,七十而从心所欲,不逾矩。"

【译解】

孔子说:"我十五岁开始把理性的探索作为我一生的使命;三十岁时我便已认识到了自己存在的宇宙意义并因此确立了自己在整个宇宙中的绝对主体的地位;到了四十岁,我的全部理性与全部意志已不再对这种地位有任何疑惑与动摇了;五十岁时,我理解了整个宇宙的伟大意志以及它对于人类生活的绝对命令;六十岁时,我时刻都能倾听到那发自宇宙的绝对命令的熟悉声音;七十岁时,我认识到这宇宙的绝对命令乃是我心灵中的道德欲求,我自觉地服从我心灵中的这种道德欲求去生活,而从不违逆我心灵中的这种道德欲求。"

【注释】

志:一颗思辨("士")的心灵("心"),一种发自思辨的心灵的深思熟虑的理性的现实抉择,一种具有确定性和稳固性的客观意愿。这种理性的现实选择与理性的客观意愿决定了人们行为的方向与行为的内容。由于思辨的心灵将使人们获得牢固的客观理性,并且这种客观理性又将变成对人们行为的一种牢固的客观规范,每当人们行动时,人们都将想到那使自己作出这种行动选择时的理性,因此"志"又具有"记忆"的含意。

学:作为动词,其意思是学习、研究、理性的探索。作为名词,其意思是学识、理论、思想体系,如政治学、法学、物理学、化学等等。

立:立的概念是一个绝对主体和绝对主体之被确立的概念:即人作为整个宇宙的必然产物同时又作为整个宇宙的一个部分、一个成员,被绝对地确立于宇宙的整体之中。从字源学的角度来看,"立"由"大"和"一"构成,"大"即绝对和普遍,"一"即宇宙的统一整体,天、地、人的统一整体。也即所谓天为一,地为一,人为一。也即天、地、人都来源于一并归属于一,来源于宇宙的整体并归属于宇宙的整体。因此"立"指的就是人类自觉到自己存在的宇宙本源与宇宙本质而将自己确立于宇宙的整体之中,从而以宇宙主体的身份,自觉积极地去分享整个宇宙的伟大命运,去参与整个宇宙的伟大创造。

惑:理性和意志上的不确定状态,对宇宙万物及人类自身的是与非、真与假、善与恶难以作出理性上和意志上的决断,在是与非、真与假、善与恶之间游移不定,左摇右摆。因此"惑"的状态就是一种没有把握到客观实在的真理时的飘浮不定的纯粹主观的心理状态和理性态度,一种没有为自己找到心灵与理性的存在根基从而确立自己必然的主体性的状态。因此我们把"惑"视为"失"的同意词与"立"的反意词。

命:它由"口"和"令"构成,因此"命"的本意就是"口令"。"生命"的意思就是生的命令,就是宇宙创生一切的意志与法则,就是宇宙全部奥秘中的一个密码,就是宇宙全部创造活动中的创造活动——生命只是它的全部结果中的一种结果。因此,人类并不是根据自己的意志来到这个世界之上,并生存于这个世界之上的,而是根据天命、根据宇宙的客观必然的意志与命令来到这个世界之上,并生存于这个世界之上的。因而"命运"的意思就是"运命",就是宇宙对于自己意志的运用。我们之所以出生,之所以存在,我们之所以具有出生的可能和存在的条件,我们之所以拥有整个适合我们生存的自然界——它确保了我们最基本的幸福与自由,这些都是宇宙对于自己意志的运用的结果,而宇宙的意志就是道德的意志。

天命:宇宙的命运即宇宙对于自身的自由意志的运用,宇宙的命令,宇宙之于万物、之于人类的绝对令律和绝对法则,也即宇宙的客观历史过程中的全部必然性的规律、程序与指令,这些构成了一切生命的宇宙本质。因此"天命"同时也是指作为宇宙("天")而存在的生命,正因为如此,人类的命运也就是宇宙的命运。

顺:由"川"和"页"构成,而"页"则又由"首"(省)和"几"构成。"川"的本意是在两岸之间并沿两岸顺流而下的水,可见"顺"的意思就是指来自几个不同的发源地("首")的几条溪流聚到一起并依据地势顺流而下,而这完全是一个自自然然的和不可阻拦的过程。因此,人们从"顺"的这种本意中可以引伸出如下意义:顺从的,自然的,本然的,习惯的,顺利的,熟悉的,熟练的……

耳顺:听顺了,听熟悉了,听习惯了。这里的"耳顺"针对天命而言,指耳旁时时响起宇宙之于自身的绝对令律,以至完全熟悉习惯了它的声音。

从心所欲:遵从自己心灵的欲求,听从自己心灵的呼声,这事实上也就是服从从自己天赋的心灵之中所发出的道德令律。就我所知,许多学者都把这里的"从心所欲"理解为"纵心所欲",这显然是不正确的。"纵"的本意是依次("从")卷起而又依次放开的线("纟")。后来人们在使用"纵"这个字的过程中,只保留了它的一部分意义:放开,使不受约束,这使它最后获得的是放任与放纵的贬意。既然"纵"具有放任与放纵的贬意,那么"纵心所欲"之中的"心"也就具有了"主观任意之心"的贬意,"心"因此而失去了客观的意义,它已不再是指天赋的良知良心,而是指个人自私的心思与心意,因此"纵心所欲"的意思就是放纵自己心灵中的自私自利的主观欲望与主观意愿。相反,"从心所欲"之中的"心"作为主体所遵从的对象,则具有客观的意义,它指的就是人们天赋的良知良心,这样心灵的欲求也就是整个宇宙本身的欲求,就是普遍无限的宇宙道德本身的欲求,也就是绝对的正义和绝对的善的欲求,如果说"从心"是指依据心灵的原则而行动,那么"从事"就是依据事物的原则而行动,两者都是客观理性的客观活动。

孔子在这里所表达的显然是一种非常深刻的存在思想和存在哲学,一种理性的科学的存在主义,一种宇宙主义的生存学说。它的必然的结论就是:人类要在整个宇宙中有尊严和有价值地生活,就必须以自己天生的自觉理性去认识使自己成为如此这般的必然的存在的整个宇宙的目的和意图,并按照这种目的与意图去生活。这也正是中国早在西周时期就已确立了的宇宙主义的文化的根本特征和中心内容。认识使自己成为如此这般的必然存在的整个宇宙的目的与意图,并按照这种目的与意图去生活,这事实上就是把自己提高到一种宇宙的普遍无限的存在,并以宇宙的普遍无限的主体的身份去过一种宇宙的普遍无限的生活。这是宇宙的客观历史必然性之于每一个人类个体的必然要求和绝对命令,因为每一个人类个体只有在宇宙的全部客观历史必然性的存在中才能找到自己存在与自由幸福的客观依据。

2.5 孟懿子问孝,子曰:"无违。"

樊迟御,子告之曰:"孟孙问孝于我,我对曰:'无违。'"

樊迟曰:"何谓也?"

子曰:"生,事之以礼;死,葬之以礼,祭之以礼。"

【译解】

鲁国政府的大官僚孟孙问什么是父母对待儿女和儿女对待父母的正确原则,孔子说:"父母对待儿女和儿女对待父母的正确原则是:父母不要违背自己对于儿女所应尽的责任,儿女也不要违背自己对于父母所应尽的责任。"

外出时,孔子的学生樊迟为孔子驾车,一路上孔子告诉樊迟说:"刚才孟孙问我什么是父母对待儿女和儿女对待父母的正确原则,我对他说,父母对待儿女和儿女对待父母的正确原则是:父母不要违背自己对于儿女所应尽的责任,儿女不要违背自己对于父母所应尽的责任。"

樊迟说:"你所说的父母对于儿女和儿女对于父母所应尽的责任究竟应该怎样具体地来表达呢?"

孔子说:"父母对于儿女和儿女对于父母所应尽的责任,简单地说这就是:父母在其有生之年,应像理性所要求的那样去做一位完全合格的父亲和一位完全合格的母亲。这样,对于儿女来说,当这两位完全合格的父亲和母亲去世之后,儿女也应像理性所要求的那样为父母举行葬礼,并应像理性所要求的那样去缅怀纪念他们。"

【注释】

孟懿(yì)子：鲁国三大官僚贵族家庭之一的成员，鲁国政府官员，姓仲孙，名何忌，他父亲是孟僖子，而在下一章所提到的孟武伯则是他的儿子。

违：违犯，背离。在古代，"违"有特定的含意，即违礼。《左传·襄公二十六年传》说："古人凡背礼者谓之违。""违礼"，也即违背正义，违背理性，违背人类天生的良知良心所要求于人们的准则。这里的"违"是相对于"孝"而言的，其意义就是指违背父母与儿女之间彼此都应遵循的行为准则，违背父母与儿女之间彼此应尽的责任义务。

礼：理或理性所要求的，合理的，正当的，应该的。

樊迟：孔子的学生，姓樊(fán)，名须，字子迟。

事：执掌，做，行使，入主其中，执掌其事。

葬：用芳草（"艹"）与鲜花（"卄"）装饰着的死亡（"死"），这是葬礼的重要部分，这里指的是整个葬礼。

祭：表示对神的崇敬和对死去的亲人的怀念的仪式，对神或对死去的亲人用双手举着祭品（肉或其他食品）以表示对神的崇敬或对死去的亲人的怀念，因此也表示与神或死去的亲人共同分享自己享有的人生幸福的意愿（死去的亲人的亡灵往往是被设想为和神生活在一起的）。

"生，事之以礼；死，葬之以礼，祭之以礼"：对于如何理解这两句话，我曾经费尽心思。最初，我也和许多人一样，认为它们都是针对儿女之于父母的责任而言的。但是，联系到这两句话分别提到的"生"和"死"这两个字，它们是指一个人的整个一生。因此，照大多数人的理解，父母的整个一生都要由儿女负责，这显然是非常荒唐的。儿女只有在自己有能力时候，才有可能对父母负责。正因为如此，我最终改变了大多数人所遵循的那种理解方式。我认为这里的"生"和"死"正是相对于"孝"本身就直接包含的"老"和"子"的相关意义而言的。因此，我认为"生，事之以礼"是相对于父母对儿女的责任而言的，"死，葬之以礼，祭之以礼"则是相对于儿女对父母的责任而言的。这样理解，正好和"孝"所包含的"老"与"子"之间的责任与义务的含意符合一致。

应该指出，孔子在本章所表达的意思也许并不怎么严肃，因为孔子在与季氏三家成员或涉及三家成员的所有谈话中都具有揶揄的、讽刺挖苦的，因而也是不严肃的意味。

2.6 孟武伯问孝，子曰："父母唯其疾之忧。"

【译解】

孟武伯问什么是父母对于儿女所应尽的责任，孔子说："对于父母来说，父母对于儿女们所应尽的最重大的责任在于启发他们天生的道德心和培养他们良好的道德品质，因此儿女们在成长过程中可能沾染上的各种有害习性应是父母最应该为之忧虑的事情。"

【注释】

孟武伯：孟孙的儿子。

孝：根据这里的语境，可理解为父母对于儿女们所应尽的责任。

疾：疾病，转指一切不正常的、有害的、坏的东西，这里指有害的坏习性。

我再顺便说一下，在整个《论语》之中，孔子对鲁国三大官僚贵族家庭中的每一位成员所说的话都具有挖苦、讽刺乃至不耐烦的、蔑视的意味，在前一章孔子与孟孙的谈话中和这一章孔子与孟武伯的谈话中也不例外。这种挖苦、讽刺乃至不耐烦的、蔑视的意味，只要我们把孔子与三家的家庭成员的谈话和孔子与其学生的谈话作一比较便不难发现。正因为如此，从孔子与三家成员的谈话中，我们看不到孔子对于自己思想的深刻、严肃而清晰的阐述。孔子与三家成员谈话中的意味，反映了孔子与三家这个实际地执掌和把持了鲁国政府的统治权力的官僚集团的深刻的政治上的敌对情绪，并且这种深刻的政治上的敌对情绪并不因为这个官僚集团对孔子表示的百般奉承——三家的成员总是以谦虚的求教者、亲密的朋友、友好的同事的面貌出现在孔子面前：向孔子求教，看望生病的孔子，向孔子馈赠礼品——而改变。

2.7 子游问孝，子曰："今之孝者，是谓能养。至于犬马，皆能有养；不敬，何以别乎？"

【译解】

子游问什么是父母对于儿女们所应尽的责任，孔子说："当今的人们把父母对于儿女们所应尽的责任说成是父母能为儿女们提供食物。那么，对于犬马，我们也能向它们提供食物。如果为人父母不对自己应对之尽责的儿女们的道德品质给予深切的关注，不去努力把儿女们培养造就成具有美德与优秀的言谈举止的人，而只是以向他们提供食物为满足，那么养育儿女又怎么能与豢养犬马区别开来呢？"

【注释】

子游：孔子的学生，在古代文化研究方面成绩优秀，是孔子学生中在古代文化研究方面的代表人物之一，也是孔子思想的主要宣传者之一。他作过一个邑城（鲁国的武城）的行政主管（邑宰），他仿效古代的榜样，教给邑城里的人民正当合适的言谈举止，并举办群众的音乐歌舞演唱会。因此，可以说他是一个在古代世界结束之后实施古代世界曾经对人民实施的"礼教"与"乐教"的实践者，而古代世界曾经对人民实施的"礼教"与"乐教"也正是孔子赞不绝口、始终提倡的。"礼教"（什么是正当合理的行为教育）和"乐教"（音乐舞蹈、诗歌演唱等艺术教育）是把全体人民造就成具有社会理性与社会情感的合格公民的有效方式。

孝：根据本章的语境，它仍然是指父母对于儿女所应尽的责任。应该指出，不论从"孝"这个字的结构本身（"老"在上，"子"在下），还是从人类繁衍的自然程序来看，父母对于儿女们的责任才是至关重要的。假如父母不对儿女们负责,那么比任何一种生物都更脆弱、更无能以致没有成年的父母的帮助就根本不能生存的人类后代就会毫无例外地夭折。因此,任何一位有头脑的思想家都绝对不会把儿女对于父母的责任的重要性强调到高于父母对于儿女的责任的重要性之上。纵使从情感层次上也是如此。任何一位有头脑的思想家都不会认为儿女对父母的尊崇比之父母对儿女的关心更重要。确实,父母从我们那里所得到的爱和帮助比之我们从父母那里所得到的爱和帮助几乎微不足道,因为我们从父母那里获得的幼弱无能而又生长滞缓的生命曾经使得我们别无选择地长期处在一种对于父母的完全依赖的状态之中,而父母对于我们的依赖总是有限的。对此,假如我们不想对父母说那些毫无作用的、并且常常是带有欺骗性的"孝敬"的废话的话,我们最好还是老老实实地承认,这是一种客观存在着的谁也无法改变的不公平状态——"慈母手中线,游子身上衣。谁言寸草心,报得三春晖"这首脍炙人口的诗也许是对这种人们无能加以改变的不公平状态的最好表述。尽管对于任何一个有良知良心的人来说,作为自己父母的儿女,当他不得不面对这种无法改变的不公平状态时,他将感到多么内疚!然而所幸的是,对于我们正常的大多数人来讲,没有人只做儿女而不做父母,也没有人只做父母而不做儿女。既然我们既做儿女,又做父母,那么即使这种无法改变的不公平状态继续存在下去,它对于我们之中的大多数人仍然是公平的,因为我们做儿女时从这种不公平状态中所获得的单方面的好处将被我们做父母时从这种不公平状态中失去的单方面的利益所扯平。

我认为,对于一个理性的父母来说,最重要的不是在儿女们还无尽任何责任的能力之前,告诉他们自己已经对他们尽到了多少多少责任,以及他们将来应该对自己尽多少多少责任,而是为儿女们塑造一个理性的、正义的、富有同情心的、乐于帮助人的典范形象,使他们具有尽责任的能力时,他们将不仅会对父母尽责任,而且还会对一切人尽责任。

敬:解释见1.5,不敬意指不严肃认真,不负道德上的责任,不郑重地关注。

至于犬马,皆能有养:意思是犬马也能得到人们的饲养。

2.8 子夏问孝,子曰:"色难。有事,弟子服其劳;有酒食,先生馔,曾是以为孝乎?"

【译解】

子夏问什么是学生对于老师所应尽的责任,孔子说:"看来这是一个令许多人迷惑难解的问题。现在有许多人都认为,在日常工作中,当老师遇到什么事情,学生们就去为之代劳,这就是学生们对于自己的老师所应尽的责任。甚至还有人认为,当享受时,学生们就把最好的酒让给老师喝,把最好的菜肴让给老师吃,这也是学生们对于老师所应尽的责任。难道已往的人们曾经是这样看待学生对于自己的老师所应尽的责任吗?"

【注释】

孝：根据这里的语境，意指学生(弟子)对于教师应尽的责任。

色：色彩，颜色，它是物质直接呈现在人们的感官之前的一种表面的光学性质，它是眼睛所能直接感觉到的对象，这里的"色"有"表面上看起来……"之意。

馔(zhuàn)：人们所能拥有和享受("巽")的最好食物("食")，人人都想享受的食品，美味佳肴。"馔"作为动词，其意思也就是享受美味佳肴。

2.9 子曰："吾与回言终日，不违，如愚。退而省其私，亦足以发，回也不愚。"

【译解】

孔子说："在颜渊来到我身边并向我求学的最初的那些日子里，纵使我对颜渊从早讲到晚，他也决不会说一句不同意或反对我的观点的话，他的这种表现最初使人看起来仿佛他是一个只会倾听而不会思考的傻瓜。但是，当我从我所占的教师的位置上退下来，并以一个普通人的身份暗自审视他独自在与同学们的交往活动中的表现时，我发现，他也有足够的能力启动自己的思维机制并进行令人满意的思考，这位名叫颜渊的人确实不是什么傻瓜。"

【注释】

回：颜回。姓颜，名回，字子渊，通常称颜渊。颜渊是孔子的学生，并且颜渊的父亲颜路也曾是孔子的学生。颜渊具有曾使孔子本人深感诧异的柔顺性格和看来似乎与之相矛盾的坚定的意志与信念。这种坚定的意志与信念使我们确信，他在孔子及其学生中所表现出来的那种异乎寻常的柔顺性格，只不过是他的善良、诚实与正直的高尚品格在一群品格同样高尚的人之中的一种特有的令人爱怜的表现。也许正是因为这种善良、诚实与正直的高尚品格以及他在一群品格高尚的人之中特有的表现方式，再加上他的家庭条件不富有，引发了孔子对于他的最深沉的爱怜。人们称他为孔子最得意的学生，孔子也确实把他当作和自己的儿子一样的人看待。可以说，孔子对于颜渊所抱的无比真挚、无比温馨的深情厚爱，是人类仁爱精神所能达到的至高无上的辉煌顶点。

孔子称赞颜回既是勤奋的学生，又是永不改变地坚持自己行为的道德理想的人。他的同学也都称赞他杰出的才智与超凡的美德。

孔子说，颜渊能够勇敢无畏地面对其他人所不能忍受的逆境，并能够在这种逆境中始终保持自己对于生命的永不改变的乐观态度。可以说，这正是在艰难世事中一个真正的思想家所应具备的品质。

本章所表达的显然是孔子从对颜渊这个异乎寻常的学生所作的最初的细致入微的考查中所得出的一般结论。

违：违逆，反对，表示不同意，表示不服从。

省(xǐng)：不依靠("少")眼睛("目")的观察而依靠心灵观照或理性的思考。这里意指暗自审视。

私：单个人的需要，单个人的利益，这里意为单个人的表现或独自的表现。

发：原意是指一个手持弓箭的人摆开了射击的架势，后引申为箭的发射、前进、击中目标的全过程，进而引申为使获得运动的动力，使运动，使行动，使前进，也即所谓"启发"、"发动"、"发射"等等的意思。这里指启发或发动思维并使思维活动起来。

2.10 子曰："视其所以，观其所由，察其所安，人焉廋哉？人焉廋哉？"

【译解】

孔子说："观看人们行动的方式，审视人们行动的根据，考察人们行动的目的，人们又怎么能够将自己真实的人格掩盖起来呢？人们又怎么能够将自己真实的人格掩盖起来呢？"

【注释】

以：依靠，凭借，所依靠的手段，所凭藉的方法，所采取的行动。

安：安心（人们常反问那种损人利己的人："你这样做，究竟安的是什么心？"），立意，目的。

观：站在高处看，这种看的态度更认真，看到的情况也更客观全面，它相当于现在意义上的审视。

察：考察，一种更为慎重、更为严肃认真的分析与预测，这种分析与预测在古代是与求神问卜的仪式联系在一起的。

廋(sōu)：藏匿，掩盖，伪装。

2.11 子曰："温故而知新，可以为师矣。"

【译解】

孔子说："当一个学习者能够从复习回顾自己以往学习掌握了的知识中获取新的知识，那么这个学习者就可以充当他人的学习上的指导者与教师了。"

【注释】

温：给对象加温，去接近那些被自己疏远、冷落了的对象，并使之与自己重新亲热熟悉起来，这里喻意为重新学习或回顾自己曾经学习过的知识。

2.12 子曰："君子不器。"

【译解】

孔子说："君子并不把那些片面有限的物质对象作为自己人生的追求目

标。"

【注释】

器:"形而下者谓之器。"因此"器"指的是那些形而下的片面有限的物质对象。同时,这里的"器"还具有"器重,以至于追求"的意义。

2.13 子贡问君子,子曰:"先行其言而后从之。"

【译解】

子贡问什么才是一个君子对待自己个人的主张所应抱持的态度,孔子说:"一个君子对待自己个人的主张所应抱持的态度是:除非他准备自己首先去实行自己的主张,否则他决不把自己的主张说出来。"

2.14 子曰:"君子周而不比,小人比而不周。"

【译解】

孔子说:"君子爱一切的人但不与人拉帮结派,小人与人拉帮结派但不爱一切的人。"

【注释】

周:普遍。《说文》:"古文'周'从古文'及'。"这里的"周"与"比"相联系,意指对于人类的普遍无区别的爱。

比:《说文》:"比,密也。二人为从,反从为比。"古文的"比"字像两个搭肩接背的人。可见,"比"作为"从"字的反向的符号形式,其本意就是指背叛众人而自立帮派的拉帮结派的人,引伸为拉帮结派的行为。

小人:指那种片面有限的、为自己感官的有限感知能力所孤立的、因而看不到自己存在的普遍无限的宇宙本质的人。这种人不会诉诸自己的理性去认识自己存在的普遍无限的本性以及自己的生活与整个社会、整个自然的普遍无限联系,因此他把自己与整个社会、整个自然界孤立开来。他们不再关心整个社会、整个自然界,而只关心自己,一切只以自己为出发点,一切只以自己为目的。他使自己的存在完全变成了个体的存在,使自己的生活完全变成了个体的生活。他的全部感觉、情感、意识、意志与信念只具有纯粹个体的性质,结果他使自己完全变成了一个自私的、陕隘的、盲目的、愚蠢的人,变成了一个完全受社会历史的必然性所支使、所摆布、所抛弃的人,因此,这种人是毫无希望、毫无前途可言的。"小"的概念,在其原始的意义上正是一个无限地分割整体的概念。

2.15 子曰:"学而不思则罔,思而不学则殆。"

【译解】

孔子说:"假如人们只一味地学习而不进行独立的思考,那么人们就难免不为学习中接触到的各种虚假不实的思想理论所欺骗;相反,假如人们只一味地独立思考而不从事学习,那么人们就难免不被自己独立的思考引入认识上的危险的歧途。"

【注释】

罔(wǎng):无益,无所得,蒙骗,欺骗。根据《说文解字》的看法,"罔"和"网"是同一个字,但是在我看来,两者应是有严格区别的。我认为,"罔"就是"亡网",即"漏网"之意。因此"罔"具有"无所得"、"无效劳动"或"竹篮打水一场空"的意思。引伸为人们之间的无效的交谈与交流,而这种无效的交谈与交流显然是由那种骗人的言不由衷的谎言造成的,因此它进而引伸出蒙骗、欺骗的意思。

殆(dài):危险,这里指认识上的危险——产生错误的认识。

2.16 子曰:"攻乎异端,斯害也已。"

【译解】

孔子说:"如果人们都来攻击那些违背人类自然常识与正常理性的异端邪说,那么由这种异端邪说对他人的思想行为所造成的有害影响也就可以结束了。"

【注释】

攻:《说文》:"攻,击也。"事实上,"攻"由"工"和"攵"构成,因此它的本意显然是指一种经过深思熟虑的("攵")因而不会轻易放弃的有价值的工作("工"),这种工作包括两个方面:铲除恶而获取善,对于恶,"攻"的意思是打击、铲除、捣毁、消灭;对于善,"攻"的意思是获取、培植、养护、光大、实现(这层意思现在几乎销声匿迹了,或者说被人们错误地将它与"功"的意义相混淆、相颠倒了。在我看来,现在的"攻"字所具有的意义本应该由"功"来行使,而现在的"功"字所具有意义则应该由"攻"来行使)。

异端:偏离正确、脱离正轨的思想、主张和行为。联系上下几章所表达的思想,这里的"异端"可理解为偏指理论上的异端,即异端邪说。

2.17 子曰:"由,诲女!知之乎?知之为知之,不知为不知,是知也。"

【译解】

孔子说:"我的子路啊,让我来教教你吧!你可懂得这个道理?这个道理就是:知道自己的有知和知道自己的无知,两者都是知,因为在知道自己的无知中,也包含了一个知。"

【注释】

由:姓仲,名由,字子路,又字季路,通常人们都称他子路。他被认为是孔子最年长的学生。他既具有坦率、正直、忠诚、豪爽、勇敢、坚定和果断的品格,又是孔子学生中最温情和最仁慈的人物。他的坦率、正直、忠诚的品格,使他常常不是以孔子的学生的面目出现,而更像是以孔子的最好的和直言不讳的朋友的面貌出现。他的坦率、正直和忠诚的品格也常常使他表现得有些鲁莽和急躁。

子路是孔子周游列国时,追随在这位伟人左右的许多学生之中最著名的人物。回到鲁国后,据《左传》说,子路的君子风范为他赢得了崇高的信誉,以至有人竟认为他所作出的承诺比之两国之间正式签订的外交协定还更为可靠。在接受一项官职的任命之后,他因他的忠诚和勇气而为他的职责献出了生命。

孔子在本章中所说的话,显然是对子路的批评劝告。在此后的章节中,我们可以发现,子路有好为人师、不懂装懂的毛病。正因如此,孔子对子路提出了委婉的批评:知道自己有知和知道自己无知,两者都是知,因为在知道自己的无知之中,也包含了一个知。孔子的话所包含的实际意义只是:子路应该对自己的无知的方面有所认识,而不要把自己的无知当做有知。孔子的话所表达意思和老子所说的"知不知尚矣,不知知病矣(知道自己的无知的人是可尚可嘉、难能可贵,自己无知而却自以为有知的人是愚不可及、无可救药的)"的意思是一致的。

诲(huì):教导人,使人明白,使人能够理解和懂得。"诲"本由"言"和"晦"(省)构成,意思是把人们对之晦暗不清的事理解释清楚并使人能够明白懂得。

2.18 子张(问)学干禄。子曰:"多闻阙疑,慎言其余,则寡尤;多见阙殆,慎行其余,则寡悔。言寡尤,行寡悔,禄在其中矣。"

【译解】

子张问什么是人们从学习中所获得的相关报偿,孔子说:"人们只能通过学习来获得的大量的全面系统的知识能够消除人们思想上的疑虑,人们的言语也将因此而比其他的人的言语更为谨慎,而谨慎的言语将可以减少人们因自己言语上的失慎所必然引发的羞愧;此外,人们只能通过学习来获得的大量的全面系统的知识将可以消除人们行动上的危险,人们的行动也将因此而比其他的人的行动更为谨慎,而谨慎的行动将可以减少人们因自己行动上的失慎而必然产生的懊悔。减少因自己言语上的失慎所必然引发的羞愧和减少因自己行动上的失慎所必然产生的懊悔,人们从学习中所获得的相关报偿也就寓于其中了。"

【注释】

子张:姓颛(zhuān)孙,名师,字子张,通常称子张。他是孔子学生中最具鲜明个性的学生之一。他是一个具有深刻的现实感并注重实际的人。他表现得精神饱满、朝气蓬勃、热情激昂、一往无前。他有理想,有政治抱负,热心追求社会正义,并且在相当大的程度上是一个激进的道德主义者。他主张,作为一个君子,他应时刻准备在必要的时候为自己崇高的道德原则献身。事实上,孔子也曾认为子张过于激进。他和他的许多著名的同学一样,在孔子及同学的心目中享有很高的地位。曾子曾给子张以很高的赞誉:"堂堂乎张也,难与并为仁矣。"《史记·仲尼弟子列传》说,子张在孔子去世之后也曾收徒讲学，人们也认为他是孔子思想重要的传播者之一。《韩非子·显学》还认为他是儒家之中一个重要派别的创建者。但《史记》与《韩非子》的说法还有待进一步的考证，这些说法可能是根据一些似是而非、道听途说的推测，更有可能的是，孔子的影响在沉寂相当长的一个时期而复兴时，一些曾和子张具有亲友关系的人们借助子张的名字和影响力宣传孔子的思想并聚徒讲学。

干：相干的，相关的；干系，关系，联系。"干"的本意指一个对象融入（进入）另一个对象，并与之发生相互的关系。长期以来的许多学者都把这里的"干"理解为"求"，这是毫无根据的，也是与本章的语言情境与内在的思想逻辑相矛盾的。

禄：《说文》："禄，福也。""禄"的本意是一个努力追求上帝① 的善并为上帝所接纳的人从上帝那里所获得的赐福，这种赐福是作为上帝对于他的一生的善行的报酬。或者更简单地说，"禄"的本意是指为实现上帝之于人类的普遍的善而为上帝工作的人从上帝那里获得的报酬，后来转指为实现国家之于全体人民的善而为国家工作的人从国家那里所获得的报酬。不难理解，这种报酬的多少又是衡量人们所做工作的实际成绩与实际价值的尺度。请注意，"示"作为"禄"的重要的构成，它的本意是"天启的"、"天赐的"，而"天"乃是指上天的意志的化身——上帝。《说文》："示，天垂象见吉凶所以示人也。从二（意为"上"），三垂（竖）日月星也。观乎天文，以察时变。示，神事也。"

子张（问）学干禄：通行的《论语》版本都为"子张学干禄"，并且人们都把这句话解释为"子张问孔子学习求官职得俸禄的方法"。且不说，人们把"干"解释为"求"是毫无根据的，我只要指出，这种解释和孔子的答语毫无关系——我们很难想像，孔子会回避学生所提出的问题而答非所问。在我从整体上对本章所表达的思想作了一番思考之后，我发现，使我们对"干"字的解释有根有据，同时又使"学干禄"的意思与孔子答语的意思完美地协调起来所需要的惟一条件只是在子张的名字后面添加一个"问"字，而这个"问"字是很有可能在传写中被人遗漏掉的。因此，我在这里加上一个"问"字，我想我这样做不会被认为是没有根据的杜撰。况且本篇所涉及的对话的每一章几乎都是以"某某问……"开始的，如"孟武伯问孝"，"子游问孝"等等，所以本章以"子张问学干禄"开始也是顺理成章的。

闻：作动词时，意为了解，倾听，知晓；作名词时意为知识（它作为闻这一活动的结果）。

见：作动词时，意为见识，了解；作名词时，意为见解，知识（它作为见这一活动的结果）。

阙（què）：《说文》："阙，门观也。"根据"阙"的原始的符号形式，它意指高高的、以至于当人们初次登上它不免会使人倒吸一口气的、建在边防前沿的、用于观察瞭望边防前沿的军事情况的门楼，而一个国家的疆域是否会有遭受外国军事入侵的危险，正是通

---

① 请注意，"上帝"并不是一个来自国外基督教的宗教概念，而是一个纯粹土生土长的概念。许多中国人，一听到有人说"上帝"便认为这是一个基督教的信奉者或一个附和基督教的宗教观念的人，这只能说明这许多人完全不了解中国的文化传统。

过站在这高高的门楼上的观察来作出判断和决定的。正因为如此,"阙"不仅具有高高的门观的意思,而且还有使人确信并作出决断的意思,而这种决断与确信又是与消除疑虑与避免危险相联系的。本章中的"阙疑"、"阙殆"显然也正是这个意思。许多学者把"阙"解释为"搁置"、"保留",是毫无根据的。

慎:谨慎、严肃认真、深思熟虑、不经反复思考决不贸然行事的态度。

其余:其之外的,这里指学习者("其")之外的人,即相对于学习者而言,指没有通过学习以从前人与他人那里获取充分而系统的知识与经验的人们。

尤:一只伤痕累累、精疲力尽、走投无路以至于不得不蜷曲着身体并匍匐在地的狗("犬"),引申为:假如人们也像这条狗("犬")一样并陷入这样的狗一样的境地,这将是多么令人羞愧、屈辱、忧虑而悲伤。这里的"尤"与"悔"相对应,可理解为羞愧。"尤"可视为"犬"字的一种转注形式。

悔:由"忄"和"晦"(省)构成,意为因自己的过错所引发的一种阴暗("晦")的心理("忄"),这也即意为人们通常所说的懊悔。

在本章中,孔子为学习之于人类的意义与价值所出示的理由是多么朴素而又多么美好!只有真正伟大的思想家与真正伟大的人才能为学习出示这么朴素、这么美好的理由。

2.19 哀公问曰:"何为则民服?"

孔子对曰:"举直错诸枉,则民服;举枉错诸直,则民不服。"

【译解】

哀公问孔子说:"作为一个国家,应该奉行怎样的政策才能使人民热爱它,并产生那种自觉地服从它的意志所需要的责任感呢?"

孔子回答说:"只有当国家把社会的正义作为它追求的最高目标并让社会的正义战胜社会的不正义时,人民才会热爱自己的国家,并对它产生出那种自觉地服从它的意志所需要的责任感;如果国家把社会不正义作为它追求的最高目标,并让社会的不正义战胜社会的正义,那么人民就不会热爱自己的国家,也不会对它产生出那种自觉地服从它的意志所需要的责任感。"

【注释】

哀公:鲁国国王,定公之子,继定公而即位,在位二十七年。当时的政治显然已经腐化堕落了,但还没有腐化堕落到统治者公然地蔑视美德与才智并把那些具有美德与才智的杰出之士控制起来并使之成为其附庸的程度。而这种并非完全不可救药的政治状态正是孔子这样的伟人之所以能够产生出来、生存下来并发挥其巨大的社会影响力的先决条件。确实,当时的政治制度已完全将政治扭曲了,但以正义为目的的政治思想仍作为一种文化与一种思想观念普遍地存留在人民的心目中,并且这种文化与思想观念仍作为一种社会心理与社会精神风尚影响左右着统治者的行动,从而使得当时的统治者及其谋士不得不表示他们对孔子这样具有杰出美德与卓越才华的人的尊重,并使得他们认为向孔子发出邀请、接见他、向他请教、向他咨询、为他的活动提供政府的资助、并使他充任政府中的某一官职不仅是明智的,而且也是必要的。也正是这种社会心理与社会精神风尚使孔子能够在当时的社会环境之中保持他的完全的尊严、完全的独立与自由,并且他也丝毫没有受制于为他提供薪金与官职的人。也正因为如此,孔子能够有尊严地、甚至高高在上地、直率而苛刻地批评他们的行为。也正是这种根深蒂固而又威力强大的社会心理与社会精神风尚使孔子成了他那个时代的——正如孟子所说的那样——适时的伟人与无冕的君王。在本章孔子对鲁国国王所说的那种坦率的、直截了当的话语中,我们也完全可以体会到孔子在统治者面前所表现出来的那种作为一个完全独立自由的人所具有的绝对的尊严。孔子在本章中所说的话,如果仅仅是对于一个向他求教的学生或别的什么人而说的,人们会认为孔子仅仅是在向人们灌输或宣传一种理想社会的政治观念,而对于哀公这样一个拥有一个腐化堕落而又颠倒混乱的政府的一国之王来说,则显然具有批评指责的意味,特别是对于哀公这样一个没有实际权力并且实际上还是一个受制于人的傀儡国王来说,甚至是令人难以忍受的——任何一个处在哀公这样的地位的人,孔子的话都不能不使人感到自己的自尊心受到了深深的伤害。

服:这字由"月"(身体、肉体)、"又"(手或手的活动)和"卩"(中意的,合适的)构成,其意思显然是指人们通过双手的活动所获取的适合自身需要的东西(作名词),或人们通过自己自觉的活动使事物符合并满足自己的需要(作为动词,这层意思也就是通常人们所说的"制服"、"使……服从"的意思),再引伸为人们因自己的需要而自觉地采取的满足自己需要的一切活动:吃饭①,穿衣②,劳作③(背负重物,担当劳苦),这种行为是主体因对自身的热爱与珍视而产生的对于自己的需要和自己的目的的一种责任感的表现,是对自己所热爱的自身的生命和自己所珍视的自身价值所怀的一种责任感的表现。因此"服"的概念正是一种责任感的概念,它所表达的行为就是主体自觉自愿的接受,其中包括为了一个遥远的目的或一种更高的幸福而承受重负、担当劳苦。因此从这种意义上,如果说"服"具有"服从"的意思的话,其本意也只是服从主体自身的需要、目的和理想,这种服从完全是自觉自愿并欣然而为的。对于一个国家来说,人民之所以会欣然服从国家的意志,听从国家的召唤,担当起国家的负担(税收),这也是因为国家以其正义制度与法律最大限度地保障了自己的自由和幸福,从而使人民把国家视为自己意志的体现并把它视为与己融为一体的东西。这样,人民将因热爱国家而对国家产生一种要维护它、保护它的责任感。真正的服从只产生于人民对国家的热爱和由这种热爱所激发起来的对于它的责任感。如果一个国家不能使它的人民热爱它,那么人民对它所尽的一切责任只不过是被迫的服从而已。在这种情况下,人民总是尽其一切可能

---

① "服"的这层意思除了在许多地方的村民的语言中保留之外,还保留在"不服水土"以及医药之中。"不服水土"的意思是喝不惯那个地方的水,吃不惯那个地方的土地上出产的粮食。而在医药用语之中,"服"用于"服药"、"口服药品"、"非口服药品"。

② "服"的这层意思保留在"服装"、"衣服"、"制服"、"便服"、"服饰"中。

③ "服"的这层意思保留在"服役"、"服刑"之中。

地逃避自己的责任。

举：赞成，支持，重视，把……视为目标，把……视为典范，把……作为被选举的对象。这个字繁体字为"舉"，它由"與"（与）和"手"构成（上下结构），意指自古以来的人类社会组织中一种最常见、最普通的对于与公共事务相关的重大事件表示赞成、支持、信任与服从的方式。"举"的意思——简单地说——就是举起手以示赞成、支持、同意。这同时又是对于所赞成、所支持的对象的信任与服从以及热爱与重视的表示——表示赞成与支持的对象必然是合理的、正义的和善的对象。从"举"字中不难看出，国家事务或公共事务（其中最主要的是政治事务）最终是由公众来决定的，这也就直接意味着政府作为国家管理机构，它必然地是作为公民意志之代表的民主的政府与民选的政府，这样国家也就成为民主的国家与民选的国家。因此，一个"举"字，可以说它直接地就是我国古代民主政治的一部无可争议的历史。

直：正直的，非歪斜的，引伸为公正的，正义的。

错：《说文》："错，金涂也。"因此"错"的本意是从昔日至今天的历时长久（"昔"）的金属（"金"）在这漫长的时期里氧化生锈以至于只留下金属的涂染于地的斑斑锈迹，这种斑斑锈迹容易使人们对于金属产生一种混淆不清、混乱不堪的认识：这金属既然会化作尘土，那么它究竟是金属还是尘土呢？事实上尘埃中相当一部分是由金属，即金属氧化物组成的。从这种意义中引伸出这样的意义：使腐烂，使消失，使瓦解，使变得毫无用处，使变得毫无价值，这种意义在"错误"、"过错"等等词语中仍然依稀朦胧地保留着。如果说在"错误"这一词语中的"错"具有"混乱"的意思，那么在"过错"这一词语中的"错"则具有"毫无意义"或"毫无价值"的意思（"过错"本意是毫无意义、毫无价值的恶行，引伸为毫无意义、毫无价值的任何一种程度上的不当行为）。

枉：弯曲的，不直的，不公平的，不正义的，邪恶的。"枉"的本意是指主干被太多的分枝扭曲了的树，引伸为为人们太多的欲望所扭曲了的行为。

2.20 季康子问："使民敬忠以劝，如之何？"
子曰："临之以庄，则敬；孝慈，则忠；举善而教不能，则劝。"

【译解】

季康子问："使人民具有严肃认真的道德情感、不偏不倚的公正之心以及积极进取而永不沉沦的精神状态，作为一个国家的统治者，他应该为此做些什么呢？"

孔子说："如果那些统治国家的人们在行使自己对国家的统治之职时，能够以一种理性、正义和善良的实践者的品格出现在全体人民之前，从而在全体人民的心目中把自己塑造成一个具有典范作用的完全理性、正义和善良的公共形象，那么他们的这种具有典范作用的完全理性、正义和善良的公共形象将会在全体人民的心灵中激发培植起严肃认真的道德情感；如果那些统治国家的人们在行使自己对国家统治之职时，能够对包括每一个老者和少者在内的全体人民怀着普遍一致的仁慈的情感,那么他们所怀抱的那种普遍一致的仁慈的情感将会在全体人民的心灵中激发培植起不偏不倚的公正之心;如果那些统治国家的人们在行使自己对国家的统治之职时,能够弘扬整个社会生活领域内的一切善良的行为,并对那些不能行善的人们进行教育,那么他们的那种对善行的弘扬和对不善的教育,将会在全体人民的心灵中激发培植起道德品质上的积极进取而永不沉沦的精神状态。"

【注释】

季康子:姓季孙,名肥,鲁哀公时任职正卿(政府总理),是当时政治上最有权力的人,也是当时鲁国的实际上的统治者。鲁国政治、军事、经济大权都掌握在他和与他相关的三家手中,鲁国国王只是一个徒具虚名的傀儡。在《论语》中我们可以看到,尽管他不仁不义(特别是对待他自己领地上的人民),但他却经常以孔子的朋友乃至学生的身份出现在孔子面前,也正因为他不仁不义(从历史看,他和他的三大家族的权力和地位同样来自于罪恶与非义),所以本章中孔子的回答,事实上就等于对他直截了当的指责与批评,而这种指责与批评又是当时人们享有政治自由的一个证明。

敬:深切关注人们自己的言行所包含的道德意义,并使自己的言行符合道德,而这是人们赢得人们敬重与尊敬的先决条件。

忠:中正之心,不偏不倚之心,正义之心。

劝:《说文》:"劝,勉也。""劝"的原始的符号形式所表达的意思是:站在高高的树梢上的鸟的高吭嘹亮的歌声所具有的使人振奋而免于沉沦的力量,它将使人们在放下手中的工作以便倾听它的美妙而又激昂的歌声的同时,去翘首展望它所高高站立的树梢所指引的整个宇宙的真理与正义,从而使人免于沉沦与堕落。

临:以某种品格出现在公众面前,以及这种品格为自己在公众心目中所塑造的公共形象——这种公共形象是自己的品格在公众心目中的倒影。"临"繁体字为"臨",它由"卧"和"品"构成,而"卧"又由"臣"和"人"构成,"卧"的意思是眼睛("臣"——它是眼睛的侧影)所看到的人,反过来说,也就是人出现在他人面前时在人们的眼睛里形成的倒影(影像,这种影像其上下是颠倒的①)。"临"由"卧"和"品"构成,也即由"臣"、"人"、"品"构成,其结构是左右(上下)结构。因此,不言而喻,"临"的本意就是:他人的眼睛所看到的人品,或人品在他人眼睛中的倒影。从"临"这个字不难看出,古人已经拥有了这样一种深刻的认识:人有什么样的品格就有什么样的公共形象。因此人应以什么样的

---

① 由此可见,"躺下"只是"卧"的引伸意,而"臣"的意思也根本不是被反绑的奴隶,而是眼睛的侧影。认真考察一下所有包含了"臣"这一构字部分的字,人们更不难发现,"臣"的意思是眼睛。在《论语》第二十篇"尧曰"中,有"帝臣不蔽"一语,其意思就是"上帝的眼睛不受蒙蔽"。"臣"与"卧"的区别在于,"臣"指的是竖着的、睁大着的、惊奇而又严肃认真的眼睛,而"卧"指的是人在这只竖着的、睁大着的、惊奇而又严肃认真的眼睛中的倒影。由于眼睛是人体全部机能中的一个构成部分,因而它又引伸为作为国家这个社会有机体的构成部分的公民个体,即所谓臣民。

品格出现在公众之前,这是一件非常严肃的事情,它需要人们三思而后行。

之:代指人民。

庄:庄重,有尊严。尊严只是人们公平正义地为人的自然结果,为人公平正义是人们获得尊严的先决条件。一个为人不公平正义的人,不可能具有真正的自尊,也不可能具有尊严。"庄"的本意指的是合于理性和正义的行为,是理性与正义的翻版或现实化。"庄"繁体字为"莊",它由"艹"和"壮"构成,而"壮"又由反"片"(即"版")和"士"构成。"艹"和"敬"字中的"艹"一样,意指善良和正义。"壮"的意思就是能够依据理性("士")行事并把理性付诸实践或实际生活、实际行动的人(这是成年人的特点),这种依据理性并把理性付诸实际的行动的人是以坚决、果断、稳重为其特点的,因此"庄"的意思就是一个依据理性并把理性付诸实际行动的人所崇尚、所追求、所实践的善良与正义,而善良与正义正是人类最庄严、最崇高伟大的目的。

孝慈:老慈子慈,对老对少都仁慈,因为"孝"的意思既是针对"老"(省)而言的,又是针对"子"而言的。

举:鼓励,奖励,赞扬,重视。

2.21 或谓孔子曰:"子奚不为政?"

子曰:"《书》云:'孝乎惟孝?友于兄弟。'施于有政,是亦为政,奚其为为政?"

【译解】

有这么一个我们既不知道他的名字又不知道他的身份的人这样不解地对孔子说:"像你这样一个品德高尚、才华横溢同时又具有自己的一整套政治思想的人,为什么只是在这里和你的学生们一起探讨政治,而不进入政府、担任官职并直接从事管理国家的政治活动呢?"

孔子说:"据我所知,《尚书》说过:'父母对自己的儿女们尽自己应尽的责任和儿女们对自己的父母尽自己应尽的责任,这难道只是父母在对自己的儿女们尽责或只是儿女们在对自己的父母尽责吗?这种人们彼此之间相互尽自己应尽责任的做法,能够影响到与人们同时代的每一个人。'同样,我和我的学生们共同探讨建立一个正义国家或一个理性社会所需要的政治原则,这种探讨也必然会影响到各个国家中那些正在执政的人们,因此我们所从事的活动显然也是一种政治活动,你怎么能说只有那些在政府中担任官职的人们所从事的活动才是政治活动呢?"

【注释】

或:这里指一个不能确知其姓名及其身份地位的人。

奚:何,为什么。

为政:进入政府,担任官职,直接从事管理国家的活动。问者所说的正是狭义上的"政"或"为政"的意思。但孔子却不从狭义上来理解"政",或"为政",而是从广义上来理解,并从广义上对问者所问的问题加以回答。这种回答显得既机智又风趣。孔子的回答之所以是既机智又风趣的,是因为他的回答既是正确的,又是万无一失的。在这种回答之中,孔子巧妙地回避了一些不宜在他人面前,特别是在那种不熟悉、不深知的人面前公开表白的问题。

施:影响。本意是被举起的旗帜对人们所产生的号召力和影响力。

友:《说文》:"志同为友也,从二又,相交。"不难理解,人们之间的相互交往,也就是人们之间的相互影响。这里的"友"显然具有影响之意,也就是说,具有孔子所说的"施"之意。把孔子从《尚书》中引用的这两句话与孔子接着说的话联系起来,我们不难看出,孔子所说的"施"就是对《尚书》所说的"友"的解释。

兄弟:同时代的人。

2.22 子曰:"人而无信,不知其可也。大车无輗,小车无軏,其何以行之哉?"

【译解】

孔子说:"如果在一个人人都生活于其中的人类社会之中没有一个为全体人民所同意、所信任、所遵守的作为全体人民共同的行为准则的具有约束力的社会信约,那么我们将不知道这个社会将怎么可能正常运行,正如一辆载重的牛车和一辆载人的马车没有一套对牛或对马的行动具有约束力的套具,我们将不知道这辆牛车或这辆马车将怎么可能正常运行一样。"

【注释】

人:它在这里显然既具有名词的含意,而又具有动词的含意:人和为人(做人),并且它还应从普遍的意义上来理解:人类,一切人。

信:这个字的意义在这里也是广泛的:诚实无欺,言如其人,言而有信,信任,信用,以及作为信的对象:为每一个人所同意,为每一个人所信任,为每一个人所遵守的行为准则和行为规范。我认为,本章中的"信"和"行"的意思不仅是相互联系的,而且是意思相通的。所以,这里的"信"不仅是指诚实无欺、言如其人、言而有信、信任信用等等,而且是指一种能为全社会的每一个人所同意、所信任、所遵守的那种使社会顺利运行、使每一个在社会中生活的人都能畅行无阻地达到自己自由幸福的生活目的的东西——一种具有约束力和权威性的由全体人民所达成的共同信约——它作为全体人民共同的行为准则。因此,"信"也可以理解为:一种言辞("言")所规定了的人("亻")的现实的存在方式、生活方式和行为方式,所以"信"也就是为言辞所规定了的现实的人。这里的言辞不是一般的言辞,而是为全体人民所同意、所信任、所遵守的作为全体人民共同的行为准则的社会信约或国家宪法。不难理解,为自己的言辞所规定并严格按照自己的言辞去生活、去行动,正是人类区别于其他动物的标志,并且如果言辞是为全体人民所同意、所信任、所遵行的作为全体人民自身的行为准则的社会信约或国家宪法的现实形式,那么为自己的言辞所规定并严格地按照自己的言辞去生活、去行动,就是文明人区别于野蛮人的标志了。总之,我们应该肯定地说,从普遍和根本的意义上看,"信"的含意就是指为全体人民普遍同意、普遍信任与普遍遵守的社会信约,这种社会信约为文字所载明,并对每一个同意并信任它的人具有约束力,因此它就是现代意义上的宪法。这种信约或宪法对社会中的人们的行为所起到的规范作用,正如古代大车和小车上的套具对大车小车的行为(它们由牛或马拉着)所起到的规范作用一样,是使全体人民顺利地、畅行无阻地达到自己自由与幸福的目的地的先决条件。

大车、小车:在古代,牛拉的车为大车,事实上也是重车——载重车。牛没有速度,但人们却利用了它能负重而又能耐劳的特性。相反,马拉的车则是小车,事实上也是轻车——载人车。马不能负重,但它却有速度,因此人们利用它具有速度的特性来牵引载人车。

輗(ní)、軏(yuè):这两个字的实际意义,几千年来一直都是人们争论不休的对象,至今也没有定论。人们仍在"辕"、"轭"、"关键"、"木销"、"铁销"等等之中争来争去。我认为,这种争论已无意义,且让我们以如下的认识为满足(特别是在我们发现古代更可靠的文字资料并有时间到民间去作实际的考查之前):它们至少是整个套车工具(或装备)中的某一个构件,而孔子在使用这两个字的时候很有可能是指一斑代全豹的,因此它们可以理解为套车的整套工具。

2.23 子张问:"十世可知也?"

子曰:"殷因于夏礼,所损益可知也;周因于殷礼,所损益可知也;其或继周者,虽百世,可知也。"

【译解】

子张问:"就目前我们所处的那个时代的政治状况来看,你能预测未来三百年的政治制度将怎样发展变化吗?"

孔子说:"人们从现实的政治状况中所看到的那种政治制度的发展变化只不过是一种虚幻的假象,人类政治制度的真实历史只是那种产生于人类古代的理想政治制度的相继与完善的历史。因此,在人类经历过的那几个伟大的历史时代中,殷代继承了夏代的政治制度,并且它在哪些方面作了修正完善,这是我们可以知道的;周代继承了殷代的政治制度,并且它在哪些方面作了修正完善,这也是我们可以知道的;将来,或许当历史以其自身的必然性产生出那么一个以继承周代的政治制度为己任并以周代的政治制度的继承者自命的时代,这个时代的产生即使需要经过三千年,但它将要对它所继承的周代的政治制度作怎样的修正完善,我们也是可以预知的。"

【注释】

世:三十年,这正是从一代人出生到生儿育女从而使新的一代人产生出来所需的大致时间。一世为三十年,那么十世为三百年,百世为三千年。

礼:正义,正义的制度化形式,也即国家的政治制度。

损益:损损益益,也即消除对社会、对国家有害的方面,增进对社会、对国家有益的方面。

其或继周者:将来或许也必然有那么一个自称为"继周者"的世代。

从本章中不难看出孔子的历史观点和政治态度:古代社会的政治制度基本上是良好的和合于理想的,尽管这种政治制度常常被人背叛并使它走到了它的反面,但它毕竟能够在未来的时代中找到真正的继承者,并且新时代的继承者将使它更趋完善。这种代代相继并逐渐完善的政治制度,经过夏商周的相继完善,周朝的政治制度也就是它的最完善的形式。但自从人们背叛了周朝的政治制度之后,它至今还没有找到它的真正的继承者,而这个继承者将会或迟或早地以一种历史的必然形式出现的。在这里我们发现,孔子否认有一个与夏代、商代和周代的相继完善的政治制度不同的理想的政治制度存在,反过来也就是说,任何一个理想的政治制度都只能是夏代的政治制度、商代的政治制度与周代的政治制度相继完善的形式。因此也只有夏代、商代、周代的相继完善的政治制度才是惟一理想的,并且它将最终取代人类社会的各个历史时代中与之相异的一切政治制度而存在——因为它是惟一合理和惟一理想的,因而也是惟一永恒的。在这里我们不难看出孔子对那存在于他所生活的那个社会历史时代里的那种政治制度的无限蔑视,以及孔子对于古代的(它源于夏代)的代代相承的政治制度的信念。当今的人们也许还远远没有忘记,孔子的这种历史观点及其基于这种观点的政治信念与政治态度,曾遭到了最激烈的指责和批判。然而无独有偶,西方最伟大的哲学家柏拉图却抱着与孔子这位东方最伟大的哲学家完全一样的历史观点与政治态度,他对古代合于自然、合于正义、合于理想的政治制度的赞美与景仰,对当时腐化堕落了的完全违背自然与正义的政治制度的谴责与蔑视,几乎和孔子的所作所为如出一辙。这两位被人称为分别塑造了西方人和东方人的思想模式的伟大智者之间所具有的这种历史观点与政治态度的高度一致性,难道仅仅是一种巧合吗?

2.24 子曰:"非其鬼而祭之,谄也;见义不为,无勇也。"

【译解】

孔子说:"热爱崇敬那些并非自己本心真正热爱崇敬的邪恶的对象,如果说这种行为只不过是一个聪明的人在不得已而为之的情况下所做的一种欺骗人的行为的话,那么发现人人生来就热爱的正义而不去热爱追求它,这种行为就纯粹是一种不智和怯懦的表现了。"

【注释】

鬼:这个字本来由"由"、"人"和"厶"("私")三部分构成,意为"由人之私",即从人们自私自利的主观愿望与主观动机中产生出来的损人利己的行为,这种行为总是在暗中或经伪装后悄悄地进行的,在这种行为的损人利己的后果产生出来之前,人们很难识别它。因此这种损人利己的行为具有一种隐秘的、难以捉摸、难以预料的性质。所以人们从"鬼"的这种隐秘的、难以捉摸的、难以预料的意义中引伸出"看不见的阴魂"的意思。孔子在这里显然是在"鬼"这个字的本来意义上使用这个字的,并且在这里特定的语境中,它直接地具有"出自内心"、"发自本心"的意思,而它所具有的"邪恶的"、"不义的"的意思还只是间接的。

祭：古人表示对神的热爱、崇敬、崇拜的一种宗教仪式,这里可以理解为热爱、崇敬。

诌：欺骗,低声下气的言语,那是怯懦软弱的人的行为表现。

勇：这个字下面这一构成部分的"力",本来是"心",因此"勇"的本意是指一种心灵充实和思想上有充分准备的状态,而这种状态就是深思熟虑的状态。"勇"在古代作为"敢"(鲁莽无知)的反意词,其意思事实上就是指一种深刻的理性和以这种深刻的理性作后盾(指导)的坚定不移、始终如一的行为表现。因此在"勇"的本意中包含了现代意义上的"智慧"和"勇气"(或"勇敢")两种意义。但是一个没有智慧的因而对自己行为的性质没有清楚的认识、对自己行为的后果没有清楚的预见的人,其行为是不可能坚定不移、始终如一的,因而这种人不可能具有真正的行动上的勇气。只有智慧才是勇气的不尽的源泉和坚实的基础。一个没有智慧的人只能把自己的生活交给偶然去支配。

八佾第三

3.1 孔子谓季氏:"八佾舞于庭,是可忍也,孰不可忍也?"

【译解】

孔子对鲁国政府中那位姓季的重要官员说:"在这样一个充满危机的世界上,人们却还在把心思用于在宫殿里组织起如此庞大的舞蹈阵容来歌舞升平,如果这样一种事情是那些具有政治头脑与政治责任心的人们所能容忍认可的话,那么,在这个世界上还有什么别的事情是人们所不能容忍认可的呢?"

【注释】

佾(yì):《说文》:"佾,舞行列也。"本字由"亻"、"八"和"月"构成[左右(上下)结构]。"八"的原意是"别","月"的意思是"肉"、"肉体"或"身体"。因此"佾"的意思应是指一种和其身体相区别的人,即人体的重塑与再创的形式——它就是舞蹈,是人体的活的雕塑的艺术。人体的每一个舞姿就是一尊活的雕像,而由一系列舞姿构成的舞蹈就是一尊尊不断变动的雕像。基于这种分析和理解,我认为《说文》将"佾"解释成"舞行列"是不正确的,正确的解释应该是"舞"或"舞蹈"。此外,由于"佾"与"艺"读音完全相同,根据音义相通的原则,那么"佾"即"艺",也即"人体艺术"。"人体艺术"是人们对于舞蹈的最好定义。

八佾:八支舞蹈队伍,八个舞蹈团体。

庭:《说文》:"庭,宫中也。""庭"的本意是适合("壬")许多人进出的("廴")的广厦。

孰(shú):谁,什么,这里指什么事情。

在本章中所提到的季氏,我们不知道他是当时一直掌握着鲁国政府的总理大权的季氏家族中的哪一位具体成员。但从本章的语境分析,在本章中说话的孔子应已是鲁国政府中的重要一员,而这位季氏就是当时掌握鲁国政府的总理大权的人,也许他就是季康子。因此本章中孔子所说的话,应是孔子作为鲁国政府的重要一员,对鲁国宫廷内部盛行的奢靡风气向当时鲁国政府总理所提出的一种坦率而强烈的批评。这种坦率而强烈的批评显然是基于孔子的责任感,基于孔子对于国家理念的自觉以及他对于人民的深厚同情:一方面人民为了自己的国家不得不承受国家税收的重负,而一些自称为人民的代表的国家统治者却不把这些税收用于对国家有益的事情上,而是用于自己的奢侈的消费上。

此外,在孔子生活的时代,恢复古代的制度与古代的秩序,早已是那个生活在四分五裂、混乱不堪的世界中的人民的一种共同的呼声,而孔子作为从这种共同的呼声中产生出来的代表人民的这种共同的呼声的精神领袖,孔子显然认为,鲁国这个由周公直接缔造的并曾经成为全中国的政治制度与历史文化之典范的国家(如果说西周联邦相当于现代美国的 united states 的话,那么它相当于现代美国的 state)对于整个中国的历史文化与政治制度的未来状态负有特殊的责任。然而孔子认为,这个在整个中国的政治发展进程中起到与其曾经享有的历史地位相称的典范作用的鲁国,却一直都很不应该地处在令人悲惋惜的衰落之中,陷入内忧外患的危难境地,甚至由于三家长期对于鲁国的政治资源与经济资源的把持,使得鲁国国不像国了,这些即使对于三家本身也决非是光彩的。因此当这位以恢复和光大古代理想的政治制度为己任的伟大的思想家和政治家成为鲁国政府的一员时,他将以怎样的历史责任感与历史使命感对风靡于统治者内部的麻木不仁的奢靡生活提出怎样严正的指责,也就可想而知了。

这里需要顺便指出的是:孔子所生活的时代仍然处在古代世界的边缘,那时的政治似乎完全脱离了古代政治制度的正轨,然而古代社会的政治信念仍然在支配着人们的心灵。正因为如此,像古代世界里的许多伟大的思想家与政治家一样,孔子不仅可以在社会中自由地、不受干扰和受人尊重地从事其政治的活动,而且还能因此而直接地进入政府,并抱持着古代和平变革与和平改良的政治信念,遵循着古代和平变革与和平改良的政治传统,把政府作为实现其伟大的政治理想的一种可以依靠、可以利用的有力工具。随着时代的变迁,随着春秋战国时代的结束和秦始皇专制制度在汉代的最终确立,孔子实际上的政治思想在那些以儒家自居的解释者们那里却变成了与之根本对立的东西:孔子的政治思想仍完全是古代的、自然的、纯朴的和美好的,在其中仁爱、正义、善、国家、人民乃是以它自身为目的的,但在秦汉以后的解释者们的观点中,仁爱、正义、善、国家、人民则公然地令人深感憎恨地变成了一种手段,而统治和统治者才是目的①。

3.2 三家者以《雍》彻,子曰:"'相维辟公,天子穆穆',奚取于三家之堂?"

【译解】

执掌着鲁国实际的统治大权的孟孙、叔孙和季孙这三大家族,在欢庆节日的歌舞晚会上也以《诗经·周颂》中的《联邦颂歌》作为结束,对此孔子感慨万千地说:"《联邦颂歌》里唱着:'伟大联邦,理想之邦,世界人民投身于它的

---

① 尽管汉以后的儒家也讲孔子的"爱民"和孟子的"民重君轻"的道理,但这只是指人民作为一种手段的重要性,因此"爱民"和"民重君轻"的意思也只是人民作为统治者达到自己的政治目的的一种必不可少的手段,它比之那些还未达到自己的政治目的的统治者所要达到的政治目的本身更具有重要的价值。

怀抱,有如鸟儿飞向蓬莱仙岛。他们欢乐地生活在这理想之邦,有如鱼儿沐浴在辽阔的海洋。他们心心相印,手手相牵,以全民共同的福祉作为自己行动的最高法则;他们就像宇宙的儿女,天生的兄妹,和和睦睦,不分彼此……。'我不知道他们为什么要在自己的家里也挑选这首颂歌来演唱,难道他们现在所统治的鲁国也是一个伟大之邦、一个理想之邦、一个世界人民投奔向往的地方吗?"

【注释】

三家:即孟氏、叔氏和季氏三个氏族,他们都是鲁桓公(公元前711 - 697在位)三个儿子孟仲、叔庄、季友的后代。孟、叔、季意即老大、老二、老三。当孟仲试图夺取王位时,季友则另有所图,并反对这位残暴的兄长的计划,而救了鲁国王位的合法继承人的性命。作为这位合法的王位继承人对于他的奖赏与感谢,他成了鲁国的宰相,大权在握,从这时一直到孔子的时代,鲁国宰相的职位几乎一直为季氏家族所掌握。

大约在孔子出生前的150年间,鲁公的权力大部分落到了三家手中,三家也逐渐加紧他们的控制,其中两家的首脑参与了对两位大公① 即鲁国国王的继承人的谋杀,并在公元前609年,把他们都愿意接受的人扶上国王的宝座。在公元前562年,他们瓜分了国家,包括它的军队和它的大部分岁入,留给鲁公的微乎其微。鲁公只有举行各种只具象征性的礼仪的特权。在公元前537年,孔子15岁时,季氏占据了大半个国家,而孟氏与叔氏又占据了其中的十分之四,鲁国国王所依靠的收入只是三家高兴时给的一些贡物。

雍:这个字原来由"川"、"邑"、"隹"构成[左(上下)右结构],意思是江河("川")汇聚的海洋中的众鸟("隹")栖息之地("邑"),它犹如神话传说中的蓬莱仙岛。从"擁"(即现在简化字的"拥",意为为人们所拥抱珍视的地方)和"壅"(它相当于地理学的"冲击平原"的概念)的本意中,人们也可以看出"雍"具有江河汇聚、众鸟集居的海中之国的意义。《雍》是《诗经·周颂》中最著名的诗篇,它显然是对于西周大联邦的颂歌:这个大联邦有如海洋中的蓬莱仙岛,世界各国人民投奔到这个理想之邦的怀抱,有如世界各地的飞鸟飞向蓬莱仙岛("有来雍雍"),他们幸福欢乐地生活在这理想之邦,有如鱼儿沐浴在辽阔的海洋〔"至止肃肃"。"肃"的本意是在水中("渊")游泳的鱼轻捷快乐地摆动着它那毛巾似的尾巴〕。他们心心相印,手手相牵,以全民共同的福祉作为自己行动的法则("相维辟公");他们就像宇宙的儿女、天生的兄妹,和和睦睦,不分彼此("天子穆穆"。"穆"的本意是无隙的友爱)。

彻:彻底,结束,终场。

维:像美丽的鸟尾巴("隹")似的丝织品("纟"):丝巾、帷布,这种丝巾或帷布往往

---

① 大公或公是西周时对于组成西周联邦的各国政府首脑的旧称,当西周解体之后,乃至在孔子的时代,人们仍然称各国政府首脑为"公"或"大公"。"公"或"大公"是西周政府官员仅次于王位的最高爵位。

是用作车上遮住阳光的华盖,引申为维系、组织、统一、团结(这些词都以"纟"为特征)。

辟:法,它是立足于("立")全体人民("十")的统一意志之上的无上命令("启")。本字由"启"(命令)、"立"(立于……统一性之上)和"十"(一切、全体)构成。"启"是"命"字的变形或转注形式。

公:八厶,背私为公,这里指公共的事业、公共的目的、公共的幸福。

天子:宇宙之子。在古代观念中,天是人类的父亲,地是人类的母亲,人类则是为天地所生所养的儿女。我国以"天"为中心概念的哲学思想和以"天"为中心概念的政治学说,是在西周时期达于成熟与完善的。这种哲学思想和政治学说显然是以对人类存在的宇宙本质的正确认识为基础的。这是人类当时所能具有的最科学最好的哲学思想和政治学说:这种哲学思想与政治学说把人类社会人人平等自由的原则建立在牢不可破的科学理性之上,并从而为人类展示了人类社会那没有奴役、没有压迫、没有剥削的美好前景。

3.3 子曰:"人而不仁,如礼何? 人而不仁,如乐何?"

【译解】

孔子说:"对于整个人类来说,如果人类不能认识自己来源于其中并生存于其中的宇宙的人本主义本质,那么人类便不会知道什么是真正的正义并追求正义;人类如果不能认识自己来源于其中并生存于其中的宇宙的人本主义的本质,人类便不会知道什么是真正的幸福并享有幸福。同样,对于人类的每一个个体来说,一个不知道自己来源于其中并生存于其中的宇宙的人本主义本质的人,就不可能成为一个具有普遍的仁爱精神的人,而一个没有普遍的仁爱精神的人,又怎么可能成为一个行为完全合于正义的人呢? 一个不知道自己来源于其中并生存于其中的宇宙的人本主义本质的人,就不可能成为一个具有普遍的仁爱精神的人,而一个没有普遍的仁爱精神的人又怎么可能成为一个具有自己内在的精神上的和谐与幸福的人呢?"

【注释】

仁:这个字由"亻"(人类)和"二"(天地、宇宙)构成,因此这个字所表达的是宇宙以人为目的的人本主义思想。这个思想认为,宇宙不仅是人类的本原,人类的父母,而且也是人类的家园,宇宙不仅创造了人类,而且也创造了人类赖以生存的一切条件。宇宙之中的万事万物作为人类赖以生存的全部条件,它们对于人类来说都是仁,都是果实,都是善。因此这种人本主义的思想与中国古老的宇宙生存主义和宇宙生态主义学说是完全一致的。老子对这种宇宙生存主义或宇宙生态主义学说作了哲学上的最系统的表达。现在已经凭藉其科学技术知识而进入了太空时代的人类,应该对老子系统表达了的这种宇宙生存主义或宇宙生态主义学说具有更为深刻、更为具体真切的认识。这里的"仁"由于它在这里的语境中所受到的限定是如此之少,我们应从各种不同的角度来理解它。我们不仅应把它理解为名词,而且应该把它理解为认识性与实践性的动词。

礼：正义,作为动词,也就是追求正义。

乐：幸福,作为动词也就是享受幸福或享有幸福。

3.4 林放问礼之本,子曰:"大哉问！礼,与其奢也,宁俭；丧,与其易也,宁戚。"

【译解】

一位自称为森林里的无拘无束的自由人问孔子：人们在实践社会所要求的礼仪、礼节与礼貌的行为准则时应以什么为根本？孔子说："你所提出的问题是一个极其重大的问题！礼仪、礼节和礼貌作为生活在社会中的文明人类对于自身所真正热爱、珍视、崇敬的对象的情感表达,这种表达与其说应是繁文缛节与铺张奢华的,倒不如说应是简单明了与虔诚朴质的。比如对于丧葬中的礼仪,人们与其说是应在丧葬礼仪的外在方面花样翻新、别出心裁,倒不如说是应在丧葬礼仪的内在方面,即在人们的内心中保持自己对于死者真诚的悲哀与怀念。"

【注释】

林放：对于这个人我们目前毫无所知,甚至"林放"本身是否是人的名字也值得怀疑。"林放"很可能是指居住生活在原始森林地区的自由民。"放"的本意是：人们希望进入如人们凭藉方舟才能进入的那种海洋般的没有限制的自由广大的空间("方"的本意是指一种最古老的船只)。

礼：根据本章的语境,它指的是已成为人们的生活习俗之一部分的礼仪、礼节和礼貌,它是人类理性要求人们的全部合理的、正义的、正当的、合适的生活与行为经长期的实践而固定下来的具有普遍一致的社会性的生活与行为模式。在其中,礼仪总是作为一种人们必须履行的社会责任而存在,人们通过它所要表达的是一个社会乃至一种文化中对于那些与人类关系重大的事物的热爱、珍重与尊崇,它以理性为基础,是基于人类共同价值的认识基础之上的共同信念的表达,因此它是人类内在精神之皈依的外在的可见表征。这种表达采取了一种为全社会普遍接受的行为模式,在这种行为中,人的行动受共同一致的行动模式的促动,从而使人们的行动超越了个体的特殊性。在这种行为中,人们摆脱了个人私心和主观热情的操纵,也摆脱了金钱、权力、地位等世俗东西的影响,因此在这种人人必须服从的行为模式之中,它展示的是人类每一个体的存在与价值的真正平等。在这里,任何高人一等的表现,任何势利的观念,都将被认为是不明智、不适当的,并且都将被认为是对全社会的共同价值、共同信念的冒犯。如果说礼仪作为一种社会性的普遍一致的行为范型,它具有某种强制性,那么礼节、礼貌作为一种社会所要求的行为准则,它允许人们保持其个人行为的独立性和个体性,它是一种理性的、自由的、有尊严的人们之间的交往方式,人们通过它所要表达的是人与人之间的热爱、友好和珍重。它同样是以理性为基础的,它是良好的理性与正确的判断指导之下的恰当的行为举止。礼节与礼貌一般地说来是要求普遍地给予每一个人的,但当人们根据自己良好的理性与正确的判断而认定某一个人或某一些人的言行有违于人类共同的价值、信念与准则时,礼节与礼貌对于这样的人便被视为不恰当。在这种情况下,礼节与礼貌依靠人们的良好理性与正确判断而维持了其自身的理性与正义的本质。礼仪也适合于这种情况。因此礼仪、礼节、礼貌总时刻处于与自身的矛盾与冲突之中,但这正是它们借以维持自身并实现自身的理性与正义的价值的一种方式和一种途径。非理性、非正义与缺少道德的行为与礼的本质相冲突,因此它们也不应得到人们礼仪、礼节、礼貌的对待。在一个文明之邦、一个礼仪之邦里,一个不合理、不正义、不道德的行为者别想赢得他人的尊重。

如果说,礼仪(它出现在宗教仪式、国家庆典与民族节日之中)是基于全社会的人对于全人类的共同价值的认识基础之上的共同信念的表达,那么礼节与礼貌则是基于一个文明的因而使自身获得了普遍的社会性的(这种普遍性与其理性的文明化程度相一致)个人对于每一个表现了人类普遍价值的个人的认识基础上的一种具有普遍性的价值信念的表达。因此与礼仪一样,这种表达应是内在精神之皈依的外在的可见表征。它应是由人们自身的内在理性对于一种真正有价值的生活方式与行为举止的发自内心的珍爱与尊崇所直接促动的。出于外在的动机而给予某个对象以礼仪、礼节与礼貌的对待,并利用繁文缛节来装扮真诚与虔诚,这是与礼仪、礼节与礼貌的本质格格不入的。因此礼仪、礼节与礼貌应是人类真情与善良愿望的自然流露,它应只凭藉人们直接掌握的行为举止自身来表达,而不应借助任何外在的东西。任何外在的东西都是对它们的亵渎。孔子全部的言词所表达的也正是这种思想。从本章中不难看出,孔子为我们提供了关于"礼"的最正确的见解。

本:以……为根本,以……为基础,以……为依据。

奢:《说文》:"奢,张也。"这里指的是外在表现上的铺张、炫耀、繁文缛节和哗众取宠。

易:变化,一日一个样,花样翻新,别出心裁。

3.5 子曰:"夷狄之有君,不如诸夏之亡也。"

【译解】

孔子说:"一直被我们称之为野蛮人的东方和北方的部落统治者们之中的许多人,现在也已经具有了令人崇敬的道德品质,他们的行为也已经表现得像一切令人崇敬的具有道德品质的人们的行为那样有所规范,有所遵循,而根本不像那一直被视为历史悠久的文明腹地的中原各国的统治者们那样道德沦丧、品质败坏、无恶不作、无法无天。"

【注释】

夷:住在平原上的东方少数民族,他们以发明和使用大弓而著称。"夷"字本来正是由"大"和"弓"两字构成。

狄(dí)：北方少数民族，他们经常伺机在中原富裕地区进行野蛮的杀戮抢掠，并在杀戮抢掠之后纵火（这种情况不仅见于东方的历史中，而且也见于地中海及欧洲的历史中）。这对于中原那些逃脱了他们的杀戮的人们来说，印象最深刻的是他们所纵的使其家园化为灰烬的大火，而这也正是"狄"这个字产生的历史原因。这个字可直接理解为"纵火的兽类"。

君：具有完美的道德品质的人，这种完美的道德品质是古代社会对于一个国王的理想要求，因此它又转指具有完美的道德品质并因而在道德品质方面可作为全体人民之典范的最高国家元首——国王。

诸夏：住在中原地区的华夏各国，它们本来都具有悠久的文明历史，并一直被视为人类文明的腹地。

亡：没有，不存在。这里"亡"不是指无国王（这是显而易见的），而是指无君王，即无那种具有君子的完美品德因而在品质上堪称人类之典范的国王。

本章的语言环境显然是孔子所处的四分五裂、纷争四起的时代。在这个时代里，支配各国统治者的行为的是他们个人的特权与野心。正是他们所拥有的特权和所怀抱的野心使各个国家都处于内部的倾轧与外部的战争之中。因此我对本章的理解是和杨遇夫先生所著的《论语疏证》对本章的理解相一致的。

3.6 季氏旅于泰山，子谓冉有曰："女弗能救与？"
对曰："不能。"
子曰："呜呼！曾谓泰山不如林放乎？"

【译解】

为了逃避起义者的追杀，季氏带着他的私人卫队逃到了泰山之上，泰山这一历史文化圣地面临着毁与存的考验，为此孔子对一直在季氏手下任职的冉求说："你就不能去说服你的上级，使他放弃抵抗以挽救泰山这一古老的历史文化圣地吗？"

冉求回答说："我无能为力。"

孔子说："唉呀！世界上曾经有哪一个人像你一样把泰山这一历史文化圣地看得像那些无主的原始森林地区一样无足轻重呢？"

【注释】

旅：《说文》："旅，军之五百人为旅。""旅"的本意是站在旗帜下并随之前进的行列。因此"旅"应是指一种军事组织与军事行动。人们把这里的"旅"理解为一种祭祀仪式或祭祀活动是没有字源学的根据的。

冉有：冉(rǎn)求，孔子的学生。他在性格上与品德上和子路完全相反。如果说子路是一个激进的道德主义者，那么冉求在道德上则完全是保守的和被动的。因此冉求在生活中往往是屈从于现实而放弃道德的原则。他对道德原则毫无热情。他在现实面前完全是一个道德悲观主义者,因此,他总是顺从现实,而不像子路那样力求按照道德的原则来改造现实。在某个场合他对孔子说:"不是我不喜欢你的道德理想,而是我深感力量不足。"对此孔子反驳说:"那些力量不足的人总是要尽力走到自己走不动的时候为止,而你却根本没有起步。"

确实,冉求并不是一个道德主义者,而是一个不顾道德原则的所谓"务实主义者"。因此在确定他在现实中所能达到的目标和所能占有的地位时,他表现得冷静而又沉着,在这方面他不愧为一个有才能的人。孔子不会把他视为理想的人,他无法欣赏他,他对他总是抱着一种冷漠的、怨恨的和无可奈何的态度。他慕名而向孔子学习,并成为孔子早期学生中的一员。但当他从季氏那里得到一个职位,他便把季氏看作他步步高升的依靠和出人头地的希望所在。因此,他在其政治生涯中竭力推行季氏的政策而不是他曾经学习过的孔子的学说。在其政治生涯中,他维护的是季氏的权威,而不是道德与正义的原则,这是一个冷酷的务实主义者。自然而然,他成功地获得了季氏的信任,并日渐受宠。孔子也变得对冉求越来越不满,而当冉求帮助季氏推行其增加人民身上已经足够沉重的税赋负担的政策时,孔子便宣布冉求不再是他的学生,并说假如他的学生们都来齐声谴责冉求的话,他是不会反对的。

在季氏的官场中,冉求显得是一个言谈温和的人,一位勤恳的行政官员,但在道德上,他完全是玩世不恭的。在本章中也表现了冉求那种道德上的玩世不恭的态度。

救:设法在获取对象时使对象免遭破坏("求"的本意是爬到果树上摘取果实),也即以一种理性的万无一失的方法去获取对象,引伸为保全、拯救。

本章所记叙的可能是这样一个历史事件(我恳请历史学家们对此加以考证):鲁国季氏家庭中的某位在位的作恶多端的成员,因受到突然占居上风的政治反对派或者起义者(比如阳虎这样的人)的武力攻击而带领一帮人马逃到了泰山之上,并借助泰山这一古老的历史文化圣地的保护(它像欧洲的宗教圣地一样保护一切逃进其中的人,并使其免遭外界任何形式的攻击和迫害)来逃避那已降临到他头上的灭顶之灾。他心想他的反对者决不敢把泰山这一在人们的心目中地位崇高的历史文化圣地变成一个杀人的战场。但另一方面,他的反对者却显得耐心有限,坚持要他投降,否则将进军泰山,从而使泰山这一历史文化圣地面临着毁与存的考验,而这也许正是构成本章的整个语言环境。

3.7 子曰:"君子无所争,必也射乎?揖让而升,下而饮,其争也君子。"

【译解】

孔子说:"也许人们会说,君子就君子而言,他只热心于仁爱与正义的事业,因此世界上并没有什么东西可能会促使他去与人相互争斗,这样,难道他还有必要去掌握那门运用和发挥自己的体能技术并与人一起参加这种体能竞赛的活动吗?我认为,就参加体能竞赛这种活动来说,在体能竞赛活动中,每一个参加体能竞赛的人都相互彬彬有礼地出现在令人注目的竞赛场地,并在竞赛场上各显身手、一展雄姿之后,彼此又同聚一起并相互举杯共饮,因此,如果说这种彬彬有礼的争技斗能的竞赛,也算得上是一种与人的相互争斗的话,那么这种彬彬有礼,相敬如宾,旨在发挥、展示和提高每一个人的身体能力的争斗,岂不也是完全符合君子所倡导的那种行为准则吗?"

【注释】

射:人们一直把这个字理解为射箭。也许由于优越的射箭技能的获得要求人们身体的姿势与身体的动作遵守一定的规则,因此"射"的本意是指身体及动作("身")的技巧与规则("寸"),因而它也可以理解为广义的一切形式的体能竞赛的技巧与规则,如跳高、跳远、跑步、投掷、射击、摔跤等等。从这个古老的"射"字和目前已经出土并在博物馆展出的大量文物来判断,中国古代是有过旨在培养和提高人体体能的各种体能竞赛活动的。当然正像"射"这个字所直接说明的那样,体能竞赛所依靠的不仅仅是体能本身,而且也是对于体能的科学有效的运用和发挥,这也就是技巧、规则。在这里我们是否可以暂且把"射"作狭义的"射箭"理解("射箭"的"射"字与古文的因而也是广义的"射"字不同,它由"身"和"矢"构成,而非由"身"和"寸"构成)呢? 我不知道。就我所知,射箭作为古代一种全民军事训练乃至体育比赛的重要内容,它有如西方的击剑,逐渐地变成了人们社会交往与公共娱乐中的重要内容,卓越的射箭技能和卓越的击剑技能一样,能够使人们赢得社会的声誉与社会的尊重。因此对于上流社会或一切想进入上流社会的人们来说,熟练地掌握射箭的技能像熟练地背诵《诗经》一样是非常重要的。

我不知道如果我和人们一样把"射"理解为"射箭"是否完全的正确? 我不知道我们是否更应该按照古文的本意把"射"理解为广义的体能竞技? 我不知道在西周联邦之中肯定存在的(不论从"射"字本身来看,还是从出土文物来看)全民性的体能竞技活动是否随着联邦的解体而已完全消失,以至于到了孔子的时代只剩下射箭比赛而已? 我不知道,即使孔子的时代里那种广义的体能竞技活动已经不复存在,但那个以继承与发展西周文明为己任的孔子在本章中所说的"射"是否仍然指的是一种广义的体能竞技活动呢?

在经历了一番踌躇之后,我还是决定对"射"作广义的理解。并且我有一种想法,关于那个由"身"和"矢"所构成的"射"字,我想它的本意也不是指射箭("矢"作为动词,它本身就具有射箭的含意),而是指像射出的箭一样的身体运动——奔跑。因此,很有可能的是,它的本意是赛跑。管子在表述他的经济学理论和经济学观点时,有"重射轻泄"一语(见《管子》一书),其意思是:如果一个国家在政策上重视乃至鼓励商品的生产和商品的流通,那么人们就会竞相投入(有人把这里的这个"射"字理解为"竞相追逐")这种商品生产与商品流通的活动中;如果国家在政策上不重视乃至限制商品的生产和商品的流通,那么人们竞相投入商品生产与商品流通的积极性就会付之东流(消失)。可见"射"的本意是竞跑、竞赛。

揖(yī):《说文》:"揖,……手箸胸曰揖。"把一只手按在胸前(胸口),稍稍弯着腰向别人点头,示意请别人为自己让路。同时这也是一种相互表示敬意的方法。"揖"由"扌"、"口"和"耳"构成。"耳"意指身体的上半部分,它与"身"字的区别是:"身"指整个身体,包括脑袋、双手和双脚。

升:登上,像太阳一样,以一种引人注目的姿态出现在众人之前。这个字本来由"日"和"升"构成。

3.8 子夏问曰:"'巧笑倩兮,美目盼兮,素以为绚兮',何谓也?"

子曰:"绘事后素。"

曰:"礼后乎?"

子曰:"起予者商也!始可与言《诗》已矣。"

【译解】

子夏问孔子说:"'她那鲜艳的笑脸好像早晨鲜红艳丽的太阳,她那美丽的眼睛好像夜晚璀璨夺目的星光,她那纯朴自然的言谈举止更是灿烂而辉煌。'《诗经》中的这首诗所要表达的究竟是什么意思呢?"

孔子回答说:"后天的人工雕饰的美与先天的自然纯朴的美相比较,永远只是一种低级的美。"

子夏说:"推而论之,我岂不是也可以说:人们后天获得的循规蹈距的行为举止与之人们先天具有的美德相比较永远是一种低级的东西吗?"

孔子说:"你说得很好,我的子夏呵,你的话将促使我去对这个问题作进一步的思考!从现在起,我可以开始与你一起来借用《诗经》中的诗句交谈了。"

【注释】

倩(qiàn):人的容貌有如早晨鲜红的太阳。《说文》:"倩,东方色也。"

盼:目光纷乱,眼花缭乱。只有美丽的、珍贵的、为人所热爱、为人所期望的、光彩夺目的事物才能引发的感觉。用一个"盼"字来描绘人们见到那种使人一见钟情的情人时的感受是非常合适的。

素:白色的也即本色的棉布,它相对于人工染色的棉布而言。因为棉花(也许还有羊毛和蚕丝)的本色就是白色,由它纺织而成的布匹也应是白色的。"素"的本意可以理解为生就的纺织品的色彩,保持着天然色彩的纺织品,因为"素"由"生"(天生的、天然的)和"糸"(丝线、布匹)构成。

绚(xuàn):由几种色彩的丝线所织成的布匹有如阳光一样,它包含了阳光所包含的五颜六色。我们知道,阳光由七种色彩不同的光线组成(色彩是不同波长的光波在人们视觉感受器上所产生的不同的视觉效果)。

"巧笑倩兮,美目盼兮……":这是《诗经·卫风·硕人》一诗中的诗句。

绘：它的本意是指用几种色彩不同的丝线（"纟"）所进行的编织（"会"）活动，引申为任何一种形式的色彩的组合活动（如绘画）。因此"绘"又具有"美丽的"的意思。从这个"绘"字不难看出，古人的生活与古人的活动是把技术与艺术完美地结合在一起的。

绘事：像编织美丽的锦缎和绘制美丽的图画那样进行工作——精心雕饰。

后：在……之后，在……之下，比……为劣。

绘事后素：这句话的语法结构相当于英语的 Something is behind something，其直接的意思可理解为 The beauty deliberately worked out by human is behind which by nature（人工雕琢的美与自然的美相比，永远只是一种低级的美）。

礼：这里指通过后天的学习模仿而获得的合于社会习俗的循规蹈矩的行为举止，也即只有礼的外在形式而没有礼的实际内容的行为举止。

起：促使，促动。

3.9 子曰："夏礼，吾能言之，杞不足征也；殷礼，吾能言之，宋不足征也。文献不足故也，足，则吾能征之矣。"

【译解】

孔子说："就夏代的政治制度而言，我对它所能说的是，人们并没有充分的根据认定可以用夏禹的后代们所统治的杞国的政治制度来对它加以说明；同样就商代的政治制度而言，我对它所能说的是，人们并没有充分的根据认定可以用商汤的后代们所统治的宋国的政治制度来对它加以说明。相对于西周的政治制度而言，我们之所以对夏代和商代的政治制度中的许多细节知之甚少，那是因为至今我们所获得的流传于世的有关夏代和商代的政治制度的历史文化资料很不充分的缘故。如果我们能够获得足够的有关夏代和商代的政治制度的历史文化资料，那么我就足以能够向人们阐明夏代和商代的政治制度的每一个细枝末节。"

【注释】

杞(qǐ)：杞国，它的国王是夏禹的后代，周武王建立的西周联邦分裂解体之后，它因国家弱小，屡经迁移，并最终为他国所吞灭。

征：证明，正确地加以说明。

宋：宋国，它的国王为商汤的后代，都城在今日河南商丘县南，国土最大的时候，其疆域在现在河南商丘以东、江苏徐州以西。战国时为齐、魏、楚三国所瓜分。

文献：公之于众、流传于世的历史文化资料。

3.10 子曰："禘自既灌而往者，吾不欲观之矣。"

【译解】

孔子说:"在向上帝祈祷的仪式之中,自从人们开始向上帝摆上香食、献上美酒之后的整个与此相继的活动,我就不想看见它们了,因为这些纯粹外在的繁琐活动与人们对上帝所应抱持的虔诚的崇敬态度、与人们的内在精神对于上帝的善良意志的皈依毫无关系。"

【注释】

禘(dì):从字源上看,它应是指祈祷上帝并对之表示崇敬的仪式。"帝"的本意是指住在地球上的四面八方的森林所指向的太空之上的至高无上的神,这个神被认为是人类及整个宇宙万物的原因和统治者。

既:本意是指芳香四溢的小食品,它令人馋涎欲滴,以致想立即将它吞下。《说文》:"既,即食也。""即食"意为迅速地吃下,引伸为迅速、立即、迅即、立刻……。这里作为名词,意指向上帝敬献的芳香食品。

灌:浇灌,这里指把酒倒在杯子里,并向上帝献上。

往:一直进行下去的整个活动,与此相关的全部活动,与此相继的全部活动。

本章所表达的是孔子对于没有内在心灵之皈依而只有繁琐的外在形式之表现的向上帝祈祷的仪式的蔑视。

3.11 或问禘之说,子曰:"不知也,知其说者之于天下也,其如示诸斯乎!"指其掌。

【译解】

有那么一个人向孔子问到有关人类为什么要向上帝祈祷的理论问题,孔子说:"我不知道,我不知道人类为什么要向上帝祈祷。如果有人知道人类为什么要向上帝祈祷的原因的话,那么他对于支配人类命运的整个宇宙的了解,"他指着自己的手掌,"将犹如我对于我的手掌上的清晰显示着的条纹的了解一样清楚无疑了。"

【注释】

禘之说:关于人们向上帝祷告的学说、理论,也即人们为什么要向上帝祷告。说(shuō):说法,学说,观点,理论。

示诸斯:在这上面(手掌)所显示的。

3.12 祭如在,祭神如神在。子曰:"吾不与祭,如不祭。"

【译解】

当人们表达自己对于自己所崇敬的对象的崇敬之心时,人们应该在自己的心灵中真切地感受到这个可崇敬的对象的真实存在有如就在眼前;同样,当人们表达自己对于自己所崇敬的神的崇敬之心时,人们也应该在自己心灵中真切地感受到这个可崇敬的神的真实存在有如就在眼前。孔子说："如果我在我的行动中不真心实意地努力使自己与自己所崇敬的对象保持一致,并真心实意地服从这些对象,那么这就等于我对于这些可崇敬的对象根本没有崇敬之心,我也根本没有真心实意地向它们表示过崇敬。"

【注释】

在:存在,现实的直接显现在人们的感官之前的具体的实在。

祭:奉献我所拥有的最好的食品,以表达我的崇敬之心,这是"祭"的本意。因此"祭"应是崇敬之心的表达,是崇敬之心的外化了的可见表征,引申为抽象的"崇敬"。

与:赞成,服从,与对象保持一致。

3.13 王孙贾问曰:"'与其媚于奥,宁媚于灶',何谓也?"

子曰:"不然,获罪于天,无所祷也。"

【译解】

卫国政府的一位官员王孙贾问孔子:"俗语说:'与其去巴结取悦司库,还不如去巴结取悦司厨。'这一俗语想要表达一个什么样的道理呢?"

孔子说:"这一俗语毫无道理。我认为,只要人类违背了上天的正义,那么人类的幸福也就无可挽回地失去了,除非每一个人都来努力使人类社会恢复上天为它所确立的正义,否则,即使人们每天向上天祷告也无济于事。人类的幸福只存在于上天为它所确立的正义的关系之中,而投机取巧的生活中并不存在真正的幸福。"

【注释】

王孙贾:卫国国王卫灵公的大臣,卫国政府的高级官员。

媚:取悦。《说文》:"媚,说(yuè)也。""媚"的本意也许是"一个眼睛具有引人注目的上睫毛的女性是非常美丽可爱的。"

奥:大米仓,这里转指大米仓的主管,即司库。

灶:烹饪食品的装置,转指厨房,再转指厨房的主管,即司厨。

"与其媚于奥,宁媚于灶":这显然是当时流行的俗语,意为"与其去巴结司库,倒不如去巴结司厨"。这一俗语表达的是这样一种人生观:生活即投机。这种人生观把人的幸福建立在投机之上,认为只要自己具有足够的明智来判断哪些人物是最直接地支配着自己的利益的人,那么自己就可以设法去取悦他们,并从他们那里获取自己所直接需要的利益,这样自己的幸福也就有了保障。这种人生观显然是一种低级的、下贱的、没有身份的奴仆的人生观,他们只以赚一碗好饭吃为目的。

天:宇宙,它是人类存在的终极的本原,也是人类自由与幸福生活的终极的背靠。宇宙不仅是人类共同的创造者、人类共同的父亲和母亲,而且也是人类自由幸福的生活的共同家园与共同财富。因此人类作为具有着共同的父亲和共同的母亲、共同的家园与共同的财富的兄弟姐妹,他们在整个宇宙中的生活永远应该是相亲相爱和自由幸福的,这正是作为人类共同的父亲和母亲的宇宙为作为他的儿女们、为作为兄弟姐妹而生活着的整个人类所确立的正义。如果人类违背这种正义(如孔子所说的那样获罪于天),那么人类就将失去他与生俱来的幸福。除非人类社会重新回复到宇宙为人类确立的相亲相爱、平等自由、彼此作为兄弟姐妹而存在的正义秩序之中,那么人类就将不可能拥有真正的幸福,向上天祷告也将无济于事。

3.14 子曰:"周监于二代,郁郁乎文哉,吾从周!"

【译解】

孔子说:"周代的那些伟大的政治家们借鉴夏商两代的政治制度的得与失,汲取夏商两代的政治制度的经验与教训,精心创制缔造了自己文明理想的政治制度,而我就是这种文明理想的政治制度的追随者!"

【注释】

监:繁体字为"監",由"卧"和"皿"构成。我们曾经讨论过,"卧"由"臣"和"人"构成,它的意思是一个人在他人眼睛中的倒影。不难理解,"监"的意思也就是人们通过器皿中的液体(水)的光线反射所看到的自己在液体中的倒影。在这里器皿中的液体所起到的作用就是一面镜子的作用,因此"监"与"鉴"的意义相同,其引伸的意思也就是鉴别、分辨、审察以获取知识、汲取经验与教训。

郁:繁体字为"鬱",本意是装在罐子里的米酒被置于密林之中,以使米酒变得纯美而芬芳。后来,这个字从其本意中分化出两种意义,一是浓烈的芳香(相对于被置于密林中的米酒而言),这一意思也就是人们常用的"馥郁"一词的意义;一是繁茂(相对于酒罐所在的密林而言),这层意思也就是人们常说的"郁郁葱葱"的意思。此外,人们还从"繁茂"的意思中引伸出"众多"、"拥挤"、"堵塞"、"闭塞"等等意思,如"忧郁"、"抑郁"、"郁闷"等词语中就包含着这样一些意思。根据本章的语境,这里的"郁郁"应从"郁"的本意来理解,我们可以把它理解为精心创制,精心塑造,就像那些刻意酿造出芬芳四溢的美酒的人们所进行的工作一样。

文:文明,即通过宪法和法律公开言明的社会权力构架和行为准则。这里指文明的理想的政治制度。

3.15 子入太庙,每事问。

或曰:"孰谓鄹人之子知礼乎?入太庙,每事问。"

子闻之,曰:"是礼也。"

【译解】

每当年轻的孔子走进人们在其中举行向上帝祭祀礼拜的仪式的国庙时,他对人们在祭祀礼拜中的每一个举动都要提出疑问。

对此,有些人便纷纷议论说:"有谁能够说那位陬地人的主管的儿子是一个精通各种礼仪的人呢?他一走进国庙便对人们在祭祀礼拜中的一举一动问个不停:'这是必须的吗?那是必要的吗?这样是为了什么?那样又是意义何在?'"

孔子听到人们这样纷纷议论他,他无不揶揄地说:"我一旦遇到自己所不懂得的问题便向别人提出疑问并向别人求教,这也是符合社会交往的礼仪的。"

【注释】

太庙:国庙,国人到其中向上帝及四方诸神祭祀礼拜的宗教建筑,也是国王向上帝及四方诸神祭祀礼拜的地方。据传说,在举国一致的祭祀礼拜之日,列祖列宗的亡灵也会来到太庙之中并陪同自己的子孙一起向上帝及四方诸神祭祀礼拜。太庙与宗庙不同,宗庙是向列祖列宗的亡灵祭祀礼拜的地方。有人把这里的太庙理解为祭祀鲁国开国太祖周公的庙宇,我看这并不一定正确。我倾向于认为,太庙不是人们到其中向周公的亡灵祭祀礼拜的庙宇,而是周公本人在世时也到其中向上帝及四方诸神祭祀礼拜的庙宇。这样的庙宇是属于全民的。

"子入太庙,每事问":我同意高专诚先生①的观点,它所表达的是孔子对于当时鲁国社会所普遍采用的那种繁琐无聊的祭祀仪式的讥讽与轻蔑,认为这种繁琐无聊的祭祀仪式与人们对于上帝所抱的虔诚与崇敬之心无关,并且它玷污了这种虔诚之心。

陬(zōu):鲁国地名,在今山东曲阜东南。

陬人之子:孔子的父亲叔梁纥曾在陬地任职,是这一地方的政务总管,因此"陬人之子"指的就是孔子。

本章的时间背景可能是:孔子还很年轻,但已有满腹学识并因此享有一定的声誉,他的言行也因此而开始引起人们的注意。孔子在本章的表现是非常机智而风趣幽默的。孔子的行为和人们对于孔子的行为所作出的反应都是富有喜剧色彩的。孔子以揶揄的态度对人们在礼拜活动中所做的一切提出疑问,人们却误认为他不懂这种礼拜活动中的各种礼仪。而面对人们对自己不懂礼仪的纷纷议论,孔子以同样揶揄的语气反驳说:不懂礼仪而向人们提出疑问,以向别人求教,这本身就是一种懂得礼仪的表现。

3.16 子曰:"射不主皮,为力不同科,古之道也。"

【译解】

孔子说:"体能竞赛并不是以人们自己所直接拥有的那种外在的、显而易见的身体能力作为竞赛的主要对象,而是以人们运用自己所直接拥有的

---

① 高专诚先生是山西省社会科学院的青年学者,是青年的孔学专家,美国 H.G. Greel 所著的《孔子与中国之道》一书的翻译者。

那种外在的显而易见的身体能力的技术与技巧作为竞赛的主要对象,因为只有通过技术与技巧的运用,才能使人们自己所直接拥有的那种外在的显而易见的身体能力显示出真正的差别,因此体能竞赛总是在同一个性别、同一个年龄组乃至同一个体重级的人们之间进行的体能竞技。体能竞赛就是体能竞技,这也是人类自古以来对于体能竞赛的一致看法。"

【注释】

射:体能竞技,体能竞赛。

皮:身体与外界相接触的并能为人们的手直接触摸到的部分,即身体的表面。"皮"由"尸"(身体)、"又"(手的触摸)和一个标志外部世界的符号组成,引伸为外在的、表面的、显而易见的。这里的"皮"与"为力"相联系,意指人所具有的那种外在的、显而易见的身体力量(体力)。

为力:运用身体的力量,以一定的方法与技巧使身体的力量发挥出来。

科:稻谷量的一个数量单位或数量等级,转指一切事物的等级差别或门类差别。

道:看法、观点、认识。

3.17 子贡欲去告朔之饩羊,子曰:"赐也!尔爱其羊,我爱其礼。"

【译解】

子贡在政府任职期间,主张在向全民宣告每月初一的到来的仪式上取消宰杀一只精心饲养的肥大山羊的做法,对此,孔子对子贡说:"我的子贡呵!你我都反对在这一仪式中宰杀山羊这种繁琐而又血腥的做法,但你爱惜的是这个仪式上的那只山羊,它完全没有必要地被宰杀了,而我爱惜的却是这个仪式上的那个礼仪本身,即在这样的仪式上宰杀山羊这种繁琐而又血腥的做法完全掩盖了人们通过这一仪式来向国民传达的旧月结束、新月到来的重要意义本身。"

【注释】

朔:月球绕地球运行一周之后返回到它的起点,这个起点也就是夏历的每月初一。

饩(xì)羊:吃精饲料长大的羊,事实上也就是喂养得又肥又大的羊。饩:谷物、饲料。

爱:关心。

本章所表达的意思并不是在于要不要在宣告每月初一的到来的仪式中宰杀一只山羊的问题上孔子和他可能已在鲁国政府中任职的学生子贡之间存在着什么意见分歧,而是在这个问题上各人的立足点不同。子贡考虑的是一只羊被不必要地杀死了,孔子考虑的则是宣告每月初一的到来的重要意义(它正是人们通过礼仪所要表达的内容)被这样繁琐的然而又是血腥的步骤掩盖住了。从这样一种繁琐而又血腥的仪式上,人们所注意到的往往不是告别旧月迎来新月的重要意义,而是主持仪式的人们怎样牵来一只又肥又大的羊,又怎样把它杀死等等。因此孔子认为这种做法不仅是与礼即向全国人民宣告旧月过去新月来临的主要意义不相关的,而且是于礼(即仪式所要表达的意义)有害的。

在远古时代,我们的祖先就有了太阳、月亮的运动所标志的时间就是对于人类活动的命令的观念,这也就是"月令"、"时令"的本意。人们要获得农、林、牧、渔各业的丰收,就必须按照时间所下达的命令去工作。因为时间的命令是神圣的(现在我们能够在一定的空间里控制动植物生长的条件,因而我们似乎也可以不再听从时间的命令而获得种植业的丰收)①。不难理解,由于时间是由日、月、星辰的运行位置来决定的,因此时令也就是天令,时间的命令也就是上天的命令。我们的许多传统节日都与重大的时令有关,这些节日和本章所谈到的告朔的礼仪一样,其表达的是古人对于时间的普遍重视。

3.18 子曰:"事君尽礼,人以为谄也。"

【译解】

孔子说:"做一个堂堂正正的君子就是要竭尽全力地按照理性与正义的原则行事,可悲的是,现在社会中竟然有人认为这是一种有失尊严的低声下气、自轻自贱的做法。"

【注释】

礼:理性的原则,正义的原则。

3.19 定公问:"君使臣,臣事君,如之何?"

孔子对曰:"君使臣以礼,臣事君以忠。"

【译解】

鲁国君王定公问孔子说:"为了实现国家统治的目的,我设想应该建立这样一种行政制度,在这种行政制度中,各种行政职务都应由君王来任命,而各个担任行政职务的人在行使其职权时应对君王负责,你认为这种行政制度怎么样呢?"

---

① 由于人们认识到农林牧渔各业的丰收与否主要取决于人们是否按照日、月、星辰在天空中的运行位置所标志的时间去工作,由于人们认识到万物的生长规律与整个宇宙的运动规律的必然联系,因而万物的乃至于人类的存在状态乃是一种为整个宇宙所决定的状态,因而人们从这些认识中进一步地获得了天命的观念。这种天命观念是完全科学的,因为这种天命观念也就是现代意义上的宇宙生态主义的观念,这种宇宙生态主义的观念正是把整个生命形式看作是一种为整个宇宙状态决定了的存在。

孔子回答说："这种行政制度未尝不好,但是我要强调指出的是,君王在依据这种行政制度而把各种行政职务任命给人们的时候,必须要以理性正义为指归,同样,各个担任行政职务的人们在依据这种行政制度而行使其对君王负责的职权时,必须要以公平正义为准则。"

【注释】

定公:鲁国国王(公元前509－495),昭公之弟,继昭公之位,在位十五年。我们说过,早在孔子出生之前,鲁国国王(大公)的权力大部分落入了三家手中,三家依靠阴谋和罪恶而成为鲁国的实际统治者。公元前517年(如果这个时间没有搞错的话)昭公为了挣脱三家强加给自己的傀儡地位而曾带领一伙人企图杀死三家的首领(季孙),但三家之一的叔氏搭救了他,使他勉强逃脱了,昭公也不得不因此而逃到齐国,在那里过起了被放逐的生活。季氏定期送马匹、衣物和鞋子给昭公和他的随从,但不允许他返鲁(从季氏的这种做法之中,似乎表明那时的政治还保留了某种最低程度上的人道与文明,而到了战国以后的时代,这种最低程度上的人道与文明就似乎荡然无存了)。昭公在国外过了七年流亡生活之后死在国外。不言而喻,定公作为三家所选定的昭公的继位者,他也只能是一个政治上的傀儡,他的权力完全是象征性的。尽管他也像他的前任一样,想利用他人的支持来恢复自己的权力。

君:普遍无限的宇宙道德的主体,具有理想的道德人格的人。这里的"君"与"臣"的意义相联系,指具有理想的道德人格的国王,一种在国家政治生活中有能力有智慧运筹帷幄、把握全局的哲学家式的理想国王,他应是人类美德与智慧的化身。

臣:人的视觉器官——眼睛,引伸为一切特化的或专门化的感觉与活动的功能器官,它们都是与人们的中枢神经系统相联系并在人们的中枢神经系统所产生的自觉意识的调节和指导之下工作的,再由此引伸为一切在国家政治生活中负责具体工作的各级官员(包括每一个直接的从事生产劳动的人在内)。因此"臣"既是指在国家生活中担任重大职责的特殊的高级管理者,又是指在国家生活中担任一般职责的普通民众(臣民)。

使:它的本意是公正地、不偏不倚地行使职权并主持正义的人及其活动。《说文》:"使,伶也。"因此把官职("吏")任命给人("亻"),或让人("亻")来担任官职("吏"),这应是"使"的应有之意。当然"使"仍然显示了我们古代那个理性与理想主义的文化特征,因为"吏"指的是始终如一、不偏不倚的持中者,或始终如一地按照不偏不倚的公平正义的原则行事的人。

注意,古代"事"的概念是一个职责的概念,因此,"事"作为名词就是指职业、职务、事业、事务;作为动词就是指从事职业并对之尽职尽责。如果它有服从的意义的话,那也是服从自己的职责而已。理解了"事"的本意,我想我们就不能不认定,对于本章中的"礼"和"忠",我们也只能按照它们的本意来理解。这样,我们就不会把本章理解为一种与秦汉以后的君王具有至高无上的权威的专制制度和专制思想完全一致的东西。要知道,孔子的时代是以王权的衰弱无力为特征的。君王(大公)的权力完全被大夫所蚕食,君王的地位被大夫们削弱到几乎是令人同情的程度,因此那时还根本谈不上专制。

3.20 子曰:"《关雎》乐而不淫,哀而不伤。"

【译解】

孔子说:"《关雎》这一诗篇所表达的爱情令人快乐而又不令人放荡,令人怜悯而又不令人忧伤。"

【注释】

《关雎(jū)》:《诗经·国风》中第一首广为传唱的著名诗篇:"关关雎鸠,在河之洲,窈窕淑女,君子好逑……"这首诗表达的是一个年轻的男子对于一位年轻的女子的爱情的忧伤:这位男子对这位女子一见钟情,欢乐的爱情的波涛随之在他的心中日夜不断地汹涌,正当他就要被无望的爱情的汹涌波涛所淹死的时候,他对这位女子的爱情本身给了他以希望和力量——他决定要尽一切可能地去博取这位美丽可爱的姑娘的欢心。至于他能否如愿以偿,我们还是不得而知。

淫:《说文》:"久雨为淫。"降雨本是必须的好事,但过多的降雨将会使好事变成坏事。因此"淫"具有如下抽象的引伸意:过度的、过分的、失当的、不正常的、不好的。人们通常所说的"淫乱",指的就是因过分、过度、不适当所产生的漫无节制的状态,这种状态也就是放荡。

哀:拼命把脖子缩进衣领里,以致嘴巴也缩到衣领之下了。因此"哀"所表达的是一种忧虑、失意而又自悯的情感。自悯的情感将防止人们的忧虑与失意化作悲伤。《说文》:"哀,闵也。"

3.21 哀公问社于宰我,宰我对曰:"夏后氏以松,殷人以柏,周人以栗,曰使民战栗。"

子闻之,曰:"成事不说,遂事不谏,既往不咎。"

【译解】

鲁国君王哀公向宰我请教有关以某一树种作为一个国家的政治制度的象征问题,宰我回答说:"夏代的政治家们选择了长青的松树作为他们所建立的国家的政治制度的象征,商代的政治家们选择了长青的柏树作为他们所建立的国家的政治制度的象征,而周代的政治家们则选择了栗子树作为他们所建立的国家的政治制度的象征,其意思是说他们所建立的国家的政治制度要使他们的人民像栗子树上的栗子那样战栗不已。"

孔子从他的学生们那里听到这件事之后,他对他的那些在自己面前发泄对宰我的强烈不满与义愤的学生们说:"对于那些已经成了既成事实的事情就不必再去探讨论述,对于那些已经有了最终结局的事情也不必再加分析评论,对于我现在吞下了我往昔种下的苦果,你们也不必再来责备和处分我了。"

【注释】

宰我：名予，字子我。他是孔子学生中的一个反面人物，在《论语》中，共有六章和他有关。孔子说宰我能言善辩（《先进十一》），但正如孔子自己所认定的那样，单纯的能言善辩并不是什么优点。如果没有美德作基础，那么能言善辩就会混淆真理与谬误以及善与恶的区别，并把真理说得好像是谬误，把谬误说得好像是真理，把善说得好像是恶，把恶说得好像是善。孔子说："予之不仁也！"（《阳货十七》），可见宰我确实不是那种具有美德的能言善辩的人。宰我对孔子的仁本主义政治学说抱着一种轻漫和嘲讽的态度，并尽其歪曲理解之能事（《雍也·第六》）。此外，他是一个言行不一、有言无信的人，对此孔子说："我从前仅仅听到人们所说的话，就以为人们会将其付诸行动，但现在我听了人们所说的话之后还要观察他们的行动，我从宰我那里得到的经验导致了我认识上的这种变化。"宰我还有一种令孔子无法忍受的坏品质——懒惰，当孔子有一次发现宰我在白天里睡大觉时，他气愤得几乎要用手杖打他（《公冶长第五》）。也许孔子和列夫·托尔斯泰一样，认为精神与肉体上的懒惰是一切谬误与罪恶的根源。在本章中，我们所看到的则是一个无中生有、信口胡说的宰我。据孟子说，在孔子去世之后，宰我也成了孔子的忠实信徒，这是否是在新的历史时期中，孔子学说重新获得了比之以前更为普遍和更为巨大的影响力之后，宰我所采取的一种投机的态度？我们对此一无所知，我们只能说，各种可能性都是存在的，那时孔子学说的信徒们再次作了重整乾坤的努力。

社：《说文》："社，地主也。""社"由"示"和"土"构成。意为主人（最初的占有者）在上面作了特殊标记（"示"）的土地（"土"）。《说文》还说："周礼，二十五家为社，各树其土所宜之木。"其中的"社"意即社区，而《说文》所说的全部意思是：根据周代的法律规定，二十五个家庭便可组成一个社区，各个社区应在其所拥有和管辖的土地上栽种适合在其土地上生长的树木。不难理解，那种特别适合在某个社区所拥有的土地上生长的树木就可以成为这个社区的特别标志。可以理解，每一个社区所在的地理区域的土质和气候水文条件必然是特殊的，因而最适合在这种特殊的土质与气候水文条件下生长的树木也必然是特殊的，尽管不是惟一的。对于一个国家来说也是如此。因此，正像人们可以以一种树木来作为一个社区的象征与标志一样，人们也可以以一种树木来作为一个国家的象征与标志，这种象征与标志和现代的人们以一种花作为一个国家、一个城市的象征与标志的意义是一致的（人们把那些作为国家或城市之象征与标志的花称作国花或市花）。可以理解，国树的确定（选择）犹如国花的确定一样，往往取决于国都的所在地的特殊的土质及气候水文条件适合于哪一种特殊的而又具有美学价值的树木的生长。因为适合于在一种特殊的土质与气候条件之下生长并同时具有美学价值的树木往往并不是惟一的，因此当一个国家在选择某种树木作为国家的象征与标志时，其政治思想、道德观念以及由此所决定的价值标准与审美情趣将在其中起决定作用。不同的政治思想、道德观念以及由此所决定的价值标准与审美情趣将会作出不同的选择。在现代，这种选择可能会更多地受到传统的影响，但在古代，传统的力量是微弱的，因为传统还在形成之中。

问社：问社之象征与标志，即问人们曾经是用什么样的树木来作为自己国家及其政治制度之标志的。

栗：栗子树，落叶乔木，它也许是其果实可供人类食用的果树中最高大而又最长寿、最高产的树种，它的果实是一种珍贵的高能量、高油脂的最具营养的食物。栗子树的果实是一种坚果，果壳坚硬，果实不大，但数量众多，在风的吹拂之下会左右摇晃，以至于相互撞击。后来人们用栗子树上的栗子在风的吹拂之下左右摇晃、相互撞击的现象来比喻人身处危险时的那种担惊受怕、诚惶诚恐以至于战战兢兢的身心状态。因此在后来的人们的语言中，"栗"既指栗子树，又指挂在栗子树上的栗子，还指像栗子树上的栗子一样的颤抖的恐惧的心身状态。后来人们为了防止混淆"栗"的实际意义与比喻意义，又创造了一个"慄"字与"栗"字相区别。现在仍简化为"栗"。

谏：本字由"言"和"柬"构成。《说文》："柬，分别简之也，从束从八。八，分别也。"可见"柬"的本意就是分辨文章自身的逻辑和条理，并据此而把它们装帧成册，引伸为分辨、分析和罗列、汇集。而"谏"的意思就是分辨是非，分析原因，罗列理由，这也就是我们现在意义上的分析评论，"谏"的晚近的引伸意是批评、劝阻。

既往：吞下已经发生的往事，忍受已经做出的错事的后果。"既"的本意是迅速吃，即吞下。因此"既往"的本意是指过去已经吃下的东西，人们再也无法将它吐出来。不难理解，"既往"有"以往做过的自作自受的傻事"之意。

咎：本意有按罪量刑，按功受赏，后来变成了一个偏意词①，意为按罪量刑，按照不同的罪行而判以不同的刑罚，引伸为处罚，责备。

本章显然是讲孔子的学生宰我所犯的一个严重的错误，这个错误引起了孔子的其他学生的普遍而又强烈的义愤，而孔子则在竭力缓和这一义愤。宰我所犯的严重错误是：他完全误解了栗子树作为周代的国树的象征意义。本来他应该这样理解：夏商两代以松柏作为其国家的政治制度的象征与标志，这只表明夏商两代的政治家们希望他们所建立的政治制度能够像松柏那样青春长在、永不衰老，而周代以栗子树作为其国家的政治制度的象征，则表明周代的政治家们希望他们所建立的政治制度能够像栗子树那样以仁为目的，以仁为追求(因为栗子所结出的果实，它就是仁，它是整个宇宙的仁本主义本质的表现)。

3.22 子曰："管仲之器小哉！"

或曰："管仲俭乎？"

曰："管氏有三归，官事不摄，焉得俭？"

"然则管仲知礼乎？"

---

① 偏意词是相对于古代语言中的那些具有正反两方面的含意的词而言的。由于在语言或词意的演化中，人们只使用这种具有正反两方面的含意的文字中的一方面的含意，这样，这个本来具有正反两方面的含意的文字也就因此而只剩下一方面的含意了，这样，这个具有正反两方面的含意的词(字)，也就成为偏意词(字)。

曰:"邦君树塞门,管氏亦树塞门。邦君为两君之好,有反坫,管氏亦有反坫。管氏而知礼,孰不知礼?"

【译解】

孔子说:"作为齐国政府的宰相的名声显赫的管仲充其量只不过是一个毫无政治理想与政治远见的庸俗小人,他所追求的一切是多么渺小而可鄙!"

有人问孔子说:"你是不是说管仲在其政府宰相的职位上也和那些得势的庸俗小人通常所做的那样,毫无理性自制地放纵自己的私欲呢?"

孔子说:"管仲一家有三处住宅,而他所任命的官员和他所建立的机构也几乎漫无节制、不务正业、无法无天,这样他怎么可能不和那些得势的庸俗小人通常所做的那样,毫无理性自制地放纵自己的私欲呢?"

那个人又问孔子说:"但是,当管仲和那些得势的庸俗小人通常所做的那样,毫无理性自制地放纵自己的私欲的时候,难道他就根本不知道什么是一个政府首脑所应有的正当而合理的作为吗?"

孔子回答说:"西周大联邦的君王的门前有多少门卫护守,管仲政府的门前也有同样多的门卫护守,西周大联邦的君王采用什么样的外交礼仪,管仲也采用什么样的外交礼仪。可见管仲所懂得并追求的只是一些表面的东西,如果他所懂得并追求的这些表面的东西,就可以用来说明管仲知道什么是一个政府官员所应有的正当而又合理的作为的话,那么世界上又有谁不知道什么是一个政府官员所应有的正当而合理的作为呢?"

【注释】

管仲:春秋时齐国人,名夷吾,是齐桓公的宰相,人们都认为齐国是在管仲的领导之下成为称霸一方的霸主的。

器:《说文》:"器,皿也,像器之口,犬所以守之。"《大学》:"形而下者谓之器。""器"可理解为:犬所关心的一切的一切,它们只是与口相关的盛装食物的器皿。可见犬所关心的一切是非常有限的,这种关心的一般形式就是关心本身,即器重。无论对于动物,还是对于人类来说,一种动物或一个人所关心所器重的对象,决定了它或他的实际的追求与实际的活动,因此它或他所关心、所器重的那些对象,就成了它或他的本质的规定性或本质的内涵(one's capacity of nature)。在"器"的通常的意义中也包含着"内涵"(capacity)这层意义。不难理解,孔子说管仲小器,也就是说管仲所关心的只是那些非常有限的事物,那些纯粹的物质的形而下的事物,而不是宇宙的普遍无限的真理与正义。因此管仲并不是一个具有政治远见与伟大抱负的人。他充其量只是一个唯利是图的政客。尽管他登上了政治的高位,但他所追求的和普通市民中的庸俗小人所追求的并没有什么两样。我们知道,管仲是齐国政府的宰相,在他任职期间,齐国曾成为当时名震一时的霸主,因此当时社会上的一般人都对管仲评价很高,而孔子的评价则正好相反。因为在孔子看来,管仲所追求的并不是一个真正伟大的政治家所应追求的一个伟大国家的伟大的政治理想,而是追求一个伟大国家的享乐和排场。所以在这种追求之中所表现的绝对不是一种脱离了低级趣味的伟大精神,而是一颗陷在低级趣味之中而不能自拔的琐碎平庸的灵魂。孔子这位伟大的洞察一切的思想家的评价无疑是正确而深刻的。不过在《宪问第十四》第17章中,孔子对管仲在获得社会政治权力之前的行为——不像当时一切迂腐地理解了忠诚的人们所做的那样,为他所服务的上司(一位王子)的被杀而自杀——以及他在获得了齐国宰相的政治职位之后所建立的政治功绩,给予了肯定的高度评价。比较本章和《宪问第十四》第17章,似乎可以肯定,管仲在政治上建立了一系列功绩之后,便过起了一种奢侈腐化的生活。从此他已不再是一位具有远见和理想的政治家了,而是一个追求排场与享乐的人,这招致了孔子的非议。

俭:繁体字为"儉",由"亻"、"合"(省)、二"口"、二"人"构成,其本意是指人们使自己的行为符合人人所赞同和人人所遵从的共同的行为准则,这种人人赞同,人人遵从的共同的行为准则是把每一个单个的人联系在一起并使之构成为一个统一的相互依赖、相互合作的社会的纽带。《说文》:"俭,约也。"不难理解,"约"既具有约定的意义,又具有纽带的意义。"俭"作为一种人人赞同,人人遵从的行为准则,是把人们联系在一起并使之成为一个和谐社会的纽带,而且也是人们达到或实现自己幸福的捷径(人们的精力与劳动将不会耗费在相互的冲突与纷争之中)。显然"俭"作为人们的一种自觉的活动,就是规范自己的行为,节制个人的欲望,使自己的行为符合社会普遍的行为准则,使自己的欲望符合社会普遍的利益与目的。"俭"所要求的是一个有理性的人在社会生活中的充分自制,而这种充分的自制在个人生活方面的表现也就是节制自己的过分的享乐的欲望。

归:新娘或出嫁女所要去的新郎的家宅与住址。《说文》:"归,女嫁也,从止从妇省。"引伸为归处、归宿(家宅、住处)。

官事:官员的事务,政府的政务。

礼:合理正当的行为,得体而不过分的行为,这种行为显然是理性与正义原则在人们行动中的具体运用与具体实践,而理性与正义正是"礼"的本质。

邦君:它相对于鲁君、齐君等等诸侯国的国君而言,指西周大联邦的君王,即周文王、周武王、周公等。

塞:堵住、隔绝、把守的意思。《说文》:"塞,隔也。"

门:《说文》:"门,两士相对,兵杖在后。"可见"门"的本意(从原始的符号形式中可以看出)是武装的守卫(卫士)。引伸为把守关闭房屋的出入口的装置,也即我们现在所说的各种各样的门的意思,它相当于英文的 gate 或 door。

坫(diàn):《说文》:"坫,屏也。""屏"又称为照壁(大厅里正对大门口的方牌,它同时又是大厅的界限,在方牌前面的长桌上往往竖立着一个大镜子)。它是古人占卜和礼拜的地方。这里的"坫"指的是建在方牌之前的古人用于占卜之用的具有一定定式的台子,人们的一切重大的活动都要在它跟前进行,从两人间的婚约到两国间的外交协定的签订,都是如此。

反坫:复坫,作为坫的对应物的另一个在房屋之外的坫,它是古人对更为重大的事务进行占卜的地方,也是古人向上帝礼拜、祈祷和宣誓的地方。"反坫"在这里只是一种外交礼仪的象征。

对于这个"坫"字,注释者之间存在着许多争议,并且从这些争议之中,我们发现注释者们对这个"坫"字的解释是莫衷一是和含混不清的。因此我觉得应从字源学的角度来考察这个字。"坫"由"土"和"占"构成,"占"的本意是占卜。《说文》:"占,视兆问也。"更正确地说,"占"的本意是对宇宙中的各个天体的升降上下的运动规律的探讨追寻和预测。"卜"的本意指的是天体的升降上下的变换。当人们理解认识到了每一个天体升降上下的运动规律,人们就能确定某一天体在某一时刻里的空间位置。从这种意义中,"占"引伸为人们对于任何一个事物的未来状态与未来结果的推测。因此"占卜"最初所指的完全是一种科学理性的活动,而不是迷信。正像柏拉图所理解的那样,占卜是人类运用自己的理性去探索外在世界的客观规律的开始,同时又是人类让自己的理性主宰自己的意志、决定自己的行为与活动的开始。占卜的过程,就是对自己将要采取的行动的善与恶的意义以及它成功与失败的可能性进行探索思考并最终作出决断的过程。而人们一旦作出决断,人们就会通过自己的行动去达到某种目的或某种目标,从而使自己成为某种目的或某种目标的占有者、占领者或占据者。这里的"坫"显然和"占"的最基本的意义密切相关。"占"可视为"土"的意义的说明,因此"坫"的本意就是人工建造的用于占卜的设施。在其中"土"是普遍的类概念,而"占"则是具体概念,它是"土"的说明。在这里,"土"作为一个构字字素,是指土的人工制品,而不是指自然的土。

3.23 子语鲁大师乐,曰:"乐其可知也:始作,翕如也;从之,纯如也,皦如也,绎如也,以成。"

【译解】

孔子对鲁国的音乐大师表达了他对音乐的观点,他说:"音乐就音乐的结构方式本身来说是不难理解的:它开始时的旋律犹如一群振翅奋飞的鸟,齐声协力地拍打着它们的翅膀,接着是群鸟在蓝天下的艰辛漫长的旅程,它们飞进明媚的阳光,飞过皑皑的白云,直至络绎不绝地消失在遥远的天际。"

【注释】

大(tài)师:这里指音乐大师。

翕(xì):《说文》:"翕,起也。""翕"由"合"和"羽"构成,其意思是齐声协力,展翅飞翔。"合"具有"合唱"的意思。

纯:《说文》:"纯,丝也。""纯"由"纟"和"屯"构成,"屯"意为草木从地下艰难地生长出来。《说文》:"屯,……像草木之初生也,然而难,从屮(草)贯一。一,地也。"可见,"纯"的本意是刚刚艰难地从地下生长出来的有如细丝的草木,而这样的草木显然是细润的、娇美的、本色的、洁净的、纯正的、质朴的,如其天性所是的、无矫饰的、非做作的、没变质的。

皦(jiǎo):本字由"白"、"白"和"放"构成,意为放射出白光的白光之源(它很遥远)使黑夜变成了白昼。

绎:抽绎,抽丝,络绎不绝,连续不断,抓住线索并循此前进,引伸为依据逻辑进行推论。

3.24 仪封人请见,曰:"君子之至于斯也,吾未尝不得见也。"

从者见之。

出曰:"二三子何患于丧乎？天下之无道也,久矣,天将以夫子为木铎。"

【译解】

当孔子一行来到仪这个地区时,当时受封管理这个地区的人非常友好地向孔子的学生们表示希望能得到孔子的接见,并说:"任何一个道德高尚的人来到此地,我还不曾有过得不到他的接见的经历。"

孔子的学生将这个人带到了孔子的住所。

当这个人从孔子的住所出来时,他对孔子的学生们说:"你们几位有什么必要担心自己将成为那种为自己的时代所遗弃的前途茫然的人呢？整个世界所经历的没有道德、没有正义的时间已经太久太久了,因此在我们这个呼唤道德与正义的时代里,整个世界将把我们的孔子先生视作它的精神领袖与政治统帅。"

【注释】

仪:地名,有人认为它是指卫国的某地,又有人说它是指鲁国的某地——当今的开封市。可见这乃是一个有待历史学家们去加以进一步的研究考证的悬而未决的问题。

封:受封,被受予的对于某一地区的管理之权。

请:对他人诉诸的美好("青")言辞("讠")。

铎(duó):大铃。

木铎:木铃,即大铃之内所系吊的用来敲击铃壁的悬锤,是用木头制的铃,这种木铃比之铁铃,其声音更为柔和悦耳。古代的各级官员向人民宣讲政策法令或就重大事件向人民阐述自己的政治主张时,便以此来召集人民。因此木铃的铃声就是集合的号令,而木铃本身则成了人民的精神领袖与政治统帅的象征。

3.25 子谓《韶》:"尽美矣,又尽善也。"谓《武》:"尽美矣,未尽善也。"

【译解】

孔子这样评价《韶》这一歌剧:"《韶》这一歌剧的艺术既穷尽了艺术家所要表达的普遍无限的理想,又穷尽了艺术家所要再现的现实生活中的具体特殊的人、特殊具体的行为与特殊具体的事件,因此在这一歌剧艺术中,艺术家使他所要表达的普遍无限的理想与他所要再现的现实生活中的特殊具体的人、特殊具体的行为与特殊具体的事件完美无缺、和谐一致地契合在一起了。"然而孔子对《武》这一歌剧的评价则有所不同,他说:"《武》这一歌剧艺术仅仅穷尽了艺术家所要表达的普遍无限的理想,但没有穷尽艺术家所要再现的现实生活中的具体特殊的人、具体特殊的行为与具体特殊的事件。因此在《武》这一歌剧艺术中,艺术家的理想与艺术家所再现的现实这两者是彼此游离、相互矛盾而不是契合一体、和谐统一的。"

【注释】

美:大善,普遍无限的善,它作为艺术的绝对形式,是普遍无限的意象或理想。

善:"可欲之为善",特殊具体的善,现实的善的个人,善的行为,善的事件。它作为艺术的具体内容或材料。

尽:穷尽,充分运用,完全发挥。"尽"的本意是人们用毛笔书写时将瓶子中的墨汁消耗完了。因此"尽"的直接喻意应是充分表达人们的思想、情感和意念,而"充分运用和完全发挥人们的聪明才智"应是"尽"的间接的喻意。

对于本章,正像对于《论语》中的许多章节一样,以往的许多注释者几乎一致地认定,孔子给予《韶》以尽善尽美的评价,这是因为《韶》作为对尧舜的赞美,尧帝和平地和自觉自愿地把自己的权力转交给了舜帝(一个和他一样杰出伟大然而与他毫无血缘关系的人),而孔子给予《武》以尽美而未尽善的评价,这是因为《武》作为对周武王的赞美,周武王在结束商纣的罪恶统治的最后时刻使用过武力(实际上周武王只用了一个早晨的时间便占领了商纣的都城,结束了商纣政府的权力,而这只是周文王、周武王长期而广泛的道德与政治启蒙和道德与政治实践的活动的一个完全自然的结果)。从孔子对于道德的信念("仁者能好人,能恶人")以及他对于当时在鲁国和齐国发生的多次下级官员发起的并非完全基于道德与正义的考虑的军事叛乱的同情乃至支持来看,在当时那个罪恶充斥、暴力充斥的世界上,孔子不会完全看不到武力对于建立一个崭新的道德与正义的世界的某种程度上的必要性,以至于他会笼统地反对一切形式的武力。实际上,孔子的观点是:只有建立在道德与正义基础之上的社会才有可能真正拥有和平与和谐,一个没有道德与正义的社会就直接意味着它处在一种善与恶、正义与非正义的激烈的交战状态。并且除非道德和正义获得根本的胜利,社会将永远不会拥有和平与和谐。

我认为,《韶》与《武》作为一种亦歌亦舞的艺术形式(可悲的是我们至今对于它们的具体内容的了解非常有限),孔子作为它们的欣赏者与评论者,他对它们的评论所表达的只是一种理想主义的艺术观点与艺术信念,在这种理想主义的艺术观点与艺术信念之中,美或完美的艺术应是普遍无限的善与特殊具体的善的和谐统一与彼此契合,即艺术家所采取的具体特殊的个人、行为、事件与艺术家所要表达的普遍无限的理想的和谐一致与彼此契合,在其中普遍无限的理想变成一个充实的、自满自足、自由自在和独立自为的理想,而那作为艺术家所采取的材料的具体特殊的个人、行为与事件也变成了整个艺术结构中的生气灌注、不可分割的部分。这就是尽善尽美的艺术,而不尽善尽美的艺术就是那些失之于抽象空洞或平庸繁琐的艺术。在那种失之于抽象空洞的艺术中,艺术家变成了一个理想的空洞虚假、苍白无力的宣传者和说教者,而在那种失之于平庸繁琐的艺术中,艺术家则变成了一个现实的平庸无聊、没有灵魂的抄袭者。前者表现得没有血肉,后者表现得没有灵性,两者都是没有生命力的艺术,它们都有背于艺术的理想或理念。

3.26 子曰:"居上不宽,为礼不敬,临丧不哀,吾何以观之哉?"

【译解】

孔子说:"占据着统治国家的崇高地位而他所关心的却仅仅是一己的私利,掌握着政治与法律的无限权力而对自己行为的道德意义却毫不在意,肩负着确保人民生活的自由幸福的神圣使命而当他面对人民的苦难时却无动于衷,对于这样的国家统治者我为什么要欣赏他们呢?"

【注释】

宽:原意为屋子之高大足以容纳众多的花草树木,然而任何又高又大的屋子都不能像整个宇宙一样能够容纳自然界中的一切。因此绝对的"宽"只是宇宙。

不宽:不广大,狭隘,关心注重的对象非常有限,换句话说,也就是只关心注重自己和自己的利益,而不关心注重他人和他人的利益。

敬:对自己行为的道德意义所抱持的一种理性的严肃慎重的态度。

礼:政治法律制度。

观:观看,欣赏。本章谈论的是统治者对其职位、权力与职责所抱持的一种完全不应该、不恰当、不合理、不正义的态度。

里仁第四

4.1 子曰："里仁为美,择不处仁,焉得知?"

【译解】

孔子说："整个宇宙以人为目的的内在本质是绝对的善,如果我们不把宇宙的内在本质视为我们的内在本质,并在我们的行为选择中不把每一个人作为我们的出发点和目的,那么我们怎么可能使自己成为那种被人们认为是明智的有知识的人呢?"

【注释】

里:内在的本质。本字可视为由"土"和"田"构成。"土"意为滋生万物者,"田"意为果实(比较"田"与"果",便可知"田"即树木上的果实。因此我们甚至可以说,"田"与"甜"的意思也是相通的),因此"里"的本意为滋生万物、结出果实者——天地——的内在本质,这个本质也就是以人为目的的仁。

里仁:天地(宇宙)的以人为目的的内在本质,这种本质也就是普遍无限的善德。因为人类是依靠整个自然界之中的植物、动物、矿物以及阳光、空气、水而生存的,因此存在于整个自然界、整个宇宙之中的植物、动物、矿物、阳光、空气、水都可以视为宇宙结出的养育人类的果实,而这些果实也就是整个宇宙、整个自然界对于人类的绝对仁爱与绝对善德的表现。"仁"作为一种人的行为表现,就是指把他人作为自己关怀的对象,把他人也作为自己思想和行为的出发点和目的,而不仅仅关怀自己,并只把自己作为自己的思想和行动的出发点和目的。

4.2 子曰："不仁者不可以久处约,不可以长处乐。仁者安仁,知者利仁。"

【译解】

孔子说："对于那种没有美德因而从不把他人作为自己行为的出发点和目的,而只以自己的利益为转移的人,人们就不可能长久地与他相安无事地一起生活在贫穷之中,也不可能长久地与他相安无事地一起生活在幸福之中。只有那种不仅把自己而且也把每一个他人作为自己行动的出发点与目的的具有完美的道德品质的人,才会以自己的行动表现出以他人为出发点、以他人为目的的完美德性为满足,只有那些具有洞察整个宇宙、整个人类的本质与正义的真正智慧的人,才会促进整个人类中那种以他人为出发点、以他人为目的的美德的发展。"

【注释】

不仁者:不把他人视为自己行为的出发点和目的的人。

安:安乐,安好,满足。"安"的本意是以母亲为中心、以母亲为纽带的家庭生活,这是幸福欢乐的生活的最完美的图画。

利:本意是锋利的快速有效的耕作工具为人类幸福的安居乐业的生活所创造的全部美好的条件。《说文》:"利……从刀从省。《易》曰:'利者,义之和也。'"因此,在"利"的引伸意之中,它具有利用一切正确合理的途径、方式以便为公共社会创造最大的利益、最大的善、最高的幸福与和谐的意思。

4.3 子曰:"唯仁者能好人,能恶人。"

【译解】

孔子说:"只有那些真正具有美德的人才具有鲜明的道德理性、道德情感与道德意志,因此也只有他们才敢于在现实的生活中热爱一切应该热爱的善良的人,憎恨一切应该憎恨的丑恶的人。"

【注释】

好:作为动词,意为喜欢、热爱;作为名词,意为好的、善的。这里的"好"既表现出动词的含意,又表现出名词的含意。因此"好人"的意思也就是"好好人",即热爱好人。

恶:作为动词,意为厌恶、憎恨;作为名词,意为恶的、可憎的。同样,"恶"在这里既表现出动词的意思,又表现出名词的意思。

4.4 子曰:"苟志于仁矣,无恶也。"

【译解】

孔子说:"假如每一个人都把整个他人、整个宇宙作为自己意志的出发点和目的,那么人类社会中的一切罪恶现象就会消失。"

【注释】

苟:对自己行为的道德意义抱持着一种漠不关心、得过且过、玩世不恭的态度,这样,人们行为的道德意义也就处在一种不明确、不确定的状态,在这种状态之中,一切罪恶都是可以想像的。因此"苟"不仅具有"漠不关心"、"得过且过"、"玩世不恭"的意思,而且也具有"可假想"、"可想像"、"假如"、"假设"等意思。

志:以……作为意志的对象,以……作为意志的目的。

仁:我们也可以把"仁"视为人的一种普遍无限的宇宙的存在方式与生活方式,在这种存在方式与生活方式之中,人不仅把自己作为目的,而且也把整个他人、整个宇宙作为自己的目的("二"的意思正是天地、宇宙)。这种存在方式与生活方式也就是绝对的道德、绝对的正义、绝对的善的存在方式与生活方式。

志于仁：以仁作为意志的对象，以仁作为意志的目的。

无：使……无，使……不存在，使……消失。"无"在这里作动词。

4.5 子曰："富与贵，是人之所欲也，不以其道得之，不处也。贫与贱，是人之所恶也，如以其道得之①，不去也。君子去仁，恶乎成名？君子无终食之间违仁，造次必于是，颠沛必于是。"

【译解】

孔子说："财富与受人敬重的社会地位是人们普遍地希望的，但是如果我们不是依靠与这种财富和社会地位相一致的合理和正义的方式得到它们，或者说，如果它们不是我们在社会生活中所表现出来的高贵品德与杰出才华的自然结果，那么我们就不应该享有它们。贫穷与受人鄙视的社会地位是人们普遍地厌恶的，但是如果我们是依靠与这种贫穷与受人鄙视的社会地位相一致的合理与正义的方式得到它们，或者说，如果它们是我们在社会中所表现出来的恶劣品德与庸碌无能的自然结果，那么我们也就不应该摆脱它们(如果我们不努力改变我们的恶劣品质和庸碌无能的现状，那么我

---

① 通行版本为"不以其道得之"，但根据本章的内在逻辑，这里的"不"字应是"如"字之误。事实上，杨伯峻、唐满先先生也充分地意识到本章中的第二句"不以其道得之"与本章的内在逻辑之间的矛盾性。杨伯峻在他的《论语译注》中指出，本章后一个"得"字应是"去"字之误，而唐满先先生则在《十三经直解》也认为"后一句'不以其道得之'的'得'字当是'去'字之误"。不过，刘世南先生认为将"得"改作"去"，倒不如"得"改作"失"，因为"得"的反义字是"失"而不是"去"，并且两个"去"字连用("不以其道去之，不去也")也是违背修辞原则的(在修辞上是不美的)。然而，我认为，不论将第二句"不以其道得之"中的"得"字改为"去"字还是改为"失"字，都不如将这句话之中的"不"字改为"如"字，因为这样就可以使本章中的"富与贵"与"贫与贱"相对、"不以其道得之"(否定)与"如以其道得之"(假定)相对、"不处也"与"不去也"相对，这样，也就使整章不仅完全符合逻辑，而且也完全符合修辞原则。刘世南先生也同意我的这一意见。

此外，以往的校勘者，也发现本章在不同版本之间的歧异，如有的版本有这两个"也"字，有的版本没有这两个"也"字；有的版本为"不处也"，有的版本为"为居也"，这说明《论语》在流传的过程中，不仅可能出现极少量的文字上的出入，而且也可能出现极少量的文字上的错误。对于这可能出现的极少量的文字上的错误，正因为它是极少量的，所以我们完全能够根据其内在的思想逻辑发现它们，并纠正它们。

汉代以来的解释者似乎完全没有注意到本章文本上的问题(或者他们有意制造了这种问题也尚未可知)，并把本章解释为君子不能接受不正义的富贵，而能接受不正义的贫贱，这显然与君子所应有的惟义是从的品格水火不容。我认为，本章所表达的意思是：对于一个君子来说，不论其结果对自己是好还是坏(是富贵还是贫贱)，一切正义都是能够接受的；同样，对于一个君子来说，不论其结果对自己是好还是坏，一切非义都是不能够接受的。

们就应该满足于我们所处的贫穷与受人鄙视的地位)。君子如果抛弃普遍无限的道德之心和正义之心,那么君子怎么能够成其为君子呢? 君子作为一种全人类的至高无上与完美无缺的理想人格的化身,他每时每刻都不能违背自己所奉行的道德与正义的行为准则。如果他违背他所奉行的道德与正义的行为准则,那么他的这种行为的结果必然是作贱自身、贬低自身、把自身降低到庸俗小人的地位,这样,他也将必然地和一切庸俗小人一样,在自己不仁不义的行为所制造的洪水泛滥般的普遍罪恶之中颠簸沉浮、漂泊摇荡了。"

【注释】

富: 家里具有可以满足一切成员的需要的果实(稻谷与麦子等等都可称之为果实),或一切需要都得到了满足的家庭。所以,富,足也。

贵: 这个字本来由"臾"和"贝"构成,意为一大串的钱贝,引伸为珍贵的很值钱的东西和一切值得人们珍视、珍重、景仰的具有崇高价值的东西:如人的美德、才智以及与此相联系的社会地位等等。在古代的政治思想与社会观念中,只有同时具备卓越的品德与杰出的才智这两者的人,才配享有崇高的社会地位。因此高贵的人,往往是就人的地位与品德才智而言的。只具有高人一等的地位而不具备高贵的品德与才智的人,并不配"高贵"这一称号。即使是在现代的语言中,"高贵"这一词语仍然没有改变这种基本的意思,这说明古代那种完全建立在理性基础之上的理想主义的文化所具有的力量是多么巨大而永恒。孔子在这里所说的"贵"仍然是一种与人的美德与才智以及卓越的行为表现相联系的社会地位。在孔子看来,不追求美德与才智而只追求高级的社会地位与富足的生活条件的人,永远只是一种次等的动物,而对于一个君子来说,不追求美德与才智而只追求高级的地位与富足的生活,这种做法就等于是在作贱自己。

贱: 繁体字为"賤",由"贝"和两个"戈"字构成。意为为了金钱不惜与人相争相斗、大动干戈,这是一种低级的野蛮人的行为表现,而对于一个文明社会来说,这种低级的野蛮人永远只配处在受奴役的下等地位。从一种普通的意义上来说,不追求美德与才智,而只追求金钱与地位(权力)的人,也就是人们通常所说的下贱的人。在孔子看来,低贱的地位和低贱的品质应是相一致的,一个品格低贱的人是无权抱怨他在社会中所处的低贱的地位的。当那些品格低贱的人处在高贵的社会地位上,而那些品格高贵的人却处在低贱的社会地位上时,这个社会也就是一个完全失去了正义的颠倒错乱的世界,在这个世界中,革命也就将成为每一个想要致力于重建社会正义的人们的绝对权力。

以其道得之: 以与富贵或贫贱相一致的方式得到富贵或贫贱,这也就是说,人们从社会中所获得的富贵或贫贱应是与人们行为的价值相一致的,因此富贵与贫贱是人们有价值的行为或无价值的行为所应得的。反过来说,人们在社会中所获得的财富与地位应是人们的具有普遍的社会价值的品德与才智的自然结果,人们在社会中没有财富没有地位也应是人们无品德、无才智的自然的结果。因此高贵的品德与杰出的才智应是人们所享有的财富与地位的源泉。只有建立在个人的高贵品德与杰出才智的基础之上的财富与地位才是合理的和正义的,否则就是不合理、不正义的,反之亦然。如果一个社会中的无能无德之辈享有财富和地位,而那些有能有德的人却生活在贫穷的和受人轻视的状态之中,那么这就说明这个社会完全背离了理性与正义,这就说明统治这个社会的力量不是理性与道德,而是愚昧与邪恶。

去:拒斥、摈弃、摆脱、消除。

名:名称,称号,对对象(实)的指称。在这里,"名"指的就是君子的称号,或对君子的指称。这种称号或指称不取决于外在的评论,而取决于君子的行为本身,因此这种称号或指称是客观实在的,它与外在的评价和由此所形成的社会名声与名誉并无直接关系。可悲的是,许多注释者正是把"名"理解为外在的名声与名誉,而不是名符其实之本身。不难理解,在孔子看来,君子的崇高价值是内在地决定着的,而不是外在地决定着的。因此它本身就具有至高无上的价值。君子作为一种至高无上的生活准则与生活方式的体现,作为一种理想人格的体现,它本身就是人们应该努力追求的至高无上的生活目的、生活价值与生活理想。

终食之间:完成一顿饭的时间,这一时间显然是很短暂的。

造:口吹牛角以制作号声的过程,这一制作过程显然具有创造发明的意义,引申为一切自主自觉的创造性活动。

次:次等的,低下的,残缺的。"次"由"二"和"欠"构成,"欠"的本意是低下的人,达不到自己的精神本质的人。

造次:作贱(自己),贬低(自己),使……低级,使……低贱,使……成为低等的一类或低贱的一类。

颠:头顶。"颠"由"真"和"页"构成。"真"的本意是人们的眼睛所仰望的上天,只有它才是绝对真实的,因为它是一切存在的源泉。"页"的本意是"人头"(它和"真"字的差别可能只是缺少一个"上"字)。因此"颠"的本意就是在人的头顶之上的,人们只有仰头才能看见的上天,引申为任何对象的至高点。

沛:"沛"这个字的右边那一部分,意指横挂在树干上的一条毛巾似的旗帜,它可能就是集市上的招贴广告和商店名号。在现在的商业城市中,我们仍然可以到处看到类似的景象——类似的招贴广告。因此,我认为后来的"市"字,就是由它("沛"字的右边部分)演化而来的。因此,"市,视也。""市"即吸引人的视线的东西——招贴广告。因此,"沛"的右半部分也可直接理解为"市",而"沛"的意思则可直接理解为泛滥至集市上的水("市"的本意是高高悬挂的旗帜,它是古代城市或重要居民集居地的标识),或者它就是指像高高悬挂的旗帜一样的滔天大水。

颠沛:泛滥的大水的顶颠,即波颠,这种波颠显然是动荡不定、跌荡起伏的,因此,从"颠沛"中又引申出颠覆、颠倒、颠簸、颠来倒去等意思。"颠沛"还用来意指人所陷入的这样一种状态:人们为洪水所围困,为洪水所淹没,为洪水所冲击,随洪水漂流,任洪水摆布,以至不得不过着一种家园被毁、亲人离别、生死难卜的生活。这里的"颠沛"显然具有比喻的意义,它意指泛滥的罪恶,即当人们都不仁不义地去生活、去行动时,一种为每一个个人所无力驾驭控制的普遍的罪恶就会产生,那时人们就只有任凭这种洪水般的普遍的罪恶所摆布,并在其中跌跌撞撞,在其中漂泊摇荡了。

造次必于是,颠沛必于是:于是必造次,于是必颠沛。在这种倒装的语言中包含了一种虚拟的语气。孔子在这里表达的意思显然是:非道德、非正义的行为将使人们处在一种自我价值的否定的状态,人们从自己非道德、非正义的行为中不但感觉不到自己做人的尊严,反而觉得自己好像不是一个人,而是一种低等的生物。

4.6 子曰:"我未见好仁者,恶不仁者。好仁者,无以尚之;恶不仁者,其为仁矣。不使不仁者加乎其身,有能一日用其力于仁矣乎?我未见力不足者,盖有之矣,我未之见也。"

【译解】

孔子说:"我至今还没有看到过那种既热爱道德而又痛恨邪恶的理想人物。仅仅单方面地热爱道德的人,还不是那种足以令人崇敬的人;只有不仅自己热爱道德同时又痛恨邪恶不义的人,才是真正令人崇敬的人,因为只有他,才是那种自觉地和积极主动地以道德为追求、以道德为目的的人。不使邪恶不义的人把邪恶不义的行为强加在自己身上,从而使自己能够免受这种邪恶不义的人的邪恶不义的行为的伤害,这岂不是确保自己有朝一日能够以自己的力量去实现道德所要达到的社会正义与仁爱的目的的重要前提条件吗?在现实生活中,每一个人都有或为善或作恶的能力,我从来没有见过那种在为善与作恶两个方面都完全无能为力的人。从人类的总体上说,也许有这样的人,但是我没有见过。因此为了在人类社会中实现道德,就必须反对人类社会中的邪恶,这也就是一个自觉、积极、主动地以道德为追求、以道德为目的的令人崇敬的人的双重责任。"

【注释】

尚:推崇,崇敬。

为:有目的的活动,积极自觉主动的行为、追求、实践。从"为"的本意中引伸出"为了"、"为着"的意义。不难理解,这种引伸意与其本意是密切相关的。因此我们可以根据文字本来的结构和它现在所具有的意义(这种意义大多数都是引伸的)这两者来推断其本意。

好仁者,无以尚之:好仁者,无足以尚之。

恶不仁者,其为仁矣:好仁而恶不仁者,其为仁矣。

盖:覆盖一切,包揽全体,引伸为总体的概括,或纵观全体。

4.7 子曰:"人之过也,各于其党。观过,斯知仁矣。"

【译解】

孔子说:"人们所犯下的各种其结果与人们最初的愿望完全相反的非仁非义的罪过,都是由于人们对这些各种各样的非仁非义的罪过的愚昧无知,如果人们能够洞察各种非仁非义的罪过的愚昧本质——它们所导致的结果将与人们最初的愿望完全相反,那么,人们也就能够认识仁爱正义的行为对于人们的幸福和谐的生活的崇高价值了。"

【注释】

过: 繁体字为"過",本意是满溢(由于过度加热而使食物从锅里满溢而出),引伸为过分、过错、不适当。再引伸为不能准确把握合理的、道德的和正义的尺度,以致走到合理的、道德的和正义的规范之外,并达到非合理、非道德与非正义的疆域。现在人们通常使用的"经过"、"过程"、"过去"、"过错"(to be wrong)"过失"、"过度"等等词语,几乎仅是保留了"过"的本意之中的"辶"的意义。

各:《说文》:"各,异辞也,……有行而止(终点、目的)之不相听也。""各"本来由"及"和"口"构成(上下结构),意为"及于一切"或"及于整体",引伸为"一切或整体之中的每一个具体的对象",因此它有"处处"(各处,每一地方)、"事事"(各种事情)、"人人"(各个人)等意思,再引伸为人类社会中的各个个别具体的、没有统一性的、互相矛盾的思想意识与行为目的,再引伸为相异的或互异的,坚持自己的个体独立性的,相互独立又相互合作的,相互独立又相互联系的。

党: 繁体字为"黨",这个字本来由"尚"和"黑"构成(上下结构),意为以愚昧无知(心不明、眼不亮)为基础的盲目的崇尚、盲目的信仰与盲目的追求(这也许正是党派活动为古代和现代一些人所非议的原因),这里指盲目崇尚、盲目信仰与盲目追求的原因——愚昧无知。

4.8 子曰:"朝闻道,夕死可矣。"

【译解】

孔子说:"如果我在某一天的早晨能够在自己的心灵中观照到道这一宇宙的至真至善至美的本体,那么,即使在这一天的晚上我就死去,我也不会觉得我的一生有丝毫的遗憾。"

【注释】

道: 宇宙万物的本原或本体,以及宇宙万物以其为本原或以其为本体的发生、发展的客观必然的历史过程。因此它是存在的本原或本体,是一切真、善、美的事物的源泉,是绝对的存在之本身,又是绝对的真、善、美之本身。道德、正义、仁爱也只是它的结果或它的本质的具体实现。

本章孔子所说的话,自然使我们想起了老子的《道德》一书,更使我们想起了老子的"得乎道即得乎至美至乐"的心灵体验。因此本章也不难使我们认识到孔子思想与老子思想所具有的完全相同的文化本源与思想本源,而这个文化本源与思想本源在孔子与老子的时代里显然乃是清晰可辨的。

4.9 子曰:"士志于道,而耻恶衣恶食者,未足与议也。"

【译解】

孔子说:"在一个罪恶充斥、苦难深重的世界上,如果那些自认为具有深刻的理性的人们在认定自己已充分理性地把宇宙道德所要实现的仁爱与正义作为自己意志的目标的同时,为自己在这个罪恶充斥、苦难深重的世界上所过的那种破衣烂衫和粗茶淡饭的生活感到耻辱,那么与这样的人们去讨论要在这样一个罪恶充斥、苦难深重的世界上把宇宙道德所要实现的仁爱与正义作为自己意志的目标的问题,将会是毫无意义的。"

【注释】

士:懂得推一合十、归十合一的人,这种人也就是掌握了归纳与演绎这两种逻辑思维方法因而有能力进行高级的抽象的思维活动的人。

志:充分理性地确定了的意志目标,或建立在充分的理性基础之上的意志选择。

志于道:充分理性地把宇宙道德所要实现的仁爱与正义作为自己意志的目标。不难理解,当人们要致力于实现宇宙道德的时候,正是人类社会已经背离了宇宙道德并陷入邪恶与非义所制造出来的苦难深渊的时候,并且这种与人类的苦难生活相联系的邪恶与非义往往并不是个别的或个人性质的,而是普遍的或社会的,即是社会制度本身的,因此当人们想要在这样一个社会中实现道德,就意味着不仅要结束这个社会的苦难,而且要结束与这个社会的苦难相联系的社会的邪恶与非义,也即结束这个社会制度本身,而这就意味着人们必须面对莫大的危险与磨难。因此一个贪图享乐的人是不可能有勇气面对这种危险并忍受这种磨难的,也是不可能担当起在这样一个社会中实现道德和正义的神圣责任的。

恶衣恶食:最令人讨厌的衣服与食物,即破衣烂衫与粗茶淡饭。

4.10 子曰:"君子之于天下也,无适也,无莫也,义之与比。"

【译解】

孔子说:"作为一个君子来到这个世界上生活,他既不去盲目地服从一切,也不去盲目地反对一切,他只把理性与正义作为自己行动的依据,并因此而去服从这个世界中的一切合理与正义的事物,反对这个世界中的一切不合理与不正义的事物。"

【注释】

适:适应,顺从。

莫:否定,蔑视,违抗,反对。

义:正义,正当,合理,合适,合宜("义者宜也")。

比：这个字是"从"字的左右颠倒的形式,因此"比"的本意应是反思的、理性的服从。作为"比"的引伸意的词,如"比较"、"比方"、"比价"、"比例"、"比量"、"比率"、"比拟"、"比喻"等等,它们的含意都是以思辨的理性为基础的。

4.11 子曰："君子怀德,小人怀土;君子怀刑,小人怀惠。"

【译解】

孔子说："君子心中珍藏着的是宇宙道德的绝对令律,小人心中珍藏着的是个人出人头地的相对欲望;君子心中珍藏着的是人类社会的普遍戒规,小人心中珍藏着的是个人的自私自利的特殊意念。"

【注释】

土：这个字有两层意思。一是指使万物生长的土地,一是指万物从土地中生长出来。《说文》："土,地之吐生万物者也,二像地之下,丨像地之中物出之形也。"这里的"土"与人的意念相联系,意指出人头地的意念与欲望。"出人头地"正是"土"的本意的引伸和喻意。

刑：普遍的戒规,法律。"刑"的本意是人类运用自己所发明的锋利的工具("刂")所制造出来的任何相关的("开")整齐划一的东西。"开"原为二个"干"字构成,它的意思就是普遍一致与整齐划一。《说文》："开,平也,像二干对构,上平也。"

惠：心灵所顾及到的具体的利益,这里指自私自利的意念。

4.12 子曰："放于利而行,多怨。"

【译解】

孔子说："那种毫无顾忌地追逐个人私利的行为,它所导致的大多数的必然的结果往往总是人们之间的相互怨恨与仇视。"

【注释】

放：追逐。《说文》："放,逐也。""放"的本意是"想要进入方舟所进入的那种海洋般的无边无际的广大空间",引伸为极力想像,极力希求,使自己的主观欲望极力膨胀(放纵自己的主观欲望并不加节制、肆无忌惮地去获得自己欲望的满足)。因此"放"在"逐"的意义上并不是一般意义上的追逐,而是在放纵自己的主观欲望的情况下的肆无忌惮的追逐。

怨：其本意是指人们在夜晚睡觉时心灵中所感受到的使人展转难眠的不安状态,这种不安状态显然包含着后悔与仇恨。

4.13 子曰："能以礼让为国乎? 何有? 不能以礼让为国,如礼何?"

【译解】

孔子说："有人问我,能不能以正义谴责非义、以正义战胜非义的方法来实现国家统治的目的呢?对此我倒想反问他的是:实现国家统治的目的难道还有别的什么方法吗?如果不能以正义谴责非义、以正义战胜非义的方法来实现国家统治的目的,那么国家的统治又怎么样才能使自己拥有正义并符合正义呢?"

【注释】

让:批评,谴责,战胜,取代。

礼让:以正义谴责非义,以正义战胜非义。

4.14 子曰:"不患无位,患所以立。不患莫己知,求为可知也。"

【译解】

孔子说:"不要担心自己在社会上没有地位,而要担心自己在社会上究竟要立身于什么样的地位;不要担心别人不知道自己的价值,而要力求使他人知道自己的真正价值。"

【注释】

位:人之所立者,人之所处者。人在社会中所处的位置和人在社会中所享有的地位。

立:立意,立身。

不患无位,患所以立:不要担心自己在社会上没有地位,而要担心自己在社会上究竟要立身于什么样的地位。——孔子在这里所要表达的意思显然是对一个严肃的道德问题的关注,即人们在追求自己的社会地位时决不可放弃道德的原则,不要把社会地位、把成功、把金钱和权力看得至高无上,而要把人之所以为人的道德原则看得至高无上。

莫:太阳落入草丛之中。引伸为黑暗,看不见,无视。"莫"本来由"艹"、"日"、"艹"构成(上中下结构)。

莫己知:不知道自己的价值。

4.15 子曰:"参乎?吾道一以贯之。"

曾子曰:"唯。"

子出,门人问曰:"何谓也?"

曾子曰:"夫子之道,忠恕而已矣。"

【译解】

孔子说:"曾参呀,你能领悟理解吗?我的整个政治学说有一个贯彻始终的中心概念。"

曾子说:"是的,我完全能够领悟和理解。"

孔子出去之后,同学们问曾子说:"这个贯彻始终的中心概念是什么呢?"

曾子说:"我们导师的整个政治学说是以人的天生的不偏不倚的公正之心与广博无限的仁爱之心为基础,并以人的天生的不偏不倚的公正之心与广博无限的仁爱之心为出发点的。因此,我们的导师的整个政治学说的贯彻始终的中心概念就是公正不倚和仁慈宽厚。只要人们不违逆自己天生的心灵,人们的行为将表现得公正不倚和仁慈宽厚,这样整个社会也就会因此而变得既公平正义而又充满仁爱。"

【注释】

参:曾子名。"参"本来由"晶"和"㐱"构成(上下结构),意为借助人的珍贵的想像力的新生羽翼飞向众星广布的太空,从而揭示发现众星及整个宇宙的奥秘。孔子在这里所说的"参乎",其意思显然是双关的,因此"参乎"的意思等于说:"参也!参乎?"

道:这里指"道"的被揭示的形式以及与"道"相对应的道理,理论,思想逻辑体系,这里指孔子的整个哲学与政治学的逻辑体系。

贯:穿成串的众多钱币,引伸为串连在一起,贯穿,串通。

门人:守门人,这起初也许是学生与学徒对自己身份的谦称。

恕:如己之心,将心比心,遵循自己的本心——天生的良知良心——行事,并设身处地地为他人着想,这事实上也就是博爱之心,仁爱之心。《说文》:"恕,仁也。"

4.17 子曰:"君子喻于义,小人喻于利。"

【译解】

孔子说:"君子所关心并极力要弄明白的是世界上的一切事物是否合于正义,小人所关心并极力要弄明白的是世界上的一切事物是否对己有利。"

【注释】

喻:本意是以口作舟,把自己的思想、情感运送传达给别人,使别人理解。"俞"的本意是挖空树木的中心而制成的独木舟。《说文》:"俞,空中木为舟也。""喻"有告知、表达、说明之意,所谓"晓喻"、"喻之以理"、"不可理喻"正是这种意思。此外,由于人们所能告知、所能表达和所能说明的思想情感往往是人们对于自己所认识所理解到的那些事物的关切态度,所以"喻"又有关切、关心、只懂得、只理解之意。

4.17 子曰:"见贤思齐焉,见不贤而内自省也。"

【译解】

孔子说:"当我们看到一切具有美德与才华的人时,我们就应该思考我们通过怎样的努力才能赶上他们并和他们保持一致,而当我们看到一切不具有美德与才华的人时,我们就应该反省我们自己是不是一个同样不具有美德与才华的人。"

【注释】

贤:繁体字为"賢",由"臣"、"又"和"贝"构成,意为令人注目的("臣")和人人都想获取("又")的价值("贝"),这种价值显然是不同一般的和优异卓越的,它往往指的是人们所具有的优秀品德与杰出才华。

省:少用或不用眼睛看,而多用或只用心灵想。人们对于外在事物的认识是离不开眼睛的观察的,但对于自己内心世界的认识则根本用不着眼睛,它只要诉诸自己内心的观照与反思就够了。因此"省"的本意就是心灵的自我反思。也许心灵的自我反思是人们达到真理与道德的认识的一条捷径,因此"省"又获得了"节省"、"少花费"的意思。

4.18 子曰:"事父母几谏:见志不从,又敬不违,劳而不怨。"

【译解】

孔子说:"我要用这几句话来规劝那些为父为母的人们:你们要善于从儿女们的独立而不顺从的思想行为中发现他们那些有价值的理性和意志的趋向,并应对儿女们表面上看起来服服帖帖、循规蹈矩的思想行为给予严重的关注,关注他们对于父母所希望所要求他们的那种服从是否表现出了理性上的真正理解与心灵上的真正认同,这样你们对于自己的儿女们所付出的悉心教育的辛劳就不会有什么令人不安与后悔的后果了。"

【注释】

见志不从:不从见志,从不服从的行为中发现不服从者的志向。

又敬不违:对于那种始终服服帖帖、从不违抗的行为表现应该给予慎重的对待。"敬"的本意是对包含于人们言行之中的道德意义给以严重的关注与慎重的对待。

劳:《说文》:"劳,剧也。从力从荧省。荧火烧门用力者劳。……古文劳从力从悉。"可见,"劳"的本意指的是在荧火照耀之下的夜晚里的辛勤艰苦而持续剧烈的工作,也即盛夏农忙时期里的工作,因为荧火虫只有在盛夏时才会大量出现。后泛指一切时间一切场合里的辛勤艰苦而持续剧烈的工作。

怨:不安,后悔。

4.19 子曰:"父母在,不远游,游必有方。"

【译解】

孔子说:"对于那些上有老父老母、下有幼儿幼女的生活艰辛的人们来说,当他们的老父老母还在世的时候,最好不要举家迁徙,纵使一定要举家迁徙,也要等到自己具备了必要的物力财力之后,就像那些想要漂洋渡海的远游者,也必须等到自己具备了必须的方舟之后,才能开始其漂洋渡海的远游活动一样。"

【注释】

在：这个字由"才"（初生之意）和"土"（生长之意）构成，意即生存。

游：这个字由"浮"和"方"构成，意为能在水中浮起而不沉没的方舟，因此"游"的引伸意就是借助方舟这一水上交通工具进行的漂洋渡海的活动。

方：方体船或并体船。《说文》："方，并船也。象两舟……"

游必有方：游必有船。

本章也许是在告诫那些上有老父老母、下有幼儿幼女的生活艰辛的人们，不要为了摆脱这种艰辛的生活便在寻找到了更好的生存之地之前轻易匆忙地作出举家迁移的决定，即使想要举家迁移，也要待到具备了必要的迁移条件之后，正像想要漂洋渡海的人要等到自己把用来漂洋渡海的方舟制造好了之后一样。

4.20 子曰："三年无改于父之道，可谓孝矣。"

【译解】

孔子说："只有当那些可敬可佩的为父为母的人们自己能够完全确信，自己的儿女们将始终如一、坚定不移、永不改变地遵照自己一贯启发教导和身体力行的道德思想和道德信念行动时，那些可敬可佩的为父为母的人们才可以说自己是一个已完满地完成了自己对于自己儿女们的教育培养的重大职责的完全合格的父亲和母亲。"

【注释】

父之道：它相对父亲的职责而言，意指父亲对自己的儿女所传授的道德和道德信念。

孝：教，父母对于儿女的教育目的的完满实现与父母对于儿女的教育职责的完满完成：儿女们在父母的教育之下成为有教养的人的典范，成为道德高尚、趣味纯正、举止正义的人，而父母则成了教育儿女的典范、成了父亲和母亲的典范。应该指出"孝"并不仅是现代意义上的那种身体力行的模范行为，这种模范行为的目的在于使儿女们自觉不自觉地仿效模仿这种行为。在这里，我们不免再强调一遍，"孝"的意义应该由那个在字源学上与之关系最为密切的"教"的意义来说明。

本章所表达的思想显然是：一个理想的尽职尽力的父母对于儿女们所应尽的教育责任的完满完成，要由父母对儿女们所施行的教育在儿女们身上所产生的长久不变的良好效果来衡量和评价。

4.21 子曰："父母之年，不可不知也。一则以喜，一则以惧。"

【译解】

孔子说:"对于那些到了为父为母的年龄的人们来说,他们绝不可对于自己将要对自己所生育的儿女们所应承担的责任一无所知。对此,人们一方面应该为自己已经到了为父为母的年龄而感到喜悦,另一方面则应该为自己将要对自己所生育的儿女们承担起自己所应承担的那实在是不可掉以轻心的为父为母的重大责任而感到畏惧。"

【注释】

年:这个字本来由"禾"和"人"构成(上下结构),意思是指人在一年之中所肩负的为自己为家人种植庄稼、收获粮食的责任,这一责任也可以说是一年之中的时间内上天对于每一个成年人的总命令。因此"年"不仅具有时间的意义,还具有种植、收获和责任、劳苦以及与此相联系的功绩的意义。简单而言之,"年"既是意指时间,又是意指耕种、收获、工作、劳苦。这里的"父母之年"显然是指一个已经到了做父亲或母亲的年龄(时候)的人所应尽的为父为母的责任。在这里"父母之年"是相对于已成为父母也即已经生儿育女的人们而言的(没有儿女的成年人也不成其为父母),它是人的年龄(在这个年龄的人成为父母)与责任的统一。在人类社会中,人的年龄总是与责任相联系的:一个到了做父母的年龄的人,就应该对儿女们承担责任(纵使他并没有真正成为父亲或母亲,他也应认真思考这种责任);一个到了十八岁的年龄的人就应该对自己的行为承担起法律的责任等等。

4.22 子曰:"古者言之不出,耻躬之不逮也。"

【译解】

孔子说:"在我看来,远古时代的人们之所以没有发明出我们目前所使用的那种语言文字,那是因为他们担心当这种语言文字发明出来之后自己的行动将追赶不上自己的语言,以至于自己的行动不能和自己的语言保持一致,担心自己说的多做的少,甚至只说不做。"

【注释】

躬:行动,身体的活动;背负、承担。"躬"也许正是指人们承担重负时的身体姿态。

逮:追捕的过程。"隶"的本意是指用手抓住对象(动物)的尾巴。因此"逮"不仅有追赶、尾随之意,也有抓住、实行(实际的见成果的行动)之意。

4.23 子曰:"以约失之者鲜矣。"

【译解】

孔子说:"一个能够充分理性地约束节制自己过多的贪婪欲望而乐于过那种自然纯朴的简单生活的人,失去理性以至于使自己犯下罪行、沦为罪犯的事例是非常非常罕见的。"

【注释】

约：这个字由"纟"和"勺"构成，"勺"的意思是张开双手大把大把地获取东西（果实）。《说文》："勺，挹取也，象形，中有实，与包同意。"可见"约"的本意就是用绳索束缚人们那双贪婪的手。这里的"约"意指人们的理性对于自己欲望的自觉限制，即约束或节制自己过多的贪婪的欲望，而乐于过一种自然朴素的简单生活。引伸为一种受束缚的、受限制的、不自主的、不自由的生活——贫穷、不宽裕的生活。

失：失去理性以至于犯下罪过。"失"的本意是一个本应有能力参破（识破）整个宇宙（"二"）的秘密本质的人（"人"）——这样的人也就是哲学家，是夫子——却失去了头脑。结果，人们不但没有使自己成为本来应该成为的哲学家或夫子，而且使自己沦落为本来不应该沦落为的非人、罪犯。"失"应是"夫"字的演化形式。

4.24 子曰："君子欲讷于言而敏于行。"

【译解】

孔子说："君子希望自己身体力行的是：当自己说话时，自己所说出来的每一句话语都是发自自己内心的真心实意的话语；当自己行动时，自己所做出来的每一个行动都是经过自己反复思考的深思熟虑的行动。"

【注释】

讷：这个字由"言"和"内"构成。"内"的本意是人的身体——它犹如一栋房屋，一个门户——内部的东西，也即内心，心灵。因此"讷"的本意应是心灵的言语，内心的言语。由于人们的内心世界往往是难于表达的，因此"讷"又具有"难以言表"之意（后来人们把这层意义变成了不善于言谈）。《说文》："讷，难也。"《说文》所说的"难"意即"难言"（很有可能是《说文》在抄写或排版时漏掉了一个"言"字）。

敏：面对每一件事情（"每"）都应对它作认真而严肃的思考（"攵"），而当人们一旦养成了这样的遇事便思考的习惯，人们的思想就会变得敏捷，人们的观察力也会变得敏锐。

4.25 子曰："德不孤，必有邻。"

【译解】

孔子说："归根到底，纵使在一个罪恶充斥的世界上，一个具有美德的人决不可能长久地处于孤立无助和软弱无力的状态，因为充斥的罪恶在人类社会中所制造的巨大苦难必然会使整个社会中的人们重新认识美德的价值，并站到一切具有美德的人们的队伍中来。"

【注释】

孤：一个没有父亲母亲的孤立无助以至在生活上不能自立而只能像藤类植物一样匍匐在地的年幼的孩子。《说文》："孤，无父也，从子从瓜。""瓜"的本意指的是那种

"本不胜末"的、不能直立生长而只能匍匐在地的藤类植物,它们所结的果实也称之为"瓜果"或"瓜"。

邻:这个字的本意是指围绕着篝火背靠背地在一起睡觉的人们,这可能是指一种还没有固定居室的过着集体或群居生活的原始人类的生活景象(这种生活景象在目前云南省的一些少数民族的生活方式与生活习俗里仍然可以隐隐约约地看到)。后来人们用这个字来指一些彼此接近的对象(包括两个以上的相接近的国家和两个以上的相接近的星球)。不难理解,在"邻"的本意中,它指的是一些关系非常亲密的人们,是一些具有共同的血缘、共同的生活目标与生活理想的人们(现在的一个村庄,乃至一个城镇,最初都是由这么一些人开拓创建的)。

本章的话语显然是相对于一个道德败坏、罪恶充斥的世界而言的。

4.26 子游曰:"事君数,斯辱矣;朋友数,斯疏矣。"

【译解】

子游说:"时而做君子时而做小人的人,将为真正的君子所鄙视;时而做朋友时而做敌人的人,将被真正的朋友所抛弃。"

【注释】

数:数学是一种把事物作为有区分的量来思考的活动,因此以数学的眼光看,世界的万事万物之间的差别仅仅是一个有间断的量的差别,而数本身(它作为人们思考的对象)就是一切有间断的量,而每一个有间断的量就构成了一个实体,间断的量的差别最终导致了质的差别(但质的差别本质上乃是一个有间断的量的差别,因此一切事物本质上都是数和数学的对象)。自然数1、2、3、4、5、6……它们之间依次有一个量的间断,这种间断犹如母亲和女性之间的间断一样,因此数的概念就是量的间断的概念。在我们那个古老的"数"字中,它所表达的正是量的间断的概念,并且这个量的间断的概念是用母亲和女性来比喻说明的。"数"繁体字为"數",由"母"、"中"、"女"及"攵"构成,在其中母是特殊的女性,"女"是普遍的女性,因此"数"的概念不仅是一个间断的量的概念,还是一个分数的概念,其中"母"为分子,"女"为分母。《说文》:"数,空也。""空"即间断。不过间断同时又意味着连绵和迁移。

事君数:做一段时间的君子,又做一段时间的君子,其中有一个时间的间断,在这个间断的时间里他不做君子,也就是说,在这个间断的时间里他做小人。因此"事君数"的意思是时而做君子,时而做小人。

辱:其本意是拔除那些长在庄稼之间的可厌的杂草。引伸为那种不正义的对人有害的行动者不为人们所容忍,以及由此所引起的羞愧与自卑感。它是光荣与尊严的反意词。

疏:为河流所间隔的陆地,引伸为远离、不亲近、不密切、不友好。

公冶长第五

5.1 子谓公冶长:"可妻也,虽在缧绁之中,非其罪也。"以其子妻之。

【译解】
孔子对他那位来自齐国并仍在遭受齐国法律的不公正的追捕迫害的学生公冶长说:"既然你和我的女儿两人彼此情意相投,那么我也就可以把我的女儿嫁给你,尽管你仍在遭受不白之冤,但是现在我决定把我的女儿嫁给你,这总该不是一件齐国的法律所能加以惩罚的罪过吧。"
孔子把他的女儿嫁给了他。

【注释】
公冶长:孔子的学生,姓公冶,名长,据说是齐国人,并且根据本章的意思,他正在遭受齐国法律的不公正的追捕迫害。他从齐国逃到了鲁国,并投靠了孔子,成了孔子的一名学生。此外,根据本章的意思,他也应该是孔子的女婿。除此之外,我们所能掌握到的关于他的资料非常有限,这反映出他在历史上也并不是具有很大影响的著名人物。

妻:这个字的本意是指将与丈夫携手共进的并将成为母亲的人——她是家庭中光照一切和非常尊贵的人。《说文》:"妻,妇与夫齐者。"因此"妻"字本身深刻地反映了中国古人对于人类两性关系的理想。这里的"妻"作动词,意即做理想的妻子,成为人的理想的妻子,它通常只为使……做人之妻,也即使……嫁人。

缧:粗大沉重的绳索。

绁:牢固地拴住。

缧(léi)绁(xiè):使用粗大沉重的绳索牢牢地拴住……,这是对待被捕的野兽的一种方式,也是对待被捕的罪犯的一种方式。

罪:一切非义的("非")并将遭到逮捕与囚禁("皿")的人。"罪"作为动词,意为惩罚罪过。

子:男孩和女孩(爱情所结下的全部果实),这里指女孩或女儿。根据"子"的本意,我们很难相信,关于孔子学生中没有女学生的流行观点是完全正确和有根有据的。

本章所记载的并不只是孔子和公冶长之间的一段普通的历史,而且是孔子对于执法者的非法行为的公开抗议和对于他们所操纵的法律的公开蔑视。这种抗议与蔑视是通过一种令人愉快的幽默来表达的。

在孔子看来,如果一个清白无辜的好人遭受到法律的制裁与惩罚,这对于那个清白无辜的好人来说根本没有什么不名誉的地方,相反,只有那种加给清白无辜的好人以制裁与惩罚的法律才是不名誉的。

在此,我们看到,孔子这位生活在这样一个颠倒错乱的世界上的伟大思想家是怎样不仅在不屈不挠地宣传他的关于一个理想国家或一个正义社会的信念,而且也在不屈不挠、身体力行地实践他关于一个理想国家或一个正义社会的信念。

5.2 子谓南容:"邦有道,不废;邦无道,免于刑戮。"
以其兄之子妻之。

【译解】
孔子对他的学生南容说:"你是这样一个有美德、有才华、性格温和而又行动稳健的人,因此如果整个现已完全分裂了的联邦之内能够重新获得并拥有道德与正义,那么就没有什么力量能够阻止你的美德与才华充分地表现出来。但是纵使整个现已完全分裂的联邦之内将完全失去道德与正义,那么你的温和的性格与稳健的行动也一定能够使你免遭这个已完全失去了道德与正义的世界的罪恶的刑罚与残暴的杀害。"

孔子把他兄长的女儿嫁给了他。

【注释】
南容:孔子的学生,姓南宫,名适,字子容,对于他,我们知之甚少。

兄:这里指孔子的长兄。根据《史记·孔子世家》引《家语》,孔子的长兄叫孟皮。这时孟皮可能已经去世,所以孔子成了孟皮的儿女们的直接的保护人,并为孟皮的儿女主婚。

5.3 子谓子贱:"君子哉若人!鲁无君子者,斯焉取斯?"

【译解】
孔子对他的学生子贱说:"像你这个样子的人多么像一个堂堂正正的君子哟!假如现在的鲁国已经完全是一个没有君子而只有小人的国度,那么在这样一个国度里又怎么可能产生出并使人们能够找得到像你这样的堂堂正正的君子呢?"

【注释】
子贱:孔子的学生,姓宓(fú),名不齐,字子贱,比孔子小四十九岁。《汉书·艺文志》中有《宓子》十六篇(其可信性显然还有待考证)。根据《吕氏春秋·察贤篇》的说法,子贱担任过鲁国单父地区的总管之职,在任职期间他善于任用人才,这使得他在行政管理方面很有效率,这一地区的人民也因此而享有了繁荣与富裕。他曾充当过三个人(无父的孤儿)的监护人,把他们抚养成人,也曾成为五个人的长兄——生活上的指导者。可见,子贱很像一个柏拉图所说的原始社会中的那种贤明的父主般的人物。

关于本章的"谓"字,我注意到许多注释者都理解为对象不在场时的评论或评价,其理由是孔子不太可能公开地当着一个人的面赞美一个人。不过,我倒想指出的是,公开地赞美人并公开地向人表示自己的好感,以及公开地谴责人并公开地向人表示自己的憎恶,这正是只有古人才具有的直率的美德。

5.4 子贡问曰:"赐也何如?"

子曰:"女,器也。"

曰:"何器也?"

曰:"瑚琏也。"

【译解】

子贡问孔子说:"先生,你对你的许多学生都已作过一番高度的评价,因此现在我想请问你,你认为你应该怎样来评价你的子贡呢?"

孔子说:"你是一件受人器重的物品。"

子贡说:"一件什么样的受人器重的物品呢?"

孔子说:"那种红珊瑚做的,淑女们喜欢将它戴在自己美丽的脖子上的项链。"

【注释】

赐:子贡,名赐,姓端木。

器:器重,受人器重的东西。这里的"器"的意思是双重的,它既指器重,又指所器重的对象,因此它既作动词,又作名词。

瑚(hú)琏(liǎn):对于这段孔子与他的优秀学生子贡之间的对话所涉及的"瑚琏"的含意,几千年来,人们对它作了无数的花样不断翻新的所谓考据。如在《论语集解》中,何晏是这样考据(即"引经传以证释")的:"包曰:'瑚琏,黍稷之器。夏曰瑚,殷曰琏,周曰簠簋,宗庙之器贵者。'"而在《论语注疏》中,邢昺则疏曰:"此章明弟子子贡之德也……曰'瑚琏也'者,此夫子又为指其定分。瑚琏,黍稷之器,宗庙之器贵者也,言女是贵器也。……案'明堂位'说四代之器云,有虞氏之两敦,夏后氏之四琏,殷之六瑚,周之八簋。"还有许多如此这般的考据,请原谅我在此不一一引证,因为这些更加别出心裁的考据涉及好多个现代计算机造字技术也很难制造出来的古怪文字。但可以肯定的是,这些考据就像何晏、邢昺和杨伯峻的考据一样花样不断翻新,只是有一点相同,即每一个人在作了这许多花样不断翻新的所谓考据之后,几乎都一致认为,瑚琏是"古代祭祀时盛粮食的器具,很尊贵。孔子把子贡比喻为瑚琏,是肯定他具有某个方面的才能,是很可贵的。"①事实上,他们的考据和他们的解释一样,既没有字源学的根据,也没有考古学的证据。

《说文解字》说:"瑚,珊瑚也。"又说:"珊瑚,色赤,生于海或生于山。"②"瑚"的本意是:由远古("古")动物(珊瑚虫)的尸体("月")所形成的玉石("王")。至于"琏"字,它根本用不着查什么字典,它的意思就是"链",不过它不是由金子或金属做的,而是由玉石("王")做的。因此"瑚琏"的意思就是用红珊瑚制作的链条,而这种用红珊瑚制作的链条显然不是那种用来拴牛拴马拴车拴囚犯的链条(这种用处的链条必须用非常坚固的钢铁制作),而是一种用作装饰品的链条,这种用作装饰品的链条作为一种如孔子所说的为人们所器重的物品,联系到它的鲜红的颜色,人们对于它的最可能的判断显然就是年轻的姑娘们非常喜爱的项链。果然如此,在江西省博物馆里就展览着这样一件由红珊瑚制成的装饰品。我是在2000年6月的第一个星期天和孩子一起去江西省博物馆参观并发现了这申公开展出的由红珊瑚制成的项链。这件古代出土文物显然曾经是一件被人珍视并代代相传的装饰品,因为我发现它上面有磨损的痕迹。但尽管如此,它的鲜红的色彩却依然异常艳丽,人们可以想像,姑娘将它戴在自己的脖子上会使自己显得容光焕发并充满青春活力。由此也可推断,它也是一件在古代非常流行的装饰品。

再把本章与前几章相联系,我们又会发现,在前几章中孔子是主动地对学生们说出自己的种种评价的,而在本章中则是子贡要求孔子对他作一番评价的。在这种情况下,孔子便拿这位心爱的学生来取乐了,他的幽默感也就油然而生,他说俏皮话并揶揄人的爱好也就自然而然地表现出来(在《论语》一书中,记载孔子所说的俏皮话有十多处,并且我发现孔子每一句俏皮话都是一种堪称典范的幽默艺术)。孔子在这里所表达的幽默的意思只是:如果你要我来对你作一番评价的话,那么我只能说你是一个每一个姑娘们都希望拥有并将以此自炫自耀的对象。

我们知道,子贡是孔子最有才华、最受器重的学生之一。

本章孔子对子贡所开的玩笑似乎从一个相反的方面证明,前几章的"谓"都是指孔子对他的学生们所作的直截了当的、面对面的、公开的评价。

5.5 或曰:"雍也,仁而不佞。"

子曰:"焉用佞?御人以口给,屡憎于人。不知其仁,焉用佞?"

【译解】

有人在孔子面前说:"冉雍这个人所具有的美德为他赢得了广泛一致的赞扬,然而他却从不轻易赞扬别人的美德。"

孔子说:"为什么要对每一个人使用那种轻易地、毫无根据地凭空说出

---

① 见唐满先的《论语今译》。

② 这里的山显然是海洋地壳逐渐隆起的结果,因为珊瑚不可能生长于山中。如果说哪一个山区具有珊瑚,只能说明这个山区曾是一片原始的海洋。

来的赞美之辞呢？难道要把那些轻易地、毫无根据地、凭空说出来的赞美之辞作为一种供人享受的物品提供给别人，并诱使别人吞食，以达到欺骗别人和役使别人的目的吗？把那种轻易地、毫无根据地、凭空说出来的赞美之辞作为一种供人享受的物品提供给别人，并诱使别人吞食，以达到欺骗别人和役使别人的目的，这种做法最终总是免不了要招致别人的憎恨。既然我们不知道某一个人是否真的具有美德，那么我们为什么要对他使用那种轻易地、毫无根据地、凭空说出来的赞美之辞呢？"

【注释】

雍：孔子的学生，姓冉，名雍，字仲弓，孔子著名的学生之一，他的美德、他的才华以及他所表现出来的道德勇气和勇于进取的精神，使孔子认定他有足够的资格成为一个国家的国王。

佞(nìng)：仁女，赞美别人（"女"）具有仁爱的美德（"仁"），这是人们为了支配人而去取悦人的一种方式。现在它的意思是指善于对他人说大话、好话和空话的品质和行为，因此它和阿谀奉承的意思是相通的。

御：役使。

口给(jǐ)：由口向人提供或供给的享受品，即对人凭空说出来的毫无事实根据的赞美之辞，而这种赞美之辞又往往是那些肤浅而虚荣的人们乐于吞食的。

御人以口给：把凭空说出来的那些毫无事实根据或言过其实、夸大其辞的赞美之辞作为一种供人享受的东西提供给别人，以便让人吞食，以达到驾驭役使别人的目的。

不知其仁，焉用佞：既然根本不知道某个人具有仁爱的美德，我们又怎么可以对他使用那种凭空捏造、言过其实、夸大其辞的赞美之辞？这里的"佞"作为动词，就是言说对方（"女"）具有仁爱（"仁"）的美德，这也就是对对方说赞美的言不符实的话。

本章的语言情境显然是：冉雍这个以美德著称的人，他的仁爱的美德得到了人们广泛一致的赞扬，然而这个诚实、直率而又具有洞察一切的深刻理性的人却从不赞扬别人本来并不具有的美德。这表明，他决不像那些庸俗小人一样，把凭空说出来的赞美之辞作为人们在相互交往中的相互馈赠的礼品。孔子显然非常赞赏冉雍的这种做法。

5.6 子使漆雕开仕，对曰："吾斯之未能信。"子说。

【译解】

在担任鲁国政府的公安及司法部长一职期间，孔子决定要让他的学生漆雕开到他所主管的政府部门担任一项公职，为此，漆雕开对孔子说："考虑到我将要担任的这项公职的责任之重大，因此我至今对我是否有足够的能力承担起我将要担任的这项公职所要求于我的重大责任还没有充分的信心。"

漆雕开的这番话使孔子非常喜悦,因为在孔子看来,对于任何一个将要担任政府公职的人来说,对自己将要担任的政府公职具有充分的责任意识正是人们能够完满成功地履行自己的责任的先决条件。

【注释】

漆雕开:孔子学生,姓漆雕(古人往往以祖辈所从事的著名的影响巨大、声誉极佳的职业为姓,因此漆雕开的祖辈一定是从事漆饰雕刻之职的著名专家),字子启。据信,汉代的《论语》注释者们为了避汉景帝之讳,而把"子启"改称为"子开",结果"子开"便"子启"而代之。学者们普遍认为,孔子让漆雕开担任官职的时候,应是孔子任鲁国公安及司法部长(司寇)的时候。《韩非子·显学篇》说到过有以漆雕氏命名的一个儒家学派,可见漆雕开在历史上有相当的影响。

仕:本意是具有卓越的抽象思维能力或逻辑推理能力("士")因而也具有卓越智慧与理性的人("亻"),后引伸为把自己卓越的智慧与理性及其卓越的抽象思维能力或逻辑推理能力运用于现实的政治和现实的国家管理的人。可以说,"仕"的概念是中国古代政治学说中有关理想国家的全部概念中的一个重要概念。不难理解,政治或国家管理是人类杰出的智慧与卓越的理性的最高的表现形式,一个国民的智慧与理性所达到的水平与高度,只能以这个国民运用于国家管理中的政治智慧与政治理性的水平与高度来衡量。因此对于一个理想的国家(它以全体人民的幸福为目的)来说,只有那些具有杰出智慧与卓越理性的人才有资格获得管理国家的政治权力。可以说,"仕"的政治就是人民的精英的政治,就是从全体人民中自然产生出来的具有高贵的品质与杰出的才华的出类拔萃之辈的贵族政治或圣人政治。这种政治与现代意义上的民主政治是完全相通的。

说:悦,喜悦。"说"的本意是欢笑或喜悦的语言。"兑"所表达的意思是一张笑口,正因为如此,"说"的意思应是欢言笑语,但由于人们注意力的不同,有时人们注重的是欢言笑语中的欢笑,有时人们注重的是欢言笑语中的言语。因此"说"的意义有时偏指欢笑、喜悦,有时偏指言语表达。而"悦"的意义则是欢笑时的心情:欢乐、喜悦。

5.7 子曰:"道不行,乘桴浮于海,从我者其由与!"

子路闻之喜。

子曰:"由也好勇过我,无所取材!"

【译解】

孔子说:"如果我们以道德和正义为基础的政治理想不能在鲁国这个地方化为现实,那么我将乘坐小木筏去漂洋渡海,以便为它的实现寻找一切可能的国度。到那时,跟随我一起去漂洋渡海的所有人之中肯定有子路这个人!"

子路听着孔子的这番话非常欣喜。

孔子又说:"说到我的子路,我认为他的杰出非凡、令人羡慕的勇气已经超过了我。在这个世界上我无法找到一个比他更为勇敢、对我也更为有用的人才!"

【注释】

桴(fú):此字由"木"和"浮"(省)构成,意为利用可在水中浮起的树木制成的过江渡海的工具:木筏。它是人类发明的一种最原始、最简单的水上交通工具。

好勇:杰出的勇气。令人热爱、令人羡慕的勇气。

5.8 孟武伯问:"子路仁乎?"

子曰:"不知也。"

又问。

子曰:"由也,千乘之国,可使治其赋也,不知其仁也。"

"求也何如?"

子曰:"求也,千室之邑,百乘之家,可使为之宰也,不知其仁也。"

"赤也何如?"

子曰:"赤也,束带立于朝,可使与宾客言也,不知其仁也。"

【译解】

鲁国政府大官僚孟武伯问孔子:"你的学生子路具有仁爱的美德吗?"

孔子说:"我的学生子路是否具有仁爱的美德,我不得而知,因而也无可奉告。"

孟武伯又问:"难道你对你的学生是否具有你所赞不绝口的那种仁爱的美德也不知道吗?"

孔子说:"我只知道子路是否具有统治的意志与手腕,因此如果有一个大国的政府想任命他的话,那么让他去主管政府的税收,我想他是有这份才能使这个政府的税收增加了又增加的,但是当他这样做的时候,他是否能表现出仁爱的美德,我就不得而知了。"

孟武伯又问孔子:"你的学生冉求又如何呢?"

孔子说:"冉求这个人,如果有某个小小的国家或某个大封地的领主想任命他的话,那么让他去做这个小小国家或这个大封地的总理,那么他是有那份才能使那些任命他的人如愿以偿的,但是当他这样做的时候,他是否能表现出仁爱的美德,我就不得而知了。"

这位自命不凡的傻瓜还要问:"你的学生公西华又怎么样呢?"

孔子说:"至于我的学生公西华这个人,那么且让他身穿礼服,腰系皮带,站在朝廷的大厅之中,我想他是会有这份才能彬彬有礼而又神气十足地与每一位来自外国的宾客握手寒暄和高谈阔论的,但是当他这样做的时候,他是否能够表现出仁爱的美德,我就不得而知了。"

【注释】

孟武伯:孟孙家族的首领,当时在鲁国掌握实权的孟孙、叔孙、季孙三大家族中的成员,他也像季康子一样,常常以孔子的学生和朋友这样一种假惺惺的身份出现在孔子的面前。

赋:国家的武器力量("武")所需要的资金("贝"),这种资金开支总是由全体国民来支付的,并且对于一个理想的为全体国民所热爱的国家来说,它也总是为全体国民心悦诚服地交纳的,正像"税"可视为农民心悦诚服地("兑")交纳的一种实物——稻谷("禾")一样。"赋"可理解为由国民所承担的用于支撑国家的武装力量("武")的税金("贝")。

室:这个字由"宀"和"至"构成。"至"的本意是鸟飞到它将在上面落脚休息的树枝上。因此"室"的意思也就是供人落脚休息("至")的屋宇("宀")。

邑:可为人们的生存需要提供保障的政治地理区域。这个字由"口"和"巴"构成(上下结构)。"口"的意思是国家主权范围的政治地理区域。因此"口"可直接地视为"国"的省略形式,而"国"字本来是由"口"和"或"字构成,意为在一个国家的主权(所有权)范围之内的政治地理区域。("或"的意思是一个不受限制的开垦区,在这个地区,它还没有主权者或所有者,它的主权或所有权将属于任何一个最先开垦它的人,因此它是一个置于开垦("戈")者之下的地区)。"巴"的意思是个人获取生活资料以满足个人的生活需要(它的本意是把食物放进口中)。因此,"邑"的本意是在国家("口")这一政治地理区域之中通过这种国家的政治组织与政治管理来使每一个在这一政治组织的政治管理形式之下生活的人们的生活需要获得满足。

家:其本意是懂得人工饲养和繁殖动物的人的居所。

宰:在家里("宀")辛勤劳作("辛")的人——人们野外活动(捕获活动)的成果的管理者与加工者。也许在古代,特别是在游牧与游猎这两种生活方式并存的时代,杀鸡宰羊是这种辛勤劳作的重要内容,因而使"宰"这个字获得了"杀"的意义。并且在远古时代,"宰"是一个和野外(户外)的工作相对的概念,它指的是户内的工作——即对户外工作者从户外获得的各种生活必需品进行管理和加工,其中包括把生食加工成熟食。随着家庭的扩展,家庭事务的增多,原始的家庭变成了原始的公社,而原始的家庭管理也从整个家庭事务中独立出来,原始的家庭辛勤劳作者变成了公社户内户外工作的总理,他使公社的户内户外的活动协调在一起,使之相互配合。这样"宰"便获得了两种完全不同的意义,一是指家庭(公社)的总管,一是指家庭(户内)的劳动者,并且由于户内的工作都是一些非常琐碎的没有人愿意干的工作,因此它只能由那些应受惩罚的人来担任,《说文》说"宰,罪人在屋下执事者",也正是这个意思。

赤:孔子学生,姓公西,字子华,名赤。

束带：系着腰带,这里指与礼服相配套的皮带(由动物的皮革制成)。

宾客：受到宾主礼遇的客人。"客"的本意是四处流浪以至不得不处处("各")为家("宀")的人。因此"客"的本意也就是无家可归的流浪者。"客"往往也作为旅游者们对自己的戏称。"宾"的本意是富有的作为无家可归的人的收养者与庇护者的主人。

在本章中,孔子反反复复地说："不知其仁也",其意思并不是说孔子不知道他的那些学生是否具有仁爱的美德(对于孔子这位深刻敏锐、洞察一切的伟大思想家来说,他不可能不知道他的每一个学生的品德),而是说他根本不愿与孟武伯这位大权在握的大官僚谈论仁爱的美德问题,其言下之意是,像孟武伯这样的只醉心于专断的权力与残暴的统治的人是根本不能理解仁爱的精神与美德的。因此"不知其仁也"这句不断被孔子重复的话,表达的是孔子对于孟武伯所具有的品格的蔑视。孔子以"不知其仁也"这句话来回避孟武伯所提出的仁爱问题,这句话只等于说,"至于我的这些学生是否具有仁爱的美德的问题,那我就不得而知、无可奉告了"。当这样的一句话被孔子反反复复地说出来,以作为对孟武伯所提出的问题的回答,它所具有的对问话者的品格的轻蔑意义是显而易见的。

我们甚至可以这样肯定地说,孔子对孟武伯所提出的每一个问题的回答都是在影射孟武伯所属的那个政治集团的所作所为：如何从人民手中获取更多的赋税,如何对自己领地上的人民实行高压统治,又如何沽名钓誉：时而风度翩翩地接待外国重要的使团,时而彬彬有礼地拜访国内著名的学者……从他们这些人的表面行动来看,他们似乎对什么都关心,对什么都过问,惟独不关心、不过问的是他们自己的行为本身是否合于道德与正义。

对于本章的另一个自然的结论是：孔子在这里所说的关于他的学生的一切都不是实话。

5.9 子谓子贡曰："女与回也孰愈？"

对曰："赐也何敢望回？回也闻一以知十,赐也闻一以知二。"

子曰："弗如也,吾与女弗如也。"

【译解】

孔子在与子贡交谈时对子贡说："在智力方面,你认为你与颜渊哪一个更强一些呢？"

子贡回答说："你的子贡怎么敢愚鲁地指望自己在智力上终有一天能与你的颜渊并驾齐驱呢？颜渊听到你说一,他便能知道十,而你的可怜的子贡听到你说一,他只能知道二。"

孔子说："你不要说那种言过其实的假话,我和你以后都不要说那种言过其实的假话。"

【注释】

如：女口,你的口所说的话,像你所说的话。它包括两个方面的意思：①像你所说的关于你自己的话,这种话无论是好是坏、是自夸还是自责、是是还是非,人们最初都不能确定它的真实性,因而它只有"如你所说"的那种语言上的而非事实上的真实性;②像你所说的关于别人的话,对于这种话,人们最初同样不能确定它的真实性而只能假定它的真实性。并且在人们现实的生活及交往活动中,当一个人所说的话被人们仅仅视为只具有"如你所说"的意义的时候,也就是被人视为夸大其词、言过其实的时候。因此,"如"不仅具有假定的意思:如果,如实;而且还具有"言过其实,言不符实的假话"的意义。"如果"的本意是假使结果正如你所说的一样;"如实"的本意是假使事实真的和你所说的完全相同。现在我们通常所说的"请如实说出来",意即不要说只能使人假定而不能使人确信的言过其实或言不符实的假话。在本章中,"如"显然具有言过其实、言不符实的假话之意。

5.10 宰予昼寝,子曰:"朽木不可雕也,粪土之墙不可朽也,于予与何诛?"

【译解】

有一天白天,有人告诉孔子,那个懒惰成性的宰我又在寝室里睡大觉了,于是孔子说:"对于已经弃置并且腐烂变质了的木材,人们不可能再次用它来建造房屋,同样,对于已经倒塌并且化作了泥土的房屋,人们也不可能再次为它更换梁柱,我想,这就是我对宰我这个人所能够说的一切,难道我还能够找到比之更完美的话语来表达我对宰我这个人的完整看法吗?"

【注释】

昼:繁体字为"晝",由"盡"(省)和"旦"构成,意为从太阳升起在地平线上("旦")到太阳在地平线下消失("盡")的那个时间跨度,也即整个白天。

朽:一根("一")在纷纷脱落、解体的树木(木梁)。

雕:由"周"和"隹"构成,而"周"又由"用"和"口"构成,其意思是一种具有一张包揽一切功能("用")的嘴巴("口")的鸟("隹")。"用"既具有包揽("拥")的意义,又具有功能、功用的意义。而"隹"则是鸟的总称。《说文》:"隹,鸟之短尾,总名也,象形……。"不难理解,这种具有全能的嘴巴的鸟(它和我们现在通常所指的那种专以腐肉为食的秃鹫应是不同的,当然秃鹫也有一张很厉害、很能干的嘴巴),它可在树上打洞做窝。后来人们以这种鸟(啄木鸟)在树上打洞做窝的活动,来比喻人类在一切形式的物体上的刻镂活动(利用物体本身来创造一些微型的物体),因此"雕"也就获得了"刻镂"的意义。应该指出,在"雕"这个字的创造过程中,人们对"周"这个字作了极富喜剧色彩的不严肃的理解和解释("周"被理解为"用口",尽管它仍在某种程度上保留了"周"的本意。"周"的本意是"用口",即包揽一切,拥抱全体。)在这里,纵观本章所表达的意思的整体,我认为我们不要刻板地把"雕"理解为刻镂,而应理解成像雕(啄木鸟)那种鸟一样用木材建造房屋。

粪:这个字本来由"米"、"田"和"共"构成,意为一种供田地里的庄稼享用的粮食

(米),因此它是广义的肥料。也许在古代,人们所能为庄稼提供的一切形式的肥料之中最主要的是人与家禽家畜的大便,这样"粪"的广义的肥料的意义,也就变成了狭义的肥料(大便)的意思。

粪土:用来肥田的泥土。

墙:房屋,一种用土、石头和木材所建造的人类自由生活、自由活动的空间,这就是"墙"的本意。这个字形象地表达了这样一种用泥土和木材支架所构成的自由的生活空间的概念。"回"的本意就是自由活动的空间——自由进出、自由活动的空间中的空间(口中之口)。许多人把"墙"理解为"壁"或"墙壁",这完全违背了"墙"的本意,因为"壁"或"墙壁"的意思是,房屋的空间或地域的不得到允许便不能任意进入的具有法律意义或受到法律保护的界线(辟界,"辟"即法或法律)。

杇(wū):这个字可视为由"一"和"朽"构成(上下结构),意为用新的完好的梁柱("一")去替换已经腐烂的梁柱("朽")。

诛:用来描绘事物的枝叶具全的整体("朱")的言语("言"),"朱"的本意是完整的、也即枝叶具全的树木。后来"诛"从"全面的描述"、"全面的评述"变成了一个偏意词:彻底批判、全盘否定。

5.11 子曰:"始吾于人也,听其言而信其行。今吾于人也,听其言而观其行,于予与改是。"

【译解】

孔子说:"以前,我总是相信人们所说的就是人们所做的,人们所主张的就是人们所实行的。但如今,我不仅要听人们说的是什么,而且要看人们做的是什么。这是由于宰我的言行使我获得了对于人们的认识上的提高与改进。"

5.12 子曰:"吾未见刚者。"

或对曰:"申枨。"

子曰:"枨也欲,焉得刚?"

【译解】

孔子说:"我还没有见到过那种完全摆脱了自己主观的物质欲望的羁绊与奴役并使自己从这种主观的物质欲望的羁绊与奴役中解放出来的自由自在、坚强勇敢而又堂堂正正的人。"

当孔子发表这番议论时,在场的人之中有一个人对孔子说:"申枨也许就是这样一种人,难道你的学生申枨也不能算是这样一种人吗?"

孔子说:"申枨这个人,他的欲望可多呢,因此他怎么可能不受自己欲望的摆布而成为一个自由自在、坚强勇敢而又堂堂正正的人呢?"

【注释】

刚：这个字本来由"网"和"刀"构成（左右结构），意为砍碎罗网，使对象从受羁绊、受奴役、不自由和无能为力的软弱状态中解放出来。因此，对于人来说，"刚"就是从受羁绊、受奴役的状态中获得解放、获得自由。而人类最直接、最常见的羁绊者与奴役者就是人类自己自私的欲念，这种自私的欲念在人类社会的生活与社会的交往中构成了一张巨大无边的罗网，它使每一个人都处在相互钳制、相互奴役的状态之中，使每一个人都感到动弹不得，使每一个人都感到无能为力。在这种状态中，每一个人都成为软弱的既不能从善、也不能惩恶的人。人们想说而不能说，想行而不能行。人们不能自由地作出决断，做出选择，采取行动。因此只有彻底砍碎这张由人们自私的欲念所编织而成的个人的、家庭的、血缘的、组织的、集团的巨大罗网，人们才能获得行动的自由与力量，也只有这样，人们才能自由地追求真理与正义，反对谬误与罪恶。所谓"刚强"、"刚正"、"刚毅"都是"刚"的本意的引伸。

申枨(chéng)：人们认为他就是《史记·仲尼弟子列传》中所说的申党，因此人们也就认为他是孔子的学生。

欲：《说文》："欲，贪欲也，从欠谷声。""欠"所表达的是人们对于物质（食物）匮乏的一种主观感受或人们对于得不到满足的物质的主观希求。《说文》："欠，张口气悟也。""谷"的意思是指人或动物的一种嗷嗷待哺的状态。《说文》："谷，口上阿也，从口，上象其理。"如果说"谷"所表达的是一种实际的物质上的需求的话，那么"欠"所表达的就是一种主观的精神上的需求（"欠"可视为由"气"和"人"构成，"气"意指形而上的精神）。因此"欲"所表达的应是一种主观上的物质欲望，而不只是人们对于物质的实际需要。这种主观上的物质欲望是没有止境、无法满足的。所谓"欲壑难填"也许正是"欲"的本意（现在意义上的"欲"往往只具有一般意义上的主观的希求与客观的需要的意义，孟子所说的"可欲之谓善"，其意义指的正是一种可满足人们的客观需要的善）。这里的"欲"作为"刚"的对立物，它指的就是一种完全主观的物质欲望，这种完全主观的欲望变成了一种羁绊人、奴隶人的力量。

5.13 子贡曰："我不欲人之加诸我也，吾亦欲无加诸人。"
子曰："赐也，非尔所及也。"

【译解】

子贡说："我不希望别人以赞美之辞来增加我实际的高度与实际的价值，同时我也希望自己能够客观地、实事求是地评价他人。"

孔子说："我的子贡呀，可你并非总是能够做到这一点。"

【注释】

加：努力运用嘴巴，也即竭力赞扬、竭力美化，以赞美之辞来增加人们实际的高度与实际的价值。

5.14 子贡曰："夫子之文章，可得而闻也；夫子之言性与天道,不可得而闻也。"

【译解】

子贡说:"仅就孔子至今流传于世的那些著作的字面意义来说,它们是一般的人所能理解和传授的,然而如果就孔子在他的这些著作中所谈到的有关人类的心灵与生命相统一和宇宙的客观历史必然性与道德性相统一的内在思想来说,它们就不是一般的人所能理解并传授的了。"

【注释】

得:获取、掌握、理解、心得。

闻:使闻,传授,讲解。

性:心灵("忄")与生命("生")相统一的本质。

天道:宇宙的客观历史必然性,宇宙永恒的本质与秩序,宇宙的人类本质与道德。

5.15　子路(曰):"有闻,未之能行,唯恐有闻。"

【译解】

子路说:"如果有人自视自己有一种高深的学识,然而缺少了它人们仍能照样很好地生活、很好地行动,那么我想这种学识就是人们应该对它感到恐惧并避而远之的对象了。"

【注释】

由于子路是一个以言行一致、表里如一而著称的人,因此本章所记叙的应是子路所说的话而不是针对子路而说的话。因此在这里加上一个很有可能被传抄者遗漏了的"曰"字是非常合适的。

闻:通过"闻"所获得的知识、学识。

未之能行:没有它也可以行动,可以生活。没有它照样能很好地行动,能很好地生活。"之"是相对于"有闻"而言的。

5.16　子贡问曰:"孔文子何以谓之'文'也?"

子曰:"敏而好学,不耻下问,是以谓之'文'也。"

【译解】

子贡问孔子说:"孔文子这个卫国政府的大官僚究竟根据什么理由把自己称为文明之子呢?"

孔子说:"凡是敏于思考、爱好学习、甚至不羞于向那些在地位上低于自己的人求教以不断地丰富自己、提高自己、完善自己的心灵与理性的人,都可以因此而自称为'文明之子'。"

【注释】

孔文子：卫国政府的高级官员孔圉。孔子和他的学生周游列国时(公元前484年)曾和孔文子打过很长时间的交道。那时的卫国几乎和所有从西周联邦分裂出来的国家一样，正处在最不幸的状态之中。国家由一伙针锋相对以至于经常兵戎相见的统治者把持着，并和其他国家一样，腐化堕落与阴谋诡计构成了这个国家的政治特征。其间国君夫人南子的声名狼藉的乱伦行为曾促使她的为此而深感羞辱的儿子——同时也是国王的合法继承人——策划了一个暗杀她的行动，结果没有成功，太子和他的追随者也不得不因此而逃离卫国。当卫灵公在公元前493年去世时，太子流放在晋国，太子的儿子则成为王位的继承人，称为出公。这时，对卫国显然怀有敌意和领土野心的晋国政府里的一个贵族集团，声称他们拥护太子在卫国获取王位的事业，并帮助太子用武力占据了卫国的一座城市。儿子在宫殿里坐在卫国国王的宝座之上(尽管他毫无实权)，而父亲则武力据守卫国边远的一座城市，并伺机夺取王位，这就是孔子到达卫国前后的卫国的情形。这时，孔文子正是处于这种情形之中的卫国的大权在握的实际统治者——卫国政府的总理。当孔子来到卫国时，也正是孔文子这个大权在握的统治者给予了孔子以很高的尊敬与礼遇(孔子来到卫国甚至和孔文子的公开邀请有关)。但是，尽管如此，如果我们以为这个大权在握的统治者是一个孔子思想的信徒，那我们就大错特错了。应该说，孔文子对孔子所表示的尊敬以及他在孔子面前所表现出来的那种虚心好学的样子，只不过是这个大官僚的全部政治策略中的一种用以沽名钓誉的政治策略而已。可以说孔文子的全部生活及其政治上的所作所为与孔子的人格和孔子的政治理想毫无共同之处。我们可以了解到，孔文子出于权力的需要娶了卫灵公即卫国国王的女儿为妻，同样他为了巩固和加强自己的权力与地位而强迫卫国的一位大官僚与自己的妻子分手，其目的是为了能够把自己的女儿嫁给他。当这个大官僚娶了孔文子的女儿后仍然继续与前妻寻欢作乐时，孔文子是带着他是否要领兵去杀死这位大官僚的问题来向孔子虚心求教的，而这时的孔子已经决定离开卫国。当然，当孔子离开卫国时，孔文子少不了要对孔子做出挽留、感谢、道歉等等表示。

从孔子及其弟子在整个政治旅程中两次访卫的经历中，我们不难看出并取得结论，本章的语言背景是孔子及其弟子开始其政治旅行之前(或去卫国的途中)，那时孔文子已有虚心好学的名声，而这时孔子已被孔文子的这种外在的名声所迷惑，尽管孔子的学生子贡对孔文子的这种外在的名声表示轻蔑与怀疑(从子贡的这种问话方式中不难看出)，而孔子对孔文子的那种外在的名声却竭尽了他的全部美好的想像。——孔子总是习惯于善意地理解他人，但这并不意味着有什么伪装矫饰能够成功地躲过他那双洞察一切的眼睛。

我认为，孔子之所以在周游列国时两次来到卫国，是由于他想弄个清楚明白，那个曾以虚心好学而享誉一时并对自己尊敬有加的孔文子究竟是一个什么样的人，并最终看看孔文子如何面对他在自己面前不得不原形毕露时的尴尬局面。

5.17 子谓子产："有君子之道四焉：其行己也恭，其事上也敬,其养民也惠,其使民也义。"

【译解】
孔子说到郑国的总理子产时说:"子产作为一个处在国家的统治地位并掌握着巨大的国家权力的正人君子,当他在行使其所掌握的国家统治之权时,他至少掌握了作为一个大权在握的正人君子所应遵循的四条基本原则:当他面对自己并为了自己的利益与权力而行动时,他能够确保自己的行为完全是出自公平公正之心;当他面对上天并为了上天所启示给他的真理而工作时,他能够确保自己的工作完全是出自自己的虔诚与敬仰之心;当他面对自己对国计民生所应承担的重大职责并为了国计民生而努力时,他能够确保自己所推行的各项政策完全符合人民的实际利益;当他面对自己对人民的事业所肩负的组织管理的重大责任并为了人民事业的组织管理而尽职尽力时,他能够确保自己对人民的事业的组织管理完全符合社会的普遍的善与正义。"

【注释】
子产: 公孙侨,字子产,郑国国王穆公之孙,在郑国简公、定公两位国王当政之时,他任郑国的总理(宰相)。当时正是晋楚两大强国之间争强斗胜、战争不休的时候,而子产却领导郑国这个地处这两大争强斗胜、战争不休的强国的要冲的国家周旋于它们之间并确保了国家的安全和尊严,因此子产作为郑国这个面对国际危难形势的国家的宰相,其政治才能与外交智慧是为历史学家们所首肯的。

君子: 这里指具有优秀的品德和杰出的才华并处于国家的统治地位的人。

上: 上天,至高无上的宇宙道德与正义。应该指出,当时的各国国王并不享有至高无上的地位与权威,相反他们往往不得不充当国内乃至国外的各个强大的政治集团的争权夺利的傀儡和附庸,他们的权威往往是脆弱无力的,他们的地位也往往是历史性和象征性的,因此这里的"上"根本不应理解为"君上"。况且,对于孔子这个时刻憧憬着西周式的统一大联邦并总是站在这种西周式的统一大联邦的崇高的政治理想之上而给予当时各个四分五裂、相互倾轧、相互为敌的各个国家的统治者的行径以辞严义正的谴责的伟大思想家和政治家来说,他更不会认为当时的各诸候国的国王具有至高无上的权威与地位。相反他总是自觉不自觉、公开不公开地认为,只有像他这样的洞察了整个宇宙的道德与正义并以西周式的统一大联邦作为自己崇高的政治理想与政治追求的哲学家和政治家,才应在现实的国家生活中享有崇高的权威与地位。

使: 事之以中或持事以中者的活动,因此它具有公正主持、合理裁定之意,也具有公正合理地组织、协调、管理之意。

5.18 子曰:"晏平仲善与人交,久而敬之。"

【译解】

孔子说:"齐国政府的总理晏平仲善于与人交往,因为他总是始终如一地以一种虔诚的态度对待任何一个与之交往过的人们,以及他与人们在这种交往过程中所建立起来的友情。"

【注释】

晏平仲:姓晏(yàn),名婴,平仲或是其字,或是其谥号。曾任齐国的宰相。现有《晏子春秋》流传于世,但人们并不认为这就是晏平仲自己的著作。

交:交往。这个字可视为由"文"和"人"两字构成,意为那种融入或进入文明状态的人的活动。事实上,人们在社会中的平等、自由的交往的深度和广度是衡量一个社会的文明程度的最确切的标志。没有这种平等自由的交往,社会各阶层的人就不可能互相理解并从而达成对于整个社会的共识,社会的政治、经济和法律制度也就不可能具有共同理想、共同信念与共同利益的基础,这是社会和谐幸福与社会发展进步所必须的先决条件。在一个社会之中,如果人们不可能进行平等自由的交往,或者说这种交往只能局限于个人、家庭、血缘关系和特殊的社会组织与集团的范围之内,从而使人们的交往达不到相当的广度和深度,那么这也就说明人们并没有达到最大限度的相互理解,说明人们还不存在广泛的共识,说明人们还没有广泛的共同一致的理想、信念和利益,说明人们还处在相当野蛮的不开化的敌对状态。

久:始终如一,长期。

之:代指"与人交",而不是代指晏平仲。

5.19 子曰:"臧文仲居蔡,山节藻梲,何如其知也?"

【译解】

孔子说:"当鲁国政府的大官僚臧文仲沉浸在占卜祈祷的默想静思之中时,他仿佛觉得他往日所见到的绿树成荫的陆地上的连绵不断的群山就好像是一张渔网上的彼此相连的结节一样,而他往日所看到的碧波荡漾的海水里的水草则有如生长在肥沃的海滩上的灌木一样,这是一种以怎样的方式才能加以表达的感知呢?"

【注释】

臧文仲:鲁国政府的大官僚臧孙辰。"臧"读 zāng。

居蔡:沉浸在占卜祈祷的默想之中。

山节:山如一个小结节,一座山犹如一张网上的一个绳节。

藻:生长在哗哗流水中的水草。"澡"的本意是哗哗的流水有如树上群鸟的鸣叫。

梲(zhuō):在肥沃的污泥淤积的海滩、河滩或沼泽地里欢悦生长的树木。"梲"的本意应是欢悦("兑")的树木("木"),也就是生长茂盛的树木。

藻梲:海藻如树林。

5.20 子张问曰:"令尹子文三仕为令尹,无喜色;三已之,无愠色;旧令尹之政,必以告新令尹,何如?"

子曰:"忠矣。"

曰:"仁矣乎?"

曰:"未知,焉得仁?"

【译解】

子张问孔子说:"楚国政府的总理子文曾经在他所担任的政府总理的职位上三上三下,当他不得不接受政府总理的任命时,他丝毫没有快乐的表示,而当他不得不辞去政府总理的职位时,他也丝毫没有不快乐的表示,并且,他作为一个在政府总理的职位上任职多年的有经验的总理,每当他不得不辞去总理的职位之际,他还总是毫不例外地把他所奉行的所有他自认为行之有效的政策转告给接任他的职位的新总理,你认为我们应该怎样来评价这个人的政治生涯呢?"

孔子说:"我们只能说他在其政治生涯中是一个正直诚实并忠于职守的人。"

子张说:"我们可不可以说他是一个仁人志士呢?"

孔子说:"对此我不得而知,在他所处的整个政治状况与政治环境之下,我想纵使他想成为一个仁人志士,但实际上他又怎么能够使自己成为一个仁人志士呢?"

【注释】

令尹(yǐn):楚国政府的重要官职,相当于总理(宰相)。

子文:根据《左传》的说法,他曾在长达二十八年的时间里在楚国令尹(宰相)的职位上三上三下。《国语》说:"昔子文三舍令尹,无一日之积。"这也就是说,当他在宰相的职位上三上三下时,并不是因为他被罢免,而是因不同意推行某项政策而主动辞职的,并且在他任职期间,他并没有利用他的职权捞取可以让他的全家过上一天的额外好处。可见他是一个为政清廉的人,也许他的多次辞职也是由于他忠于职守而不愿以自己的权力来和腐败的政治达成交易与妥协的结果。当他最后一次主动从宰相的职位上退下来之后,接任他的职位的人是子玉。

仕:担任官职。它的本意也许是指担任官职所应具备的条件:抽象的思辨能力与高深的智慧。"士"即智慧或智者。

5.21 (子张问曰):"崔子弑齐君,陈文子有马十乘,弃而违之,至于他邦,则曰:'犹吾大夫崔子也!'违之。之一邦,则又曰:'犹吾大夫崔子也!'违之。何如?"

子曰："清矣。"

曰："仁矣乎？"

曰："未知，焉得仁？"

【译解】

子张问孔子说："齐国政府的大官僚崔子阴谋杀死了齐国的国王并取而代之，而当时齐国的另一位大官僚陈文子却带着他的全家及其部下乘坐着十辆马车离开了齐国，这样他既放弃了他在政府中的职位，也违背了崔子要求他继续留任的意愿。当陈文子这样来到异乡他国并得到他国政府中的一个大官僚的任命时，他便说：'这种任命和我的齐国的大官僚崔子对我的任命的意义是多么相似，如果我现在要接受你的任命，那么我当初为什么又要拒绝崔子的任命呢？'这样他拒绝了这个大官僚对于他的任命。当他来到另一个国家并得到另一个国家的政府中的一个大官僚的任命时，他便又一次地说：'这种任命和我的齐国的大官僚崔子对我的任命的意义是多么相似，如果我现在要接受你的任命，那么我当初为什么又要拒绝崔子对我的任命呢？'这样陈文子又拒绝了这个大官僚对于他的任命。你认为我们应该怎样来评价这个人呢？"

孔子说："他可以算得上是一个清白纯洁的人。"

子张说："他能不能算得上是一个仁人志士呢？"

孔子说："对此我不得而知，在他所处的政治状态和政治环境下，我想纵使他想成为一个仁人志士，但实际上他又怎么能够使自己成为一个仁人志士呢？"

【注释】

崔子：齐国政府官员，曾杀死齐国国王齐庄公。

弑（shì）：这个字由"杀"和"式"构成。"杀"的本意是指一种剪除蔓枝的园林技术，引伸为杀害处死。"式"的本意是指一种传统的、自古至今一直被人重复的做法或一直为人所遵守的行为法则或行为方式。这种意义在"拭"（反复的搓擦）、"试"（按一定的方式进行测定或测验）和"轼"（固定的扶手）等字中保存着，而"式"本身现在仍保留着如下的含意：形式、公式、格式、程式、仪式、样式等等。《说文》："式，法也。"因此"弑"应理解为一种根据传统和习俗的法律而对违背或侵犯这种法律的人处以杀头的极刑。后来特指对那些违背他对人民所作的誓言、背叛公理正义、胡作非为、无法无天的国王处以杀头的极刑。可以说，"弑"作为对无法无天的国王所处以的一种极刑，这是古代世界各国人民的一致做法，也是古代世界各国人民所拥有的一种完全合于理性与正义的传统特权。不过，应该指出，到了春秋战国时代（那时几乎所有的从西周联邦分裂开来的诸侯国的国王的地位都是脆弱的，甚至是可怜的，他们几乎都成了各个政治集团争权夺利的野心的牺牲品),"弑"已完全从一种光明正大、完全正义的法律行为堕落成政治野心家们用以实现其个人野心的阴谋伎俩。纵使那些被他们阴谋杀死的国王也是一些十恶不赦的坏蛋,但促使他们去杀死这些十恶不赦的坏蛋的真正动机或原因却不是道德、不是正义、不是国家利益与人民的福祉,而仅仅是个人的野心。因此,与古代世界人们采用的这种做法的结果完全不同,当一个十恶不赦的国王被他们杀死时,这丝毫不是意味着道德的胜利、正义的胜利、国家和人民的胜利,而仅仅是个人野心家的胜利。因此当一个十恶不赦的国王被杀死之后,这只是意味着将要由一个十恶不赦的国王取代另一个十恶不赦的国王而已,甚至取代者比被取代者更为十恶不赦。

5.22 季文子(曰):"三思而后行。"
子闻之,曰:"再,斯可矣。"

【译解】

鲁国政府的大官僚季文子曾经说过:"在人们决定要为一件事情而采取行动的时候都应该做到三思而后行。"

当孔子听到有人引用季文子的这句话时,孔子说:"季文子所说的'三思而后行'是什么意思呢?是不是说人们只有在经过了反反复复、思前想后的思考之后才能开始行动呢?我想这种反反复复、思前想后的思考太没有必要了,应该说,人们在行动之前要有所思考就够了,否则有益的和必要的思考将妨碍人们的行动,并变成人们现实生活中的一种负担。"

【注释】

季文子:鲁国大官僚季孙氏家族中的又一成员,并且他也毫不例外地是鲁国政府的高级官员,姓季孙,名行父,据信他曾相继在鲁国文公、宣公、成公、襄公的政府中任职,因此人们推测,本章所记叙的季文子已经去世几十年了。

本章所表达的意思是幽默风趣的,同时又是严肃认真的。幽默风趣的是孔子把季文子所说的:"三思而后行"这句本来是完全正确合理的话作了这样的理解:"人们只有经过反反复复、思前想后的思考之后才能开始行动"。在这种理解之中,孔子显然利用了"三"这个字的含意的复杂性:它既具有具体的数量三的意思,又具有抽象的数量众多的意思。而当孔子把"三思而后行"这句话之中的"三"字理解为"众多"的时候,这也就使这句本来也许是完全正确有益的话变成了一句错误有害的话。显然,对于这样的理解,我们不能简单地说,孔子有意歪曲了季文子所说的这句话的原意,而应该说,孔子把季文子的话当作了他的幽默机智的逗趣取乐的对象,这显然表现了孔子心目中的一种深沉的对于季文子的人格、教养、才能的蔑视。然而,从另一个方面来看,孔子在这种幽默逗趣的同时,又表达了他的一种严肃认真的思想:人不能让思考来妨碍行动,思考是必不可少的,但思考并不是目的,只有行动才是目的。因为思考的价值只有在行动中才能体现出来。在这里我们再一次认识到了孔子重视实践、重视行动的实践家的品质,他并非一个单纯的并因此而显得迂腐气十足的思想家或理论家。

5.23 子曰:"宁武子邦有道则知,邦无道则愚。其知可及也,其愚不可及也。"

【译解】

孔子说:"卫国政府的高级官员宁武子在国家具有道德与正义的时候,他把他的聪明才智发挥得淋漓尽致,而在国家没有道德与正义的时候,他却装聋卖傻,并竭尽所能地使自己显得愚笨而迟钝,仿佛他只是一匹可以被人随意耍弄的猿猴。可以说他的聪明才智的表现,人们是可以与他一争高低的,但对于他的愚笨迟钝的表现,人们恐怕只能望尘莫及了。"

【注释】

宁武子:卫国政府高级官员,姓宁,名俞。

愚:迟钝的心灵有如猿猴。"愚"的上半部分意为猿猴。

本章所表达的意思显然是在于引起人们对这样一种事实的认真思考和严重关注:在人类的政治国家或政治社会之中,人类的智慧并非总是给人类带来幸福。在人类的政治国家或政治社会具有道德和正义的时候,人类才因自己具有智慧而使自己显得比动物高贵千倍,而当人类的政治国家或政治社会不具备道德与正义的时候,人类则因自己具有智慧而使自己显得比动物卑贱万倍。因为正像人类的智慧在一个道德与正义的社会中为自己所创造的幸福是一切动物所望尘莫及的一样,人类的智慧在一个没有道德与正义的社会中为自己所制造的苦难同样是一切动物所望尘莫及的。正因为如此,一切正直的人只有当他处在一个具有道德与正义的社会中时,他才会重视自己的智慧,而当他处在一个没有道德与正义的社会中时,他反而觉得自己的智慧是一种负担、一种痛苦,不如麻醉自己的精神,落得个快乐自在。因为在一个没有道德与正义的社会中,纵使一个人足够正直以至不愿让自己去参与整个社会的罪恶,但他也必然能够感觉并认识到,个人的良知所处的软弱无力的地位。因此面对整个社会的罪恶与苦难,他便开始羡慕起那些没有理性的动物,因为他观察到,一切处在自然环境之下的动物的行为远比那个没有道德与正义的社会里的人们的行为仁慈,并且它们的生活也远比那个没有道德与正义的社会里的人们的生活幸福。

5.24 子在陈曰:"归与!归与!吾党之小子狂简,斐然成章,不知所以裁之。"

【译解】

当开始了其哲学及政治旅程的孔子到达陈国后,他在陈国说:"让所有的书简都归与它们应该归与的那些人吧!让所有的书简都归与它们应该归与的那些人吧!就像让所有的年轻美貌的女郎都归与她们应该归与的那些年轻英俊的男子,以便使她们能够生儿育女一样,当所有的书简都归与它们应该归与的那些人之后,那么它们也一定会开花结果的!我的学说的那些年轻而又狂热的信徒们总是在疯狂地搜寻着他们所能搜寻到的一切书简,而这些被搜集的书简几乎都是一些文采纷飞的系统成集的著作,并且我至今还不知道应该依据什么样的原则来整理编辑它们。"

【注释】

陈:陈国,当时拥有现在的河南开封东部和安徽北部一带的国土,建都在今天的河南淮阳县。

根据《左传》的说法,孔子周游列国时是在公元前492年到达陈国,当时这个不幸的国家已走上了穷途末路。像它的西部小国蔡国一样,它的南部被看作是强大的楚国的疆域。这两个国家变成了两个后起的文化欠发达的国家——楚国和吴国——相互斗争的走卒。为了报复蔡国偏向吴国的行为,楚国于公元前494年占领了蔡国,并命令它的人民迁出国土。陈国则试图在这两个大国之间保持中立,并有一次公开拒绝吴国要它协助进攻在与吴国的战争中屡遭战败的楚国的要求。但这种中立立场终究是徒劳无功的。两个大国总试图把陈国拉进自己的势力范围,而当它拒绝这种企图时,它们便向它进攻,起初是吴国,后来是楚国。直到孔子访问后的第十二年,楚国终于消灭了这个国家并吞并了它的领土。

孔子到达陈国之时,也许正是陈国以中立态度竭力维持自己在吴楚两个大国之间的作为一个国家而存在的某种程度上的独立地位的时候。孔子在这个国家受到了像国宾一样的接待(这种接待是当时各国的统治者都乐于做的,如果他们有足够的明智的话。因为在当时,我们这个文化中对智慧与美德的尊崇毕竟还没有从人们深层的意识以及整个文化氛围之中完全消失),尽管这丝毫不意味着这个国家会接受他的政治主张。

如果公元前492年是孔子开始其哲学及政治旅行的日期的合理假设,那么孔子到达陈国就仅仅是他的这次长达十年的旅行的开始(他到卫国,经宋国就到了陈国),这样人们把孔子所说的"归与!归与!"理解为"回去!回去!"那就没有任何合理性了。因为孔子是在他的雄心勃勃的一系列政治改革计划因三家突然发动的军事政变(他们劫持了鲁国的国王)而遭到重大的挫折之后决定离开鲁国,以便到其他国家寻求实现其政治主张与政治理想的机会和可能的,所以孔子决不可能轻易地改变主意并放弃他的寻求机会与可能的努力。

在这里,我们也可以看到,陈国是一个文化发达、历史悠久的中原古国,孔子及其学生们在那里发现了众多的典籍。

归:这个字的本意是身穿围裙、两手清闲的年轻女郎嫁往她将永远不变地在那里生活并在那里生儿育女的家。我认为,这里"归"的对象应该是"简",而"归与"的意思是"让简归与"。即指那些写在竹简上的典籍归属于——这种归属好像姑娘的出嫁——孔子的学生们自己。自然,"归"在这里有"收集"之意,但这种"收集"之意是比喻性的:即孔子的学生们在对典籍的收集活动中所表现出来的热情,仿佛就像年轻人的求爱,他们千方百计地使那些为自己所钟情的女郎同意嫁给自己。"归"作为使役动词,显然有"使……嫁给"之意。在这里我们不难看出,在理解中国古代语言时,根据语言环境来理解词意是重要的,但根据词意本身来理解词意(即直接理解词的本意)更是重要的。如果我们只根据语言来理解词意,那么这种理解的结果可能就是我们只把握到古代语言意义的一个模糊不清而又扭曲变形的影子。

吾党之小子:我的学说的那帮年轻的盲目而狂热的信徒,这是以一种自嘲与讥讽的方式来表达的自满与赞赏。

狂简:像疯狗一样把书简作为其搜寻、追踪、攻击、撕咬的对象,这也就是疯狂地搜集书简并阅读研究书简的内容。

斐:文采纷飞,文采飞扬。

章:言辞("音")的总汇("十"),这也就是被表达了的因而被客观化了的人们思想与情感的总汇。

裁:这个字可视为由"士"、"戈"和"衣"构成,意为通过理性的深思熟虑和精确计算并运用"戈"而制造出来的衣服,或者更正确地说,"裁"的意思是使衣服制造出来的全部以理性为前提条件的技术活动。这里指整理编辑的意思。

5.25 子曰:"伯夷、叔齐不念旧恶,怨是用希。"

【译解】

孔子说:"伯夷、叔齐二位商朝的王子根本不去追忆那些早已被他们完全抛弃了的令人厌恶的生活,因此他们对自己也就很少有什么可以抱怨的了。"

【注释】

伯夷、叔齐:伯夷名允,字公信;叔齐名致,字公达。他们是两兄弟,是商朝末年孤竹国君王的两个儿子。父亲死后,为了把王位让给对方,两个人相继出逃,并投奔了周文王。我认为,他们在王权继承问题上相互推让,并相继弃王权而逃,这只是他们背叛腐化堕落的商代政府并投奔他们心目中的理想国家的一种出于安全考虑的非常机智策略的做法。

孟子说伯夷、叔齐不立于恶人之朝,不与恶人说话。他们是两位具有道德心和正义感的嫉恶如仇的人。我认为本章所表达的正是这样一个历史事实:伯夷、叔齐作为腐化堕落的商朝国王的儿子,他们从小就被灌输了一种对当时正在倡导着并进行着的对商朝统治者的统治最具有威胁性的道德与政治启蒙运动的周文王的仇恨,而当他们长大成人并最终认识到了商朝统治的腐化堕落与不仁不义,认识到周文王所推行的革命的正义性并同时又到了不得不担当起这个腐化堕落的不仁不义的国家统治之职时,他们出于厌恶而决心逃避这个国家中的那些作为这个国家事实上的掌权者的人们强加在他们身上的徒有虚名的国王的职位。不难理解,在一个阴谋充斥、暴力充斥的政府之中,他们兄弟两人采取互相推让的方式来逃避这个令他们深感厌恶的并且是徒有虚名的国王职位,这是非常明智的。

念:往日的经历存留在心灵中就像今天所发生的事情一样。"念"所表达的意思也许是心灵所亲历的此刻与此在("今"),而在心灵中所亲历的此刻与此在是不受时间、地点乃至于任何客观的存在的限制的。显然,这种不受时间、地点乃至于任何客观的存在的限制的亲历就是回忆与想像(回忆是由想像激活了的过去的真实的经历)。

旧:抛弃,本意是被鸟抛弃了的巢穴,陈旧(作为"新"的反义词)——这只是它的本意的引伸。

旧恶:被抛弃了的恶习,被抛弃了的丑恶的生活。

是用:用是,因是,因此。

希:我总以为它的本意是指一种像网状的间隙很大的窗帘或门帘布(它可视为由"×"和"布"构成),因此它的最直接的引伸意是"疏"(像被河流所间隔的两地一样),再引伸为"少"(希少),再由"少"(希少)引伸为"难得"、"珍贵"等意思。

5.26 子曰:"孰谓微生高直?或乞醯焉,乞诸其邻而与之。"

【译解】

孔子说:"人们岂不是都说我们鲁国的那位可爱的人——微生高——是一个直来直去的人吗?可是据我所知,他的邻居中曾经有一个人以为他家里有醋,于是来向他要一点,可是他家里已经没有醋了,就在这时,那位被人们称为直来直去的人却并没有因此而直来直去地加以拒绝,而是转弯抹角地去向他的另一位邻居要来了醋,并把他向另一位邻居要来的醋转交给了这位来向他要醋的邻居。"

【注释】

微生高:姓微生,名高,鲁国人,以正直守信著称。《战国策》等书还记载着一个与他的姓名相似的人——尾生高——的神奇故事:尾生高和一位姑娘相约在某座桥下见面,相约见面的时间到了,而那个姑娘还没有出现。他等着等着,一直等下去。人们不知道他究竟等了多少天,直至桥下河水暴涨,他抱住一根桥柱坚持在与那位姑娘相约的地方,最后终于被不断上涨的洪水淹死。人们往往认为微生高与尾生高是同属一人,我认为未必可能。他更不可能是像康有为所说的什么"创教巨子"[①],而只是一个善良朴实的普通人。

直:直有两种性质不同的含意,一是抽象的形而上的,如正直、正义、公正、诚实、善良等;一是具体的形而下的,如垂直、直接、直来直去、直截了当等。

乞:这个字可视为由"气"字转化而来,意思是生气不足而想获取生气的活动,即由于缺少生活资料而致使生命处于危机之中的人们想通过请求他人为自己提供一点生活资料以保存自己生命的活动,这种活动也就是所谓的"乞讨"。"乞讨"是乞讨者主动与被乞讨者进行的一种交谈和讨论:由于某种原因致使我(乞讨者)缺少了生气,我的生

---

① 参见康有为的《论语注》第67页,中华书局1984年1月,第1版。

命处在危机之中("乞"),因此我请求("言")你们就你们所能给予的东西适当地("寸")给我一点。这里的"乞"既是指"乞者"又指"乞"的活动。应该指出,在远古时代乃至在现在的古风犹存的乡风民俗之中,也正像我们从"乞讨"这一词语所直接领会到的那样,"乞讨"绝非什么低三下四、降低人格的活动,在古人的道德信念之中,人们有权在自己需要别人帮助的时候请求他人的帮助,人们也有道德责任与道德义务为那些需要自己提供帮助的人提供帮助。这种要求帮助的权力与提供帮助的义务是古代人类关于人们彼此之间都应该相互热爱、互相帮助的道德信念的自然延伸与自然的推论。

醯(xī):因为器皿中长期流连而变酸了的酒,也即醋,这个过程就是乙醇(酒)在空气中氧化而变成乙酸(醋)的过程。

邻:这个字的本意是指在一起耕种、一起居住与一起烧火做饭的人们。

本章显然是孔子所说的许多幽默的话语中的又一最具幽默意味的话语。在这里,孔子利用了"直"这个字的多义性,他把这个本应理解为正直的"直"字理解为"直来直去",整个话语的幽默意味也就从这种故意的曲解中产生出来:这种曲解似乎把人们对于微生高的赞赏变成了一种指责,而在这种表面上的指责之中所包含的却是一种更高的赞赏。

5.27 子曰:"巧言、令色、足恭,左丘明耻之,丘亦耻之。匿怨而友其人,左丘明耻之,丘亦耻之。"

【译解】

孔子说:"对于那种对人世间的一切是与非、善与恶都说美妙动听的赞美之辞,对人世间的一切是与非、善与恶都抹上一层光彩夺目的华丽色彩,对人世间的一切是与非、善与恶都抱着一种一视同仁、不偏不倚、完全平等的态度的人,左丘明为他感到耻辱,我也为他感到耻辱。对于那种隐藏自己对于某个人的所作所为的反感和仇恨而与之保持着公开的友好亲密的关系的人,左丘明为他感到耻辱,我也为他感到耻辱。"

【注释】

巧:粉饰太多,以至粉饰上去的那些东西要往下掉落,这也就是所谓弄巧成拙。"巧"所表达的是一种人工的主观活动和主观创造,当这种主观活动与主观创造完全背离了客观事物或客观对象的本质,那么人们就会弄巧成拙。只有当人们的主观活动与主观创造与客观事物的本质相符合、相一致时,这种主观活动与主观创造才会变成一种技术与技巧。此外"巧"作为一种人们的主观活动和主观创造,它还有致力于、一意于、精通、善于等等意思。

巧言:这一词语具有两层基本意思:①粉饰太多的语言,纯粹的没有根据的赞美之词;②精于言词,工于言词,不重实际。这里的"巧言"与这里的"足恭"的意思相联系,它在这里的意思应是前者。

令色:这一词语同样具有两层基本意思:①五颜六色、美丽动人的色彩;②冠冕堂皇、令人倾倒的外表。同样，这里的"令色"与"足恭"的意思相联系，其意思应是前者。

足恭：十足公正的样子，十足的不偏不倚的样子。这种十足公正、十足不偏不倚的样子所掩盖的是一种不问是非、不辨善恶的态度。这种人评论问题时总是此也一是非、彼也一是非，结果是没有是非，也没有善恶。他完全平等地对待一切是与非、善与恶。他的这种做法看起来似乎绝对地公平，绝对地公正，而在现实生活中，实际上却是有利于谬误与罪恶而不利于真理与正义的。这种足恭者，只不过是在是与非、善与恶之间做交易并从中渔利而已。因此孔子评论这种人是"德之贼也"。

匿：把所是的、真实的东西放进一个被人看不到的地方。"若"的本意是"是"。

左丘明：人们说他是鲁国的历史学家，《左传》和《国语》的作者(《史记》说："左丘失明，厥有《国语》")。把《左传》和《国语》所可能产生的时间和孔子在本章中说话时的时间联系起来，那么我们可以肯定，人们的说法是不可信的。依据这种不可信的观点，康有为进而否定了本章的可信性。康有为认定："此章为古文伪《论语》，刘歆所窜入也。……孔子称其(左丘明)盛德，而自称名，当为孔子前辈，否亦孔子同时人，何得后孔子百年犹在乎？即老寿亦安能尔？其为刘歆伪古为可断矣。……刘歆伪编《左氏传》以攻公、谷，编伪古证于诸经，因窜丘明于此，以著左丘明好恶与圣人同，以惑后人……。"我认为，刘歆为某种政治目的而伪造古《论语》这是事实，刘歆把本章中所说的左丘明说成是《左传》与《国语》作者，并从而想借此提高《左传》与《国语》这两部当时在许多人看来也大有疑问的历史著作的价值和权威性也是事实。但我们并不能因此就像康有为所做的那样，全盘否定本章在《论语》中的真实性。我认为更可能的是，在鲁国的历史上有两个不同的左丘明，一个是孔子在本章中所提到的左丘明，另一个是作为历史学家和《左传》、《国语》的作者的左丘明。我们可以清楚地知道，历史上的许多《论语》的注释者和刘歆所作的那样，对《论语》中所提到的人物乃至《论语》中所表达的思想观念作牵强附会、有意歪曲的解释是一种司空见惯的现象。

5.28 颜渊、季路侍，子曰："盍各言尔志？"

子路曰："愿车马衣裘与朋友共，敝之而无憾。"

颜渊曰："愿无伐善，无施劳。"

子路曰："愿闻子之志。"

子曰："老者安之，朋友信之，少者怀之。"

【译解】

颜渊和子路两个人沉思默想、相对无言地坐在一起，孔子看到这种情况便对他们两人说："你们二位不妨打破沉默，谈一谈各自的理想和抱负。"他们照办了。

子路说："如果我能够与全世界的所有志同道合的朋友们一起创造一个交通方便、衣食充足的世界，那么纵使到那时我的卑微的个人生命已经耗尽,我也不会对自己的一生有丝毫的遗憾。"

颜渊说:"我愿献身于这样一个朴素而崇高的事业:使全世界的所有善良的人们不再遭受人世的打击,使全世界的所有辛勤劳作的人们不再生活在绵绵无期的苦难之中。"

子路说:"先生,照你所说,我们两人都已讲了自己的理想和抱负,现在我们希望你也和我们谈谈你的理想和抱负。"

孔子说:"我的理想和抱负是:愿全世界所有年老的老人都能安宁幸福地度过自己的晚年,愿全世界所有的青年都能彼此信任、互为朋友,愿全世界所有的少年都能得到他们所应得到的无微不至的关怀。"

【注释】

侍:一个完全沉浸在理性("士")原则("寸")之中的人,他除了理性的活动之外没有别的活动,因此他处在静静思考与默默思索的状态中,他的心身完全为理性所支配,他此刻听命于他的理性而完全变成了他的理性的仆从,引伸为自己没有理性而不得不默默地听从别人的理性与命令的人——服从者、服务者、仆从。"侍"的那种默默思索、无动于衷的意义在"峙"这个字的本意中保持着。"恃"的本意是以理性的尺度或理性的原则为依靠的意志,它是坚定不移、不会动摇的。"持"的本意就是坚持,即除非理性根据自己的原则叫人放弃,否则决不放弃。

盍(hé):这个字的本意是揭去容器上的盖子。因此"盍"可视为由"去"和"盖"两个字缩略而成。在古代,"盍"必然是人们坐在餐桌前时经常要说的话:"盍!"意为"请揭去盖子,开始用餐",或"盍?"意为"为什么不揭去盖子,开始用餐?"这样"盍"也就逐渐地获得了"且"和"何不"之意。

裘:追求衣着的时髦或追求时髦的衣着,转指人们所追求到的时髦衣服之中最时髦的衣服——优质的皮毛大衣。

车马衣(轻)裘:走路时可以驾马车,穿衣时可以穿裘衣,引伸为交通方便,衣食充足。通行本中有"轻"字,当删。

共:这个字的原始符号形式是四只手彼此相握在一起,因此它的最原始的含意是携手合作,共同努力。我认为,"携手合作,共同努力"正是"共"字在这里的意思。"共有"、"共享"只是"共"的引伸意。

敝:这个字的左半部分意为破损的衣巾,加上一个"攵"字后,它的意思就是有意识、有目的、自觉理性地使用某一样东西,并使它变得像破损的衣巾一样。这某一样东西是什么呢?它就是说话者自己,即说话者生命的存在——躯体——之本身。正因为如此,古人以"敝"自称,并在他人面前称自己为"敝"或"敝人"。因此,这里的"敝"的对象不是指子路所说到的"车马衣裘",而是指子路自己。在这里它既具有名词的意义,更具有动词的意义。其意思是穷尽自己的全部能力,耗尽自己的全部生命。我充分地注意到,绝大多数注释者都把这里的"敝之"理解为"让车马衣裘破烂",这种理解显然是肤浅的。

憾：一心想（"忄"）有所感受（"感"）而实际上是没有感受。因此，"憾"的意思是由想有所感受而实际上没有感受所引起的一种情感上的缺失。

"愿车马衣裘与朋友共,敝之而无憾"：如果我能够与全世界的所有志同道合的朋友们携手合作，以共同创造一个交通方便、衣食充足的世界，那么纵使到那时我的卑微的个人生命已经耗尽，我也决不会对此有丝毫的遗憾。许多注释者都把这两句话理解为："我愿意将我所拥有的车辆马匹、一般的衣服与高级的衣服，拿出来和我的朋友们共同使用，纵使它们都因此而被完全损坏了，我也不会感到有什么遗憾。"如果这种理解是正确的，那么子路在这里所表达的绝对不是什么志愿、什么理想，而只是对待自己所拥有的财物的一般态度，即愿意将自己的财物拿出来与朋友们分享。但是，我们应该明白，子路并不是什么达官显贵，而是平民百姓，因此，他实际上可以拿出来与朋友们分享的财物只能是非常有限的。没有一个像子路一样的平民百姓会对他人公开地说，自己最大的理想和志愿就是与自己的朋友们分享自己微薄的财物。只有那些相聚在一起的贫穷潦倒、无家可归的流浪汉们才有可能开这种用以相互自娱的玩笑。

伐：遭受攻击的人（被动），使人遭受攻击，或去攻击他人（主动）。"伐"的本意也许是掌握了砍伐树木以便建造房屋、开垦土地、种植庄稼的技术的人们所具有的一种优越感和自信心，因为"戈"的最原始的意义是伐木。后来由于人们把砍伐树木的铁器用于战争、征服、占领与厮杀，"伐"的意思便变成了手操铁器的人和他的攻击（或使人遭受攻击）活动，以及他作为一个战胜者、一个征服者在被他所征服、所战胜的人们面前的炫耀自己武力和武功的活动。

施：向四面八方扩展，漫延，引伸为播撒（如施肥），全面推行和大规模的推进。此外它还引伸为持续下去、进行到底，这层意义与"拖"即拖延的意义相同。

劳：在萤火虫飞舞的夜晚仍在野外辛勤劳动的人们，这里意指劳苦，即劳动者的苦难。

老者安之：老者安老，即让老者能够安度他的晚年。"之"代指"老"。

朋友信之：朋友信朋友，朋友之间相互诚实、相互信任。

少者怀之：少者怀少者。这里的"少者怀之"与"老者安之"、"朋友信之"的意思有所不同，由于"少者"所处的那种无能无力的必须仰赖他人帮助的状态，这里的"怀"应作被动词来理解，意为被关怀。

顺便说一下，在本章中我们可以看到，颜渊所具有的思想确实是朴素、自然、深刻、伟大而又崇高的，因此他也确实无愧于孔子给予他的那份特殊的爱。直到目前为止，还有许多学者对孔子给予颜渊的这份特殊的爱的合理性抱着一种怀疑的态度。

5.29 子曰："已矣乎！吾未见能见其过而内自讼者也。"

【译解】

孔子说："看来这个世界已经完蛋了！我在这个世界上从来没有发现那些犯下过重大罪行的人们之中有人能够认识自己的罪行，并在自己的内心世界里对自己发起公正的审判。"

【注释】

过：从事祸害他人的活动，因此这种活动也就是犯罪活动，就是罪恶。"过"本由"辶"和"祸"(省)构成。

讼：公正的言辞，公开的言辞，特指法律的公正审判或宣判。

5.30 子曰："十室之邑，必有忠信如丘者焉，不如丘之好学也。"

【译解】

孔子说："纵使在一个只有十户人家居住的小地方，也必定有像我一样的怀有一颗公平正义之心而又为人诚实可信的人，他们与我不能相比的地方，仅仅是他们不能像我一样热爱学习而已。"

雍也第六

6.1 子曰:"雍也可使南面。"

【译解】

孔子说:"我认为国家的王权犹如国家的一切统治权力一样,不应成为某个人的世袭的特权,相反它应成为整个国家中的每一个公民都能享有的权利,只要他具备整个国家的人民关于一个理想国王所应具备的一切美德与才能。因此,我认为冉雍是可以充当一个国家的国王并行使一个国家的王权的,既然他像我们的许多人所认定的那样,具备作为一个理想国王所应具备的一切美德与才能。"

【注释】

雍:孔子的学生冉雍,姓冉,名雍,字仲弓。他在孔子的所有学生之中以具有美德著称,并且他不仅具有完美的道德品质,而且更具有实践道德的勇气。他勇敢地、毫不怯懦地蔑视一切世俗的权威,而只崇敬道德与正义的原则。他的知识、才能、勇气和决心令人羡慕,但他的道德信念使得他对于世俗中任何一种违背道德与正义的权威都是一种威胁。关于他,如果我们不知道或误认了他的实际的身份,我们就不可能理解本章中孔子所说的这句话的实际的重大意义。冉雍和孔子的许多学生一样,出身于平民百姓,甚至据信,他的家世在一定程度上还存有污点。这也就是说,冉雍决非属于具有世袭特权的贵族后代,更非某一国王的儿子和王位的自然继承人。因此当孔子说"雍也可使南面"时,孔子显然是在表达这样一种重大的具有革命意义的政治思想和政治主张:国家的王权犹如国家的一切统治权力一样,不应成为某些个人的世袭特权,相反它应成为整个国家中的每一个公民都能享有的权利,只要他具备整个国家的人民关于一个理想的国王所应具备的一切美德与才能。

南面:在古代,一切房屋建筑,包括国王的宫殿的主体建筑的方位取向都坐北朝南,而在国王的宫殿(它作为王权、即国家的最高权力的象征)里所举行的任何一个重大会议,都只有国王一个人坐在北方面面对南方的位置上(这样就使得只有国王一个人的脸朝向南方),而其他的文武大臣都面对面地坐在东西两侧,因此,宫殿面南的位置就是惟一的位置,这样"南面"也就成了王位与王权的同意语。

6.2 仲弓问子桑伯子,子曰:"可也,简。"

仲弓曰:"居敬而行简,以临其民,不亦可乎? 居简而行简,无乃大简乎?"

子曰:"雍之言然。"

【译解】

冉雍问孔子有关他对桑伯子的看法,孔子说:"他是一个合情合理、无可指责的人,因为他总是表现得那样自然、纯朴、坦率而正直。"

冉雍说:"具有这样一种自然、纯朴、坦率而正直的品格的人,无论他在社会中处于什么样的地位,他将永远是一个合情合理、无可指责的人。纵使他处在社会中最令人崇敬的国王的地位,当他通过自己的行为向他的人民展现出自己这种自然、纯朴、坦率而正直的品格时,难道他的人民还能够说他不是一个合情合理、无可指责的人吗? 如果他处在社会中最普通、最一般的地位,当他通过自己的行为向他周围的人们展现出这种自然、纯朴、坦率而正直的品格时,难道人们还会说他有什么寒酸、可耻和不体面的地方吗?"

孔子说:"我的冉雍说得完全正确。"

【注释】

桑伯子:关于此人至今还没有令人信服的资料和考证,其中的原因也许是人们完全错误地理解了"仲弓问子桑伯子"这句话的语法构成。事实上这是一句具有双重宾语的话,它的直接的宾语是"子",即孔子,它的间接宾语是"桑伯子",因此,这句话的意思是"仲弓问孔子有关他对于桑伯子这个人的看法。"但就我所知,许多注释者都把"子桑伯子"视为一个人的名字,一个直接宾语。这种理解是由于人们想把这个"桑伯子"与庄子所说到"子桑户"牵强附会地扯在一起的缘故。根据本章的语言情境,我认为,桑伯子应和冉雍一样,是孔子的学生之一。

简:"简"具有这样一些抽象的意义:自然的、单纯的、坦率的、正直的、不做作的、不使假的、不夸夸其谈的、不哗众取宠的。"简"可视为"巧言"、"令色"、"足恭"的反意字。

居敬:居于最受人尊敬的地位,即居于国王的地位。

居简:居于最普通、最一般的地位,即居于平民的地位。

大简:"简"的极端化的形式:即简陋、寒酸、不体面。

6.3 哀公问:"弟子孰为好学?"

孔子对曰:"有颜回者好学,不迁怒,不贰过,不幸短命死矣。今也则亡,未闻好学者也。"

【译解】

鲁国的国王哀公问孔子:"你的学生之中哪一个最爱好学习呢?"

孔子回答他说:"颜渊曾经是我的学生中最爱好学习的人,他从未感觉到学习是一种令人难以忍受的、被迫的、强制性的、不得不从事的苦差事,并且在学习中他从未犯过第二次同样的错误,不幸的是,他的生命短促,早早地死去了。至今在我的学生之中还没有像他那样爱好学习的人,或者更正确地说,至今我在我的学生中还没有发现有像他那样爱好学习的人。"

【注释】

迁:《说文》:"迁,登也。"在这个字的本来的符号形式中,它所表达的意思是"向上移动",引伸为向更好的地方运动。人们通常所说的"迁徙"或"迁移",其本来的意思应是离开不好的不适合生存的地方而走向好的适合生存的地方。正因为"迁"的本意是向上运动,因而从它的本意之中引伸出"引发"、"产生"的意思,并且相对于这种"引发"、"产生"的原因来说,"迁"又具有"犯"、"惹"之意。

怒:当你("女")被人抓住并处在别人的控制("又")之下而又无力反抗、无法摆脱时所产生的一种心情("心"):起初是愤怒,是暴跳如雷,接着便是苦恼。

不迁怒:不犯怒,不感到学习是一种令人难以忍受的苦差事,因而也不感到学习是一种被迫的、强制性的、不得不从事的活动,反过来说,也就是感觉到学习是一种其乐无穷的自觉自愿并令人着迷的活动。

可以说,只有那种能够从自己的学习活动中获得乐趣的人,才有可能对学习产生真正的兴趣和爱好,而对学习产生的真正兴趣和爱好,将促使人们不断地学习和探索,从而使人们从学习和探索中获得更多更大的乐趣。因此,一个理想的学习者,就是那种能够从自己的学习活动中获得乐趣,从而使自己的学习本身成为一种促使自己不断地学习下去的内在动力与内在的激励机制的人。在孔子看来,颜渊无疑是这样一个理想的学习者。只有这样的理想学习者,才会对学习产生那种"学而时习之,不亦说乎"的美好感受。

可以说,当孔子说"学而时习之,不亦说乎……"的时候,他所表达的正是一个真正学习过的人对于学习的一种真正深刻的体验,而那些被现代社会中许许多多自认为对自己的孩子、自己的学生负有不可推卸的教育培养的重大职责的父母们、老师们每天挂在嘴巴上的"努力学习"、"刻苦学习"的口头禅,其所表达的深层的意义,无疑是那些没有真正学习过因而对学习没有深切的亲身体验的人们对于学习活动的一种误解。这种人不可能真正懂得如何引导自己的孩子、自己的学生从学习中获得乐趣,并从而使之对学习产生出真正的兴趣与爱好。而引导自己的孩子、自己的学生从学习中获得乐趣,并从而使之对学习产生出真正的兴趣与爱好,正是那些俨然以一个业余的或职业的教育家的身份出现在自己的孩子们、自己的学生们之前的父母们、教师们使自己的家庭教育或课堂教育一劳永逸地获得成功的关键。

6.4 子华使于齐,冉子为其母请粟,子曰:"与之釜。"
请益,曰:"与之庾。"

冉子与之粟五秉,子曰:"赤之适齐也,乘肥马,衣轻裘。吾闻之也:君子周急不继富。"

【译解】

公西华到齐国担任鲁国驻齐国的外交使节的职务去了,冉雍代表公西华的母亲来请求孔子给些小米,孔子对管家说:"给她六斗四升吧。"

冉雍认为这未免太少,于是要求孔子多给些,孔子说:"那好,给她十六斗。"

冉雍仍然认为这未免太少了,并说至少应该给公西华的母亲八百斗,对此孔子表示反对说:"公西华到齐国去做外交使节,坐的是豪华的马车,穿的是轻软的裘衣,因此根据这点,我有理由认为他的母亲是一个富有的人,而对于富有的人我是不应该把很多的东西给他的。况且,我曾经听说过,君子把东西给别人只是为了向那些急需而又暂时没有的人提供帮助,因此他不会把自己很多的东西给那些本来就非常富有的人,以增加这些人的富有。"

【注释】

子华:即公西华,姓公西,名赤,字子华,人称公西华或公西赤。

冉子:冉雍,即仲弓。大多数学者把"冉子"理解为冉求,这不一定妥当,因为冉求在孔子的全部学生的心目中不太可能享有"子"的地位。

使:出使,担任外交使节的职务。

粟:粟米,小米。

釜(fǔ):古代一种圆锥形的量器,据说其容量为六斗四升。

庾(yǔ):容量单位:十六斗。许多学者都认为二斗四升为一庾,根据本章的语言逻辑,这显然是不正确的。因为庾至少应是一个比釜更大的容量单位(容量器),而不应该是一个比釜更小的容量单位(容量器)。

秉(bǐng):十庾,即一百六十斗。五秉即八百斗。

周:《说文》:"周,密也,从用口……古文周字从吉从及。"可见,"周"具有两种含意:①遍及一切,全体,包揽一切;②满足一切人的需要,供一切需要的人使用,供一切人享有。我想周朝政府之所以被称为"周",是由于这个政府把自己看作是为一切人享有的政府,这种"周"的概念和它所创立的以"天"为中心概念的政治学说是一脉相承的。

周急:满足急需的人的需要,为急需的人提供帮助。

继富:接济富有的人,增加富有者的富有。

6.5 原思为之宰,与之粟九百,辞,子曰:"毋!以与尔邻里乡党乎!"

【译解】

子思在充任孔子家庭事务的总管之职时,孔子决定给予他九百斗小米作为报酬,子思表示他决不会接受这一报酬,为此孔子说:"你绝对不能不接受你所应得的东西。如果你认为你的家庭已经十分富有,以至根本不需要这些小米,那么你也可以把它给予你的邻居;如果你的邻居也十分富有,以至根本不需要这些小米,那么你也可以把它给予你的邻村,以此类推,我想你是不难为你所应得的那些小米找到出路的!"

【注释】

原思:孔子的学生,姓原,名宪,字子思,据信,孔子在鲁国政府任公安及司法部长之职时,原思在孔子家当总管。

邻里乡党:古代户籍(户口统计表中的计算单位,在西周这种统计应是非常精确的,因为户数的多少是国家授予其土地的多少的依据)单位:五户为邻,二十五户为里,五百户为党,一万二千五百户为乡。

6.6 子谓仲弓曰:"犁牛之子骍且角,虽欲勿用,山川其舍诸?"

【译解】

孔子在谈到冉雍时说:"冉雍这个血气方刚的小伙子有如一匹年轻气盛的牛崽子,不仅像那种性格暴烈的红色马匹一样难以驯服,而且还很有可能会使用它的两只尖角向那些想驯服它的人们发起攻击,因此对于它,人们也许会说:'纵使我能够像我所希望的那样得到它,它对我也不会有什么用处。'但是我要告诉人们的是:当你们拒绝接受它时,难道它除了想得到你们的接受之外,就没有任何别的选择了吗?难道它已经对你们说过,它将放弃选择高山平川里的自由,而非要选择你们的奴役不可吗?"

【注释】

犁:这个字由"利"和"牛"构成,意为耕作者对牛的利用,即用牛来耕地。

骍(xīng):难以驯服的马,引伸为难以驯服,难以驾驭。这个字由"马"和"辛"构成,意为辛辣的、暴烈的、难以对付的马。

角:许多动物头上生长着的由坚硬的钙质细胞蛋白构成的尖尖的突出物,它常常是动物用来进攻与自卫的天然武器。这里的"角"既具有名词的含意,又具有动词的含意。当它作动词时,其意义就是以角作为武器向对象发起进攻。

欲:很想得到。"虽欲"作为假设性的语句中的动词(很想得到)可作为其最后的结果——得到——来理解。

山川:高山与平川。许多作者都牵强附会地把这里的"山川"理解为"山川之神"。然而对于任何一个读过《论语》的人来说,人们都不可能不知道,孔子是不言怪、力、鬼、神的。

6.7 子曰:"回也,其心三月不违仁,其余则日月至焉而已矣。"

【译解】

孔子说:"我确信,只有在颜渊的心灵深处才有可能长久地没有任何与其天生的仁爱本性相违背的意念产生,而一般的别的什么人能够短期地相间断地做到这一点,就已经可以算作相当不错的了。"

【注释】

三月、日月:不是实指具体的时间,而是虚指一段时间。

6.8 季康子问:"仲由可使从政也与?"

子曰:"由也果,于从政乎何有?"

曰:"赐也可使从政也与?"

曰:"赐也达,于从政乎何有?"

曰:"求也可使从政也与?"

曰:"求也艺,于从政乎何有?"

【译解】

鲁国政府的总理季康子问孔子说:"假如我要委任某一政府部门的领导之职给子路的话,他是否有能力肩负起这一政府部门的领导之职呢?"

孔子回答说:"对于一个渴望具有领导才能的人来从事政府的领导工作的政府来说,子路显然是结出人才之果的果树上一个已经成熟并随时可供人们摘来享用的果子,政府到哪里去才有可能找到比他更适合于从事政府的领导工作的人才呢?"

季康子又问:"假如我也要委任某一政府部门的领导之职给子贡的话,他是否有能力从事这一政府的领导工作呢?"

孔子说:"对于一个渴望具有领导才能的人来从事政府的领导工作的政府来说,子贡也显然是一个完全合于理想的人选,政府到哪里去才有可能找到比他更适合于从事政府的领导工作的人选呢?"

季康子又问:"假如我要把某一政府部门的领导之职委任给冉求的话,那么他是否有能力从事这一政府的领导工作呢?"

孔子说:"冉求具有许多从事政府领导工作的实际能力与技术,政府到哪里去才能找到比他更适合于从事政府的领导工作的人才呢?"

【注释】

果：果实，果子，树上所结出的果实，引申为可采摘的、现成可食的。

达：达的结果——达成，达于理想，达于完美，达于目的。"达"的本意是造就伟大，造就完美。"达"本来由"辶"、"大"和"羊"构成。"大"意为伟大，"羊"意为善。"美"也是由"羊"和"大"构成。因此"达"的意思应是与"美"的意思相通的。《孟子·尽心下》："可欲之谓善，有诸己之谓信，充实之谓美，充实而有光辉之谓大……。"

艺：繁体字为"藝"，由"艹"、"幸"、"丸"、"云"构成[上中(左右)下结构]，其意思是掌握着"幸"、"丸"，即"执"能够确保人们自己在草原上("艹")自由自在地生活、自由自在地歌唱与劳作("云")所必须的技术，这种技术包括两个方面：使牧养的众多的羊群("幸")能够幸免于难或不至损失太多["幸"由"大"和"羊"(少一横)构成，意为大批的羊群只损失一只羊]，同时使自己具有必不可少的简易住所("丸"，这个字本来由"厂"和"人"构成，意为人可厕身其中的庇护所)。因此"艺"的意思(从其中作抽象的引申)是指使人过上安居乐业的幸福生活所必需的那些实用的技能与技术。

6.9 季氏使闵子骞为费宰，闵子骞曰："善为我辞焉！如有复我者，则吾必在汶上矣。"

【译解】

季氏家族以一种政府任命的方式要求孔子的学生闵子骞担任其费邑的总管，闵子骞决定以逃跑的方式来摆脱季氏家族对于他的这一无法不接受的任命。在他出逃之前，闵子骞对他的朋友们说："请你们好好地为我辞去这一任命！如果季氏家族的人想要派人来找我，那么我请你们向他们转告，他们要来寻找我的时候，我肯定已经离开了鲁国而到达了那属于齐国领地的汶水上流地区了。"

【注释】

闵子骞(qiān)：姓闵，名损，字子骞，孔子的学生，据信，他和子路的年龄相当，只比孔子小十五岁。闵子骞在孔子的学生之中，以具有美德而著称。季康子的家人想利用闵子骞所享有的卓越的道德品质上的威望与影响力来解决其领地上经常发生的人民叛乱造反的问题，但闵子骞所具有的优秀品德却使他坚定地站在人民的一边，而拒绝与季氏合作。

费：季氏家族的私人领地，人们认为它在今山东费县西北、山东平邑县东南七十里。

宰：这里指邑(领地)的长官。

复：再，再次，这里指再次来找闵子骞。"复"的本意是一个人接一个人地排成队。从"复"的原始的符号形式中(其中的"日"原来为两个"口"字)，可以发现"各"这个字的来源及其本意：一队人("复")之中从后到前("夂")的每一个成员("口")。不难理解，

"复"的本意中除了具有增加之意外,还有随后、后至之意。

汶(wèn)上:汶河的上游地区,它可能不在季氏的势力范围之内,因此有人认为它应在齐国的疆域之内。我们知道,季氏作为鲁国政府权力的实际掌握者,当他与他的两个兄弟孟孙和叔孙瓜分整个鲁国的领土时,他所获得的土地几乎是整个鲁国的领土的十分之六。

6.10 伯牛有疾,子问之,自牖执其手,曰:"亡之!命矣夫?斯人也而有斯疾也!斯人也而有斯疾也!"

【译解】
伯牛患了一种传染性很强的致命疾病,孔子来问候他这位患此致命疾病的学生。孔子隔着窗户与病室中的伯牛说话,说着说着,孔子从窗户伸过手去想与伯牛握握手,伯牛不愿意,因为他担心这样做会使自己的病传染给老师。但孔子还是抓住了伯牛的手,与他紧紧地握着,并说:"该死的病哟!难道你的生命中注定了要得这种病吗?既然上天创造了人类这样一种可贵的生命形式,那么它为什么又要创造这样一种能够致这种可贵的生命形式于死地的疾病呢?我不能理解,既然上天创造了人类这样一种可贵的生命形式,那么它为什么又要创造这样一种能够致这种可贵的生命形式于死地的疾病呢?"

【注释】
伯牛:姓冉,名耕,字伯牛,孔子的学生。据说他所患的病是当时难以治愈的麻疯。这种病的病源是麻疯杆菌,一般的药物不能杀死这种病菌,因为它有一层用来自卫并保护自己不被药物致死的多糖体包膜,这层包膜可阻止药物大量渗透进它的细胞体内,从而防止了药物对它发挥杀伤的效力。这种病菌具有很强的传染性,因此,由此所引发的疾病应严格地作隔离治疗,人们不宜与病人接触。对于这一点,孔子时代的人们显然已经认识得非常清楚,所以孔子(显然还有许多学生陪伴)只站在伯牛所在的病房之外。但出于对自己学生的亲情,孔子除了站在病房外透过窗户与伯牛交谈之外,还从窗户里伸过自己的手去与伯牛相握。对此伯牛显然不愿意(为了防止将病传染给自己的老师),结果是孔子的手强行地抓住了伯牛的手。

疾:有如向人射来的致命的箭一样的病。

执:强行抓住,因此"执"有"捉拿"之意,"执"的本意是通过一种技术手段来驾驭环境,以使之符合人们自己的目的与需要。因此在最初的符号形式中,"执"是"艺"这一概念的中心构成部分。

亡之:亡病,该死的疾病,应该消灭的疾病。

斯人:此人,如此这般的人,天生所是的那个样子的人。这里不是仅仅针对伯牛而言,而是针对全人类而言。

6.11 子曰:"贤哉回也! 一箪食,一瓢饮,在陋巷,人不堪其忧,回也不改其乐。贤哉回也!"

【译解】

孔子说:"我的颜渊是一个多么杰出、多么出类拔萃的人啊! 我相信,对于他这样的一个人来说,为了自己的远大理想,他可以快乐地去忍受那种每天只有一盒饭、一碗水再加上一个简陋的小屋的生活,并且,纵使面对那任何人都无法忍受的苦难的不断增加,他也决不会改变他对于他的理想所抱持的乐观态度。我的颜渊是一个多么杰出、多么出类拔萃的人啊!"

【注释】

箪(dān):仅由一节竹筒制成的盛饭工具,这种盛饭工具在许多乡村的老人家里可能还可以找到。这种盛饭工具包括它的盖子在内都是由同一节竹筒制成的(因此这个字强调了"单"的意义),用来盛饭(包括菜)的那个部分占整个一节竹筒的三分之二至四分之三,盖子占整个一节竹筒的三分之一至四分之一。

瓢(piáo):用完全纤维化的以至不再能够食用的大匏瓜制成的舀水工具或盛水工具。

饮:饮料,即水,这是人类最普通、最常见、最永恒的自然饮料。这个字很像英语的drink,作动词时意为喝,作名词时意为饮料。

陋巷:狭小的巷道,这里指像狭小的巷道一样的狭小的房屋,或者它就是指人们在狭小的巷道里搭建的非常简易的住所(像我们现在在许多穷困的山村与城镇常常能看到的那样)。

堪:不断增加、不断增高,以至于不堪重负而坍塌。

忧:繁体字为"憂",由"页"、"心"和"夂"构成,意为在一张脸孔之下("页")深藏着的百般(许多)心事("心夂"),也即心思忡忡,忧虑,苦恼。

6.12 冉求曰:"非不说子之道,力不足也。"

子曰:"力不足者,中道而废,今女画。"

【译解】

冉求说:"并不是因为我不喜欢先生为我们揭示的那个美好的政治理想,而是因为我深感自己力量单薄。"

孔子说:"事实上,对于任何一个真正的理想的追求者来说,纵使他深感自己力量单薄,他也将尽力而为,那怕最终自己不得不中途停止、半途而废。可是如今你对于自己的理想只不过是在口头上说说而已,你从来就没有想要将自己所谈论的理想见诸行动。"

【注释】

冉求：孔子的学生，也就是那个后来为季氏在鲁国推行重赋政策因而在孔子的学生之中激起了巨大公愤的那个人。从本章可以看出，他是一个悲观的没有政治理想和道德信念的人——而这正是一个受过良好教育的人走向政治上与道德上的堕落之路的直接原因。

中道而废：半途而废，半途放弃。

画：这个字本来由"聿"和"画"构成，它的本意也许是人们运用一支笔（"聿"）在一个特定的和有限的平面上（"囗"）进行艺术创造的成果（"田"），它就是绘画的艺术与绘画艺术的成果，它是人们表达思想和情感的又一种形式的语言，又一种形式的话语。它是人们对于客观事物的认识与情感的表征。因此画中的客观事物也并不是客观事物本身，而是客观事物的主观意象，是一种与客观事物本身相区别的东西——即一种主观的东西，也即只是一种在主观意识中、在人们的主观想像中和客观事物相联系的东西。因此画中的作为客观事物之表征的对象只是一种主观想像的对象。因此，"画"也因此而用来指人们的空洞、没有客观实在性的和不想付诸实际行动的言论、设想、主张等等——它们像一幅画只是一种客观事物的空洞表征一样，只是一种言论上的空洞符号。这里的"画"指的正是一种言论上的空洞符号，一种空洞的谈论。人们不会把自己所说的话付诸实践，因此人们的谈论只是谈论而已。

6.13 子谓子夏曰："女为君子儒，无为小人儒。"

【译解】

孔子对子夏说："你应该去追求君子们认为是人之所需要的那些东西，而不应该去追求小人们认为是人之所需要的那些东西。"

【注释】

儒：人的需要，引伸为关于人的需要的学说和信奉这种学说的人们，即儒学和儒者，英文翻译为 Confucianism 和 Confucianist（孔子主义和孔子主义者）。"儒"由"亻"和"需"构成。"需"的本意是生命之根或维持生命并作为生命之本的根系（"而"）对于降雨（"雨"）的需要。因此"需"可以理解为生命之根本的需要，而"儒"则可以理解为人的生命之根本的需要。这种人的生命之根本的需要显然也就是仁，也即整个以人为目的的宇宙，整个宇宙为我们所提供的整个生存空间与生存条件：阳光、空气、水以及各种动物、植物和矿物——它们都是养育人类的必不可少的天然果实。面对这些果实（"仁"），人类所要做的就是公平地、合于理性和正义地来共同分享这些果实，而人类的政治和法律（它相对于政治来说具有消极的意义）的目的就是在于确保人类在公平、合理、正义地分享这些果实的同时，组织起人类的共同一致的努力并通过维护和增进整个自然、整个宇宙的善的方式来维护和增进人类天赋的和与生俱来的幸福。也许前者是政治与法律的最基本的自然、纯朴、简单、明了的任务，后者则可能是一个奢侈的充满浪漫气息的任务。这里的"儒"指的是人们关于人的最根本的需要的认识和信念，也是人们关于人的最根本的依靠的认识和信念——它们构成了人类政治与法律思想的基础,这也就是宇宙的道德和仁爱与正义的认识和信念。如果没有对于它们的正确认识与坚定的信念,人类的政治与法律就会迷失方向,走入歧途,并因此而成为人类相互奴役与相互压迫的手段。

顺便说一下,在本章中,子夏显然是一个遭受孔子批评的对象。在整个《论语》中我们还发现,子张也曾多次猛烈地抨击过子夏的行为。纵观《论语》涉及子夏的所有章节,我们理解到子夏似乎是一个思想平庸的学究,因此他始终自觉不自觉地对孔子的学说作了平庸的理解,从而使他所理解所宣扬的孔子学说显得相当庸俗化了。也许正是由于这一点,子张感到难以忍受而情不自禁地对子夏给予了公开的抨击。

6.14 子游为武城宰,子曰:"女得人焉耳乎?"
曰:"有澹台灭明者,行不由径,非公事,未尝至于偃之室也。"

【译解】
当子游在担任鲁国武城的长官之职时,孔子问子游说:"你在武城任职至今,是否在那些行政官员之中寻找到了你想要寻找到的那种与你志同道合的行政官员呢?"

子游说:"我已经寻找到了,澹台灭明就是其中之一。他只以光明正大的方式行事,而从不走歪门邪道,至今他还从来没有做出过那种因公共事务以外的事而来到我的住所,以求得我的认可与帮助的事例。"

【注释】
子游:姓言,名偃(在本章中子游以此自称),字子游,孔子的学生以及孔子学说的最热情的实践者。关于他在武城任职的情况,《论语》中共有两章对此作了记叙。

武城:鲁国的重要城市,在今山东费县境内。

澹台灭明:姓澹(tán)台,名灭明,字子羽,武城人,也许是由于子游对他的赏识,使他最后也成为孔子的学生和孔子学说的信徒。

径:人工铺设的地下管道,地下水流过的暗沟,或流水流过的地下小渠,这是"径"的本意。在乡村的田间地头,这种地下小渠是常见的。这种地下小渠对行人是方便的,对自身则是安全的。"径"后来也用来指绿阴掩映的山间小道乃至一切形式的小道。不过"径"作为对人的一种行为方式的比喻,它仍然在相当程度上保持了其"地下小渠"的本意,意指一切不正当的、不光明正大的邪僻的行为方式。正因为如此,"行径"作为一个现代复音词,指的就是一种贬意的行为。

行不由径:不从地底下的暗道中走过来,比喻不做那种见不得人的、因而必须掩饰和隐蔽地进行的事情,反过来说,也就是做光明正大的事和光明正大地行动。

6.15 子曰:"孟之反不伐,奔而殿,将入门,策其马,曰:'非敢后也,马不进也。'"

【译解】

孔子说:"鲁国一个军事指挥官孟之反在一次不利的军事征战中传达了上级下达的停止追击、开始后撤的命令之后,骑马奔驰到了他所指挥的那支军队的最后面,以指挥和护卫这支军队的撤退。当这支军队安全地回到驻地时,站在门口迎接的上级指挥官高叫由担任指挥之职的将士带队入门时,孟之反鞭打着马飞也似的奔跑到了军队的前面,并对上级指挥官解释说:'我之所以走在我的这支不得不撤退的军队的最后面,并不是由于我拥有特别的勇气使我充当了我的这支后撤军队的护卫,而是因为我骑的那匹马跑得太慢,以至于我不得不落在了这支军队的最后面了。'"

【注释】

孟之反:人们认为他是鲁国政府的高级官员,也就是《左传·哀公》中所提到的那个"孟之侧",和庄子所提到的那个"孟之反"(未必如此)。根据本章的意思,我也认为他是一个可以被称为"殿下"的高级政府官员。高级政府官员,哪怕是文官,领兵作战,是那个时代的普遍做法。

伐:征战,战斗。

奔:在这个字的原始的符号形式之中,它表示的是一个俯身逃跑的人在其身后留下的三个脚印,因此它的意思应是连滚带爬地仓皇逃跑。"奔命"也许正是"奔"的本意,它是人们面对快要降落到自己身上的致命危险时所做出的一种为保全自身生命的本能的反应。后来"奔"只保留其一般的抽象含意:非常迅速地跑——奔跑。

殿:在其外有手持长枪("殳")的人守卫的高大的公共("共")建筑("尸"),它的本意是灵魂的寓所,引伸为身体的寓所——房屋建筑),它是以国王为代表的国家统治者集会的场所,而有资格参加这种殿中集会的人都被称之为"殿下",这一称呼突出强调了"殿"这一作为国家权力之象征的建筑物的高大雄伟以及它所象征的国家至上的意义,因此出入其中的国家统治者们也只能是置身其下并遵从它所代表的国家的意志、服从它所代表的国家的利益的,也就是说,统治者个人的意志与利益是不能凌驾于国家的公共意志和利益之上的。也许是战争频仍的原因,出入这个作为国家权力之象征的宫殿里的高级官员们,乃至于国王本身,往往不得不亲自出征,以指挥战争,而这些被人尊称为"殿下"的浑身散发出英雄气质的英勇善战的指挥者们,为了培养军队的英雄主义的精神和英勇作战的士气,他们总是要使自己成为英雄主义精神与英勇作战的楷模,所以他们也总是进攻时冲锋在前,撤退时护卫在后。这样也就使得"殿"获得了两种完全不同的特定的意义:一是指进攻时走在军队最前面的军队指挥官,一是指撤退时走在军队最后面的军队指挥官。本章中所说的"殿",指的就是自觉地走在撤退着的军队的最后面并护卫着军队撤退的指挥官。

将:将帅和将军。大多数注释者把它解释为"将要",这种解释与本章后一句话"策其马"联系起来看,显然是不合逻辑的。

策:一根在其前端保留了许多短短的枝叉的像刺一样的竹竿,骑马的人用它来驱马。在战争中,对于骑在马上指挥战争的指挥官来说,当他高高举起自己手中的竹竿("策")时,他的这种行动不只是驱马前进的行动,而且也是带领号召军队冲锋的信号,这样"策"也就获得了指挥、号召、率领乃至于号令的意义,进而获得了国家统治与政治措施、政治方针的意义。

进:这个字本来由"辶"和"隹"构成,其意思是像飞鸟一样地前行。

6.16 子曰:"不有祝鲐之佞,而有宋朝之美,难乎免于今之世矣。"

【译解】

孔子说:"在当今的世界上,如果一个人没有像卫国政府的高级官僚祝鲐的那份对那些有权有势的权贵们的百般阿谀的才能,而只有像宋国公子宋朝的那种诚实正直的美德,那么他纵使拥有公子的身份和地位,想要完全逃脱这个世界里的灾祸也是非常困难的。"

【注释】

祝鲐(tuó):姓祝,名鲐,字子鱼,卫国的大夫,此人以善于阿谀奉承而著称于世。

宋朝:宋国一个名叫"朝"的公子,人们都说他以美貌著称,但我以为这种说法很可能是牵强附会的,并且这种牵强附会的说法是基于对"宋朝之美"中这个"美"字所作的牵强附会的解释的结果。我认为这里的这个"美"字不仅是指宋朝的美貌,更是指宋朝的美德,因为这里的"美"是作为"佞"的对立物而出现的。而"美"作为"佞"的对立物或反意词,它的意思显然就是指诚实正直的美德。

本章也许是孔子对这样一个可能的历史事件所发表的看法:这个历史事件(我推测)可能是,宋国公子因其诚实正直的美德而招致祸害,纵使他是公子,事实上也就是诸侯国的国王的儿子,一旦他的诚实正直的美德使他直言不讳地批评了那些大权在握的权贵们,那么他的公子的身份也不能使他幸免于难。

6.17 子曰:"谁能出不由户?何莫由斯道也?"

【译解】

孔子说:"有谁不是以堂堂正正的主人的身份堂堂正正地出入自己的家门呢?但是社会或国家作为全体人民自己的大家庭,人们为什么不能以与此完全相同的方式出入社会或国家这个大家庭呢?"

【注释】

出不由户:不从大门口出来——这是不光彩的鬼鬼祟祟的盗贼的行为方式,而不是光明正大、堂堂正正的主人的行为方式。应该指出,一切不正直、不善良、不道德的人,总是像盗贼一样畏畏缩缩、躲躲藏藏地行动的,他们在自己的心灵深处永远感受不到那种只能为正直的、善良的、道德的人所感受到的为人的尊严与为人的价值。

斯道：此道，这种行为方式，这里即指"出入由户"的行为方式，即堂堂正正的主人的行为方式。

6.18 子曰："质胜文则野，文胜质则史。文质彬彬，然后君子。"

【译解】

孔子说："如果有人自认为自己自然的本性非常优越，从而使自己的自然本性凌驾于自己所应接受的后天的文明教养之上，以至于蔑视自己所应接受的后天的文明教养，那么他的自然本性就必将显得粗野；相反，如果有人自认为自己所接受的后天的文明教养非常优越，从而使自己所接受的后天的文明教养凌驾于自己的自然本性之上，以至于蔑视自己的自然本性，那么他的后天所接受的文明教养就必将显得造作。只有那种把自己自然的优良本性与自己后天所接受的优秀的文明教养两者结合在一起并使两者相得益彰的人，才有可能使自己成为一个真正完美无缺的君子。"

【注释】

质：本质，本来的价值，即作为价值的判断与称量基础的本来价值，这就是"质"的本意。"质"本来由两个"斤"字和一个"贝"字构成。在这里，"质"指自然的本性或天赋的本质。

胜：战胜，超过，超越，在……之上，凌驾……之上。

文：文明教养。后天的文明教养。

野：生活在森林之中的，在森林里自生自长的，以森林为故里的。"野"本来由"林"和"里"构成（"里"在"林"之间）。这里的"野"有"粗糙"、"粗俗"之意。

史：持中（这个字由"中"和"又"字构成），它本来是指人的主动的、自觉的、积极的公正行为，引伸为一般的有意识的行为，再引伸为做作的、在他人面前刻意表现自己的行为。在这里，它显然有做作与造作之意。

彬彬：自然的本性（"林"）与文明的教养（"彡"）结合在一起，而使两者相得益彰。

6.19 子曰："人之生也直，罔之生也幸而免。"

【译解】

孔子说："人类想要在一个社会共同体之中过上自己所希望的那种幸福自由的生活，这完全取决于人类中的每一个人所具有的正直诚实的美德，如果人们无视每一个人所应有的正直诚实的美德之于人类自由幸福的生活的重要性，那么自由幸福的生活将与人们无缘，因为在一个人人都没有正直诚实的美德的社会中，人们所能过上的最好的生活将只不过是能够使自己幸免于难而已。"

【注释】

直：正直,诚实,自然,坦率,这是人们对于"直"的含意的最通常的理解。在这种理解中,"直"几乎只是从其反意字"曲"或"斜"的相互联系中获得其正面的意义的。在这种意义中,"垂直"、"不歪邪"、"不弯曲"只是作为人格和人的精神特质的一种象征与喻意。但是当我们打开《说文解字》想进而了解"直"这个字的原始意义时,我们不免会陷入茫然。因为《说文》说:"直,正见也,从丨从十从目。"这样,这个"直"字就很难理解了。我认为,"直"的意思应是"直视",即一个仰卧的人与所仰视的对象所构成的那种视角关系,即垂直关系,因此"直"字应是由"上"、"目"和"一"构成(一个仰卧在地的人,尽管人在仰卧时头会稍微抬起,脚也会稍微曲起,正像安子介先生在其《解开汉字之谜》一书中的第210页为我们所展示的那个"直"字的更为原始的符号形式中可以看到的那样)。因此"直"应是"真"的同源字。如果"直"的本意是"人所仰视(直视)的上天",那么"真"的本意应是"人在任何一个地方所仰视的都是同一个不变的上天"。"真"只是在"直"字的基础之上增加了一个"八"字,而"八"的意思是分别,许多,它与"直"的意思相联系就是各处。而"直"与"真"与中国古人对于上天的全部哲学思想相联系,它的意思也就是人们所仰视或直视到的上天的真理、道德与正义。只有为人们仰视到的上天的真理、道德与正义,才是人们正直与诚实的美德的源泉。

罔(wǎng)：罔视,无视。

免：逃避灾难。

6.20 子曰:"知之者不如好之者,好之者不如乐之者。"

【译解】

孔子说:"知道追求知识的人还不如爱好追求知识的人,而爱好追求知识的人还不如那种能够从追求知识的活动中获得快乐并因此而以追求知识为快乐的人。

"知道追求美德的人还不如爱好追求美德的人,而爱好追求美德的人还不如那种能够从追求美德的活动中获得快乐并因此而以追求美德为快乐的人。

"同样,知道工作的人还不如爱好工作的人,而爱好工作的人还不如那种能够从工作中获得快乐并因此而以工作为快乐的人。

"总之,对于人类的全部有价值的活动来说,知道它的人不如爱好它的人,爱好它的人不如那种能够从它之中获取快乐并因此而以它为快乐的人。"

【注释】

之：这个代词并不局限于代指某一个对象,而是代指人所追求的知识与美德以及人所从事的全部工作,因此它应是代指人的活动的各个方面。

6.21 子曰:"中人以上,可以语上也;中人以下,不可以语上也。"

【译解】

孔子说:"知识水平的巨大差距最终将成为人们思想交流中的一大障碍,因此,那些知识已在中等的水平以上的人可以凭藉他们的中等水平以上的知识来与那些具有高等知识水平的人进行有效的交谈,而那些知识只在中等水平以下的人则不可以凭藉他们中等水平以下的知识来与那些具有高等知识水平的人进行有效的交谈。"

【注释】

中人:这里是相对于人的知识水平而言的,意指那些只具有中等知识水平的人。

语:自我表达,作为人们思想情感的交流的重要方式,引伸为交谈,谈话,说话。就我所知,许多学者都把这里的"语"作为一个被动词来理解,因此它相对于它的主词而言,主词是"被语者"而不是"语者"。我倒认为这里的"语"作为一个主动词来理解更为合理,也更为自然。

上:上人,具有高等知识水平的人。

6.22 樊迟问知,子曰:"务民之义,敬鬼神而远之,可谓知矣。"

问仁,曰:"仁者先难而后获,可谓仁矣。"

【译解】

樊迟问:"在国家或社会的生活中,一个人应该怎样行动才能算得上是一个有知识的人呢?"

孔子说:"在国家或社会生活中,一个能够称之为有知识的人,必定能够认识一个国家或一个社会中的绝大多数的人民所要实现的社会正义并积极投身于这一社会正义。此外,一个能够称之为有知识的人必定善于发觉一个国家或一个社会中的少数人所参与的社会邪恶并坚决远离这一社会邪恶。"

樊迟问:"在国家或社会生活中,一个人应该怎样行动才能算得上是一个有美德的人呢?"

孔子说:"在国家或社会生活中,一个能够称之为有美德的人,必定是一个在国家或社会中首先辛勤工作然后获取报酬的人,而决不是一个在国家或社会中不劳而获的人。"

【注释】

务：及力，努力，决心，必定，当它意指努力时，这种努力包括认识与实践两个方面。

民之义：人民认为是正义的事情和正义的行动。

敬：深刻认识，认真对待。

鬼神：邪恶之神，邪恶的精神，丑恶的灵魂。在这里它相对于"义"（"民之义"）而言，指的是那种邪恶的和非正义的人和事。"鬼"本来由三部分构成："由"、"人"、和"厶"（私意），意为从人的自私的动机中产生出来的、只能在黑暗中进行的、见不得人的丑恶行为。对于这种丑恶行为，在其丑恶的结果产生出来之前，它往往是难以被人所发现、所认识的。因此这种丑恶行为在其丑恶的结果产生出来之前有一种难以捉摸、难以把握的隐秘性质，后来人们从"鬼"的这种意思中引申出"看不见、摸不着的阴魂"的意思。在现代的语言中，"鬼"的本意似乎完全被它的引伸意所取代，它的本意在现代的语言中似乎只成为一种象征与比喻。

6.23 子曰："知者乐水，仁者乐山。知者动，仁者静。知者乐，仁者寿。"

【译解】

孔子说："一个拥有一颗智慧的头脑的人，只有当他的智慧像江河一样不停地流动的时候，他才能真正感受到智慧本身的快乐；一个拥有一颗仁爱的心灵的人，只有当他的仁爱像高山一样静止不动的时候，他才能感受到仁爱本身的幸福。智慧的本质是流动的，仁爱的本质是静止的。一颗智慧的头脑使人快乐而幸福，一颗仁爱的心灵使人健康而长寿。"

【注释】

知者：知识的拥有者，也即智者。当然它也指知识和智慧本身。

水：在这里它作为智者本性的一种说明，其意思显然是比喻性的：像水一样不停的流动。

乐水：乐于像水一样的流动，或在像水一样的不停的流动中获得快乐。

乐山：乐于像山一样地静止不动，或在像山一样的静止不动中获得快乐。

仁者：一颗仁爱的心灵的拥有者。当然它也指仁本身。

山：同样，它作为仁者本性的一种说明，它的意思显然也是比喻性的：像山一样静止不动。

孔子在本章中与其说是在强调智慧与美德的差异，倒不如说是在强调智慧与美德的相互依存：智慧是美德的源泉，美德是智慧的归宿。智慧浇灌着美德，美德装点着智慧。因此一个人应该同时追求智慧与美德这两者，而一个理想的人一定是智慧与美德这两者的完美无缺的统一体。只有这样，理想的人才有可能既是大自然的热爱者，又是大自然的朋友,既是人类社会生活的热情的参加者,又是人类社会生活的中流砥柱,既像奔流不息的江河,又像静止不动的青山,既快乐而幸福,又健康而长寿。我不知道一个自认拥有智慧的邪恶的人会有什么真正快乐的感受,我不知道一个怀着邪恶的意念的人是否能够欣赏到大自然的青山绿水的美景,我不知道白天的太阳与夜晚的星辰的光辉能否透进他那阴暗的心理,并使他因此而获得一点快乐。我们不会忘记孔子所说过的另一句话:智慧的最高目标在于认识美德,而美德的最高目标在于使美德成为美德者的幸福的源泉("知者知仁,仁者乐仁")。

6.24 子曰:"齐一变至于鲁,鲁一变至于道。"

【译解】

孔子说:"假如齐国的政治制度能够按照我的设想来作一根本的变革的话,那么它就可以达到目前鲁国的政治状态;假如鲁国的政治制度能够按照我的设想继续作出根本的变革的话,那么它就可以达到我所理想的那种完全合于道德与正义的政治状态了。"

【注释】

本章很有可能是在孔子任鲁国的公安及司法部长期间,孔子着手对鲁国的政治体制进行大刀阔斧的改革并取得了相当的成绩之后对他的支持者与追随者们所说的话,并且很有可能,在孔子那些当时在场倾听这一讲话的所有支持者与追随者之中,还有齐国政府的官员或致力于齐国的政治变革的齐国人。

6.25 子曰:"觚不觚?觚哉!觚哉!"

【译解】

每当孔子邀请自己的学生共餐之时,他总是在开始用餐之前对学生们叫喊着:"朋友们!你们说要不要买点酒来?去买吧!去买吧!我说要买!"

【注释】

觚(gū):《说文》:"觚,乡饮酒之爵也。一曰觞,受三升者谓之觚。""觚"由"角"和"瓜"构成,因此我们有理由认为"觚"最初是由一种角状的瓜果所制成的盛酒工具,这种角状(比如牛角状)的瓜果所制成的盛酒工具在将酒倒到杯子里的时候是非常方便的。在这里的"觚"的意思与"酤"相通,它作为动词,意思是"拿觚去买酒来"或"拿觚去打酒来"。据王充在《论衡》中的说法:"文王饮酒千钟,孔子百觚。"可见孔子是一个喜欢饮酒并且酒量可观的人。

本章显然是对孔子在其学生看来是不宜为人遗忘的、反映了孔子的伟大性格的一个重要方面的豪放性格的记载。

6.26 宰我问曰:"仁者,虽告之曰'井有仁焉',其从之也?"
子曰:"何为其然也?君子可逝也,不可陷也;可欺也,不可罔也。"

【译解】

宰我问孔子说:"对于一个以仁爱为追求的仁爱者来说,假如有人告诉他,'在一口深井之下存在一种仁爱,如果有人能够投身其中并到其中去追求它,那么它就会为人所发现,并为人所获得',听到这种话之后,他会真的投身其中并到其中去追求这种子虚乌有的仁爱吗?"

孔子说:"你怎么可以把一个以仁爱为追求的仁爱者理解为这样一种样子的人呢? 对于一个以仁爱为追求的仁爱者来说,我必须指出的是,他必然就是一个充分自觉和充分理性的人,我们不可能会指望那些对仁爱或道德没有充分的自觉与充分的领会的人会成为以仁爱为追求的仁爱者。因此对于一个以仁爱为追求的仁爱者来说,他可能充分自觉、充分理性地去为他的追求、他的理想献身,但他决不可能盲目无知地投身于别人为他所设下的陷阱并为别人所陷害;他可能在追求自己的理想中偶尔为自己的主观意识所欺骗,但他决不可能为别人的主观图谋所愚弄。"

【注释】

宰我:孔子的那位懒惰的、言而无信而又大言不惭、胡说一气的学生。在《论语》中,这里是第四次提到他。在这里他以一种似乎是他所特有的玩世不恭的和嘲弄的口吻向孔子提出了一个有关仁者的荒诞问题,以至孔子对他所提出的这个问题与其说是在给予回答,倒不如说是在给予反驳:你怎么可以把一个仁者理解成这样一种样子的人呢("何为其然也?")?

逝:决断的行动,果断的行动,坚决的行动,勇往直前的行动。"逝"表达的是"折"的行动过程("辶")。在作为动词使用时,许多字的"辶"字部分所具有的意思很像英语的动词 to be 和动词后缀 ing。"折"的本意是一个手操斧子("斤")的人所决意采取的行动,它和"断"的意思是相似的。它所表达的是手操斧子的人所怀的砍断某一东西的决心,以及把这种决心付诸行动的果断。"折"这种意思也反应在"哲"(判断、反驳、断言)和"誓"(坚定的承诺)的意思之中。"逝"所具有的"奔走"、"逝世"或"去世"(离开了世界或从这个世界中走开了)、"消逝"、"流逝"都只是人们决心要以自己坚决果断的行动改变和结束某种事物的存在状态这一"逝"的本意的引伸。在这里,"逝"具有"自觉积极主动的献身"之意。

陷:陷害,在某一个地方挖一个隐蔽的陷阱,以使人没有防备地陷入其中,从而致人于死地。

欺:欺骗。

罔:蒙蔽,蒙骗,愚弄。

6.27 子曰:"君子博学于文,约之以礼,亦可以弗畔矣夫!"

【译解】

孔子说:"君子应该到人类的历史文化之中去获取广博的知识,并依据自己对于那决定人类的耕作饲养活动的成功与失败、丰收与歉收以及与此相联系的人类的幸福自由的宇宙运行规律的客观认识来统一规范乃至衡量甄别这些知识,这样君子也就可以确保自己从人类的历史文化之中所获得的广博知识不至于与宇宙的客观真理相违背了。"

【注释】

约:这里有统一规范或衡量甄别的意思。

礼:对于决定人类耕作饲养活动的成功与失败、丰收与歉收以及与此相联系的人类的幸福自由的宇宙的运行规律的正确认识——真理。

畔(pàn):违背。

6.28 子见南子,子路不说,夫子矢之曰:"予所否者,天厌之! 天厌之!"

【译解】

孔子应邀拜见了卫国国王的夫人,即那个臭名昭著的南子,对此子路感到非常不满,他甚至怀着难以掩饰的对于老师这一行为的愤怒要求老师对自己这一行为作出解释,孔子面对子路的那种掩饰不住的愤怒,以同样愤怒的口气说:"我无需对我的行为作出解释! 如果你有足够的明智的话,你也无需我对我自己的行为作出解释! 但无论如何,"他用手指着上天说,"我可以指天发誓,如果我背叛了我自己而投靠了一个我所否定的人,那么请上天蔑视鄙弃我吧! 我再说一遍,如果我背叛了我自己而投靠了一个我所否定的人,那么请上天蔑视鄙弃我吧!"

【注释】

南子:卫国国王(那时人们仍习惯于以西周所赋予的沿袭已久的传统称号——"公"——相称)卫灵公的妻子。她是一个虚荣、愚蠢、淫乱而又自以为是,以致狂妄地插手政治、玩弄阴谋、攫取权力、把持朝政的人。她的虚荣、她的愚蠢、她的淫乱、她的狂妄、她的野心乃至她在插手政治方面所取得的某种程度上的成功,使得整个世界都为有她这么一个人而感到耻辱,甚至于她自己的儿子也愤怒地对她举起了忍无可忍的利剑,并试图杀死她。正因为南子是这么一个人,所以当孔子应南子之邀而去拜见了南子之后,他的学生都为自己老师的行为所震惊。就像子路所表现的那样,他们甚至掩饰不住对老师的行为的愤怒,而纷纷要求老师为自己的难以理解的行为作出解释。然而,在这种气氛之下,正像我们在本章中所看到的那样,解释几乎是不可能的。因为对于这些还没有摆脱政治上的幼稚性因而在自己所学习所信奉的政治思想和政治理论与实际的政治之间不能作出某种必要的区分的学生来说,想要在有限的时间内通过解释来使其理解他们已经表示不能理解的事情显然是很困难的。因此孔子只好采用那种向天发誓的方法来应付这种局面。但是，应该指出，就这种局面中的誓言本身来说，这种誓言也表达了发出誓言的人对于那些迫使他采用向天发誓的方式来解决问题的人们之缺乏理解力的愤怒，因此发誓本身就直接包含着为自己的行为向那些缺乏理解力的人们作出解释的拒绝。因此，这种誓言的寓意显然只是：我无需对自己的行为作出解释，如果你们自己具有足够的明智的话，你们就能够理解我的行动而无需我来作出解释。

如果我们把孔子接受卫国有权势的南子的邀请而去拜见南子与法国著名思想家孟德斯鸠接受当时沙俄女皇的邀请而去拜见女皇比较一下（那时西方人还普遍地认为沙皇统治之下的俄国仍是一个不可理解的野蛮国家），我们便不难得出结论：对于一个深刻、伟大而又成熟的思想家与政治家来说，只要那些正在掌握权力的有权势的人们能够给予他那怕仅仅是表面上或礼貌上的尊重并为他提供与之打交道的机会，那么无论这些有权势的人们的名声怎么坏，无论他们的所作所为怎样恶劣，他都将乐意把那些有权势的人看作是一个好人，一个正人君子，一个朋友和一个与自己志同道合的人，并彬彬有礼地去与之打交道，对他倾吐心声，把他变成自己政治见解、政治思想与政治抱负的一个听众，仿佛自己对于他的极坏的名声与恶劣的行为一无所知。当一个人这样做时，这丝毫不是什么虚伪，而是基于这样一种深刻的认识与坚定的信念：无论从个人的观点来看，还是从政治的观点来看，人与人天生是朋友而不是敌人。人与人之所以成为个人间与政治上的敌人，仅仅是由于人与人之间没有交流、没有沟通、没有相互理解的结果（那些有权有势的人们往往总是对一切自认为比他地位低下的人关闭相互交流、相互沟通、相互理解的大门，因此当他们愿意打开与人交流、沟通、理解的大门时，这就表明他们不再是一个有权有势的无可救药的偏执狂，而至少是一个有着开明倾向的人）。因此对于一个坚信自己的政治信念与政治理想是正确的和正义的人来说，与有权有势者的任何交流和对话都将会被视为对他的政治事业是有益和必要的。

矢：指着上天。这个"矢"字是"知"字的重要组成部分，我认为"矢"的意思应是对于"天"（宇宙万物）的认识与标记，是被揭示被认识了的宇宙万物，是理性对宇宙万物的指称和指证，而"知"的本意就是那些被理解和谈论的宇宙万物，或已被谈论和已被告知于人的对于宇宙的认识与发现（我们记得，孔子对知的回答是"知天"）。因此"矢"字应是由"丿"和"天"字构成。因此这个字在字源上与那个表示弓箭的"矢"是不同的。在本章中，孔子的话为我们这样理解这个"矢"（它作为"知"的关键性的构成部分）字提供了相当充分的信息。在这里，"矢之曰"的"矢"就是对天的指称和指证，"之"指的就是"天"本身。

6.29　子曰："中庸之为德也，其至矣乎！民鲜久矣。"

【译解】

孔子说："公平、正义因而也是能够确保所有已联合成社会并在社会中生活的人们直达目的普遍适用、普遍有效的行为原则，它作为一种道德原则，对于一切已联合成社会并在社会中生活的人们来说也就是至高无上的原则！可不幸的是,长期以来,在当今的世界上已很少有哪一个国家的人民能够认识并遵行这一至高无上的原则了。"

【注释】

庸:为人们所认识、所掌握、所遵行的普遍适用的原则。"庸"由一个"广"字(意为普遍、广泛)、二个"又"字(意为掌握、遵守)和一个"用"字构成。"用"的意思是灵验的、奏效的,可行的,正确的,可直达目的的。《说文》:"用,可施行也,从卜从中。"从"用"字的原始的符号形式中,我们知道"用"的本意应是"卜中",即成功的被结果所证实的占卜①,后来引伸为对于人们自己行为所导致的必然结果的正确认识,而这种认识事实上也就是对什么是人们的合目的的行为方式的探讨和认识,并进而引伸为人们合目的的行为即正确的、不偏不倚、能够直达目的的行为本身。这种行为已不再是"用"(卜中),而是"中",即普遍适用、普遍有效的行为范式或行为原则。在一种社会的生活中,能够确保人们彼此之间不至于相互冲突、互相抵消而能直达自己的目的的行为只有不偏不倚的公平与正义的行为,这样中(zhòng)的(合目的、有用的)行为也就是中(zhōng)的行为,即不偏不倚、公平的、中正的或正义的行为。从中(zhòng)到中(zhōng)的认识,即从行为的合目的性到行为的公平正义性的认识,是人们对自己在社会生活中的合目的性的行为方式的探索和认识的必然结果。因此,就"庸"本身的意义来说,它直接就是对于人们合目的性的行为的探索与认识的结晶,是对于人们合目的性的行为原则即公平正义的行为原则的探索与认识的结晶。对"中"的探索与认识(卜中)构成了"庸"这一概念的核心,而"中庸"只是对"庸"这一概念的注释与强调而已。可以说"庸"或"中庸"就是为人们所认识、所掌握、所遵行的公平正义的、因而也是能够确保人们达到目的的普遍有效、普遍适用的行为原则,而对公平正义、因而也是能够确保那些联合成社会并在社会中生活的人们直达目的的普遍有效、普遍适用的行方式与行为原则的自觉理性探讨则构成了"中庸"的基础和灵魂。这种自觉的理性探讨事实上也就是对中庸的内在本质的探讨。在一个极端丰富而又极端繁杂的、不断变化、日新月异的社会生活中,没有对于构成中庸之道的内在本质的积极主动的探索和认识,而只消极地、亦步亦趋地按照那已在社会中流行并已成为社会习俗之一部分的关于中庸之道的僵死教条行事,那么中庸就将不再是中庸,而是平庸与庸俗。在平庸与庸俗的思想行为之中,不再存在主体的灵魂、主体的心灵和主体的理性认识与理性探索的积极性及主动性,这样,人们也不再有能力辨别公平与不公平,正义与非正义,因而人们也总是不可避免地混淆这两者,把两者不分青红皂白地调和在一起,直到使自己的思想与行为陷入不公平与非正义之中。因此在平庸与庸俗之中是不存在中庸这一美德的。

6.30 子贡曰:"如有博施于民而能济众,何如?可谓仁乎?"子曰:"何事于仁?必也圣乎!尧舜其犹病诸!夫仁者,己欲

---

① 正像柏拉图正确指出的那样,占卜本身就意味着古人对于一种有用的、合目的性的行为方式的理性探讨。

立而立人,己欲达而达人,能近取譬,可谓仁之方也已。"

【译解】
子贡说:"如果有一个人具有博大的遍及全民的财富并能够以他的这些财富去救助那些处在贫穷与饥寒交迫之中的民众,我们对于这样的一个人应该怎样来评价呢?他是否就是一个完善的仁爱者和完善的道德主体呢?"

孔子说:"他是依靠什么方法获得这些财富以至于使他能够做出如此这般的博施广济的仁爱行为呢?我认为除非他是一位应有尽有、能尽能的令人崇拜的神,否则他的行为将与仁爱和道德无关。因此他的这种博施广济的行为是很难令人称赞的,尧舜这两位杰出的人民领袖就曾经表示他们痛恨那些拥有博大的遍及全民的财富的人所做出的那种博施广济的仁爱行为,因为这种博施广济的仁爱行为仅仅是为了掩盖人们在获得这些遍及全民的财富时的不仁不义而已!因此我认为真正的仁爱与道德的行为应是这样一种行为,在这种行为中,行为的主体认识到自己应按照这样的原则行事:想要确立自己在社会中的绝对价值,自己就必须同时去确立他人在社会中的绝对价值,要想达成自己的幸福与自由的目的,自己就必须同时去达成他人的幸福与自由的目的。当自己在确立自己的行为与行为的目的时,如果他能够把自己的行为与行为的目的设定为每一个他人的行为与行为的目的,并且看一看当自己的行为与行为的目的设定为他人的行为与行为的目的时,这种行为与行为的目的之于自己是不是自己所能接受的。如果他能够通过这样一种主观的设定来确保自己的行为与行为的目的能够为每一个他人所普遍地接受,从而确保自己的行为与目的的绝对正当性与合理性,以至于使自己的行为与目的足以成为每一个他人所普遍遵行的绝对令律,那么这样的一种行为与目的也就可以称之为完美无缺的仁爱与道德的行为与目的了。"

【注释】
济:为万物的蓬勃生长提供充足的水源(条件),这是"济"的作为动词的原始含意,作为名词时,它的意思是万物蓬勃生长所具备的全部水源(条件)。"济"作为一个人类社会的政治经济学的概念,就是政治社会为每一个构成社会的人的幸福自由的生活创造充分良好的社会条件。因此"济"不是那种消极被动的救济——为社会中那些衣食无着的个人提供经济物质上的帮助,而是那种积极主动的创造一个以每一个人的幸福与自由为出发点的、能够确保每一个人在社会中顺利地达成自己幸福与自由的生活目的的、并且自身具有进行不断地自我完善的功能与能力的政治经济制度。也就是说,这个政治经济制度应具有三个特点:①以每一个人的幸福与自由为出发点。②能够确保每一个人在社会中顺利地达成自己幸福与自由的生活目的。③自身具有进行不断的自我完善与自我更新的功能和能力。

事实上,在人类社会中,每一个人所希望获得的那种幸福自由的生活的问题,始终是一个政治经济学所要探讨并只有通过政治经济制度的不断创建才能得到有效解决的问题。

何如:怎么样呢? 我们对于这样一个博施广济的人该如何评价呢?

病:诟病,批评指责,痛恨。

病诸:痛恨人们所说的那种"博施于民而能济众"的仁爱或道德。因为仁爱与道德不在于以一个高高在上的救世者的恩赐的态度与恩赐的行为去对待人,仁爱与道德的原则不能建立在这种不平等的恩赐的基础之上。因此仁爱与道德的准则不是一个有权有势和拥有一切的人对于无权无势和一无所有的人的行为准则,而是自觉自愿地联合成国家或社会的自由平等的人们之间的自由平等的行为准则。在其中,每一个人表现自己的仁爱与道德精神的对于他人的关心、爱护、帮助,往往总是相互的和平等的。恩赐并非一定是道德的。单方面的恩赐很有可能是以一种社会的非道德为基础的,因为在一个社会中使单方面的恩赐成为可能的那些原因很有可能是非道德的。

譬:辟言,法律准则,法定令律。"辟"的本意是法或法律,它既是人人都必须遵守的共同的行为准则或行为规范,又是追究人们的行为的法律责任的根据,是人们对人所犯罪行进行宣判的根据。引伸为下判断("言")的标准、准则和根据,或人们下判断的参照系,——现代语言中流行的词语"譬如"、"譬喻"只是这种意思的更进一步的引伸,其中的"譬"几乎只具有"比"即"参照"、"依据"的意义。在这里,我们显然只能从"譬"的原始的含意中来理解这个字。

能近取譬:能把自己(这是与自己绝对近的,它与自己毫无距离)个人的行为与目的设身处地地想像成每一个他人的行为与目的,并且以此来看一看当自己的行为与目的变成每一个他人的行为与目的之后,这种行为与目的是不是自己能够并愿意接受的。当一个人要清楚地了解认识自己的行为与目的对于他人是否正当,就得设想当每一个他人都采取与自己采取的行为完全相同的行为、怀着与自己所怀着的目的完全相同的目的时,他人的这种与自己完全相同的行为与目的对于自己是否正当。换句话来说,只有当人们把自己的行为与目的设定为每一个他人的行为与目的,而每一个为自己所设定的他人的行为与目的是能够为自己所接受并被自己认定是正当的和合适的时候,自己的行为与目的才能被认定为是正当与合适的,这样,自己的行为与目的也就可以成为一切人的普遍的行为法则与普遍的道德令律。显然"能近取譬"的意思是:使自己(近)的行为与目的能够为每一个他人所接受并成为每一个他人的行为与目的的典范、依据、参照和效法的范例,而这样的行为与目的的主体也就是完全合于仁爱与道德的。只有站在这样一个基点上,才是正确理解仁爱与道德的正确方法。从这种意义上来说,"能近取譬"的意思也就是能够从自身的行为与目的动机之中获得普遍无限和绝对永恒的道德的法则与道德的令律,从自身之中寻求一个理想社会所需要的政治、法律与伦理的原则。

应该指出,我们所说的"能近取譬"的仁爱与道德的标准与那种"博施广济"的仁爱与道德的标准相比,这丝毫并不意味着它已是一种被降低了标准的仁爱与道德的标准,相反它极大地提高了仁爱与道德的标准与要求。与那种博施广济的仁爱与道德的标准和要求相反,我们的仁爱与道德的标准和要求首先表现为社会的正义,在其中人类平等而自由地享有与生俱来的权力与财富,其次我们的仁爱与道德的标准和要求表现为每一个人对于社会的正义,对于每一个人的自由、平等及其享有的与生俱来的权力与财富的责任。人类社会的正义,每一个人的平等与自由以及每一个人的价值、尊严与幸福,是仁爱与道德之自身,而每一个人对于仁爱与道德的责任就是对于社会的正义、人类的平等自由以及个人的价值、尊严与幸福的责任。不难理解,人们对社会所担负的这一责任几乎是无限的,每一个人为了能够肩负起这一无限的责任,必须以不懈的努力去陶冶自己的品格,获得自控的能力,同时还必须去获得什么是善、自由、价值、尊严与幸福的知识,总之是必须去获得什么是仁爱与道德的知识。他必须竭尽全力为整个人类去实现这种仁爱与道德。并且,当我们说每一个人都要这样来担负起他们对于仁爱与道德的责任时,当我们说每一个人在实现自己对于每一个他人的仁爱与道德的责任就应该确保自己的每一个行为与目的都能为每一个人普遍接受从而使自己的每一个行为与目的都能够成为每一个他人的普遍行为的令律与规范时,这就是要求每一个人都要努力使自己成为社会理性与社会正义的化身,成为一个全面的充分发展、充分完善的人,成为仁爱与道德的绝对主体与社会合格的政治家与立法者,成为一个能够以自己的行为为社会立法的人。此外,我们也把每一个人履行完成自己对于每一个他人的仁爱与道德的责任的过程视为人们自我完善与自我实现的过程,因此,它也就是全人类的幸福的实现的过程,或者说,是仁爱与道德在内在的自我与外在的社会中同时实现的过程,是社会的正义、平等、自由、价值、尊严与幸福在内在的自我与外在的社会中同时实现的过程。

应该指出,中国的道德学说的一个最显著的特点就是从个人与社会相统一的两个方面,也即从人的内在世界与人的外在世界相统一的两个方面来理解人的道德义务,因此这种道德义务是普遍无限的,它不仅具有个人的性质,而且更具有社会的性质,具有社会的政治与法律的性质。因此,正像我们从老子的思想与孔子的思想中可以理解到的那样,中国的道德学说同时也就是政治的学说与法律的学说,与人们通常所看到的那些只关注个人和个人的内心世界的道德学说相比,它是崇高伟大与无以伦比的——对此,让·雅克·卢梭持有与中国古代哲学家相一致的观点,他在《爱弥儿》一书的第五卷中说:"那些想把政治与道德分开论述的人,于二者中的任何一者,都将一无所获。"

方:这个字的本意是方舟,人们乘坐它便能达到人们想要达到的每一个地方。它能把人带到四面八方,带到全世界,带到全球,引伸为全方位,完全,周全的形式。"方法"的意思是周全的办法。

仁之方:完全的仁,完美无缺的仁。

述而第七

7.1 子曰:"述而不作,信而好古,窃比于我老彭。"

【译解】

孔子说:"我只讲述那些可以证实的真实可靠的知识,而决不杜撰那些不可证实的虚假不实的理论,并且在诚实而又永不厌倦地探求万物的原因、追寻世界的本原方面,我总是在我私下的心灵深处把我所挚爱的伟大哲学家老子和彭祖作为我学习并与之看齐的榜样。"

【注释】

述:浇灌,引水灌溉,引申为用自己掌握的知识和获得的信息见闻来款待或满足那些渴望得到知识、获取信息见闻的人。在这里,"述"是如实讲述之意。"述"中心意思是"术","术"的本意是引川水灌溉农田(后来由此演化而来的"术"字的意思则是浇灌、滴灌,或给一颗刚栽下的树苗浇水),这是农业社会中使农业获得丰收的一项关键性的技术、方法和措施,因此"术"在人们的心目中便具有重要的意义,后来人们便用"术"来泛指一切给人们的生活带来巨大利益的标志人的聪明才智和创造性的方法和技能。"述"的最直接的引伸意应是对于技术(一切给人们的生活带来巨大利益的创造性的方法、技能)的发明创造和运用推广,即人们笼统地说的从事技术活动。也许由于技术的发明创造毕竟只是少数具有杰出的聪明才智的人的事情,而对于大多数人来说,他们只能成为那些杰出的少数人所发明创造的技术的运用者与推广者,这样"述"也就变成了一个偏义词:运用推广那些杰出的少数人所发明创造的技术成果。而当人们将"术"的意义进一步地引申为一切来自智慧的成果时,"述"的意义也就随之而引伸为宣讲一切杰出智慧的成果了。

作:凭空想象,主观杜撰,人为的,造作的,引申为褒意的创造,制作。"乍"的本意是在转念间产生又在转念间消失的东西,因此它也就是指一种稍纵即逝的主观意念———种毫无客观依据的东西。"乍"本由"一"和"亡"构成,意为一出现便又立即消失,而这正是人们的主观意念的特性。如果说"诈"的意思是完全没有客观实在性的任意主观地杜撰的语言,那么"作"的意思也就是生活在没有客观实在性的主观意念之中的人及其行为,其中包括无价值的永远没有现实性与客观实在性的主观杜撰和有价值的可以获得现实性与客观实在性的发明创作或设计构想。在本章的特定的语境中,"作"显然只具有主观臆想和凭空杜撰的意思。

古：宇宙万物（"十"）的本原（"口"），宇宙万物（"十"）的终极的原因（"口"），它是宇宙万物的全部历史发展的源头。《说文》："古，故也。""故"是对于宇宙万物存在发展的历史源头的理性探索及其所探索到的宇宙万物的存在与发展的历史源头之本身——原因。这里的"古"显然应作动词来理解，意为对于——万物的本原——的探索。

窃：这个字的本意是在黑暗的洞穴里处置盗来的东西，引伸为私下里进行的不光彩活动。当人们在"私下的"意义上运用这个"窃"字时，它具有自嫌之意，它是说话者十分谦虚的表示。人们在公开的正式的场合表达自己不同于人的观点、意见和主张时，常常以"窃以为……"开始，它的意思是：我私下里有这样一种看法，也许它很不光彩，但是在这个公开的场合，有赖诸位的宽宏大量，我还是鼓起了勇气把我私下里所持的那种也许是很不恰当的观点公开说出来……

老彭：老子和彭祖。老子是孔子时代比孔子更年长的著名哲学家，以探索宇宙万物的道德本原而著称于世，据说孔子在年轻的时候曾特意远程去向已是暮年的老子求教。彭祖据说是尧帝即商朝初期的官方学者。不言而喻，孔子在这里提到他，并把他与老子相提并论，这说明彭祖也是一位在当时仍然广为人知的哲学家，并同样以探索万物的本质而著称于世。

7.2 子曰："默而识之，学而不厌，诲人不倦，何有于我哉？"

【译解】

孔子说："我独自而又静静地探索着那些至今还没有为前人所获得和还没有由前人所提供的知识，我不知满足地汲取那些至今已为前人所获得和已由前人所提供的知识，同时我又不知疲倦地把我从这两个方面所获得的知识——传授给他人，作为一个学者，也作为一个教师，还有什么比此更多、更重要的事情是我应该做到而我至今还没有做到的呢？"

【注释】

默：《说文》："默，犬暂逐人也。"我们可以把"默"理解为一只蹲伏在黑暗之中的狗用它那双警惕的眼睛静悄悄地注视着每一可疑的行人的行动。因此"像狗一样在黑暗中静悄悄地注视、追寻、跟踪"应是"默"的本意。在现代语言中，"默"几乎只是"默"这个字的全部本意的一个零头。在这里"默"显然不能仅仅理解为它的现代意义上的"静默"或"默默无声"，并且更应该理解为对于自己所不认识、所不理解的事物的独自的注视和探索。并且，对于人来说，沉默的状态总是意味着思索的状态。正因为如此，人们便找到了表述这两种相互关联的状态的词语：沉思默想。

厌：过分的满足和因过分的满足所引起的反感——厌恶。

倦：疲惫困倦，一个长时间没有休息的劳累过度的人随意地在某个地方蜷缩着身体休息睡眠。

7.3 子曰："德之不修，学之不讲，闻义不能徙，不善不能改，

是吾忧也。"

【译解】

孔子说:"如果人们不以坚持不懈的意志来培养、提高、完善自己的道德品质,不以始终如一的精神去探索、积累、丰富自己的学问知识,听到正义的召唤而无动于衷,看到丑恶的现象而漠不关心(人们既没有投身于正义事业的热情,又没有变革丑恶现实的决心),那么,这样的人们就是我将要深深地为之忧虑的。"

【注释】

修:长期不懈和潜移默化地培养、提高、完善人自己。修,使长进也。

讲:有逻辑结构和有条理的语言。这个字的繁体为"講",由"言"和"構"(省)构成。因此"讲"的本来的意思应是探索性、研究性的思想表达,引伸为对事物作深入彻底的探索研究,现在人们通常所说的"讲究"这一词语仍在某种程度上保留了"讲"的本意,而人们通常使用的这个"讲"字则往往只具有表达之意。

改:这个字的本意应是以自己("己")为对象的思索活动("攵"),这种思索活动也就是自我反思,这是人们使自己获得道德上的自新,从而不断地提高自己、完善自己的关键性的步骤。"改变"的本意也应该是因自我反思所引起的自己思想上、认识上和心灵上的变化,因此"改变"和"改良"、"改革"都具有道德自新与道德革命的意义。

7.4 子之燕居,申申如也,夭夭如也。

【译解】

孔子在那些令他感到悠闲自得、自由自在的闲暇的时刻,人们从他那轻松愉快、悠闲自得与自由自在的举止之中不难看出,他那无限伸展的精神仿佛已在天地之间飞翔驰骋,而他那无限伸展的身体也仿佛就要飘飘欲举了。

【注释】

燕:燕子,一种小巧玲珑、纯洁雅致而又天性快乐的,以过悠闲自得、自由自在的生活而著称于世的鸟,西方人,也许还有东方人(现在已是全世界的人)从它那里学会了应以什么样的衣着来装饰打扮自己。

申:《说文》:"申,神也。""申"作为"神"的重要的构成部分,它所表达的是一种精神的活动与精神的状态:即精神超越了一切的阻拦与限制,也摆脱了人身的肉体的禁锢而驰骋在天地之间。因此"申"也就是人的精神的无限伸展的状态,也就是人的精神获得无限自由的状态。

夭:人站在大地之上,张开双臂并仰望天空。"夭"这一符号形式所表示的正是一个张大双臂、高仰头颅的人,它所表达的是人的生命、人的身体坦荡自由的状态。《诗经》曾以"夭夭其华"来描绘在自由伸展的树梢上盛开的花朵。

7.5 子曰:"甚矣吾衰也! 久矣吾不复梦见周公!"

【译解】

孔子说:"我的精神、我的意志、我的道德勇气与政治信念已经是多么的颓萎,以至于我很久以来似乎一直忘记了周公以及他所致力捍卫的那种伟大的国家理念与政治理想,这可是我一生想要实现的梦寐以求的事业呵,可我很久以来即使是在睡梦中也不曾梦着它们。"

【注释】

衰:这个字的本意指的是一种用棕榈树的棕毛制成的用来防雨的雨衣。《说文》:"衰,草雨衣也。"后来人们在"衰"之上加上"艹",以便使它的本意能够与它的引伸意相区别。"衰"的引伸意不是来自这种用棕毛织成的雨衣,而是来自这种用以织成雨衣的棕毛。这种棕毛给人最深刻的印象是零乱、干枯、无光泽,它使人联想起人的精神的颓萎和人的生命的枯竭,使人联想起老年人的零乱、干枯、无光泽的头发以及松弛、干枯、无光泽的皮肤。"衰"并没有直接的"老"的含意。人们通常所说的"衰老"只是对"老"的状态与"老"的程度的描述,它指的是那种枯萎的干巴巴的老态,而人们通常所说的"生命力衰竭",其意思也是指使生命力得以维持的水源干枯了。在这里,我们不应从孔子的实际生理年龄来理解这个"衰"字,而应从孔子的精神状态与理性认识上来理解它。可以说,这里的"衰"所表达的是孔子对自己不应有的消沉的意志力与萎靡的精神状态的一种责难。

周公:西周联邦内的鲁国的第一任领导人,在西周联邦之王——周武王去世之后,成为周武王的继位者①。在他担任西周联邦政府的最高领导者的职务期间,周公成功地领导了整个西周联邦,并使之胜利地应付了它所面临的比之美利坚合众国(The United States of America)在南北战争期间所面临的分裂与解体的局面更为严峻的分裂与解体的局面。这种更为严峻的分裂与解体的局面是由那些共同创建了这一联邦而又想背叛他们曾经坚持高举的联邦理念的人们制造的。那些高举"人人都是上天之子"②的旗帜、领导人民与一个残暴的政权进行过胜利战斗的人们之中的某些人,在西周联邦建立之后便决定抛弃这面旗帜,并认定统治这个联邦的各个国家的权力是他们世世代代应该拥有的特权,而对于周公这样一个决不愿意在自己获得了政权之后便抛弃这面曾经给他们带来了胜利与成功的"人人都是上天之子"的旗帜并决心把"人人都是上天之子"作为整个联邦的政治理念贯彻到整个联邦的政治生活之中时,许多领导人便认定周公及其所坚持的政治理念是对于自己已经掌握的权力的威胁,这样周公作为整个西

---

① 关于这一点,请参看《西周史研究》,这一丛书显然汇集了改革开放以来,中外学者对于西周史研究的最新成果。据我目前的判断,西周史研究在改革开放后正在稳步地取得真正的进展,而在此之前的一些对西周史的流行观点正在逐渐地被学者们所证伪。

② 对于那些正确理解了中国古代哲学的人来说,不难理解,"天子"这一概念本身的意思就是人人都是由天所生、由天所养的孩子。

周联邦的最高领导人便成了那些在联邦及其各个成员国之中执掌领导大权的人们攻击的对象。他们大肆造谣惑众，并不惜分裂联邦而决心与周公所领导的联邦政府直接对抗。这似乎说明了这样一种历史现象：一切反对暴政与奴役的人们并不总是平等、自由与民主的政治原则的拥护者，其中有些人虽然不能忍受他人的奴役与压迫，但他们却热衷于奴役压迫他人。

从直到目前为止的大量的考古发现中所获得的大量的证据资料似乎都在说明，长期以来（从孔子去世之后）人们对周公这一被孔子视为人类历史上的最理想的人民领袖的许多说法都不是真实可靠的。我们甚至可以说，这些谈论都是那些热衷于自己已经掌握的国家统治权并决心将它留传给自己的子孙后代的人们的捏造和杜撰。他们认为周公是周文王的儿子、周武王的弟弟、周成王的叔父等等（那时的"姓"还不具有现代意义上的血统与宗族的意义，相反它往往是人的出生地、人的职业、人的技术专长和人的政治信念的标志，当时人们对"姓"的理解是与那时所流行的宇宙主义的哲学思想相统一的）。人们都认为周公是鲁国的始祖（事实上是西周联邦所任命的鲁国的第一任领导）。人们有意否定周公作为鲁国的第一任领导人继任西周联邦政府的王职的历史事实，否定周公作为西周联邦政府的最高领导人长达七年的功绩卓著的政治生涯。而那些处在与西周历史并不相隔遥远、因而深感自己无法否定周公为王的历史的人们，却出于其专制政治的需要而杜撰了周公是周文王的儿子、周武王的弟弟、周成王的叔父的神话，并认定周公是按照在夏商时代通常遵循的"兄传弟、弟继兄"的传统而继任武王之职的。但是，当我们了解到在周公担任联邦政府王职期间，领导整个分裂联邦的运动的那个比周公还年长的管叔曾宣称自己是武王之弟时，那么我们就会立即对那种"弟继兄"的神话表示怀疑。首先我们感到怀疑的是"兄弟"的含意。那些创立了以"天"为中心概念的政治学说并在与殷商专制暴政进行长期的政治斗争中高举"人人皆上天之子"的旗帜的西周政治家们的"兄弟"概念是指真正的血缘上的兄弟呢？还是指"四海之内皆兄弟"之兄弟？应该理解到"人人皆上天之子"（每一个人都是为天所生的孩子）的直接意义也就是"人人皆兄弟"。其次，如果在那些高举"人人皆上天之子"的旗帜与殷商专制暴政斗争而现在已成为西周联邦内的高级领导者的政治家们之中，有那么一些人对于"弟继兄"的夏商传统具有根深蒂固的成见，那么从当时管叔及其追随者所发起的声势浩大、气势汹汹的反周公、反联邦的运动中不难看出，武王的真正弟弟可能正是那个公开以武王之弟自称的管叔，而不是周公。如果这种根据事实的推断是正确的，那么我们似乎有理由进一步推断，武王绝非文王之子，成王也并非武王之子（据孟子告诉我们，周文王、周武王是出生并生活在两个完全不同的地方的人）。武王、周公、成王都只不过是大公，是诸侯，是王位的诸位有资格的候选人之一，并都是作为王位的有资格的候选人之一而当选为王的。我们认为只有这样，西周的政治制度才能与西周那些伟大的政治家兼伟大的哲学家和思想家们亲自创立的人人都为上天之子的政治学说完全符合一致，也只有这样的政治制度才能与它的政治理论一样具有完全革命的性质，而且也只有这样的政治制度才能赢得孔子的始终赞颂，并使他的许许多多的贫民出身的学生对之倾注如此热烈、如此忠诚、如此坚定不移的政治热情。

孔子曾经说过,人类的政治制度到夏代是一大进步,到商代又是一大进步,而到了周代,人类的政治制度则已达到了完美的顶峰。不论人类当今的政治状态如何,以及它将延续多久,纵使它将延续三千年,人类政治的历史发展将必然是西周所创建的那种完美的政治制度的复兴(孔子说:"殷因于夏礼,所损益,可知也;周因于殷礼,所损益,可知也。其或继周者,虽百世,可知也。"《为政第二》23章)。

7.6 子曰:"志于道,据于德,依于仁,游于艺。"

【译解】

孔子说:"人类的理性所能认识的最高的真理只是那作为宇宙的客观历史必然性之本质的道理,人类的意志所能占有的最大的善德只是那作为宇宙的客观历史必然性之存在的道德,人类的存在所能寻求的最好的依靠只是那作为宇宙的客观历史必然性之表现的仁爱,人类的生活所能获得的最美的娱乐只是那以宇宙的客观历史必然性为条件的各种各样的技艺的创造活动。"

【注释】

志:以……作为自己意志的对象与目标,以……作为心灵理性的对象和目标。"志"的本意是思辨的心灵。

依:《说文》:"依,倚也。"依靠,依赖,依据,依照。

游:浮行,以方舟为工具的旅行,这也就是海上旅行,这种海上旅行具有探险猎奇的令人兴奋、令人愉快的性质。古人把在海上航行视为一种令人兴奋的乐事,而这也许正是"游乐"、"游戏"、"游玩"等等词语产生的原因,也是"愉"和"愈"等等文字产生的原因。这里的"游"作为动词,它的意思也就是获取快乐。

艺:实用的技术,实际的本领。这里指人的各种创造活动。

7.7 子曰:"自行束脩以上,吾未尝无诲焉。"

【译解】

孔子说:"对于人类历史上那些已被人类所认识、所揭示的极端重要、至高无上以至于我总是要情不自禁地对之加以顶礼膜拜的真理,我都已向我的学生们一一讲授,而从未有过任何忽略。"

【注释】

自行:自动,自愿,自愿行动。

束脩:整理衣着,系好衣带,修饰外表①。《说文》:"束,缚也","脩,饰也"。如果说,"修"意指抽象的精神的修养,那么"脩"就是意指具体的肉体的修饰了。因此"束脩"

---

① 对于这个词,包括康有为的《论语注》在内的许多学者都作了和我完全一样的解释。

的意思应是穿礼服、系腰带(当时流行的长礼服都配有腰带)、剪头发、修胡须等等。在《论语·公冶长第五》中的第 8 章中,孔子曾说:"赤也,束带立于朝,可使与宾客言也……"其中的"束带"的意思就是系好礼服上的腰带。"脩"可视为由"修"(省)和"月"构成。"月"的本意是指一切在月光照耀的夜晚积蓄生命的能量并发育长膘的动物(包括人在内)的身体或肉体,被宰杀的用于人类食用这一目的的动物肉体只是"月"的引伸意。而"修"的意思则是修养、修饰、修理和修长。修长的意思是不臃肿,它指的是一种经修饰打扮后所显示出来的高高长长、整洁苗条的美。因此"脩"的本意应是因修饰打扮得体所显示出来的高高长长、整洁苗条的身体外貌的美。也许人们根据"修"的修养、修饰、修理和修长的意思,而将"脩"的这些意义引伸为经心加工,从而把"脩"理解为一种因经心加工、精心腌制而可以长期保存、长期享用的腊肉,即人们所说的干肉。这样的一种引伸意尽管要晚于"脩"的本意,并且这样的一种引伸意也使人感到牵强附会,矫揉造作,很不得体,但是它却是孔子时代结束以后(也是孔子逝世之后)的一种普遍可见的并被后来的人们广为接受的语意引伸现象。当人们运用这种后起的引伸意来理解孔子、老子以及包括《诗经》、《尚书》在内的大量古老著作时,这些著作的本来意思也就完全改变了面貌,而变成了丑陋怪异与荒诞不经的东西。无怪乎汉代的许慎要大声疾呼地告知人们"孔子没,微言绝"了,这也无怪乎古今中外许多著名的思想家为什么会怀疑、不信任乃至完全否定秦汉乃至战国以来人们对于中国古代学术著作的解释了(其中最著名的人物有德国的莱布尼茨、英国的李约瑟与中国的康有为、安子介等等)。可以说,腊肉或干肉并不是孔子所说的"脩"的本意,而是秦汉乃至战国时代里那些注释者们强加给它的牵强附会的引伸意。并且当人们把"脩"理解为干肉,把"束脩"理解为"一束干肉"时,如果说这种解释仅从单个的文字与词语的角度来看似乎也未尝不可的话,那么当人们依据这种理解进而把"自行束脩以上"理解为"只要人们自觉自愿地带一束干肉来拜我为上师"时,那么这种解释就显得不伦不类了。这种不伦不类的意思从一个反面证明了人们对"束脩"这一词语的理解的错误性。因为"只要人们自觉自愿地带一束干肉来拜我为上师",这种话出自孔子之口是不可思议的。任何一个有正常理性的人都不会一方面严格地要求人们自觉自愿地送礼物(依据人们对"自行束脩"的理解,其言下之意正是如此),而另一方面这种严格要求人们自觉自愿地送来的礼物却又是这么一束微不足道的干肉。我相信,任何一个具有正常理性和具有基本的为人处世的明智精细的人都不会把这么一点点礼物作为一种拜师的要求与条件提出来。

上:它的本意是指上天,上苍或上帝,它作为动词就是指对于上天、上苍或上帝的崇敬与敬畏,引伸为对一切至高无上的东西的崇敬与敬畏,这至高无上的东西作为"诲"(——讲授)的对象也就是指关于宇宙的道德、正义与仁爱的至高无上的真理。"上"这个字在这里既具有名词的含意,意为至高无上的东西——道德、正义、仁爱等,又具有动词的含意,意为对至高无上的东西——道德、正义、仁爱——的崇尚。这正如"好"既作动词又作名词一样。"好"(hào)作动词时,其意思直接包含着其作为名词的词意,意为对好的事物的爱好。

自行束脩以上:情不自禁地要穿好礼服、系好腰带、刮净胡须、洁净身体,以对之表示崇敬或顶礼膜拜的至高无上的真理。

7.8 子曰:"不愤不启,不悱不发,举一隅不以三隅反,则不复也。"

【译解】

孔子说:"只有当学生自己在经过努力地寻求问题的答案而认识到自己的努力终归无望时,老师才应对学生给予指导与启发;只有当学生自己在经过认真地思考问题的原因而认识到自己的认真思考终归不得其解时,老师才应把正确的结论告诉学生;只有当学生能够充分地理解自己所学知识的全部内在的逻辑与因果关系从而能把它们融会贯通时,老师才应对学生讲授新的知识。"

【注释】

愤:有价值的珍贵("贝")花卉("卉")在采来欣赏之后不久,不得不加以丢弃("贲")时所感受到的一种纷繁复杂的矛盾心情,一种惋惜、遗憾、怅然若失而又无可奈何的心情。《说文》:"愤,忿也。"这里的"愤"具有怅然若失、无可追寻、无能为力之意。"愤怒"的意思应是指当人们遭受重大挫折而深感自我价值的丧失时所爆发出来的无可奈何、无能为力的怒气。

悱(fěi):大量的、纷繁复杂而又似是而非、相互矛盾的意识观念所引发的心理上与认识上的莫衷一是、疑惑悱恻的心情。"非"的本意是大量的、纷繁复杂的事物,引伸为大量的、丰富的、纷繁复杂的思想意识。由于正确的认识以及正确的思想意识的惟一性,那种纷繁复杂的思想意识只能是莫衷一是、似是而非的,因此"非"成了正确的反意词——错误。也许正因为错误的东西具有多样性(非性——也即否定性),老子说"知者不博,博者不知;善者不多,多者不善"。

隅(yú):猿猴生活的地区,每一个人都熟知的那些地方,愚人("愚")也知道的地方。

举一隅不以三隅反:老师列举一个已使学生知道的地方,而学生却不能对老师说出与此相联系的三个地方(这说明学生还不具有必要联想与推理能力)。理想的教学目标是:一旦老师告知一,学生便能理解多;一旦老师告知原因,学生便能知道结果;一旦老师告知前提,学生便能得出结论。因此"举一反三"作为一种教学方法,并不只是要求教师把某个认识的现成的结果与某一思想的现成的结论灌输给学生,而是要求教师去积极培养提高学生的获得结果与得出结论的思辨能力,这种能力就是以一些最基本的认识和结论为前提的逻辑的推理与逻辑的思维能力。逻辑的推理与逻辑的思维能力不仅是人们获取新的知识所必须的,也是准确地理解别人为我们提供的已有的知识所必须的。

复:再,增加,这里指开始讲授新知识,新内容,新课程。

7.9 子食于有丧者之侧,未尝饱也。子于是日哭,则不歌。

【译解】

孔子在一个他的四周处处都是因无家可归、流离失所而悲伤流泪的人民的世界里生活,人民的苦难使他从未感受到自己生活的真正满足与幸福。每当他听到有关人民无家可归、流离失所的消息,在这一天中,他的心灵也就在默默地和那些不得不过着无家可归、流离失所的人民一起哭泣流泪了,在这一天之中,天性快乐的他也不再弹琴歌唱了。

【注释】

丧: 因失去家园,失去亲人而哭泣。这个字本来由"哭"和"亡"构成(上下结构)。《说文》:"丧,亡也。","亡,逃也。"因此"丧"的本意应是逃亡者的悲伤,逃亡者因失去家园、甚至失去亲人(因逃亡而失散)而悲伤。后来"丧"引伸为因任何形式的重大损失而悲伤。

侧: 本意是人们外出时随身带着的一般等价物——金钱。人们用它可随时兑换成自己所需要的消费品。或者说是人们在社会交往与社会活动中时刻伴随自己于左右的等价交换的行为原则,引伸为伴人左右、人的左右两边、人的身边、旁边等等意思。"则"的本意是指可以任意分割的一般等价物——金银等货币("贝"),引伸为人人必须遵守的最一般、最普通、也最自然的行为原则——等价交换。

本章所表达的显然是孔子对于他那个战争频仍的时代里不得不因频仍的战争而时常过着无家可归、流离失所的生活的人民的深切同情。他和他的学生在陈国与蔡国周游时就曾亲眼目睹过人民生活的那惨不忍睹的一幕,那时陈国与蔡国的人民成了吴楚两个大国争霸的牺牲品。

7.10 子谓颜渊曰:"用之则行,舍之则藏,惟我与尔有是夫!"

子路曰:"子行三军,则谁与?"

子曰:"暴虎冯河,死而无悔者,吾不与也。必也临事而惧,好谋而成者也。"

【译解】

孔子真诚地对颜渊说:"当自己所坚信的政治主张和政治理想能够被社会所接受时,便努力地去推行它,当自己所坚信的政治主张和政治理想不能为社会所接受时,也决不抛弃它,在这里只有我与你具有这样一种持之以恒、坚定不移的品格。"

心不在焉的子路可能并没有留心孔子对颜渊的谈话,结果他只似听非听地听到了孔子对颜渊所说的"只有我与你"这几个字,并且他把这几个字理解为："我只想与你在一起共事",因此子路很不服气地对孔子说："假如你现在统帅着三支大军,那么你将只想与谁在一起共事呢?"

孔子回答说："那种只身斗猛虎、赤手渡大河,到了临死的时候也不对自己那种刚愎自用、愚蠢狂妄的冒险行为有丝毫反省与后悔表示的人,我是不想和他在一起共事的。我想要与之在一起共事的是这样一种人,这种人在开始从事任何一项工作之前就对这一工作可能遇到的危险具有充分的预见与戒备,因此当他开始工作时,他既懂得如何避免一切可能的危险,同时又懂得如何利用自己早已估计到的一切可能的有利因素,从而确保自己的事业获得成功。"

【注释】

谓：发自肺腑的言词,深沉真诚的言词。

用：采纳,接纳,接受。

之：这里指人的政治主张与政治理想。

行：推行,使化为集体的行动。它的本意是队列。

舍：不采纳,不接受,不让参加,叫人回到自己的宿舍去。"舍"的本意是人们居住的小房屋,因此它是人们私人生活的标志,而"用"作为"舍"的反意词,则是公共的政治生活的标志,它表明个人已为公共社会所接纳,所认同。

藏：珍藏,保存,决不抛弃。

暴：洪水拱日,海水高涨以至海水仿佛要触及太阳。这个字由"日"、"共"、"水"构成,它的本意应是洪水犯日。从这个字的构成之中,人们不难想像洪水泛滥时的狂暴景象,引伸为狂暴的、不顾一切、不顾后果的侵犯人的行为。

暴虎：不顾后果地冒犯老虎,以挑起一场自己与老虎之间的搏斗。

冯：这个字人们都认为应读 píng,并且人们都认为它的含意与"凭"的含意完全相同。"凭"的意思是指人们依靠自己个人拥有的身体与理性的力量所能承负的任何责任或负担。但是为什么"冯"应读作 píng,并且为什么它的含意就是"凭"呢？对此人们似乎没有给出答案。仅从"冯"这个字的结构本身来看,我认为把它读作 féng 更为合适,而它的含意则是"奔马逢严寒（"冫"的本意是"氵"（水）因气温寒冷而凝结。《说文》："冫,冻也。"）——严寒对它无可奈何,因为它仅凭自己剧烈的运动就足以驱散任何严寒。这样"奔马逢严寒"也就转变为"奔马奉严寒",因此"冯"的意思也就转变为"奉",即给出自己所能给出的全部能量,使出自己所能使出的全部力量,以战胜一切与己相对立的力量。"奉"的本意是由一只手所创造出来的春天,因此它具有赤手空拳、只手回春的意思——这是一种刚愎自用的人的行为。因此我认为把"冯"理解为"奉"是非常合适的。并且我们的日常语言中还有一个与"奉"的赤手空拳、只手回春的含意相接近的成语:单枪匹马。并且,如果我没有记错的话,我们的语言中还有一句俗语叫"单骑走寒霜"。我认为这样的词语与"冯"这个字的本意并非没有关系。

冯河：赤手空拳过大河。

暴虎冯河：只身斗猛虎，赤手过大河，喻指一种蠢愚狂妄、刚愎自用而又根本不应有的冒险行为。

惧：在心灵中对一切可能遇到的危险有充分的估计与准备。这个字本来由"忄"、"目"、"目"、"隹"构成，意为心灵有如一只睁大着一双戒备的眼睛的鸟，因此它的本意应是心灵对于一切可能遇到的危险的预计、准备和戒备，"担心"、"害怕"，应是"惧"的引伸意。当然这种引伸意也是直接寓于它的本意之中的。

谋：说出各种可能性，这是人们作出决策与决定所必须的。

7.11 子曰："富而可求也，虽执鞭之士，吾亦为之。如不可求，从吾所好。"

【译解】

孔子说："如果财富以及与此相关的富有的生活能够以一种令人赞赏的方式获得，那么纵使我不得不因此而去做一位执鞭驾马的车夫，我也将要努力去追求它。如果它不能够以一种令人赞赏的方式获得，那么我就只好听从我所热爱的一切美好的事物的召唤，去从事重建一个使它能够以一种令人赞赏的方式获得的美好世界的工作了。"

【注释】

富：财富以及与此相关的富有的生活。

可：认可，接受，赞许，能够获得认可的，能够为人接受的，可以下咽的，正当的，合理的。这里的"可"具有动词的意义：足以使人们认可，足以使人们接受。

好：对一切美好事物的爱好（作动词），被爱好的一切美好的事物（作名词）。

7.12 子之所慎：齐，战，疾。

【译解】

孔子所深切关注并为之忧虑的是人世间的贪欲、战争和疾病。

【注释】

齐：这个字的本意是指草木的一致向上的蓬勃生长。引伸为一致的本性，一致的行为，一致的追求，一致的发展，一致的幸福。再引伸为人的无止境的贪欲，无止境的要与世界上最富有的人齐头并进并成为世界上最富有的人的贪婪欲望。这种无止境的贪婪欲望将不可避免地成为人们犯罪行为的原因，因此这种无止境的贪婪欲望应是人们必须向上帝忏悔的对象。每当人们向上帝祈祷忏悔时，人们就必须把这种贪婪欲望毫无保留地说出来，并向上帝保证自己将努力戒除这种欲望——这也许就是"斋"字的本意。大多数学者都直接把"齐"等同于"斋"，而不能理解"齐"与"斋"这两个概念的转化关系，这是不能不令人遗憾的。"斋"的意思就是把"齐"（不断在心里滋生的无止境的贪欲)当作一种在人们脸上不断生长的胡须("而")加以剪除,这也就是人们通常所说的洗心革面。"洗心革面"也许正是"斋"的本意。

7.13 子在齐闻《韶》,三月不知肉味,曰:"不图为乐之至于斯也。"

【译解】
孔子在齐国亲耳聆听了《韶》这一举世闻名的乐章之后,这一乐章的美妙动听、令人回味无穷的旋律就一直在他的心灵中回旋激荡,直到多月之后,它的美妙动人、回味无穷的旋律仍然使他难以感受到任何美味佳肴的滋味,对此他说:"我从来没有想像到音乐会带给人超乎于任何饮食的快乐享受之上的如此深刻而又如此美妙的快乐享受。"

【注释】
三月不知肉味:三月不知美味,长时间里感知不到那些以肉食为代表的美味佳肴有什么美妙的令人回味的地方,这里是相对于美妙动听、令人回味无穷的《韶》乐而言的。

图:预先的设想,预先的构想,预先的设计。

7.14 冉有曰:"夫子为卫君乎?"

子贡曰:"诺?吾将问之。"

入,曰:"伯夷,叔齐何人也?"

曰:"古之贤人也。"

曰:"怨乎?"

曰:"求仁而得仁,又何怨?"

出,曰:"夫子不为也。"

【译解】
那个追随大官僚孙季于左右而公然背叛了孔子的教诲的冉求有一天特意找到子贡说:"不知我们的先生愿不愿意为卫国的君王出一把力?我说的是那个在父亲的武力进攻之下而不得不逃离卫国并在不久之前来到我们鲁国寻求庇护与支持的现任卫国君王出公。"

子贡说:"你说的是这么一回事吗?你竟是为卫出公的事而来找我们先生的?我将去问一问我们的先生。"

当子贡走进孔子的住所并向孔子告知了这一切之后,孔子对子贡说:"你知道伯夷、叔齐是什么样的人吗?"

子贡说:"古代两位抛弃王位、背叛腐化堕落的商朝政府而投奔周文王的杰出人士。"

孔子说："当这两位杰出人士这样做了之后,他们是否曾经感到过后悔呢?"

子贡说："他们抛弃王位、背叛商朝政府并投奔周文王是为了追求人类仁爱正义的伟大事业,并且当他们投奔周文王之后也终于获得了这一仁爱正义的伟大事业,这样还有什么事情会令他们感到后悔的呢?"

子贡完全明白了孔子的意思,他从孔子的住所走了出来,并对冉求说:"我们的先生不打算为出公这位卫国现任国王寻求鲁国政府的军事支持的事出力。"

【注释】

卫君:卫国的国王卫出公。他的父亲曾因谋杀自己臭名远扬的母亲南子未果而不得不逃亡卫国的敌对国家晋国。不久他的祖父卫灵公去世,他便作为卫灵公的孙子而继任祖父卫灵公的王位。当他的逃亡于晋国的父亲在晋国的武力支持之下回到卫国并决心夺取王位时,他不得不在父亲的强大武力的进攻之下逃离卫国而来到了鲁国。到达鲁国后,卫出公显然也想寻求鲁国政府的支持,以便夺回被他父亲夺取了的王位。孙季本人显然倾向于给予卫出公以支持,但他又疑虑重重,在孔子对鲁国政府施行大刀阔斧的改革期间,他虽然采用阴谋手段保住了自己的权力并迫使孔子及其追随者们放弃了权力,但他在鲁国的权威也遭到了根本的损害,况且他与自己的领地上的人民的关系也处于最紧张的状态,所以,他感到给予卫出公以支持的建议不宜于由自己直接提出,于是他又想到了离别鲁国十年之后重新回到鲁国的孔子,并想再一次地利用孔子来达到自己的目的(使一个国家介入国际争端是统治者们转移本国人民对于自己的不满情绪的一种惯常使用的方法)。在季氏手下任职的冉求显然能够准确地预料到孔子决不会上当受骗,因此当他不得不按照季氏的旨意来寻求孔子的帮助时,他似乎没有胆量与孔子直接见面,并向孔子直接陈述这种请求。当然此时的冉求在孔子以及他的那些享誉全球的学生们的心目中也已没有任何地位,因此子贡与冉求的对话是非常机械和冷淡的。据专家考证,卫出公逃到鲁国这一历史事件应是发生在公元前479年,孔子那时已是七十二岁的高龄。

伯夷、叔齐:商朝末年完全腐化堕落的商朝国王的两个儿子,他们两兄弟在父亲去世之后纷纷抛弃可由他们继承的王位而投奔到了反对这个腐化堕落而又专横残暴的商王朝的周文王、周武王的队列之中。在这里孔子用这两个人的事迹来表达他对任何一种只顾争权夺利而不问道德正义的行径的极端蔑视。在孔子看来,卫出公和他的父亲就是这种争权夺利而不问道德正义的人,他们为了争夺王位,都不惜借助外国的军事力量来达到自己的目的。

怨:后悔。

7.15 子曰:"饭疏食,饮水,曲肱而枕之,乐亦在其中矣。不义而富且贵,于我如浮云。"

【译解】

孔子说:"纵使我不得不像那些无家可归、分文不名的流浪者那样以河岸上的野菜充饥,以河流中的冷水解渴,弯着自己的两只胳膊作为枕头在河流的沙滩上过夜睡觉,我也一定能从这样一种生活中发现乐趣,找到幸福。然而我却难以在那种通过不仁不义的方式所获得的富有而又尊贵的生活之中发现乐趣,找到幸福。对我来说,那种通过不仁不义的方式获得的富有而又尊贵的生活只不过是天空中飘浮的白云,它虚幻而且毫无价值。"

【注释】

疏:为河流所分割的河流两岸。

疏食:在河流两岸所能寻找到的食品:野菜。

肱(gōng):胳膊。

7.16 子曰:"加我数年,五十以学《易》,可以无大过矣。"

【译解】

孔子说:"假使让我再增加数年的积累知识的努力,即让我在到达五十岁的年龄的时候开始对《易经》的研究工作,那时我也许才有可能避免对《易经》犯下太大的理解上的错误。"

【注释】

加我数年:假使让我再增加数岁的努力。从这句话便可知道,在本章说话的孔子只有四十三四岁,他的年龄距五十岁还有数年之差。

过:过错,错误。

《易》:《周易》或《易经》。根据目前许多著名科学家的研究结果,我们可以把它视为以数学为基础的宇宙学,或以天文学的科学观察为依据而建立起来的一种宇宙学的数学模型。从科学家们对《易经》所作的大量研究所获得的许多研究成果之中,人们了解到宇宙之中的任何事物、任何现象都可以纳入这种数学模型之中,并在其中获得对它们的某种抽象意义上的解答。有些科学家甚至把这种数学模型视为获得天文学和数学的新发现的有用工具。自从十七世纪德国享誉世界的著名学者威廉·莱布尼茨(Gottfried Wilhelem Leibniz)宣布他发现了《易经》二进制的数学原理以来,不断有对《易经》的科学原理的新发现从各个科学领域的科学家的研究中产生出来。这些发现似乎已经表明,只有那些具有一颗科学家的优秀脑袋的人才有可能向人们揭示《易经》的全部奥秘,而别的人对于它则是无能为力的。

孔子在这里似乎也表达了他对《易经》的理解上的困难的认识,因此四十多岁的他还希望自己在再经过数年的积累更多的知识的努力之后,能够开始对于《易经》的真正研究。

7.17 子所雅言?《诗》、《书》、《执礼》皆雅言也。

【译解】

什么是孔子所说的准确、规范、自然、纯正的语言呢？可以说《诗经》、《尚书》、《执礼》中的语言都是孔子所说的准确、规范、自然、纯正的语言的范本。

【注释】

雅：从鸟（"隹"）的嘴巴（"牙"）里发出来的声音，这是一种天生的、自然的、永远不会变调的声音，是一种能永远保持其自身特性而不发生串声的声音，它引申为对于人的语言发音的一种要求：语言发音要准确、自然而纯正，不要使语言中的词与词发生串音，以致使自己的语言发音不准确，不自然，不纯正。就"雅"的抽象的意义来说，它指的就是准确、自然、纯正的语言发音，而这种准确、自然、纯正的语言发音，在一个作为全体人民的统一意志之象征的国家里，是应该并且也必然受到全体人民的普遍一致的高度评价的。这种准确、自然、纯正的受到全体国民普遍一致的高度评价的语言，也就是高雅的语言。

《执礼》：这可能是一本有关如何理解掌握"礼"的要义的著作，可惜我们至今还没有找到这一著作。

7.18 叶公问孔子于子路，子路不对。子曰："女奚不曰'其为人也，发愤忘食，乐以忘忧，不知老之将至'云尔？"

【译解】

楚国政府的高级官员和著名的政治家叶公向子路询问孔子究竟是一个什么样的人，子路没有给予回答。当子路把此事告知孔子之后，孔子对子路说："你为什么不这样对他说'他是这样做人、这样生活的，即他是如此激情奋发、不知疲倦地探索着人类至今尚未获得的知识与真理，以致常常完全忘记了吃饭；他是如此快乐、如此幸福地沉浸在追求知识、追求真理的活动中，以致常常完全忘记了忧愁，甚至完全忘记了自己实际的年龄，而丝毫没有意识到衰老已在渐渐地降临在自己的头上'如此等等呢？"

【注释】

叶公：拥有叶（据说应读 shè）这一封地（今河南有叶县，在叶县南三十里有古叶城）的楚国知名贵族，是当时楚国政治生活中有影响有势力的人物（据传他与楚国占统治地位的家族有亲缘关系）。他不仅掌握了楚国政府的相当大的权力，而且也以其贤明的政治原则、政治主张以及正直的人格而使他拥有了相当著名的影响力。他一度是军队的统帅，并指挥了无数次的军事行动。他坚持在国际生活中的道德而不是武力的重要性，主张国家应宽厚仁慈地对待它的人民。他批评那些明目张胆地损害国家形象的贵族刺客（那时的贵族几乎人人都配带着剑）。他言行一致，言而有信，在人民中有很好的声誉。当一个叛变者谋杀了掌握国家控制之权的令尹(宰相)时,他率领军队平息了叛乱。当他竭尽所能地使因叛乱者的叛乱而遭到严重破坏的国家政治秩序恢复到正常状态之后,他任命了前令尹(被谋杀的令尹)的儿子来充任令尹之职,而自己却回到了他自己的领地——叶地。对叶公这样一个人来说,他对孔子的思想及孔子本人感兴趣是非常自然的。在孔子周游列国时,他有机会与孔子相见,并且在《论语》中也记载了他与孔子的谈话,两人讨论了关键性的政治与伦理问题。无疑孔子高瞻远瞩的政治与伦理主张令他信服。

7.19 子曰:"我非生而知之者,好古,敏以求之者也。"

【译解】

孔子说:"我并非一个一生下来便懂得了那些我至今已经懂得的知识的人,相反我只是一个一生下来便喜欢追根究底、勤于探求思考自己所遇到的每一事物存在的原因并因此而获得了我现在已经获得的那些知识的人。"

【注释】

古:故,事物的原因,事物之所以然。《说文》:"古,故也。""古",万物("十")的本原("口")。

之:古,即事物的原因。在这里我们似乎可以理解,孔子所说的知识并非对于事物存在的现象的感性感知,而是对于事物存在的原因或本质的理性发现。

7.20 子不语怪、力、乱、神。

【译解】

孔子不主张谈论那些主观杜撰的奇异的观念,那些宣扬暴力的观念,那些混乱的没有逻辑没有道理的观念,那些神秘玄虚、貌似深刻而又不可理喻的观念。

【注释】

怪:妄想只凭自己的一只手的活动("又")来使事物产生出来("土",它的本意是在天地间产生、生长),这当然只是人们心灵中的一种完全主观的奇异想像。《说文》:"怪,异也。"在理解这个"怪"字时,请人们绝对不要把它与那个简化了的"圣"字混为一谈。现在通用的那个简化了的"圣"字并非本来就存在于字典中的那个由"又"和"土"构成并意为凭空创造的"圣"字。它本来并非由"又"和"土"构成,而是由"耳"、"口"、"王"构成[上(左右)下结构],意为那种把天、地、人和谐统一的存在的道理讲述给别人听并使别人理解的人及其活动。因此现在通行的那个简化了的"圣"与"怪"在字源上没有任何联系。

力:强力,暴力,这里指有关暴力的观念。在这里我们了解到孔子不仅反对暴力,而且也反对人们公开的以各种不同的形式渲染暴力。

乱:混乱的没有逻辑的观念。

神：神秘的观念，难以理喻的观念，故弄玄虚、貌似深刻的观念。

7.21 子曰："三人行，必有我师焉，择其善者而从之，其不善者而改之。"

【译解】

孔子说："假如我碰巧与其他的许多人走到了一起，于是在这个由我和其他的许多人所组成的队伍中，必然存在可以供我学习、供我遵循的导师，只要我选择其中最善良的人作为我学习和遵循的对象，那么在我的行为的影响之下，在其中的那些不善良的人们也就会开始改正他们的不善良的行为了。"

7.22 子曰："天生德于予，桓魋其如予何！"

【译解】

在周游列国期间，在从卫国经宋国去陈国的路上，孔子及其学生们的车队遭到了宋国这个无恶不作的大贵族大官僚桓魋的蓄意已久的围困堵截，在此期间，当学生们因此而向孔子表示他们对于他的安全的深刻忧虑并希望他能和桓魋达成某种妥协时，孔子对他的学生们说："既然上天在把生命赋予我的同时，也把它的道德令律安置在我的心灵之中，那么那个无恶不作的桓魋又怎能奈何我这个天生下来便要以在人类社会中实现上天的道德为己任的人呢！"

【注释】

本章的语境所涉及的是孔子及其弟子周游列国时从卫国经过宋国去陈国时的一次经历：孔子一行在路经宋国的途中，宋国的一个权贵桓魋(tuí)伏击拦截了孔子及其弟子的车队，并企图杀害他们。

桓魋是宋国一个有权有势的家族的重要一员，是宋国一个最坏的横行霸道、巧取豪夺的贵族。他利用宋国国王宋景公对于他的宠幸去强夺一切他认为值得他去强夺的他人的财产——尽管他常常在因这种强盗行径而遭受严重的挫折时，既无勇气防御，又无勇气报复。可见他是一个蛮横、愚蠢、贪婪成性而又贪生怕死的人。不过他仍然一如既往地受到国王的宠幸，尽管这种荒诞的不可理喻的宠幸促使好几位宋国重臣与宋国国王疏远并导致了人们的叛乱。直到公元前484年桓魋才开始失宠。公元前481年，宋国国王决定要将他处死，他才与家族中的所有其他成员不得不逃离宋国。

狂妄无忌的桓魋之所以妄图谋杀孔子，也许是基于这样一个不容忽视的原因：桓魋的所作所为遭到来自桓魋的弟弟、孔子的学生司马牛的直截了当的强烈谴责。也许在司马牛给予自己的哥哥桓魋的所作所为以直截了当的强烈谴责之前，还有晓之以理、动之以情的开导与劝告。不难理解，在司马牛给予桓魋以开导、劝告直至直截了当的强烈谴责时,他所依据的理由正是孔子所宣传的那套社会道德与社会正义以及人类仁爱、平等、自由的理论。在孔子的这套理论中受到重视的是每一个人的高贵的心灵和高贵的举止行为,而不是家庭出身,以及社会地位与权势。因此桓魋感觉到自己的出身、自己的社会地位、自己所掌握的政治权势以及以此为基础的堕落行为面临着不是来自自己的弟弟,而是来自自己弟弟的老师——孔子——这一名声显赫的人物的有力挑战,并从这种有力的挑战中感受到了一种对于自己的出身、自己的地位与自己的权势的不祥征兆,最后他不仅与他的弟弟彻底闹翻,而且向他的弟弟发出威胁:他将与孔子及其全部追随者们势不两立。

也许,当桓魋面对自己的弟弟司马牛的开导、劝告、谴责而暴跳如雷并对孔子产生出深刻的仇恨与报复的心理的同时,也正是他的道德心开始自觉的时候。也许正是因为他的道德心的自觉使他认识到他过去的所作所为使他在他的弟弟向他展示的那个美好的道德世界里找不到自己继续生存下去的合理位置,他为此而感受到了他从来没有感受到的绝望。正是这种绝望使他决心把这种绝望发泄到那些使他感受到了这种绝望的人们身上,发泄到司马牛身上,发泄到孔子身上,发泄到与这两个人有密切关系的一切人身上。从此他和自己的弟弟司马牛断绝了兄弟关系。正因为如此,司马牛曾经以一种悲叹的口吻对人说,在这个世界上只有他一个人才没有真亲的兄弟,尽管当时桓魋及其他兄弟在外国流亡,但仍然活着。据说,桓魋举家逃离宋国之后,司马牛拒绝与桓魋住在同一个国家。

从本章孔子所说的话中不难看出,孔子及其学生早已从司马牛那里知道了桓魋曾当着司马牛的面对孔子及其学生发出过威胁,只是孔子及其学生在此之前没有把桓魋的威胁当真罢了。

据孟子告诉我们,孔子周游列国时并没有访问宋国的计划,只是离开卫国去陈国访问的途中必须经过宋国。孔子及其学生在路过宋国时已改穿不令人注目的衣服(微服而行)。不难设想,孔子及其弟子之所以要这样做,显然是他们最终听从了司马牛的反复劝告的结果。司马牛对他的那位兄长的狂妄、残暴、凶狠的本性是不抱幻想的。

7.23 子曰:"二三子以我为隐乎?吾无隐乎尔。吾无行而不与二三子者,是丘也。"

【译解】

孔子说:"你们那些为数不少的先生们不是总以为我在把我思维采集、思维加工与思维创造的成果精心地珍藏保存起来吗?事实上我是不会把我思维采集、思维加工与思维创造的成果珍藏保存起来的,我没有任何一个行动不是在把我思维采集、思维加工与思维创造的成果传授给你们,而这也正是我孔丘之所以为孔丘的工作。"

【注释】

二三:三人为众,二三介乎不众与众之间,即为数不少也为数不多。

隐：这个字的本意是指精心加工或精心处理从农田里收获到的那些东西(粮食)，以便使之能够长期珍藏保存而不会腐烂变质。这个字(隱)本来由五个部分构成：①"阝"，意为隐蔽处或把东西置于隐蔽处，也即收藏保存；②"爪"，意为用手采摘，收获；③"土"，意为土地上的生长物；④"彐"，意为手或手的加工活动；⑤"心"，深思熟虑的思考、计划、设想。因此"隐"至少有如下几层含意：①采集、收获在土地上生长出来的自然的或人工种植的产品，②对采集收获而来的产品进行精心的加工处理，以确保产品不至腐烂变质，③放心地对这些不至腐烂变质的产品进行珍藏保存。现在人们通常使用的那个"隐"字往往只剩下了"阝"这一部分的含意，即置于隐蔽处。在这里孔子显然是在其原来的完整的意义上使用这个"隐"字的，并且在这里"隐"相对于一种理性的认识活动及其认识活动的成果而言，它不仅具有思维采集、思维加工的意思，而且还有思维创造的意思。

7.24 子以四教：文、行、忠、信。

【译解】

孔子把他的教育设定为如下四个应该达到的目标：教会学生如何正确地思考，教会学生如何正确地行动，造就学生的正义的社会态度，造就学生的诚实的个人品格。

【注释】

四教：教四，教育所要达到的四个目标。

文：文化知识，而一个有文化有知识的人并不是识字者，而是指具有独立的思考与探索知识真理的能力的人，这里意指教会学生如何正确地思考。思考、理性地探求事物的内在联系与内在规律，这是人类走向文明的必要条件。"文"的本意也是指人对于宇宙(上天)的思考、认识与标记。

行：教会学生如何正确地行动。

忠：中心，不偏不倚之心，中正之心，正义之心。这里的"忠"作为教育的目标之一，就是把学生造就成具有社会正义的思想情操与人生态度的人，培养学生的社会正义心与社会正义感。

信：言如其人，诚实无欺。同样，"信"作为教育的目标之一，就是造就学生诚实的个人品质。

7.25 子曰："圣人，吾不得而见之矣；得见君子者，斯可矣。"

子曰："善人，吾不得而见之矣；得见有恒者，斯可矣。亡而为有，虚而为盈，约而为泰，难乎有恒矣。"

【译解】

孔子说："在我所设想的那个理想的社会里，我不希望我所看到的每一个人都是尽善尽美、完美无缺的圣人,我只希望我所看到的每一个人都是热爱理性、热爱正义、富于同情心和言行一致的君子。"

孔子说:"在我所设想的那个理想的社会里,我不希望我所看到的每一个人都是尽善尽美、完美无缺的善人,我只希望我所看到的每一个人都是具有不变的公正之心的并因此而能够使自己在人与人、人与社会、人与自然之间取得平衡、取得一致、取得和谐的自然而正常的人。在我们现实的生活中,那种把自己本来根本不存在的品德当作实在的人,那种把自己本来根本空虚的品德当作充盈的人,那种把自己本来根本卑陋的品德当作壮美的人,他们是很难使自己获得公正之心的,是很难使自己在人与人、人与社会、人与自然之间取得平衡、取得一致、取得和谐的,也是很难使自己成为一个自然而正常的人的。"

【注释】

圣人:尽善尽美、完美无缺的人,思想上绝对明智、行为上绝对善良的人。"圣"繁体字为"聖",由"耳""口"、"王"构成[上(左右)下结构],其意思是认识了天、地、人相统一的道德本性并能够把这种关于天、地、人相统一的道德本性的认识正确地表述给人们并因此而使人们通过自己的耳朵的倾听获得这种认识的人。因此这种人首先就是圣哲之人,是宇宙道德的认识者,其次又是宇宙道德的实践家。这种人完全摆脱了自我存在与自我生活的个体性,而把自己融汇到宇宙道德的普遍无限的存在与活动之中。

君子:那种能够控制自己的言行、克制自己的欲望的人,那种言行一致、表里如一的人,那种把自己视为目的,也把他人视为目的的人,那种能公正地对待自己又能公正地对待他人的人,那种把理性、正义和同情视为自己生活和行动的最高目标与准则的人。

恒:不变的公正之心,正义之心,自然之心,在人与人、人与社会、人与自然之间取得平衡、取得一致的和谐之心,秩序之心。"恒"本来由"忄"和"亘"构成,而"亘"又由"二"和"回"("回"在"二"之间)构成,它意指人的自由行动的领域("回")为天地("二")的秩序所制约、所限制、所规范,因此"亘"就是宇宙为人类所提供的那个永恒的、正常的、自然的生活活动的空间与秩序,而"恒"则是以这种秩序为内容的心灵常态。

泰:富有、充足。"泰"的本意是在充足的雨水浇灌滋润之下的兴旺发达、生长茂盛的草木。这个"泰"字自然会使人想到那个"春"字,"春"的本意是指那个草木生长茂盛、自然万物欣欣向荣、兴旺发达的季节。"泰"可视为由"春"字与"水"字两者的缩略形式。

7.26 子钓而不纲,弋不射宿。

【译解】

为了保护自然的生产力,孔子只主张钓鱼,而反对网鱼;只主张射取在空中飞翔的鸟,而反对射取在树上或在地上止息的鸟。

【注释】

钓:用鱼钩钓鱼。

纲:一种捕鱼工具上的总绳缆,其作用在于捕鱼者在捕鱼时通过它把这种捕鱼工具放到河水或湖水之中并把它从河水或湖水之中提起来。这种捕鱼工具的结构是这样的:一张边长3-4m的正方形的网,它的四个角分别固定在四根能够稍微弯曲并因弯曲时具有一定张力的竹竿的前端,而这四根竹竿的后端又固定在一根稍粗稍长的树杆的前端,总绳缆(纲)也固定在树杆的前端。四根竹竿起张开鱼网的作用,同时又起支撑树杆的作用,它是具有一定张力的四脚撑。稍粗长的树杆则起杠杆或手臂的作用,通过它把被四支竹竿撑开成一个正方形的平面的网放到离岸具有相当距离的河水或湖水中,而绳缆(纲)的作用则是通过这根稍粗长的树杆把整个工具放到河水或湖水中并把它从河水或湖水中提起来。这里的"纲"作为动词意为张网捕鱼,也即使用我们所描绘的这种捕鱼工具捕鱼。"纲"之所以被用来代指这样一种捕鱼方式,这是因为捕鱼者在使用这种捕鱼工具捕鱼时,他站在河岸或湖岸上只有一个机械性的动作,即手握这根纲绳每间隔一段时间便将捕鱼工具提起又放下。当捕鱼者将这种放到了河水或湖水之中的捕鱼工具提起时,那些进入了这个工具所张开的网之中而没有来得及逃脱的鱼也就被捕了。这种捕鱼工具往往是一种用在自然的河流湖泊里的捕鱼工具,由它所捕到的鱼也是自然生长的鱼,而不是人工养殖的鱼。

弋(yì):一种在其后端系着丝线可以回收再用的箭,这是学者们对于本章里的这个字的一致解释。我倒以为"弋"指的是一种以"弋"这种蕨类植物(竹子)制成的最简易的且专门用来射鸟的箭,这种最简易的箭根本用不着回收。

本章显然说明了这样一个事实,中国古人是最具有生态学的观念与生态学意识的人。这毫不奇怪,中国的古代哲学本质上是一种自然生态主义或宇宙生态主义的哲学,因此中国古人重视保护自然体系中的那个天然的巨大无比的生产力,他们深知那个天然的巨大无比的生产力是他们全部幸福与自由的最直接最根本的依靠。然而,对于那些习惯于依靠自己的劳累奔波来生活的现代人来说,他们似乎忘记了他们不花任何金钱而直接从自然中获得的一切生活资源。他们习惯于为自己的劳动、自己的产品计算价值,而完全忘记了为自然的劳动、自然的产品计算价值。因此在这种情况之下,当人们大力提倡提高人类社会的生产力的同时,总是自觉不自觉地破坏了自然体系中那个天然的曾经是如此完美无缺、如此巨大无比的生产力,结果他们在不知不觉之中使自己陷入了这样一种令人难堪的窘境:那些最富有最有钱的人的家庭里依靠最现代化的机器也往往难以使自己呼吸到那曾经是每一个最贫穷最卑贱的人都能呼吸到的新鲜空气,他们花费大把大把的钞票也往往难以享受到那曾经是每一个最贫穷最卑贱的人都能享受到的原汁原味而没有被人类的手污染的山珍海味,更有甚者,那曾经一度是处处可见、比比皆是、连人类中那些最贫穷、最卑贱的人也不愿费举手之劳去把它们从自然界里拿来享用的东西却变成了如今那些有钱有势的人最津津乐道的美味佳肴。这难道不是现代人类盲目地发展社会生产力的可悲结果吗?

7.27 子曰:"盖有不知而作之者,我无是也。多闻,择其善者而从之,多见而识之,知之次也。"

【译解】

孔子说:"大概有那么一种不懂而装懂的人,我是根本不会欣赏这种人的不懂而装懂的行为的,因为这决不是一种把自己造就成为一个真正有知识的人的可靠方法。只有首先通过各种途径,直接的和间接的、实际的和书本的途径,去多多地倾听他人的意见,多多地了解他人的观点,并从其中选择那些你认为是好的意见与好的观点,以把它们接受过来;其次就是多多地把在自己直接的思维理性中的那些你从别人那里通过选择鉴别而接受过来的你认为是好的意见、好的观点见诸于整个人类社会的实际的生活与实际的活动,并在整个人类社会的实际的生活与实际的活动中辨别它们的正确性,这就是人们获取知识的真正可靠的步骤。"

【注释】

不知而作之: 不知而作知,不知而假装知的样子,不懂而假装懂的样子。

善者: 善闻,善的见解,好的意见。一种善的或好的观点并非就是正确的观点,因此一种善的或好的观点很有可能是一种冠冕堂皇、华而不实、似是而非的观点。只有正确的观点才有可能是真正善的或好的,而正确的观点也就不只是一种观点,而是一种知识。

从: 接受,学习。

见: 使见,使见诸于实际,使见诸于实际的活动。这种实际和实践活动,不应理解为个人的、少数人的、集团的、一时一地的实际和实践的活动,而应理解为整个人类社会的全部历史的实际和实践的活动。否则,海盗的在某时某刻能达到其实际目的的观点也就要被人们误认为是一种正确的观点——知识。应该指出,一切不是从整个人类社会历史的实际出发的观点主张,不管它们看起来多么诱人、多么有用,都有可能只是一种海盗式的观点主张。

本章所涉及的"知"的主题,并不是指一些普通的知识,而是指政治的知识,即作为一个社会、一个国家而存在的人的知识,这种知识显然是超越于一切个人、一切集团、一切具体的地区与时间的狭隘性之上的普遍无限的知识,它是人类智慧与理性的知识的最高峰,而这种知识也正是孔子终生从事、终生追求的知识,因此我们决不可对它作片面狭隘的理解。

7.28 互乡难与言,童子见,门人惑,子曰:"与其进也,不与其退也,唯何甚?人洁己以进,与其洁也,不保其往也。"

【译解】

互乡难这个名声很坏,甚至为许多正派的人所不耻的人竟能够和孔子坐在一起交谈,这件事被一位少年看见了,他把这件事告诉了孔子的那些学生,那些学生们对孔子的这种做法感到迷惑不解,对此,孔子说:"我之所以接受了互乡难这个人的访谈,是由于我想借此机会向他表明我赞赏他的进步良好的一面,而反对他的颓废不良的一面。我们为什么一定要拒绝与一切行为不良,甚至行为恶劣的人接触交流呢?当我们拒绝与一切行为不良的人接触交流时,难道我们不会感到我们的这种做法太过分了吗?只要人愿意清洗干净自己身上的污点以便步入道德的境界,进入好人的行列并与好人接触交往,我们就应该对他的这种行为加以奖赏,而不管他过去做过多少坏事,染有多少污点。"

【注释】

互乡难:人名,可能是一个一生中做过许多坏事的行为恶劣的人,所以名声很坏。我认为人们关于这个人的那些见解都只是一种基于"互乡难"这一名字本身的牵强附会,但是在要求我回答这个人究竟是一个什么样的人的问题时,我所能作出的恰当不过的回答是:我对他毫无所知。对于他我只能作这样的设想,他决不会是一个普通的与政治和国家权力无涉的人,因此他决不会是一个一般的坏蛋,否则孔子的学生们对这个人不会这样刻薄。

与言:与交谈,这里指孔子给予互乡难和自己交谈的机会与礼遇。

与其进:赞成、赞许他进步的方面。

洁:洗干净了的。

本章是表现孔子的宽容精神的又一范例,在这里我们又一次认识了孔子对于人类的美好天性所怀抱的坚定不移的信念,而这种信念以及与此相联系的宽容精神是一个理想社会所必不可少的。在这样的理想社会里,法律也许仍然是必不可少的,但正如黑格尔所说的那样,当法律追究那些作恶的人的法律责任时,只不过是要把那些在作恶的过程中使自己异化为非人的人重新作为人来加以尊重而已。

7.29 子曰:"仁远乎哉?我欲仁,斯仁至矣。"

【译解】

孔子说:"难道仁爱、正义、道德仅仅是一些与我们人类的现实生活相距遥远的虚幻理想吗?只要我们怀着对仁爱、正义和道德的欲求,并去追求仁爱、正义和道德,仁爱、正义和道德就会在我们人类的现实生活中实现。"

7.30 陈司败问:"昭公知礼乎?"

孔子曰:"知礼。"

孔子退，揖巫马期而进之，曰："吾闻君子不党，君子亦党乎？君取于吴，为同姓，谓之吴孟子。君而知礼，孰不知礼？"

巫马期以告，子曰："丘也幸，苟有过，人必知之。"

【译解】

陈国最高司法长官在与孔子谈到有关去世的鲁国国君昭公的一桩本来就意义不大、现在更是毫无意义的往事之后问孔子说："你认为你们的前鲁国国君昭公是不是一个明知一切事理的人呢？"

孔子感到陈国这位最高司法长官所谈论的一切是多么陈旧、琐碎而又无聊，因此他以一种深藏着不满与生气的讥讽而又幽默的口吻说："既然人们都称他为昭公，而你也称他为昭公，那么他也就应该是一个对一切事理都昭然若揭的王公了。"

孔子说完以上的话之后便立即离开了，这位陈国的最高司法长官趁当时在场的孔子学生巫马期也要离开之际便赶紧恭恭敬敬地走到巫马期跟前说："我听说一个真正的君子是不会盲目地崇拜什么人的，但从刚才孔夫子所说的话来看，对这一点我不得不有所怀疑了。难道君子也会像那些普通的无知者那样盲目地崇拜那些有权力有地位的人吗？大家知道鲁国的前国君昭公从吴国找来的那位夫人吴孟子是与他同姓为姬的，因此昭公这种与同姓结婚的做法是公然违背了自西周以来就为人们所共知的有关同姓之间不能结婚的优生学的道理的。因此，就此而论，如果昭公是一个明知一切事理的人的话，那么世界上还有谁不是明知一切事理的人呢？"

巫马期将这位最高司法长官的话原原本本地告诉了孔子，孔子对巫马期说："我孔丘这个人也真是三生有幸，因为每当他犯了什么过失，招致了什么人的非议，总是有人将这些过失与非议原原本本地告诉他。"

【注释】

陈司败：陈国主管司法的官员，也即陈国政府最高法官或司法部长。从"司败"这一职称中，我们可以理解"败"的本意是指文明与正义的人们致力于维护人类文明的价值体系的活动，而这种活动同时也就是使那些不文明不正义的人们侵害这一价值体系的行为受挫。

昭公：鲁国国君。

党：这个字本来由"尚"和"黑"构成（上下结构），因此它的本意应该是盲目的信仰，盲目的崇拜，盲目的崇尚。

同姓：昭公从吴国找来的夫人吴孟子与昭公本人同姓，即两人都姓姬。出于优生学的考虑（不论是古代中国人，还是古代希伯莱人似乎都和现代人一样清楚优生学的道理），早在西周时代就有明文规定，同姓者之间不宜结婚。

巫马期：孔子的学生，姓巫马，名施，字子期。

本章所涉及的是孔子在不满与生气时的幽默。孔子以一种带刺的讥讽的幽默的语言表达了他的不满与生气。因为陈国的最高司法长官与孔子谈论的竟是一个死去的人的一桩本来就意义不大、现在更是毫无意义的往事，这种纯属无聊的谈论使孔子感到不满和生气。况且陈司败所提出的问题本来就是如此的简单，如此的不言而喻，他对孔子所能期待的回答又是如此的明显，因此陈司败所谈论的东西和所提出的问题不仅使孔子感到无聊，感到荒唐，甚至感到屈辱（因为这样简单明显的问题小孩也能回答），然而使陈司败大感意外的是，孔子所给出的回答却是与他所期待的回答完全相反。使孔子也大感意外的是，这个陈司败不仅是如此无聊，而且也是如此的呆笨迟钝。他不仅领会不到孔子的出其意料之外的带刺的讥讽幽默的回答中所包含着的那种不满生气的意思，反而把孔子的回答当作一种普通诚恳的回答，并因此而对孔子表示不满和生气，认定孔子是一个权力和地位的盲目的崇拜者。

还使孔子感到意料之外的是，不仅陈司败是如此的呆笨迟钝，而且他的学生巫马期也是同样的呆笨迟钝，他竟没有看出陈司败的无聊与呆笨迟钝，以至于竟原原本本地将那个没有理解力的呆笨迟钝的陈司败对孔子所说的那些抱怨不满的话语转告给孔子，这样巫马期便又成了孔子讽刺挖苦的对象了。

本章所涉及的幽默是双重的，一是孔子的语言本身所直接包含着的那种带刺的幽默，一是孔子、陈司败与巫马期三个人之间关系的幽默，即那个完全好心的对孔子怀抱着十分崇敬之心的陈司败本来是想向孔子表明他是一个热爱真理和正义并且是一个能够明辨是非的人，但是他智力上的平庸无能却使他找不到一种恰当的表达方式，结果他竟完全不恰当地选择了一桩毫无意义的往事作为他用来表白自己的一种方式和媒介。他万万没有想到孔子会因此而生气，他更万万没有想到他所崇敬的人对他提出的问题所给予的回答竟是和他认为是应该有的那种回答如此完全相反。因此这个如此崇敬孔子并把孔子所说的每一句话都当真的人，最终也把孔子那种讥讽的反语也当真了。他因此而完全失去了对于孔子的敬意，并认定孔子也是一个权力与地位的盲目崇拜者。从这里我们完全了解到，陈司败完全是一个好人，但他的平庸的智力使他完全不适合于真理与正义的事业，也使他没有与孔子进行有效的交往的能力。就巫马期而言，他是孔子与陈司败两人之间的对话的不知情者（这说明孔子的讥讽的幽默有多么隐秘），他不知道孔子对陈司败所说的话完全是反话，结果他也和陈司败一样误解了孔子，并最终使自己成为孔子所讥讽的对象。

7.31 子与人歌而善，必使反之，而后和之。

【译解】

每当孔子与人竞歌并且发现有哪一个人把哪一首歌演唱得非常好的时候，他必然会促请他将这首歌再演唱一遍，并在那人演唱完之后，自己也要接着演唱一遍。

【注释】

歌而善：歌唱的水平达到了完善的程度的歌唱，歌唱的技能发挥得最好的歌唱，也即歌唱得最好的歌曲。

和：应合，配合，与人采取协调一致的行动，这里指采取与人一样的行动。

7.32 子曰："文，莫吾犹人也。躬行君子，则吾未之有得。"

【译解】

孔子说："在像一个君子那样学习思考方面，我不见得比别人做得更加出色；但是在像一个君子那样生活行动方面，那么我敢说，我至今还没有发现做得比我更加出色的人。"

【注释】

莫吾犹人：吾莫犹人。

未之有得：未有得之，没有发现这样的对象。

7.33 子曰："若圣与仁，则吾岂敢？抑为之不厌，诲人不倦，则可谓云尔已矣。"

公西华曰："正唯弟子不能学也。"

【译解】

孔子说："假如有人说我是那种绝对的完美无缺的圣人和仁人，那么我岂敢愚妄地接受这种对我说来显然是名不符实的称号呢？但是如果有人只是说我在以一种永不自满的巨大热情追求着圣人和仁人的那种绝对的完美无缺的理想人格，并且在以一种永不疲倦的坚定信念把圣人和仁人所具有的那种完美无缺的人格理想——传授给他人，那么我就要认为这种说法对我说来是非常合适的了。"

公西华说："圣人和仁人那种绝对的完美无缺的理想人格也许永远是一个人们根本无法完全达到的理想，对于任何一个现实的人来说，对于这样一种完美无缺的理想人格，人们所能做到的充其量只能是毕其一生的精力去努力接近它，但正是在此关键之点上，我和你的其他许多学生一样，都不能像你所做到的那样去做到这一点。"

【注释】

抑：只是，只就，就事论事，按事物本来的样子来对待事物。"抑"由"扌"和"印"（反印）构成，"印"即人的手（活动）在某个地方所留下的痕迹与证据。

公西华：子华，公西赤，姓公西，名赤，字华，人称子华。

7.34 子疾病，子路请祷，子曰："有诸？"

子路对曰:"有之。《诔》曰:'祷尔于上下神祇!'"

子曰:"丘之祷久矣。"

【译解】

有一次,孔子处在疾病的危险之中,子路请求孔子允许他为他的健康向神灵祈祷,对此孔子说:"世界上有这么一种如此简单的使人获得健康的有效方法吗?"

子路回答说:"世界上确实有这么一种如此简单的使人获得健康的有效方法。《诔》一书中就曾经明确地说过:'为了你的健康,请你来向那统治着天上地下的神灵祈祷吧!'"

孔子说:"为了我的健康,很久以来我一直都在心灵中默默地向那统治着天上地下的神灵祈祷,如果真的像你所说的那样,祈祷是使人获得健康的有效方法,那么你也就不再有必要为我的健康祈祷了。"

【注释】

祷:祈祷,祈求健康与长寿。

诔(lěi):在春耕开始时人们所说的祈求丰收的祷言。

祇(qí):人所祈祷的万物之主,也即至高无上的神。

7.35 子曰:"奢则不孙,俭则固。与其不孙也,宁固。"

【译解】

孔子说:"对于那种自高自大、无所顾忌的人来说,他们对待生活的理性基础一定是飘浮不定的,只有那些能够自制自控的人,他们对待生活的理性基础才有可能是坚实牢固的。人们与其说把自己的生活建立在一种飘浮不定的理性基础之上,倒不如把自己的生活建立在一种坚实牢固的理性基础之上。"

【注释】

奢:大者,自高自大,毫无顾忌,这种性格表现在花钱消费上也就是挥霍无度。

孙:子系,子之所系(繁体字为"孫",由"子"和"系"构成),引申为人之根据,人之根本,人之本原。儿子的儿子,即人们通常所说的"孙子",应是"孙"的引伸意。

不孙:没有根本的,没有根据的,没有本原的,也即飘浮不定的。这里的"不孙"与"固"相对,它正是"固"的反意词。

俭:有节制的人,有自制力的人,克己者,行为检点者。这种性格的人表现在生活上就是节俭,即杜绝一切不必要的消费。

固:有本原的,在本原之中的,稳固的,有深厚的生命之基础的。

7.36 子曰:"君子坦荡荡,小人长戚戚。"

【译解】

孔子说:"一个正直善良的君子的心灵总是宽广明亮而又宁静快乐的,它有如朝阳照耀下的一览无余、绿波荡漾的广阔草原,因为他的正直善良的品质与行为使他感受到的只能是生命的和谐自由与幸福快乐。一个不仁不义的小人的心灵总是局促不安而又诚惶诚恐的,它有如置身于快刀利剑之下的一棵危在旦夕的小树,因为他的不仁不义的品质与行为使他感受到的只能是对于自己生命的担心害怕与恐惧不安。"

【注释】

坦:朝阳("旦")照耀下的地球("土"),它一览无余。

荡:起伏不定的广阔草原("艹")仿佛在其下面有绿色的波浪在荡漾("汤")。

戚:处在大斧("戊")之下的一颗小树("朩"),它的生命危在旦夕,因而感到恐惧不安。

7.37 子温而厉,威而不猛,恭而安。

【译解】

孔子全部的举止言行留给人们的深刻印象是,温和而又坚毅,庄严而不盛气,博大坦荡而又宁静快乐。

【注释】

温:器皿里的水有如太阳的光线一样暖和。引伸为亲热,和谐。

厉:磨刀石,《说文》:"厉,旱石也。"引伸为坚毅、刚强而严肃。

威:庄重,庄严。

猛:一只被主人当作儿子("子")一样供养("皿")的狗("犭")具有的放肆大胆、盛气凌人、任意伤人的性格。

恭:共心,广博之心,坦荡之心。

安:在母亲主持和维系之下的家庭生活,宁静而又快乐。

泰伯第八

8.1 子曰:"泰伯,其可谓至德也已矣,三以天下让,民无得而称焉。"

【译解】

孔子说:"泰伯在其全部政治生涯之中的行为表现,使他可以称得上是一个道德完备的政治家了,在他执掌国家的重大权力期间,他总是乐于接受人民对于政府工作的批评指责,并依据人民的批评指责来修正完善政府的各项政策,因此人民认为他是他们所能拥有的最称职的官员,他们再也找不到比他更为称职的官员了。"

【注释】

泰伯:关于泰伯的五花八门的历史记载与传说,我认为都是人们有意的杜撰,是对"泰伯"这个名字本身的牵强附会的解释,毫无可信之处。对于泰伯的历史的杜撰和我们所发现的许许多多的相似杜撰一样,既荒诞离奇又千篇一律,其目的只不过是为周文王、周武王创造一部世袭贵族式的历代为王的神话而已。这种历史杜撰和神话创造只不过是那些为其时代的文化所毒化的观念陈腐的儒们对那种暴发户式的依靠阴谋与武力而篡夺权力的人们表达自己不满意见与情绪的一种方式而已。这种把现实的人物与神话创造混为一体的神话创造,与那种从远古时代流传至今的那些纯粹的神话创造(这种纯粹的神话创造只不过是为了解释或说明某些自然现象与某种人类技术产生和出现的原因)相比较,它具有一种与那种纯粹的神话创造的纯朴自然的美好性质完全相反的不伦不类、矫揉造作的丑陋性质,它只能把人们对于历史真相的理解引入歧途,并且它后来也成为一切具有权力野心的人们乐于采用的一种宣传伎俩。我认为——根据我的理解,泰伯只是西周政府中一个总理式的人物。

让:《说文》:"让,相责也。"① 批评,谴责,强列要求废除,强列要求铲除。我在《学而第一》第10章的注释中对此字作了详细的解释。

---

① 我怀疑"禅让"的本意是在神誓之下的、在广阔的田野上进行的、并由公众参加的两个竞选王位的人之间的面对面、口对口的辩驳与论战,因此"禅让"也就是两个王位竞选人之间通过口进行的为实现真理与正义的与武力的战争相区别的神圣的和平的理性之战。因此"戰"和"禪"既相联系又相区别,"單"的本意应是一对一的舌战,后来一对一也成了古代人进行战争的规则。

三以天下让：多次根据全体人民对于政府工作的批评指责来改进和改革政府的工作。

称：称职,合格,等量,等价。"称赞"的本意应是等价的名副其实的赞扬,"指称"的本意应是等价的名副其实的说到某人或某事。

8.2 子曰:"恭而无礼则劳,慎而无礼则葸,勇而无礼则乱,直而无礼则绞。君子笃于亲,则民兴于仁;故旧不遗,则民不偷。"

【译解】

孔子说:"谦恭平和的国家政策如果没有理性与正义作为基础,那么它只能是劳而无功的;谨慎周全的国家政策如果没有理性与正义作为基础,那么它只能是缺乏远见的;大胆果断的国家政策如果没有理性与正义作为基础,那么它只能导致社会的动乱;直率坦诚的国家政策如果没有理性与正义作为基础,那么它只能引发社会的矛盾冲突。因此对于任何一个具有君子这种理想人格并希望奉行谦恭平和、谨慎周全、大胆果断和直率坦诚的国家政策的统治者来说,只要他能虔诚的信守上天的道德与正义,那么人民就会乐于把仁爱的美德作为自己追求的目标;只要他能不背弃他曾经向人民作出过的庄严神圣的承诺与誓言,那么人民就不会任意地损害和背弃自己的国家。"

【注释】

恭：共心,公心,具有同情心的,谦恭平和的。

礼：理性,正义,真理与正义。

葸(xǐ)：蹲伏在草丛之下的思想,没有远见。

绞：相互缠绕,相互倾轧。

在这里,"恭"、"慎"、"勇"、"直"相对于"君"与"民"的关系而言,指的是国家统治者所采取的与人民的利益和人民的幸福直接相关的具有恭、慎、勇、直的性质的政策。

遗：使人们所说的话语丧失其本来具有的珍贵价值的过程,这个过程事实上也就是忘记自己的承诺,背弃自己的誓言的过程。对于他人来说,只有承诺与誓言才是有价值的,才是可贵的,也只有这样有价值的和可贵的话语会产生"遗"的问题,而一般的话语只能产生"忘"的问题。因此"遗"的本意应是背弃,就是摒斥那已变得没有价值的约定而去寻求新的有价值的约定。"遗民"指的就是那些背叛他们曾经宣誓要忠于某个国家的政治统治的人民,而这就是一个国家的统治者背叛人民,背弃他们曾经对自己的人民所作的庄严神圣的承诺与誓言的结果。西周曾实行的"举遗民"的政策,事实上就是给予那些背弃商纣王朝的残暴统治而逃到西周来的人民以经济上的支助和政治上的重用。

君子：这里相对于"民"而言,意指那种具有君子的理想人格的理想统治者。

亲：站在树木之上的,上天的,上帝的,这里指与人类密切相关的上天的道德、正义与仁爱。"亲"在构字学的意义上与"帝"的意思是相通的。不难理解,"亲"是"親"的本字。现在简化的"亲"字正是"亲"的本字。

故旧：原有的,原来的,已经年长日久的。这里指政治家们在获得人民的支持之前向人民曾经作出的政治承诺与政治誓言。

偷：乘船("俞")离开的人,乘船远游的人,引申为叛离国家而到别的国家去生活的人。由于船是人们心目中的一种杰出才能与杰出技能的成果,因此,"偷"也是指一种超凡的技能或一种具有超凡的技能的人,因此"偷"具有巧妙机灵地发现、利用和获取的含意,"偷盗"、"偷窃"、"偷闲"、"偷空"等词语中的"偷"就具有这种含意。

8.3 曾子有疾,召门弟子曰:"启予足！启予手！《诗》云:'战战兢兢,如临深渊,如履薄冰',而今而后,吾知免夫？小子！"

【译解】

作为孔子的学生并在孔子去世之后也成了一位有名的具有许多学生的教师的曾子,有一次,正患着严重的疾病并躺在床上的他,把那位站在他的卧室的门边守护着他的学生召唤到他的身边(他显然是想以和这位学生说几句幽默话来排遣自己极度的痛苦和忧伤),对这位学生说:"请看看我的脚！请看看我的手！请看看我的全身！它们都已完全变得僵硬麻木了！我还记得《诗经》中有一首诗是这样说的:'我恐惧哟,我害怕哟,我的整个身体就像那些临近深渊和走在薄冰之上的人们一样哆嗦颤抖哟！……'请问,从我现在的状态来看,我能否准确预知,从今以后,不管我将面临什么样的危险,我的整个身体都将不会哆嗦颤抖吗？快回答我呀,小伙子！"

【注释】

启：开,开口说,开眼看。"启"的本意是让门户敞开或敞开门户,引申为开口说话,睁眼看东西,再引申为开启人们思想与心灵的通道,使之与他人的思想和心灵进行交流,并在理解他人的思想与心灵的过程中激发出新的思想、新的观念和新的意识。在这里,"启"的意思是睁眼看。

战战兢兢：一对一的杀戮,每一方都想战胜对方,杀死对方而保存自己,这正是处在交战双方的每一个人所具有的那种意识状态。在这种意识状态中,被对方杀死的恐惧与杀死对方以保存自己的意念总是交织在一起的。当人们一旦卷入战争,被对方杀戮的恐惧与免于被对方杀戮的恐惧的愿望构成了人们战斗的直接动力。因此战争是极端危险的活动,发动战争的人只有依靠不断地战斗、不断地占领、不断地克敌致胜、不断地杀人掠地,才能使自己保存生命。但当战争的发动者不断战斗、不断占领的同时,也意味着他所面临的危险的进一步扩大,因此战争的发动者在战争活动中所感受到的只是危险、只是恐惧而已。因此**战战兢兢**应是指在战争的恐惧中所引发的一种疯狂的杀戮。疯狂的杀戮应是"战战兢兢"的本意,而恐惧颤抖只是它的引伸意。

8.4 曾子有疾,孟敬子问之。曾子言曰:"鸟之将死,其鸣也哀;人之将死,其言也善。君子所贵乎(此),(有)道者三:动容貌,斯远暴慢矣;正颜色,斯近信矣;出辞气,斯远鄙倍矣。笾豆之事,则有司存。"

【译解】

曾子处于严重的疾病之中,鲁国政府的一位高级官员孟敬子来探视他的病情。在这位政府官员的探视期间,曾子仿佛是在自言自语地说:"鸟儿在临死之前,它的鸣叫总是哀惋动人的;人在临死之前,他的言语也总是和善友好的。君子之所以十分重视那揭示每一个人的有限生命之价值的死亡,这有如下三个原因:通过重视死亡这一每一个人都必然地、没有例外地要面对的共同结局来促动每一个人的动机目的和行为举止,以使之远离狂妄自大与野蛮残暴;通过重视死亡这一每一个人都必然地、没有例外地要面对的共同结局来端正人们的思想意识与情感态度,以使之趋向于忠厚纯朴与诚实自然;通过重视死亡这一每一个人都必然地、没有例外地要面对的共同结局来免除每一个人说话时的粗声粗气与不逊傲慢,以使之远离妄自尊大与自夸自耀。如果每一个人在自己的有生之年都能做到这一切,那么人们也就可以无愧于自己有限的一生了。至于每一个人在其有限的生命之中所希望所追求的幸福、健康、乃至长寿,那么它也将犹如每一个人所要经历的生与死一样,人们只能完全依赖于宇宙中那个主宰了一切的生命存在的至高无上的存在者了。"

【注释】

孟敬子:鲁国政府官员,鲁国三大家族之一的成员仲孙捷。

君子所贵乎此,有道者三:通行版的原文是:"君子所贵乎道者三,"这句话显然省去了或遗漏了一个承上的词("此")和一个启下的词("有")。它的意思是:君子之所以重视死亡之于人类的价值,有如下三条理由(道理)。显然在曾子看来(这也许是古代一种流行的观点),死亡是对人类个体有限的生命价值的最终揭示和总结:死亡以使生命化为乌有的方式向人们展示了生命的意义与生命的价值,因此人类个体在拥有自己这有限的生命的时候,人们就应该努力把自己这有限的生命运用到增进自己乃至整个他人的自由与幸福的活动之中,而决不可把自己这有限的生命用来制造不仅殃及他人,也将最终殃及自己的苦难。因此在自己拥有这有限的生命的时刻,每一个人都应该以共同的心愿、共同的态度来面对自己这有限的生命所必然要面对的死亡的共同结局。这共同的心愿、共同的态度就是:用自己有限的生命来增进每一个只具有有限的生命者的自由与幸福。因此每一个面临这共同的死亡的结局的人们都应该用这个死亡的共同结局来促动自己,端正自己,使自己的行为、动机、目的都符合那只能归属于整个宇宙、整个人类的道德、正义、仁爱与善良,从而使自己有限的生命获得整个宇宙、整个人类的无限价值,而整个宇宙是永存的,整个人类也是永生的。

动:促动,促进。

容:内在精神的外在表现,内在动机与目的的外在表现。"容"的本意是指一个家庭所拥有的以谷物为标志的财富,引申为一个人所具有的内在价值与内在本质,人们将依据自身的本质和自己对于自己所具有的价值的认识而将它外化为自己具体的动机、目的、态度和行为举止。因此"容"又具有内在的本质与外在的表现相统一的意义。

貌:纯粹的外在表现与外在特征。"貌"字的本意是指动物("犭")的脚印("爪")具有像人("儿")的语言("白")一样的一看便知的特征。

暴:狂妄已极,汹涌泛滥的洪水妄想与太阳一比高低。引申为不知天之高、地之厚的极端狂妄愚蠢的行为。

慢:野蛮的行为态度。戴着头饰的野蛮人的行为态度——对人们的诉求无动于衷。"慢"由"忄"(心灵、态度),"冒"(野蛮人的头饰——帽子)和"又"(手、行为)构成。"慢"也可以直接理解为冒犯人的行为态度。

颜:眉目之间的表情。《说文》:"颜,眉目之间也。"它是一个人的修养("彡")所达到的文明("文")程度("厂")通过人的眼睛表现出来的一种特征。"颜"由"文"、"厂"、"彡"、"页"(头颅)构成。我们甚至有理由把作为"颜"字的关键性的构成部分的"彦"与"修"字联系起来,它们应具有词源上的相同含意,不过"修"所强调的是人们修养的过程,而"彦"所强调的是人们修养的结果。"彦"指的正是具有高深教养的人们及其品质。

出:从这个字的原始的符号形式中,我们不难看出,它作为"入"的反意词,其意思是使不能进入、使不能伸展、使弯曲,从这种意思中它又可直接引申出驱逐、压制、降服、废除的意思。可以说"屈"、"黜"(驱入黑暗或不名誉之中)、"诎"、"咄"、"拙"等字都只是"出"的意义的引申或"出"的意思的具体化,因此它们也就是对"出"的本意的注释。《老子》第十八章所说:"大道废,安有仁义? 大智出,安有大伪? ……"其中的"出"的意思就是"黜",正像这里所说的"出辞气"之中的"出"的意思就是"屈"一样。这同一个"出"字出现在这两种不同的语言环境之中所具有的实际意义是可以得到相互印证的。

出辞气:屈(黜)辞气,使自己说话的语气、语调变得温和亲切一些。

鄙:在这里"鄙"应理解为野蛮的、没有开化的人的狂妄自大。

倍:这个字本来由"人"、"示"、"口"构成,它的意思也就是"人示口",即指夸口的人,把无说成有、把有说成多的人。这种人通过自己的言语使自己实际拥有的美德、才能、财富成倍成倍地增加。

笾(biān):《说文》:"笾,竹豆也。"我们知道,"豆"是一种类似于现在的火锅的器具,因此根据"笾"的文字结构,它不太可能像"豆",而更可能是一种用竹子编织而成的很浅很浅的盘子或碗似的器具,这种器具可用来装水果和其他食品。

豆:《说文》:"豆,古盛肉器也。"这种盛肉器可能是一种可在其下面直接烧火加温的器具。

笾豆之事：与笾豆之两种器具所装的果类食品与肉类食品直接相关的事，即与人的幸福、人的健康、人的生存、人的生活直接相关的事。

司：司职，主管。

存：幼小的生命（"子"）开始生长发育"才"（这个字由"才"和"子"构成），引伸为生命、生活、生存、存在。

司存：生命存在的主宰——宇宙道德。事实上，每一个人的生与死都不是自己选择的结果。人们在出生之前并不能选择出生，人们在出生之后也不能选择不死。因此每一个人的出生与死亡、存在与不存在，其原因不在每一个人自身之中，而在于宇宙之中，在于宇宙的生生不息的创造活动之中。它用死亡来淘汰衰腐与老化，从而维护整个宇宙的生命系统的生机蓬勃与繁荣兴旺。对于人类个体来说，只有死亡才有可能使他认识到自己生命的价值，只有死亡才能防止人们毫无节制地挥霍自己的生命并把它运用于各种各样的善与恶的无穷无尽的试验与游戏之中，从而使人们有可能珍惜自己的生命并把它运用于惟一的活动——善的活动，增进全体人类的幸福与自由的活动，为自己有限的生命寻求永恒的价值的活动。

8.5 曾子曰："以能问于不能，以多问于寡；有若无，实若虚，犯而不校，昔者吾友尝从事于斯矣。"

【译解】

曾子说："怀着浑身的才能而还要向那些远不及自己的不能之人求助，怀着满腹的学识而还要向那些远不及自己的不学之人求教；自己本是才能出众却表现得平凡无奇，自己本是智慧横溢却表现得朴素无华，自己的才能与智慧本是足以压倒一切人的才能与智慧却根本不去与别人争强斗胜，一争高低，我的那位早已去世的和我性格相似的朋友就是乐于这样为人行事的。"

【注释】

犯：来自遥远的山林里的野狼，它对于那些靠放牧为生的人们将造成侵扰和损害。这里的"犯"作为被动词，有使就范的意思。就范——制服那些敢于侵犯自己的人。

校：《说文》："校，木囚也。"它指的是古代社会里用来纠正进而禁绝人们的不当行为的一种方法：把具有不当的行为表现的人置于一个用木头做成的像栅栏似的笼子之中，以促使人们反省自己的不当行为并改过自新。这里的"校"具有"争强斗胜"的意思。

吾友：我的朋友。许多注释者都认为是指颜渊。这也许是正确的。曾子完全有可能把颜渊称作自己志同道合的朋友，而当曾子把颜渊称作是自己志同道合的朋友的时候，其意思也就是称自己是像颜渊一样的孔子思想的继承人。但是事实上曾子与颜渊的思想和情感的基调是有差异的。颜渊所表达的思想与情感总是崇高伟大而又朴素自然的,而曾子所表达的思想与情感则更多地带有一种英雄主义的悲壮色彩和一种英雄主义的悲剧情调。因此,如果说颜渊所表达的崇高伟大的思想与情感的基调是温暖而光明的,而曾子所表达的崇高伟大的思想与情感的基调则是阴冷而幽暗的。这种基调上的差异是否是孔子逝世之后,那些曾经聚集在一起为孔子守灵的孔子学生们所遭遇到的一场巨大的政治变故与政治灾难的投射与反应,这显然还有待于我们继续的探讨研究。

尝:这个字本来由"尚"和"旨"构成,因此就其本意来说,它具有主张、崇尚、热爱之意。

8.6 曾子曰:"可以托六尺之孤,可以寄百里之命,临大节而不可夺也,君子人与? 君子人也!"

【译解】

曾子说:"一个坚信自己的政治主张和政治理想的完全正确性、正义性和道德性并因此而仅凭自己仅有的孑然一躯去为之奋斗不息的人,一个坚信自己的政治主张和政治理想的完全正确性、正义性和道德性并因此而仅凭自己仅有的短暂生命去为之战斗不止的人,一个面临巨大阻拦而永不放弃自己所坚信的政治主张与政治理想的人,这样的人难道不是真正的君子吗? 我认为,这样的人就是真正的君子!"

【注释】

托:信托,言托,托言,承担起自己所说的话的责任,兑现自己的许诺。

托六尺之孤:六尺之孤托,仅凭自己六尺之高的孑然一躯来兑现自己的诺言,实现自己的主张,完成自己的理想。言下之意是:只要自己能够确信自己的政治主张和政治理想是正确的、正义的、道德的,那么纵使自己在一个完全失去了正义与道德的世界上暂且找不到志同道合的朋友,自己也要凭藉自己的孑然一躯来实现自己的政治主张与政治理想。

寄:《说文》:"寄,托也。"这个字由"宀"、"立"和"可"构成,它可理解为"可以立身的家园","可以安身的场所",引申为可依靠的,可依赖的,可信托的。

百里之命:只能够走过百里之遥的路途的生命,也即短暂的生命,有限的生命。

寄百里之命:百里之命寄,把一生的使命寄托在自己这有限而短暂的生命中,让自己这有限而短暂的生命承担起自己做人的使命,这使命也就是整个宇宙的使命,整个人类的使命,也就是道德的使命和正义的使命。

节:节制、关卡、阻拦。

夺:在天空中飞翔的大鸟当它以很快的速度掠过地面时,它会用它的双脚把地面上的东西占为己有,因此"夺"有掠夺、抢夺、争夺之意。当有人强行抢夺他人的东西时,也就是迫使别人放弃自己的东西。

8.7 曾子曰:"士不可以不弘毅,任重而道远。仁以为己任,不亦重乎?死而后已,不亦远乎。"

【译解】
曾子说:"在我们当今所生活的那个世界上,一个具有真正的理性的人,一个把握了宇宙的仁爱本质的人,一个以实现宇宙的仁爱本质为己任的人,一个以实现宇宙的仁爱本质为理想的人,他的生命的躯体不可不像箭弓一样坚韧不折,他的道德的意志不可不像刀枪一样锐不可当,因为他的责任是重大的,他的理想是遥远的。在我们当今所生活的那个世界上,要把在人类社会中实现宇宙的仁爱作为自己做人的神圣责任,这一责任岂不是极其重大的吗?在我们现在所生活的那个世界上,要把在人类社会中实现宇宙的仁爱作为自己为之奋斗的理想,也许直到人们为之奋斗一生的最终时刻,它还有待于实现,这一理想岂不是遥远的吗?"

【注释】
弘:使自己的身躯("厶")像弓箭("弓")一样坚强有力,百折不挠,一往直前。
毅:使自己的道德修养和道德意志像刀枪一样锐不可挡。"毅"的本意是一支投掷出去的能够杀死野猪的投枪。

8.8 子曰:"兴于诗,立于礼,成于乐。"

【译解】
孔子说:"以理性为尺度的语言是一个文明的国家得以兴起的起点,以宇宙为源泉的正义是一个文明的国家得以确立的基础,以全体人民为指归的幸福是一个文明的国家所要达成的目的。"

【注释】
兴:《说文》:"兴,起也。"发展的起点。它的本意也许是由每一个联合在一起的人共同支配和共同占有的人类社会的共同体的建立。它本来的符号形式可视为由"大"、"同"和两个"彐"(手的活动)构成,因此它可直接理解为"众手共创大同"。
诗:逻辑的语言,以逻辑("士")为尺度("寸")的语言("言")。
礼:宇宙的必然规律,宇宙的秩序,宇宙的真理与正义。
立:永恒的确立,永恒的建立。"立"的本意是指人站在普遍无限的宇宙的统一整体之上。
成:这个字由"戊"和"丁"构成,意为夏秋之时,作物成熟,丰收在望,而这就是人们一年之中辛勤劳作的结果、成就。

8.9 子曰:"民可使由之,不可使知之。"

【译解】

孔子说:"人民应该使自己的统治者自觉自愿地服从自己的意志,而不应该仅仅使自己的统治者知道自己的意志。"

【注释】

由:作为一个自由的主体的自觉行为,包括对于一切正当合理的东西的自觉服从与遵循。

之:代指"民",即人民以及他们的意志、愿望、目的和要求(在中国古代,任何名词和代词都不仅是对对象本身的指称,而且也同时是对对象的全部本质内涵的指称)。

对于这两句话,许多解释者都把它们视作一种以被动语态为结构的语句,而不是以主动语态为结构的语句,这是非常使人感到意外的。我认为,如果我们把这两句话当作普通的主动语态的语言来理解,那么我们的理解似乎要显得更自然、更合乎逻辑一些。所谓被动语句,指的是语句中的主词所指代的主体不是主动者,而是被动者,不是谓语所指代的动作的主体,而是它的客体。

8.10 子曰:"好勇疾贫,乱也。人而不仁,疾之已甚,乱也。"

【译解】

孔子说:"崇尚勇武而贪富疾贫,这种普遍的颠倒错乱的社会现象是整个社会动乱的根源;人作为人而不按照自己天生的善良仁爱的本性去生活、去行动,相反,人作为人而对自己天生的善良仁爱的本性恨之入骨,把自己善良仁爱的本性视为一种对于自己生活的致命危害,这种普遍的颠倒错乱的社会现象是整个社会动乱的根源,因此,崇尚勇武而贪富疾贫,这种普遍的颠倒错乱的社会现象必须结束。人作为一个人而不按照自己天生的善良仁爱的本性去生活、去行动,相反,人作为人而对自己天生的善良仁爱的本性恨之入骨,把自己善良仁爱的本性视作一种对于自己生活的致命的危害,这种普遍的颠倒错乱的社会现象必须结束。"

【注释】

疾:恨之入骨,把……视为一种致命的疾病,把……视为一种致命的危害。

疾贫:把贫穷视为一种致命的疾病与致命的危害而千方百计地逃避它,反过来说,其意思也就是贪图财富,贪图富有。

之:代指仁。

乱:治乱,使乱结束。《说文》:"乱:治也。"这个"乱"字和"败"字一样,当它作为主动态的动词来理解的时候,它的意思正好与它作为名词或形容词来理解时的意思相反。正因为"乱"具有结束的意思,所以古代人们把诗的最后一章或最后一节也称之为"乱"。这里的"乱"从正反两方面来理解,可能是比较合适的。

8.11 子曰:"如有周公之才之美,使骄且吝,其余不足观也已。"

【译解】

孔子说:"假如一个人拥有着完全可与周公相媲美的才能,而这个人却要因此而让自己去以骄横无礼的行为取代文明有度的举止,那么在这个人的骄横无礼的行为之外的那些足以与周公相媲美的才能,也就不再是那么值得人们羡慕欣赏的了。"

【注释】

骄:以马作桥的人,自高自大,骑在马背上的征服者的气概。

吝:本意是指一种文明的("文")的消费("口")方式:节俭有度。它可引伸为一切文明有度的生活方式与行为方式。当然,在"吝啬"这个词语中则具有这样的贬意:不愿意用自己仓库中大量拥有的东西去帮助救济自己的邻人乃至于自己的兄弟、朋友。

且:本意是跨越,引伸为下一步,接下来……,与此同时,与此相连……。这里的"且"与"使"相联系,构成一个联系动词。

使骄且吝:使骄横无礼的行为跨越文明有度的举止,也即以骄横无礼的行为取代文明有度的举止。

观:羡慕,欣赏。

8.12 子曰:"三年学,不至于谷,不易得也。"

【译解】

孔子说:"如果有人经过多年的努力学习,而还没有达到那种使自己感觉到自己在知识上大有收获的程度,这只能说明知识的果实犹如农田里的稻谷一样,丰收是不那么容易获得的。"

【注释】

谷:谷物(作名词),收获谷物(作动词)。在中国古代语言中,每一个名词同时也可作动词,并且它的动词的意义就是指一种针对这一名词所指代的对象的当然和应然的活动。如"乱"作动词的意思就是"治乱","稼"作动词的意思就是"种植庄稼","种"作动词的意思就是"播下种子"。

8.13 子曰:"笃信好学,守死善道,危邦不入,乱邦不居,天下有道则见,无道则隐。邦有道,贫且贱焉,耻也;邦无道,富且贵焉,耻也。"

【译解】

孔子说:"在我们所生活的那个时代,作为一个具有理想人格的君子,他应该是这么一种人:始终保持诚实的品格和对知识、对真理的爱好,始终坚持以善的方法来达到自己的目的。正义处于危机之中的国家他不进入,道德处于错乱之中的国家他不居住。整个人类世界如果还有什么地方存在道德与正义,他就带着他的诚实、带着他对知识与真理的爱好、带着他的善的行为方式在那个地方出现;整个人类世界如果不再存在道德与正义,他就带着他的诚实、带着他对知识与真理的爱好、带着他的善的行为方式在某个人迹罕至的地方隐居起来。对于他来说,如果他在一个具有道德与正义的国家里居住而过着贫穷与低人一等的生活,他将会因这种贫穷与低人一等的生活而感到耻辱;相反,如果他在一个完全丧失了道德与正义的国家里居住而过着富有与高人一等的生活,他将会因这种富有与高人一等的生活而感到耻辱。"

【注释】

笃(dǔ):竹马,这是儿童少年的爱好,这种儿童少年的爱好是与生俱来、纯真自然而又不可改变的。

隐:珍藏,确保永不变质,这里指的是那种洁身自好的行为,其目的是为了防止自己随波逐流而使自己的道德品质免受污染败坏。我想"隐士"的本意就是指那种远离腐化堕落的公共社会而洁身自好之士。

8.14 子曰:"不在其位,不谋其政。"

【译解】

孔子说:"一个政治家,如果不把自己视为整个作为国家政治的出发点和目的的人民之中的一员,并因此而不站在整个作为国家政治的出发点和目的的人民的立场之上,那么,他所思考与追求的政治就不再可能是以人民为出发点和以人民为目的的人民的政治。"

【注释】

其:相对于这里所说的"政"而言,它指的是作为国家政治的出发点和国家政治的目的的人民。

位:人之所立,人们的立场、观点、信念。

8.15 子曰:"《师挚》之始,《关雎》之乱,洋洋乎盈耳哉。"

【译解】

孔子说:"《师挚》的序曲和《关雎》的结束曲之中那些富丽堂皇、光辉灿烂、美不胜收的乐章充斥回荡在我的双耳之中,久久不能消失。"

【注释】

始:首曲,序曲,曲的开端部分。

乱:终曲,结束曲。

洋：羊群有如大海，这是最华丽、最壮美的景象。当无数的羊群聚集在一起时，它们的活动在视觉效果上确实很像一望无际的大海的涌动。

8.16 子曰："狂而不直，侗而不愿，悾悾而不信，吾不知之矣。"

【译解】

孔子说："想傲视他人而不直截了当，想迎合他人而不心甘情愿，想对他人敞开心扉而又言不由衷，我根本无法理解这样一种人的品格和行为。"

【注释】

狂：一条疯狗在人的畏惧面前自视为王，引申为极度的自高自大，傲视众人。

不直：不直截了当。

侗（tóng）：与人一致，曲意附和他人，迎合他人。

悾（kōng）：空空的、博大的、能容纳一切的心灵状态。这里作为动词，意指向他人敞开心扉，而不对他人关闭自己的心灵。"空"的本意是指凭藉某种类似人工的力量所开凿出来的洞穴或生活空间。这个字和盘古开天辟地的神话似乎有一种良好的相关性。因此"空"又指人类生活的整个空间——天空、太空。

信：言如其人。

不信：言不由衷。

8.17 子曰："学如不及，犹恐失之。"

【译解】

孔子说："在教学中，如果学生凭藉自己已有的知识水平不足以理解教师所教授的知识内容，那么教师所担心的就不应该只是学生没有理解自己所教的知识内容，而且更应该担心的是自己所教授的那些远远脱离了学生的理解能力的实际水平的知识内容，将很有可能在根本上打消学生们理解这些知识内容的热情与兴趣本身，而学生理解教师所教授的知识内容的热情和兴趣在教学中是至关重要的。"

【注释】

不及：赶不上，抓不住，理解不了。

失之：失学，使学生失去追赶、抓住、理解老师所传授的知识的热情和兴趣。

8.18 子曰："巍巍乎，舜禹之有天下也，而不与焉？"

【译解】

孔子说："那种使舜和禹两位杰出的政治领袖获得世界人民的支持与拥

护的崇高伟大、尽善尽美的政治制度足以使世界上那些自私自利的恶人也要委身投靠,因此我们说,这种崇高伟大、尽善尽美的政治制度难道还会有人不想投身它、参与它、支持它、热爱它吗?"

【注释】

巍:崇高伟大,尽善尽美,以至于最坏的人也要委身投靠。"巍"的本意显然是指一种只存在于最高的高山之上的美好境界,中国古代的神话传说之中也有和古希腊人的神话传说相一致的众神居住在最高的高山之上的观念。"巍"由"山"(作为众神之居所的高山),"委"(委身,寄身)和"鬼"(自私自利的恶人)构成。

天下:天底之下,引伸为天底之下的整个地球和整个人类世界,这里显然指的是人类世界中的整个人类。因此把这里的"天下"理解为"世界人民"是非常合适的。这种理解更符合古人的观念,这种观念——它在世界上的每一个古老帝国的文化中处处可见——与其说是反映了古人的自我中心主义的自恋意识,倒不如说是反映了古人怀抱世界的博大雄心。

8.19 子曰:"大哉!尧之为君也!巍巍乎!唯天为大,唯尧则之。荡荡乎!民无能名焉。巍巍乎!其有成功也。焕乎!其有文章。"

【译解】

孔子说:"当尧作为一个具有理想人格的理想国王而行使国家统治的最高权力的时候,他的表现是多么伟大而完美啊!他把宇宙的道德秩序的崇高伟大和完美无缺作为自己遵循的惟一榜样。他由此所确立的政治制度与政治原则也是多么崇高伟大、完美无缺啊!这种政治制度与政治原则是博大坦荡的,在一时之间人民很难找到恰当的词汇来表达他们对于这种政治制度与政治原则的赞美之情。在有政治以来的人类社会的历史上,它所取得的政治上的成功是崇高伟大和完美无缺的!在有文化以来的人类社会的历史上,它所达到的文明与理性的高度足以照耀整个人类的愚昧野蛮的黑暗而使之达到理性与文明!"

【注释】

唯:鸟("隹")的口("口"),永远只发一种固定不变的声音。引伸为独一无二的,肯定的,不得不承认的。

"唯天为大,唯尧则之":惟尧则惟天为大,即只有尧帝把那惟一的宇宙的道德秩序的崇高伟大与完美无缺作为自己遵循的惟一榜样与原则。本章所涉及的都是尧帝,因此没有主体的转换。

名:对对象的认识的表达,确切的、与实际相符的表达。名就是概念,就是实的被揭示的形式。

焕：这个字的本意是使居住在黑暗的洞穴里的人们走出洞穴并翘首展望的光明之火。这里引伸为启发人们的理性，使人离开野蛮愚昧的黑暗而走向文明理性的光明。

8.20 舜有臣五人而天下治。武王曰："予有乱臣十人。"孔子曰："才难，不其然乎？唐虞之际，于斯为盛，有妇人焉，九人而已。三分天下有其二，以服事殷。周之德，其可谓至德也已矣。"

【译解】

舜王主持的夏朝政府只任命了五位分管政府各项政务的官员便实现了他的政府所要实现的国家繁荣、人民幸福的政治目的。武王说："为了实现我的政府所要实现的国家繁荣、人民幸福的目的，我的政府需要拥有十位分管政府各项政务的官员。"孔子说："对于任何一个力图实现其理想的政治目的的理想政府来说，那种具有主管这一理想政府的某一政务的完美能力的人才是非常难得的。事实难道不正是如此吗？尽管武王说他的政府需要拥有十位分管他的政府的各项政务的官员，然而即使在他的政府所管理的国家达到了比之唐尧虞舜时代所达到的国家繁荣昌盛更为繁荣昌盛的时期，包括妇女在内，他的政府最多也只不过是拥有九位分管各项政务的政府官员而已。当它通过长期的道德与政治启蒙的方式而逐渐地获得了整个中国的三分之二的领土和人口之后，它仍然坚持以和平的以理服人的方式说服了那个已完全腐化堕落的殷朝政府自觉自愿地放弃自己的权力，而不是通过武力与战争的方法夺取其权力，因此西周这样一个完全通过和平的道德与政治启蒙的途径建立起来的政府所具有的美德可谓是完美无缺的。"

【注释】

天下治：国家繁荣，人民幸福。天下确立了政治所要确定的以正义为基础的和谐秩序，实现了政治所要实现的国家繁荣、人民幸福的目的。

乱臣：管理纷繁的国家事务的官员。在"乱"的原始意义中，它具有"揽理"之意；它本来指的是古人纺织活动中的关键性的活动：分理组织纷繁无序的丝线。正因为如此，"乱"也就获得了无序混杂的意思。在我们现在的日常语言中，"乱"的这种逐渐获得的引伸意几乎完全取代了它的本来的意义。

唐虞之际：唐尧、虞舜时代，传说尧在位的时代称唐，舜在位的时代称虞。康有为《论语注》把"唐虞之际，于斯为盛"理解为"言周室人才之多，惟虞之际乃盛于此"这是完全正确的。它是和西周相比而言的，"斯"代指西周。

际：这个字本来是由"阝"和"祭"构成，它意指祭坛后面的壁会，"后面"、"后边"、"之后"是"际"的引伸意，而"边沿"、"边缘"、"边界"、"周围"、"期间"应是"际"的进一步的引伸意。并且这种引伸意和许许多多的文字的引伸意一样，成了后来居上者，并取它的原始的本意而代之。

三分天下有其二：指殷朝末年，纣王政府的无道最终导致整个国家中的各个地方政府众叛亲离，它们纷纷宣布脱离纣王政府而加入西周联邦政府。

以服事殷：事殷以服，即从事劝服、说服殷朝政府的活动，或以劝服和说服的方式对待殷朝政府，这也就是以政治和谈的方式而不是以武力进攻的方式与殷朝政府打交道，以便让殷朝政府自动地解散。事实上西周对于殷朝统治者的胜利完全是一种道德的胜利、政治的胜利。这种胜利几乎都是通过对人民及其殷朝的各级统治者进行长期的道德与政治启蒙达到的，直至殷商作为一个国家政权而不复存在之时。这是不是殷朝统治者自动或半自动地放弃权力的结果呢？对此学术界一直在争论不休，直至今天仍没有定论①。但我们根据许多的历史记载而已确切地知道的是，武王只是用了一个早晨的时间占领殷都并接管了殷朝政府的全部权力。很难设想，没有殷朝政府的自觉自愿的服从与合作，武王能够如此②轻而易举地做到这一点。周文王、周武王所采取的那种完全和平的道德与政治的革命方式也许是中国古代社会中的社会革命的传统。正因为如此，孔子始终坚持这一革命传统，而不愿采取武力的方式来达到他变革当时的整个社会政治制度的目的。不难理解，对于一个文明的社会、一个文明的国家或一个文明的种族来说，只有那种完全和平的道德与政治的革命才有可能是一种真正光荣的、正确的和伟大的与其文明的社会、文明的国家或文明的种族符合一致的革命。

有妇人焉，九人而已：连同妇女在内，也只有九个人而已。或连同担任大臣之职的妇女在内，全部担任大臣的人数也只不过是九人。这里的"有"作为动词，意为"把……视为有"，"把……计算在所有存在着的事物之内"。"有"具有"拥有"、"包揽"之意，而完全没有"抛弃"、"排除"之意。因此把"有妇人焉，九人而已"理解为"除了一个妇女外，只有九人而已"，这种理解是完全没有道理的。许多学者如杨伯峻还把这两句话与武王所说的"予有乱臣十人"联系起来，并把这两句话解释为："……武王十位人才之中还有一位妇女，实际上只有九位罢了③（杨伯峻先生显然是正确地理解到不能把"有"理解为"排除"、"除了"之意的少数人之一，尽管他并没有挣脱那种自秦汉以来逐渐兴起并不断加强的歧视妇女的野蛮偏见）。"这种解释是对妇女的公开歧视，这种对妇女的歧视是和孔子的道德信念完全对立的。这也是和妇女在古代社会中享有崇高地位的历史事实完全相矛盾的。在古代的神话与历史传说中的许多英雄伟人之中就有许多是女性，而西周的婚姻制度是一夫一妻制（孔子的时代也还是如此），像武王那样的国家最高领导人也只能根据法律拥有一位妻子，并且武王的妻子就是一位多才多艺、具有远见卓识和治理国家的政治才能的英雄豪杰。

---

① 在这里有两种完全对立的并且势均力敌的观点，一种观点依据自己无可置疑的历史事实而坚持自己的观点，一种观点则依据自己无可置疑的社会理论而坚持自己的观点。

② 参看《西周史研究·武王为什么能一个早上灭商》一文。《人文杂志》编辑部，《人文杂志》丛刊第二辑，1984年8月出版。

③ 请参看杨伯峻著《论语译注》第84页的相关段落，中华书局出版，1980年12月第2版，1992年2月北京第11次印刷。

才难，不其然乎：人才难得，这不正是一个理想国家对于人才要求的必然结果吗？一个理想的国家所要求的国家管理者必然是那种理想的人物，没有理想的人物来担任管理国家的职务，理想的国家也就不成其为理想的国家。因此理想国家对于领导者的素质的要求是非常高的，担任领导职务、行使国家权力也决非易事。相反，对于那种丑恶的专制国家来说，最轻易、最不需要才能的工作也许就是行使国家权力的工作，血缘关系和对于权力的掌握者的无条件的效忠顺从就是它对于人才的惟一要求。

8.21 子曰："禹，吾无间然矣！菲饮食而致孝乎鬼神，恶衣服而致美乎黻冕，卑宫室而尽力乎沟洫。禹，吾无间然矣！"

【译解】

孔子说："我无法挑剔指责禹王所奉行的全部国家政策，他所奉行的全部国家政策所致力的不是那根本不值一谈的一切生物都有能力解决的一国人民的食物问题，而是一国具有充足的食物保障的人民之中那些具有不正义的思想观念与行为举止的人们的教育培养问题；不是那根本不值一谈的一切生物都有能力解决的一国人民的衣着问题，而是一国具有充足的衣着保障的人民的道德品质与行为举止的完善提高的问题；不是那根本不值一谈的一切生物都有能力解决的一国人民的居住问题，而是一国具有充足的居住保障的人民的全部文明事业的开拓发展问题。因此我无法挑剔指责禹王所奉行的全部国家政策。"

【注释】

间：太阳的光线透过门窗驱除屋内的黑暗，并把屋内的所有在黑暗中模糊一团的东西区分开来，引伸为理性地区别分开，区别开善与恶、好与坏，再引伸为挑剔和对恶的、坏的东西的批评、指责和消除（"间苗"这一词语就有这样的意思），其次就是一般的隔离、隔断、分开的意思。

菲：大量生长的草，司空见惯的草，因此它是不为人们所看重的东西，引伸为轻视、菲薄。

孝：父亲对子女、上级对下级的责任：教育。《说文》："孝，善事父母也，子承老。"孝即善于做父母，即善于尽父母教育的责任，从另一个角度来说，也就是儿女接受（"承"）父母的教育。我想补充说明的是："孝"最初所涉及的并不是一个家庭中父母与儿女之间的应然关系，而是一个社会中，一个国家中，老一辈的人与晚一辈的人之间的应然关系。因此，如果说"孝"直接具有"教"的意义的话，那么这种"教"首先指的并不是家庭所提供的家庭教育，而是社会所提供的学校教育。

鬼神：心灵充满了自私的不正当的欲望并因此而作出许多自私的、不正当的行为的人们。

恶：厌恶，心灵既无法面对，也无法接受。"恶"由"亚"和"心"构成。"亚"的本意是患了佝偻病的人,其背脊、手脚都弯曲变形了,引申为废品、次品、残缺的产品、完全不合格的产品,这种产品在人们心灵中所引发的情绪即恶。

黻(fú):一种由具有条纹色彩的布匹所缝制的衣服。

冕(miǎn):曰免①,即请脱帽致敬或对人说:"请让我向你脱帽致意。"因此"冕"的本意应是一种被人认为("曰")应该经常脱下("免")以便向人表示敬意的东西,这种东西也就是帽子,人们称之为"礼帽"——人们用它来向他人表示礼貌。可以说,向自己所遇到的人打招呼时脱下自己头上的帽子以示敬意,这是古人一种流行的交往方式与交往习惯。

黻冕:衣服和帽子,作为动词也就是穿衣戴帽,即人们通常所说的穿戴或衣着打扮,引申为行为举止。

宫:伴侣之家。《说文》:"宫,室也。从宀躳省。"可见,"宫"指的是夫妻所构成的核心家庭的普通居室,而非什么特别高级的建筑——皇宫或宫殿。"宫"之所以具有富丽堂皇的建筑的意义,也许是因为古人认识到结成伴侣的人们的爱情,会使一切生辉。

卑:参天大树("甲")之下生长的幼弱小草(这里的"十"是"艹"的一半),引申为渺小的,低下的,下贱的,引申为(作动词)十分地看不起。

沟:用木材所建造的灌溉工程或灌溉设施——渠道,水渠。"勾"原始的符号形式指的是以树木为材料的全部建筑技术与建筑产品:桥梁、房屋、水渠等等。

洫(xù):比沟更长更大的渠道,在这样的渠道里,流动的水之于农业生产的重要性犹如在脉管里流动的血液之于人的生命的重要性。"血"的本意是指一种来自食物的生命源泉。"血"由"一"和"皿"构成,它的意思是指整个宇宙那惟一的器皿,它是生命的源泉,存在的源泉。老子在他的哲学著作之中正是把宇宙比作一个万物之源的器皿。

沟洫:全部农业的灌溉技术与灌溉设施,它曾是一国人民的文明水平的标志。

---

① 正像舒宝璋先生向我指出的那样,"冕"通常被视为由"曰"和"免"构成,这显然是正确的。但是当"冕"被写成现在的样子,正像"過"被写成"过"一样,这正好表明了人们对于这个字的本意的一种深层理解。

子罕第九

9.1 子罕言利与命与仁。

【译解】

孔子在谈到一些人所获得的现实利益时,很少将它归因于他们的命运或他们的美德(也就是说,在孔子看来,在这个没有正义的世界里,对于那些获得了巨大的现实利益的人们来说,这种巨大的现实利益既不是上天的特别恩赐,也不是美德的恰当报酬,而是一个不正义的社会所导致的不正义的结果)。

【注释】

罕:少有,少见。

与:支持、参与、介入,这种支持、参与、介入将成为某一事件、某种事态产生的原因,因此,"与"又引申为联系、原因,作为动词,其意思就是"把……视为……原因"、"把……与……相联系"、"把……归因、归功或归罪于……"。

9.2 达巷党人曰:"大哉孔子!博学而无所成名。"

子闻之,谓门弟子曰:"吾何执!执御乎?执射乎?吾执御矣。"

【译解】

一位来自古代的文化历史名城的人说:"孔子是一位多么伟大的学者啊!他具有广博的学识,然而他并没有像通常的那些学者们所做的那样,千方百计地用自己的学识去迎合世俗的需要,博取世俗的名声,他似乎没有通常的那些学者所具有的利用自己的博学来成就自己在这个世界中的应有名声的特长。"

当有人把这位来自一个古代的文化历史名城的人所说的话告诉孔子之后,他对当时那些正在他那里求学的学生们说:"既然我没有用自己的学识去迎合世俗的需要、博取世俗的名声的特长,那么我应该去获得一种什么样的我可以用之以迎合世俗的需要而又能够使我获得一定的世俗的名声的特长呢？我是应该去获得驾车的特长呢？还是应该去获得竞技的特长？驾车的特长可以使我迎合世俗的需要，而竞技的特长则可以使我赢得世俗的名声。但根据我目前的年龄和身体情况，我显然无法去同时获得这两种特长，我最多也只能获得那可迎合世俗需要的驾车的特长。让我从现在开始去掌握驾车这门技术、获得驾车这种特长吧，对于驾车这门技术，说不定我还已有相当的经验基础呢！"

【注释】

达巷(xiàng)：道路四通八达。"巷"的本意是指公共交通或道路。

达巷党：以公共交通发达、道路畅通无阻而著名的某个行政地理区域，可称作古代文化的发达地区或古代文明的腹地或文明的中心地区，我们甚至可以恰当地把它理解为当时的某个历史名城。

射：体能竞技的工作或技术。

本章所记述的显然是孔子所擅长的幽默技巧：以曲解他人的话语来逗趣取乐。达巷党人所说的"大哉孔子！博学而无所成名"，这显然是赞颂之辞，它等于说，孔子的伟大就在于他不用他的广博的学识去迎合世俗的需要，博取世俗的名声，在这个充斥着巧言令色的世界上，这是一个学者的非常难能可贵的品质。然而孔子却对达巷党人的博学而无所成名的话作了断章取意的理解。他把"博学而无所成名"理解为：既然博学不足以成就我在这个世界中的应有的名声，那么如此看来我是不应该再在知识的追求方面下什么功夫了，我应该开始从事一些学识、理论之外的实际性的工作，一些智力脑力之外的体力性的工作。孔子通过这种幽默所表达的是自己在整个社会现实面前的自满自足、自骄自傲、自矜自持而又自怜自悯的复杂心情。因为孔子的抱负是像周文王、周武王、周公一样，在做一个道德和政治的思想启蒙家的同时，做一个现实的政治生活的实际领袖(这正是人们所公认的孔子的文王之志)，而不单单是做一个道德和政治的启蒙思想家而已。

9.3 子曰："麻冕，礼也；今也纯俭，吾从众。拜下，礼也；今拜乎上，泰也。虽违众，吾从下。"

【译解】

孔子说："在社会的交往中，人们应该戴上那种由丝麻织物制成的有着固定不变的良好外形并因此而能给人以庄重感的礼帽，这是以往的传统礼节；今天人们不太注重那些繁文缛节而比较随便地出入社会交往的场合，我非常赞赏并遵从那种人们普遍采用的比较随便，比较随和，也比较自然的做法。主人出门迎接客人并向客人鞠躬致意，或上级出门迎接下级并向下级鞠躬致意，这也是传统的礼节。今天只要求下级向上级鞠躬致意，这种要求未免显得太倨傲不逊了。在社会交往中，我历来主张，正像主人应向来访的客人鞠躬致意一样,上级也是应该向来叙职的下级鞠躬致意的。尽管我的这种主张与人们现在普遍采用的那种使上级显得高高在上、倨傲不逊的做法相违背,但我仍然要坚持我的这种与传统相符合的主张。"

【注释】

麻:广林,一种可在园子里种植的密集生长的小树林(它可能属于草本植物),它的外皮是天然的丝织品的珍贵原料。由于这种丝麻品具有较为坚韧的特性,由它所制成的衣服和帽子具有较为固定不变的外形。

纯:天然的仅经一次加工而成的丝织品。"屯"的本意是草木初生,幼苗刚刚破土而出。因此"纯"可理解为天然的丝织品,保持了自然特性的丝织品,引伸为自然的,没有染色的,没有加工的。

纯俭:自然简朴、各称自然,它相对于"麻冕"而言,其意思也就是戴不戴那种由麻织品制成的礼帽无妨。

拜下:相对于"上"而言,意指主人迎接客人的礼节,即主人向客人鞠躬致意,也指上级迎接下级的礼节:上级向下级鞠躬致意。在中国古代的许多绘画艺术中,我们都可以目睹这种象征人类天生的亲情与天生的平等的礼节。可是,几乎所有的注释者都把"拜下"这一意思非常清楚明白的词语解释成"大臣们在堂下向君王磕头下跪"。可以说,这种荒唐的解释是二千多年以来的封建专制制度与专制文化有意歪曲孔子思想,并使之成为专制制度和专制文化的一个部分的又一显著的证据。

泰:草木繁茂,引伸为人们的得势走运以至于洋洋自得,再引伸为倨傲不逊。

9.4 子绝四:毋意,毋必,毋固,毋我。

【译解】

孔子认为,在人们的社会交往与交流之中,为了确保这种交往与交流的和谐和有效,人们做到如下四点是绝对必要的:放弃一切没有事实根据的主观臆想,放弃一切自以为是的主观武断,放弃一切固步自封的主观成见,放弃一切惟我独尊的主观态度。

【注释】

绝:"绝"既具有绝对的、根本的、永恒存在、永恒不变的意思,又具有彻底消除、彻底毁灭的意思。这里指绝对必要的意思。

意:主观的想像,主观的意象。

必:主观武断,主观认定。

固:固执己见,固守成见,拒绝接受新的事实、新的思想、新的观念。

我:惟我独尊,我即一切。"我"在这里作为动词,其意思也就是惟我独尊,心中只有自己而没有他人。

9.5 子畏于匡,曰:"文王既没,文不在兹乎?天之将丧斯文也,后死者不得与于斯文也;天之未丧斯文也,匡人其如予何?"

【译解】

周游列国时,在离卫去陈的路上,孔子一行陷入了为人所围困、为人所拘禁、乃至为人所杀害的危险境地,在这种危险境地中,孔子对他的那些与他一道陷入这种危险境地的学生们说:"自从周文王去世之后,难道由他所开创并以他为标志的那种人类社会和人类政治制度的高度文明就已不再可能在这个世界上存留滋生了吗?如果在宇宙本来的意志之中就有要听任这种高度的文明丧失毁灭的意愿,那么它将不能容忍我们那些追随在文王之后并将和文王一样化作古稀的人们去献身于这种高度文明的事业了;如果在宇宙本来的意志之中根本没有要听任这种高度的文明丧失毁灭的意愿,那么那些将我们围困于此的人也就对我们无能为力了,难道那些将我们围困于此的人有能力战胜天意,并通过毁灭我们来毁灭那种已为天意所认可并存留在我们心中的高度文明吗?"

【注释】

畏:此字本来由"由"和虎爪(省)构成,意思是由老虎所控制的地区,进入该地区将有被老虎抓住的危险。因此"畏"作为动词有陷入危险的境地的意思,作为名词则有危险的意思,引伸为害怕、恐惧、令人害怕的、令人恐惧的。

匡(kuāng):作为这个字的构成部分的"王"字,本是"丰"字与"生"字的缩略形式,它的意思是"草木妄生"(《说文》正是这样解释,但《说文》把它视为由"之"和"土"构成)。因此我认为"匡"的本意应是覆盖着草木的(野草树枝)的陷阱,或是以草木为掩护的包围圈。大多数学者把"匡"理解为孔子从卫国经宋国去陈国的某个地方,更有人认为它就是今日河南省长恒县西南十五里处的匡城,我认为这种解释未免显得有些牵强附会。我认为把这里的"匡"解释为围困或包围圈也许会更恰当些。

子畏于匡:《史记·孔子世家》这样解释这一历史事实:孔子在周游列国时,在离开卫国去陈国的道路上,要经过匡地(他和许多人一样把"匡"解释为地名)。当地人曾经遭受过鲁国阳货的掠夺和残杀,而孔子的相貌很像阳货,因此当他们发现了那个相貌长得很像阳货的孔子时,便把孔子抓起来并囚禁了他。有不少研究者认定《史记》的这种解释未必可信,我可以说它显得太牵强附会,我甚至可以说它是一种低级的虚构。因为任何人都不会认为一个曾一度在某一个地方残暴地杀害了那里的许多人民而又根本没有征服他们而是为他们所击败的人会公开地耀武扬威地到那个地方去旅行,况且阳货(又名阳虎)作为鲁国和三家公然对抗的政治上和军事上的失败者已逃亡在外,他不可能拥有和孔子相媲美的豪华车队。此外,任何人都不会仅凭相貌上的相似就不容分辨、不听解释地把人抓起来,而且他们所抓起来的人又不是一个普通的人,而是当时举世闻名、各个国家都有人来拜他为师,向他求救,各国政府都不得不给予他相当高的礼遇的人。因此这样的人仅因误会就被人抓起来并囚禁起来是根本不可能的。我们认为,那种公然围困并囚禁孔子的行动都必然是有意识、有目的、出于某种重大的政治原因和政治目的的蛮横行为。我认为这一蛮横行为的组织者、策划者和领导者就是宋国那个腐化堕落、臭名远扬并为当时宋国国王所宠幸的大官僚桓魋。也就是说,我认为本章所记叙的与《述而第七》第 22 章所记叙的是发生在孔子离卫去陈的路上的同一事件。孔子在本章中的说话语气和孔子在《述而第七》第 22 章中的说话语气是一致的。孔子在《述而第七》第 22 章中说的是:"天生德于予,桓魋其如予何?"本章与《述而第七》第 22 章的差别在于,本章中说话的孔子只是受到不明身份的人的围困和阻拦,而不知道它的策划者就是孔子自己的学生司马牛曾经提醒过他的宋国大官僚桓魋,即司马牛自己的哥哥。

兹:存留滋生。

不得与于:不容许参与于,不容许投身于,不容许献身于。

9.6 太宰问于子贡曰:"夫子圣者与?何其多能也?"

子贡曰:"固天纵之将圣,又多能也。"

子闻之,曰:"太宰知我乎?吾少也贱,故多能鄙事。君子多乎哉?不多也。"

【译解】

一位外国国王的高级政治顾问问子贡说:"你的这位令人崇敬的教师不是一位洞察整个宇宙的道德本质以及整个人类的共同命运的圣人吗?既然如此,他又为什么拥有这么多的实际才能呢?"

子贡说:"既然上天本来的意志就是要使他成为一个指导未来人类生活的圣人,上天自然也会同时使他成为一个具有如此之多的实际才能的人。"

当这位外国国王的高级政治顾问见到孔子并向孔子谈及此事时,孔子对这位高级政治顾问说:"难道阁下还不知道我的出身和历史吗?我小的时候也和许许多多的人一样,是在一个低贱的社会阶层中生活的,所以我自然而然地从这种生活中获得了许多实际的为生活在社会上层里的人们根本就瞧不起的工作才能。难道您以为一个具有良好的教养、表现出高贵的言谈举止的正人君子一定是一个一生下来就具有优越的社会地位的人吗?实际上,从历史上看,许多真正的君子一生下来都往往没有优越的社会地位,而那种一生下来便具有优越的社会地位的正人君子反而是不多的。"

【注释】

太宰:老资格的宰相,或前任宰相退职后仍作为国王的高级政治顾问而被留用的人。从本章的语境来看,这位太宰应是对孔子知之不深、知之不详的外国人,有人说他就是当时吴国的一位太宰。

圣:知道天地人相统一的本质,也即知道宇宙的道德本质以及人类的共同命运并能将此清楚地表述给人们听的人。

纵：让，任凭，允许，放任，鼓励，支持。

多：多于，胜于，优于。在本章中，"多"有两层意思，一是很多，一是优于，即家庭出身方面优于他人。

9.7 牢曰："子云：'吾不试，故艺。'"

【译解】

孔子的学生子牢说："孔子曾经说过：'我根本看不起那些在社会上已经变成了僵硬死板的俗套理论，正因为如此，我能够做到在理论上有所创造。'"

【注释】

牢：子牢，据说是孔子的学生。从本章中的话语本身来看，他也应是孔子的学生。可惜，关于这位孔子的学生，我们可以知道的东西很少。在《史记·仲尼弟子列传》中没有关于这位孔子学生的任何记载，只有王肃的充满杜撰的《孔子家语》说他是卫国人，又名琴张，字子开等等。

试：格式化的语言，已成俗套的理论，教条。

艺：驾驭和创造生活的实际能力与技术，这里显然是指思想上的辨别力、判断力和创造力，即对社会上流行的各种观念的真实价值能够作出正确的判断，并以此为基础而创造出比之前人更优越、更完善的思想理论体系。

9.8 子曰："吾有知乎哉？无知也。有鄙夫问于我，空空如也，我叩其两端而竭焉。"

【译解】

孔子说："我真的具有像人们所认定的那么多的现成的知识吗？事实上，我可以坦白地告诉人们，我和人们一样没有多少现成的知识。假如有一个那怕是最没有见识的人来向我请教一个问题，我一定会感到心里空空如也，以至于对他所提出的问题茫然不知所措。只有当我听他把这个问题的来龙去脉或前因后果讲完之后，我才能对他所提出的问题作出判断并肯定地回答他的问题。因此我说，我并没有多少现成的知识，相反我所更多地具有的只是一种根据事物的前因后果来了解事物并对它作出判断的知解力和判断力而已。"

【注释】

叩：听，对他人的嘴巴竖起自己的耳朵。所以叩见的意思是：为了倾听上级的指示、命令而来拜见上级。

两端：事情的前因后果。

竭：穷尽一切，以获得最后定论或最后结果。

9.9 子曰："凤鸟不至，河不出图，吾已矣夫？"

【译解】

孔子说："我久久地期待着的那预示一个人类文明幸福的新时代之来临的神奇的凤鸟至今还没有来到，我久久地盼望着的那标志一个人类科学理性的新时代之来临的河图至今还没有出现，难道我的整个一生就要在这样一种令人失望的情况下结束了吗？"

【注释】

凤鸟：一种预告人类文明幸福的时代之来临的神鸟。

河不出图：传说伏羲时代，黄河中有龙马背负八卦图出现，八卦图所揭示的是宇宙的数学秘密，因此它的出现将预示着一个科学理性的时代的来临。

9.10 子见齐衰者、冕衣裳者与瞽者，见之虽少，必作；过之，必趋。

【译解】

每当孔子在路上遇见年老体衰的人、穿戴着礼衣礼服的人，以及视力老损双目失明的人，纵使他与这些人从未相见，也与这些人从未相识，他也总是要停下脚步，毕恭毕敬地站立着，以向他们表示敬意；如果他发现自己有碍于他们行走，他也总是温顺、快乐而又敏捷地走开，以为他们让出道路。

【注释】

齐：至，到头，至顶。

衰：生命近于枯竭的老人。

齐衰者：生命快要枯竭的老人，极度衰老的老人。

裳：尚衣，服装中的最重要的部分——裤子。也许对于文明人来说，穿裤子显然比穿衣服更重要。

冕衣裳者：帽子，上衣，下裤齐备的人，这里指衣着华丽的人。因为珍贵的礼帽（冕）总是和珍贵的礼服配套穿的，所以这里和"冕"一起出现的"衣裳"不是指一般的衣裳，而是指礼衣礼服。

瞽（gǔ）：视力老损或劳损的一种结果：视觉朦胧有如混浊而不清脆的鼓声。

作：《说文》："作，起也。"这里的意思是站立，也即停止走路而站立不动，以示对遇见的那些值得尊重的人们的敬意。

过之：有碍于之，有害于之。过，害也。

趋：快乐而敏捷地走，这里意指快乐而敏捷地让路。

9.11 颜渊喟然叹曰:"仰之弥高,钻之弥坚。瞻之在前,忽焉在后。夫子循循然善诱人,博我以文,约我以礼,欲罢不能。既竭吾才,如有所立卓尔。虽欲从之,未由也已。"

【译解】

颜渊为自己在孔子的伟大思想和伟大人格面前所感受到的渺小发出了这样深沉的叹息:"每当我怀着不可克制的欲望想仰望到他那伟大思想的高峰,他那伟大思想的高峰也就似乎变得更加崇高了,他那伟大思想的高峰似乎在随着我仰望它的努力的增加而增高,结果无论我怎样努力,我都无法仰望到他那伟大思想的美丽顶峰;每当我怀着不可克制的欲望想深入到他那伟大思想的根基,他那伟大思想的根基也就仿佛变得越发深沉了,他那伟大思想的根基仿佛在随着我深入它的努力的增加而加深,结果无论我怎样努力,我都无法深入到他那伟大思想的深厚的底层。他那伟大的思想不仅是崇高和深厚的,而且也是神奇莫测的。有时我感觉到这一伟大思想的全貌已历历在目地呈现在我的眼前,可突然之间,它似乎又消失得无影无踪了。当我转头茫然回顾,我突然发现它已在我的脑后。我们的教师善于用鼓励和赞赏的话语来引导我们,善于用鼓励和赞赏的话语来提高我们的注意力并激发我们对学习的热情兴趣,他以人类全部的文明成果扩大我的心胸,拓展我的视线,他以宇宙的真理与正义来约束我的举止,规范我的行为,在他的激励之下,纵使我不想跟着他一起学习、一起思想、一起行动也已经是不可能的了。在整个学习的过程中,我感觉到我已耗尽了我的全部幼弱的能力,显然,与我全部幼弱的能力相比,我们的教师为我们这些学生所确立的目标确实是太崇高了。现在尽管我仍然在想努力达到这一目标,但我只是感觉到使我达到这一目标所必须的新的更大更成熟的能力至今似乎还没有从我的心灵中产生出来。"

【注释】

喟(kuì):从胃部发出的声音,从心灵深处发出的声音。

仰:本意是人们不断地掉换自己两只耳朵的位置,不断地改变自己两只耳朵的方向,以便尽量地听清楚自己所要倾听的声音,后来这个字由尽力地倾听的意思引申为尽力地观看,尽力地昂起头向上张望,再引申为人们双眼朝上地躺着。

钻:钻研。这个字本来由"金"和"赞"构成,意为受人赞赏不止的金属工具(它指一切优良的最方便、最有效的金属工具,而不仅仅是用于打洞的金属工具,尽管用于打洞的金属工具是所有金属工具中一种最珍贵也最来之不易的发明)。

坚:这个字本来由"臣"、"又"和"土"构成,意为令人注目、令人爱不释手的土地,也即沃土、厚土,引申为浓厚的、丰厚的、一流的、令人向它投去羡慕的目光的,也令人想去触摸想去占有它。"坚"本来并没有"硬"的意思,所谓"坚硬"、"坚定"、"坚强",它们的本意也许应是一流的硬,一流的定,一流的强。

瞻:在屋檐之下谈论的人们的眼睛:漫不经心地观看,偶然的发现。从"詹"字本身来看,它是指邻居们交往、谈论和休闲的场所。

忽:快速产生而又匆匆消逝的心里意象或思想观念。

循:倾注全部的注意力,把自己的全部的注意力都集中于一种十分严重、十分重大、生死攸关的活动中,它的本意是投身("彳")于斗剑("盾")这一活动。"盾"的本意是指需要投入(使用)十只眼睛的活动,也即需要倾注全部注意力的活动。这一活动作为古代每一个成年人都必须掌握的斗剑技术,也就是时刻注视着对方的剑,以万无一失地抵挡它或回避它,而这也正是斗剑技术中的关键。

诱:美好的言词,动人的言词,引伸为用赞赏的、鼓励的方法(这种方法在教学中显然是积极有效的)来引导对方的注意力,激发对方的兴趣。

卓:高,在早晨的太阳之上的。"早"的本意是指由地平线之下向地平线之上升起并刚刚达到地平线之上的太阳。这个字可视为由"上"和"早"字构成(上下结构)。

才:初生的,幼弱的,幼弱的能力,这种意思后来用来作为人们对自己的能力的谦称(可见,"才能"的本意应是幼弱的还没有充分展露的潜力)。

由:产生,生长。

9.12 子疾病,子路使门人为臣。

病间,曰:"久矣哉,由之行诈也!无臣而为有臣,吾谁欺?欺天乎?且予与其死于臣之手也,无宁死于二三子之手乎?且予纵不得大葬,予死于道路乎?"

【译解】

孔子处在危险的病况中,子路以为孔子将不久于人世,因此他要求每一个曾经在孔子门下求过学的人都来以政府官员追悼安葬去世的国王一样的仪式来追悼安葬孔子。

正在子路为此而忙碌的时候,孔子的病情突然好转。当孔子清醒过来并发现在子路的指挥筹划之下的他的那些学生们的所作所为时,他说:"在我病危期间,我的子路组织起这种名不符实的虚假活动已不是第一次了!我不是什么国王却要把我当作一位国王来追悼安葬,我没有建立过什么政府,而你们这些人却要假装成我的什么部下,并以我的什么部下的身份来为我举行国王的追悼仪式,你们这样做是想叫我去欺骗谁呢?整个世人都知道我不是国王,你们却要以国王的礼仪来安葬我,你们这样做难道不是想叫我去欺骗上天吗?实际上,与其让我像一位国王一样死在他的那些部下的手中,还不如让我死在你们这些都曾经做过我的学生的人的怀里,这样,纵使我不能得到像一位国王所得到的那样隆重的葬礼,但我毕竟没有像一位乞丐或一位流浪者那样,根本无人照料、也无人安葬地死在路上。"

【注释】

子路使门人为臣:子路要求所有曾经在孔子的门下求学的人都像政府官员悼念一位去世的国王一样悼念孔子,并为孔子举行国王一般的葬礼。也就是说,子路要求所有曾经在孔子门下求学的人不要仅仅把孔子当作自己的教师来悼念,而且还应该把孔子当作自己的政治领导人和现实社会生活中的实际政治领袖来悼念。子路的这一行为似乎说明了这样一个事实:在古代社会中,作为一种长期形成的传统,人人都表现出对于知识与美德的崇拜,因此对于一个知天知地知人而又具有崇高的道德品质的哲人来说,他就是人民心目中的当之无愧的政治领袖。这也就无怪乎在古代社会中,王位的竞争就是每一个想成为国王、也即想获得王位的人们之间的知识与美德的竞争,而这一在公开的仪式上的竞争的仲裁人就是出席和参加这一公开仪式的全体人民。谁赢得了全体人民的最普遍的举手欢呼与齐声喝彩,谁就赢得了王位,这就是古代社会中一种普遍一致的国王的产生方式。世界各国人民的历史传说中都是这种普遍一致的国王的产生方式的有力证据。在我国的一些少数民族之中,这种国王的产生方式甚至仍然是其近代历史中的一个事实。在中国的历史中,周文王与殷商政府的竞争从根本上来说仍然是古代社会和平的王位竞争的一种表现,而当周文王以一个王位的和平竞争者的身份出现,当时的殷商政府也出于对历史传统的尊重而几乎不得不默认了这种竞争的合理性。可以说,在古代社会中,世袭的王位(弟继兄或由在位的国王直接指定继承者)只是社会中没有王位的强有力的竞争者来与之竞争的情况下的一种短暂现象。在人民乃至绝大多数人仍然保持着对于知识与美德的崇拜的社会中,那些具有超人的智慧与非凡的美德的人在王位的竞争之中无疑会毫不例外地获得胜利。从孔子的言谈举止之中,从孔子以周文王事业的当之无愧的继承者而自任自居的态度之中,我们不难看出,孔子和周文王一样是以一个王位的和平竞争者的姿态出现在当时的社会政治生活之中的。并且正像孔子所说的"雍也可使南面"一样,毫不奇怪,孔子当然会同样认为自己有资格成为一个国王。当今的许多学者,包括国外的许多学者,他们基于对那发生在中国历史后期的可怕的专制制度的认识与了解,认为当时孔子的所作所为和堂·吉诃德的英勇的冒险行为一样,不仅轻率而且荒诞。人们甚至感到奇怪,正像美国著名汉学家H.G.Creel在其《孔子和中国之道》一书中所明确表达的那样,为什么当时的那些有权有势的统治者没有像后来的那些有权有势的统治者一定会做出来的那样如捏死一只蚊虫那样将孔子捏死。事实上,孔子的所作所为在当时的历史条件之下不仅是非常理性的,而且也是现实的(正因为如此,孟子称孔子为"圣之时者")。他的所作所为以强大的历史传统为后盾。也正是基于这强大的历史传统,当时的统治者们不但不敢捏死他,相反他们还不得不给予他以相当高的尊重,甚至他们还不得不承认他是一位伟人,一位自己应该向之求教的智者,一位真正有力量把那个四分五裂了的世界重新统一起来的时代的王者。根据不少的历史记载与传说,许多人都对孔子争取统一中国从而争取王位的政治活动给予理解、同情和支持,甚至当时有不少高高在上的统治者还公开表示,只要所有的诸侯都同意把王位授予孔子,他们就准备这样做。尽管后来孔子并没有实现中国的统一,也没有成为真正的国王,因此他为此而展开的一切政治活动也似乎都失败了。但事实上,他并没有完全失败,他事实上已成为他那个时代的无冕之王①,当时许多有权有势的统治者都以自己有机会接见他和听到他对于自己的一句那怕是最微不足道的赞语而感到无限荣幸,而孔子在对于当时的那些统治者使用赞语方面,其表现是异常吝啬的。因此,当孔子去世之后(子路那时以为他会一病不起),子路认为要以国王的礼仪来追悼与安葬他,这在当时是非常合情合理的。我们没有理由认为子路的想法和做法是荒诞的。孔子反对子路的理由也仅仅是他对于那种名不符实的欺骗行为的厌恶,而不是别的理由。人们应该在具体的历史环境之中理解历史人物的历史行为,而不能把历史人物的历史行为放在现代的条件之下来理解它。如果人们把历史人物的历史行为放在现代的条件之下来理解,那么历史人物的历史行为就将成为不可理解的、没有合理性的和荒诞不经的,正像人们把现代外国人的行为放在中国现代的条件之下来理解也会成为不可理解的、没有合理性的、不明智的和荒诞不经的行为一样。

病间:病断,病情好转,身体康复、神志恢复期间。

9.13 子贡曰:"有美玉于斯,韫椟而藏诸?求善贾而沽诸?"子曰:"沽之哉!沽之哉!我待贾者也!"

【译解】

子贡说:"假如在我们身上有一块品质卓异的美玉,我们是应该为它去精心准备一个匣子以把它万无一失地珍藏起来呢?还是应该去为它寻找一位能够正确判断其真实价值的商人,以便以一种令人满意的合理价格将它卖掉呢?"

孔子说:"卖掉它吧!卖掉它吧!我正在期待着我们终将有朝一日能找到这样一位能够正确判断其真实价值的商人呢!"

【注释】

韫(yùn):给予不同于一般日照或气温下的特别的处理:曝晒,烟熏火燎。这个字可视为由"韦"和"温"(省)构成。"韦"的意思是与一般相背的、不同的、特殊的、特别的。

椟(dú):包含(具有)足以引起有知识、有思想的人们注目的价值并因而可以用于出卖的木材制品,后来用来指特别精制的木材制品——匣子。"卖"本来由"士"、"目"和"贝"构成,它的本意是那种具有令有识之士("士")注目("目")的价值("贝")的东西。

贾(gǔ):翻来覆去地处理或使用钱币,或使钱币不断流通、不断进出的活动,这种活动也就是纯商业的买卖活动。"贾"由"西"和"贝"构成。"西"的意思是翻来覆去、

---

① 许多学者认为,只要孔子愿意放弃他所尊崇的古代政治活动的和平传统,那么他是有力量统一中国并获得王位的。

颠上倒下的意思。《说文》:"西,覆也,从冂,上下覆之。"

善贾:善于做买卖的人,优秀的商人,能够准确无误地判断商品的质量与价值的商人。

沽(gū):卖。

本章的意思显然是隐喻性的,它所要表达的真实的意思就是个人的普遍的社会价值要通过自己的社会活动来实现。并且只有当个人的普遍的社会价值能够被社会接受时才能被实现。从这一点来看,社会对于个人比之个人对于社会似乎更具有决定性的意义。这种决定性的意义表现在两个方面:当社会具有理性和正义时,它将鼓励并激发每一个人为社会奉献自己全部的具有独特的创造性的智慧与才能的热情,从而使社会获得高度的文明与高度的繁荣;当社会没有理性和正义时,它将压制乃至扼杀每一个人为社会奉献自己全部的具有独特的创造性的智慧与才能的热情(个人具有独特的创造性的智慧与才能在社会中自然正常的表现就等于个人将自己所具有的独特的创造性的智慧与才能贡献于社会之中),这样每一个人的这种发自天性的良好热情将会不可避免地发生四分五裂的转向,这种发生四分五裂的转向的热情最终就会转变成这个非理性非正义的社会解体的能量。对于一切具有坚实的理性与道德信念的人来说,一个非理性与非正义的社会也是一个非常令人感到痛苦的社会,因为在这样一个社会中,他们感觉到他们个人的价值不能够以他们所坚信的那种理性的与正义的方式来实现,因此他们往往总是以一种无可奈何的悲愤心情来看待自己、看待社会,以至于只有那些极少数的杰出的人才有可能从事一种自己也往往深感不自量力的在这个非理性与非正义的社会中使之恢复理性与正义的艰巨工作。这种人和这种人的工作对于这个非理性与非正义的社会来说,无疑是一块价值重大以至足以防止这个非理性与非正义的社会彻底破产的金子。然而,那些依靠这个非理性与非正义的社会中的非理性与非正义而生活的人们却总是把这块金子看作是一颗会使自己丧命的炸弹,他们将千方百计地要把它从这个社会中清除出去,结果是,他们总是要以葬送整个社会为代价来保全他们自身。这也就是一切具有坚定的理性与道德信念的人们在一个非理性与非正义的社会里感到无限苦恼、无限悲痛、以至于不得不为自己对于理性与道德的坚定信念付出使自己也深感难以承受的巨大代价、直至他的整个生命的根本原因。

从本章中不难看出,孔子作为一个具有高度的智慧与完美的道德人格的人,对于自身的价值终究有可能在社会中获得实现抱着乐观的态度。从这种乐观态度中我们不难推测和理解,孔子所生活的那个社会还没有腐化堕落到完全不可救药的地步,它只是处在这个腐化堕落的过程之中。正因为如此,孔子才有在这个社会中生存并活动的可能,并且孔子在深刻认识和分析理解这个腐化堕落的过程及其结果并与之进行的力挽狂澜的斗争中,树立了自己作为一切时代的人民导师的名声与地位。因此,孟子说孔子是"圣之时者",是适时的伟人。当孔子临死的时候,孔子也无不宽慰地说,在那个全面走向腐化堕落的社会里,像他这样具有坚定的理性与道德信念的人毕竟没有落得个囚徒的下场,并像一个囚徒那样无人照管、无人理睬地死在路上(而在一个理性的和正义的社会里,他是完全有可能成为整个社会的实际的统治者和人民实际的政治领袖的)。他清楚地意识到,除非整个社会正在经历着的那个腐化堕落的过程的结束,像西周那样的政治制度得以重建,否则像他这样的人将很难生存下来。

9.14 子欲居九夷。

或曰:"陋,如之何?"

子曰:"君子居之,何陋之有?"

【译解】

孔子曾经表示他想脱离他所生活于其中的那个非义的道德败坏的社会而到东方那些原始的人群之中去生活。

对此,有人说:"那里都是一些心智未开的自然人,对于这样一些心智未开的人我们将怎么办呢?"

孔子说:"当一些具有良好的文明教养的堂堂君子到他们之中去生活,他们还有可能仍是一些心智未开的自然人吗?他们将接受我们的文明教养,并成为一些真正文明的人。"

【注释】

九夷:东方九个(许多个、无数个)使用大弓的部落所生活的地区,这也就是当时人们心目中最落后、最不开化、最野蛮的地区。

陋(lòu):这个字本来由"阝"、"匚"和"丙"构成。"丙"由"一"、"人"和"冂"构成,其意思是指人类刚刚从天("一")之下地之内("冂")产生出来的那种心智未开的状态,人类在这种状态中,它还完全生活在自然的环抱之中,还没有摆脱对自然的绝对依赖。可见"陋"的意思也就是指心智未开的人所生活的完全闭塞的原始地区。原始的心智未开的人应是构成"陋"这一概念的最基本的内容,它应有如下三层相互联系又相互区别的含意:①相对于人而言,它的意思就是指原始的、自然的、心智未开的人。②相对于人的生活而言,它的意思就是指原始的、自然的、简朴的生活。③相对于人所生活的自然地理环境而言,它的意思就是指原始的、自然的、未开发的、闭锁不通、交通不便的地区。《说文》:"陋,阨陕也。"《说文》所说的应只是"陋"的全部含意之中的一层含意而已。这里的"陋"应是相对于人而言的,因此它的意思就是指原始的心智未开的人。

本章反映的是这样一种现实,道德败坏的文明人比之心智未开、文明未开的原始人,更为恶劣。这种道德败坏的文明人只不过是一些衣冠楚楚的禽兽。孔子感到这些衣冠楚楚的禽兽已完全变得不可救药,因此他有时真想完全摆脱由这样一些人所组成的那个社会,回到原始的心智未开的人群之中去生活。但当孔子想这样做时,并不是说孔子主张抛弃理性、反对文明,而是想到一个原始的心智未开的人群中去创建出一个也许是完全可能创建的真正文明的社会、真正文明的国家。

确实,在一个文明的社会里,许多人往往完全变成了文明的生活方式的奴隶,他们一心追求的只是这种文明社会中一切可能获得的物质享受,而完全忘记了那个使这种物质享受得以产生、得以存在的道德与正义的基础,因此他们在追求这种物质享受时往往背弃了道德、背弃了正义,变成了一些完全没有道德良知与社会正义感的人,最后自私自利、弱肉强食竟变成了人们所信奉的最高行为准则。这样一些人完全为一己蒙蔽住了眼睛,要想使他们接受真理、认识道德与正义的价值往往是困难的。对于这样一些人,对于一个由这样一些人所组成的社会,孔子有时表现了深深的困惑,而这种深深的困惑也就是"子欲居九夷"的原因。但即使这样,孔子也没有动摇他对于人类理性与人类文明的坚定信念(这也许正是孔子伟大而深刻的表现之一)。

9.15 子曰:"吾自卫反鲁,然后乐正,《雅》、《颂》各得其所。"

【译解】

孔子说:"我自从周游列国的旅行中经卫国返回鲁国之后,便开始了对《诗经》之中的全部歌曲重新进行系统的整理编辑,修正了存在于其中的几乎所有的错误,并把其中的独唱曲与合唱曲作了分门别类的区分,使它们回到了各自所属的独唱曲与合唱曲的恰当位置之上。"

【注释】

吾自卫反鲁:孔子周游列国后经卫国返回鲁国,这一年是公元前484年,这一年孔子已六十七岁高龄。

乐:《诗经》中的全部诗歌,在古代诗和歌(乐)是不可分的。因此"乐"在这里就是代指诗或《诗经》。

《雅》:用标准的合乎规范的语言所演唱的歌曲(诗歌),这里与《颂》相对,它指的是那些高雅的、合乎艺术规范的独唱曲,或那种需要以高雅的合乎艺术规范的方式来演唱的独唱曲(诗歌)。

颂:这个字由"公"(众多的)和"页"(人头)构成,因此"颂"的本意应是众多的人头,或人头攒动,这正是人们在合唱艺术中所看到的景象,因此"颂"可理解为合唱和合唱曲。

《颂》:《诗经》中的合唱歌曲。

9.16 子曰:"出则事公卿,入则事父兄,丧事不敢不勉,不为酒困,何有于我哉?"

【译解】

孔子说:"在社会生活中努力使自己成为公众的一位合格的、可信的、亲密无间的朋友,在家庭生活中努力使自己成为儿女和弟妹的一位合格的、可信的、亲密无间的父亲和兄长,决不鲁莽不智地不去努力避免自己有可能做出的将对公众、对儿女、对弟妹造成令人痛心的损害的行为,努力不使自己因对酒的嗜好而使自己变成一个无所事事的懒汉或一个一事无成的废物,除了这些之外,对于我来说,难道还有什么别的事情要求我去努力做到的吗?"

【注释】

卿：人们之间友好的情意有如稻米的芬芳(构成"卿"这个字的中间那个字素其意思就是人们都想吞食的稻米饭)，它能够使人们之间的生疏隔阂("卯")弥合无间，因此"卿"被用于情人和朋友之间的亲热的称呼，而"卿卿我我"所表达的也正是亲人与朋友之间的亲密融洽、彼此无间的关系。后来，"卿"被用于一切社会的交往之中，包括上下级的交往之中，其所强调的仍是人们之间所应建立和保持的那种亲密合作和互敬互爱的关系。

公卿：大家的亲密朋友，公众的友人，后引申为以服务社会、服务大众为己任、为职责的各级政府官员。

丧事：为人们带来损失与伤害的事，错误的、不善的、不公正的事，这种事之于朋友、之于儿女、之于兄弟姐妹、之于每一个人都是令人痛心的。当然在各种给人带来损害的事之中最令人痛心的事就是父母亲人的死亡，因此，丧事又转指死人的事。

勉：努力避免，或为避免错误、不义所作的努力，换句话说，也就是为获得知识与道德上的进步与完善所作的努力。

困：树木的四面八方都受到严格的限制，它失去了长高长大的可能性，引申为人的活动、人的发展受到严格的限制，结果人们变得无所事事，一事无成。

不为酒困：孔子的酒量很大，并且孔子也非常喜欢喝酒，因此在喝酒方面孔子对自己提出了严格的要求：不要为自己对酒的嗜好所困扰，不要让自己对酒的嗜好把自己变成一个无所事事的懒汉和一个一事无成的废物。

9.17 子在川上曰："逝者如斯夫，不舍昼夜！"

【译解】

孔子站在江岸上望着那滔滔不绝的江水说："整个人类在其生命时光里的活动就像这滔滔不绝的江水一样，在每一个日日夜夜里奔流不息！"

9.18 子曰："吾未见好德如好色者也。"

【译解】

孔子说："在上流社会中，在国家的政治生活领域内，我还没有发现那种像热爱追求美好的外表那样热爱追求美好的道德品质的人。"

9.19 子曰："譬如为山，未成一篑，止，吾止也。譬如平地，虽覆一篑，进，吾往也。"

【译解】

孔子说："知识与美德的获得就好比造山，如果说它还只差一筐土便永远停留在这样一种只差一筐土的未完成状态的话，那么这仅仅是因为我们自己不愿继续工作而使它永远停留在这样一种只差一筐土的未完成状态而已。知识与美德的获得也好比平地,如果说它能够从我们向低洼处倒下的第一筐土开始不断地向前伸延,那么这也仅仅是因为我们自己愿意不断努力而使它能够从我们向低洼处倒下的第一筐土开始不断地向前伸延而已。"

9.20 子曰:"语之而不惰者,其回也与!"

【译解】

孔子说:"在我曾经与之交谈过的所有交谈者之中,如果说其中有一个在我与之交谈的同时能够对我所说的一切话语迅速而敏捷地加以分析思考的人,那么这个人就是颜渊!"

【注释】

惰:心灵的懒惰,即不加思考,无动于衷。"惰"由"忄"(心灵)、"左"(只起装饰作用的那只手)、"月"(身体)构成。懒惰归根到底是心灵的懒惰,因为懒惰总是由心灵造成的。一个不爱思考,心灵懒惰的人,他的存在只是他的存在的装饰或虚拟。

不惰:心灵没有惰性,反过来说,也就是心灵能够对一切加以迅速敏捷的分析思考。

9.21 子谓颜渊曰:"惜乎!吾见其进也,未见其止也。"

【译解】

孔子在谈到英年早逝的颜渊时说:"颜渊是我的一位多么令人怀念、多么令人惋惜的学生啊!在他追求知识与美德的短暂一生中,我只发现他在不断地积极进取,而从未发现他曾经止步不前。"

【注释】

惜:对于往日("昔")的心情、情绪或态度("忄"):怀念过去,并为它的失去而惋惜。

9.22 子曰:"苗而不秀者有矣夫,秀而不实者有矣夫。"

【译解】

孔子说:"永远处在幼小的状态而不能旺盛生长的庄稼是有的,能够旺盛生长而永远不开花结果的庄稼同样也是有的(当土地贫瘠而又完全没有肥料供给时,便出现前一种情况;当土地肥沃而又肥料供给太多时,便出现后一种情况。因此,相对于人来说,犹如农田里的庄稼一样,过分的贫穷以至毫无享乐的生活是有害的,但过分的富有以至享乐太多的生活也同样是有害的)。

【注释】

苗：这个字本来由"艹"和"由"构成，意为刚刚生长还未长高长大的植物（庄稼）。

秀：这个字的本意是生长良好（旺盛），开出美丽的花朵和结出丰硕的果实只是它（生长良好）的自然结局，因此"秀"也具有开出美丽的花朵的意思，但这种意思显然是引伸的。

实：果实。

9.23 子曰："后生可畏，焉知来者之不如今也？四十五十而无闻焉，斯亦不足畏也已。"

【译解】

孔子说："真正应该引起严重关注和认真对待的是一个人的后半生，如果一个人能够在其后半生之中继续不懈地努力，那么我们怎么能够预知他将要在其中生活的那些未来的岁月会比不上他的那些已经在其中生活了的过去的岁月呢？因此纵使一个人现在到了四十岁或五十岁的年龄而仍然默默无闻，一事无成，这个人也没有足够的理由要为此担心害怕，如果他能够继续不断地努力的话。"

【注释】

后生：生命的未来岁月，生命的后一部分。

后生可畏：一个人应引起严重关注和认真对待的是他的后半生（因为一个人往往只有到了他的后半生才具备足够的知识与经验去进行实质性的活动。对于大多数人来说，一个人所创造出来的许多业绩往往是在三十岁之后，尽管现代教育能够将这个创造业绩的年龄有所提前）。

来者：未来的岁月，未来的时光。

今：今天的岁月，包括曾经是今天的岁月——过去的岁月。

9.24 子曰："法语之言，能无从乎？改之为贵。巽与之言，能无说乎？绎之为贵。说而不绎，从而不改，吾未如之何也已矣！"

【译解】

孔子说："公平正义的法律条文上的警戒之言，人们能够不去服从吗？但是只有那些能够自主自觉地改进完善自己以使自己的行为完全符合正义而不仅仅是被动的服从法律的人，才是真正值得赞赏和真正有价值的人。动听、亲切而顺从己意的赞美之辞，人们能够不喜欢倾听吗？但是只有那些能够清醒理智地对他人的赞美之辞加以分析批判并区别对待，而不仅仅是一味地喜欢倾听他人的赞美之辞的人,才是真正值得珍视的有价值的人。对于那种只一味地喜欢倾听他人的赞美之辞而不加以分析批判、区别对待的人,对于那种只被动地服从法律而不自觉自主地改进完善自己并使自己的行为完全符合正义的人,我真不知道对他们如何是好。"

【注释】

法:这个字由"氵"和"去"构成,这个字的本意应是用水来清洗去除(淘汰)一切肮脏有害的东西,引伸为清洗去除社会中的腐化堕落的有害分子的一种清洁如水、公平如水的东西——一种强制性和惩罚性的社会约定或社会规范,这也就是国家律法或国家法律。在这个"法"字中所引伸出来的法律的意义,它所强调的是惩处与制裁的纯洁性与公平性,就它的纯洁性而言,指的是法律的惩处与制裁的目的是为了社会的纯洁与社会的健康;就其公平性而言,指的是实施法律惩处与制裁的原则是人人平等。

改:改进,提高,完善。我们说过,"改"的本意是自觉主动地提高完善自己的道德品质,而不是被动地改正错误。

巽(xùn):每一个人("共")都乐于吞食、乐于倾听、乐于接受("巳")的话,也即赞美之辞。

与:参与、支持、附和。

巽与之言:动听、亲切而顺从己意的赞美之辞。

绎(yì):分析、分辨、理出头绪。"绎"的本意是被卷在圆筒上的丝线,它是全部抽丝工作的成果。

9.25 子曰:"主忠信,毋友不如己者,过则勿惮改。"

【译解】

孔子说:"只要人们奉行公正不倚、诚实无欺的生活原则,并不与那些言不由衷的说谎行骗的人交朋结友、同流合污,那么人们在自己的一生之中就不会犯下什么重大以至不得不使自己担心其难以改正的过错。"

【注释】

主:主张,主持,奉行。

如:女口,你("女")之所言("口"),使你和你之所言统一起来、使你和你之所言彼此契合。《说文》:"如,从随也。"

不如己者:不说真实的自己的人,千方百计地伪装自己、掩盖自己的人,言不由衷的人,不诚实的人,虚伪的人。

9.26 子曰:"三军可夺帅也,匹夫不可夺志也。"

【译解】

孔子说:"人们可以夺取一支大军的旗帜,但不可夺取一个普通百姓的决心与意志。"

【注释】

三军：大军，一支由多个军的编制所组成的庞大军队。

帅：带领军队前进的旗帜(它是军队的统帅的意志的标志)，当这面旗帜被敌方夺取，也就意味着这支军队被敌方彻底战败。

匹：八个的汇集或八个的集合，由八个计量单位(八个量)构成的一个复合的计量单位，它相当于"打"，不过，"打"是由十二个计量单位构成的一个复合计量单位。因此，一匹就是八个，一打就是十二个。用"匹"或"打"来计量人并称谓人时，它具有贬意，它表明计量者和称谓者对于其所计量、所称谓的人的轻视。

9.27 子曰："衣敝缊袍与衣狐貉者立而不耻者，其由也与！"

"'不忮不求，何用不臧？'"子路终身诵之。

子曰："是道也，何足以臧？"

【译解】

孔子说："如果我说世界上有这么一个身穿低廉破旧的棉大衣而与身穿豪华珍贵的裘皮大衣的人站在一起而丝毫不感到自己寒酸可羞的人，那么人们一定会立即明白，我所说的这个人就是子路。"

"'当一个人不再贪婪也不再欲求，那么对于他来说还有什么不应有尽有？'"这是子路终生朗诵的诗句。

有一次，当子路朗诵这些诗句时，孔子对子路说："既然你我都是宇宙道德的主体，那么世界上还有什么人所拥有的应有尽有的财富能够足以和我们所拥有的财富相媲美呢？"

【注释】

缊(yùn)：棉絮，棉袄，它是温暖的，因此"缊"就是温暖的丝棉和温暖的丝棉所制的衣服被子等等。这个字可视为由"纟"和"温"缩合而成。

袍(páo)：能包裹全身的衣服，也即大衣。

敝袍：破旧的棉大衣。

貉(hé)：原指北方寒冷地区的各种野兽，它们都具有致密优良的用来保暖御寒的皮毛，这里指用这种优良的皮毛所制成的衣服。

狐貉：这里指狐皮和貉皮所制成的衣服。

忮(zhī)：十只手想要，贪婪之心。十只手很像大树的分枝。这个字可视为由"忄"、"十"和"又"(手)构成。

臧(zāng)：大量的、丰富而珍贵的物品，以至于必须以手持刀枪的人来严加看管和保护。"臧"，由一双警惕注视的眼睛("臣")和两件不同的武器("丬"、"戈")构成，因此它也许就是指古代的金融物质中心或国库。而国库中所珍藏的东西肯定是丰富的。

"不忮不求,何用不臧":这两句诗见于《诗经·邶风·雄雉》。

9.28 子曰:"岁寒,然后知松柏之后彫也。"

【译解】

孔子说:"正是一年之中的冬天那个寒冷的季节,使我们认识了松柏这两种其青枝翠叶永远不为冬天寒冷的利箭所射落的树木所具有的雄鹰般的英雄本色。"

【注释】

彫:《说文》:"彫,琢文也。"完美的品质,精心修养和精心造就的品质。由于这个字的读音与"雕"完全相同,因此我们甚至可以把这个字视作"雕"与"彡"的缩合形式,而"雕"的意思是指无所不能的雄鹰,它飞得高,任何弓箭都难以射到它。因此,根据这种分析,"彫"的意思也就是指雕的品质,雕的特征,雕的本色。

9.29 子曰:"知者不惑,仁者不忧,勇者不惧。"

【译解】

孔子说:"如果一个人具有知识、仁慈和以此为基础的勇气,那么他在认识上就将没有疑惑,在生活上就将没有忧愁,在行动上就将没有畏惧。"

【注释】

本章的语言是修辞性或游戏性的,对于这种修辞性或游戏性的语言,我在《发现老子》中曾作过比较详尽的说明和解释。因此本章所要表达的真实的意思是,一个人如果具备知识、仁慈和勇气这三种品质,那么他在认识上就没有疑惑,在生活上就没有忧愁,在行动上就没有畏惧。在后面的章节中,我们将发现,孔子的学生们也正是这样理解孔子在这里所说的这段话的。

9.30 子曰:"可与共学,未可与适道;可与适道,未可与立;可与立,未可与权。"

【译解】

孔子说:"可以与其共同学习的人,未必就可以与其走在同一条生活的道路上;可以与其共同走在同一条生活的道路上的人,未必就可以与其站到同一个生活的立足点之上;可以与其站到同一个生活的立足点之上的人,未必就可以与其作出同一种现实的决断与现实的选择。"

【注释】

适:走正道,行正义,引伸为适当、适宜、适合或合适。繁体字为"適",由"辶"、

"帝"和"口"构成,意思是按上帝所说的话行动,这种行动当然也就是绝对正确、绝对正义、绝对合宜和恰当的。不难理解,"适"还有去谛听、从而以此为遵循的意思。

权:现实的判断,现实的决定和现实的选择。"权"的本意是指鹳鸟所选择的作为其栖息处的树林(繁体字为"權",由"木"和"鹳"(省)构成),而鹳鸟的身姿和鸣叫的声音就是自由、幸福与欢乐的象征,因为在可以看见其身姿、听到其声音的地方一定是气候宜人、雨量充沛、森林密布、湖泊遍地、自然地理环境极佳的鱼米之乡(鱼正是鹳鸟的主食)。因此鹳鸟所选择的生活之地,一定也是人类最希望寻找到的生活之地。

9.31 "唐棣之华,偏其反而?岂不尔思,室是远而?"

子曰:"未之思也,夫何远之有!"

【译解】

"变化莫定的蔷薇之花哟,你的性格为什么要表现得与我所期待的那种性格恰恰相反呢?不再思念我的负心的情人哟,难道这仅仅是因为我的家与你相隔过于遥远了吗?"

当孔子谈到《诗经》中的这首爱情诗时,孔子评论说:"这首爱情诗之中的女主人公的情人根本就没有思念她那位女主人公,否则她的家纵使真的与她的情人相隔遥远,也将不再相隔遥远了!"

【注释】

唐:这个字由"庚"(秋季的方位)和"口"构成,其意思是从人们口中所说出来的话语就像秋天的景色一样易于变化(因此它有说变就变之意),这种变化起初叫人感到唐突,最后又使人觉得荒唐。

棣(dì):隶属于灌木但似乎又不太像灌木的一种树木,它是一种介于灌木与草类之间的一种植物——蔷薇。

乡党第十

10.1 孔子于乡党,恂恂如也,似不能言者。其在宗庙朝廷,便便言,唯谨尔。

【译解】

孔子在乡村的村民们中间,他表现得温和热情、礼貌周全而又拘束急促,惟恐自己有任何疏忽与冒失的表现,并且在村民们中间,他好像是一个不善言谈的人。孔子在国家宗教政治活动的场所,在政府官员们中间,他表现得自然、坦率而又能言善辩,并且他所说的话总是那样的尖刻。

【注释】

乡党:方圆五十里内为乡,五百家为一党,因此"乡党"可直接理解为普通的乡村,它与宗庙朝廷相区别。

恂(xún):十分亲热温和,殷勤有礼,礼貌周全,拘谨,惟恐自己有任何疏忽与冒失的表现。本字主要结构部分是"旬"。《说文》:"旬,遍也,十日为旬。"因此"旬"可理解为一个日照的周期,一段持续的晴朗温暖的时间,而"恂"就可理解为一种持续的晴朗温暖的态度。更古老的"旬"字是由"勹"和"亘"构成。

宗庙:官方从事宗教活动的地方,供奉神祇的地方。

朝廷:官方从事政治活动的地方。

便(pián):再现人自身,表现人自身("便"本来由"亻"、"再"、"又"构成),自然,直率,随便。

谨:难言,难听的话,尖刻的话,像黄土地一样的很少为人提供丰富的享受的话。我认为,人们通常所说的"谨慎"一词,其意思是"慎谨"(至少它现在所残留的意思是如此),即当人们说难听的批评指责人的话时,应确保其真实性,应确保其有根有据,并抱持一种客观的实事求是的态度,否则批评指责者将会使自己处于不利的地位。"谨"本来由"言"、"黄"和"土"构成。

10.2 朝,与下大夫言,侃侃如也;与上大夫言,訚訚如也。君在,踧踖如也,与与如也。

【译解】

在宫廷里,孔子在与一般的下级官员交谈时,他表现得信口如流、毫无隐讳;在与高级官员交谈时,他表现得亲切和悦、直截了当。国王在场的时候,他表现得平易自然、悠闲雅致而又彬彬有礼、恭敬随和。

【注释】

朝:到朝廷去,在朝廷,也即"上朝"或"上朝期间"。

侃(kǎn):信口如流,毫不隐讳。这个字由"亻"、"口"、和"川"构成。"亻"和"口"构成古文的"信"字。

訚(yín):《说文》:"訚,和悦而诤也。"像家里人在家里说话一样,亲密而又直截了当,直截了当地说出他人的优点,又直截了当地指出他人的缺点错误。

踧(cù):自然优雅的行走,自然优雅的举止。《说文》:"踧,行平易也。……《诗》曰:'踧踧周道。'"

踖(jí):以自然的、通常的、习惯的、一如既往的姿态行走。《说文》:"踖,长胫行也。""长胫行"这也就是人们通常的走路姿势:直着脚,膝盖不弯曲。

与与如也:随和的、合群的、恭敬而有礼的样子。

10.3 君召使摈,色勃如也,足躩如也。揖所与立,左右手。衣前后,襜如也。趋进,翼如也。宾退,必复命曰:"宾不顾矣。"

【译解】

在孔子受国王之召而主持接待外宾的工作期间,他表现得朝气蓬勃、精神饱满、精力充沛,他的步伐也显得迅速敏捷而又坚定有力。他时而将自己的左手、时而将自己的右手扣在自己的胸前,微微弯腰、轻声细语地向那些站在他的左右两边的外宾亲切致意。他的衣着,从前或从后看,都显得整齐而对称。他快乐、敏捷、跳跃地把外宾带进宫殿宾馆,有如雀跃,有如鸟飞。送别外宾之后,他总是这样向国王禀报:"我们大家都可不必再为我们的宾客操心了。"

【注释】

摈:担当宾主的责任,以宾主的身份会见客人。摈弃:宾主对客人要求接见、要求礼遇的请求置之不理。"宾"的本意不是指客人(来访者)而是指主人。"宾客"的本意是主人与客人,或受到主人礼遇的客人。"宾"的本意是积蓄拥有许多钱财的家庭,而这些钱财的拥有者显然是这个家庭的主人。"宾"最古老的符号形式是由"宀"和"贝"字构成(上下结构),其意思显然是充足的钱财,或一个幸福完满的家庭所拥有、所必须的钱财。只有这样的家庭才可能有能力经常地把那些处处为家的流浪汉(客人)和乞丐作为其家庭的成员来对待,并收养收留他们。因此在较晚的那个"宾"字中包含着一个"丐"字,它由"宀"、"丐"和"贝"构成。因此"宾"应是客人即各处为家的流浪汉和乞丐的主人。

不难理解,"宾"在其原始的意义中,它很像柏拉图所说的那种户主般的自然贵族(自然产生的出类拔萃的人物)。当然,不难理解,当人们(来访者)把自己称作"客人"时,他有自谦之意(意为自己是一个需要宾主收留照料的流浪汉)。当然,出于尊重、礼貌和爱,主人把来访的人也称作"宾",其意思也就是把客人当作家里的人看待,当作家里的主人看待。因此"宾"作为对客人的尊称,其意思仍然是主人。

色:表现于外的精神、情感和生命活力。表情。

勃:在这个字的原始的符号形式中,它所表达的概念是草木的生命力之旺盛。

躩:脚步像鹰的行动一样敏锐、迅速而准确。

揖(yī):用手和耳语向对方致意——用手扪在胸前,微微弯腰,轻声细语地向人致意。

襜(chān):像房子的两檐那样前后对称的衣服。

翼:像奇异的双羽的飞翔。

10.4 入公门,鞠躬如也,如不容。立不中门,行不履阈。过位,色勃如也,足躩如也,其言似不足者。摄齐升堂,鞠躬如也,屏气似不息者。出,降一等,逞颜色,怡怡如也。没阶,趋进,翼如也。复其位,踧踖如也。

【译解】

孔子在进入公共部门或高级的政治活动的场所时,他总是表现得好像一个身负重担并不堪重负的人想尽快尽早地卸下那压在自己身上的沉重负担。在进入这样的场所时,他往往是直接跨进门内,而根本不会踩踏门坎。当他从人们身边走过,他总是表现得精神饱满、兴致勃勃,他的步伐快速、敏捷而又坚定有力,并且对他周围的人总好像有永远说不完的话。每当孔子身穿礼服,身挎腰带,干练整齐地走进宫殿的大厅,他也总是表现得好像一个身负重担并不堪重负的人一样在屏住呼吸、努力坚持。而当他从宫殿里走出来,他便摘下自己衣服上的一级官衔,脸上流露出一种怡然自得的喜悦。当他登上自己家门的台阶,他便有如雀跃鸟飞般的快速走进家里。当他回到自己的家里,他也就完全回到了那个完全属于他自己的生活的位置上,回到了那种平易自然、悠闲雅致的生活之中。

【注释】

公门:政府为管理公共事务而设立的行政部门和行政机关。

鞠:肩负,背负,身负。这个字的前一个构字字素"革"的意思本是指从动物身上剥下并经脱毛处理的皮肤,这是特指,后用来泛指皮肤,并引伸为与皮肤不可分的身躯。当然,"革"作为身躯的代称,它具有贬意,意指遭受磨难与痛苦的身躯。"鞠"的后一个构字字素的意思是获取或已为人们所获取的东西。因此"鞠"具有"经受磨难、忍受痛苦、肩负重负"的意思。

躬：躯体，弯曲成弓箭的躯体。制成箭弓的材料本来是挺直的（正因为如此它才具有箭弓所需要的那种张力），但人们却为了自己的目的使之弯曲。因此，当人们把自己的身体与箭弓相比附时，其意思是人们自己的身体犹如箭弓的材料一样，应使之服从自己的目的、自己的责任与自己的义务。因此"躬"不是指一般意义上的躯体，而是指作为人们自己的目的之工具的躯体。

鞠躬：肩负重担，身负重担。在这里，弯腰只是为了身负重担或是身负重担的结果，因此"弯腰"只是"鞠躬"的引伸意，而不是"鞠躬"的本意。"鞠躬"的本意在"鞠躬尽瘁，死而后已"这一俗语中保持着。

容：接受，承受。

阈：门限，门坎。

过位：从人们身边走过。

足：满足以至于可以使人们的一切欲求活动停止。"足"由"口"和"止"构成，意为停止欲求，其"脚"的意义是从"止"的意思中引伸出来的。

摄齐：挎着腰带，扎紧腰围，以使衣着显得干练整齐。挎着腰带，这是身穿礼服时的一种装束，因为那时的礼服本身都配有腰带（当然这种礼服是长礼服）。

息：自我回到了心灵之中，而停止了一切外在的活动。因此"息"具有两种意义：①自我在心灵中伸展、生长、自由自在和幸福欢乐地活动；②自我身体的休息和外在活动的停止。

逞：表现，表达，嘴巴（"口"）承担其责任或发挥其功能（"壬"）的过程（"辶"）。

等：官衔，官职在衣服上的标识。《说文》："等，齐简也，从竹从寺。寺，官曹之等平也。"可见"等"的本意就是以理性的尺度（"寺"）为标准的官僚等级制。

怡：心灵宁静和谐，充满秩序而毫无混乱，因此使自我回到了身心的统一性之中，使身心获得了其天生的自由与天生的和谐幸福。"怡"可视为由"忄"和"治"（省）构成。

没阶：在台阶上行走，由于衣服过长以至把台阶遮住掩没了。这里的意思只是登上台阶，从台阶上走过。

复其位：回到自己经常所在的地方，这也正是人们回到真正的自我的时候。

10.5 执圭，鞠躬如也，如不胜。上如揖，下如授。勃如战色，足蹜蹜，如有循。享礼，有容色。私觌，愉愉如也。

【译解】

孔子在作为鲁国与他国进行领土协商和谈判的外交使节而出使外国的期间，他总是表现得好像一个力不从心的人在身负重担。当他到达谈判会议的场所，他彬彬有礼地向对方的外交使节们扪胸致意；当他离开谈判会议的场所,他也彬彬有礼地与对方的外交使节握手言情。在整个谈判期间,他的举止表情时而像一个面对战斗的兴致勃勃、激动不已的战士,时而又像一个在家里过着有规律的循规蹈矩的生活的悠闲雅致、安然自得的主人。当他出席外国首脑为他举行的礼仪活动,他总是表现出满意的神情。当他接受外国首脑的私人拜访时,他总是表现出喜悦的神情。

【注释】

圭:重土,分封或授封给个人所有的国家领土(分封是根据法律把土地分配给每一位从事农业劳动的公民,授封是把领土作为给予那些对国家做出了特殊贡献的人的一种奖励),这样的土地具有双重的所有制上的法律身份与法律地位。

执圭:主持掌管有关存在于本国与他国之间的具有争议的领土问题,并就此代表本国与外国进行协商谈判的外交事务的官员。

胜:胜任,成功地履行,成功地完成,成功地达到。

授:伸出自己的手,与人握手。

蹜(sù):悠闲雅致的步态有如走进了作为人们内心之永恒而美好的愿望的家。"宿"的本意是体现人的永恒而美好的夙愿的家,"宿"由"宀"和"佰"构成,"佰"(它经过简化和变形)是古文的"夙"字的变形。因此"蹜蹜"具有自由自在、如鱼得水的步态的意思。

享礼:出席他人或他国为自己举行的礼仪。

觌(dí):珍贵的会见,它几乎可以出卖,反过来说也就是接受人们盛情的拜访。

10.6 君子不以绀緅饰,红紫不以为亵服。当暑,袗絺绤,必表而出之。缁衣,羔裘;素衣,麑裘;黄衣,狐裘。亵裘长,短右袂。必有寝衣,长一身有半。狐貉之厚以居,去丧无所不佩。非帷裳,必杀之。羔裘玄冠不以吊。吉月,必朝服而朝。

【译解】

孔子认为,在衣着方面同样可以表现出自己所具有的不同凡响的文明修养与高雅趣味的人们,不应以黑中透红和深暗红色的布帛作为自己衣服的边饰,具有红色和紫色这两种鲜艳豪华的色彩的衣服也不应作为自己在日常工作中穿戴的衣服。当夏暑来临,应该穿细麻布或粗麻布制成的单衣,并且穿着的单衣必须能够使身体的许多部位充分地袒露出来。在寒冷的冬天,黑色的内衣应配上由白色羔羊毛皮所制成的毛皮大衣,白色的内衣应配上由金黄色的小鹿的毛皮所制成的毛皮大衣,黄色的内衣应配上由灰褐色并掺杂着白色或紫色的梅花状花纹的狐狸或其他珍贵动物的毛皮所制成的毛皮大衣。在寒冷的冬天,人们在日常工作中所穿的毛皮大衣应该稍长一些,但为了便于工作,右边的袖口却应该卷短一些。此外,在寒冷的冬天里,人们在夜晚睡觉休息时最好具备这样的被子,这样的被子的长度应是人们体长的一倍半。对于那种用在东北严寒地区生长的狐狸或其他珍贵野生动物的毛皮所制成的毛皮大衣,由于它具有御寒防冻的非凡功效,尽管其价格昂贵,也应该拥有一件。除了在穿礼服去参加别人的葬礼不应该挎腰带之外,平时各种各样的腰带都可以佩戴。除了那种用整幅布匹做成的百褶裙之外,别的裙子上的多余的布匹都应该剪去。人们通常在节日的庆典上所穿戴的白色的羔裘和黑色的礼帽不宜在参加别人的葬礼时穿戴。每当吉庆的节日来临,人们在参加敬神祷告的宗教活动时,都应穿上为敬神祷告而特制的珍贵礼服。

【注释】

绀(gàn):黑中透红的布帛。

緅(zōu):暗红色的布帛。

饰:此字由"亻"、"人"和"巾"构成,意为人们在用餐时系在胸前的餐巾,其目的是为了避免在用餐时弄脏了衣服。因此"饰"起初是为了一种实用的目的,并且后来这种实用的目的被推广开来:为了避免衣服边沿的过早破损,人们便在较贵重的衣服上也镶上了这种"饰物"。由于这种"饰物"不仅具有防止衣服边沿的过早破损的实际功用,而且也具有一种使衣服得到装饰的美学效果,并且这种美学效果还因它在人们的心目中很快地获得了高于其实际功用的价值而被推广使用。

袤:工作("执")时所穿的衣服("衣"),这种衣服往往不仅会为工作所涂染,而且也会为工作所撕裂。

袗(zhěn):内衣,单衣。作为动词时,其意思也就是穿内衣或穿单衣。

绨(chī):细麻布。

绤(xì):粗麻布。

缁(zī):黑色布帛。

表:让肉体充分展露在衣服之外。这个字可视为由"土"(意为伸展、生长)和"衣"构成,引伸为展露,显露,外表,表达……

羔裘:羊皮大衣,通常是白色。

麑(ní):小鹿,多为金黄色,白色的小鹿少见(听说在古代,北京市附近有一个白鹿的栖息地,也许正因为白鹿少见,所以这一少见的白鹿栖息地一直为人所传诵)。

狐裘:狐狸的皮毛所做的皮毛大衣,通常以灰黑色为主色,掺杂着白色或紫色花纹。

袂(mèi):衣服的袖子。

寝衣:被子,通常由棉花制成。

狐貉之厚以居：狐貉,厚以居之,意即对于那种用狐貉的毛皮所制成的珍贵毛皮大衣,即使多花些钱也应该拥有一件。

去丧：除去负丧的那些日子。

佩：宽腰带。《说文》:"佩,大带……"

帷裳：整幅布匹所做成的下衣,即百褶裙。在古代,上衣下裙也是男子的着装。据了解,欧洲某个小国家的一些地方的村民现在仍然保持了一种古老的男性穿裙子的风俗习惯。

吉月：喜庆的月份,节日的月份(或者,它也许是指农历八月十五的中秋节或与此相类似的节庆)。

朝：朝神,到朝庙中去参加敬神祷告的宗教活动,这种活动是一种全民性的普遍的活动。

10.7 齐,必有明衣,布。齐必变食,居必迁坐。

【译解】

孔子认为,在每月为期三天的向神灵反思忏悔自己内心的那种将使人堕落犯罪的贪欲的日子里,人们应该穿上那种由丝麻布帛制成的寓意纯洁无瑕的透明浅色的衣服。在这种日子里,人们必须改变自己通常的饮食,也就是人们只能吃素食而不能吃肉食。此外,人们在家里也不能像往常一样围坐在一起,言谈说笑,而应该尽可能地回到各自的房间默默地祷告静思。

【注释】

齐：本意是追求、贪欲。为了限制人们过度的贪欲对于他人、对于社会所造成的危害,古人制定了一种促使人们反思它并戒除它的礼仪(它后来几乎成为一种社会风俗,成为人们生活的一个部分),即"斋戒"。"斋"本来是由"齐"和"示"构成(上下结构),意即在神灵面前,人们要把自己心中的那种引发罪恶的贪欲("齐"——无止境的追求、无止境的贪欲)说出来,并向神灵发誓要坚决戒除它。这里的"齐"作为动词其意思显然就是"示齐",也即"斋"或"斋戒"。

明衣：透明的浅色的衣服。在"示齐"这种风俗礼仪中,人们穿着透明的浅色的衣服可能能够起到一种暗示作用,暗示人们在神灵面前要洗涤自己的污垢,去过一种纯洁的、光明的、没有罪恶的生活。

布：麻丝织成的布帛。《礼记》:"治其丝麻,以为布帛。"

变食：改变通常的饮食。从目前依然残留的这种乡俗来看,也即只吃素食,不吃荤食(肉类食品)。

迁坐：改变原来的座位,即在每月为期三天的斋戒中,家里的所有成年人不再坐在一起谈天说地,而是尽可能地回到各自的房间里默默地祷告静思。

10.8 食不厌精,脍不厌细。食饐而餲,鱼馁而肉败,不食。

色恶,不食。臭恶,不食。失饪,不食。不时,不食。割不正,不食。不得其酱,不食。肉虽多,不使胜食气。唯酒无量,不及乱。沽酒市脯,不食。不撤姜食,不多食。

【译解】

在孔子看来,食品烹饪得越精细越好,肉丸的肉切得越细碎越美。放置过久以至变质腐烂的食物不能食用,放置过久以至变质腐烂的鱼肉也不能食用。颜色令人厌恶的食物不能食用,气味令人厌恶的食物不能食用。烹饪欠当的食物不能食用。还未成熟而过早采摘的果实不能食用,还未长大而过早宰杀的家禽不能食用。就餐时,如果孔子还没有把他的那只心爱的酒杯抓在自己的手里,他不会开始用餐。纵使餐桌上有许多肉类菜肴,但孔子也决不会使自己吃肉的数量超过自己吃饭的数量。只有喝酒是不定量的,但以不醉为度。孔子不吃从市场上买来的酒,也不吃从市场上买来的肉(他只吃自己家人酿制的家酒以及家人饲养的家畜家禽)。在餐桌上的那些供人在正式的用餐之前享用的用生姜制成的佐食撤下之前,孔子不会开始吃很多的东西。

【注释】

精:精心加工,精心淘洗,精心烹饪。

脍:这个字由"月"和"会"字构成,意为肉的汇聚体:肉丸。

细:似丝线的果脯,细碎。这里的"田"的本意是树木之上的"果"。

饐(yì):在一只美丽的壶子里放置太久以至于腐烂变质的食物。此字由"饣"和"壹"构成,而"壹"本来由"吉"和"壶"构成。吉壶也即具有永久的美学欣赏价值的壶,因此它具有特殊的、独一无二的性质与价值,并从而使之("壹")获得了与"一"相同的意义。

餲(ài):经历过日复一日的时光以至于腐烂变质的食物。"曷"的意思是日复一日的时光逃亡消逝。因此"渴"、"喝"都是指随着时间的消逝而发生的事。

馁(něi):在家庭主妇收藏保管之下的食物,但对于食物这种物品,纵使慎重的收藏保管也并非总是妥当的,相反,妥当的保存往往会导致食物的腐烂。

败:失败、败坏、战败。这里的"败"也显然是指保存食物这一事与愿违的活动的结果:保存食物却使食物变质,以至于不能再食用了。

色恶:色彩上、颜色上、外观上令人厌恶、令人恶心的食物。

臭:嗅觉,气味,本意是犬的鼻子对气味的感觉,引申为被感觉到的气味。

臭恶:气味令人厌恶的食物。

饪:可以充任人们食物的熟食,或加工食物并使之适合于食用的活动:高温烧烤,即烹饪(作为动词)。

失饪:没有烹饪,没有加温或烹饪不当的食物。

不时:采摘不时,还没有成熟便被采摘下来的果实。

割不正:杀不正,在家禽牲畜还没有长大成熟时便被宰杀,这种过早宰杀的家禽家畜被人们认为不宜食用。

酱:将酒,把酒,倒酒的酒壶和酒杯。举杯畅饮的酒杯,引伸为酒本身。引伸为味道鲜美的下酒菜,再引伸为佐料和调味品。

氣:热气腾腾的米饭,引伸为腾腾上升的气体。

食氣:吃米饭,可直接供人食用的热气腾腾的米饭。古人不是从热气腾腾的米饭中获得了关于抽象的气体的概念,而是从高山平川里升腾的云雾与天空中飘荡的云彩中,获得了关于抽象的气体的概念(参见《说文解字》)。故"氣"的本意只是刚刚蒸熟的、仍然保持了热量的新鲜米饭。后来人们把"气"和"氣"混为一谈。

脯(pú):可以像果园(甫)里的果实一样采摘的肉,即现成的干肉或腊肉。

姜:一种可在田间地头随意种植的植物,它的根茎是一种可以用来去除肉类食品之中的腥味的佐料,也是一种具有杀菌和提高人体免疫能力的药物,由它所做成的热汤可用来防止并治疗伤风感冒。这种植物及其根茎也就是"姜"。在正式用餐之前,人们坐在桌前吃一些用糖或盐腌制的生姜,仍是许多乡村里保留至今的风俗。从本章可以看出,孔子的时代就已有这种风俗。

10.9 祭于公,不宿肉。祭肉不出三日,出三日,不食之矣。

【译解】

孔子参加全国性的祭祀活动不使用过了夜的肉作为祭品。作为祭品的肉在家里所放置的时间不能超过三天,如果超过三天,便不再食用它。

10.10 食不语,寝不言。

【译解】

孔子告诫家人说:不要在用餐的时候交谈,也不要在就寝的时候讲话。

10.11 虽疏食菜羹,必祭,必齐如也。

【译解】

孔子说,纵使我们每天所吃的都是粗饭淡菜,也必须对上天的神灵表示我们的崇敬与景仰,就像我们在每月三天的向神灵反思忏悔自己内心的贪欲的日子里所做的那样,因为我们正是以粗饭淡菜来度过这每月三天的斋戒日的。

【注释】

羹(gēng)：用羊肉做成的美味多汁的食物。

菜羹：用青菜做成的一般的多汁食物。

必齐如也：必须像在斋戒的时候所做的那样。

10.12 席不正，不坐。

【译解】

如果不首先把坐席摆得端端正正，孔子是不会坐下的。

【注释】

席：坐席。古人在坐下休息时，并不是坐在凳子和椅子上，而是坐在一张席子上。现代的日本人似乎还沿袭了中国古人的这一生活习惯。

10.13 乡人饮酒，杖者出，斯出矣。

【译解】

孔子在乡村里与村民们共饮时，只有当在座的年龄最高的老人谢饮时，他才因此而谢饮。

【注释】

杖者：必须借助拐杖才能行走的老人，在原始的符号形式中，我们的父就是一位必须借助拐杖才能行走的老人。这里指年龄比孔子自己大的老人。

出：谢绝，礼貌地拒绝。参看《泰伯第八》第4章"正颜色……出辞气"。

陪同桌上年龄最高的老人喝酒，这似乎是一种已成风俗传统的礼貌。根据这种风俗传统，除非老人停饮，人们才可以将酒杯放下，否则将视为一种不礼貌的行为。

10.14 乡人傩，朝服而立于阼阶。

【译解】

每当乡村的村民们为请求神灵免除某种流行的病疫而举行向神灵祭祀祈祷的仪式时，孔子也总是(如果他正好来到某个乡村的话)身穿朝神的礼服站在举行这种仪式的地方的最前面的台阶之上。

【注释】

傩：人难，使人的生存成为一桩困难事的东西——流行的病疫，这里指请求神灵免除这种流行的病疫的祭祀祈祷活动(这种字意转换在中国古代语言文字的字意关系中是一种带有普遍的规律性的现象)。

朝服：朝神的礼服。这里作动词，意为穿着朝神的礼服。

阼(zuò)：此字本来由"阝"和"亡"构成，意为某个地方的尽头：最前沿或最高处。

阶：台阶。这个字繁体字为"階"，由"阝"、"比"、"白"构成，意为在房屋外面的空地上建起来的比比相及的高台。

10.15 问人于他邦,再拜而送之。

【译解】

如果访问孔子的人是来自他国,孔子会到他的住所作一次回访,并且在他离别之时,孔子还会对他再作一次访问并同时为他送行。

【注释】

问人:访问的人,访问者。

于:在,来,到达,这个字的意义很类似于英语的 in, come from, at。

问人于他邦:根据我们对"于"字的分析,这句话应理解为来自他邦的访问者。

10.16 康子馈药,拜而受之曰:"丘未达,不敢尝。"

【译解】

鲁国政府的宰相季康子将一种珍贵的药物赠送给孔子,孔子客气地接过药物并看了看之后又还给他,说:"我还不充分了解这种药物的药理特性,所以我决不敢贸然地去品尝它。"

【注释】

康子:季康子,鲁国的宰相。

馈(kuì):以珍贵的食品款待他人,引伸为把珍贵的东西赠送他人。

拜:客气地、感激地接受,本意是盼望下雨的农民用双手接住从天上降下的雨水。

受:两只手的传递物品的活动,它包含两种意思:①给予,②接受。在这里它的意思就是给予,也即还给。

达:明达,十分明确,十分清楚的理解。

本章同样反映了孔子与季康子之间存在的道义上、政治上和由此所造成的心理上的隔阂。季康子乃至三家一直想获得孔子对他们的道义上和政治上的支持,以便使他们在鲁国人民的心目中增添一点存在的合理性与合法性。但孔子却坚定不移、始终如一地站在人民的一边,并尽其所能地给予季康子及三家以道义上与政治上的谴责。

10.17 厩焚,子退朝,曰:"伤人乎?"不问马。

【译解】

有一次孔子的马房失火,马房被烧毁了,孔子从朝廷里回来并得知此事后,他向周围的人所问的话是:"有没有人受伤?"他并没有向周围的人问有没有马受伤。

【注释】

厩(jiù):牛马吞食("既")草料的屋棚("厂")。

10.18 君赐食，必正席先尝之。君赐腥，必熟而荐之。君赐生，必畜之。侍食于君，君祭，先饭。

【译解】

如果有哪一国的国王赠送了已经烹饪好的食品给孔子，孔子总是摆好坐席并一个人首先品尝起来。如果有哪一国的国王赠送了未经烹饪好的生肉给孔子，孔子总是在将生肉烹饪好之后把它拿出来，告诉他周围的人们有关这些肉食的来历，并提议大家都来尝尝。如果有哪一国的国王赠送了什么活的动物给孔子，孔子总是将它们养起来。如果孔子陪伴哪一国的国王用餐，在国王用餐前作短暂的祷告期间，孔子总是一个人先慢慢地吃起来。

【注释】

食：直接可以吃的食物，即熟食。所以"食"既作动词，又作名词。

腥：古代认为动物是在有月亮和星星的夜晚生长、发育和长膘的，因此"腥"指的是动物生长着的躯体，后引伸为刚从动物的躯体上切下来的生肉。

荐：本意是一种鹿身马尾的神兽所吃的草，据传说，黄帝曾拥有这么一匹神兽，但却不知道用什么喂养它。有一位神知道此事后，把一棵荐草赠送给了黄帝，并告诉他这就是可以用来喂养这匹神兽的草，这种草在夏天可以在水泽旁找到，冬天可以在松柏处找到。由于"荐"这种草有这样一种来历，"荐"这个字本身也因此而获得了赠送、推举、告知之意。

侍：伴。这个字的本意是一个与自己所掌握的理性（"士"）尺度和理性原则（"寸"）相伴随、相始终的人。相随相伴只是"侍"的引伸意。

饭：吃，吃饭。

侍食于君，君祭，先饭：如果孔子陪伴哪一国的国王用餐，在国王用餐前作短暂的祷告期间，孔子总是一个人先慢慢地吃起来。在这里可以看出，孔子是以一位彼此完全平等、以至可以非常随便地行动的朋友或同事的身份坐在当时各国的君王的餐桌之前的。这里所记叙的显然是孔子经常性的活动。

10.19 疾，君视之。东首，加朝服，拖绅。

【译解】

一位国王听说孔子病得很厉害，他决定要前去看望病中的孔子，孔子也因此而得到了这位国王要来看望他的消息。一天，睡在病床上的孔子远远地望见国王的脑袋在东厢出现了，他赶紧起床，并披上上朝的礼服，也顾不得系好礼服上的腰带便匆匆走上前去迎接。当孔子匆匆走上前去迎接这位国王时，这位国王饶有趣味地注意到，孔子礼服上的腰带在地上拖着。

【注释】

东:这个字本来由"木"和"日"构成,意为太阳升到了树干的中间,转指太阳升起的方向。

加:穿。

绅:礼服上的长长的腰带。《说文》:"绅,大带也。"

"拖绅"显然是一种最醒目的衣着形象,否则,人们就不会去留意它,因而它也不会被人们所记述。不难理解,一根衣服上的带子最醒目、最容易被人注意到的时候,只能是人们穿着衣服而没有将衣带系好的时候,而这个时候也正是衣带自然而然地要往下拖的时候。但许多注释者都把"拖绅"理解为盖在被子上的礼服的衣带往下拖,而不是穿在身上的礼服的衣带往下拖,这种理解是不合情理的。我认为,一根盖在被子上的衣服的带子是不太为人注意的,更是不太为人印象深刻地加以记述的,正像一根系好的衣带不太为人们所注意一样。因为系好的衣服和盖在被子上的衣服的衣带往下拖,这都是一种正常的司空见惯的现象。人们往往是通过人们整齐干练的身姿举止联想到人们在腰间系了一根使人显得整齐干练的衣带。当人们一直把"加朝服,拖绅"解释成"把上朝的礼服盖在身上,拖着大带"时,我只能说,为了把孔子塑造成专制王权的一个完全失去了理性的疯狂的崇拜者(孔子时代并不存在专制王权),几千年来,人们几乎费尽了心机!

我认为,孔子作为一个"圣之时者",他完全知道应以怎样的恰当态度去对待一位国王,正像他完全知道应以怎样的恰当态度去对待一切人一样。孔子明知他的政治理想的伟大和崇高,也明知以礼待人这一人人都应具备的最普通的常识。当一位国王来探视生病的他,不管这位国王是否符合他关于一位国王的理想,不管这位国王的政治主张、政治态度如何,也不管这位国王在实际的政治活动中的所作所为是好是坏、是善是恶,孔子懂得以怎样的礼遇来回敬这位国王给予他的礼遇。

10.20 君命召,不俟驾行矣。

【译解】

每当国王命令人来告诉孔子,说国王有事想见到他,还等不及别人为他备好马车,他便匆匆步行而去。

10.21 入太庙,每事问。

【译解】

每当孔子不得不去参加那些在太祖庙里举行的繁琐的祭祀祷告的仪式时,他总是带着一种严肃而沉重的态度向人们请教,在这种繁琐的仪式中,人们所做的每一个举动、每一件事情究竟有什么意义,它们究竟是为了什么。

10.22 朋友死,无所归,曰:"于我殡。"

【译解】

如果有人告诉孔子,他的一位无家可归、也无亲人可以依靠的老相识死了,孔子一定会立即说:"让我来承担安葬我的这位老相识的全部责任吧。"

【注释】

朋友:经常有机会相处在一起并彼此经常有机会见面、有机会交往的人。在这里,它也许不是指那种志同道合并与自己交往很深的人,而只是自己以前的并和自己保持一定交往的老相识而已。

无所归:无家可归,无亲人可以依靠,没有归宿、没有依靠,以致死了也没人安葬。

殡:这个字的本意是死去的("歹")主人("宾"),引伸为安葬死去的主人的全部礼仪活动。

10.23 朋友之馈,虽车马,非祭肉,不拜。

【译解】

对于所有相识故旧的馈赠,如果不只是仅仅用于表示敬意、爱戴和友谊的肉类食品,那么纵使是普通的一辆车,几匹马,孔子也是不会欣然接受的。

【注释】

虽:繁体字为"雖",由"口"、"虫"和"隹"字构成,意为一只普通的鸟的嘴巴再大,也只能吞下一些虫子,引伸为尽管,纵使,虽然。

祭肉:这里的"祭肉"不是作为祭祀物品,而是向人表示敬意、尊崇和友谊的礼物。"祭"的本意是向神灵的献礼,引伸为向一般的可敬人物的献礼。"祭"在许多语言环境中具有崇敬或表示崇敬之意,我们在《老子》和《论语》中都发现这种意义。

拜:《说文》:"拜,……杨雄说,拜从两手……"也即"拜"由"雨"和"手"构成(上下结构),可见"拜"的本意是以一种欣喜的、感恩的态度去接受人们所祈祷的雨水的降临,它和古人向神灵祈雨的礼仪活动有关。我认为,"拜"并没有"跪"的意思,人们通常所说的"跪拜",其意思只是跪着接受,也即屈膝接受而已(它像行屈膝礼)。"跪"只是双脚弯曲时好像站立不住、以至马上要摔交跌倒的样子(这种样子看起来很危险),而"拜"只是具有高兴地、感激地接受之意。那种把"拜"解释成一种让人匍伏在地的具有侮辱性的礼节(这种礼节只有对于上帝才是合适的)完全是专制主义政治文化中的全部非人道的创造发明之中的一种创造发明,它表明那些疯狂的专制统治者妄想取上帝在人们心目中的位置而代之。在这里我们不能不指出,汉代的叔孙通等人是这种完全背离理性与人道的礼仪制度的系统的创立者、倡导者和亲身的实践者,并且他们根据他们所创立的那套礼仪制度来解释以往的礼仪制度,这样表达以往的礼仪制度的语言文字的本来意义也就因此而被篡改了。

10.24 寝不尸,居不客。

【译解】

孔子说,人们不应该不顾场合、不顾时间、不顾条件地随遇而卧、随意而卧,人们也不应该盲目地、无选择、无准备地任意迁居、任意居住。

【注释】

尸:《说文》:"尸,陈也,像卧之形。""尸"作为动词时的意思是屈身躺下,引伸为把自己的身体当作一件物品一样处置,也即随遇而卧、随意而卧,不论是在公共的场所,还是在家里,人们不分场合,不分时间,不顾条件地在床上、凳子上、桌子上,或其他什么可以使人躺下的地方睡觉休息。再引伸为失去了理性、失去了灵魂、失去了生命、失去了尊严,以至人们可以随意处置它的人的躯体,即尸体。

客:各处("各")为家("宀"),处处为家,也即像流浪汉一样随遇而居、随意而居,不论是在街道上,还是在桥底下。

10.25 见齐衰者,虽狎,必变。见冕者与瞽者,虽亵,必以貌。凶服者,式之;式负版者。有盛馔,必变色而作。迅雷风烈必变。

【译解】

孔子常常要去访问那些生命几尽衰竭的老人,尽管与这些人接触交往时,这些人的过分亲热、无所顾忌的态度不免会令人生厌,但孔子总是要去访问这些人,以便研究这些人。孔子也常常要去访问那些衣冠楚楚的人和那些视力失明的人,虽然与这些人接触交往时,这些人的过分放肆、玩世不恭的态度不免会令人不快,但孔子总是要去访问这些人,以通过对这些人的感性的接触了解来推断这些人的内心世界的真相或本质。对于那些身穿囚犯服装的凶犯,他也曾亲临监狱对他们进行认真的考查。他也认真地考查过那些肩负着锁住他们自己的脖子与双手的木匣的走在通往监狱的道路上的犯人。纵使对于餐桌上的丰盛的美味佳肴,孔子也总是要对这些美味佳肴之于人类的生活和之于整个宇宙的内在本质的深层含意作一番形情严肃的思考探索。此外对于存在于迅速传播的雷鸣与迅速传播的闪电之间的由人们的听觉和视觉所能感觉到的那种速度上的明显差异,孔子也总是思索不已。

【注释】

齐衰者:生命力快要完全枯竭的老人。

狎(xiá):《说文》:"狎,犬可习也。"我认为"狎"的本意是指一种具有第一流的适应人类的生活能力的动物——犬,当犬这种动物完全适应了人类之后,它往往具有忠诚和善解人意的可嘉品质,因此它最终成了人类的宠物。不过这种宠物常常表现出来的对于人们的过分的亲热也往往是非常令人讨厌的。因此"狎"具有过分亲热、亲热得近乎于放肆的意义。

变：古文为"變"，由"丝"、"言"、"攵"构成，其意思是当人们面对一个十分错综复杂的、使语言缠绕不清的、也即一时难以言表的对象时所应采取的理性的、思考的、认真的、慎重的、虔诚而又敬畏的态度。

亵：不洁的工作服，引伸为太随便的、不洁的、失敬的、冒昧的行为举止，这也即人们通常所说的亵渎的行为举止。

貌：这个字的本意是指动物的爪子与其整个身体相联系的特征。因此人们可以根据各种动物在地面上留下的脚印的特征来推断与这些脚印相联系的动物的整个特征，也即推断出这些脚印究竟是什么动物留下的。因此"貌"具有根据事物的某些迹象来推断、判断、思考事物的整体特征的意思。人们通常所说的"以貌取人"、"貌视"，其中的"貌"仍然在相当的程度上保存了它的推断、思考的本意。

凶服：可怕的服装，而不是令人厌恶的服装，也不是令人哀丧的服装。我认为，我们只能把"凶服"理解为犯人的服装。我们也可以把"凶服"理解为凶恶的人所穿的服装，而当一个凶恶的人穿上了一件标志自己凶恶的品质与身份的服装时，这也就说明他已经成了一个为法律所追究并为法律所制裁的罪犯。我认为人们把"凶服"理解为"送死人的人所穿的衣服"，这完全是说不通的，因为送死人的人所穿的衣服应是丧服，而不是凶服。

式：在丛林中探索，这是人类所致力的传统的、古老的创建自己特有的生活模式的工作。"式"由"弋"和"工"构成，"弋"本意是滋生迅速的丛林，因此"式"的本意就是丛林中的工作，它是人类有史以来最具有探索性、开拓性、创造性的工作，它是人类全部探索性、开拓性、创造性的工作的最原始、最基本、最永恒的开端、模版、典范和楷模，也是人类全部文明的生活模式的源泉。它有如下两层意思：①开创性的工作；②这种开创性工作的结果，它最终成为人们学习遵循的样版、典范、公式。这里指开创性的工作的最重要最基础的方面：理性的探索、研究。在"试"（试验、尝试）这个字之中，显然保留了"式"的"理性探索"的本意。

负：负担、肩负的意思。

版：此字由"片"和"反"构成。"片"的意思是半木，也即分割整个树木的木块或木板。"反"的意思是一只向上的手掌（"爪"的颠倒的形式，"爪"意味着手掌朝下，"反"意味着手掌朝上），意为人们采摘并捧在手掌上的收获物，也即人的活动、人的工作所转化、所获取、所创造的成果。因此"版"的本意应是用木板制造成的东西，根据这里的语境，我认为它是指那种锁住囚犯的脖子和双手的木板。囚犯戴上这样的一块锁住脖子和双手的木板称之为"负版"。

在《论语》中多次提到孔子对犯人的同情（并且孔子还把自己的一个女儿嫁给了他的一个曾遭受到不公正、非正义的法律惩罚的学生，以表示自己对于这种不公正、非正义的法律的蔑视与抗议）。孔子的这种行为和他所持有的观点是一致的：大量犯罪者的产生,很可能是一种不适当的政治统治的结果。如果一个国家的政治统治是完全符合人道、符合理性和符合正义的,犯罪就会减少到最低限度。相反,非人道、非理性、非正义的政治统治不仅会使犯罪大量产生,而且它还会颠倒黑白,并用法律的手段来压制打击社会中的人道、理性和正义,这样,这种政治统治本身便变成了一切犯罪中的最大的犯罪。

馔:令人赞赏的食物,也即美味佳肴。

盛馔:丰盛的美味佳肴。

迅:鸟的飞行速度,以飞行速度前进。

风:迅速运动是"风"的抽象的意义,在这种抽象的意义上,"风"与"迅"意义相同。因此这里"迅雷风烈"的意思也就是迅雷迅烈。

烈:《说文》:"烈,火猛也。"本意应是闪电。

10.26 升车,必正立,执绥。车中,不内顾,不疾言,不亲指。

【译解】

孔子常常告诫他周围常常要和他一起坐车出外或单独坐车出外的人们,在乘车的时候,必须首先让车子稳稳当当停下之后,再用手抓住车子上的扶手带,然后上车。坐到车子里,车子开始行驶之后,人们不要把头伸出车门或车窗之外东张西望,不要疾言疾语地讲话,也不要亲自向车夫指手画脚。

【注释】

绥(suí):妥当的、合人意的丝线或带子,这里指车门外便于人上车的扶手带。

顾:留意、关心、照看、看望的意思。

指:授旨、授意、指点、指导。

10.27 危斯举矣,翔而后集。曰:"山梁雌雉,时哉时哉!"子路共之,三嗅而作。

【译解】

孔子一行坐着马车在山路上行走,远处的一群雌雉发现了他们,便以为危险正在接近自己,于是都纷纷展翅高飞了,它们安然无恙地飞舞盘旋着,最后落到了一颗大树的树枝上。孔子目睹了此情此景,不由得称赞说:"这些刚才还在山间的水桥上嘻戏玩耍的雌雉,都是一些精通熟谙世务的英雄豪杰!"子路向那些聚集在大树上的雌雉挥手致敬,而那些雌雉看到有人在向它们挥舞手臂,便以为这又是危险降临的信号而立即展开翅膀,并在一片惊慌不已的叫声中,从这颗大树上纷纷飞走了。

【注释】

危：危险，危难。这里的这个"危"字，在许多版本里都为"色"字，但正如唐满先生以及其他许多研究者所正确指出的那样，这个"色"字当是"危"字，因形近而误。根据本章的内在逻辑，我们在这里作了大胆的更正。

举：树起手，举起手，这里的意思是举翅高飞（它相对于雌雉而言）。

翔：一只长有羽毛和翅膀的羊，温顺善良的它，从此能够安然无恙地摆脱一切致命的危险，引申为安详地飞，安然无恙地飞，来去自由地飞。

集：群鸟（"隹"）聚在一颗大树（"木"）之上。

梁：《说文》："梁，水桥也。"在它的上面凿了一条槽的用在相互隔开的两地之间渡水的树木，它不是为人的行走而设，而是为水的行走而设。

雉（zhì）：野鸡。

雌雉：是不是指雌性的野鸡，还有待研究。

时：这个字的本意是经过度量（"寸"）和推算（"士"）的日影（"日"）的长度，因此"时"的概念是一个非常实际的、理性的概念。因此"时"直接具有客观实际的、理性的、识时识事的意思。孟子说孔子是"圣之时者"，其意思是孔子是一个完全适合时代的客观要求、符合时代的客观实际的圣人。

共：共同的，一样的，同类的。作为动词其意思就是把……视为同类、朋友、同志，把……作为同类、朋友、同志来看待。在这里我们可以把它理解为像见到同类、朋友、同志一样，向它们招手致敬。

嘎（gā）：当一个人或一只鸟的头（"页"省）遭受射来的一支箭（"戈"）的伤害时所发出的惊叫声。这里的"嘎"字，在许多版本中都为"嗅"字，我们根据自己的判断，采用了唐代石经《论语》有关这一章的版本。康有为在他的《论语注》中也是这样做的。我们认为，只有"嘎"才符合本章的语境与内在逻辑。

先进第十一

11.1 子曰:"先进于礼乐,野人也;后进于礼乐,君子也。如用之,则吾从先进。"

子曰:"从我于陈、蔡者,皆不及门也。"

【译解】
孔子说:"如果让儿童少年在其一生的接受教育的整个过程中的刚刚开始的早期阶段就去接受有关什么是社会的正义、以及什么是以社会的正义为基础的社会和谐与个人幸福的教育,那么这种教育方法对于那些远未成年的儿童少年来说,显然就是一种野蛮人的野蛮的教育方法;但是如果让儿童少年在其一生的接受教育的整个过程中的快要结束的后期阶段去接受有关什么是社会的正义、以及什么是以社会的正义为基础的社会和谐与个人幸福的教育,那么这种教育方法对于那些已经长大成人的人来说,显然就是一种文明人的文明的教育方法了。不过,如果是在那种与未成年的儿童少年相区别的成年人的现实的政治生活与政治活动中,那是一个急需有关什么是社会的正义,以及什么是以社会的正义为基础的社会和谐与个人幸福的知识以将它应用于其中的实际的社会生活的领域——那么我倒将认为,对于那些从未接受过什么是社会的正义以及什么是以社会的正义为基础的社会的和谐与个人的幸福的教育的人们来说,去获得这些知识就将成为每一个生活于社会现实的政治之中的成年人的首要任务了。"

对于这种相对于未成年人的儿童少年来说的教育与相对于成年人来说的现实的政治之间的差别,孔子说:"那些跟随我一道周游列国并和我一起在陈国与蔡国生活的人们,当时都没有真正理解和认识这一点,因此当时他们对于未成年人的教育与成年人的政治这两者都还是一些门外汉。"

【注释】
先:这个字的本意是指还没有获得完整的生命力的儿童(它由一个不完整的"生"字和"儿"构成),转指成年人对于这样的儿童所应尽的责任与义务:启发、教导(这种字意转换就像"老老、幼幼"中的字意转换一样)。根据"先"的本意,这里的"先"还具有早期的、儿时的、童年期的、最初的意思。

进：繁体字为"進"，由"辶"和"隹"构成，其意思是成为一只鸟，或像一只鸟那样飞着走。这个字的更古老、更原始的形式是由"辶"、"二"、"門"和"隹"构成，其意思是像鸟一样飞入天地（"二"）之门。这种比喻性的意思的真实含意是人们运用自己长着想像力的羽翼的理性进入宇宙，了解宇宙，认识宇宙。对于每一个人来说，这个进入宇宙、了解宇宙、认识宇宙的过程，除了自己个人独立的理性活动和认识活动之外，主要还要依靠与他人进行交流并吸取前人所获得的认识成果，这也就是学习。因此，就个人来说，"进"就是吸取知识、接受教育的过程；就社会来说，"进"就是向个人提供知识、提供教育的过程。个人和社会这两个过程的结合和统一，就能导致个人和社会的真正的和全面的文明进步。从这点来看，"进"的意思就是教育和接受教育，就是以此为基础的社会全面的文明进步。

礼乐：社会的正义和以社会的正义为基础的个人幸福与社会和谐。

如用之：如果在现实的实际的生活领域（不是在教育的领域）把它作为一种实际的追求和实际的目标（这里显然是相对于一个国家、一个社会而言的）。

如用之，则吾从先进：在实际的社会政治生活的实践领域之中，礼乐，也即社会正义和以此为基础的社会和谐与个人幸福，就不再是一个学习和教育的问题，而应是社会的一种实际的追求与实际的目标。因此，对于那些在实际的社会政治中生活并把社会正义作为自己在社会政治生活中的实际追求的成年人们来说，我倒认为学习有关什么是社会正义、以及什么是以社会正义为基础的社会和谐与个人幸福的知识，就是他们最优先的需要了。在我看来，这里的"先进"与本章前面所说的"先进"具有不同的意义，它是针对实际生活领域内把有关"礼"的知识运用于实际活动（"如用之"的本意正是如此）的成年人而言的。

陈、蔡：孔子及其弟子在他们的哲学及政治旅程中所到过的两个小国：陈国和蔡国。据《史记·孔子世家》说："吴伐陈，楚救陈，军于城父。闻孔子在陈、蔡之间，楚使人聘孔子，孔子将往拜礼。①陈、蔡大夫谋曰：'孔子贤者，所刺讥皆中诸侯之疾，今者久留陈、蔡之间，诸大夫所设行皆非仲尼之意。今楚，大国也，来聘孔子。孔子用于楚，则陈、蔡用事大夫危矣。'乃相与发徒役围孔子于野。不得行，绝粮。从者病，莫能兴。……于是使子贡至楚。楚昭王兴师迎孔子，然后得免。"正像那个时代里的人们对于中国古代的历史记载都不一定是真实可靠的一样（真实的只有那些从比之更为遥远的时代里流传下来的语言文字，学术著作，神话传说，以及相关的整个文化遗产），人们关于孔子的历史记载也不一定是真实可信的，特别像《史记》那样的历史著作，更好像是在编故事。不过可以肯定的一点倒是，孔子的活动对于当时那些腐化堕落、非仁非义的统治者来说，都是一种现实的可以感觉得到的威胁。孔子所之处（由于他在鲁国任司寇期间因反对腐化堕落、非仁非义的三家而建立起来的世界声誉），都可能是对当地人民的不满

---

① 从"孔子将往拜礼"这句话之中，我们发现，我们在《乡党第十》第23章中，把"拜"理解为"接受"是完全正确的。这里的"拜"的意思也是接受。

和反抗情绪的鼓励和支持,并且有些反叛者也曾经主动地寻求过孔子的声援与支持。不过,孔子只是一个主张诸诉道德和政治手段的和平的革命者,而不是一个主张诸诉武力与战争手段的暴力的革命者。

皆不及门也:对于这句话的真实意义,在所有的解释者之间争论很大,并且这种争论至今并没有消失。这一事实本身就足以说明人们至今还没有找到一种有客观依据的令人信服的解释。我认为,"及门"两字与古文的"进"字具有结构上的重大的和根本上的一致性,因此在纯粹动词的意义上,"及门"与"进"的意思是完全相同的("辶"和"门"是古文"进"字的重要构成部分),因此"及门"的意思也就是现代语言中的"入门"、"发蒙"的意思。也正因为如此,我在这里把通常版本中的《先进》的第一章与第二章合并为一章。这样,问题也就完全清楚了:本章所谈论的是相对于未成年人来说的教育与相对于成年人来说的现实的政治实践之间的差别,孔子在本章所说的是,对于这样的差别,他的学生们根本没有理解和认识到。他们往往把二者混为一谈,以至于他们试图把他们所追求、所从事的政治目的和政治理想灌输给他们周围的那些未成年的人们。这种混为一谈的做法,一方面表现了孔子学生们的激进的理想主义精神,另一方面也表现了孔子学生们在认识上的幼稚。

11.2 德行:颜渊、闵子骞,冉伯牛,仲弓;言语:宰我,子贡;政事:冉有,季路;文学:子游,子夏。

【译解】

在孔子的所有具有代表性的学生中,表现出杰出的道德品质与道德意志的人有:颜渊、子骞、伯牛、冉雍;表现出杰出的语言才能的人有:宰我、子贡;表现出杰出的处理实际的政治事务的才能的人有:冉求、子路;表现出杰出的文化与学术的研究才能的人有:子游、子夏。

【注释】

德行:表现出美德的行为。

言语:语言才能,表达才能,善于辞令,能言善辩。

政事:实际的处理政治事务的经验与才能。

文学:古代历史文化与古典学术研究的才能,或有关古代文化方面的知识,或关于人类文明的学识。

11.3 子曰:"回也,非助我者也,于吾言无所不说。"

【译解】

孔子说:"我的颜渊呵,你决不是那种对我有所帮助的学生,因为你总是那样心甘情愿、心悦诚服而毫不怀疑、毫无异议地接受我所表达的每一个观点、每一个看法和每一种思想。"

【注释】
本章的语言情境可能是颜渊来向孔子求学并使孔子与他逐渐地熟悉起来的初期。

11.4 子曰:"孝哉闵子骞!人不间于其父母昆弟之言。"

【译解】
孔子说:"闵子骞是他的父母的最理想的儿子,也是全人类的最理想的兄弟。人们不可能从他的父母以及他所认定的他的天底之下的每一个兄弟姐妹关于他的言语中找到可以用来指责他的任何证据。"

【注释】
孝:本章的"孝"所表达的意思远远超出了老与子的范围,它已扩及到社会人际关系一切方面和一切领域。可以说"孝"作为一个义务与责任的概念,它已从老与子之间的义务责任关系扩展到人类社会的每一个人之间的义务责任关系。

间:分别,区分,挑剔,指责。

昆:太阳("日")底下的人比比皆是。这个字由"日"和"比"构成。"比"是"从"字的一种反向的形式,它所表达的意思是一个人接着一个人,一个人连着一个人,人与人难以区别地连接在一起,并形成一个人的队列,人的群集。

昆弟:在太阳底下生活的全体同胞、全体兄弟。

11.5 南容三复白圭,孔子以其兄之子妻之。

【译解】
子容在日常生活中反复不断地朗读着《诗经·大雅·抑》这首诗之中的诗句:"作为人们高贵的社会地位之象征的白色圭玉上的污点,一旦它沾染上了,还是可以磨去的;而人们所说到的那种品德行为上的污点,一旦人们沾染上,它给人们的比之高贵的社会地位还更重要的名誉所造成的损害,则是无可挽回的……"孔子因此而把他哥哥的一位女儿嫁给了他。

【注释】
白圭(guī):白色的由国家或政府颁发的证明人的身份、地位及封地多少的一种雕刻着某种特定图案的玉石,这种玉石也就是公爵、侯爵、伯爵、子爵、男爵的身份、地位以及与此相联系的封地的多少的标志和象征。在古代,除了那种每一个有能力耕作的人都可以得到那份普通的封地之外,还有一种作为对那些为国家做出了特殊贡献的人的一种奖励措施的封地,由于子孙后代的繁衍,这种封地最终会成为一个特定的行政地理区域。《说文》:"圭,瑞玉也,上圆下方,公执桓圭,九寸;侯执信圭,伯执躬圭,皆七寸;子执穀璧,男执蒲璧,皆五寸。以封诸侯,从重土……"这里的"白圭"指的是《诗经·大雅·抑》那首以"白圭"开始的诗句。

三复白圭:反反复复地朗读《诗经·大雅·抑》那首以"白圭"开始的诗句。这些诗句是:"白圭之玷,尚可磨也;斯言之玷,不可为也。"这些诗句在于告诫那些手执白圭的贵族们,不要只关心自己手握的作为自己高贵地位与身份之象征的圭玉,而不关心自己的言谈举止与思想行为的道德性与正义性。

11.6 季康子问:"弟子孰为好学?"

孔子对曰:"有颜回者好学,不幸短命死矣!今也则亡。"

【译解】

当时鲁国政府总理季孙问孔子:"在您的全部学生之中,哪一位学生是最热爱学习和最爱好知识真理的呢?"

孔子回答说:"我曾经有颜渊这么一位最热爱学习和最爱好知识真理的学生,可令我深感不幸的是,他年纪轻轻便已经死了!现在我再也没有发现像他那样热爱学习和爱好知识真理的学生了。"

11.7 颜渊死,颜路请子之车以为之椁,子曰:"才不才,亦各言其子也。鲤也死,有棺而无椁。吾不徒行以为之椁。以吾从大夫之后,不可徒行也。"

【译解】

颜渊去世时,鉴于颜渊的才能在孔子心目中所享有的特殊地位,颜渊的父亲颜路请求孔子卖掉自己的马车以便为颜渊购制一口外棺,对于颜路的这种请求,孔子回答说:"不论有特别的才能还是没有特别的才能,每一个人都把自己的儿女称之为自己的儿女,在这一点上每一个人的每一个儿女都是无区别的,也正因为如此,我应以无区别的态度对待我的每一个儿女(在颜渊生前,我是把他当作自己的儿女看待的)。伯鱼死的时候,我也只用内棺而没有用外棺安葬他。我是不能因为为了为颜渊购制外棺而出卖我的马车,以至于使我在今后外出时不得不徒步行走的。就我现在这么大的年龄而言,那怕说我根本不是所有政府官员之中的一位什么官员,我也是不能在外出时徒步行走的。"

【注释】

颜路:颜渊的父亲,他也曾是孔子的学生。

椁(guǒ):作为具有特殊身份与地位的人在死后的一种特殊待遇("享")的木制品("木")——外棺。

鲤(lǐ):姓孔,名鲤,字伯鱼,孔子的儿子,他在颜渊去世之前就已逝世,享年五十。然而颜渊去世时只有四十岁。

以吾从大夫之后:"后"犹如"低"、"下"一样,往往具有价值上的根本的否定之意,它不是就事论事的。这句话表明,孔子当时还是鲁国政府中的一名官员,尽管孔子对这一官职是不以为然的。

11.8 颜渊死,子曰:"噫,天丧予!天丧予!"

【译解】

面对自己最心爱的学生颜渊的过早的死去,孔子说:"唉呀!这是发生在我身上的一桩多么令人悲痛的事呵,看来上天是在叫我一次便流干我一生中的所有哀伤的眼泪了!看来上天是在叫我一次便流干我一生中的所有哀伤的眼泪了!"

【注释】

噫(yī):发自心意的感叹。

丧予:使我丧失,掉落。"丧"本由"亡"和"哭"构成(上下结构),意为使悲伤流泪(作动词)和令人悲伤流泪的损失(作名词)。在这里,"丧"作为使役动词,其意思是使我悲伤流泪,使我极度悲伤。

11.9 颜渊死,子哭之恸。

从者曰:"子恸矣!"

曰:"有恸乎?非夫人之为恸而谁为?"

【译解】

颜渊去世,孔子哀伤的心情十分沉重。

他的陪伴者对他说:"我想提醒先生,先生的哀伤过于沉重了!"

孔子回答说:"我的哀伤还能算沉重吗?然而在这个世界上,如果我不为这个人的去世而感到沉重哀伤,那么我还会为谁的去世而感到沉重哀伤呢?"

【注释】

恸:心动,心灵过于激烈的活动和过于强烈、过于沉重的感受。

夫人:此人。

11.10 颜渊死,门人欲厚葬之,子曰:"不可。"

门人厚葬之。子曰:"回也视予犹父也,予不得视犹子也。非我也,夫二三子也。"

【译解】

颜渊去世,他的那些同窗好友想按当时那种很高的标准隆重地安葬他。当他们把这种想法告诉他们的先生孔子时,孔子回答说:"我不赞成你们的这种想法。"

同窗好友们不顾自己先生的反对,终于还是按照他们所设想的那种很高的标准隆重地安葬了颜渊,对此孔子说:"颜渊在生前总是把我当作和他自己的父亲一样的人对待,而在他去世后,我却不能把他当作和我自己的儿子一样的人对待。人们可知道,这并不是我的本意,而是我的那些年轻的先生们使我想这样做而不能这样做。"

11.11 季路问事鬼神,子曰:"未能事人,焉能事鬼?"

曰:"敢问死。"

曰:"未知生,焉知死?"

【译解】

子路问孔子,做一个看不见、摸不着的隐秘的亡灵将是怎么一回事?孔子回答说:"我们还没有做完一个看得见、摸得着的实实在在的人,又怎么能够知道做一个看不见、摸不着的隐秘的亡灵将是怎么一回事呢?"

子路说:"且让我再冒昧地问一个问题:什么是死亡?"

孔子回答说:"在我们还没有完全知道什么是生存之前,我们又怎么能够完全知道什么是死亡呢?"

【注释】

鬼:看不见、摸不着的阴魂、亡灵。"鬼"本来由"由"、"人"和"厶"(私)构成,它的本意是指一种发自人们自己的灵魂中的自私险恶的欲念以及自私险恶的行为,这种自私险恶的欲望与行为在其产生出对他人的明显的危害的后果之前往往具有一种使人看不见、摸不着的隐秘性质,这样"鬼"也就因此而获得了看不见、摸不着的亡灵或阴魂的意思。与"鬼"相区别是:"神"的本意是指一种由上天所启示,由人的心灵所体验到的一种形而上学的存在,这种形而上学的存在也就是天神,就是上帝。

本章所表达的是孔子现世主义的人生态度,与他这种现世主义的人生态度相一致的是他的现世的道德观点与政治观点:道德和政治的正义是对在现世中追求道德与政治正义的人们的一种现世的报偿,而不是一种对于来世的人的一种来世的报偿,因此道德与正义是追求它们的人们的直接的动力。孔子的这种现世主义的观点与人生态度和基督教的来世主义的观点与人生态度是相区别的。同时,孔子的回答非常高明而巧妙地回避了子路所提出的那些人们永远也无法回答的问题。因为对于人类中的每一个个体而言,他们只有可能真正经历生命,而从未有可能真正经历死亡。死亡是人类个体经历之外的东西。如果人能够经历死亡,死亡也就不再是死亡了。

11.12 闵子侍侧,訚訚如也;子路,行行如也;冉子、子贡,侃侃如也。子乐,曰:"若由也,不得其死然。"

【译解】

闵子骞在献身于全人类共同的理性原则与价值信念时,他的行为在人们看来是亲密无间的;子路在献身于全人类共同的理性原则与价值信念时,他的行为在人们看来是雷厉风行、威风凛凛而又我行我素的;冉雍和子贡在献身于全人类共同的理性原则与价值信念时,他们的行为在人们看来是亲切而坦率的。面对这些优秀的人,孔子因这些优秀的人都曾经是他培养的学生而感到无限的喜悦与无限的满足。不过,孔子说:"在我们现在生活于其中的这样一个世界里,像子路那样的献身于全人类共同的理性原则与价值信念的行为,将会使他不能如他所希望的那样,在自己生命结束的最后时刻安乐幸福地死去。"

【注释】

闵子:闵子骞,在孔子的学生中,他以美德而著称于世。

侍:以理性("士")的尺度("寸")作为自己为人行事的尺度的人,也即服从理性的原则或只按理性的要求行事的人,这种人也就是自己理性的顺服仆从。后来"侍"的意思由服从理性的原则引申为抽象的服从,由服务理性的原则引申为抽象的服务,由做自己理性的顺服的仆从引申为抽象的做仆从。

侧:以人类公认的价值标准为标准的人。"则"的本意也许应是根据一定的重量标准按等分划分或切割的钱币("贝"),它作为商品交换中的一般等价物,具有作为一切商品的价值标准与价值尺度的意义。后来,"则"由人们所生产的商品的价值标准与价值尺度的意义,引申为人们一切行为乃至人类的整个生活与存在的价值标准和价值尺度的意义。由于人们的价值标准作为衡量人们的行为的价值尺度,就像人们在商品生产与商品交换活动中的一般价值标准与价值尺度始终与人们的商品生产与商品交换的活动相伴随一样,它也是与人们的社会生活与社会行为始终相伴随的,这样"侧"也就因此而获得了相伴随、相伴随于左右、伴随于身边、在手边、在一旁的意思。而这只是"侧"的引申意。就"侧"的本意来说,它的意思是人类公认的价值标准或价值尺度(作名词)和做一个完全符合人类公认的价值标准与价值尺度的人(作动词),或者做一个追求和献身于人类公认的价值标准与价值尺度的人。

訚:在家门内的谈话,亲密的谈话,或谈话时所表现出来的彼此亲密的情感。

行行:说做就做,雷厉风行,我行我素,不能阻拦。"行"的本意是排成整齐的队列,引申为排队、按队列前进。"行"作为一种军事用语,它显然具有那种说做就做、人们只能服从的意思。

冉子:现在通行的版本都为"冉有",只有唐石经即唐朝人记刻在石头上的《论语》作"冉子"。康有为在他的《论语注》中取用了唐石经的版本,我们在这里同样采用唐石经的版本。冉有即冉求,那么"冉子"又是指谁呢?我认为它指的就是冉雍,冉子是孔子的学生对冉雍的尊称。冉雍具有王者之德,因此孔子说"雍也可使南面",意即冉雍有充任国王的品德与资格。

侃侃：信口如流,亲切而坦率。

不得其死：不能得到人们自己所希望得到的那种死亡方式,也即得不到那种安乐幸福的死亡方式。

11.13 鲁人为长府,闵子骞曰："仍旧贯,如之何？何必改作？"

子曰："夫人不言,言必有中。"

【译解】

当时鲁国的某位政府要人正在计划推行一套为增加政府收入的税收增长政策,闵子骞对这一计划发表评论说："按照原有的长此以往的惯例征税还不行吗？为什么鲁国政府的某位要人要突然作出增加税收的政策改变呢？"

孔子听到闵子骞所发表的那番评论后说："这个人要么根本不对任何事情发表评论,如果一旦他要对什么事情发表评论,那么他所说的话必将是句句有知、句句有理的。"

【注释】

府：总管国家税收与国家开支（公共开支）的最高机构。"府"由"广"和"付"字构成,它的本意应是广大的收入与广大的支出,也即公共的收入与公共的支出,引伸为总管公共收入与公共支出的国家行政机构和由这个行政机构所管理的以税收为基础的国家财富,即国库。

长（zhǎng）：增加,增长。

为长府：推行增加政府收入的政策,也即推行增加国家税收的政策,因为国家收入的来源是国家向人民的征税。

仍：依照,按照,遵循。

旧贯：原有的惯例,过去的做法。

贯：把钱币用一根绳子串在一起（作动词）,或用绳子串在一起的一定数量的钱币（作名词）。在收入时,把钱币以一定的数量串在一起,而在支出时,又把具有一定数量的一串钱币解开来并取下来,这成为人们在商品化的社会生活中的经常性的、反复进行的和持续以往的活动,这种活动将在人们的心灵中造就培养起一种永久性的固定不变的心理定势,这种心理定势也就是"惯",因此"惯"（习惯,惯例）也可视为"贯"的意义的一种自然的延伸。

改作：突然作出增长的改变。"改"的本意是指那种积极的增加、增长和进步性的变革或变化。"作"有突然的行为与偶然的想像之意。

言中：言之有知,言之有理,说得合情合理。

中：中的，中理，不偏不倚。

应该指出，当时鲁国政府仍在执行的那种传统的由西周政府制订的税收制度是比较合理而又人道的——西周政府规定的最高税率是不得超过 10%，因此孔子及其学生都认为当时的鲁国政府不应该突然改变这种历时长久的传统税收政策。本章所涉及的可能就是季孙总理提出、冉求帮助他推行的那种增加税收的政策主张。不过就本章的语境所涉及的那个时间而言，那种增加税收的政策主张，也许还处在议而未决、议而要决的时刻。

11.14 子曰："由之瑟，奚为于丘之门？"门人不敬子路，子曰："由也，升堂矣，未入于室也。"

【译解】

当子路在他的同学们之间大谈特谈他那套纯洁、激进而又失之于粗放的道德与政治理论时，孔子说："子路为自己的琴瑟所创作的那些乐曲为什么要拿到我孔丘的家里来演奏呢？"但当孔子的所有学生都说他们决不会对子路的那套理论抱什么认真的态度时，孔子说："子路到如今只是走到了真理性的知识的殿堂之前的台阶上，但还根本没有进入真理性的知识的殿堂之内。"

【注释】

瑟：古代的一种弹拨乐器，据说为庖牺所造，庖牺用它来演奏自己创作的乐曲。"瑟"作为动词或动名词，指的是用瑟演奏乐曲或用瑟演奏的乐曲。这里的"瑟"的意义是比喻性的，它指的是子路那套激进而又粗放的道德与政治理论。

敬：敬重，认真对待。

升堂：登堂，走到殿堂的台阶上，这里的意思也是比喻性的，它指的是走到了知识与真理的殿堂之前的台阶上。

11.15 子贡问："师与商也孰贤？"

子曰："师也过，商也不及。"

曰："然则师愈与？"

子曰："过犹不及。"

【译解】

子贡问："先生，子张与子夏相比较，你认为哪一个表现得更为优越一些呢？"

孔子说："子张过于激进，而子夏过于保守。"

子贡说："那么你认为子张表现得更为优越一些了？"

孔子说："不，激进与保守一样，两者都偏离了事物的正义，偏离了合理、合宜、合适的中庸之道。"

【注释】

过：偏激,激进,以至超越了事物的正义。

不及：守旧,保守,以至落后于事物的正义。

11.16 季氏富于周公,而求也为之聚敛而附益之。子曰："非吾徒也！小子鸣鼓而攻之可也！"

【译解】

季康子这个鲁国的最大官僚和贵族所拥有的财富已大大超越了西周时期的每一个公爵,而冉求仍不顾孔子的反对而帮助季康子推行他的增加税收的计划,这也就是帮助季康子搜刮全国人民自己应得的那份财富而据为己有,从而使季康子本来就太多的财富不断增加。对此,孔子说："冉求的所作所为已经清楚地表明,他已不再是我的学生,因此我的年轻的先生们,你们现在可以敲起鼓来,对他群起而攻之,我支持你们！"

【注释】

周公：这里不是特指周公旦,而是泛指西周时任何一位获得了公爵爵位的人,这些获得了公爵爵位的人大多数同时又是整个西周联邦内各个邦国的最高统治者,其中周公旦曾升任为西周联邦的最高行政长官。

敛：繁体字为"斂",由一个"合"(省)、二个"口"、二个"人"和一个"攵"构成,其意思是在一个社会共同体("合")内,每一个人都只理性地追求并享受着自己所应得的那一份。因此,"敛"的意思就是在一个社会共同体内只满足于享受自己所应得的那一份的人的行为或行为准则。

聚：这个字本来由"取"和"众"字构成,其意思是取于众人,或向众人获取,这也许是古代集合社会财富,或向众人融资的一种方式。

聚敛：获取社会共同体内每一个人所应得的那一份,也即把社会共同体内的每一个人所拥有的财富占为己有,而能够做到这一点的人只有那些掌握了国家的行政权力的人,他们往往通过增加国家的税收来达到这一目的。在这种情况下,从社会中每一个人那里获取的国家税收,往往不是被用来发展社会公共的福利事业,而是被用来满足政府官员们的日益膨胀的私欲。

附：加,附加,增加。

我们知道,鲁国作为一个国家并未掌握本应由它来掌握的土地。鲁国的绝大多数土地(90%以上)都掌握在孟、叔、季三兄弟所构成的三大家族的手中,而国王本人也只是依靠这三大家族的赏赐而生活。因此鲁国的实际统治者是孟、叔、季三家,特别是长期占据政府宰相职位的季家。当季康子决定增加税收时(主要是土地税),这与其说是鲁国在增加税收,倒不如说是三家在增加税收。

当季康子决定对他的人民增加两倍的税收(孟子也认为是两倍)时,孔子刚刚结束周游列国的旅程而回到鲁国不久。季康子这个总以孔子的朋友和学生的面目出现的穷奢极欲的大官僚(孔子在任鲁国公安及司法部长之时,孔子与季康子乃至整个三家发生了一场对季康子及三家来说是地位攸关、权力攸关的政治大冲突之后,也仍是如此)派冉求去征求孔子对他的这一税收计划的意见(据《左传》)。显然在此之前,季康子对孔子做出了许多友好的表示:致信给孔子,欢迎孔子回鲁国,派冉求去迎接孔子的回国,对孔子回国后的生活提供政府资助和补贴。这个从政府腰包中拿出丰厚可观的资金来为孔子提供经济资助的季康子想获得孔子对他这一增税计划的支持,并利用孔子这一在人民之中享有威望的人的支持来防止这一计划在人民之中所必然引起的举国一片哗然的反对之声。但这个把自己所主宰的政府为孔子所提供的丰厚俸禄乃至特别的经济资助视为一种对孔子的个人恩赐的季康子完全错了。孔子这个人民利益的最坚决的捍卫者决不因为自己是季康子所主宰的那个政府的俸禄的获得者而支持乃至参与那个政府的增加对人民的税收的可耻勾当。他给予了季康子的增税计划以坚决的反对和愤怒的谴责,而他对他的学生冉求不顾自己的反对而推行季康子的增税计划的做法更是忍无可忍。

11.17 柴也愚,参也鲁,师也辟,由也喭。

【译解】

孔子认为,在他的学生之中,子羔失之于愚笨,曾参失之于鲁莽,子张失之于固执,子路失之于夸夸其谈、大言不惭而不切实际。

【注释】

鲁:鱼之口(这个字本来由"鱼"和"口"构成),它盲目地吞下一切自己喜欢的东西,以至于往往吞下了钓鱼者的鱼钩,因此"鲁"具有盲目和粗心大意之意。

辟:法律,引伸为像法律那样严厉而神圣不可侵犯,转指固执己见而毫不动摇的人的行为,仿佛他的意志就像法律。

喭(yàn):美丽动听的语言,大话,夸夸其谈。"彦"的本意是文采,它的褒意是文化修养,贬意是独有其表的华丽辞藻。"彦"由"文"和"彡"构成。

11.18 子曰:"回也其庶乎,屡空。赐不受命,而货殖焉,亿则屡中。"

【译解】

孔子说:"颜渊如我所期待的那样在他的心灵之中建造了一座几乎能够容纳全人类的壮丽辉煌的大楼广厦,而结果这座大楼广厦的每一层却总是空空如也,无人居住;子贡违背我对于他的政治上的厚望而投身于商业的经营活动,结果他的各种商业计划却总是百发百中,从不失利。"

【注释】

庶：众人集居("廿")于火光照耀("灬")的广厦("广")。

屡：楼房中的每一层，它总是以一定的方式、一定的结构多次重复的，引申为一次又一次，多次，总是。这个字可以视为"楼"与"层"的缩略形式。

货：能够转化("化")为金钱("贝")的东西——商品。

殖：置于夕阳消失的地平线之下，种植，引申为经营。

亿：主观臆测的人，依靠自己的主观臆测、主观设想、主观推断、主观计划而生活、而行动的人。这个字本由"亻"和"意"构成，左右结构。

中：中的，达到目标，达到目的，击中目标(作动词)。

子贡因经商而成为当时中国最有名的富豪，这似乎说明，哲学的思想并不是人们现实生活的累赘，如果一个人获得了真正的哲学思想而不只是一个死啃哲学著作的书呆子的话。在古希腊，当人们讥笑哲学家没有实际的可以使自己致富的知识和才能时，哲学家以实际行动给予了反击。这就是哲学史上有口皆碑的泰勒斯致富的故事①。子贡(赐)可以说是中国的泰勒斯，尽管子贡所获得的财富的名声似乎远远胜过了其他的哲学家和政治家的名声。

11.19 子张问善人之道，子曰："不践迹，亦不入于室。"

【译解】

子张问孔子：什么是将自己造就成一个完美无缺的善人的最佳途径？孔子回答说："我不知道什么是将自己造就成一个完美无缺的善人的最佳途径，但是我可以肯定的是，在人们希望将自己造就成一个完美无缺的善人的时候，如果人们不以人类历史上那些伟大的完美无缺的善人作为自己学习的光辉榜样，并踩着他们成长的足迹前进，那么人们是不可能使自己达到那种完美无缺的善人境界的。"

【注释】

践：战争("戈")的铁蹄("足")，战争是一个人接一个人、一匹马接一匹马、一辆车接一辆车的有组织的连续性的活动，是有计划有目的的行为，引申为一切有计划有目的的相互接续、相互仿效的行为。"践"除了具有现在一般的踩踏之意外，在它的本意中可能还具有征服之意和接续、仿效之意，也即踩着前人的足迹前进之意。

---

① 古希腊大哲学家泰勒斯曾被商人质问：听说你学识渊博，可学识没有给你带来金子和面包，可见学识有什么用呢？泰勒斯说，不许你用我的贫穷来贬低知识的价值，咱们走着瞧！他利用他的渊博的天文、农业方面的知识(那时的哲学家并不是现代所有的空头哲学家，而是以科学家身份出现的真正意义上的哲学家)，预见到翌年橄榄将获丰收，于是提前以很低的租金租下了他所居住的那个城市的所有橄榄榨油器。收获橄榄的时节，人人都求他帮忙，他因此赚了大钱。之后他对那位商人说，只要乐意，哲学家是很容易发财的，不过他的智慧不往发财上投入罢了。

迹：完全相同的("亦")足印所构成的行走路线("辶")，行迹，印迹，事迹。这里比喻善人的行动，善人的事迹，善人的榜样。

11.20 子曰："论笃是与，君子者乎？色庄者乎？"
【译解】
孔子说："当人们说到纯真虔诚是一种应该得到赞许和鼓励的美德的时候，人们应该分辨清楚，这种儿童般的纯真虔诚的美德是君子心灵中真正的纯真虔诚的美德呢？还是小人脸上假装出来的一种道貌岸然的表现呢？"
【注释】
笃：纯真虔诚的爱，诚实的爱，儿童对竹马的爱。引伸为纯真虔诚，诚实。
与：赞许，支持，鼓励，实行。

11.21 子路问："闻斯行诸？"
子曰："有父兄在，如之何闻斯行之？"
冉有问："闻斯行诸？"
子曰："闻斯行之。"
公西华曰："由也问'闻斯行诸'，子曰'有父兄在'；求也问'闻斯行诸'，子曰'闻斯行之'。赤也惑，敢问？"
子曰："求也退，故进之；由也兼人，故退之。"
【译解】
子路问："人们是否可以将自己所学到的知识立即付诸行动呢？"
孔子说："既然人们都有父母兄弟在自己的身边，那么为什么不可以首先征求一下他们对于自己所学到的并将准备立即付诸行动的知识的意见呢？"
冉求问："人们是否可以将自己所学到的知识立即付诸行动呢？"
孔子说："既然人们学到了一种知识，那么人们就应该立即将自己所学到的知识付诸自己的行动。"
公西华说："当子路问'人们是否可以将自己所学到的知识立即付诸行动'时，先生的回答是'为什么不首先问问父母兄弟的意见'；而当冉求问'人们是否可以将自己所学到的知识立即付诸行动'时，先生的回答却是'既然人们学到了一种知识，那么人们就应该立即将自己所学到的知识付诸自己的行动'。对于先生的这两种截然不同的回答，你的公西华感到迷惑不解，因此我要冒昧地向先生请教。"
孔子说："冉求在行动上比一般的人保守，所以我要鼓励他的行动；子路在行动上比一般的人激进,所以我要劝阻他的行动。"

【注释】

兼:一手抓住两株禾并将这两株禾一下割倒,引伸为两步当一步走——行动积极而迅速。

兼人:根据这里的语境,它的意思是激进过人。

11.22 子畏于匡,颜渊后,子曰:"吾以女为死矣!"

曰:"子在,回何敢死?"

【译解】

周游列国时,在孔子一行遭受他人的围困乃至于囚禁的这一事件之中,颜渊是最后一个被释放的人,因此当正在为颜渊的生与死忧心如焚的孔子最终看到颜渊的来到时,孔子对颜渊说:"我还以为你一定已经死了呢!"

颜渊却幽默地回答说:"既然先生还活在世界上,你的颜渊怎么胆敢冒昧地死去呢?"

11.23 季子然问:"仲由、冉求可谓大臣与?"

子曰:"吾以子为异之问,曾由与求之问。所谓大臣者,以道事君,不可则止。今由与求也,可谓具臣矣。"

曰:"然则从之者与?"

子曰:"弑父与君,亦不从也。"

【译解】

鲁国的大官僚季孙的儿子季子然问孔子说:"子路、冉求可以称得上是我们鲁国的两位最伟大的公民吗?"

孔子说:"你所问的想必也正是子路与冉求所要问的,我还以为你会问些别的与之完全不同的问题呢!根据我的理解,所谓伟大的公民就是那些立志依据宇宙的道德原则在社会上做一个堂堂正正的正人君子的人,如果人们在一个国家或一个社会中找不到使自己在这个国家或社会中做一个堂堂正正的正人君子的外部条件,那么就去努力改变乃至终止这个国家或这个社会中的这种状态,以为自己在这个国家或这个社会中做一个堂堂正正的正人君子创造条件。现在的子路和冉求只不过是二位随处可见、普普通通的公民而已。"

季子然问:"这二位随处可见、普普通通的公民会不会服服帖帖地服从他们的上级呢?"

孔子说:"根据我的理解,如果他们的上级是一个不仁不义的人并干着不仁不义的事情,那么对于一个真正的伟大公民来说,纵使杀掉他们的父亲也杀掉他们那些正人君子,他们也是决不会服从的。"

【注释】

季子然:鲁国大官僚季孙之子。

大臣:伟大的臣民,伟大的公民(它作为一个理想的社会体之中的一个有机的器官与官能),引伸为在公民社会中担任重大的领导与组织管理之职的人。在一个理想社会中,构成这个理想社会的有机体的每一个人都是这个社会有机体的一种器官和一种官能,一种职责的承担者与实现者。在这里我们发现,如果不从"大臣"的本意上来理解,那么本章的全部话语就不好理解。

曾:想必,本来应该——在本章中,它似乎可以视为"曾"(曾经)的虚拟语态。

以道事君:依据宇宙道德的法则做一个堂堂正正的君子。人们都把"事君"理解为为君主服务,这不仅违背了"事"的本意,也违背了"君主"的本意。只有君主才是为君子服务的,否则就不能称之为君主。此外,对于孔子这个把道德、仁爱与正义看得至高无上的人来说,他是绝对不会把君主的权威看得高于一切的。并且在一个君主已完全失去了其权力与权威而由各个大官僚、大贵族自行其是、称王称霸、横行霸道的世界上,宣扬君主权威至高无上的观点,只有那些极端肤浅无知的人才会这样做。况且,纵使在西周中央政府的权威统一天下的时候,在西周的政治理论中,也不存在君主权威至高无上的观点,相反,它的至高无上的对象是上天以及上天(宇宙)的道德与正义。君主权威至高无上的政治观念①,只是中国社会历史进入封建君主专制后的产物,是那种反世界、反道德、反正义的极端个人主义的思想观念和价值观念发展并确立了其在政治上的绝对统治地位的一个必然结果,而那种反道德、反正义的极端个人主义的思想观念和价值观念在政治上确立其绝对的统治地位的过程,也就是完全的、彻头彻尾的专制制度在社会生活领域中确立其绝对的统治地位的过程。

具:伸手可得的,现成的,具体的,普通的,置于每一个人的眼前的。

具臣:普通的、处处可见的公民。

要正确地理解本章,困难不在于本章的语言文字特别艰深,而在于秦汉以来的官方学者在解释与之相联系的整个先秦典籍时塞入其中的王权至高无上的专制主义的政治观念。要知道,王权至高无上的专制主义的政治观念作为一种文化传统,是在秦汉以来才被确立起来的。

11.24 子路使子羔为费宰,子曰:"贼夫人之子。"

子路曰:"有民人焉,有社稷焉,何必读书,然后为学?"

---

① 孔子在其任职鲁国公安与司法部长的为期不长的政治生涯中,曾经主张恢复鲁国君主完全丧失了的应有权威,这只是为了矫正鲁国政治生活中那种由三家垄断鲁国的全部经济资源与政治资源(权力)的极不正常的现象,而不是主张君主权威至上。

子曰:"是故恶夫佞者。"

【译解】

子路向孔子提议,让子羔去担任鲁国大官僚季孙的领地之一的费地的总管之职,孔子说:"你的提议岂不是要蓄意谋害子羔并使他断子绝孙吗?"

子路说:"那里有我们的人民,有我们的人民赖以生存的土地以及我们的人民所耕种的庄稼,子羔去做这一地区的长官,岂不是也可以学到许多实际有用的知识吗?何必非要认为只有通过读书才能获得知识呢?"

孔子说:"这就是我之所以讨厌你夸夸其谈,只说动听之辞而不顾事实、不切实际的原因。难道你真的对费地究竟是一个什么样的地方,以及做费地的总管究竟是一回什么样的事情一无所知吗?"

【注释】

费:季氏家族的一块封地。《论语·雍也第六》第 9 章载:"季氏使闵子骞为费宰,闵子骞曰:'善为我辞焉!如有复我者,则吾必在汶上矣。'"费地是季氏对人民压迫最甚、也是季氏与人民关系最为紧张的地方。也许正是那个地方的人民曾经迫使季氏不得不带领一支军队逃亡于泰山之上,而季氏之所以经常急需一位费宰,也许是因为费宰经常被人民杀死了,或辞职了。季氏曾要求德高望重的孔子学生闵子骞为费宰,显然也是想借助孔子及其弟子的声望来缓和他与费地人民的剑拔弩张的紧张关系。现在季氏又通过子路向孔子提出同样的要求,并且子路是直接向孔子提议要比较愚笨的子羔去担任费宰这一职务的,这显然无异于在坑害比较愚笨的子羔,因此孔子说子路的提议是想叫子羔断子绝孙。

贼:为了金钱("贝")而不惜拿起武器("戎")并去杀害别人的行为。因此"贼"可以说就是一种谋财害命的行为。"国贼"就是指为了金钱地位和与金钱地位相联系的权力而不惜使用武力杀害自己的同胞、自己的人民的人。"卖国贼"则是指为了从外国人那里获得金钱和支持而出卖国家的主权利益并谋害自己的同胞、自己的人民的人。"贼"后来被引伸为一般意义上的杀害、谋害、偷盗、偷窃者。

社稷:土地和庄稼。

11.25 子路、曾皙、冉有、公西华侍坐。

子曰:"以吾一日长乎尔,毋吾以也。居则曰'不吾知也!'如或知尔,则何以哉!"

子路率尔而对曰:"千乘之国,摄乎大国之间,加之以师旅,因之以饥馑,由也为之,比及三年,可使有勇,且知方也。"

夫子哂之。

"求,尔何如?"

对曰:"方六七十,如五六十,求也为之,比及三年,可使足民。如其礼乐,以俟君子。"

"赤,尔何如?"

对曰:"非曰能之,愿学焉。宗庙之事,如会同,端章甫,愿为小相焉。"

"点,尔何如?"

鼓瑟希,铿尔,舍瑟而作,对曰:"异乎三子者之撰。"

子曰:"何伤乎?亦各言其志也。"

曰:"莫春者,春服既成,冠者五六人,童子六七人,浴乎沂,风乎舞雩,咏而归。"

夫子喟然叹曰:"吾与点也!"

三子者出,曾晳后。曾晳曰:"夫三子者之言何如?"

子曰:"亦各言其志也已矣。"

曰:"夫子何哂由也?"

曰:"为国以礼,其言不让,是故哂之。"

"唯求则非邦也与?"

"安见方六七十如五六十而非邦也者?"

"唯赤则非邦也与?"

"宗庙会同,非诸侯而何?赤也为之小,孰能为之大?"

【译解】

子路、曾晳、冉求、公西华沉思默想、相对无言地坐在一起。

坐在他们对面案头前忙碌的孔子见到这种情况后,便对他们说:"我比你们在年龄上只不过是大一点点,你们决不要因为我这个比你们在年龄上大一点点的人在场就感到不便于说话和交谈。你们平时在家里不总是不停地抱怨说'没人能了解我的志向与抱负'吗?假如你们希望有人能够理解你们的志向与抱负,那么你们现在为什么要彼此坐在一起而又独自沉思默想、相对无言呢?"

子路率先发言说:"假如有一个人口众多的大国,它为几个大国所包围,受几个大国所钳制,外有敌军压境,内有饥馑相迫,即使这样的一个国家让我去担当起它的领导和管理之职,那么我也坚信,在为期三年的时间内,我便可以使这个国家恢复勇气并找到复兴富强的方向与道路。"

孔子听了子路所说的话否定地摇了摇头。

"冉求,你的志向与抱负又是什么呢?"孔子问。

冉求回答说:"如果有一个方圆六七十里或五六十里的国家让我来担当起它的领导与管理之职,那么持续三年,我可以使这个国家的人民对我的领导与管理感到满意。但如果说要在这个国家之中完全实现社会的正义和以社会的正义为基础的全体人民的幸福,那么这个国家的人民就只能期待着一个比我更为贤明的君子了。"

"公西华,你的志向与抱负又是什么呢?"孔子问。

公西华回答说:"我不能说我有领导和管理一个国家的知识与能力,但我愿意为获得这些知识与能力而努力学习。因此在从事一个国家的宗教和政治活动之中,在参与一个国家的外交协商谈判的会议之中,在出席一个国家的修定政策和法律的专家会议之中,我愿意做一位他人的小学生,做一位与他人随行随坐的小官员。"

"曾皙,你的志向与抱负又是什么呢?"孔子问。

曾皙放慢了弹奏琴瑟的速度,最后是一声轰响——曾皙突然丢下手中的琴瑟,并立即站起来回答说:"我与以上三位所设想的美好志向和抱负不同。"

孔子说:"这又有什么关系呢?他们也只不过是谈谈自己的志向、自己的理想而已。"

曾皙说:"就我个人的不同于各位的志向与抱负来说,我愿在晚春的每一天,穿上新制的春装,与五六个青年,六七个少年,一起在早上出发,到大沂河中游泳沐浴,到舞雩平坛上招风乘凉,直到夕阳西下的傍晚,大家一路歌唱并在大家的一片歌声中迈步回家。"

孔子深深地感叹说:"我欣赏曾皙的志向与理想!"

子路、冉求和公西华三人出来了,曾皙走在孔子的后面。曾皙问孔子:"你觉得走在我们前面的三位所说的话怎么样呢?"

孔子说:"都只不过是说说自己的志向和理想而已。"

曾皙说:"先生为什么对子路所说的话摇头否定呢?"

孔子说:"领导管理一个国家必须以人民自由平等、文明礼貌的协商参与为依靠,而不能把自己的意志强加在人民的头上,那怕它是最好的意志。正因为如此,从子路的言语中所表露出来的那种高高在上、专横无礼的态度是应该受到轻视和否定的。"

"而冉求所说的国家并非一个国家是不是?"曾皙问。

"你怎么能见得一个方圆六七十里或五六十里的地区就不能算是一个国家呢?"孔子反问道。

"公西华所说的总该不是一个国家吧?"曾皙问。

"从事宗教、政治、外交事务的,不是国家又是什么呢?如果公西华所说的国家仍然只是一个小地方,而不是一个国家,那么子路、冉求所说的国家与公西华所说的国家相比,又有哪一个能够算得上是一个国家呢?"

【注释】

曾皙:姓曾,名点,字子皙,曾参的父亲,孔子的学生。

侍:思索的,若有所思的,沉浸在理性与逻辑之中并为理性与逻辑的原则所掌握的人,只与理性与逻辑的原则相陪伴的人。"陪伴"是"侍"的引伸意。

侍坐:沉思地、默默无语地坐着。

以吾一日长乎尔:就我比你们多生活了几天而言,就我比你们年长一点点而言。

毋吾以也:毋吾以侍坐也。不要因为我在场而感到不便于说话和交谈,以至于只好沉思地、默默无语地坐着。

居:回到家里的时候,平时在家里的时候。

率:率先的意思。

比:连续,接连。

哂(shěn):否定地微笑,轻视地微笑。"西"是太阳下落的方向,因此"西"有"使下落"乃至于"贬低"的意思。

俟(sì):带着备用的箭并准备射击的人,引伸为准备,等待,期待。

如:前往,参加。

如会同:去参加与外国的协商谈判的会议或协商会谈。

端:坐立,坚挺、笔直地坐立,引伸为端正、修正、改正。

章:规章制度,政策法令。系统("十")地立("立")言("曰"),也即制定全面系统的政策、法令。

甫:这个字本来由"父"(老年的,成熟的,有经验,受人尊敬的)和"用"构成,因此,"甫"应是有经验的并受人尊重的专门人才——专家。

端章甫:其直接的含意是修正政策和法令(典章制度)的专家,根据这里的语境,这里的意义是出席修正政策和法令的专家会议。

小相:具有初级资历和担任低级职务的人员。

点:也即曾皙,他名点,字子皙。

撰:美好的设想,动人的杜撰。

莫春:暮春。晚春。"莫"本指落入草丛之中的太阳,因此它的意思也就是暮晚。

冠者:有资格戴礼帽、穿礼服的人,也即成年的青年(十七八岁的人)。

沂(yí)：沂江，在今山东曲阜县南。

风：这里作为动词，意为招风，置身于风中，让自然的风吹拂全身。

舞：舞蹈。在古代它和宗教活动相联系，是一种向神灵祈祷的巫术。

雩(yú)：雨下，使雨降落。

舞雩：以一种巫术仪式(舞蹈)祈天降雨，转指以一种巫术仪式(舞蹈)祈天降雨的地方，它肯定是一个建在山岗上的能够容纳许多人的平坛，据说它也在今山东曲阜县。

咏：拖腔的语调，歌唱，歌咏。

吾与点也：我欣赏曾晳的志愿和理想。关于这一点，有人据此认为孔子是一个自由的无政府主义者，这是完全不正确的。事实上，孔子所表达的只是一切正直而善良的人们对于自由的、无拘无束的幸福生活的一种深沉而永恒的渴望。孔子深知，只有自由自在、无拘无束的幸福生活才是一切正直而善良的人们追求的永恒目标，而国家的以善和正义为目的的政治和法律都是有限的，它们只为非义与罪恶而存在。假如人们生活在一个完全没有非义与罪恶的理想国家之中，假如生活在这个理想国家之中的每一个人的行为都是正直而善良的，那么那些正直而善良的人们也就不必付出如此痛苦、如此艰辛的努力，以毕生的精力和生命去追求政治与法律的目的，去实现政治与法律所要实现的正义了。因此，对于任何一个正直善良的人来说，当他们生活在一个没有正义的世界上并面对这个世界上的一切不义与罪恶时，他们总是带着一种哈姆雷特般的悲愤心情去投身于政治与法律所要实现的那种正义的事业的，这是一切爱好正义的正直而善良的人们的一种迫不得已、无法回避、没有退路的选择。为了这一正义的事业，人们深知自己将要付出的沉重的代价。在一个颠倒错乱、完全失去了正义的世界上，人们将为了它而不得不放弃自由，放弃幸福，放弃爱情，乃至于放弃生命。能够理解这一点的人，就能够理解孔子在这里所抱的态度。能够理解这一点的人，就不会说孔子是一个自由的无政府主义者。

确实，在一个没有正义的世界上实现正义，这是一切正直而善良的人们不得不肩负的可悲职责，正像哈姆雷特以沉重的忧郁口吻所说的那样："在这样一个没有正义的颠倒错乱的世界上，可悲的我却不得不肩负起这重整乾坤的责任。"

礼：与这里的语境相联系，其意思是文明礼貌。

不让：专横，专断，说树立就得树立，说拔除就得拔除，不给人以任何思考的余地与选择的机会。

为国以礼，其言不让，是故哂之：国家应该是人民的国家，一个理想的国家应该是一个全体人民能够平等参加、平等协商的合作性的社会组织。因此创建一个理想的国家和一个理想的社会，必须依靠人民广泛的参加与协商，必须以文明、平等、民主的方式进行。人们不能以一种高高在上的专横态度把那怕是一个理想的国家制度或一个理想的社会组织形式强加给构成这个国家的主体的人民，正像人们不能以一种专横的态度给人以施舍一样。为他人准备了一桌丰盛的食品，他人也只有在得到文明的邀请之后才会愿意出席。因此从子路的言语中所表露出来的那种高高在上、专断无礼的统治态度是应该受到轻视和否定的。

安见方六七十如五六十而非邦也者：怎么见得一个方圆六七十里或五六十里的地区就不能算作一个国家呢？从这里我们也可推知，孔子所赞赏的西周联邦是一个各个地方政府或国家高度自治的联合国家。

赤也为之小，孰能为之大：这里的"小"和"大"是相对于公西华(赤)他们所说的国家的地域而言的，而不是就只有公西华一个人所说的官职(小相)而言的。

颜渊第十二

12.1 颜渊问仁,子曰:"克己复礼为仁。一日克己复礼,天下归仁焉。为仁由己,而由人乎哉?"

颜渊曰:"请问其目。"

子曰:"非礼勿视,非礼勿听,非礼勿言,非礼勿动。"

颜渊曰:"回虽不敏,请事斯语矣。"

【译解】

颜渊问到我们应该怎样行动才能在人类社会中恢复宇宙曾经赋予人类的仁爱之心的问题,孔子说:"只要我们每一个人都自觉地肩负起自己在一个失去了真理、正义与道德的世界上重新恢复真理、正义与道德的神圣使命,那么我们就能够在人类社会中恢复宇宙曾经赋予我们人类每一个人的仁爱之心。一旦我们每一个人都自觉地肩负起自己在一个失去了真理、正义与道德的世界上重新恢复真理、正义与道德的神圣使命,那么整个人类社会就会重新回复到人与人之间的固有的仁爱状态。恢复宇宙曾经赋予人类的固有的仁爱之心的工作,除了首先从我们这些人自己开始之外,难道我们还能指望从别人开始吗?"

颜渊说:"请问,为了肩负起自己在一个失去了真理、正义与道德的世界上重新实现真理、正义与道德的神圣使命,我现在应该着手身体力行地做哪些具体的事情呢?"

孔子说:"对于现实社会中的任何不合于真理、正义与道德的事情都不要去观看欣赏;对于现实社会中的任何不合于真理、正义与道德的事情都不要去学习模仿;对于现实社会中的任何不合于真理、正义与道德的事情都不要去谈论宣扬;对于现实社会中的任何不合于真理、正义与道德的事情都不要去盲从实行。"

颜渊说:"先生,你的颜渊虽然头脑迟钝,不善思考,但请你相信,我会尽力照你所说的话去做的。"

【注释】

仁：以人("亻")为目的的宇宙("二")的道德、人道或仁爱。

克：在这个字的原始的符号形式中,我们发现,它的本意是指屋顶和将屋顶支撑起来的复杂结构。因此"克"的本意是牢固地竖立在地面上的人类建筑物,它是人类支配自然、超越自然并因此而获得高于自然的存在的意志的胜利象征。因此"克"既具有竖立、支撑、肩负(就建筑物的基础结构来说)的意思,又具有支配、超越、胜过、摆脱、消除、战胜、征服的意思(后者是前者的抽象的引伸意)。《说文》:"克,肩也,像屋下刻木之形。……徐错曰:'克,肩任也,负荷之名也,与人肩膊之意通,能胜此物谓之克。'……"可见,肩负或成功地肩负、成功地实现、成功地达到等等应是"克"的最基本的意思。

复：回复,恢复,使重新来到,使重新存在,使重新实现。

礼：真理,正义,道德。

克己复礼：肩负起人们自己在一个失去了真理、正义与道德的世界上重新恢复真理、正义与道德的神圣使命。

目：眼睛,这里的意思是指看得见的具体的做法。

12.2 仲弓问仁,子曰:"出门如见大宾,使民如承大祭。己所不欲,勿施于人。在邦无怨,在家无怨。"

仲弓曰:"雍虽不敏,请事斯语矣。"

【译解】

冉雍问到一个人应怎样行动才能表明他是一个具有仁爱之心的人的问题,孔子说:"只有当一个人自己离开自己的家门而来到社会之中时,能够使自己表现得像是这个社会的主人一样,而对待社会中的每一个人就像对待自己的家人,并主动承担起自己对于他们所应承担的每一种责任;只有当一个人自己成为人民事业的代表而在社会中担当起主持正义并使社会达到广泛一致的和谐统一的使命时,能够使自己表现得像是主持举国一致的宗教仪式一样,对待人民的事业、社会的正义与国家的和谐统一就像对待上天的神灵一样怀抱着虔诚的敬意,并像认真履行自己对神所作出的誓言与承诺一样认真履行自己对人民所作出的誓言与承诺;这样,他作为人类社会中的杰出一员,他的行为才能表明他是一个具有仁爱之心的人。对于一个一般的人来说,只有当他不把自己所不希望的东西强加在他人的身上的时候,才能表明他是一个具有仁爱之心的人。总之对于一个具有仁爱之心的人来说,他在社会中的一切行为都应是每一个社会成员所无法抱怨指责的,就像他在家庭中的一切行为也都应是每一个家庭中的成员所无法抱怨指责的一样。"

冉雍说:"先生,你的冉雍虽然头脑迟钝,不善思考,但请你相信,我会尽力按照你所说的这些话去行动的。"

【注释】

大宾:绝对的主人,伟大的主人,即国家的主人,社会的主人。"宾"的本意是富有的而又乐善好施的主人。

使:事,做,肩负,承担,充任。"使"就其本意来说,可直接理解为"人吏",即公平一律、不偏不倚的统管人类事务的代表或代理。"吏"的本意是主持正义并使社会保持统一的活动。

民:人类的共同体,公民社会,国民。"民"在其原始的符号形式中,它是由众人(三个"人"字)所构成的一个彼此相连的圆圈,因此,"民"所表达的正是人类社会的共同体的概念。

承:《说文》:"承,奉也,受也。"从"承"的原始的符号形式中,我们可以看出,它所表达的意思是众手(三只手)的活动:众手举起一个作为国家之象征的吉祥的信物。

大祭:国祭,国家的盛大庆典,祈祷和祭祀是其中的重要内容,它是对全人类和全体国民的共同的思想意识与共同的价值信念表示一致的认同与尊崇的一种仪式。

12.3 司马牛问仁,子曰:"仁者,其言也讱。"

曰:"其言也讱,斯谓之仁已乎?"

子曰:"为之难,言之得无讱乎?"

【译解】

司马牛问到有关我们应该在当今的世界上实现宇宙的仁爱与道德的问题,孔子说:"为了在当今的世界上实现宇宙的仁爱与道德,首先我们在公开直接地表达我们自己对于当今世界的观点与看法的语言方面就必须做到真假分明、善恶分明而毫不含糊。"

司马牛说:"在公开直接地表达我们自己对于当今世界的观点与看法的语言方面,我们做到了真假分明、善恶分明而毫不含糊,这样我们就可以断定我们能够在这个世界上实现我们所要实现的宇宙的仁爱与道德吗?"

孔子说:"要在我们当今的世界上实现我们所要实现的宇宙的仁爱与道德,决非这么轻而易举,但正因为我们深知要实现它的困难性,所以,我们岂能在公开直接地表达我们自己对于当今世界的观点与看法的语言方面不首先做到真假分明、善恶分明而毫不含糊吗?"

【注释】

讱(rèn):言刃,刃言利语,锋利的语言,毫不含糊的语言,真假善恶分明的语言,判断正确的语言。"讱"作为原来那个"认"字(它表达的正是心灵中的一种真假善恶分明的认知状态)的重要构成成分,即"認"字的重要构成成分。对于这个"讱"字,有的学者把它解释为"迟钝",有的学者把它解释为"谨慎",有的学者把它解释为"忍"或"忍让",我认为这种种解释都不是基于对文字本身结构的认真分析的解释,因此这些解释都是主观任意的。《说文》:"讱,顿也。""顿"即首肯,肯定,它所表达的意思也就是——就是一,二就是二,自己怎么理解就怎么说,毫不含糊,直截了当。《说文》的解释无疑是正确的。

12.4 司马牛问君子,子曰:"君子不忧不惧。"

曰:"不忧不惧,斯谓之君子已乎?"

子曰:"内省不疚,夫何忧何惧?"

【译解】

司马牛问到一个君子究竟是一种什么样的人的问题,孔子说:"所谓君子就是指那种在自己的心灵中完全没有忧虑与恐惧的人。"

司马牛说:"一个在自己的心灵中完全没有忧虑和恐惧的人,我们就可以因此而称之为一位真正的君子了吗?"

孔子说:"当一个人扪心自问而认识到自己没有做任何使自己感到羞愧、感到遗憾、感到良心的不安与良心的谴责的事情时,在他的内心中又有什么会使他感到忧虑与恐惧的呢?而当一个人扪心自问而认识到自己没有做任何使自己感到羞愧、感到遗憾、感到良心的不安与良心的谴责的事情时,这不正好说明他就是一个堂堂正正的君子吗?"

【注释】

疚:久病,长久的谴责,长久的非难,长久的不安,长久的难过,长久的担忧。疾病是人为之担心与恐惧的对象,因此"病"作为动词,具有担心、恐惧、忧虑的意思。此外疾病又是对人造成巨大危害的对象,因此"病"又具有危险有害的因而应受指责与非难的意思,所谓"诟病"这一词语就具有这种意思。

12.5 司马牛忧曰:"人皆有兄弟,我独亡。"

子夏曰:"商闻之矣:死生有命,富贵在天。君子敬而无失,与人恭而有礼。四海之内,皆兄弟也。君子何患乎无兄弟也?"

【译解】

司马牛忧心地说:"在我们所有的同学之中,每一个人都有兄弟姐妹,惟独我一个人没有。"

子夏说:"我曾听说过:每一个人都是从不存在到存在,从没有生命到拥有生命的,而那使我们从不存在到存在、从没有生命到拥有生命的东西只是那宇宙的必然的命运,因此我们的存在与生命只是宇宙的赐予,就像我们的珍贵而有价值的生活都是宇宙的赐予一样。就我们每一个人的存在与生命都只是上天的赐予这一点来说,我们每一个人天生就是兄弟姐妹。只要我们每一个人在自己的一生中始终做一个堂堂正正的正人君子,并像一个正人君子一样对自己的一切行为所包含的道德意义时刻怀着严肃认真的态度,以确保我们的一切行为毫无过失,以确保我们能够以一种完全公平正义、合情合理的态度去对待一切与我们交往的人,这样,我们就会发现,四海之内,无论男女老少,都将是我们的兄弟姐妹。我们又有什么必要为我们没有兄弟姐妹而忧虑担心呢?"

【注释】

人皆有兄弟,我独亡:我们曾经谈到过,司马牛作为宋国一个大贵族的家庭成员,不是没有兄弟。就我们所知,他至少有两个兄弟,而大官僚即宋国的宰相桓魋就是其中之一。可见,当司马牛宣称自己没有兄弟时,只不过是表明他根本不愿意把他的兄弟桓魋那样的完全腐化堕落的兄弟视作为兄弟而已。

死生有命,富贵在天:"死生"在这里所强调的是生,而不是死。如果我们把"死"理解为存在的消失,即理解为不存在,那么我们甚至应该把这里的"死生"理解为从不存在中获得存在,从没有生命中获得生命。每一个人都是从不存在到获得存在,从没有生命到获得生命的。这种存在与生命只能理解为宇宙所赋予的存在与生命。而"命"就是宇宙万物存在的那种普遍一致的必然性。正如人的存在与生命是来自宇宙的那种普遍的必然性一样,人的富有而有尊严的生活条件也是来自宇宙("天")的那种普遍的必然性的。人的生存与自由幸福都只是那个人道的宇宙的一种必然。这也正是中国古人所抱持的天人合一的人生观与价值观。这种自然主义与人本主义相统一的宇宙主义的人生观与价值观,可以说是中国最古老的人生观与价值观。子夏这里所表达的"死生有命,富贵在天"和"四海之内皆兄弟"的思想观念,都可以说是这种宇宙主义的人生观与价值观的一种必然的结论或引伸,可惜后来的人们对此作了一种颠倒歪曲的解释。在整个专制主义的时代,这种歪曲颠倒的解释曾普遍地成为对社会中的一切不合理的社会权力与社会财富的分配形式与占有形式的一种辩护。许多从这种不合理、不正义的社会权力与社会财富的分配形式与占有形式中获得巨大好处的人们,都把这种不合理、不正义的社会权力与社会财富的分配形式与占有形式所导致的有利于他们的结果看作是一种和自然的生命本身一样的由完全不可知的宿命所主宰和控制的东西。在这里我们又一次看清楚了专制制度完全依赖着它与愚昧的联盟。"愚民政策"是专制制度主要的政治原则与政治策略。

敬而无失:对自己的一切行为所包含的道德意义抱持一种严肃认真的态度,以确保自己的一切行为没有过失。"敬"的本意是对包含于人的言语行为之中的道德意义抱持一种理性的严肃认识的态度。

四海之内,皆兄弟:这句话所表达的并不只是一个诗人的美好愿望,更是中国古代的哲人所认识到的一个根本的事实:我们每一个人都是为天所生、为天所养,我们每一个人都是为天所生、为天所养的天子,所以我们每一个人都是具有共同的本源、共同的血缘的兄弟姐妹。兄弟姐妹是整个人类之中的人与人之间的最本质的关系,因为我们生命的本源存在于宇宙之中。只是人们的非道德、非正义的行为把我们人类之间的那种天然的兄弟姐妹关系破坏掉了。

12.6 子张问明,子曰:"浸润之谮,肤受之愬,不行焉,可谓明也已矣。浸润之谮,肤受之愬,不行焉,可谓远也已矣。"

【译解】

子张问一个怎样的政治领导人才能算作一个明智的政治领导人,孔子说:"如果一个政治领导人能够做到,在他的领导之下,人们根本不能够通过阿谀奉承来获得自己想要获得的利己的好处,也根本不能够通过诬蔑陷害来达到自己想要达到的损人的目的,那么这样的政治领导人就可称之为明智的政治领导人。如果一个政治领导人能够做到,在他的领导之下,人们根本不能通过阿谀奉承来获得自己想要获得的利己的好处,也根本不能通过诬蔑陷害来达到自己想要达到的损人的目的,那么这样的政治领导人也可以称之为具有远见卓识的政治领导人。"

【注释】

明:明智,明达,把一切真与假、善与恶看得清清楚楚,这也就是在心灵和思想上完全不受蒙蔽。

浸:渗透,浸渍,浸染,汲取。这个字的本意是通过两只手的挤压以从对象中榨取水分。从这个字的原始的符号形式来看,它似乎很像原始的流传至今的酿造冬酒的技术中的最后一道工序:将经过加水浸泡一段相当长的时间后的酒糟放进一个小小的竹篓里,竹篓盛满酒糟后,在上面加一个碗,然后用两只手分别挤压碗和竹篓,这样酒就会从酒糟中完全榨出,并从竹篓中流到浸酒的容器中。可见"浸"的本意是榨取液汁的活动,引伸为从某一对象中获取利益和好处。也许正因为如此,"侵"指的是专门从他人身上获取好处而不惜损害他人的人。

润:利润。

浸润:榨取利润,获取好处。

谮:赞美之辞,益美之言,阿谀之言。这个字本来应是由"言"、"先"、"曰"构成,它和"赞"字在结构上有重大的一致性。

肤受:虎的胃(肤的繁体字为膚)中想受纳的东西,引伸为一种险恶的用心,一种凶狠而又贪婪的行为。

愬:违心,说违背良心的话,做违背良心的事。逆反的心理,对人不满和不怀好意的心理,在这种不怀好意的心理支配下所说出来的不合实际的话,这里根据语境可理解为诬蔑,诬陷,无端的指责。现在这个字写作"诉",它的本意也许就是斥责之言、贬抑之辞。

远：在这里它作为一种认知活动(认知性动名词)，其意思也就是"远见"，"远见卓识"。

12.7 子贡问政,子曰:"足食,足兵,民信之矣。"

子贡曰:"必不得已而去,于斯三者何先？"

曰:"去兵。"

子贡曰:"必不得已而去,于斯二者何先？"

曰:"去食。自古皆有死,民无信不立。"

【译解】

子贡问到,在我们现在所生活的那个险恶的世界上,一个如我们所设想的完全合于政治正义的理想政府应该具备哪些基本条件才能生存？孔子说:"一个如我们所设想的完全合于政治正义的理想政府在我们现在所生活的那个险恶的世界上生存,需要具备的基本条件有三个:一、政府拥有充足的粮食；二、政府拥有充足的武备；三、人民信任它,即政府拥有人民的充分信任。"

子贡问:"如果这个政府在万不得已的情况下不得不放弃它所拥有的那三个基本条件之中的一个条件,那么在这三个基本条件之中,哪一个条件应最先放弃呢？"

孔子说:"那么这个政府就应该首先放弃它所拥有的充足的武备。"

子贡问:"如果这个政府在万不得已的情况下不得不再次放弃它所拥有的两个基本条件之中的一个条件,那么在这两个基本条件之中,哪一个条件应最先放弃呢？"

孔子说:"那么这个政府就应该放弃它所拥有的充足的粮食。这个政府所拥有的人民的充分信任是绝对不能放弃的。人们也许会说,当政府放弃它所拥有的充足粮食,那些不直接从事生产的政府官员岂不会因为饥饿而死去吗？对此,我的回答是,自古以来每一个人都会死去,然而一个理想的政府如果没有人民充分的信任,它就不可能确立。"

【注释】

政：政治,政府。这里指一个良好的理想的政府在现实世界中得以生存的最基本的条件。

兵：武器,兵器。《说文》:"兵,械也,从廾持斤。"从"兵"字的原始符号形式中可以看出,它是双手握着的一把长斧。可见"兵"的本意应是武器,引伸为掌握武器的军事人员——军队。

民信之：人民信任政府,这是一个理想的政府得以存在的先决条件。一个理想的政府如果没有得到人民的信任,它就不可能存在;一个政府得不到人民的信任,它就不可能是一个理想的政府。这个得不到人民信任的政府也就是人民的敌人,就是一个与人民意愿为敌的政府。

12.8 棘子成曰:"君子质而已矣,何以文为!"

子贡曰:"惜乎!夫子之说君子也,驷不及舌!文犹质也,质犹文也,虎豹之鞟犹犬羊之鞟。"

【译解】

卫国的一位高级官员棘子成说:"我想,作为一位君子,他只需要努力保持其天生的优良品质就可以了,有什么必要去接受文化教育、获得文明教养呢?"

子贡说:"你这位老先生这样谈论君子,我多么为你惋惜!如果你这样的谈论被人传出去,这对你的名声将产生不利的影响(人们将会从你的这种谈论中得出你是一个无知的人的结论),要知道,俗话说得好:一言既出,驷马难追;好事不出门,坏事传千里。应该说,对于一个君子来说,自己后天的优秀的文明教养对于自己先天的优秀品质来说,具有与自己先天的优秀品质同等重要的意义,犹如自己先天的优秀品质对于自己后天的优秀的文明教养来说,具有与自己后天的优秀的文明教养同等重要的意义一样。并且我还要说的是,对于大多数只具有普普通通的天生素质的人来说,人们后天的文明教养比之人们先天的品质具有更为重要的意义,人们这种后天的文明教养犹如人们优秀的加工皮革的技术,经由这种优秀的加工技术所加工出来的任何皮革,不论它是虎豹的皮革还是犬羊的皮革,都将成为人们争相享有的对象。"

【注释】

棘子成:卫国的一位高级官员。

夫子:你这位老先生。"夫"也常常作为代词,其意思是"这"或"这个"。孔子曾好几次这样使用这个"夫"字。通常的"夫子"的意思是指哲人、学者、老师。子贡在这里称棘子成为"夫子",其意思似乎是双重的,它显然具有讽刺的意味。

驷不及舌:驷不及言。"舌"是人的语言器官中的重要组成,因此"舌"由语言器官的意思引申为语言的意思。这句话可以视为"一言既出,驷马难追"的简略形式,其意思是由四匹马拉的马车的速度远远比不上人们所说的话语的传播速度。人们往往用这句话来提醒人们说话时要小心谨慎,而不要信口开河,以免因言语不慎而给自己的名声带来损害。

鞟(kuò):经精心加工的高级皮革,这种高级皮革可以视为人们的一种享受,因此它将成为人们希望享有的对象。"鞟"可直接理解为"人人都想享有的皮革"。"鞟"不是指去毛的皮革,而是指精心加工以至使得人人都想享有的精致的皮革或皮毛制品。

"虎豹之鞹犹犬羊之鞹":这句话的意思不是指去毛后的虎豹的皮革与去毛后的犬羊的皮革没有区别,而是指经精心加工的虎豹的皮革与经精心加工的犬羊的皮革一样精致,一样使人喜欢。因此这句话所强调的是人工加工相对于加工材料的自然品质的重要性。也就是说,人工的加工有可能从根本上改造并提高材料的低劣的自然品质。它作为人的后天教养的比喻,其意思也就是说,对于那些先天品质一般的人来说,后天的教养将从根本上改善提高人们天生的品质,因此在这种意义上说,后天的教养之于人具有更大的重要性。

12.9 哀公问于有若曰:"年饥,用不足,如之何?"

有若对曰:"盍彻乎?"

曰:"二,吾犹不足,如之何其彻也?"

对曰:"百姓足,君孰与不足?百姓不足,君孰与足?"

【译解】

鲁国国王哀公向有若请教说:"几年来全国的收成一直不好,人民因此都在忍饥挨饿,而国家的税收也因此不能满足政府的各项开支,面对这种情况,你认为政府应该如何是好?"

有若对哀公说:"你可不可以考虑把国家征税的税率降低到西周法定的那种十分之一的最高税率界限的水平之下呢?"

哀公说:"目前国家按照十分之二的税率征税都还不能满足政府的各项开支,按十分之一以下的税率征税又怎么能满足政府的各项开支呢?"

有若说:"当税率降到十分之一以下的合理水平,人民生产生活之中的各项开支就有可能得到满足,全民的生产就会全面发展,全民的产值就会大幅度提高,而随着全民生产的全面发展与全民产值的大幅度提高,难道有哪一个国王会坚持认为十分之一以下的合理税率不足以满足政府的各项开支吗?相反,当政府的税率提高到了一种不合理的水平,人民的生产生活之中的各项开支得不到满足,全民的生产就会全面萎缩,全民的产值就会大幅度下降,而随着全民生产的全面萎缩与全民产值的大幅度下降,难道又有哪一个国王会坚持认为十分之二乃至十分之三的税率就能够满足政府的各项开支呢?"

【注释】

彻:彻底,完全。据说,在这个字的古老的符号形式中,它所表达的意思是把锅子里的全部食物(包括锅巴)都吃完。因此,当"彻"作为动词时,它具有完全占有,全部征收的意思。这里是指西周法律所规定的税率的最高界限,这个税率的最高界限就是十分之一,人称什一税。因此当"彻"指税收本身时,它就是指按税率的最高界限十分之一征税。这里的"彻"作动词,意为按西周政府所规定的十分之一的最高税率限额征税。

二:十分之二的税率,这种税率也许正是由季氏政府所实施的那种新的税收政策的税率,正是这种税率最终导致了哀公所说的"年饥,用不足,如之何?"的可悲结果。可见当时孔子及其学生对这种新的税收政策的反对是完全有理由的。

与:赞成,支持,附和,这里的意思是坚持某一种看法,赞成某一种观点。

君:君子,这里指具有君子的理想人格的理想国王。

君孰与不足:有哪一位具有君子的理想人格的理想国王会坚持认为这种税率不能满足政府的开支呢?

应该指出,这里的"足"与"不足"都是与政府的税收相联系的。有若正是在与政府的税收的联系中谈论"足"与"不足"的问题,而与政府的税收相联系的"足"与"不足"的问题显然是:合理的税率可以促进全民生产的发展,这样全民生产的发展不仅可直接增加人民对财富的占有量,也间接地增加政府对财富的占有量,因为合理的税率会因它所促进的全民生产的发展与全民产值的提高而使政府的税收总量增加。相反,不合理的高税率将会使全民的生产萎缩,全民产值下降,政府的税收总量将随着这种不合理的高税率所带来的全民生产的萎缩与全民产值的下降而减少。

12.10 子张问崇德辨惑,子曰:"主忠信,徙义,崇德也。爱之欲其生,恶之欲其死,既欲其生,又欲其死,是惑也。'诚不以富,亦祇以异。'"

【译解】

子张问到有关人们如何弘扬道德和辨别迷惑的问题,孔子说:"只要人们能够始终抱持着公平不倚、诚实无欺的生活态度与生活原则,并使自己的言行始终符合事物的正义,那么人们就能够弘扬自己心灵中所心爱的道德。当人们在根据自己一时的主观感受而热爱一个对象时便希望它永生,当人们在根据自己一时的主观感受而厌恶一个对象时便希望它立即死去,这种既希望它永生,又希望它立即死去的认知状态与心理状态,就是理性与心灵的迷惑的状态,这种状态将使人们对于任何事物都没有确定的认识与确定的态度。《诗经》中有一首诗这样说:'如果有人不以完全诚实的态度而要以三心二意的态度对待自己的爱情,那么人们将把他的那种三心二意的爱情视为一种与之完全相反的东西,因而他也就将永远得不到人们的爱情。'我们也可以普泛地说,如果人们不以完全诚实的态度来对待自己所深爱的一切,那么人们最终将会失去它们。"

【注释】

徙:向目的地迁移,走向目的地,向往,追求。

惑:对于同一个对象,时而认为它好,时而认为它坏,时而认为它善,时而认为它恶,时而认为它是这样,时而认为它是那样,这种对于同一个对象的或好或坏,或善或恶,或这样或那样的摇摆不定、永不确定的认知状态也就是"惑"的状态。

生:在这里它作为爱者的心愿,意即永生,永远存在,永远和自己相伴相随。

死:在这里它作为恨者的心愿,意即永远死去,永远消失,永远不要出现在自己的面前。

祗:"祗"具有惟一的含意。

富:丰富的,富有的,大量的,充分的。引伸为完全的(它本来是相对于家庭中的物质财产而言的)。

诚不以富,亦祗以异:如果对某一个对象所抱的爱或恨的态度不是充分诚恳的,那么人们也就只能把这种不充分诚恳的、也即三心二意的态度视作与这种态度相反的东西(态度),视作一种猎奇的行为了。这是《诗经·小雅·我行其野》一诗中的诗句。这首诗是谈论爱情的,因此这两句诗与其爱情的主题相关的意思是:如果人们不以完全诚实的态度而要以三心二意的态度来对待自己的爱情,那么在爱情上人们将永远只是一个猎奇者,因此,人们将会把这种态度视为一种和真正的爱情完全无关的态度。孔子在这里引用这两句诗显然是为了说明,人们的行为不应为自己一时的主观感受与一时的爱好所左右,而应以客观确定的理性和以此为基础的坚定信念为支柱,否则人们对于自然、对于人类社会、对于正义与道德就会像人们对于爱情一样,将永远是一猎奇者,而这个猎奇者也就是一个在生活上误入歧途而永不自知的人,他是不会有幸福的归宿的。

12.11 齐景公问政于孔子,孔子对曰:"君君,臣臣,父父,子子。"

公曰:"善哉!信如君不君,臣不臣,父不父,子不子,虽有粟,吾得而食诸?"

【译解】

齐国国王齐景公到孔子的住地向孔子请教有关孔子本人的政治理想,孔子回答说:"我的政治理想所要建立的是这样一个社会,在这样一个社会中,一个人作为一个国王,他就应在自己的实际行动中努力使自己完全符合整个社会关于一个国王的理想,以便使自己的言行足以成为一切国王普遍遵循的典范;一个人作为一个公民,他就应在自己的实际行动中努力使自己完全符合整个社会关于一个公民的理想,以便使自己的言行足以成为一切公民普遍遵循的典范;一个人作为一个父亲,他就应在自己的实际行动中努力使自己完全符合整个社会关于一个父亲的理想,以便使自己的言行足以成为一切父亲普遍遵循的典范;一个人作为一个儿子,他就应在自己的行动中努力使自己完全符合整个社会关于一个儿子的理想,以便使自己的言行足以成为一切儿子普遍遵循的典范。"

齐景公说:"先生的政治理想是多么美好啊!假如在一个国家之中,一个国王不能像一个国王一样,一个公民不能像一个公民一样,一个父亲不能像一个父亲一样,一个儿子不能像一个儿子一样,作为一国之主的我,纵使我每天都不会缺少可吃的食品,难道我还可能会有将它们咽下去的那份心思吗?"(齐景公对孔子所表达的政治理想作了他所能作出的最平淡无奇的理解。)

【注释】

齐景公：齐国的国王(以"公"称当时诸侯国的国王,表明当时的人们对于西周的政治制度与政治传统的尊崇,尽管西周事实上已经分裂。)

君君：君君君。这里的"君"分别作主词、谓词和宾词,因此这里的"君"分别是主体的概念、实践的概念和实践目的的概念,这个实践的目的的概念也就是实践主体的理想———一个主体应努力达到的还有待于实现的目标。在这里,这个理想和目标应该理解为社会的政治理想。因此"君君"的意思就是作为一个具有君子的理想人格的国王应该努力使自己完全符合整个社会关于一个国王的政治理想,以使自己的言行足以成为一切国王普遍遵循的典范。

臣：整个社会有机体的一个器官,一只眼睛,这也就是作为社会有机体而存在的每一个公民。他们都作为整个社会有机体之中的某一种器官而存在,并承担整个社会有机体的全部功能(官能)之中的某一种功能(官能或职责的)。"臣"的概念,作为一个政治概念,就是构成国家这个巨大的社会有机体的每一个官能或机能的概念,因而它也就是"公民"的概念。因为国家这个巨大的社会有机体是由全体公民构成的,而它的全部官能或机能也正是由构成它的全体公民承担的。

粟：小米,这里代指一切粮食,或一切可食的食品。

虽有粟,吾得而食诸：虽有许多食品陈列在我的面前,但我还可能有将它们咽下去的心思吗?这里的"得"应理解为能够,可能,而不应理解为获得,得到。

应该指出的是,孔子在这里所说的"君君、臣臣、父父、子子"不是指君、臣、父、子之间的不变的永恒秩序。实际上,正像父与子的关系不是绝对的,而是随着人的成长而变换的一样(父曾是子,子将是父),君与臣的关系,按照自然的原则也应是如此。孔子在这里表达的是君、臣、父、子对于各自所承担的社会职责或扮演的社会角色所应抱持的应然的态度,即对于自身作为君、作为臣、作为父、作为子所应抱持的应然的态度。这种应然的态度就是努力地、尽职尽责地使自己成为一切君、一切臣、一切父、一切子的楷模。这种表达应然的语言,不仅见于孟子所说的"老老"、"幼幼"(孔子所说的是针对主体的活动,孟子所说的是针对对象的活动,因此孔子的话是主动语态,而孟子的话则是被动的语态),也见于善善、恶恶、好好、痛痛、恨恨、病病……等等词语之中,这些词(善、恶、好、痛、恨、病)作动词时,具有对于善、恶、好、痛、恨、病作名词时所指代的对象所抱持的应然的态度的意义。

12.12 子曰:"片言可以折狱者,其由也与!"
子路无宿诺。

【译解】

孔子说:"如果说世界上有一个仅凭单方面的言辞便可以对某一诉讼案件所涉及的法律与刑罚问题作出正确而公正的判断的人的话,那么这个人就是子路!"

子路一旦对什么人作出过承诺,他就会当即兑现它,而决不会把它拖延到第二天。

【注释】

片言:单方面的言辞,诉讼双方中的一方的言辞。

折狱:判案,定刑。

无宿诺:没有过夜的许诺,也即当天的许诺当天兑现,不会把当天的许诺拖延到第二天。子路是一个心明眼亮、爱憎分明而又敢作敢为的人,尽管他在一些复杂的政治问题上往往表现得有些简单和幼稚,但这与其说是因为他没有必要的智慧和经验,倒不如说是因为他过于正直与纯洁。他的这种正直纯洁与他的勇敢豪放的性格特点相结合,使他倾向于实际的行动,而不是理论的思考。正因为如此,他与他的导师总是处在这样的对立之中:子路关注的是行动的实际效果,孔子关注的是理论乃至行动的精神价值与精神影响。子路经常敦促孔子行动,而孔子却经常敦促子路思考。也许,正当子路担心孔子的政治理想会仅仅停留在思考与教学中的时候,孔子却深信他的理论绝对正确,因此在一个可以预计到的将来,他可以单纯地依靠他的理论而不必依靠自己的行动就能够取得这场政治与道德革命的胜利,纵使那时他久已不在人世。

12.13 子曰:"听讼,吾犹人也。必也,使无讼乎!"

【译解】

孔子说:"在公正正确地审理公民的诉讼案件方面,我与许多审理这种诉讼案件的人们相比,并没有什么高明之处。我与人们不同并显得比人们高明的地方在于,我在公正正确地审理这些诉讼案件的同时,必须努力使这种诉讼案件不再发生,而使一切诉讼案件不再发生,正是我的政治理论所确定的国家理想。"

【注释】

听讼:听取诉讼双方对于他们所涉及的诉讼案件的公开陈述,这是审理诉讼案件的重要环节,因此古人常用"听讼"来代指对整个诉讼案件的审理。正因为如此,"听讼"不是指诉讼旁听,而是诉讼审理。

无讼:没有诉讼案件发生,也即社会中每一个人的自由、尊严、权利、财富都能受到他人的普遍的尊重,以至社会中每一个人都没有必要去诉诸法律以获得法律对于自己自由、尊严、权利、财富的保护,也即没有必要去借助法律的权威来维护自身的受到他人侵害的个人自由、尊严、权利与财富。这就是孔子希望看到并努力为之奋斗的理想之国。显然,在孔子看来,法律的强制性的力量的广泛使用是一个理想之国的内在缺憾,而决不是它的光荣,甚至它的广泛使用与理想国家是直接矛盾的。法律对于一个理想的国家也许仍然是必不可少的,但一个理想的国家的建立决不能只以法律为基础,而更要以全体人民的美德为基础。

"必也,使无讼乎!"——这句话的意思不是必须努力使人们放弃使用法律诉讼的手段来维护自己的权益,而是努力使那种迫使人们不得不诉诸法律诉讼的手段来维护自己的权益的诉讼案件不再发生。

本章可能是孔子任鲁国政府公安及司法部长时所说的话。

12.14 子张问政,子曰:"居之无倦,行之以忠。"

【译解】

子张问到有关人们如何对待自己的政治理想的问题,孔子说:"如果一个人真的具有值得自己去为之奋斗的政治理想的话,那么他首先就应该不屈不挠、坚持不懈、永不疲倦地坚持它,捍卫它,其次是不偏不倚、不折不扣、忠心耿耿地推行它,实践它。"

12.15 子曰:"博学于文,约之以礼,亦可以弗畔矣夫!"

【译解】

孔子说:"人们应从人类的全部历史文化之中获取广博的学识,并依据自己在对宇宙的自然本质、自然秩序及其运动规律的实际认识中所获得的客观真理来规范、衡量、选择、鉴别乃至于修正这些学识,这样人们也就可以确保自己从人类的全部历史文化之中所获得的广博学识不至于与宇宙的客观真理相违背了。"

【注释】

礼:自然的规律,宇宙的秩序,人们对于宇宙秩序的正确认识——真理。

本章与《雍也第六》二十七章完全相同,它可能是孔子在不同的时间里的相似场合所说的完全相同的话,这也可以看出孔子对他所表达的这种思想与观点的重视。

在这里我们不免借此机会再次指出,"约之以礼"的对象是"博学于文",或"之"指的就是"文"。因此孔子在本章中所表达的意思是,学习者并非可以不加区别、不加批判地全盘接受前人在书本中所表述的认识与观点,而要把这种认识与观点与自然的客观实际相对照,并依据自然的客观实际来判断、鉴定这种认识与观点的正确性。因此,对于一个热爱学习、热爱知识、热爱真理的人来说,只有自然与自然的秩序才是他应学习和领会的最终的书本。

12.16 子曰:"君子成人之美,不成人之恶。小人反是。"

【译解】

孔子说:"君子努力促使一切美好的对他人有益的事物的实现,而决不促使一切丑恶的对他人有害的事物的实现。小人则与此恰恰相反。"

12.17 季康子问政于孔子,孔子对曰:"政者,正也。子帅以正,孰敢不正?"

【译解】

季康子到孔子的住处向孔子请教有关什么是政治的问题,孔子回答说:"政者,正义也;治者,秩序也;政治者,以正义为基础的秩序也。如果阁下率先使自己的行为合于正义,那么在这个国家之内还会有谁敢于鲁莽不智地行不义呢?既然在这个国家之内没有人行不义,那么政治所追求的正义的秩序岂不是就在这个国家之内实现了吗?"

【注释】

季康子:季康子与孔子的关系问题是一个中国学者一直没有完全搞清楚的问题,也是一个令许多著名的、在《论语》研究中表现出了令人赞赏的非凡理解力的外国学者最感迷惑不解的问题。正如美国著名学者 H.G.Creel 在他的著名的《孔子与中国之道》(Confucius And The Chinese Way)一书中指出的那样,孔子对于季康子这个鲁国的实际统治者的所有答话都几乎是意味深长地辛辣的,而这些意味深长地辛辣的答话却并没有使他疏远孔子,相反季康子与孔子的交往在与日俱增。他对这样一种明显的反常现象作出了这样一种推测:"他(季康子)一定很欣赏这位教师的诚实,他也可能发现这位教师的理想主义是可钦可佩的……"① 对于这种推测,我们只能这样说,H.G.Creel 和许多西方著名学者一样,根本不理解中国根深蒂固、源远流长的文化传统和政治传统。这个文化传统与政治传统(政治应是一种文化中的基本和本质的方面)就是一切具有杰出的智慧、卓越的才能、崇高的美德的人具有获得社会政治权力的无可争议的资格的传统。当一个统治社会的政府对于这样一种资格不加以充分的尊重,那么这个政府将在人民的心目中失去自己存在的合法性。可以说,整个中国的古代神话与传说所表达的都是这样一个传统。季康子这个可以说是在政治上与孔子完全对立的鲁国实际的统治者,之所以要对孔子这个总是以尖刻而又意味深长的讽刺语言和自己说话的人表示尊重,正是迫于传统的压力。可以说,他对孔子的尊重乃至友好只是一种迫于中国的历史传统的巨大压力的为自己的统治权力寻求表面上的最基本的合法性的行动。因此,我们认为,季康子和当时整个从西周联邦内分裂出来的许多诸侯国家中的许多统治者所

---

① 见 H.G.Creel 的《孔子与中国之道》,第 40 页,高专诚译,山西人民出版社 1992 年 4 月第 1 版。

做的一样,他与孔子的交往并不是出于对孔子的真心的爱和友谊,而是出于实际的政治需要。如果人们不了解中国那个几乎完全为未来的历史发展所埋葬了的历史传统,而只把后来两千多年内的历史视作中国的历史传统,那么任何一个研究者都很难理解像孔子这样的真正的革命家为什么不仅有可能在当时的社会政治环境中生存下来,而且还有可能在当时的社会政治环境中树立起自己在社会政治生活之中的如此崇高的政治理论和政治实践上的声望。

政:致力于("攵")正义("正")的活动。孔子说:"政者,正也",这正是就"政"的本意而言的。

帅:带领军队前进的旗帜,引伸为带领、率领,带领者、统率者,将领。古代作战时,军队的将领和以他为名号的旗帜总是走在军队的最前面的。

在本章中我们仍然可以毫不费力地领悟到孔子对季康子说话时的那种特有的尖刻与意味深长的讽刺意味。

12.18 季康子患盗,问于孔子,孔子对曰:"苟子之不欲,虽赏之不窃。"

【译解】

季康子对全国频仍而广泛地发生的公开抢劫的事件深感担心,于是来到孔子的住地向孔子寻求对策,孔子对他说:"假如阁下自己少一些欲望,人民就会多一份财富;而一旦人民自己拥有财富,那么纵使你去奖励那种盗窃的行为,也决不会有人去盗窃的。"

【注释】

盗:公开的抢劫者或公开的抢劫活动。盗的存在,意味着社会的不稳定,是统治者需要解决的难题。

窃:偷窃,在黑暗的洞穴里进行的将他人的东西据为己有的活动。

在这里,孔子把社会上泛滥的盗窃现象与季康子本人的欲望联系起来,这显然是指季康子的欲望是社会上泛滥的盗窃现象的原因。这是否是针对季康子的高税率的税收政策及其造成的人民的饥饿而言(鲁哀公提到过人民的这种饥饿),我们不得而知。总之,无论是在孔子周游列国之前,还是在孔子周游列国之后,季康子对他领地上的人民奉行的政策总是十分苛刻的,正因为如此,在他的领地上,人民起义(这种起义包括对季氏财产的公开抢劫)经常发生。

本章无疑是孔子对季康子所作的公开而尖锐的谴责。

12.19 季康子问政于孔子曰:"如杀无道,以就有道,何如?"孔子对曰:"子为政,焉用杀?子欲善而民善矣。君子之德风,小人之德草。草上之风,必偃。"

【译解】

季康子来到孔子的住地并向孔子求教有关政治与政治统治的问题时说:"假如我要以杀死整个社会之中的一切违背道德与正义的人的方法来造就一个道德与正义的世界,你认为这种方法如何呢?"

孔子对季康子说:"假如阁下的活动所追求的真的是政治所应追求的社会正义,那么社会中怎么还会有可能产生出许多使你感到有必要去将他们杀死的违背道德与正义的人呢?作为一个国家的统治者和人民的领袖,假如阁下希望自己成为一个善良的人,那么人民也就会希望自己成为一个善良的人。在一个社会之中,假如那些本应是堂堂正正的正人君子的高高在上的社会统治者的品德犹如天空中吹拂着的大风一样在善与恶之间变化莫测,那么处于社会的下层并作为社会的普通一员的人民的品德也就会好像地面上生长着的野草一样在善与恶之间摇摆不定。因此要想使人民具有坚定不移的可靠美德,社会的统治者们首先就应该使自己具有坚定不移的可靠美德,正像要使地面上的野草毫不动摇地站立,那么在高空吹拂的狂风首先就应该止息一样。"

【注释】

无道:无视道德,无视正义;违背道德,违背正义。这里的"无"具有主动词的涵义。

德:这里的"德"不是指绝对的道德,而是指相对的品德,因此这种相对的品德不是绝对的善的,而是亦善亦不善的。

君子之德风,小人之德草:君子(这里指具有君子的理想人格并因此而位居于社会上层的人,但随着这种社会理想的失落,它作为对位居社会上层的人的代称,仅仅具有恭维之意)之德如风,小人(一般的人,普通的人,对普通的人的谦称)之德如草。草总是随风而仰倒,风的方向决定了草仰倒的方向,因此社会中普通人具有什么样的品德,是由社会上层的人具有什么样的品德决定的。从这点来说,一个社会是否具有道德,主要取决于统治这个社会的上层的人是否具有道德。正因为如此,一个社会的道德水平与文明程度主要取决于这个社会的政治的道德水平与文明程度。正如卢梭所说,任何一个国民的状态都是由它的政治状态所塑造出来的。

偃(yǎn):休息,休止,安卧。"偃"的本意是一个在夜间卖唱献舞的歌女总是头上顶着太阳进入她的不再受人打扰的安静的休息所,引伸为一切停止活动而进入休息场所与休息状态的人及其休息本身。

12.20 子张问:"士何如斯可谓之达矣?"

子曰:"何哉?尔所谓达者?"

子张对曰:"在邦必闻,在家必闻。"

子曰:"是闻也,非达也。夫达也者,质直而好义,察言而观色,虑以下人。在邦必达,在家必达。夫闻也者,色取仁而行违,居之不疑;在邦必闻,在家必闻。"

【译解】
子张问:"为什么一个具有抽象的思维理性的人就能够因此而成为一个可以称之为明达一切的人呢?"

孔子说:"什么?你所说的明达究竟是什么意思呢?"

子张回答说:"我所说的明达的意思就是指了解一切事情。因此一个明达的人在社会上必然了解社会上的一切事情,在家里也必然了解家里的一切事情。"

孔子说:"你所说的只是了解,而不是明达。所谓明达的人就是那种具有正直的品质而又热爱正义,并能够从他人的语辞言谈、举止表情中察觉发现他人是否具有这种品质的人,此外,这种人所具有的深刻的思虑犹如他所具有的敏锐的观察力一样,足以使一切人的一般见识黯然失色。只有这种人,在社会上必然明确社会上的一切事情是否合于善与正义,在家里必然明确家庭里的一切事情是否合于善与正义。而所谓了解者,就是那种只了解社会和家庭生活的外表上的那种假装的仁义,而看不到社会和家庭生活中的实际行动是与这种外表上的假装的仁义相违背的实际情况、并对自己所了解到的那种外表上的假装的仁义深信不疑的人。这种人也许正如你所说的那样,在社会上,在国家的政治生活之中必然了解社会生活或国家政治生活中的一切事情,但这种了解也许只是了解而已,这种未经思辨的纯粹感性的的了解,也许和正确的认识毫无关系。"

【注释】
达:这个字本来由"辶"、"土"和"羊"(善省)构成,意思是之于善的境地。这个字之中的"土"字是"大"字的变形(在许多文字中我们发现了这种显得很有规律的变形),那么大羊即美,本字的含意也就是追求绝对的善,并成为绝对的善者(美即大善,绝对的善)。又因为追求绝对的善并成为绝对的善者的行动是以对于绝对的善的认识为先导、为前提的,因此"达"也是一种绝对的知的状态:明达,即明知绝对的善。或者说,"达"作为一个认识性的动词,其意思就是认识绝对的善,就是达到对于绝对的善的认识。在本章中,孔子对于"达"的理解正与"达"的本意相符合。现在的"达"几乎只保留了"达"的一部分——"辶"——的意思。

闻:听来的东西,一般的见识,一般的了解。

质直而好义:品质正直而又热爱正义。

察言而观色:从他人的语言中察觉他人的内心与本性,从他人的表情举止之中直观到他人隐秘的思想动机。这正是逻辑推理的知识。

虑以下人：深刻的思想或思虑足以使一切人的一般见识黯然失色，甘拜下风。"下"在这里作使役动词。

色取仁而行违，居之不疑：色取仁而行违，居仁不疑，意即把表面上好像在追求仁义而实际行为上却干着违背仁义的事情的人认定为仁义的人，并对此深信不疑。

12.21 樊迟从游于舞雩之下，曰："敢问崇德，修慝，辨惑。"

子曰："善哉问！先事后得，非崇德与？攻其恶，无攻人之恶，非修慝与？一朝之忿，忘其身，以及其亲，非惑与？"

【译解】

在陪同孔子去舞雩平坛之下的湖水上游玩期间，樊迟对孔子说："请允许我冒昧地问，一个人应该怎样弘扬美德，清除恶念，辨别迷惑？"

孔子回答说："你所提出的是一些非常非常好的问题！如果一个人能够始终遵循先劳而后获的原则行事，而不仅仅要求他人遵循先劳而后获的原则行事，这不就是弘扬美德吗？如果一个人能够时刻不断地去攻击隐藏在自己心中的恶念，而不仅仅是去攻击隐藏在他人心中的恶念，这不就是清除恶念吗？如果一个人能够认识到自己在一时不快与愤怒的心情之下所产生的对于自身以及对于自身所亲爱的一切对象的怨恨情绪本身就是一种迷惑，这不就是辨别了迷惑吗？"

【注释】

修：精心的、坚持不懈的潜移默化的培养和培殖好的，消灭铲除不好的。这里的"修"具有消除的意思。在中国的古代语言中，许多文字在作动词时，对于它所涉及的两种性质完全不同的对象往往具有两种完全相反的意义。

慝(tè)：隐藏在人们心灵中的见不得人的东西——恶念。

攻其恶，无攻人之恶：攻击隐藏在自己心里的恶念，而不是攻击隐藏在他人心里的恶念，这里的"恶"是相对于"慝"而言的。

忿(fèn)：愤怒，一种背离正常心态的心态，使宁静和谐的心灵所必须的心灵的统一性四分五裂的心态。

12.22 樊迟问仁，子曰："爱人。"

问知，子曰："知人。"

樊迟未达，子曰："举直错诸枉，能使枉者直。"

樊迟退，见子夏曰："乡也，吾见于夫子而问知，子曰：'举直错诸枉，能使枉者直'，何谓也？"

子夏曰："富哉言乎！舜有天下，选于众，举皋陶，不仁者远矣。汤有天下,选于众,举伊尹,不仁者远矣。"

【译解】

樊迟问什么是一个以追求社会正义为己任的政治家所应奉行的仁政,孔子说:"一个以追求社会正义为己任的政治家所应奉行的仁政就是爱一切人,并把一切人的幸福作为他的政治的最高目的。"

樊迟问什么是一个以追求社会正义为己任的政治家所应具备的智慧,孔子说:"一个以追求社会正义为己任的政治家所应具备的智慧就是能够洞察人的本性,能够理解一切人的行为表现中哪些是正直的行为表现,哪些是邪僻的行为表现。"

樊迟对孔子的话表现出疑惑不解的神情,孔子补充说:"因为只有这样,一个以追求社会正义为己任并获得了社会的政治权力的政治家才能正确地选用提拔一切正直的人,使一切正直的人在社会生活中享有受人尊敬的地位,贬黜抑制一切邪僻的人,使一切邪僻的人在社会生活中处于受人鄙视的地位。并且用选用提拔一切正直的人并使之在社会生活中享有受人尊敬的地位的方法来达到贬黜抑制一切邪僻的人并使之在社会生活中处于受人鄙视的地位的目的,这将会使一切邪僻的人改邪归正,并变成正直的人。"

樊迟从孔子的住所退出来,看见子夏,便对子夏说:"刚才我到孔子的住所向他请教什么是一个政治家所应具备的智慧的问题,孔子说:'一个政治家所应具备的智慧就是能够正确地选用提拔一切正直的人,使一切正直的人在社会生活中享有受人尊敬的地位,贬黜抑制一切邪僻的人,使一切邪僻的人在社会生活中处于受人鄙视的地位。并且用选用提拔一切正直的人并使之在社会生活中享有受人尊敬的地位的方法来达到贬黜抑制一切邪僻的人并使之在社会生活中处于受人鄙视的地位的目的,这将会使一切邪僻的人改邪归正,并变成正直的人。'我应怎样来理解孔子的话呢?"

子夏说:"孔子所说的是为大量的历史事实所证明了的千真万确的真理。舜帝获得了其对世界的政治统治的权力时,建立了一套人民普选的政治制度,人民选举了像皋陶那样的仁义之士来担任国家统治的最高职务,一切不仁不义的人们都因此而改正了他们原来的那种不仁不义的行为,脱离了他们原来的那种不仁不义的生活,变成了心灵仁慈、行为正义的人。汤帝获得了他对世界的政治统治的权力时,也建立了一套人民普选的政治制度,人民选举了像伊尹那样的仁义之士来担任国家统治的最高职务,一切不仁不义的人们都因此而改正了他们原来的那种不仁不义的行为,脱离了他们原来的那种不仁不义的生活,变成了心灵仁慈、行为正义的人们。"

【注释】

爱：繁体字为"愛"。心相应,手相及,把对象容进自己的心中。从"爱"的本来的符号形式之中,它可视为是"心"字与"受"字的重组形式,"心"字被置于"受"字之中,因此,"爱"可理解为"接纳在心中"。在"爱"的另一个更古老的符号形式中,它由"先"和"心"构成(上下结构),意为从心里赞美,从心里珍视,从心里视对象为优越、优秀,因此"爱"是对优秀的事物的崇敬和珍视。爱同时也就是对对象的崇高价值的发现。因此爱是一种人类才有的崇高的精神活动和人类才有的崇高的精神追求。爱的精神本质上是一种艺术与哲学的精神,它是对人的价值、尊严、自由与幸福的发现、领悟、体验和珍重,正因为如此,"爱"在孔子的政治思想中成了其政治思想体系中一个最基本的原则。

爱人：因为人是宇宙的产物,也是宇宙的目的,因为人是宇宙的人本主义本质的实现,是宇宙的道德本质的实现,因此对人的爱,就是对宇宙的神奇的独一无二的创造物的爱,就是对宇宙和宇宙的道德本身的爱。人作为宇宙的必然产物,作为宇宙的人本主义本质的实现,作为宇宙的道德本质的实现,是具有崇高的价值的。人类的价值、尊严、自由与幸福也是为宇宙的必然性客观地决定了的。正因为如此,人类在其社会的生活之中,应该努力使自己的行为完全配得上自己所具有的天赋的价值、天赋的尊严、天赋的自由与幸福。因此,"爱人"归根到底是对人的天赋的价值、天赋的尊严、天赋的自由与幸福的爱,也是对于人类的一切完全配得上自己这种天赋的价值、天赋的尊严、天赋的自由与幸福的行为的爱。而对于一切背离自己天赋的存在本性、自己作贱自己、自甘堕落、自甘沉沦,从而使自己沦落为非人的行为,则只能引起爱人者的厌恶。这种厌恶不是对人的厌恶,而是对非人的厌恶,因此对于那些沦落为非人的人来说,当人们对他们表示厌恶的时候,只是想要把他们作为人来尊重并要求他们自重而已。孔子说:"唯仁者能好人,能恶人",在其中"好人"是相对于好人而言的,"恶人"是相对于恶人而言的。"好人"和"恶人"既是谓词,又是宾词。

举直错诸枉：它的意思不仅是"举直错枉",即不完全是提拔奖励那些正直的人,贬抑惩罚那些邪僻的人,使那些正直的人们处于社会上层的受人尊敬的地位,而使那些邪僻的人们处在社会下层的受人鄙视的地位;它的意思而且是,"举直"同时作为"错枉"的方式,它将收到"错枉"的实际效果,即只要社会提拔奖励那些正直的人并使那些正直的人在社会中享有受人尊敬的地位,那么这种做法本身就将成为对那些邪僻的人的贬抑惩罚,并使之感到自己在社会中没有任何地位。"举直错诸枉"作为孔子的一种政治主张,它与孔子的另一政治主张——"上智与下愚不移"——具有完全相同的意义,它们都是作为一个理想社会所应遵循的万古不移的政治原则。柏拉图也具有与孔子完全相同的政治理想。

乡：彼此能够闻到对方的稻谷的芳香("良")的两个相邻地区("邑")。这个字本来由两个"邑"字和一个"良"字(在两个"邑"字之间)构成。"乡"由两个相邻地区的意思引伸为短距离,再引伸为短时间,进而引伸为刚才,不久等。

不仁者远矣：不仁者远不仁,不仁者远离其不仁的存在状态,不仁者远离其不仁的生活,而回到仁的生活中,回到仁的存在中,回到仁者的行列中。

根据本章的整个语境,我们只能把樊迟所问的"仁"理解为政治家所应奉行的仁政,把樊迟所问的"知"理解为政治家所应具备的智慧:对人性的深刻理解。

12.23 子贡问友,子曰:"忠告而善道之,不可则止,毋自辱焉。"

【译解】

子贡问与人交朋友的正确方法,孔子说:"把你的不偏不倚的公正之心公开地、毫不隐晦地告诉人们,把你的善良的意愿大胆地、原原本本地向人们表述,如果你还不能因此而赢得人们的友谊,你也不必勉强自己,更不要自己贬低自己,放弃自己的信念和主张以一味地迎合他人的低级趣味。"

【注释】

忠告:告忠,将自己不偏不倚的公正态度以及自己对公正的热爱公开地向人表述。

善道:道善,把自己的善良之心以及自己对于善良的热爱原原本本地说出来。

辱:铲除。这个字的本意是对农时("辰")的掌握("寸")。为了不失农时,农民们首先要做的第一件事就是铲除休耕地或失耕地上的杂草,因此"辱"便获得了铲除杂草的意义。

自辱:自己贬低自己,自己把自己的正义之心和善良品德作为无益而有害的杂草来铲除,以迎合别人的意愿。在与他人的交往中甘于自辱的人,也就是那种一味地迎合他人的人,在这种一味地迎合他人的活动中,他放弃了自己的信念,丧失了自己的人格。这显然不是与人交往的正确态度与正确做法。

12.24 曾子曰:"君子以文会友,以友辅仁。"

【译解】

曾子说:"君子以自己所获得的一切人类社会的文明知识来团结联合一切志同道合的人们,又以一切志同道合的人们来促进人类以仁爱为中心的文明事业的发展。"

【注释】

会:汇集,团结。

文:知识,真理或正义之被阐述,文明之被昌明。

辅:"甫"的本意是具有杰出才能的专家,因此"辅"可以理解为以迅速为专职的车子,引伸为促进,加速,增进。

子路第十三

13.1 子路问政,子曰:"先之劳之。"
"请益。"
曰:"无倦。"

【译解】
子路问作为一个政治家,一个国家的政治领导人,他应如何努力实现政治所应达成的人民幸福的目的,孔子说:"作为一个政治家,一个国家的政治领导人,他就应该把人民的利益置于至高无上的位置上,并为人民的利益而辛勤工作。"
"请你继续讲下去,他还应做些什么呢?"子路说。
孔子说:"他只要照我以上所说的那样坚持不懈地做下去就可以了。"

【注释】
先:把……置于优先的位置上,把……置于至高的位置上。

13.2 仲弓为季氏宰,问政,子曰:"先有司,赦小过,举贤才。"
曰:"焉知贤才而举之?"
子曰:"举尔所知,尔所不知,人其舍诸?"

【译解】
冉雍将要出任鲁国大官僚季氏家族的一个领地上的长官,因此他来向孔子请教有关的施政问题,孔子说:"奖励所有尽职尽责、恪尽职守的人,致力于使所有的人都热爱珍视自己的职业;教育所有品德不良、行为不端的人,致力于使所有的人都免于过错,免于刑罚;任用所有具有卓越品德、杰出才华的人,致力于使所有具有卓越品德、杰出才华的人,都能选举到政府的各级领导职位上来。"
冉雍说:"我怎么有可能知道我所管理的整个领地上的所有具有卓越品质、杰出才华的人并把他们都选举到政府的各级领导职位上来呢?"

孔子说:"从理论上说来,选举应该是人民的普遍的选举,在这种人人都有选举权的普遍的选举中,既然你会根据自己的选举权把你所知道的品德卓越、才华杰出的人选举出来,那么对于你所不知道的那些品德卓越、才能杰出的人,难道别人就会放弃自己的选举权而不把他们选举出来吗?"

【注释】

先:奖励,使……为先,使……为优,使……为贵。

有司:敬业守职,尽职尽责。这里的"有"具有掌握、占有、恪守之意,"司"意即司职。

赦:这个字由"赤"和"攵"构成,而"赤"本来是由"大"和"光"构成(上下结构),因此"赦"的意思应是致力于("攵")照亮、阐明、启蒙、教育,致力于用普遍的理性的光辉照耀人们受蒙蔽的心灵,使人们免于再次犯下过错。因此"赦"具有"使免于过错"的意思。

举尔所知,尔所不知,人其舍诸:把你所知道的最贤能的人选举出来,至于你所不知道的最贤能的人,难道别的知道他们的人就不会把他们选举出来吗?或者更准确一点:难道别的知道他们的人就会放弃自己的选举权而不把他们选举出来吗?孔子在这里所表述的是一种什么样的选举模式呢?我认为我们不能仅仅把孔子的这种表述看作是对冉雍实际的政务活动的实际指导,而更应该把它视为孔子对于一个理想的社会所应有的理想的选举模式的纯理论的探讨(正像孔子在类似场合经常做的那样)。因此孔子在这里所表述的选举模式应这样来理解:每一个人都依据自己的权力选举出自己认为是最合适、最理想的人选,然后在每一个人所选举出来的所有人选中进行比较、筛选,从而选出公认的真正最合适、最理想的人。孔子在这里显然说出了一种民主自由的选举方式的最关键、最重要、最根本的步骤:每一个人都有选举权,并根据这种选举权选出自认为最合适、最理想的人选。

13.3 子路曰:"卫君待子而为政,子将奚先?"

子曰:"必也正名乎。"

子路曰:"有是哉?子之迂也!奚其正?"

子曰:"野哉,由也!君子于其所不知,盖阙如也。名不正,则言不顺;言不顺,则事不成;事不成,则礼乐不兴;礼乐不兴,则刑罚不中;刑罚不中,则民无所措手足。故君子名之必可言也,言之必可行也。君子于其言,无所苟而已矣。"

【译解】

子路(在随同孔子去卫国的路上)说:"假如卫国国王正在等待着你去主持卫国政府的工作,并把卫国政府的权力交给你,你将把什么作为你执政最优先考虑的事项呢?"

孔子说:"我最优先考虑的事项必然是在理论上为国家和国家的政治统

治正名。"

子路说:"人类历史上有这样一种如你所说的执政方法吗?你这样做明显地是在回避政府的责任!你的所谓在理论上为国家和国家的政治统治正名,它怎么能够算得上是政府正当的责任与正当的事务呢?"

孔子说:"我的子路呀!你所说的话使你显得真像一个没有政治教养的野蛮人!一个文明的具有自知之明的堂堂君子对于自己所不知道的东西,只是站在一旁默不作声地倾听他人的阐述,而不是像你那样妄作论断。你应该明白,国家和国家的政治统治理论上的颠倒错乱就必然会导致整个社会舆论和社会观念上的混乱无序,整个社会舆论和社会观念上的混乱无序就必然会导致整个社会的政治实践和政治活动的失败,整个社会的政治实践和政治活动的失败就必然导致以社会正义为基础的全体人民的幸福目标的失落,以社会正义为基础的全体人民的幸福目标的失落就必然导致整个社会的法律制度失去作用,而整个社会的法律制度失去作用就必然导致全体人民行动上的无所适从。所以君子所确立和进行的国家统治必须首先在理论上言之有理,言之有据,而所谓言之有理、言之有据的理论也就必须是可以付诸实践、付诸行动并切实可行的理论。所以一个追求社会政治的正义并因此而献身于社会的政治活动的君子对于他所必须首先致力的理论工作,是绝对不会掉以轻心,马虎了事的。"

【注释】

本章所记载的也许是孔子周游列国时的去卫国的路上,子路与孔子之间的对话。由于卫国当时的实际统治者,也即大权在握的宰相孔文子以及卫国国王本人对孔子公开表示的尊崇和敬意,并且更有可能是由于孔子去卫国是受到了卫国国王和宰相的公开邀请,因此在去卫国的路上,子路便向孔子提出了这样一个假设性的问题(由于卫国国王和宰相的邀请以及他们对孔子表示的尊崇,对于这个问题当时社会上显然也不乏猜测与议论):"卫君待子而为政,子将奚先?"事实上,卫国国王和宰相和当时各国的许多大权在握的人一样,都深深地染上了对于权力而不是对于正义的热爱与嗜好,因此他们是决不会把权力交给孔子的,他们至多只会在口头上说说而已。再者孔子也决不会在对现行政治制度不作任何变革的情况下接受权力(除非把权力交给他的人允许他对现实政治制度作根本的变革)。他们对孔子公开表示的尊崇与敬意只是一种为自己的权力与统治获取欺世盗名的合理性的政治声誉的阿谀奉承而已。他们对孔子所做的和季康子对孔子所做的并没有什么根本上的不同。此外,本章可视为孔子在总结他在鲁国进行的改革失败的经验基础之上所提出的一种根本性的改革,即要变革整个现实的政治制度,就应该首先变革整个颠倒错乱的政治思想与政治观念,就应该首先在政治理论上做拨乱反正的工作,否则实行的政治变革就不可能达到预期的目的。再者没有政治思想与政治观念上的拨乱反正,变革者就不可能获得使政治变革取得胜利所必须的广泛的社会基础,就不可能获得使政治变革取得胜利所必须的广大人民的认同、支持与参与。

先:优先,首要。

名:概念,理论,这里指政治思想与政治理论,也即国家及国家统治的思想与理论。"名"作为一个与"实"相联系、相统一的概念,指的是对"实"的正确的认识与揭示。

正名:作为名词,其意思是正义的理论,也即政治的理论,国家和国家统治的理论;作为动词,其意思就是正确认识和阐述正义的理论、政治的理论、国家和国家统治的理论,并纠正社会上流行的对于这些问题的错误的认识、错误的思想、错误的观念与错误的理论,因此它具有在政治理论上进行拨乱反正、正本清源的意思。

有是哉:有这样一种做法吗?有你所说的那样一种做法吗?有如你所说的那样一种执政行为吗?

迂:《说文》:"迂,避也。"迂回曲折、绕弯、不直截了当,回避。

正:正当,正是,正好,应该。

阙:门观,它是城堡的哨所,引申为城堡的守门员,他的职责是站在一旁观看、询问与倾听。

名:概念、思想、理论。在这里特定的语言环境中,它指的是国家统治的理论,政治的理论,正义的理论。

言:言论,这里指的是社会舆论。

事:人主其中,执掌其事。行事,实践,这里指的是国家统治的实践,政治的实践。这种实践,按照政治的本意,应理解为构成国家和社会的全体人民对于国家和社会正义的一种自觉要求,它是人民基于自己的道德与政治的信念进行的对自身的统治与管理。

不中:不能达到目的,不起作用,偏离目标。

无所措手足:无所适从,不知如何行动,不知如何生活。

13.4 樊迟请学稼,子曰:"吾不如老农。"

请学为圃,曰:"吾不如老圃。"

樊迟出,子曰:"小人哉,樊须也!上好礼,则民莫敢不敬;上好义,则民莫敢不服;上好信,则民莫敢不用情。夫如是,则四方之民襁负其子而至矣,焉用稼?"

【译解】

樊迟请求孔子为他讲授有关庄稼种植的知识,孔子说:"有关庄稼种植的知识,你倒不如去向那些经验丰富的农艺师们请教,因为在这方面,我的知识显然不能与那些经验丰富的农艺师们相比。"

樊迟又请求孔子为他讲授有关果树种植的知识,孔子说:"有关果树种植的知识,你也倒不如去向那些经验丰富的园艺师们请教,因为在这方面,我的知识也显然不能与那些经验丰富的园艺师们相比。"

樊迟对孔子的回答很不满意,孔子说:"我的樊迟呀,你真是小家子气!难道你至今还没有明白我所教的只是有关国家统治的政治知识吗?我所要培养的并不是耕种田园的农艺师或栽种果树的园艺师,而是统治国家的政治家。假如你有朝一日能够像我希望的那样成为一个统治国家的政治家,假如你作为一个统治国家的政治家能够像我所希望的那样爱好整个社会的正义,那么人民在行动上就不至于鲁莽无知地不认真关注自己行为的正义;假如你作为一个统治国家的政治家能够像我所希望的那样追求整个社会的利益,那么人民在行动上就不至于鲁莽无知地不服从整个社会的利益;假如你作为一个统治国家的政治家能够像我所希望的那样信守自己对全体人民所作出的一切政治承诺,那么人民也就不至于鲁莽无知地不全心全意地履行自己对社会的承诺。如果这样,人民就决不会逃离你所统治的国家,相反,世界各地的人民还将会纷纷携儿带女来到你所统治的国家耕种田园,经营事业,这样你作为一个统治国家的政治家怎么还用得着自己亲自去种植庄稼和果树呢?"

【注释】

稼:种植庄稼,这个字的本意也许是指具有固定的居室的民族的种植活动,它表明的是原始的游牧生活向现代的以农业生产为支柱的生活方式的过渡。

老:资历长久,经验丰富。

圃(pǔ):园艺,引伸为果园的经营者和果树的种植者,也即掌握了园艺技术或果树栽种技术的专业人员。

出:诎,表示反对、否定、排斥、不能接受,对他人的言语行为表示很不满意。"出"的本意总是和"黜"、"屈"、"诎"等等相联系的。或者说,"黜"、"屈"、"诎"等等只是"出"的本意的引伸和注释,是"出"的本意的具体化,这也是中国文字的字—意关系的一条普遍规律。对于一个古文字学者来说,认识这一普遍规律比之认识中国文字的音—意关系的普遍规律更为重要。

礼:对于礼(支配人类的生产与生活的宇宙的普遍规律)的认识,也即真理,知识,客观的理性。

敬:认真慎重地对待自己的行为所包含的道德意义,对自己的行为认真负责,在行动中认真履行自己的道德责任与道德义务。

用情:将情感投入某一活动,也即真心真意、全心全意地投入某一活动。

襁(qiǎng):《说文》:"襁,负儿衣。"这是一种用布缝制的用来负载幼子的包裹。

对于本章所涉及的思想,我要说的是:正像古代世界各国的伟大思想家所施行的教育都是为了培养理想国家的理想统治者(他们认为统治者应是构成整个国家的每一个公民)的政治教育一样,孔子所施行的教育也是以培养理想国家的理想统治者为目的的政治教育。因此对于这种政治教育的接受者,即学生来说,他应该学习和掌握的是国家的知识和政治的知识,他将为之献身的也应该是国家和政治,他应为之奋斗的是通过建立和维护正义的社会秩序、正义的国家制度来确保国家的目的——全体人民的幸福与自由——的实现。谁都知道,农艺、园艺和工艺这些实际的生产知识与生产技术对于人们的幸福生活的重要性,但对于生活并存在于国家这种人类生活的共同体内部的全体人民来说,为了维护共同体内部的全体人民的有效合作以实现人们想通过这种合作来达到的一种比之人们在自然的生活状态之下所能达到的幸福更高级、更完美的幸福的梦想,那么社会共同体内部(即国家内部)的正义显然是至关重要的,因而以实现社会正义为目的的政治知识也显然是至关重要的。对于存在于这个社会共同体内部的每一个人来说,每一个人都已不再是一个单独的孤立无缘的个人,而是一个与存在于共同体内部的每一个人普遍联系在一起的公民,因此政治知识对于每一个人的至关重要性是不言而喻的;没有它,人们就不知道怎样去确保社会的正义;没有它,人们就不知道坚持自己行为的正义性的重要性。而当社会不能保持正义,那么人们更高的幸福与自由的目的将不但不能够在社会共同体之中实现,而且人们在自然状态下天然拥有的基本的幸福与自由也会因此而丧失,苦难与奴役将会降临到社会中的大多数人的头上,以全体人民的比之自然条件下的更高的幸福与自由为目的的国家制度将会堕落为少数人奴役剥削大多数人的工具。因此对于任何一个国家的每一个公民来说,要想使自己在国家的存在与生活中成为一个幸福与自由的公民,学习和掌握政治的知识是至关重要的。对于那些从人民中直接涌现出来的以实现和维护社会正义为己任的政治家们来说,更是如此。

显然,孔子把政治知识视为是每一个公民所应该学习和掌握的比之农艺、园艺、工艺的知识更高的知识领域。许多人认为本章是孔子轻视实际的生产知识的证据,这显然是牵强附会的。孔子说自己在实际的生产知识方面比不上那些经验丰富的农艺大师和园艺大师们,这是一个事实。孔子承认这一事实,也就是承认他作为无数的人敬仰爱戴的思想家和教育家并不是一个全知全能的人,并且孔子也以此为满足。孔子在这里显然是要表明,正因为每一个人都不可能是全知全能的,所以才需要人类联合在一起并在彼此之间进行分工合作。对于一个献身于政治或有志于政治的人来说,政治就是他从整个社会分工合作中所选择的一项重要职业,在这个职业之中,他所必须拥有的是政治的知识和政治的技能,而不是农艺、园艺和工艺的知识和技能。他将通过这种政治的知识和技能在社会中树立并培植起一种在大多数人们所从事和从属的各个实际的生产和生活领域中普遍适应、普遍有效的理性、正义和诚实的生活方式和生活态度,而这种生活方式与生活态度正是确保全体人民的顺利而有效的社会合作所必须的。这种生活方式与生活态度(以正义为目的的政治是它的塑造者和培植者)是顺利而有效的社会合作的基础,也是人们在社会中实现更高的幸福与自由的目的的基础。此外,只要掌握了社会的政治权力的政治家们都把理性、正义和诚实作为自己的政治活动所遵循的最高原则,那么人民也将乐意在国家或社会生活中对自己个人的行为负责,乐意服从国家的统治,并以理性、正义和诚实的行为为荣。人们也将深信在这种国家生活中,自己的幸福与自由有确定的保障,世界各地的人民也会因此而渴望生活在这个国家的统治之下,并拖儿带女来投奔它。在这种情况下,这个国家中的以政治为职业的政治家们还用得着亲自去耕种吗?当一个以政治为职业的政治家需要自己去耕种的时候,也就是国家失去了正义的时候,也就是政治家们背叛了他们所从事的政治的职责,背叛了国家的目的与国家的宗旨,并导致国家解体,人民纷纷逃离他们的统治的时候(在古代移民是自由的)。

13.5 子曰:"诵《诗》三百,授之以政,不达;使于四方,不能专对;虽多,亦奚以为?"

【译解】

孔子说:"假使一个人能够熟练准确地默诵《诗经》中的全部诗篇,但如果当人民把统治国家的政治权力交给他,他却不能使国家实现其政治统治所应实现的社会正义、人民幸福的目标;或者当人民把一项外交使命交给他,他面对他国政府官员对于有关本国政府所奉行的各种内外政策所提出的各种各样的合理的疑问与不合理的责难不能熟练准确地进行回答和合理有力的辩驳,那么纵使他所能默诵的诗篇再多,对于一个国家的人民来说,这又有什么用处呢?他在国家的政治生活中又能发挥什么作用呢?"

【注释】

诵:正确而熟练地说出,胸有成竹地讲出,像泉水般滔滔不绝地流涌出来的话语。

政:政治职责,政治职位,使国家达到正义的政治权力。

使:授予外交使节的职责与使命,并让其出使外国。

四方:国境之外的各个国家。

对:这个字本来写作"對",其意思是一个具有高度理性的人("士")面对如丛生的杂草一样的纷繁现象所持有的理性的尺度("寸"),而这种理性尺度对于那些看起来好像纷繁无序的现象或纷繁无序的特殊事物来说,显然具有否定的性质,它往往以纷繁无序的现象的否定者或对立面而出现,因为理性总是意味着对现象的否定和超越,它看到的是隐藏在现象下面的本质。因此就理性或理性的尺度与现象的关系来说,"对"具有面对、对立、否定、反对的意思;就理性对其自身的关系来说,"对"具有运用理性进行阐明、解答、辩驳的意思;就理性即绝对的理性自身来说,"对"具有正确的意思。

专对:独立而熟练地进行答辩,也即在外交活动中,特别是在外交谈判中,对他国的政府官员就有关本国政府奉行的各种内政外交政策所提出的各种各样的疑问和责难给予回答和辩驳。

13.6 子曰:"其身正,不令而行;其身不正,虽令不从。"

【译解】

孔子说:"当一个国家的所有统治者都能使自己完全立身于正义的原则基础之上并始终按照正义的原则行事,那么即使国家根本没有宪法和法律,他们也能够使国家的意志畅行无阻,使国家的目的顺利实现;当一个国家的所有统治者都不能使自己完全立身于正义的原则基础之上并不能按照正义的原则行事,那么即使国家拥有一部完备的宪法和法律,他们也难以使国家的意志畅行无阻,难以使国家的目的顺利实现。"

【注释】

身:身体,身躯,转指以身体也即人的生理的存在为基础的行为与行动。这里的"身"作为动词或动名词,它也具有"立身"之意。"立身"也即以一定的原则为基础的个体生命的存在、活动和为人处世。

行:成列成队地前进,成列成队地行动,具有统一意志的统一行动,引申为推行,执行,实行,遵行(这都和政治相关)以及一般的行动。"行"还意指某一政治的或一般的行动所能确定达到的目标或目的能够或能够达到,从这层意思中又引申出同意、肯定、赞赏的意思。

令:这个字本来由"△①"和"卩"构成,意思是由全体人民共同说出并由全体人民共同首肯的话语,这种话语也就是全体人民共同制订并决心共同遵守的宪法与法律。这种宪法与法律也就是全体人民共同意志的公开一致的表达(正因为如此,"令"又具有"美"的意思)。这里的"令"作为动词,其意思也就是颁布宪法和法律。

孔子在这里所表达的意思显然是:对于一个理想社会来说,一批具有完美德行的统治者比之一部完美的宪法与法律更为重要。当一个社会的统治者立身不正,他们就不可能按照正义的原则行事,而当一个社会的统治者不能按照正义的原则行事,那么一部理想的宪法与法律也会因此而不可能有效地发挥其维护和保障社会正义的职能而沦为一纸空文。

13.7 子曰:"鲁卫之政,兄弟也。"

【译解】

孔子说:"鲁国和卫国的政治现状就像两个相貌非常相像的兄弟那样一模一样。"

【注释】

政:政治状况,政治现实。

兄弟:如兄弟一样相像。

---

① 如果说"一"、"二"、"三"是古人表示天、地、人的抽象的符号的话,那么"△"就是古人用来表示天地人的又一种符号形式。并且它正像"三"一样,有时意指天地人,有时又只指人。

鲁国和卫国与当时从西周联邦内分裂出来的许多诸侯国一样,国王("公")处于政治上的软弱无力、令人同情的地位。他们本人乃至他们的家族往往要成为那些大权在握而又无法无天的大臣们所制造和玩弄的种种政治阴谋的牺牲品。个别强有力的国王也只不过是能够成功地驾驭这种由心怀叵测的大臣们所制造和玩弄的种种政治阴谋而免于沦为这种种政治阴谋的牺牲品的人而已。在这种政治现状下面,鲁国和卫国是极为相似的。如果说,鲁国的国王是受孟、季、叔三大官僚家族所摆布,那么卫国的国王则是受南子(国王的妻子)及其追随者所摆布。

13.8 子谓卫公子荆:"善居室。始有,曰:'苟合矣';少有,曰:'苟完矣';富有,曰:'苟美矣'。"

【译解】

孔子谈到卫国的荆公子南楚时说:"这个人善于对待生活。当他刚刚开始具有一些起码的生活条件时,他便说:'这对我已经足够了';当他具有比较宽裕一点的生活条件时,他便说:'这对我已经是心满意足了';当他具有富裕的生活条件时,他便说:'这对我已经是十全十美的了'。"

【注释】

卫公子荆:据说他是卫国国王献公的儿子,字南楚,人们说他是卫国的一大贤人。

居室:住房,它是生活的重要条件,这里转指生活本身。

合:足够,称心如意,符合己意。

少有:还不富有。小富,比较宽裕。

完:《说文》:"完,全也。"

美:大善,绝对的好。

13.9 子适卫,冉子仆,子曰:"庶矣哉!"

冉子曰:"既庶矣,又何加焉?"

曰:"富之。"

曰:"既富矣,又何加焉?"

曰:"教之。"

【译解】

孔子选择了卫国作为他将要去访问的第一个国家,作为孔子的全部随从者之一的冉雍为他驾车。在抵达卫国的路上,孔子说:"你看,这个国家的人口竟是这样的稠密!"

冉雍说:"既然这个国家的人口已经这样的稠密,那么作为一个统治这个国家的政治家,他将要为这个国家努力的下一个目标又应该是什么呢?"

孔子说:"使这个国家的全体国民都尽快地富裕起来。"

冉雍说:"假设这个国家的全体国民都已经富裕起来了,那么作为一个统治这个国家的政治家,他将要为这个国家努力的下一个目标又应该是什么呢?"

孔子说:"使这个国家的全体国民受到良好的文明教育。"

【注释】

子适卫:孔子选择了卫国作为他应当去访问的适当去处。此事应发生在孔子周游列国期间(孔子以前也曾出访卫国)。

冉子:即冉雍。通行本都作"冉有",即冉求。但既然冉求成了季孙宰相政治上的追随者和部下,他就不太有可能跟随孔子出游。

仆:这个字的本意是指在琐碎而又繁多的事务中忙碌的人。在古代,"仆"相对于女性来说,就是指随从他人并为他人端茶倒水的人;相对于男性来说,就是指随从他人并为他人驾车驭马的人。因此"仆"作为动词,当它指的是男仆的活动时,其意思也即为人驾车。

庶:这个字本来由"广"和"光"字构成,意为在辽阔广大的土地上(它犹如一坐巨大无比的广厦),处处都是灯火明亮,处处都是炊烟缭绕,引伸为人口稠密众多。

加:增益,提高,完善,进一步努力的目标和方向。

教之:使全体国民都接受教育。应该指出的是,孔子在这里所说的"教"并不仅仅限于基础教育,不仅仅是指使全体国民获得读读写写的能力而已,它指范围广泛的教育,包括哲学及政治教育。可以说,就孔子自己所从事的教育工作而言,孔子显然能够正确认识到,对于一个理想国家来说,如果没有那种高深的哲学及政治教育,基础教育将变得毫无意义。因为对于一个理想国家来说,全体国民不仅应该学会读书写字,而且更应该学会从整个国家的意义上来认识自己生活的价值,学会从整个国家的意义上来确立自己的生活原则与行动原则,从而学会把自己的利益、自己的意愿、自己的行动与整个他人的利益、意愿、行动协调一致起来。一个没有受过高深的哲学及政治教育的国民就难以做到这一点。因为只有这种教育才能使国民认识到,全体国民在一个理想国家中都应是国家理想的实践者和体现者,也只有这种教育才能使他们认识到,他们应该完全从自己个人的自私自利的狭隘的生活天地里摆脱出来,而去过一种普遍无限的国家的生活,政治的生活,正义的生活。一个只会读书写字的人显然不能适应这种生活,因此基础教育根本不能满足这种生活的需要。

13.10 子曰:"苟有用我者,期月而已可也,三年有成。"

【译解】

孔子说:"假如有哪一个国家的人民能够拥有我这样一个人来作他们的国王,那么我相信,只要有一个月的时间,人们就可以深信不疑地看到,只需三年我就能够使他们的国家走上繁荣富强的成功之路。"

【注释】

用：《说文》："用，可施行也，从卜从中。"它的本意是经占卜证明为可行的,有用的,灵验的,或经求神问卜才找到的东西,十分好的东西,十分中意的东西,人们都希望拥有或占有的东西。"用"作为动词,其意思不仅是"采用"、"使用"、"把……作为什么之用"、"使……发挥什么效用"、"把……实施"等意义,而且还具有"获得乃至拥有什么有用的、有效的或灵验的东西"的意思。"占有"、"拥有"、"掌握"（有利的对象）应视为"用"的本意,而"使用"、"运用"只是它的引伸意。

期月：满月,满满的一个月。当然,单独的"期"字往往具有"周年"之意,但"期月"我想就只能理解为一周月了。"期"也具有"定期"即时间上的约定之意。

成：成功,获得成就,对于一个国家来说,这成就也就是国家的繁荣与富强,人民的幸福与自由。

13.11 子曰："'善人为邦百年,亦可以胜残去杀矣。'诚哉是言也！"

【译解】

孔子说："据人说：'假如一个国家的全部统治者都是由一些具有美德的善良的人所组成,那么在他们的统治之下,这个国家纵使存在百年千年,它也将可以使自身在国家之间百年千年地避免战争、保持和平,并在它的内部百年千年地消除罪恶、废除死刑。'这无疑是千真万确之言！"

【注释】

为邦：为国家服务,作国家的统治者。

胜：战胜,超越,免除。

残：这个字由"歹"和"戈"（本意即"战"）构成,意即致命的或致人于死地的武装暴行：国家间的战争。

去：去除,免除,废弃。

胜残去杀：在国家之间实现和平,避免战争,在国家内部消除罪恶,废除死刑。

是言：可以肯定的真理之言,千真万确的话。

13.12 子曰："如有王者,必世而后仁。"

【译解】

孔子说："在我们生活于其中的那个颠倒错乱的世界上,纵使存在着一个可以作为人类的智慧与美德的化身的伟大圣人,他也必定要在经过长达三十年的不懈努力之后才有可能使这个世界恢复正义,实现仁爱。"

【注释】

王者：德者,善者。"德者为王","善者为王"。令世人信服的人。懂得天、地、人三者的统一性,因而也懂得人类存在的宇宙本质并自觉与之保持一致的人,这种人显然是智慧与美德的化身。《说文》："王,天下归往也。董仲舒曰:'古之造字者,三画而连其中,谓之王。三者,天地人也,而参通之者王也。'孔子曰:'一贯三为王。'……"王是知天、知地、知人并与天地共呼吸、与人类同命运的人。

仁：天地("二")与人("亻")相统一的存在和以人为目的的本质,也即宇宙的人本主义的本质和以人为目的的道德,它也就是宇宙之于人类的绝对的善与爱。

13.13 子曰:"苟正其身矣,于从政乎何有？不能正其身,如正人何？"

【译解】

孔子说:"假如那些自称是以实现社会正义为己任的政治家、国家首脑和政府官员自身的行为就是完全合于正义,以至他们的完全合于正义的行为就足以成为一切人的行为的典范的话,那么在他们所从事的政治活动中,要实现他们的政治活动所要实现的社会正义的目的又有什么困难呢？假如那些自称是以实现社会正义为己任的政治家、国家首脑和政府官员自身的行为就是完全不合于正义的话,那么他们又怎么能够使全社会中的每一个人的行为都变得完全合于正义,并从而实现整个社会的正义呢？"

【注释】

孔子在本章所表达的意思显然是,一切致力于社会正义的人们不能凭藉外在的强制性的力量,而只能依靠自身道德与正义的典范力量,才能引导人民趋于道德与正义,从而实现整个社会的道德与正义。

13.14 冉有退朝,子曰:"何晏也？"

对曰:"有政。"

子曰:"其事也。如有政,虽不吾以,吾其与闻之。"

【译解】

孔子遇见刚从朝廷出来的冉求,孔子说:"你怎么出来得这么晚呢？"

冉求回答说:"朝廷里有些重要的政务需要商议。"

孔子说:"你所说的重要的政务一定只是一些普通的事务。如果朝廷里真有什么可以称得上重要政务的事情需要商议的话,那么虽然主持重要政务会议的人根本不是我,但也一定有人将这些政务告知我并请我出席。"

【注释】

冉有：冉求。现在流行的版本都为"冉子",如果流行版本中的"冉子"并不是传抄错误所造成的结果,那么这是否说明,冉雍在做季氏宰的同时,在鲁国政府中也享有一官半职? 但是根据本章的语意,本章的那个与孔子说话的人所说的话根本不符合冉雍的坦诚直率、敢作敢为的性格,而倒是与冉求的阴冷的、隐晦的、自命不凡的性格相符合。因此我认为,流行版本中的"冉子"肯定是抄写者所犯的一个错误,我们应把它更正为"冉有"。

晏:太阳安息,晚上,傍晚,晚。从这个字的本意来看,"晏会"的本意也许只是"晚会"。

政:政务,国家政务。

事:事务,普通的事务。这里作为孔子对冉有所说的政务的否定。

虽不吾以:虽然政府根本没有让我来主持什么政务。不吾以:不依赖于我,不取决于我,不是让我来主持。

与闻:使闻,告知,告知有关情况。"与闻"在这里也可以理解为参与有关国家政务的商议和听证。

本章所记叙的事显然是发生在孔子晚年,这时孔子在政府中仍保有一个荣誉性的职位。孔子在本章的话语透露出他对他的那个阴冷、故作神秘和自命不凡的学生的冷漠与蔑视。

13.15 定公问:"一言而可以兴邦,有诸?"

孔子对曰:"言不可以若是,其几也。人之言曰:'为君难,为臣不易。'如知为君之难也,不几乎一言而兴邦乎?"

曰:"一言而丧邦,有诸?"

孔子对曰:"言不可以若是,其几也。人之言曰:'予无乐乎为君,唯其言而莫予违也。'如其善而莫之违也,不亦善乎? 如不善而莫之违也,不几乎一言而丧邦乎?"

【译解】

鲁国国王定公问:"人类自古至今的许许多多的哲人学者之中,你是否听人说过这样一句只要人们遵循便可以使一个理想之邦兴旺发达的话呢?"

孔子回答说:"在人类自古至今的许许多多的哲人学者所说过的全部话语之中,这样的像你所说的一句只要人们遵循便可以使一个理想之邦兴旺发达的话也许我还没有听说过,但与这种话的意思相似相近的话我还是听说过的。比如我听说过这样一句话:'在一个理想之邦中,国王和国民的责任都是艰巨而重大的,因此要在一个理想之邦中做一个完全合格的国王是艰难的,做一个完全合格的国民也是不容易的。'试想,如果一个国家之内的每一个人都能像这句话所说的那样,清楚地意识到自己对国家所应肩负的重大而艰巨的责任,从而能够清楚地意识到自己要在自己的国家之内做一个完全合格的国王是艰难的,做一个完全合格的国民也是不容易的,那么每一个人就会认真严肃地对待自己对国家所肩负的重大艰巨的责任,并为做一个对国家尽责尽职的完全合格的国王或国民而努力,照此下去,这岂不是可以使一个理想之邦兴旺发达吗?"

定公又说:"在人类自古至今的许许多多的哲人学者之中,你是否听人说过这样一句只要人们遵循便可以使一个理想之邦毁于一旦的话吗?"

孔子回答说:"在人类自古至今的许许多多的哲人学者所说过的全部话语之中,这样的像你所说的一句只要人们遵循便可以使一个理想之邦毁于一旦的话,也许我还没有听说过,但与这种话的意思相似相近的话,我还是听说过的。比如我听说过这样一句话:'除非每一个人都丝毫不能违抗我的意志,否则我就不会乐意于去充任一个国家的国王。'如果这些将要充任一个国家的国王的人们的意志像神的意志一样绝对善良,每一个人都丝毫不能违抗他们的意志,这种要求不也是合情合理的吗? 但是,如果这些将要充任一个国家的国王的人们的意志是邪恶的,那么就像这样的话所说的那样,当人们一旦成为一个国家的国王便要求每一个人都丝毫不能违抗他们的意志,照此下去,这不就可以使一个理想之邦毁于一旦的吗?"

【注释】

言不可以若是,其几也:和你所说的完全一样的话是不可能指望有的,但意思与此相近的话是有的。

为君难,为臣不易:这句话使我想起了西方一位著名的思想家的至理名言:对于一个国家的人民来说,一个没有哲学头脑的国王是致命的;对于一个国家的国王来说,一个没有哲学头脑的国民是致命的。做一个合格的国王需要哲学的智慧,做一个合格的国民同样需要哲学的智慧。因为只有哲学的智慧才能使人从自己个人的、自私的和片面有限的存在与生活之中摆脱出来,并使自己完全融入国家的普遍无限的存在与生活之中,从而使每一个人的情感、理性、意志和行为追求汇聚为和谐一致的国家的情感、国家的理性、国家的意志和国家的行为追求。在其中每一个人都完全摆脱了自己个体存在的偶然性,超越了自身与他人之间的纷争对立,而成为普遍无限的存在物、国家的存在物、政治的存在物。每一个人作为自然的主体、国家的主体和政治的主体,人们只按道德的原则去生活,只按正义的原则去行动,并自然地按照这种国家的正义原则分享由这正义国家所保障的永恒的自由以及由这正义的国家所创造的永恒的幸福。可以说,如果没有哲学的普遍无限的理性和智慧,那么人们就不可能超越自身的存在、生活、目的、利益的片面有限性或自私的个体性的限制。这样,人们也就不可能在自己与整个国家和社会中的每一个他人的普遍无限的联系中确立自己存在、生活、行动的合理性的目的。这样人们也就不可能使自己成为一个道德的主体与正义的主体。如果人们不能使自己成为一个道德的主体和正义的主体,那么以道德和正义为基础的理想国家就不可能真正建立。因此想要建立一个只能以道德和正义为基础的理想国家,并在这样一个理想国家中做一个合格的国王或做一个合格的国民,两者都是困难而艰巨的,它需要深刻清醒的哲学理性、政治智慧和坚定不移的道德意志和正义的勇气。如果人们(不管是国王,还是国民)只想从国家的存在中获得比别人更大的特权,并分享比别人更多的利益,而根本不想为自己在这个国家内的生活和行为尽自己应尽的道德的、政治的和法律的责任,那么作为人类最高理性和最高文明之标志的国家就会退化为人类野蛮和罪恶的渊薮。所以只要人们能够想到自己对国家所应肩负的道德的、政治的和法律的责任是如此重大,人们就不会认为自己在一个国家中做一个国民是容易的,更不会认为自己在一个国家中做一个国王是容易的。也正是在这种意义上,孔子说,只有当一个国王和整个一国的国民都清醒地意识到做一个国王和做一个国民的重大而艰巨的责任,一个理想的国家才有可能在人类社会中兴起。

如知为君之难也:如知为君之难,为臣之不易也。这句话之中的"为君难"应是前面所说的"为君难,为臣不易"的省略形式。

予无乐乎为君,唯其言而莫予违也:除非人们毫不违抗我的意志("言"是意志的表达),否则我就不会乐意于去充任一个国家的国王了(这是一个倒装语句)。这是一种极端个人主义的和完全腐化堕落的政治观点和权利观念。在这种观念看来,政治的权力并不意味着一种严肃而重大的政治责任,并不意味着获得政治权力的人们必须严格地使自己的行为服从于政治所追求的社会普遍的正义原则,而是意味着一种可以任意地支配和役使他人的特权,意味着获得这种政治权力的人们可以在其权力所及的范围内使一切人都必须服从他,而他本人却只服从他自己的反复无常的意志和自己的任性使气的嗜好。因此在这种观点看来,权力并不意味着对于获得这种权力的人们的智慧和美德的更高的要求和更严峻的考验,而是意味着为那些获得这种权力的人们可以不受限制、不受惩罚地腐化堕落下去提供了更方便的机会和更有利的条件。如果一个人怀着这样的观念走上社会权力的宝座,那么他就会立即毁坏这个国家赖以存在的正义,进而毁坏这个国家本身。不幸的是,在人类政治历史上的大部分时间里,获得政治权力的统治者们对于发号施令的嗜好总是往往取代了对于政治所应追求的国家正义本身的关注,因此对于长期生活在这样一些人的统治之下的人民来说,"政治权力"和"国家"已成了一些令人厌恶而又令人恐惧的词语,而政治权力和国家本身则几乎成了一种非义、罪恶与非人道的象征。

13.16 叶公问政,子曰:"近者悦,远者来。"

【译解】

叶公问到有关一个良好的完全合于政治正义的理想政府应该是一个什么样的政府的问题,孔子说:"一个良好的完全合于政治正义的理想政府就应该是一个为全体直接生活在它的统治之下的本国人民普遍赞赏的政府,是一个为那些并不直接生活在它的统治之下的他国人民所向往并希望庇荫于它的统治之下的政府。"

【注释】

叶公：楚国著名的大官僚和大贵族,姓沈,名诸梁。"叶"是他在楚国的领地的名称。在楚国,最高统治者自称为王(这说明楚国对过去西周中央政权的认同度较低,也说明过去西周中央政府对楚国的权威性有限),"公"是楚国的大贵族和大官僚的称谓。

政：政府的政治职能,国家的政治统治的目的,或正义的理想的政府和国家。

近者：本国人民,直接生活在本国政府统治之下的人。

远者：他国的人民,不直接生活在本国政府统治之下的人。

来：朝奔,向往。"来"的本意是人们到树下庇阴乘凉。或者说是指还处在自然状态下的人类把高大的树木当作自己安全寄居的场所。还处在自然状态之下的人寄居在高大的树上,可在夜深人静的夜晚免受野兽的伤害。

13.17 子夏为莒父宰,问政,子曰:"无欲速,无见小利。欲速则不达,见小利则大事不成。"

【译解】

子夏将要出任鲁国莒父地区的长官,他来向孔子请教有关在他执掌这一地区的政务期间所应遵循的政治原则问题,孔子说:"在实现你在莒父地区任职期间所要达到的政治或政策目标的过程中,你不应贪图那种不切实际的高速度,更不要贪图那种仅仅属于你个人的片面有限的私利。贪图那种不切实际的高速度,反而会使你达不到你所要达到的政治或政策的目标;贪图仅仅属于你自己的片面有限的私利,那么你就不可能完成你想要完成的任何一件政治上的伟大事业。"

【注释】

莒(jǔ)父：鲁国的一个城邑,《山东通志》认为莒父这一地区位于今山东高密县东南。

小利：个人的片面有限的利益。

大事：国事,政事。

13.18 叶公语孔子曰:"吾党有直躬者,其父攘羊,而子证之。"

孔子曰:"吾党之直者异于是:父为子隐,子为父隐。直在其中矣。"

【译解】

叶公向孔子表达了他关于一个理想国家的理想国民的观点:"在我所设

想的理想国家中,我崇尚着这样的行为正直的理想国民,这样的行为正直的理想国民,即使是自己的父亲偷窃了别人的一只羊,他也会公然向别人证实,偷窃了这只羊的人就是自己的父亲。"

孔子说:"在我所设想的理想国家中,我崇尚着的行为正直的理想国民和你崇尚着的行为正直的理想国民有所不同:父母为了自己对儿女的爱而自我激励、自我教育、自我提高、自我完善,以确保自己永远道德高尚、行为正义;儿女为了自己对父母的爱而自我激励、自我教育、自我提高、自我完善,以确保自己永远道德高尚、行为正义。我所设想的理想国家中的正直的理想国民就是在这种自我教育、自我培养、自我提高、自我完善,乃至相互教育、相互培养、相互提高、相互完善各自和彼此的道德品质以确保每一个人都道德高尚、行为正义的过程中表现出他们的正直的品格的。"

【注释】

党:这个字原来由"尚"和"黑"构成(上下结构),意为没有理性的盲目崇尚,引伸为崇尚、主张。

直躬者:直身而行者,喻行为正直、正义的人。

攘(rǎng):本意是拔除杂草,引伸为拔除、驱逐、消灭,这里的意思是窃取。也许"攘"的含意中有一层摘取野生的果实、或猎取野生的动物的意思。当人们把他人的家畜当作野生的动物来猎取时,这种行动也就是偷窃。

证:为……提供证辞,告发,揭发。

隐:在《述而第七》第23章中,我们详尽地分析了这个字的本意中所包含的三层意思:①精心采集。②精心加工。③精心保存(贮藏)。这三层意思中所直接包含的意思就是使精心采集、精心加工和精心保存的东西(粮食)永不腐烂变质。从"稳"这个字的意思中(《说文》:"稳,……从禾隐省"),我们也可以看出"隐"的本意是确保人们的收获物永不腐烂变质,从而使人无忧无虑、安心安意、稳稳当当地长久享受自己的劳动果实。不难理解,这里的"隐"在和其本意的联系中,其引伸的和比喻的意思显然是精心地教育人、培养人、完善人,以确保人道德高尚,行为正义,而永不堕落犯罪。

父为子隐,子为父隐:父母为了子女而洁身自好,儿女为了父母而洁身自好,也即父母为了自己对儿女的爱而努力确保自己道德高尚、行为正义;儿女为了自己对父母的爱而努力确保自己道德高尚、行为正义。其中显然包含着父母和儿女为了自己的爱而自我激励、自我教育、自我提高、自我完善乃至相互激励、相互教育、相互提高的意义。

叶公在这里所表达的显然是一个政治家和一个国家主义者对于一个国家的国民所应具备的理想人格的观点:国民的普遍的道德心和社会的正义感应该战胜国民建立在血缘基础之上的私人亲情(这种私人亲情应和国民的普遍的道德心与社会的正义感取得和谐一致,而不能与之相矛盾),这种理想人格也正是一个理想的国家对于全体国民的当然要求。对于叶公的这种观点,孔子显然认为它是正确的和无可置疑的。不过孔子却提出了一种比叶公的理想人格的观点更深刻的理想人格的观点:国民的良知良心和他们对于社会道德与社会正义的责任心,以及他们对于一个理想的正义的国家的使命感,使得他们努力去致力于自己周围的每一个人的正义感和道德心的教育、培养、提高和完善,从而防止每一个人的任何可能的不道德、不正义的行为发生。孔子的这种理想人格的观点和他的理想国家的观点是一致的。在孔子看来,一个理想的国家不可能仅仅依靠被动和消极的惩罚不义与犯罪的法律手段来维护,而且更应依靠积极主动的道德与正义教育的手段来维护。因为国民的应受法律惩罚与制裁的不义和犯罪的行为只是他们的道德感和正义心丧失的结果,而防止人们道德感与正义感的丧失的更积极有效的方法应是教育。

还应该指出的是,在本章中,孔子表达了父与子相互激励、相互教育、相互培养、相互提高与相互完善的观点,这种观点和他的被人们普遍误解的"孝"的观点是一致的。在这里我们可以充分看到,孔子的理想主义和理性主义在他的整个思想与人格中是融为一体、和谐一致的。

13.19 樊迟问仁,子曰:"居处恭,执事敬,与人忠。虽之夷狄,不可弃也。"

【译解】

樊迟问一个人应怎样去实践他的仁爱的美德,孔子说:"一个人如果想要实践自己仁爱的美德,就应该在据有或获得与自己的生活条件和生活享受密切相关的个人利益时以关注维护自己的个人利益完全相一致的公允、公平、公正的态度去关注维护他人的利益;就应该在担任某一社会职责时,以严肃认真、尽心尽力的态度去履行这一与社会、与他人的利益密切相关的社会职责;就应该在与他人的一切交往中抱持不偏不倚、诚实无欺的态度。一个致力于实践仁爱的美德的人,就应该坚持不懈和始终如一地按照这些原则去行动,纵使走到一个文明未开的国度并在那里生活,也绝对不能抛弃这些原则。"

【注释】

恭:共心,尊重他人意愿,尊重他人的利益,不仅把自己作为自己行为的出发点和目的,同时也把他人作为自己行为的出发点和目的。

敬:严肃认真地对待自己的行为所包含的道德意义,严肃认真地对待自己的行为对社会、对他人所应尽的道德和正义的责任。

夷狄:东方和北方边远地区的各个少数民族,喻指各个文明未开化的国家。

13.20 子贡问曰:"何如斯可谓之士矣?"

子曰:"行己有耻,使于四方,不辱君命,可谓士矣。"

曰："敢问其次。"

曰："宗族称孝焉，乡党称弟焉。"

曰："敢问其次。"

曰："言必信，行必果，硜硜然小人哉！——抑亦可以为次矣！"

曰："今之从政者何如？"

曰："噫！斗筲之人，何足算也！"

【译解】

子贡问："一个怎样的从事政治活动并直接在政府的各个机构中参与国家的政治统治的政治家才可以称得上是那种理想的政治家兼理想的政府官员的理想绅士呢？"

孔子说："作为一个理想的政治家兼理想的政府官员的理想绅士，他必然是那种对自己的任何一种形式的非道德、非正义的利己主义行为感到耻辱的人，因此他不论到什么地方从事政治活动，不论在什么政府的职位上行使职权，都将不会做出那种只有利于自己，只有利于自己的那个地方，只有利于自己的那个民族，只有利于自己的那个国家，却有辱于自己作为一个正人君子而存在的道德使命的非道德、非正义的行为。只有这种人才可称作为理想的政治家兼理想的政府官员的理想绅士。"

子贡说："请允许我冒昧地问，比这种理想的政治家兼理想的政府官员的理想绅士差一等的绅士又是什么样子呢？"

孔子说："比理想的政治家兼理想的政府官员的理想绅士差一等的绅士就是那种只在自己的政治活动中和政府职位上追求本族本国或者本乡本土的人民利益，并只以获得本族本国或者本乡本土的人民的赞誉为满足的人。这种人作为一个政治家兼政府官员的绅士虽然不是最坏的，但在这种人的心目中并没有真正的道德与正义，从根本上来说，他的行为所遵循的仍然不是道德与正义的原则，而是利己的原则。"

子贡说："请允许我再次冒昧地问，比这种差一等的绅士再差一等的绅士又是什么样子呢？"

孔子说："这种绅士在自己的政治活动中和政府职位上总是认定自己所说的一切话都必然是确信无疑的真理，自己所做出的一切行为都必然是会给人们带来实际的利益和好处的行为。因此在他的权力所及的范围之内，人们必须绝对地服从他的意志，而他的意志就是他所遵循的至高无上的惟一原则。这样的政治家兼政府官员的绅士实际上只是一种像在山间的青石板上流过的溪水一样的知识浅薄、头脑简单的庸俗小人!这种知识浅薄、头脑简单的庸俗小人可以说是世界上最糟糕、最低劣的政治家和政府官员了。"

子贡说:"照你看来,当今世界上那些从事政治活动并在各国政府的各个机构中任职的官员们又是一些什么样的人呢?"

孔子说:"呀!他们都是一些无知狭隘、庸俗琐碎的人,他们和那种只把自己的意志作为自己的行为的至高无上的惟一原则的最糟糕、最低劣的政治家和政府官员相比,只是显然更为浅薄无知、更为狭隘短视、更为庸俗琐碎罢了,他们怎么称得上是真正的政治家和真正的政府官员呢?"

【注释】

士:推十合一为士。"士"指的是具有良好教养并具有抽象的逻辑思维能力的人,在这里我们在某种程度上把它理解为具有良好教养的人。由于良好教养早在西周就已成为获取政府官职并进入社会公共服务领域工作从而获取较好的生活条件和较高的社会地位的必要条件,因此这种具有良好教养的人往往同时是拥有一定的社会权威和较高的社会政治与经济地位的受人尊敬和仰慕的人。这种人很类似于西方的"绅士",因为西方的"绅士"也总是与良好的教养、优越的社会政治与经济地位、以及言谈举止上的风趣优雅、衣冠楚楚、彬彬有礼相联系的。

行己:按个人的意志行事,行己之所行,行己之想行,"己"是行为的惟一出发点和行为的惟一目的。因此"行己"事实上也就是无视他人和他人利益的行为。这种行为方式显然是专断的和极端个人主义的,也是非理性、非正义、非道德的。这种专断的十足自利的非理性、非正义、非道德的行为方式将使人们完全丧失他人对于自己的尊重,并最终伤害自己的自尊,从而使自己对自己的非理性、非正义、非道德的行为感到耻辱。这种为自己的非理性、非正义、非道德的行为感到耻辱的心灵状态,也就是良心或道德心自我发现、自我认识的心灵状态。因此"行己有耻"就是一个从自己的心灵中发现并找到道德的绝对令律的人的道德的表现与道德的行为。

孔子在这里所说的"行己有耻",自然使我们想起了康德的道德的观点。康德和孔子一样,认为不按照道德的原则而只按照自私自利的原则行动会引起羞耻,因为自私自利的不正义的行为不能表现我们作为自由的、理性的存在物的本质。因此这种不正义的行为会严重地刺伤我们的自尊心,削弱我们对自我价值的意识。这种因自己的不正义的行为而使自己的自尊心受到伤害,使自己的自我价值的意识受到削弱的负面的情感体验就是羞耻。这种羞耻的感受使我们意识到我们的种种不正义的行为已使我们变成了非人,使我们意识到我们以我们不正义的行为否定了我们作为一种高级的具有自觉理性和自由意志的存在物的存在,相反,我们只是一种低级的只受自己欲望的冲动所摆布的动物。

使于四方:使之于四方,即把那种"行己有耻"的道德心,即对于自己的极端利己主义的不正义行为的羞耻之心带到自己生活、自己活动的每一个地点,每一种场合,不论它们是在本国,还是在他国。

君命:君子的使命,君子的责任,君子的义务,也即构成君子之所以为君子的生命本质、存在本质和行为本质。

宗族:来源于同一个宗祖的大家族,这里指生活在同一个地区,或同一个国家(诸侯国)的人。

孝:父母对儿女的责任,或儿女对父母的责任,这里指竭尽了为父或为子的责任的人。

言必信,行必果:不论自己说什么,人们都必须相信它是完全正确的,不论自己做什么,人们都必须相信它是卓有成效并符合每一个人的利益的。这就是一个极权主义者或权力至上主义者对于自己所掌握的权力的一种运用方式,这种运用方式显然是极端蛮横和极端不负责任的。或者说,这种极权主义者的心中只有权力的概念,而根本没有责任的概念。

硁硁(kēng):这个字由"石"和"泾"(省)构成,它可理解为只见石板而不见流水从石板上流过的小泾,即浅显之至的小泾,比喻为头脑浅薄的无知之人及其浅薄无知的行为表现。

小人:片面有限的人,赤裸裸的个人,没有普遍无限的宇宙的客观历史必然性的个人,只为有限的自我而生活、而存在的人,只为利己的原则所支配的人。

斗筲之人:没有多少脑容量(知识容量)的狭隘无知的和庸俗琐碎的人物。

纵观本章的整个意义,孔子把"士"分为三种,第一种是完整意义上的"士",这种"士"指的是那种具有哲学思想、政治远见、完美德性并在国家各级行政机构从政的大小官员。这种官员("士")也就是一个理想的国家所要求的理想的官员或理想的国家公务人员。这种官员所奉行的政治原则是与整个人类中的每一个民族、每一个国家的利益与目的相一致的道德与正义的原则,因此他们所追求的国家目标不仅是全体国民的目标,而且也是全人类的目标。第二种"士"是有所变质了的"士",这种"士"作为政府的官员,只追求本地区、本民族、本国的利益,他们所作所为只希望能够获得本地区、本民族、本国人民的好评。这种人并不把道德与正义作为他的内政外交的最高原则,而只把本地区、本民族、本国的利益作为其内政外交的最高原则。第三种"士"是完全变质了的"士",这种"士"作为政府的官员,只把自己反复无常的意志作为自己内政外交的最高原则,这种完全变质了的"士"是一种无知浅薄的权力狂。

孔子在这里所描绘的是一幅权力堕落的历史画卷,也是一幅政治堕落的历史画卷。从这幅历史画卷中,我们理解了孔子主张"复古"的实质就是对政治的复归,权力的复归,民主的复归,道德与正义的复归。

13.21 子曰:"不得中行而与之,必也狂狷乎。狂者进取,狷者有所不为也。"

【译解】

孔子说:"在追求自己的利益的活动中,那些根本没有有关什么是自己在获得自己的利益的活动中所应遵循的不偏不倚、无过无不及的公允正义的行为原则的知识而行动的人们,他们的行为必然要么表现为胆大妄为,要么表现为畏缩怯懦。胆大妄为的人总是妄图通过激进的不义不法的冒险以迅速达到自己的目的,而畏缩怯懦的人则总是不可理喻地放弃那些可以由他们去合情合理地获得并且本来就应该是属于他们所应得的东西。"

【注释】

得:得知,知晓,获得……正确的知识。

中行:中正之行,公平正义的行为,不偏不倚的行为,无过无不及的行为,合情合理的行为。

不得中行而与之:没有获得有关什么叫做公平正义、不偏不倚的行为的确切知识而行动,这种行为必将偏离公平正义的轨道。

狂:疯狂,狂妄,胆大妄为。

狷(juàn):这个字可理解为由"犭"和"捐"(省)构成,意为放弃(捐弃)就在自己的嘴巴("口")之下的肉("月")的狗——这是不可理喻的、胆小怕事的、畏缩怯懦的,引伸为由于不明事理而引起的不可理喻的、胆小怕事的和畏缩怯懦的行为表现。

进:像长着翅膀的鸟一样快速地行动,它本来由"辶"和"隹"(鸟)构成。

进取:快速获取,快速取得,这种快速获取的行为只是不劳而获的非正义行为,因为任何合情合理地取得自己利益的过程总是一个需要较长的时间的过程。这里的"进取"的意思就是在致富的道路上走捷径,它意味着一种老鹰般的掠夺和海盗式的冒险。

有所不为:实际地存在着的("有")、可以合理合法地去获得而人们却并没有去获得的东西。

在本章中我们发现,孔子的正义概念包括人们对于自身正当利益与正当权利的维护,如果人们放弃自己的正当利益,放弃自己正当的权利,那么人们也就放弃了正义,放弃了自己作为一个正义者而存在的主体性,因而也就放弃了自己做人的责任。不难理解,正义的原则旨在维护每一个人的正当的利益与权利,而不是旨在取消每一个人的正当利益与权利。每一个人的正当的利益与权利作为社会正义所关怀的目标,维护每一个人的正当的利益与正当的权利就是维护社会正义本身。每一个人的正当利益与正当权利的实现就是社会正义的实现,正像每一个人的自由与幸福的实现就是国家目的本身的实现一样。国家或社会的道德与正义并不排斥每一个人的正当的利益与正当的权利,相反而是包含着每一个人的正当的利益与正当的权利。那种把社会道德与社会正义与每一个人的正当利益与正当权利对立起来的观点,实际上就是妄图架空道德与正义的实质,并使之成为与之相反的东西。

13.22 子曰:"南人有言曰:'人而无恒,不可以作巫医。'善夫！'不恒其德，或承之羞。'"

子曰："不占而已矣。"

【译解】

孔子说："生活在南方地区的人们都说着这样一句话：'如果人们对于无所不能的天神的绝对善良的意志没有确信无疑的认识与坚定不移的信念，那么人们就不可能去做一个祈求天神为病人治病的巫医。'他们说得多么正确！他们所表达的思想和《易经》所表达的思想是多么相似！《易经》说："如果人们对自己天生的道德本性没有确信无疑的认识和坚定不移的信念，那么在违背自己天生的道德本性的主观任意、投机侥幸的生活之中，人们将不可避免地要承受由这种生活所带来的全部羞辱。"

孔子说："人们有价值、有尊严而永远没有悔恨、没有羞愧、没有耻辱的生活方式只不过是那种坚定不移地按照从自己天生的道德本性中所发出的道德的绝对命令行事的生活方式，而彻底抛弃那种掷骰子般的主观任意、投机侥幸的生活方式。"

【注释】

恒：这个字由"忄"和"亘"构成。《说文》："亘，求也，从二从回。"可见"亘"是人类在宇宙（"二"）之中的持续不断的探索与追求中所获得的对于宇宙的永恒认识和永恒观念，而"恒"的意思则应是人类对于自己认识到的永恒的宇宙所怀抱的一种持续不断的敬畏与崇拜的情感态度。"永恒"只和宇宙相联系，只和人类对于宇宙的认识与信念相联系。在这里特定的语境中，"恒"指的是人们对于那创造并主宰整个宇宙万物的上帝以及上帝的绝对善良而无所不能的意志所怀抱的坚定不移的信念。

巫医：通过向天帝祈祷来为病人治病的医生。巫医显然是随着人类头脑中有关宇宙之中存在着一个绝对善良而又无所不能的神的观念的产生而产生的。这种观念自然的推论是：只要人们真心诚意地请求（祈祷）这个绝对善良而又无所不能的神，那么它将不仅会为人们消灭灾祸，而且也将会为人们免除疾苦。

不恒其德，或承之羞：这二句话引自《易经·恒卦·九三》的爻辞，意思是，如果人们对自己天赋的道德本性没有坚定不移的永恒信念，如果人们不能确立道德在自己的精神的和物质的生活中的永恒地位，而任凭自己在一己私利的操纵和摆布之下亦善亦恶、亦义非义地任意侥幸地行动、生活，那么人们将总有一天会不得不承受由此而招致的一切羞辱。这一切羞辱不只应理解为外在的，而更应理解为内在的，即当人们道德心觉醒时，人们在自己的心灵中就会产生出对于自己亦善亦恶、时义时不义的行为的羞耻感。

不占而已矣：不像占卜或掷骰子一样怀着侥幸的主观愿望并只按偶然的机遇去行动、去生活而已。这也就是说，要把自己的行动、自己的生活建立在永恒道德与永恒正义的原则基础之上，并只按道德与正义的原则去行动、去生活。这句话显然是相对于"不恒其德,或承之羞"而言的,尽管我们感觉到这句话似乎遗漏了某些部分,因为它显得并不完整。但只要把这句话与前面的话联系起来,那么这句话所表达的意思仍然是非常清楚的:人们有价值的、有尊严的、永远没有悔恨、没有羞愧、没有耻辱的生活只是按照从人们天生的良知良心之中发出的道德的必然令律去行动的生活,就是把自己的生活建立在永恒的道德与永恒的正义的基础之上,就是对那种掷骰子般的主观任意、投机侥幸的行为方式与生活方式的彻底抛弃。孔子在这里所表达的思想和他在前面所表达的"人之生也直,罔之生也幸而免"的思想是完全一致的。

13.23 子曰:"君子和而不同,小人同而不和。"

【译解】

孔子说:"君子具有随和善良的品格而同时又表现出不轻易附和人的独立不羁的个性特征,相反,小人表现出轻易附和人的、完全没有自己的独立性的个性特征而同时又不具有随和善良的品格。"

【注释】

不和:不善,好斗。

不同:不一样,独特,这里指与众不同的独特个性。这里的"不同"作为动词,就是努力保持自己与众不同的独特个性,而决不一味地迎合、模仿他人的个性特征。

13.24 子贡问曰:"乡人皆好之,何如?"

子曰:"未可也。"

曰:"乡人皆恶之,何如?"

子曰:"未可也。不如乡人之善者好之,其不善者恶之。"

【译解】

子贡问:"对于一个为生活在他自己周围的人所普遍热爱赞赏的人,你认为我们应该怎样评价他呢?"

孔子说:"我认为我们未必能够给他以肯定的评价。"

子贡说:"对于一个为生活在他自己周围的人所普遍厌恶痛恨的人,你认为我们又应该怎样评价他呢?"

孔子说:"我认为我们同样未必能够给他以否定的评价。在我看来,为生活在自己周围的人所普遍热爱赞赏的人和为生活在自己周围的人所普遍厌恶痛恨的人一样,两者都根本不能与那种为生活在自己周围的善人所热爱赞赏,为生活在自己周围的恶人所厌恶痛恨的人相提并论。或者说,只有那些为自己周围的所有善良的人们所热爱赞赏和为自己周围的所有丑恶的人们所厌恶痛恨的人,才应得到我们肯定的评价。"

【注释】

乡人：本乡人，本地人，这里指生活在自己周围的人。

孔子在这里所表达的意思显然是：大多数人的看法并非总是正确的，大多数人的价值标准也并非总是有意义的。在一个无知和邪恶占统治地位的世界上，一个智者的见解总是比大多数无知者的看法更正确，一个具有道德的人的价值标准也总是比大多数人的价值标准更有意义。在这里人们不难领悟，孔子那令人倾倒的理性判断是多么深刻、敏锐而又纯正！本章所表达的意思和"仁者能好人，能恶人"的意思也是一致的。

13.25 子曰："君子易事而难说也。说之不以道，不说也；及其使人也，器之。小人难事而易说也。说之虽不以道，说也。及其使人也，求备焉。"

【译解】

孔子说："只有当那些完全符合资格的正人君子来执掌国家统治的权力时，他们才会将国家统治的权力运用于使全体国民通过自己诚实的劳动来获取个人幸福的事业变得轻而易举，对于他们来说，在权力的运用所达到的使全体国民通过自己诚实的劳动来获取个人幸福的目的之外，权力的运用本身是很难使他们感到喜悦和满足的。换句话说，如果令君子喜悦和满足的权力的运用不符合权力本身的正义，那么他是决不会对权力的运用本身感到喜悦和满足的。至于君子对全体国民的组织、管理和使用，他们所注重的是发挥每一个国民所具有的具体特殊的能力、才干、积极性、主动性和创造性。然而当那些庸碌无能的卑鄙小人来执掌国家统治的权力时，那么他们将把国家统治的权力运用于使全体国民通过自己诚实的劳动来获取个人幸福的事业变得困难重重，并且对于他们来说，权力的运用本身是那么容易地使他们感到喜悦和满足。纵使那种权力的运用完全不符合权力本身的正义而与权力所要实现的社会正义的目的完全背道而驰，他们也会因这种权力的运用本身而感到喜悦和满足的。他们对于全体国民的组织、管理和使用，就是依据他们那种"求全责备"的思维方法，无视每一个国民所具有的具体特殊的能力与才干，而对每一个国民不具有他们本来就不具有的各种才能横加指责。"

【注释】

君子：这里既指君子，又指君子的统治。

易事：使做事变得容易，使一切事情变得容易。

难说：难以喜悦，难以满足，难以满意。难于为空洞的赞美之辞或阿谀奉承的言语所取悦。

君子易事而难说也：在君子的主管之下，社会中的一切事情都将可以进行得非常容易和顺利，也就是说，君子的统治将为一切想通过自己诚实的劳动来获取个人幸福的人们开辟道路，但他决不会那么轻易地对自己的统治感到满足，这是因为，君子作为一种具有高度的理性的人，他将清楚地知道，任何一种理想的政治统治都只能无限地接近那个使全体国民道德高尚、生活幸福的国家理想。

说之不以道，不说也：君子感到喜悦和满足的只是在他的统治之下社会所实现的道德与正义，如果令君子感到喜悦和满足的不是道德与正义，而是道德与正义之外的东西，那么他就不会有真正的喜悦和满足。换句话说，权力或统治本身并不能使他感到满足和喜悦。"以"的本意是已经实现的，现成可用的。《说文》："以，用也，从反已。"贾侍中说：'已意已实也。'"不以道：不是道，不符合道。我们可以更恰当地把这句话理解为：如果令君子喜悦和满足的仅仅是他在社会中所获得的政治权力本身，而不是他所获得的政治权力可以被他用来实现社会的道德与正义，那么他是不会为自己所获得的政治权力感到满足和喜悦的。

说之虽不以道，说也：令小人喜悦和满足的是他在社会中所获得的政治权力，纵使这种政治权力根本不会被他用来实现社会的道德与正义，他也会因此而感到喜悦和满足。这种人的权力的欲望取代了对权力的政治目的本身的追求，发号施令的乐趣取代了对国民幸福的关注。他们投身于政治的目的仅仅是为了获得权力并享受发号施令的乐趣，而不是为了实现政治所应实现的社会正义。

求备：无视他人特有的才能，而抱怨他人不具有其所不具有的才能。"求备"也就是在主观上追求那种全知全能的人，并以那种全知全能的人作为衡量他人的标准。在这种标准的衡量之下，每一个人都将成为无足轻重，每一个人所具有的那些在现实的社会生活中可以发挥自己特殊作用的特殊知识与才能，也就会为统治这个社会的统治者所蔑视。在这种标准的衡量之下，每一个人都将因此而失去自己在社会中所应享有的特殊权力、地位与尊严。"求备"也就成为了领导者贬低其下属的价值、藐视其下属的才能以达到控制奴役其下属的目的的一种思想方法。

13.26 子曰："君子泰而不骄，小人骄而不泰。"

【译解】

孔子说："君子快乐而不骄横，小人骄横而不快乐。"

【注释】

泰：这个字的本意是指在其根部具有充足的水分让其吸取的生长茂盛的草木，它用来比喻人们富裕的、满足的、无忧的、快乐和平静的生活和存在状态。因此"泰"总是和富裕的、满足的、无忧无虑的、快乐平静的等等意思相联系。此外，人们还从"泰"的这些褒意的意思中引伸出具有贬意的得过且过、安于现状、无所作为、自满骄傲的意思。这种意思的引伸显然是因为那种富裕的、满足的、无忧无虑的、快乐平静的、非常优越的生活与存在状态不仅会诱使人们安于现状、无所作为、得过且过，而且也会引发人们自满与骄傲的情绪。在这里，"泰"的意思显然是褒意的，我们可以把它理解为处于优越的生活与存在状态之中的人们所表现出来的那种自然的快乐。

13.27 子曰:"刚、毅、木、讷近仁。"

【译解】

孔子说:"那种具有刚正不阿、坚强勇敢、自然朴质、忠实真诚的品格的人几乎就是具有仁爱的美德的人,因为那种刚正不阿、坚强勇敢、自然朴质、忠实真诚的品格总是和仁爱的美德相接近的。"

【注释】

毅(yì):用长予("殳")猎杀("辛"省)野兽("豕"),这需要巨大的勇气、坚强的意志和非凡的力量,因此"毅"往往指勇气、意志和力量这三者。

木:像处处可见的树木一样,自然,朴素,平易近人。

讷(nè):发自内心的言语,忠实的言语,可信的言语。

13.28 子路问曰:"何如斯可谓之士矣?"

子曰:"切切偲偲,怡怡如也,可谓士矣。朋友切切偲偲,兄弟怡怡。"

【译解】

子路问孔子说:"一个怎样的人才可以称之为具有高深的思辨能力的思辨者呢?"

孔子说:"只有那些具有对自然万物进行分析综合和对自身进行反思观照的纯粹理性的思辨能力与认识能力,并因此而能够从这种纯粹理性的思辨与认识活动中获得纯粹的快乐与满足的人,才可以称之为真正具有高深的思辨能力的思辨者。对于这样的思辨者来说,一切进入他的心灵之中的对象都将成为他的在他心灵中与之密切交往的朋友,而当他的那些在心灵中与之密切交往的朋友成为他心灵快乐的源泉时,那些在他心灵中与之密切交往的朋友也就变成了他的更为亲密的兄弟了。"

【注释】

切:这个字本来由"十"和"刀"构成,因此它具有分割全体、把一分割为十又把十还原(累积)为一的意思。因此"切"既具有全体("一切")的意思,又具有分割全体("切割")和累积(这层意思保存在"砌"的意思中)的意思。而对全体的分割与累积(还原)相对于人的抽象的思维活动而言,其意思也就是分析与综合,或演绎与归纳,相对于数学的抽象思维活动来说,其意思也就是微分与积分。

偲偲(sī):对人自身的思考,也即反思,即由思考世界反过来思考人自身。这也就是人的自我反思,自我观照。这里指人类以思想为其自身的存在本质的精神活动,即思维着的人。

怡（yí）：快乐，站在使人突出的高处所感受到的一种愉快满足的心情，或者是指人们内心（"忄"）所具有的宁静与秩序（"治"省）感。

朋友切切偲偲，兄弟怡怡：切切偲偲朋友，怡怡兄弟，意即切切偲偲成朋友，怡怡成兄弟，也即在我们对自然界的一切对象所作的分析综合以及我们对自身所作的反思观照之中，我们使自身成为自然万物的朋友，也使自然万物成为我们的朋友，而当我们在这种对自然万物所作的分析综合和对自身所作的反思观照的认识活动中获得理性的纯粹的快乐与满足时，那么自然万物就不仅是我们的朋友，而且也是我们的兄弟了。孔子在这里所说的话使我想起了古希腊哲学家亚里斯多德在其《伦理学》一书中所说的意思几乎完全相同的话："完美的幸福是一种思辨活动"，"凡是思辨所及之处都有幸福，哪些人的思辨能力越强，哪些人所享有的幸福也就越大"。不难理解，对于一个高深的思辨者（"士"）来说，作为他思辨的一切对象都将进入他的心灵之中，并在他的心灵中成为与之密切交往的朋友，而当这些朋友成为他心灵快乐的源泉时，它们也就成为他的兄弟了。

孔子在本章所表达的思想与他在《学而第一》的第1章中所表达的思想是一脉相承的。

13.29 子曰："善人教民七年，亦可以即戎矣。"

【译解】

孔子说："如果有一个具有善良的美德与远见卓识的、完全合于理想的统治者，来推行一个七年的、对全体国民进行有关人与人之间的责任与义务的伦理道德教育的教育计划，那么也就可以尽快地结束存在于整个国民内部之间的那种相互矛盾冲突、相互倾轧践踏的战争状态了。"

【注释】

善人：相对于这里的"民"而言，它意指具有善良的美德与远见卓识的统治者，也就是一切皆好、一切皆善的完全合于理想的统治者。

教：从这个字的本意中可以看出，它指的是以父母与儿女之间的自然的责任与义务为基础的人与人之间的责任与义务的伦理道德教育。

即：《说文》："即，即食也。""即"的本意是迅速吞食，引伸为了结，结束。

戎（róng）：集体的（"十"）相互残杀（"戈"）。

13.30 子曰："以不教民战，是谓弃之。"

【译解】

孔子说："对于一个完全合格的国家统治者来说，如果他对他的人民不进行标志人类文明的人与人之间的责任与义务的伦理道德教育，而听任那些根本没有接受有关人与人之间的责任与义务的伦理道德教育并因而对自己在社会生活中对他人所应承担的责任与义务一无所知的人民陷入相互矛盾冲突与相互践踏倾轧的战争状态,那么这就是放弃自己对于人民所应尽的统治的责任与义务,并抛弃他们。"

【注释】

以：让,使,听任,任凭。

以不教民战：因没有对人民进行文明教育,而听任那些没有接受任何文明教育的人民陷入相互践踏、相互奴役的战争状态。所谓文明,就是组成社会的人们能够充分而清楚地意识到自己个人的行为之于整个社会、整个他人的道德意义,充分而清楚地意识到坚持自身行为的道德性与正义性之于整个社会的和谐、之于整个他人的自由与幸福、进而也之于自身的自由与幸福的客观必要性,充分而清楚地意识到自己的行为为整个社会的和谐、为整个他人的自由与幸福、进而也为自己的自由与幸福所肩负的责任与义务,从而把自己造就成道德的主体、正义的主体。没有这种充分而清楚的认识,社会就会成为一个充满人与人之间的尔虞我诈、你争我夺的战场。

宪问第十四

14.1 宪问耻,子曰:"邦有道,谷;邦无道,谷;耻也。"
(曰):"克、伐、怨、欲不行焉,可以为仁矣?"
子曰:"可以为难矣,仁则吾不知也。"

【译解】
子思就有关什么是一个管理国家的政府应该为之感到耻辱的事情向孔子提问,孔子说:"对于一个管理国家的政府来说,当它所管理的国家合于道德与正义时,它向人民征取税收、索取报酬,当它所管理的国家背离道德与正义时,它也向人民征取税收、索取报酬,这就是这个政府应该为之而感到耻辱的事情。"

子思说:"当一个政府对于人民不再奉行压制、杀戮、仇恨、贪婪的政策时,这是否可以说它已开始对人民奉行仁爱的政策了呢?"

孔子说:"当一个政府对于人民不再奉行压制、杀戮、仇恨、贪婪的政策时,这就可以说明这个政府已开始着手应付它所面临的有可能被人民所推翻的危难局面了,至于它是否已转而对人民奉行仁爱的政策,我还不得而知。"

【注释】
耻:耻辱,羞耻。这里相对于国家的统治或一个政府而言,指的是使国家的统治或一个政府应该感到耻辱的事情。因为这里(本章)所提到的"克"、"伐"显然只能理解为一个政府的行为。

谷:稻谷,它可作为付给人的报酬,又可作为一般等价物。谷物长期以来都作为政府支付给官员的实物工资,也作为政府向农民征取的实物税收。

克:这个字具有相反相成的两层意思:①承受压力,顶住压力,肩负重任;②施加压力,压制、制服、镇压、战胜、征服("克"的本意是支撑屋顶的柱子)。在这里,它的意思显然是后者,即压制的意思。

伐:手持武器("戈")进行战争的人("人"),引伸为战争和战争行为,即杀戮。这个字的本意只是伐木者。

怨：不正义、不道德的丑恶行为,这种行为不仅会引起他人对自己的仇恨,也会使自己受到自己良心的谴责,因此这种行为将使行为主体陷入辗转反侧、难以入眠的心绪不宁的状态。可以说:"怨"的本意就是指那种将会使行为主体陷入辗转反侧、难以入眠的心绪不宁的状态的行为,即不正义、不道德的行为。与这种意思相联系,"怨"同时也具有悔恨(自我悔恨)和仇恨(对他人的仇恨)的意思,因此"怨"是不正义、不道德的行为在主客体两者的心灵中所引发的两种不同的感受、体验和情绪态度。

欲：不满足、欲壑难填和由此所引发的贪欲与贪婪的行为。

难：逆难,危难,这里指政府所陷入的逆难或危难的局面。

14.2 子曰:"士而怀居,不足以为士矣。"

【译解】

孔子说:"如果一个具有良好教养并善于理性思辨的人的全部心灵所能关注到的仅仅是他个人的生活享受,而不是与他密不可分的整个社会的道德与政治状态,那么这就充分证明,这个人并没有足够的教养和足够的知识来从事一个真正具有良好教养并善于理性思辨的人所能从事的理性思辨的活动。因为一个真正具有良好教养并善于理性思辨的人必然会认识到自己的生活状况归根到底是由整个国家的政治制度所决定的,所以一个真正具有良好教养并善于理性思辨的人必然会密切关注国家政治和国家政治制度本身的正义,而决不会仅仅关心一己的生活条件与生活享受。"

【注释】

士：受过良好教育并具有高深的逻辑思辨能力的人。

怀：关怀,关心。这个字的本意是父母面对儿女未满足的愿望所产生的一种关切的心情。

居：居住(动词),居室(名词)。居室是家庭生活的重要条件,因此,"居"也转而指家庭生活、个人生活。"安居乐业"的意思是安于生活享受,也乐于辛勤的工作劳动。

14.3 子曰:"邦有道,危言危行;邦无道,危行言孙。"

【译解】

孔子说:"在一个正义的国家之中,国民们可以直率大胆地言谈和直率大胆地行事;在一个没有正义的国家之中,国民们即使可以直率大胆地行事,但在言谈方面却只有谨慎为妙了。"

【注释】

危：从这个字的原始的符号形式之中,可以看出它的本意是指一个人站在高高的山崖之上抬头仰望天空。登高望远,高山仰止,引伸为一切正直的、公开的、光明正大的、远见卓识而又无所畏惧的、与人的自然本性相符合的行动,这层意思也就是《广雅》

所表达的那层意思:"危,正也"。按照"危"的本意我们把它理解为"公开大胆"、"直率勇敢"的意思。现代流行的成语"危言耸听"之中的"危言"的本意也许指的就是公开大胆的言论,只是在一个专制的没有言论自由的社会里,这种公开大胆的言论就变成了危险的言论。

孙:谦逊,谦恭有礼,谨慎小心。

14.4 子曰:"有德者必有言,有言者不必有德。仁者必有勇,勇者不必有仁。"

【译解】

孔子说:"一个真正具有美德的人必然会具有谈论美德、赞美美德的言论,但一个具有谈论美德、赞美美德的言论的人并不一定具有美德。同样,一个对全人类具有仁爱之心的人一定会在面对人类社会生活中的不义与罪恶时表现出道德勇气,但一个在面对人类社会生活中的不义与罪恶时表现出道德勇气的人并不一定对全人类具有仁爱之心。"

14.5 南宫适问于孔子曰:"羿善射,奡荡舟,俱不得其死然。禹、稷躬稼而有天下。"

夫子不答,南宫适出,子曰:"君子哉若人!尚德哉若人!"

【译解】

子容在向孔子请教时说:"羿具有射箭的高超本领,而奡具有航行的杰出技能,但两者都没有获得他们希望获得的那种结果就悲惨地死去了。禹、稷二人都亲身致力于农业生产,而他们却都获得了人民的拥护爱戴,并成为人民的领袖。"

孔子对子容所说的话不予理睬。正当子容为孔子的这种不予理睬的做法感到愤怒时,孔子说:"羿奡之所以得到惨死的下场并不是因为他们善于射箭或善于驾船,而是因为他们违背了公理正义和道德良心而作恶多端。禹稷之所以获得人民的拥护爱戴并成为人民的领袖,也不是因为他们曾经亲身致力于农业生产,而是因为他们是两个正人君子,是两个崇尚热爱美德并真正具有美德的人。"

【注释】

羿(yì):据传为夏代有穷国的君主,善于射箭,以武力夺取夏太康的王位,后被他的部下寒浞所杀。

奡(ào):传说是寒浞的儿子,是一个大力士,善于在内陆各水系中航行,后被夏后少康所杀。

荡舟:使舟在水中摇晃,这是驾船航行的一种生动形象的表达方式,因为船在水中摇晃是船在水中航行时的一种必然现象。用这种必然现象来喻指驾船,不可不谓生动。

禹(yǔ):夏朝的国王,其为后人永远传颂的不朽业绩是对水的治理并使之为农业生产服务。他可视为中国历史上系统的和大规模的农业灌溉技术的发明者和运用者,而灌溉技术又是农业生产的关键性技术。

稷(jì):据说是周朝国王的祖先,也即周文王、周武王的祖先,他是种植技术的发明者,他教会了他的国民种植庄稼并以此为生,因此他被后人尊为谷神。我们知道,以种植为基础的农业生产是人类结束以采摘和狩猎为特征的自然生活状态而进入的文明生活状态的标志。

躬稼:亲身致力于农业生产活动或种植活动。

出:即诎,表示不同意,不满意,指责。

君子哉若人!尚德哉若人:孔子的这两句话应理解为孔子对南宫适(子容)所说的"禹、稷躬稼而有天下"的回答。

在这里,孔子最初对子容的只看到表面的现象而根本没有看到本质的似是而非的观点不加理睬。孔子的这种对学生所表述的观点不予理睬的做法激怒了他的学生,因为孔子作为一个教师怎么可以对自己的学生在他面前表述的观点不置可否呢?然而子容的愤怒的反应正中孔子的下怀,孔子趁子容愤怒之际说出自己的看法,这也就同时指出了子容观点的肤浅和错误,而孔子的这种回答也就足以平息子容的愤怒。这也许就是孔子所运用的"不愤不启"的教学方法的又一个最好的范例。

14.6 子曰:"君子而不仁者有矣夫?未有小人而仁者也。"

【译解】

孔子说:"难道在那些堂堂的正人君子之中也具有不仁不义的人吗?没有!只有在那些卑鄙的小人之中才绝对没有心灵仁慈、行为正义的人!"

【注释】

未有小人而仁者也:这句话与前面的反问句"君子不仁者有矣夫?"相联系,具有绝对否定的含意,即绝对否定小人之中会有仁人。

14.7 子曰:"爱之,能勿劳乎?忠焉,能勿诲乎?"

【译解】

孔子说:"对于一个我们真心爱他的人,我们能够不对他提出更加严格的要求并增添他的责任、加重他的劳苦吗?对于一个我们对他怀抱真诚情感的人,我们能够不对他进行劝勉教诲乃至批评指责吗?"

【注释】

本章可以作为孔子对子路的态度的一种说明。孔子在其一生中让子路为自己承担了许许多多的劳苦,同时孔子也给予了子路许许多多的教诲。这许许多多的教诲包括许多隐晦曲折的劝告和许多公开尖锐的指责批评。根据本章,我们可以认定,子路是孔子心目中令他自己最喜爱的学生之一,他对子路所做所说的一切都是发自心中的爱与诚恳的情感。

14.8 子曰:"为命:裨谌草创之,世叔讨论之,行人子羽修饰之,东里子产润色之。"

【译解】

孔子说:"郑国那部对生活在其政治共同体之中的每一个人具有至高无上的权威性的生活指令的宪法法律是由裨谌所草拟,由世叔所论证,由外交官子羽所修改,由东里人子产所润色,并最后臻于它现在的比较完善的状态的。"

【注释】

为命:为生活在一个国家之中的一切人的生命的现实本质作出规定,也即为在一个国家之中的一切人的行为的是与非作出规定,这种规定就是在一个国家中生活的一切人的生命的现实的本质和现实的规定性。人们只能按照这种规定去生活、去行动。这种规定也就是宪法和法律,它是全体国民共同的生活规则和行为规则,同时也是国家本身的生活规则和行为规则。这种宪法和法律首先是全体国民对国家的本质及其行为的规定,其次是全体国民对于自身的本质及其行为的规定。它首先要求国家制度必须符合全体国民的本质和目的,其次要求全体国民必须符合全体国民自身的本质和目的。因此宪法和法律不应是独立于全体国民之外的一种强制性的异己的力量,而是全体国民对于它的国家和它自身的一种要求、一种理想、一种理性的明示。"命"可理解为人们共同("△")首肯和服从("叩")的东西。根据我的理解,这里的"命"作为对国家及国民的现实本质的双重规定,它首先就具有宪法的含意。

裨谌(bì chén):郑国政府的大官僚。

世叔:郑国政府的大官僚。

行人:使者,外交官。因为外交官经常要行走于国与国之间,因此行走便成了这种人的活动的典型特征。

子羽:郑国的大官僚。

东里:地名,位于今天的郑州市。

子产:郑国的大官僚。

讨论:分析论证。

修饰:突出优点,消除缺点。

14.9 或问子产,子曰:"惠人也。"

问子西,曰:"彼哉! 彼哉!"

问管仲,曰:"人也。夺伯氏骈邑三百,饭疏食,没齿无怨言。"

【译解】

有人问郑国的大官僚子产是一个什么样的政治人物,孔子说:"他是一个可爱的对人民有益的政治家。"

当这个人再问到楚国的令尹子西是一个什么样的政治人物时,孔子说:"他呀,他并不是那种值得人们启齿谈论的政治人物,他并不是那种值得人们启齿谈论的政治人物。"

当这个人又问到齐国的宰相管仲是一个什么样的政治人物时,孔子说:"他可以说是人类历史中曾经有过的一切政治人物中的一个真正的政治人物。他剥夺了独霸一方、无法无天、对抗中央政府而又欺压贫民百姓的大贵族、大官僚伯氏的三百平方里的领地,并把他贬为平民,使他过着和平民一样的生活,对此伯氏至死也毫无怨言,而认为自己罪有应得。"

【注释】

子产:前章提及过的郑国大官僚,他曾主持郑国的政务,由于他的开明政策,使郑国成为当时的富强之国。

惠人:对人有益的人,善于为他人着想并关心他人的人。

子西:关于此人究竟是谁,目前仍无定论,纵使早在两千年前的汉代人郑玄所著的《论语正义》中也是如此:"……子西,郑大夫……或曰楚令尹。"当今学者杨伯峻所著的《论语译注》认定子西"当是郑国大夫公孙夏",他"生当鲁襄公之世,为子产的同宗兄弟,子产便是继他而主持郑国政治的"。而唐满先所著的《论语今译》则认定子西"名申,字西,楚国的令尹(宰相)。他辅佐楚昭王,政绩无足称"。杨伯峻立论的根据是人物的年代,这意味着他认为人们不会向孔子谈及年代久远的人物,也不会谈及当前仍活在世上的人物。杨伯峻的这种根据显然是很可疑的。唐满先立论的根据是人物在政治活动中的政绩,以及人物本身名字的相一致。因此唐满先的根据应是较为可信的。尽管他所说的楚令尹申子西在政治上的具体作为仍然有待于人们去作深入的研究。

显然,《论语》中所记述的孔子对于历史上和现实中的政治人物的评论和孔子直接的政治观点的表述一样,其意义是非常重大的。因为这种评论是孔子的政治观点和政治主张的另一种方式的表达。因此研究并认识这些现在都已成为久远的历史人物,对于我们详尽地理解孔子的政治思想和政治主张具有重要意义。

彼:外在的,与实体相分离的,与自己相异的,与我们相疏离的,因而"彼"也作为第三人称代词,意为他或它。

彼哉:这句话具有轻蔑的意思:他呀!不是那种值得我们启齿谈论的对象。

管仲:齐桓公政府的宰相,他曾致力于实现使中国结束分裂、重新统一这一伟大的政治理想。显然也正是他剥夺了伯氏的封地,并制止了他在自己的封地上所进行的对抗中央政府、分裂国家的活动。管仲在齐国对伯氏所做的非常相似于孔子在鲁国对孟、叔、季三家想做而没有做成功的事情。这是因为孟、叔、季三家在鲁国的势力过于强大,并且已经根深蒂固,而国王也因此而处于形似傀儡的软弱无力的地位。可以说,当孔子给予三家以打击时,三家早已成功地控制了鲁国政府并垄断了鲁国政府的权力,而当管仲给予伯氏以打击时,伯氏还刚刚开始在齐国扩张其权势并从而控制齐国政府的努力。中国各诸侯国的国王所处的这种软弱无力的地位,在西方中世纪的各国之中也是一种普遍现象。与国王所处的这种政治上的软弱无力的地位相对照的是,大官僚大贵族们却在自己的领地上自行其是、无法无天、横行霸道、肆无忌惮地欺压剥削人民,因此孔子也曾和西方的那些进步的思想家和政治活动家一样,主张加强中央政府的权力,加强国王的地位,节制地方贵族的权力,并通过国王和中央政府来对国家作全面而深刻的政治变革,这显然是一种较为现实的政治策略。

饭疏食:吃没有鱼肉而只有蔬菜的饮食。在这里,其意思就是将伯氏贬为平民,并使他过平民一样的生活。

没齿:到了再也没有牙齿、也即牙齿全部脱落的暮年,意指到了生命的最后一刻,或直到临死的时候。

14.10 子曰:"贫而无怨难,富而无骄易。"

【译解】

孔子说:"当一个人处于贫穷的生活状态时,要想做到心平气和而毫无怨言地在这种贫穷的生活状态中继续生活下去是困难的,然而当一个人处于富裕的生活状态时,要想做到平易近人而毫不傲慢地在这种富裕的生活状态中继续生活下去则是容易的。"

14.11 子曰:"孟公绰为赵魏老则优,不可以为滕薛大夫。"

【译解】

孔子说:"那位可爱的反对一切形式的贪婪并宣称自己将改姓寡欲的孟公绰,如果他能够成为晋国最有权势的赵、魏两大贵族之中的任何一位贵族的众多私人财产的总管,他将在这个总管的职位上具有优秀卓越的表现,他的主人再也不必担心自己的财产被人暗暗侵吞了。不过,他万万不可进入贪婪成性、腐化无度的滕国或薛国的上层官僚集团之中,并成为它们之中的一员,因为这个官僚集团将会很容易地把他也变成一个贪婪成性、腐化无度的人的,这样他也就再也无法保留寡欲这一可爱的姓氏了。"

【注释】

孟公绰(chuò):鲁国的大官僚,可能是鲁国的三大贵族之一的孟氏家族的成员。据说他姓寡欲,这也许是他想以此来表达自己对于包括孟氏家族在内的所有鲁国贵族的贪污腐化、穷奢极欲的生活的强烈不满与敌视。但是他反对贪欲是就事论事的,他看不到官僚阶层的贪污腐化是一种不健全的、不公正的和不正义的政治制度的必然结果,因此他反对贪欲的观点和主张又是肤浅和庸俗的。

赵魏:晋国最有影响的大官僚赵氏和魏氏,在晋国拥有众多的私人财富。

老:老者,长者,古代对大官僚的家庭总管称老,这里指的正是家庭总管。

优:卓越的表现或表现卓越。

滕薛:鲁国周边的两个非常小的国家滕国和薛国。据说滕国的故城在今山东省滕县西南十五里,薛国的故城在今山东省滕县南四十四里的官桥乡。

本章的意思显然是:由于孟公绰笼统地反对贪婪的私欲,并宣称自己从此改姓寡欲,因此孔子不无讽刺地认为,如果让他去做晋国那些有权有势的大官僚的众多家庭财产的总管,那么他将可以使那些大官僚完全放心而不必担心自己的财产被人暗暗地侵吞了。此外,由于滕国和薛国的官僚集团的贪婪成性,腐化无度,因此孔子不无讽刺地认为,那个笼统地反对贪婪的私欲的人是不适宜介入那个官僚集团并成为它的一员的。

不难理解,孔子的幽默讽刺是针对孟公绰的平庸肤浅的见识的(正因为如此,孔子说他只适宜于做一个家庭总管)。也许孟公绰和许多可尊敬的平庸肤浅的人们一样,只看到官僚集团的贪污腐化,而看不到促使整个官僚集团贪污腐化的整个社会的政治和经济制度的根源。因此这样的人不可能具有任何政治远见,也不可能改变那个官僚集团贪污腐化的现实。

14.12 子路问成人,子曰:"若臧武仲之知,公绰之不欲,下庄子之勇,冉求之艺,文之以礼乐,亦可以为成人矣。"

曰:"今之成人者何必然?"

(曰):"见利思义,见危授命,久要不忘平生之言,亦可以为成人矣。"

【译解】

子路向孔子问到有关什么样的人才可以算作是具有独立、完整而又完善的人格的人的问题,孔子说:"如果一个人具有人们所说的臧武仲的远见卓识,孟公绰的无私无欲,下庄子的勇敢无畏,冉求的多才多艺,并加上充分的有关社会正义与人生幸福的文明教养,那么这样一个人也就可以算得上是一个具有独立、完整而完善的人格的人了。"

子路说:"作为当今的世界上的一个具有独立、完整而完善的人格的人,他必然会怎样生活、怎样行动呢?"

孔子说:"他必然会这样生活、这样行动:当他看到一个自己可以从中获得利益的机会时,他必然会要好好想一想,他将要从其中获得的这些利益是否合于正义;当他面对社会上的不义与罪恶的威胁时,他必然要献出自己的生命而不是自己所坚持的正义的原则。纵使他长久地处在贫穷的生活状态之中,他也决不会忘记乃至背弃那些曾经与自己平等而亲密地生活在一起的人们之于自己的期望、嘱托和要求,并坚持捍卫他们的社会权力与利益。在我们当今特殊的社会政治状态之下,这样的人就可以称之为一个具有独立、完整而完善的人格的人了。"

【注释】

成人:成长良好的人,成熟的人,心身发展平衡的或情感、理性、意志协调发展并臻于完美的人,已经获得了可以自立的理性与自立的能力的人,具有良好的道德心、正义感和责任意识的人。

臧武仲:鲁国大官僚,他旅居齐国时,齐庄公决定授予他封地,他预料到齐庄公将被齐国的官僚集团阴谋杀害,因此他委婉地加以拒绝,结果齐庄公真的被杀。在齐庄公被杀之后,他没有因与齐庄公有牵连而遭到篡权者的迫害,他也因此而使自己获得了智者的名声。

公绰(chuò):孟公绰,前一章已经提到过他,他因强烈地反对贪欲而自己改姓寡欲。

卞庄子:鲁国的大官僚,封地在卞邑,以勇气著称。据《史记》说,他曾用剑刺死了他在路途上遇到的一只老虎。

冉求:那个背叛了孔子的政治理想的孔子学生。在这里孔子仍然承认他是一个具有许多的实际才能和能力的人,尽管他没有美德,也没有卓越的政治远见和胆识。

艺:支配人类现实的生存环境并塑造人类现实的生活方式的技术手段:园艺、农艺、牧艺、工艺。因此"艺"也指一种实际的生活能力与生存手段。

礼乐:正义和幸福,或以社会正义为基础的国民幸福。

久要:长久地处于需要的状态,这也就意味着长久地处于生活必需品短缺的状态,也即贫穷的状态。

平生:平等亲密地生活在一起的人,和自己平等亲密地生活在一起的人。成语"素昧平生"保存了这种原始的意义,它的意思就是"我从来就不知道我们曾经彼此平等亲密地生活在一起",言下之意只是我从来就不认识你,我也从来没有与你交往过。不过"素昧平生"这种表达方式与"我不认识你"的表达方式相比,显然是非常友好、客气和礼貌的。

言:公开表达的嘱托、期望和要求。

14.13 子问公叔文子于公明贾曰:"信乎?夫子不言,不笑,不取乎?"

公明贾对曰:"以告者过也。夫子时然后言,人不厌其言;乐然后笑,人不厌其笑;义然后取,人不厌其取。"

子曰:"其然?岂其然乎?"

【译解】

孔子向卫国的大官僚公叔文子的秘书兼信使公明贾询问有关公叔文子的情况时说:"我可以相信吗? 据说公叔文子先生沉默寡语,不苟言笑,也不取私利?"

公明贾回答说:"你所说的显然是那些道听途说的人的讹传。公叔文子先生只有在恰当的时机与恰当的场合来到之后才开口说话,因此他所说的任何话语总是恰当的,人们不会厌弃他所说的任何话语;公叔文子先生也只有在适逢自己快乐的心情来临之后才笑逐颜开,因此他的欢笑总是自然的,人们不会厌弃他的任何欢笑;公叔文子先生只有在清楚地认识到自己所要获得的某种利益是完全合于正义之后才去获得这种利益,因此他所获得的利益总是合于正义的,人们不会厌弃他获取那些利益。"

孔子说:"真的如此吗? 难道真的如此吗?"

【注释】

信乎:真的吗? 这是可信的吗?

公叔文子:卫国大官僚,卫献公之孙。

公明贾:姓公明,名贾,卫国人,公叔文子的使臣(秘书兼信使)。

时:恰当的时间,恰当的场合,适时的行为。"时"作为动词,其意思就是适时而动,适时而为。

14.14 子曰:"臧武仲以防求为后于鲁,虽曰不要君,吾不信也。"

【译解】

孔子说:"鲁国大官僚臧武仲因和孟孙家族发生冲突而被迫逃到齐国后,他凭藉他对他的与齐国接壤的领地防城的所有权而派人向鲁国国王要求保留他的子孙后代在鲁国的贵族身份、地位以及对防城的领地所有权,对于臧武仲的这种做法,虽然有人说这是无视鲁国国王的权威并公然向鲁国国王的权威挑战,但我并不相信这种说法是与事实相符合的。"

【注释】

防:地名,在今山东费县东北的华城,为鲁国大官僚臧武仲的领地,它与齐国接壤。臧武仲因为得罪孟孙氏而被迫逃到邻国齐国。不久他从邻国回到他的领地防城,并以这块领地为筹码,派人向鲁国国君要求保留他的后代的贵族身份与地位(包括官职),得到鲁国国王的允诺与保证之后,他才独自流亡到齐国。显然臧武仲的要求包含着这样的意思:如果鲁国国王不能允诺并保证他的子孙后代的贵族身份与地位,并继续拥有这块领地,那么他将把他的领地交给齐国政府来管辖,从而使他的领地脱离鲁国并归齐国所有。那个时代的贵族领地因贵族的不满和反叛而从一个国家转到另一个国家是经常发生的事。从臧武仲的这种机智而万不得已的做法中,不难看出他的爱国之情。他是被迫逃离鲁国的,但他仍保有对鲁国的忠诚,而没有背叛它。在与孟孙氏的冲突中,在某种意义上,臧武仲把鲁国国王作为解决这场冲突的并不十分难为的仲裁人也是恰当的和合理合法的。

此外,从臧武仲在齐国的流亡生活中也可以看出,臧武仲始终是一个明智的人,并且他决非那种惟利是图以至于会出卖自己祖国的利益的人。

不要君:蔑视国王,不把国王放在眼里,把国王撒在一旁,或仅把国王当作达到自己目的的工具。"不要君"显然是孟孙氏说出的一种旨在挑拨和间离臧武仲与鲁国国王的关系的语言。

从本章中不难看出,孔子的同情心完全在臧武仲一边,而不在孟孙氏家族一边。从《论语》中我们发现,孔子从来没有错用过他那颗真诚、正义、善良、美好而又丰富多彩的心灵。

14.15 子曰:"晋文公谲而不正,齐桓公正而不谲。"

【译解】

孔子说:"晋文公曾经作为我们这个四分五裂的时代的霸权主义者,他的行为表现是诡计多端而决不光明正大;齐桓公同样曾经作为我们这个四分五裂的时代的霸权主义者,他的行为表现则是光明正大而决不诡计多端。"

【注释】

晋文公:名重耳,姓姬,"文"为谥号,"公"是从西周继承下来的爵位。他作为晋国的国王,是春秋时代著名的具有霸权地位的君主之一。他曾借用西周联邦政府的名义迫使他国听命于他的权威。

齐桓公:姓姜,名小白,齐国的国君,他也是春秋时著名的具有霸权地位的君主。当他向楚国开战时,他并不像晋文公那样借用西周联邦政府的名义,而是直接以公理正义的名义。早在孔子出生前一百周年,正是由于齐桓公的主要努力,使鲁、宋、郑、卫等这些当时中原大国在蔡丘缔结了不将黄河水作为武器使用的盟约。在缔结这个盟约以前,黄河水曾无数次用于战争,致使无数的田地、房屋和村庄被毁,无数无辜的人民失去生命。这个盟约得到签约国的长时期的遵守。

谲(jué):内心包含着诬陷他人的隐秘动机的言语,因此这种言语本身就是一种诡计、一种欺骗。

正:正直,光明正大。

14.16 子路曰:"桓公杀公子纠,召忽死之,管仲不死,曰未仁乎?"

子曰:"桓公九合诸侯,不以兵车,管仲之力也,如其仁,如其仁。"

【译解】

子路说:"桓公在他被人们捧上齐国国王的宝座时,他的那些支持者们为了消除一切对他权力的可能威胁而凭藉齐国强大的军事力量向鲁国进攻,迫使鲁国政府交出了曾和他一起逃离齐国而到鲁国流亡的兄长公子纠,并杀死了他,公子纠的私人顾问和秘书召忽为抗议齐国政府的这种不正义的残暴行为而自杀了,同样作为公子纠的私人顾问和秘书的管仲却没有这样做,这能不能说管仲没有道德与正义之心呢?"

孔子说:"桓公在位时召集主持了无数次各诸侯国的联合大会,并使它们在相当长时间里结成了友好的联盟,从而消除了各诸侯国之间常常发生的军事冲突与战争,这些都是在管仲的努力下促成的。从管仲所致力的这些政治活动之中,我们可以看出,他当时使自己生存下来的选择正是他的道德与正义之心的表现! 正是他的道德与正义之心的表现!"

【注释】

召忽:公子纠的私人顾问和秘书。

死之:为之而死。这里指为公子纠的被杀而自杀。"之"指的是杀公子纠这件事。

管仲:公子纠的私人顾问和秘书;他在齐国宰相的职位上成就了一位不平凡的政治家的伟业,受到孔子的肯定和尊崇。

九合诸侯:召集了无数次的各诸侯国的联合大会,并使它们在相当长的一段时间内结成了友好的联盟,从而避免了各诸侯国之间的战争。

如其仁:这可以说就是他的正义与道德的表现。

这里讲的是这样一段血腥的历史:齐桓公(公子小白)、公子纠、齐襄公(当时在位的齐国国君)是三兄弟。在位的襄公是老大,公子纠是老二,公子小白(桓公)是老三。由于在位的齐襄公专横无道,随时都有被人谋杀的危险,公子纠和公子小白担心自己兄长的专横无道的行为所必然引发的恶果会牵累到自身,于是他们决定逃离齐国。桓公(公子小白)在鲍叔牙的侍奉之下逃到了莒国,公子纠则在管仲和召忽的侍奉之下逃到了鲁国。当襄公真的被人谋杀之后,桓公(公子小白)首先回到齐国,并被立即拥为国王(这显然也是各种宫廷阴谋的结果,公子小白本人也几乎难以作主)。当他被拥为齐国国君之后,他的支持者们担心还在鲁国逃亡的公子纠会对他的权力造成威胁,于是兴兵伐鲁,逼迫鲁国交出公子纠并将他杀死。作为公子纠的政治上的追随者和顾问的召忽为公子纠的被杀而自杀,但同样作为公子纠的政治顾问的管仲并没有这样做。后来他在鲍叔牙的推荐下,被桓公(公子小白)所重用,并成为齐国的宰相。

本章所涉及的是一种道德判断与道德评价的问题。忠诚是一种道德的表现,只要忠诚者对他所忠诚的对象的正义性和道德性是自觉的和深信不疑的。反抗不正义也是一种道德的表现,但只要不是万不得已,只要不是无谓的死亡,那么以死亡去反抗不正义,特别是以自杀来表示对于人们的不正义的罪恶行为的抗议,这也是一种道德的表现,甚至是一种英勇壮烈和崇高伟大的道德的表现。但与此同时,我们必须指出的是,这种道德表现的正面意义是非常有限的,特别是当人们清楚地认识到如果没有正义者的生存,那么没有正义的生存者的正义是不存在的时候,这种看似英勇壮烈、崇高伟大的道德的表现就立即变得黯然失色、微不足道、甚至是荒唐可笑的了。因此道德并不主张人们在不能够确保自身生存并最终取得胜利的条件下去与不义和罪恶进行斗争。道德的勇气始终只是一种能够确保道德主体自己获得胜利的理智的行为表现。道德的勇气始终只是一种永不参与不义和罪恶,并在心灵中永远不向不义和罪恶的势力屈服的精神力量。只要人们具有这种精神力量,人们也就确保了道德与正义的胜利,因为这种精神力量将扎实而稳步地为道德与正义的胜利开辟道路。不可动摇的道德的理性和意志本身总是比之盲目而激烈地反抗更有力量,也更为可取。

子路的道德判断和他的道德行为一样,总是显得激进而又莽撞的,因此孔子总是一有机会便要批评指正子路的道德判断与道德行为。

14.17 子贡曰:"管仲非仁者与?桓公杀公子纠,不能死,又相之。"

子曰:"管仲相桓公,霸诸侯,一匡天下,民到于今受其赐。微管仲,吾其被发左衽矣。岂若匹夫匹妇之为谅也,自经于沟渎而莫之知也?"

【译解】

子贡说:"管仲难道不是一个非仁非义的人吗?齐桓公的支持者们为了维护齐桓公的国王的权力与地位而使用战争的手段逼迫当时的鲁国政府交出了在鲁国逃亡的齐桓公的兄长公子纠,并杀死了他,而作为公子纠的私人政治顾问和秘书的管仲不但不以一死来抗议齐桓公政府那种罪恶不义的残暴行为,相反,他还去充任了齐桓公政府的宰相。"

孔子说:"管仲充任齐桓公政府的宰相,采取了公平正义而又强而有力的措施扼制了各诸侯国之间的敌对与战争的行为,并使整个东方世界重新回到了和平的协调有序的状态之中,整个人民至今都在享受着由他的活动所带来的恩惠。如果我们想贬抑管仲,那就意味着我们不愿意生活在一个如今仍在某种程度上保有的文明的状态之中而宁肯生活在那种披头散发、衣不蔽体的野蛮人所生活的野蛮状态之中。管仲作为一个追求人类普遍的正义秩序的杰出政治家,他岂能像那些普普通通、无知无识而又成群结队的男男女女一样去信守那些本来就毫无意义的誓言,并为了表明自己对于那些毫无意义的誓言的忠诚而抱起一块石头跳进河流水塘之中一死了之,以至于使自己再也不可能为世人所知吗?"

【注释】

霸:这个字的本意也许是有如皮革般的遮住月光的雨云。因此"霸"作为对一种天文或大气现象的指称,人们从它的本意中引伸出遮住、拦住、挡住、占住等意义。因此,"霸"具有"像乌云那样一手遮天"之意。

霸诸侯:扼制各诸侯国的分裂活动和敌对行为。

一匡天下:匡天下于一,使世界各国重新统一在一个联合和统一的国际关系的体系中(注意,我把这里的"天下"译解为"世界各国",这种译解显然更符合"天下"这一概念的本意。当然这一概念在我们现代人看来似乎具有自我中心主义的自恋与自大的意味)。

微:贬抑,把……视为微小。

衽(rèn):一种非常原始的只具有衣服的基本构架或基本特征的衣服,后来"衽"用来指衣服的基本构架——衣襟。

被发左衽:这是一种原始人的衣着打扮,这里指去过原始人一样的生活。

谅:在心灵中具有崇高地位("京")的言语("讠")——誓言、保证、呼吁、请求。

经:经线,固定在纺织机上的线。这里的"经"的意思显然是指把自己系在一个将会在河水中固定不动的自然物体(如大石块)之上并抱着这个自然物体跳进河流之中。因此这里的"经"的意思就是"沉",而"自经"的意思也就是"自沉"。当然"自经"更强调了"自沉"的具体方式。

沟:小河流。

渎:小水塘。这个字的本意也许是指其水可以向行人出卖的泉水池。

14.18 公叔文子之臣大夫僎与文子同升诸公,子闻之曰:"可以为文矣。"

【译解】

卫国政府完全依据其才能将兼任公叔文子的私人政治顾问的一名普通官员僎大夫与他的上司公叔文子大夫一同晋升为公爵,当孔子听到这条当时为人们普遍谈论的政治新闻时,他说:"这就是一个文明社会里的文明政府所应采取的文明的职位晋升的政策。"

【注释】

公叔文子:卫国政府官员,卫献公的孙子。

僎(xún):人名。与大多数学者的理解不同,我认为他既是公叔文子的私人政治顾问,同时又是卫国政府官员,并在卫国政府中拥有"大夫"的职位和官衔(因此在本章中,"公叔文子之臣"应是"大夫僎"的定语,其目的在于表明僎与文子即公叔文子这两位同为"大夫"的卫国政府官员的不同地位与身份),否则他不可能在一下之间升到公爵的高位。再者,如果他根本不在政府中任职,那么他也就没有晋升的起码条件。在他在政府中拥有"大夫"的职位与官衔的同时,他还兼任公叔文子的私人顾问(使臣),这也是并非不可理解的。公叔文子作为卫国政府官员(大夫),他地位显赫,因为他是卫献公(卫国国王)之孙,而僎在卫国政府中则只是一个普通的官员(大夫),正因为如此,当他与公叔文子一起晋升为公爵时,这才成为人们谈论的头条政治新闻。

14.19 子言卫灵公之无道也,康子曰:"夫如是,奚而不丧?"

孔子曰:"仲叔圉治宾客,祝鮀治宗庙,王孙贾治军旅,夫如是,奚其丧?"

【译解】

当孔子谈及卫国国王卫灵公的昏庸无能时,季康子说:"既然如此,那么卫灵公的政府为什么还不垮台,卫灵公的国家为什么还不消亡呢?"

孔子说:"孔文子主管着卫国政府的外交事务,祝鮀主管着卫国政府的国内事务,王孙贾主管着卫国政府的军事事务,既然卫国政府中有这么一些得力的人主管着它的各种重大事务,那么这个政府为什么会垮台,这个国家为什么会消亡呢?"

【注释】

无道:无法,无能,昏庸。

仲叔圉(yǔ):即孔文子,卫国最有实权的人物。

治宾客:主管外交事务。

祝鮀(tuó):卫国政府官员,以能言善辩和善于奉承他人而著称。

宗庙:宗教庙宇,它是一个民族、一个国家、乃至一个地区、一个村庄的象征性建筑物,因此这里的"宗庙"指的就是"宗庙"所象征的国家本身,而"治宗庙"就是治理国家事务,或主管国家内务内政。

14.20 子曰:"其言之不怍,则为之也难。"

【译解】

孔子说:"如果说当一个人在说出那些不加思索、信口开河、大言不惭的话语时会感到轻松自如、毫不费劲的话,那么当他要按自己所说的那些不加思考、信口开河、大言不惭的话语去行动时,他就再也不会有那种轻松自如、毫不费劲的感觉了。"

【注释】

怍(zuò)：心灵("忄")还来不及推敲思考的匆匆作出的("乍")行动，在这种行动一旦结束之后，当人们有时间对它加以冷静的思考时，它会使人感到悔恨惭愧以至于想立即将它消除毁灭的，否则它的存在将使人感到无地自容的。因此"怍"包含着"惭"（由于自认自己所造的车子太不像样，以至于恨不得立即将它砍碎毁坏的心情）的意思。《说文》："怍，惭也。"这里的"怍"意指那种不加思考、任意作出的毫不费劲的决断。

14.21 陈成子弑简公，孔子沐浴而朝，告于哀公，曰："陈恒弑其君，请讨之。"

公曰："告夫三子。"

孔子曰："以吾从大夫之后，不敢不告也。君曰'告夫三子'者！"

之三子告，不可，孔子曰："以吾从大夫之后，不敢不告也。"

【译解】

齐国大官僚陈恒在齐国发动政变，杀害了齐国的国王齐简公，孔子洗澡完毕还来不及早餐便匆匆离开了家到朝廷去，以把他针对此事的建议向鲁国国王哀公提出，孔子说："齐国的大官僚陈恒杀害了齐国的国王，我请求鲁国出兵讨伐他。"

鲁哀公说："把你的建议向季孙、叔孙、孟孙三位大臣提出吧。"

孔子说："就我所处的虽非什么重要的政府官员但仍毕竟是一位政府官员的地位及其所应负的职责而言，我不敢不把我自认为是合适的建议向政府的有关决策者提出，然而你作为鲁国的国王却对我说'把你的建议向季孙、叔孙、孟孙三位政府大臣提出吧'！"

孔子来到季孙、叔孙、孟孙三位政府大臣那里并把自己的建议告诉了他们，他们都说这个建议无法采纳。孔子对这三位政府大臣说："就我所处的虽非什么重要的政府官员但仍毕竟是一位政府官员的地位及其所应负的职责而言，我不敢不把我自己认为是合适的建议向政府有关决策人员提出来。"

【注释】

陈成子：陈恒，齐国政府官员，他的祖籍则是陈国。早在公元前近700年前，陈国国王陈公的一个儿子在争夺王位的斗争中失败而被迫从陈国逃到了齐国，齐国国王友好地收留了他，并给他以官职，从而使他有可能在齐国建立起了名声相当显赫的陈氏家族。当然，当时这个名声相当显赫的家族还远没有获得他想获得的在齐国发号施令的地位。当孔子还处在童年的那个时期，对更高的权力和地位的觊觎促使这个陈氏家族的成员们开始涉足于阴谋活动。他们利用欺诈、背信和暴力等手段清除了一个又一个横亘在陈氏与控制齐国的权力之间的更有权有势的家族。在公元前489年,他们被深深地卷入了对齐公(他还是一个孩子)的谋杀之中,取而代之的是他们扶立的悼公。但由于悼公并不像他们所希望的那样驯服,于是他在上台四年之后也被神秘地谋杀了。公元前481年,简公的支持者们正在计划把陈氏家族驱逐出国,陈氏抢先发动政变,并杀死了齐简公。不难理解,这个杀死了齐简公的陈氏家族中的核心人物就是陈恒。

公元前481年,也即齐简公被杀这一年,孔子早已结束了长达十年的周游列国的政治旅行并回到了鲁国,专心从事教学和著述活动,尽管——已像我们从本章中可以清楚地看到的那样——他仍非常关注各国的政治事变和政治趋势,并在鲁国政府中继续保有一个"大夫"的职位。

沐浴而朝:洗澡完毕还来不及早餐便离开了家到朝廷去了。这里的"沐浴",我并不认为它有什么别的意思。它只是表明孔子一如既往地过着他一直过着的那种虽非奢华,但也与他在社会中享有的声誉和地位相当的相当考究的生活。

讨:根据一定的逻辑原则和思想的尺度("寸")来衡量、审查、判定从而奖励或惩罚人们所作出的行动,不过,当人们的言论被认为是需要衡量、审查和判定的时候,往往也就意味着这些言论已被发现存在错误的时候,因此"讨"在某种意义上就直接具有否定与批评的意思。同样,当人们的行为被认为需要衡量、审查、判定的时候,往往就意味着这些行为已被发现是不当或不义的时候,因此"讨"也就直接拥有谴责与惩罚的意思。在这种惩罚中显然还包括着杀戮这种极端的形式,而当惩罚者与被惩罚的对象分别处于两个国家之间时,惩罚也就是诉诸武力的征伐了,这也许就是"讨伐"这一词语的本意。

从大夫之后:名列最后的大夫,最无职无权的大夫。有些学者根据"以吾从大夫之后"这句话来否定孔子晚年在鲁国政府中拥有任何官职,这是不正确的。如果孔子真的在政府中不拥有任何官职,那么他就应该说"以吾从大夫之外",而不应该是"以吾从大夫之后"了。事实上,尽管三家曾采取劫持鲁国国王的方式迫使孔子放弃了他的恢复王权和通过与王权的联合来推动他的全面的社会政治改革的计划,并使孔子弃冠出走长达十年之久,但三家控制的鲁国政府仍然一直保持了孔子在政府中的大夫地位。他们这样做显然是明智的,也是他们所控制的政府的合法性所必须的。要想使他们和他们所控制的政府继续存在下去,他们就必须使他们和他们所控制的政府在孔子的大批忠实的追随者看来并不是再也无法忍受和无法容忍的。

三子:指掌握着控制鲁国政府的实权的孟氏、叔氏、季氏三大家族的首领:孟孙,叔孙,季孙,其中季孙是宰相。三家的明智的联合确保了他们在鲁国的政治权力中的垄断地位。

从哀公的简短的话语"告夫三子"之中,我们可以看出鲁哀公完全处于软弱无力的因而也不得不得过且过的地位。也许在孔子因外交上的卓越表现而升任鲁国政府公安及司法(司寇)部长时,鲁国国王曾经有过恢复自己已被三家长期剥夺了的国王的权力的梦想,但自遭到三家的阴谋劫持,孔子也不得不因此而放弃他的改革计划并弃冠出走之后,他再也不敢有这样的梦想了。与此同时,孔子的话也说明,他在政府中的职位也完全是徒有虚名的。孔子的话与其说包含着自谦的意义,倒不如说包含着一个徒有虚名的政府官员对于那些把持政府大权的官员们所拥有的本来并不该拥有的权力的讥笑、讽刺和蔑视,同时也包含了对哀公所处的那种本不应该有的软弱无力的地位的讥笑、讽刺和怜悯。可以这样设想,孔子向哀公提出的讨伐陈恒的建议(据《左传》记载,孔子说:"陈恒杀其君,民之不与者半。以鲁之众加齐之半,可克也。"),无疑是对哀公的思想意图以及他表面上所享有的权力的一种试探:如果哀公真正具有作为一个国王所应有的最低限度的权力,如果哀公还保有恢复他的国王权力的想法,那么他就可以借讨伐陈恒的举世皆知的不义行为来重新树立自己在鲁国作为一个国王的权威。但试探的结果只能使孔子大失所望。

显然,三家绝对不会采纳孔子的建议,因为显而易见,采纳孔子的建议将会产生提高鲁国国王的权威的实际政治效果,并且讨伐陈恒的行动将同时也使他们自己处在受讨伐的地位。

事实上,不仅是鲁国,而且是当时所有的诸侯国,都没有对发生在齐国的不义暴行采取任何实际的惩罚行动。因为当时各国的统治者都深深地陷入了自身的不义行为之中,他们怎么会有可能对发生在他国的不义行为采取那种对他们来说显然是自相矛盾的惩罚措施呢?他们只是怀着各自的目的和意图从那发生在他国的不义行为及其结果中学习知识、获取经验、吸取教训,并把这种知识、经验、教训运用于自身的不义或防范不义的行为之中。

14.22 子路问事君,子曰:"勿欺也,而犯之。"

【译解】

子路问什么样的行为方式才是一个堂堂正正的君子所应有的行为方式,孔子说:"在与他人交往时,一个堂堂正正的君子所应有的行为方式是:宁肯冒犯他人,也不要欺骗他人。"

【注释】

事君:做一个君子,像一个君子那样行事,那样行动,那样生活。自汉代以来,人们都把"事君"解释成为国王服务。这是不符合孔子时代仍占统治地位的政治文化的,也是不符合孔子的政治思想的,也是与孔子所处的那个国王最软弱无力而其他政府大臣独断专行、为所欲为的社会政治现实相矛盾的(从西周大一统的国王权力的失落到后来各个诸侯国的国王权力的失落,这些都与人们对当时那种占统治地位的接近理想的政治思想和政治文化所作的极端个人主义的理解有关)。况且,对于那个提出"雍也可使南面",并以文王、武王、周公事业的继承者自居的孔子来说,我们很难相信他对于他那些最具有政治抱负、也最具有道德心和正义感的学生会提出为国王服务而不是为国家服务的主张(为国家服务的主张意味着国王也必须服从国家的意志,国家的目的就是人民的幸福)。孔子把道德、仁爱、正义视为政治的惟一目的,因此孔子决不会把国王视为一切有抱负的以实现社会道德、仁爱、正义为己任的政治家应该为之服务的对象。为国王服务,这只有在专制主义的政治环境中才有可能产生出来的一种完全颠倒错乱的政治观念,这种政治观念不再把正义视为政治的目的,而只把国王乃至整个统治集团的权力与权威视为目的。这种完全背离了正义的颠倒错乱的政治观念要求于人民的也已不是正直与正义的美德,而是服从与谦卑的"美德"。

之:对象,行为的客体,他人。

14.23 子曰:"君子上达,小人下达。"

【译解】

孔子说:"君子所要理解和追求的是上天的道德正义,小人所要理解和追求的则是人世的利害得失。"

【注释】

上:上天的、形而上的对象,精神的对象,只有通过理性才能认识把握的对象:道德、正义。

下:现实的、形而下的对象,物质的对象,人们通过感官就可直接感知的对象:利害得失。

达:认识,明白,明了,知晓,达到,追求。它既指认知的活动,又指实践的活动。

14.24 子曰:"古之学者为己,今之学者为人。"

【译解】

孔子说:"古代的学者们之所以从事学习和研究仅仅是为了满足自己作为一个理性的人的理性需要,然而当今的学者们之所以从事学习和研究则仅仅是为了迎合他人的嗜好,以博取他人的赞誉。"

【注释】

学者:以学为职的人,也即以探索知识与认识真理为己任的人。

为己:为了自己,为了自身内在的原因,为了自身内在的目的和需要,为了自己作为一个理性的人的理性需要。

为人:为了他人,迎合他人的嗜好,以博取他人的赞誉。

14.25 蘧伯玉使人于孔子,孔子与之坐而问焉,曰:"夫子何为?"

对曰:"夫子欲寡其过而未能也。"

使者出,子曰:"使乎! 使乎!"

【译解】

在孔子离开卫国回到鲁国之后,孔子的友人、卫国政府大臣蘧伯玉派了一位使者到鲁国来向孔子通报有关最近发生在卫国的接连不断的不幸事件。当使者来到孔子的家时,孔子让出一个座位,请使者坐下,并开始向使者了解发生在卫国的有关情况,最后孔子说:"在这整个不幸事件之中,蘧伯玉先生做了一些什么呢?"

使者回答说:"蘧伯玉先生本想尽力减少那些罪恶不义的不幸事件所导致的可怕后果,而他并没有真正能够做到这一点。"

孔子听得出来,这位使者显然是在贬抑指责那位派他来此的上司,便高兴地叫起来:"好一位使者!好一位使者!"

【注释】

蘧(qú)伯玉:卫国政府大臣,孔子旅居卫国时,曾在他家长期居住。

其:指发生在他(蘧伯玉)在其中任职的那个政府、那个国家的事情,而不是像许多学者所理解的那样,是指蘧伯玉本人的事情。

过:罪恶不义的不幸事件,这种不幸事件根源于南子,它所导致的是发生在卫国的父子之间的王位争夺战。

出:诎,贬抑,指责,批评。

本章的时间背景显然是在孔子周游列国而回到鲁国定居之后,那时卫国因父子之间的王位争夺战争而陷入一片混乱。这种事件在孔子旅居卫国时仍是难以预料的,正因为如此,蘧伯玉作为孔子的好友,他觉得有必要派人把这些在卫国发生的接连不断的不幸事件向孔子通报一下。如果像许多学者所理解的那样,蘧伯玉派一个人来向自己的朋友谈谈自己一生中的小过失,这是难以令人置信的。

14.26 子曰:"不在其位,不谋其政。"

曾子曰:"君子思不出其位。"

【译解】

孔子说:"如果一个政治家、一位政府官员不使自己立足于作为一个政治家、一位政府官员所应立足的整个人民、整个国家的利益基础之上,而使自己只立足于个人一己的利益基础之上,那么他就不可能真正谋求一个政治家、一位政府官员所应该谋求的那种政治目或政治策略。"

曾子说:"君子所思考所追求的目标决不应辱没那些使自己在社会中立足为人的原则。"

【注释】

其位:这里与"政"相联系,指与一位政治家的政治观点与政治主张相联系的立场。一个政治家所应立足的政治立场显然只能是人民的利益、国家的利益。这里的"其位"与"政"相联系的意思是指"其立足为政的那些原则立场",而"其位"与"君子"相联系的意义是"其立足为君子的那些原则立场"。

出:诎,黜,使受屈,使辱没。

14.27 子曰:"君子耻其言而过其行。"

【译解】

孔子说:"君子引以为耻的是:让自己的承诺远远超过自己所能真正付诸实际的行动。"

【注释】

言:诺言,承诺。

14.28 子曰:"君子道者三,我无能焉:仁者不忧,知者不惑,勇者不惧。"

子贡曰:"夫子自道也。"

【译解】

孔子说:"君子拥有三条用以指导自己生活的原则,我努力遵循这三条生活原则,但我并没有能够使自己达到这三条生活原则本来应该使我达到的人生境界。这三条生活原则是:努力使自己成为一个绝对善良的人,以使自己免于生活的忧患;努力使自己成为一个绝对智慧的人,以使自己免于生活的疑惑;努力使自己成为一个勇敢的人,以使自己免于生活的恐惧。"

子贡说:"孔子所说的这三条生活原则,也就是孔子为自己所确立的用以指导他自己的生活原则。"

【注释】

道:指导,指导原则。

仁:绝对的善,绝对的道德。

知:绝对的知,知道宇宙的本质与正义。

勇:一种为绝对的知识所充实、所支持、所鼓舞的精神状态。"勇"本来由"甬"和"心"字构成。因此它是指一种理智的勇气,一种真理的勇气,一种道德的勇气。

孔子在这里所提供的显然是一种最理想的生活原则,但应该指出的是,这种理想的生活原则只有在一个理想或接近理想的社会中才能有效地使人达到人类最完善的生存状态。在一个是非颠倒、黑白混淆的世界里,当绝大多数的人没有道德选择和理智判断的自由而只有服从的义务的时候,当绝大多数人失去了道德自由和理性的自由的权力的时候,当绝大多数人失去了道德与理性的时候,如果仍然有少数英雄伟人坚持这些原则,那么生活对于这些少数的英雄伟人来说就始终只意味着一种巨大的磨难与沉重的考验。在这种巨大的磨难与沉重的考验之下,人们是很难享受到这种无忧、无惑、无惧的完美人生境界的。人们只能为自己所坚守的原则而奋斗,而这种奋斗可能就是人们所能获得的惟一享受和报酬了。这无怪乎孔子说,他依据着他的原则去生活,但他并没有使自己达到这些原则本来应该使自己达到的完美的人生境界。当然孔子所面对的并不是专制主义的社会罪恶,而是极端个人主义的社会罪恶,专制主义只是这种极端个人主义的必然的进程和必然的发展。极端个人主义以个人价值与个人信念取代着道德的价值与道德的信念,以利己的动机取代了对社会政治正义的追求,结果政治和政治活动堕落为权力与权力的活动,堕落为政治阴谋与暴力,极端个人主义向个人垄断的专制政治迈进,而专制主义本质上仍是极端个人主义的。

14.29 子贡方人,子曰:"赐也贤乎哉?夫我则不暇。"

【译解】

有一次,子贡正在挑别人的毛病,说别人的短处,不幸被孔子听到了,孔子于是对子贡这样挖苦说:"我的子贡显然认为自己已是完美无缺了,以至于他觉得他现在已不再有必要努力提高完善自己,而可以把自己所拥有的那么多的精力与时间花在对他人的说长道短之上了;如果他是我,那么他一定和我一样觉得没有那么多的闲暇。"

【注释】

方:圆、全部、圆满。这里作为动词,意指把他人放在一个完美无缺的评判框架(标准)之中,并以此来批评、指责他人,这实际上也就是对他人求全责备,即想方设法找别人的缺点,挑他人的毛病。

贤:这个字在这里与"不暇"相联系(作为"不暇"的反意词)不仅具有贤(优秀、杰出)本来的意义,而且还具有"多暇"的意义。

14.30 子曰:"不患人之不己知,患其不能也。"

【译解】

孔子说:"人们首先不应该担心全社会的人会无视自己的知识,而应该担心自己是否具有真正的可以使全社会的人根本无法无视的知识。"

【注释】

不己知:埋没自己的知识,无视自己的知识。"不己知"并非"不知己"的同意语。

其:代指人,他人,一切人。

患其不能也:患其不能不己知也;担心自己不具有真正的以至于全社会的人根本不可能无视的知识,这里的"其"不是"己"的代词,而是"人"的代词。许多注释者显然都把这种指代关系搞错了。

14.31 子曰:"不逆诈,不億不信,抑亦先觉者,是贤乎!"

【译解】

孔子说:"不凭空地把他人的一切话语都推断为虚假不实的谎言,不主观地把他人的一切行为都臆测为背信弃义的行为,但在他人真正说出虚假不实的谎言和做出背信弃义的行为时便能及早地觉察发现,这岂不也可以算是既具有杰出的品德信念而又具有杰出的理性智慧的人吗?"

【注释】

不逆诈: 不主观地把别人的一切话语都推断为谎言。

億: 这个字由"亻"和"意"构成(这个字简化的形式"亿"使这个字的本来的直接显明的含意消失了),意为处在主观臆念之中的人(作名词)或人的主观意测(作动名词或动词)。

不億不信: 如果我们把这里的"億"和"信"都理解为动词,那么这句话就可以理解为不轻易怀疑(臆测往往是怀疑的结果),也不轻易相信。但根据这里的语境,这句话之中的"億"和"信"只能分别理解为动词和名词,因此"不億不信"的意思只是"不億为不信",即不把他人的行为主观臆测为不可信的背信弃义的行为。

抑(yì): 但,可是,至少可以是,至少可以这样认为,贬抑地说。

先觉: 及早觉察,及早发现。

14.32 微生亩谓孔子曰:"丘何为是栖栖者与?无乃为佞乎?"

孔子曰:"非敢为佞也,疾固也。"

【译解】

微生亩深情地对孔子说:"我的孔子为什么会变成如今我所看到的那种政治上的曲高和寡、卓尔不群的离群人物呢?是不是因为你根本不想学别人的那种花言巧语、投人所好、迎合时尚、趋炎附势的样子呢?"

孔子说:"作为一个以实现社会正义为己任的政治家,我绝对不敢愚蠢不智地做那种政治上的显然会葬送自己的政治生命的花言巧语、投人所好、迎合时尚、趋炎附势的人物,相反,我对那种政治上的花言巧语、投人所好、迎合时尚、趋炎附势的人物的痛恨是由来已久和根深蒂固的。"

【注释】

微生亩: 姓微生,名亩。对于此人,人们仍没有发现足够可信的资料。从他的问话与孔子的答话来看,他是一个同情孔子事业而又贫穷潦倒、愤世疾俗的人。正因为如此,孔子对他的答语是非常诚恳而善意的。微生亩直呼孔子的名"丘",从这点来看,他年长于孔子,并且也一直对孔子和孔子的事业抱着一种善意的关切。从他的直率而关切的话语中,我们可以看出,他是以一个长者的身份出现在孔子面前的人。康有为在他的《论语注》中说微生亩是年长的隐士,是某一种教义或学说的创立者,这当然是纯粹的猜测。

栖: 树上的鸟巢,高高在上而远离地面。

栖栖: 离群的,高高在上而远离现实的,曲高和寡、卓尔不群的样子。古人常常以鸟来比喻那些高洁的、自由的、摆脱了现实的羁绊而超越于现实之上的人们。

乃：艰难地模仿、效法、因袭。《说文》："乃，曳词之难也，象气之出难。"像小孩那样艰难而不准确地学成人说话。因此模仿、因袭应是"乃"的本意。

疾固也：省略了代词"之"，意为"疾之固也。"

14.33 子曰："骥不称其力，称其德也。"

【译解】

孔子说："千里马所表现出来的令人赞赏的东西并不是它所特有的力量能耐，而是它所特有的品德意志。"

【注释】

骥（jì）：产自北方的特异非凡的马，这种马据说能连续奔跑千里。

称：称量，人们据以称量评价其重要性与价值的行为表现。称职——人们表现出来的实际才能可以和他们所担当的社会职责或职务的重要性相称，而这只是赢得别人嘉许称赞的条件。

14.34 或曰："以德报怨，何如？"

子曰："何以报德？以直报怨，以德报德。"

【译解】

有人问孔子说："以善良的行为去报答丑恶的行为，这是否合理？"

孔子说："如果人们应该以善良的行为去报答丑恶的行为，那么人们又应该以什么样的行为去报答善良的行为呢？我认为，人们应该像依据自己对于善良行为的自然情感去给予善良的行为以善良的报答一样，人们也应该依据自己对于丑恶的行为的自然情感去给予丑恶的行为以恰当的惩罚。"

【注释】

以直报怨：以正直的、正义的、自然的、适当合理的行为去报答他人的不仁不义的行为，这也就是说，人们应该依据正义、依据自己对于不仁不义的丑恶行为的自然情感去给予那种不仁不义的丑恶行为以适当的惩罚。这和孔子"仁者能好人，能恶人"的主张是一致的。

14.35 子曰："莫我知也夫！"

子贡曰："何为其莫知子也？"

子曰："不怨天，不尤人，下学而上达，知我者其天乎？"

【译解】

孔子说："看来整个世界的人都在无视我的政治学说的价值！"

子贡说："整个世界的人为什么要无视你的政治学说的价值呢？"

孔子说:"我既不怨恨上天,也不怀恨人类。我认真地研究并理解了人类的本性,并通过人类的本性理解了上天的本性,既然如此,难道理解我的不也是人类而仅仅是人类生活于其中并来源于其中的上天吗?"

【注释】

莫我知:无视我的知识,无视我的政治知识、政治理论或政治学说。

下学:学下,形而下的知识,有关具体人世的知识。

上达:达上,明达形而上的知识,明达上天的道德与正义。

其天:人类的天,人类的宇宙,人类来源于其中并生存于其中的宇宙。

14.36 公伯寮愬子路于季孙,子服景伯以告,曰:"夫子固有惑志于公伯寮,吾力犹能肆诸市朝。"

子曰:"道之将行也与,命也;道之将废也与,命也。公伯寮其如命何?"

【译解】

公伯寮怀着一种阴暗的心理在季孙那里诋毁诬蔑子路的行为,子服景伯在将这件事向孔子报告时说:"尽管先生长期以来为公伯寮的冠冕堂皇的行为所迷惑并始终钟情于他的行为,然而仅以我个人的力量,我也足以能够在大庭广众面前将他碎尸万段。"

孔子说:"如果道义将要在这个世界中现实,那么这只是由上天的意志所决定的,任何个人的力量对此都是无能为力的;同样,如果道义将要在这个世界中消亡,那么这也只是由上天的意志所决定的,任何个人的力量对此也同样是无能为力。如今正如我们可以相信的那样,既然上天已决定要使道义在这个世界里实现,那么公伯寮之流又怎能奈何上天的意志呢?"

【注释】

公伯寮(liáo):《史记》说他是孔子的学生,这显然是没有根据的。根据孔子在这里的语气,孔子对公伯寮表达的是冷静的、无动声色的蔑视,这种冷静的、无动声色的蔑视态度只有在对待那种于己完全无关的人才会出现。如果他是与孔子关系密切的孔子的学生,正像我们已经看到的那样,孔子就不可能沉住气,他会像他对冉求所说的那样说:"非吾徒也!小子鸣鼓而攻之可也!"

愬:诬告,怀着一种阴暗的("朔")心理("心")说他人的坏话。

子服景伯:鲁国政府的一位官员,他显然和孔子及其学生一样,是季孙政府的反对派。

惑志:受蒙蔽的、被迷惑的、年长日久的错误的认识与态度。

肆:公开大胆、随心所欲的行为,而当人们处在愤怒与仇恨的心情之下,这种随心所欲的行为就会变成一种暴虐的行为,变成一种残酷的暴行。

市朝：朝市,人们早晨赶去买卖东西的地方,街市,集市。

命：人类共同("△")俯首倾听并点头称是("叩")的绝对令律——上天的道德令律和道德意志。

本章所谈论的事件显然是发生在齐鲁夹谷之会后,鲁国的国际威望得到显著提高,王权(鲁定公)得到加强,孔子由司空升为司寇,孔子在国王的支持下推行大规模的政治改革的时期。那可能是孔子旨在消除三家对鲁国的政治、经济乃至军事资源的全面垄断的改革政策遇到聚集在三家周围的整个政治势力的抵制和反抗的初期。公伯寮作为孔子在鲁国政府中的同僚,孔子和他可能有一种在他人看来是引人注目的交情。特别是在三家大权独揽的时候,他甚至得到过孔子的庇护。但也许他毕竟是一个庸碌无能而又虚荣好强的人,因此当孔子在政府中的权力和地位急剧上升的时候,当孔子的一大批才华横溢而又敢作敢为的学生被提拔到政府的领导岗位之上的时候,当鲁国政府几乎变成了孔子和王权联盟的一统天下的时候,本来以为孔子权力和地位的提升肯定会使自己的权力和地位也一同提升的公伯寮,突然认识到随着鲁国政治改革的进行,自己的权力和地位不但不能提升,相反还将遭受到那些刚刚进入政府的孔子学生的威胁(那个刚刚进入政府的直来直去的子路甚至使他在政府中处于公开受辱的地位),于是他决定投靠他实际上一直想投靠而没有机会和可能投靠的权力和地位受到更大威胁的三家(孔子威胁三家的改革政策为公伯寮投靠三家提供了一次千载难逢的机会)。正因为如此,表面上是孔子的深交故旧和政治盟友、孔子的追随者们也习惯于把他视为孔子的深交故旧和政治盟友的公伯寮的突然间的投降变节的行为激起了孔子的追随者们(如子服景伯)的极大义愤。正像子服景伯所说的那样,他们恨不得在大庭广众之前将他碎尸万段。

孔子在当时对他与王权结盟的改革事业的胜利与成功深信不疑,他认定他的改革事业的胜利与成功是上天注定了的,因此除了上天有力量之外,没有任何人世间的力量能够阻止它的胜利与成功。但孔子决没有料想到,在政治阴谋与暴力之中度过了他们全部的政治生涯并因此而精于政治阴谋与暴力的三家会突然发动政变并劫持定公。为了使定公免于非命,也为了使鲁国避免一场内战,孔子放弃了他的改革计划和权力,并去周游列国。是的,当时的孔子自认自己所代表的改革的力量是非常强大的,正因为如此,他认为他改革的全部政治目的可以并且只能以一种能够给自己带来真正光荣的和平的、非暴力的和光明正大的方式来实现。他自然而然地相信,他的全部同样光明正大的改革目的是符合每一个人的利益的,因此他深信自己决不会成为任何人的真正敌人。他也用不着为了实现那本来属于每一个人的目的而去处死自己政治上的反对者。为了实现那属于每一个人的目的,拉帮结伙,建立政治派系,玩弄政治上的阴谋诡计和使用暴力镇压政治上的反对派,这些都是与这种目的不相容的手段。

孔子太伟大,太高尚了!他似乎还不知道,在那个罪恶与暴力结伴而行的世界上,一切善良的人们为了实现自己善良的目的,有时也不得不把自己最鄙视的暴力作为一种用以自卫的武器。

14.37 子曰:"贤者辟世,其次辟地,其次辟色,其次辟言。"
子曰:"作者七人矣。"

【译解】
孔子说:"如果一个人真正具有出类拔萃的智慧和美德,那么他将首先开辟一个新的世纪,其次是开辟一个新的生活领域,一种新的生活方式和一种新的思想观念。"

孔子说:"据我所知,在人类整个文明史中,已经有七个出类拔萃的人这样做了。"

【注释】
辟:开辟,创造,立法,建立规范,树立典范。
地:政治地理环境,国家。
色:其本意是人的脸部表情,人们的生存状态、思想意识与情感意志都会从这种脸部表情中自然流露出来,因此"色"即人的特色,人的生活的特色,它是人的情感、理性、意志也即人格的综合的反映。
言:思想理论、文化。
作者:已作者,已经这样做过的人。
七人:这是否是指孔子经常提及的尧、舜、禹、汤、周文王、周武王、周公这七人呢?

14.38 子路宿于石门,晨门曰:"奚自?"
子路曰:"自孔氏。"
曰:"是知其不可为而为之者与?"

【译解】
子路在一个名叫石门的城里住宿,第二天早晨他早早地起床了,并决定离开这座城市而早早地上了路。当他走到城门边时,发现城门还没有打开,他便去叫早晨值班的城门守护人为他开门。专门负责在早晨打开城门的城门守护人出来为子路打开城门时对子路说:"在我们城里住宿的人,你是从什么地方到这里来的呢?"
子路说:"我是从孔子家来到这里的。"
城门守护人说:"孔子家?你所说的孔子是不是那个坚持不懈地为自己明知是不可能实现的政治理想而努力奋斗的著名人物吗?"

【注释】
石门:石头建造的城门,这可能是指某个具有自己的防御体系或防御设施的城市。

晨门：早晨起来打开城门的城门守护人。

从守门人的问话中也可以看出，孔子是一个闻名世界、妇孺皆知的人物。

14.39 子击磬于卫，有荷蒉而过孔氏之门者，曰："有心哉，击磬乎！"既而曰："鄙哉，硁硁乎！莫己知也，斯已而已矣。'深则厉，浅则揭。'"

子曰："果哉！末之难矣。"

【译解】

孔子旅居卫国时在他的卫国的住所里击磬，一个背负着篓筐的人经过孔子住所的门前时听到孔子的磬声，他说："听！这位击磬者所击出的磬声表现了他多么丰富的情思啊！"紧接着他又说："孔子呀！你这面对浅薄的溪流而不知如何渡过这浅薄的溪流的浅薄无知的人，你是多么可鄙可叹啊！既然那些统治者都不重视、不采纳你的政治主张，那么只要你自己重视并努力将它付诸实施就足够了，何必要去求助于那些根本就不重视它的统治者呢？一切都要依靠自己，正如《诗经》里有一首诗说得好：河水较深就自己搬些石块来垫脚，河水很浅就只需抬起双脚跨过去。"

孔子听到这些话之后出来对那位过路人说："多么聪明的人哟！你所说的方法对你生活中所遇到的那些困难是多么行之有效！但是你并没有遇到过像我所遇到过的那种政治上的一般人所难以想像的困难，否则你也会像我一样感到束手无策、忧心忡忡的！因为如果我不去求助于所有统治者们的道德的自觉，以便使他们能够自觉采纳我的政治主张，而完全由我来推行我的政治主张，那么这就将意味着要发生一场不可避免的可怕的暴力革命，而暴力革命完全是一种与政治的本质相对立的野蛮手段。"

【注释】

磬（qìng）：一种打击乐器，用玉或石制成。

蒉（kuì）：《说文》："蒉，草器也。"它是用一种树藤编制的篮筐，用于盛草等东西。

有心：具有丰富的用心，丰富的情感意念，情思丰富，情思萦绕。

硁硁（kēng）：从石板上流过的肤浅的水流。比喻人的头脑的肤浅。这里的意思是双重的：肤浅的人面对肤浅的水。

厉：《说文》："厉，旱石也。"这里"厉"作为动词，意为使用石块以使自己顺利过江，即用石块垫脚。

揭：《说文》："揭，高举也。""揭"在其本意中还有捉拿或追击逃亡者的意义，把这几种意思与本章的语境联系起来，这里"揭"的意思就是抬起（高举）双脚跳过去。

深则厉，浅则揭：这是《诗经·邶风·匏有苦叶》一诗第一段中的两句诗。这首诗的第一段全文是:"匏有苦叶,济有深涉;深则厉,浅则揭。"它的意思是:"可口的匏瓜的瓜藤上有苦涩的叶子,易渡的河流的河水中也有较深的地方。河水较深的地方可以搬些石块来垫脚,河水很浅的地方可以抬起双脚跨过去。"

果哉:好的、见效果的、行之有效的方法。

之:到,遇到。

末之难矣:并未遇到真正的困难。这里指那种"深则厉,浅则揭"的方法只是用于应付一些并不困难的问题才有效,当它遇到真正的困难时,这种方法就不起作用了。

本章记述的显然是周游列国期间孔子旅居卫国时的事情,卫国的统治者愿意给予孔子以非常高的礼遇,却丝毫不想采纳推行孔子的政治主张。前后两次都因卫国政府官员的热情邀请而两次来到卫国的孔子,眼看自己的政治理想将要在包括卫国统治者在内的许多统治者们的彬彬有礼的客套与慷慨大方的款待中付之东流,不禁感到不胜忧伤。这种忧伤来源于孔子想以周文王、周武王、周公的和平的道德革命的方式来实现其一统世界的政治革命的目标,而他却找不到周文王等的相同的用以实现这一革命的最基本的条件——一个对整个世界起示范作用的、使"近者悦,远者来"的政治革命的试验基地。

14.40 子张曰:"《书》云:'高宗谅阴,三年不言。'何谓也?"

子曰:"何必高宗,古之人皆然。君薨,百官总己以听于冢宰三年。"

【译解】

子张说:"据《尚书》说:'商代国王高宗曾向前任国王的亡灵宣誓,永远不背离亡君生前的道德箴言。'这种说法意味着什么呢?"

孔子说:"在远古那个圣人的时代里,不仅是高宗,而且是每一个人都是这样向自己临死的前辈宣誓的。对于一个国家的政府来说,在前任国王溘然长逝的时候,政府各部门的每一个官员都要聚集在一起,并跟在葬礼主持者的后面,重复着葬礼主持人代表每一位政府官员向前任国王的亡灵所作的永不背离前任国王生前的道德箴言的誓辞。"

【注释】

高宗:据说是指商代中兴王武丁,他很有令人称赞的卓越政治表现。

谅阴:向死者亡灵("阴")所说出的誓言("谅")。

三年不言:三年不提出别的政策主张,而只按照自己对死者亡灵所作的誓言行事。

薨(hōng):这个字的本意是像在夜晚做梦一样安详地死去。它由"夢"(梦)和"死"构成。

冢宰:在死者的安葬仪式中的总管或治丧委员会主席,他也是带领全体参加葬礼的人向死者亡灵宣誓的人。

听于冢宰三年：向葬礼仪式的总管或治丧委员会主席听取政令三年。这些政令显然是以其向死者的亡灵所作的誓言为基础的。

也许古人都是一些尽责尽力、谨言慎行的生活楷模，因此他们对于自己一生中的一切行为的价值都充满自信，以至于当他们临死的时候，都要通过一种庄严的方式来郑重地向后人阐述自己的人生思想和人生主张。这也就是临死的老人对于子孙后代的遗言。这种遗言不是财产分配的清单，而是人生的道德箴言。因此一个人人在临死的时候都向自己的子孙后代立遗嘱的民族，就是一个充分文明的民族，因为它表明了这个民族中的每一个人对于人生的深思熟虑，对于自己言语行为的执着信念和对于自己人生价值的真诚热爱。

14.41 子曰："上好礼,则民易使也。"

【译解】

孔子说："如果那些身居社会上层的各级政府的官员们都是一些热爱追求社会道德与正义的人，那么人民就易于对什么是道德与正义的行为作出自认为完全正确的选择并依此而行动了。"

【注释】

使：持中者，认识掌握了公平正义的不偏不倚的普遍原则、对什么是公平正义的行为能够作出完全正确的判断并依此行事的人，这种人将具有成为政府官员（"吏"）所必须的条件：他认识掌握了公平正义的不偏不倚的普遍原则，因此他对什么是公平正义的行为能够作出完全正确的判断，因此他不仅能够对什么是公平正义的行为作出完全正确的选择并依此行事，而且能够成为社会正义与公道的主持者。"使"在这里作为动词，意思就是选择公平正义的行为，并公平正义地去行动。

孔子在这里所表达的显然是一种不言自明之理：如果身居于社会上层的各级政府官员不热爱追求社会的正义，不致力于社会正义的政治目标，而只热爱、追求、致力于权力本身，那么整个社会生活就将变成一些完全由权力所搬弄并由权力所制造的是是非非。在这样一些完全由权力所搬弄并由权力所制造的是是非非之中，人民只能感到无所适从。人民只能按自保自利的原则行事，而不会按公平正义的原则行事。

14.42 子路问君子,子曰："修己以敬。"

曰："如斯而已乎？"

曰："修己以安人。"

曰："如斯而已乎？"

曰："修己以安百姓。修己以安百姓,尧舜其犹病诸！"

【译解】

子路问什么是君子,孔子说："一个君子应该自觉努力地接受人类全部文明成果的潜移默化的影响,以培养提高自己的思想水平和精神境界,并使自己能够清楚地认识到自己的一切行为所包含的严肃的道德意义,从而使自己能够积极主动地去努力承担起自己对自己的一切行为所应承担的道德责任和道德义务,确保自己的一切行为不对他人的自由与幸福造成任何损害。"

子路说:"仅仅这样做就完全可以了吗?"

孔子说:"一个君子应该自觉努力地接受人类的全部文明成果的潜移默化的影响,以培养提高自己的思想水平和精神境界,并使自己能够清楚地认识到自己对那些和自己生活在一起并与自己发生直接关系的每一个他人的自由与幸福所应尽的道德责任与道德义务,能够清楚地认识到当他们遇到危险时,自己有道德上的责任和义务去解救他们,当他们陷入不幸与贫困以及各种需要他人的帮助的状态中时,自己有道德上的责任与义务去帮助他们,从而确保自己能够积极主动地去努力履行这种道德上的责任与义务。"

子路说:"仅仅这样做就完全可以了吗?"

孔子说:"一个君子应该自觉努力地去接受人类的全部文明成果的潜移默化的影响,以培养提高自己的思想水平和精神境界,并使自己能够清楚地认识到自己对整个国家的全体国民乃至全世界的人民所应尽的道德责任和道德义务,使自己能够积极主动地去努力履行这种道德责任和道德义务,以确保全体国民乃至全人类在一个由政治所保障的正义的世界上的生活的自由与幸福。确保全体国民乃至全人类在一个由政治所保障的正义的世界上的生活的自由与幸福,这是一种尧舜这两位最伟大杰出的政治家也曾经常常抱怨责备自己没有充分履行的更为崇高伟大的道德责任和道德义务。"

【注释】

修:接受文明的教育,以完善提高人的思想道德品质,这是一个长期的、潜移默化的、因而需要人们不断努力、长期努力、终生努力的过程。

安人:确保和自己发生直接关系的每一个他人的自由与幸福,即当周围那些和自己发生直接关系的人们的自由与幸福遭受到危险时,便积极主动地去拯救他们,当周围那些和自己发生直接关系的人们遇到困难、陷入不幸之中时,便积极主动地去帮助他们,这些都是自己对于他人所应尽的道德责任与道德义务。

百姓:每一个地方的人民,全国人民,全世界人民,也即整个人类。

安百姓:确保全体国民的自由与幸福。这里,与"百姓"这一政治概念相联系的"安",也应理解为一个政治概念,即政治或建立在作为政治所追求的目的的正义基础之上的社会制度或社会秩序所保障的全体国民的自由与幸福。

病:垢病,指责,批评,抱怨。

14.43 原壤夷俟,子曰:"幼而不孙弟,长而无述焉,老而不死,是为贼。"以杖叩其胫。

【译解】
孔子发现他的那位经常接受他的经济帮助的精神颓废而又贫穷潦倒的老友原壤在空地上无所事事地游荡,便走过去无可奈何地对他说:"年幼的时候,你自高自大,傲慢无礼;长大成人的时候,你毫无专长,毫无用场;年老的时候,你又贪生怕死,不愿死去;你这样的人存在于世界上对于他人真是一大危害。"孔子一边这样说,一边用他的手杖轻轻地敲打着他的小腿。

【注释】
原壤:鲁国人,据说是孔子的一位老朋友。很有可能的是,在孔子还未获得广泛的社会声誉之前,他是一位喜欢常常来找孔子攀谈以便从其中寻求乐趣的游手好闲而又玩世不恭的人。他是一位意志软弱、懒惰成性而又智力不凡的人。他以一种玩世不恭的怀疑主义的观点与孔子进行争辩,而这种争辩对于正在形成中的孔子的思想理论体系是非常必要的。因为一个正确可靠的理论必须随时准备回答他人的反驳。因此回答他人的反驳并以他人的反驳作为自己理论的正确性的反证,对于正确的理论本身是必不可少的。也许正是这种相互为用的争辩培养了他们两人之间的亲情和友谊。这是一对最奇特的人之间的亲情和友谊。一个人为争辩而争辩,一个人为真理而争辩,两者对争辩所抱的态度与目的完全不同,然而争辩本身却成了把他们联系起来的纽带。当孔子成名成家之后,孔子仍然对这个曾经为自己的思想理论体系的形成与完善提供了帮助的意志软弱、懒惰成性,以至于玩世不恭并且越来越变得软弱、懒惰、玩世不恭和贫穷潦倒的人抱着始终如一的亲情和友谊,并最终成为这个人的经济上的救助人与保护者。即使直到他最终衰老并变得更为颓废,以至于孔子不得不用手杖敲击他的小腿的时候也是如此。据说当这人的母亲去世而他又根本没有经济能力安葬他的母亲的时候,正是孔子为他提供了经济支持并为他料理了安葬母亲的事务。

俟(sì):《说文》:"俟,大也。""矣"的本意是箭("矢")所能飞越的空间范围("厶"),与这一意思相联系的意思是:①箭飞过这个空间范围所需要的时间;②箭在这个空间范围里飞过。从"矣"的这些意思中引伸出如下的意思:①大,大范围;②等待,需要时间;③飞越,游荡,漫游。"俟"只是"矣"的意思的具体化:人在一个大范围的地方消耗时间或游荡。

夷俟:在平原上无所事事地游荡。

不孙弟:不甘于做自己本应是的他人的幼孙小弟,其意思也就是自高自大,傲慢无礼。

无述:没有任何值得他人一谈的一技之长,没有任何值得他人一提的特长。

不死:在这里作为动词(它作为一种发自主体意愿和意志抉择的意志行动),意为不想死,也即希望长命百岁,长生不死。

贼：巨大祸害。

叩：本意是点头（表示同意），引伸为像点头一样轻轻地敲击。

胫：身体的直而细长的部分，小腿。

14.44 阙党童子将命，或问之曰："益者与？"

子曰："吾见其居于位也，见其与先生并行也，非求益者也，欲速成者也。"

【译解】

在人们议论到那位在政府各部门的官员之间传递信函的来自大阙乡的还未成年的小伙子时，有人问孔子："你认为这是一个有进取精神的小伙子吗？"

孔子说："看他在某个地方坐着时的那种自高自大、自命不凡的姿态，看他与那些年龄比他大的人并肩而行时的那种自高自大、自命不凡的神情，我觉得他并不是那种具有脚踏实地的进取精神的人，而是一个想入非非、不切实际并想在一夜之间出人头地、功成名就的人。"

【注释】

阙党：大阙村或大阙乡，据荀子《儒效篇》说："孔子居于阙党，阙党之子弟，罔不分，有亲者取多。"照荀子的说法，阙党就是孔子的故乡，因而它也应在今山东省曲阜县内。

将命：在政府官员之间传递口信或信函的人。

益：求益，求完善。

居于位：占居于某个位置上，也即无礼地、自高自大地坐在某个地方，仿佛他就是这个地方的主人。

成：完成，成就，完全达到自己的目的：出人头地，成名成家。

卫灵公第十五

15.1 卫灵公问陈于孔子,孔子对曰:"俎豆之事,则尝闻之矣;军旅之事,未之学也。"

明日遂行。

【译解】

卫国国王卫灵公到孔子的住所来向孔子求教有关如何使用和指挥军队作战的知识,孔子回答说:"如果你想要向我求教的是那种有关如何领导一个国家的全体人民去实现我们向上帝所祈祷的国泰民安、国强民富或者世界和平、人民幸福的国家目的的知识,那么我倒是曾经详尽地听人讲述过;至于如何使用军队攻城掠地、抢劫杀人的知识,我根本就不曾花时间去学习研究它。"

孔子万万没有想到卫国的国王卫灵公竟会把自己视为一个向统治者传播战争知识的战争狂人,而不是一个向统治者宣讲政治的正义的政治道德主义者。在万分的愤怒与悲哀的心情的驱使之下,为了宣传他的政治理想而周游列国的孔子第二天天一亮便离开了卫国。

【注释】

卫灵公:卫国国王,他和他的妻子南子一样荒淫无度。

陈:陈列,布阵,指挥战争。

俎(zǔ)豆:两者都是指古代祭祀礼仪中所使用的盛祭品的器具,这里用两者代指宗教祭祀活动。

俎豆之事:宗教祭祀活动,向上帝祈求和平与幸福的活动。祭祀所表达的是人们对于幸福与和平的渴望。

未之学也:没有去学习,没有把它作为学习研究的对象。

从本章可以看出,即使在孔子弃冠出走、周游列国期间,孔子也始终是一个为他的政治理想和政治信念而生活而奔波的人,而决不是为了个人名利和权力而生活而奔波的人。在世俗的权力面前,他决不会拿自己的政治理想与政治信念来做交易。因此他是一个在现实的权力的诱惑面前不屈不挠地坚持自己的理想和信念而永不妥协的人。

15.2 在陈绝粮,从者病,莫能兴。子路愠见曰:"君子亦有穷乎?"

子曰:"君子固穷,小人穷斯滥矣。"

【译解】

孔子一行在离开将要变成一个战争中心的陈国都城的路上,他们随身携带的全部可以用来充饥的食物都成了路上遇到的一队饥肠辘辘的士兵的口中猎物,孔子的追随者们因此而陷入了对自己即将要遭受到的可怕饥饿的忧心忡忡的忧虑之中,并因此而再也高兴不起来了。正是在这个时候,子路带着很不愉快的忧伤的神情对孔子说:"君子也会有遭遇贫穷的时候吗?"

孔子说:"在一个颠倒错乱的世界上,君子也和生活在这个世界上的许许多多的人一样难免会遭遇贫穷,但君子和一般的人不同的是,君子在遭遇贫穷时仍然会毫不动摇地坚守其作为一个高贵的人而存在的道德原则,然而一般的人在遭遇贫穷时,一切罪恶不义的观念就会从他们的心灵中源源不绝地产生出来并泛滥成灾。"

【注释】

陈:陈国,它和它的邻国蔡国一样弱小,并且也和蔡国一样成了吴楚两大邻邦在这一地区争夺霸权的牺牲品。它和蔡国先后被楚国吞并。孔子旅居陈国时,陈国正成为吴楚争霸的战场。本章所叙述的孔子及其追随者的遭遇,正是这次战争造成的。那时由于战争,孔子不得不离开随时都有可能变成战争中心的陈国的都城,而他们随身携带的那些可供充饥的食物最终也成了一路上一队饥肠辘辘的士兵的口中猎物。因此孔子的追随者们不得不对即将陷入的无食充饥的饥饿状态而担忧。他们是否真的饿了一两顿肚子,我们不清楚,因为我们知道子贡很快就从附近的居民那里买到了足够的食品。

固穷:固于穷,这里意指在贫困中仍然不变地坚守自己作为一个君子的道德原则。

滥:泛滥。这里指各种恶念在头脑中泛滥。

15.3 子曰:"赐也,女以予为多学而识之者与?"

对曰:"然,非与?"

曰:"非也,予一以贯之。"

【译解】

孔子说:"我的子贡呀,你认为我只是那种单纯依靠大量的学习和记忆而使自己成为博学多识的人吗?"

子贡回答说:"是的,难道不是这样吗?"

孔子说:"不,决非如此,我是依靠思辨和逻辑推论把我所学的各种知识构建成一个具有统一的逻辑结构的知识体系并因此而成为一个博学多识的人的。没有系统的、统一的逻辑结构的知识就不可能是真正可靠的知识,而只可能是一些自相矛盾、似是而非的观念。一个具有许许多多的自相矛盾、似是而非的观念的人是不可能成为一个真正的博学多识的人的。"

【注释】

识(zhi):记忆。这个字本来由"言"和"职"构成,意为"言之职"——它是用来记录人们的思想的。

一以贯之:以统一的逻辑把每一种认识、每一个思想、每一个概念联系在一起,使之成为系统的认识、系统的思想和系统的概念,这事实上也就是寻找发现作为每一种认识、每一个思想、每一个概念的客观对象的因果关系,从而获得对每一客观对象的本质的认识。因此,一以贯之作为一种认识方法就是思辨,也就是逻辑推论,在这种思辨和逻辑推论中,人们在直接感性的认识阶段中获得的认识的个体性被超越扬弃了,个别具体的认识提升为统一的普遍一致的认识。这种统一的普遍一致的认识也就是本质的知识,而非现象的知识。具有这种思辨和逻辑推论能力的人,往往能知一推十,在相同的条件,他会比别人学得更好,学得更多。

15.4 子曰:"由!知德者鲜矣。"

【译解】

孔子说:"我的子路哟!当你依照你那纯洁无瑕的心灵去行动的时候,你应当明白,在这个世界上清楚地认识到自己存在的道德本性并依此行事的人是相当稀少的。"

【注释】

德:人类从其中获得自己的个体性的存在的道德本原和道德本质。

孔子在这里显然是在提醒过分纯洁、正直、坦率的子路,行事应小心谨慎,以免陷入坏人的圈套并上当受骗。

15.5 子曰:"无为而治者其舜也与?夫何为哉?恭己正南面而已矣。"

【译解】

孔子说:"自然而然、看起来似乎是根本不费心机、不花力气地使整个国家达到人民道德高尚、行为正义和生活幸福的和谐状态的人,难道只有舜王一人吗?我想在中国的整个政治历史中决非只有舜王一人。然而这种自然而然、看起来根本不费心机、不花力气而使整个国家达到人民道德高尚、行为正义和生活幸福的和谐状态的统治方法究竟是一种什么样的统治方法呢?我想这种统治方法只不过是国王完全尊重全体国民的意愿、意志和目的,以使自己成为全体国民的意愿、意志和目的的代表;只不过是国王确保自己和自己的权力完全符合正义并只以正义为追求,以使自己和自己的权力成为整个国家的正义的象征。"

【注释】

治:政治,统治,秩序,和谐,和平,安宁,幸福。

恭:共心,公共意志,引伸为对他人的意愿、意志和利益的尊重。这个字本来是由"共"和"心"构成的。

恭己:使自己恭,使自己成为公共意志的化身和具体体现。使自己的意愿、意志、目的和全体国民的意愿、意志、目的协调一致,换句话说,也就是完全尊重全体国民的意愿、意志和目的。

南面:国王在政府大厦会议厅里的座位朝向,这个座位本身就是国王和国王权力的象征,并且"南面"作为动词,其意思就是充任国王并行使国王的权力。

正南面:使南面正,端正南面,使南面即国王和国王的权力成为整个国家的正义的象征与化身,换句话说,就是确保国王及其权力本身完全符合正义,确保国王及其权力完全是以正义为追求、以正义为目的的。

15.6 子张问行,子曰:"言忠信,行笃敬,虽蛮貊之邦,行矣。言不忠信,行不笃敬,虽州里,行乎哉?立则见其参于前也,在舆则见其倚于衡也,夫然后行。"

子张书诸绅。

【译解】

子张问:在一个理想的社会之中,什么是人们在社会生活与社会交往中所应采取的行之有效并合于每一个人的目的与利益的正确合理的行为?孔子说:"在一个理想的社会中,人们在社会生活与社会交往中所应采取的行之有效并符合每一个人的目的和利益的正确合理的行为显然是:言而由衷、诚实无欺地表达自己的情感感受、思想意识和意愿意志,虔诚认真、一丝不苟地履行自己对于他人所承担的行动上的道德责任与道德义务。这样的一种行为方式不仅在一个文明的发达的社会中是最行之有效的,而且在一个自然的原始的社会里也是最行之有效的。如果人们在社会生活与社会交往中言不由衷,言而无信,玩世不恭,不诚不实地对待自己之于他人所应承担的行动上的道德责任与道德义务,那么如果说这种行为方式在一个理想的国家、理想的社会显然是行之不通的话,难道它在一个具有自然良好的人际关系的地区、或一个具有自然良好的人际关系的村庄里就是可以行得通的吗？如果一个人在站立的时候能够看到'言语诚实、行为正义'的原则在自己的前面指导着自己前进的方向，在行走的时候能够看到"言语诚实、行为正义"的原则在前面鞭策自己所乘坐的马车驶向自己的目的地，那么他就会始终采取那种在社会生活与社会交往中行之有效并合于每一个人的目的与利益的正确合理的行为。"

子张立即把孔子所说的这些珍贵的话语书写在自己宽长的衣带之上。

【注释】

行：这个字的本意是队列或列队，引伸为许多人和许多人从事的活动，一行人或行业，再引伸为一般的活动。在一般的活动(即行动)的意义上，"行"包括广义与狭义的两种意义，广义指在人与人交往的过程中所发生的一切活动，它既指实际行动，又指言语行动或言语活动；狭义则只是指实际行动。子张在本章所说的"行"显然是广义的，它包括了言和行两个方面，正因为如此，孔子从言和行两个方面来回答子张的问题。而当孔子从言和行两个方面来回答子张的问题时，孔子所说的"行"就是狭义的了。可以一般地说，当"行"字单独出现时，"行"的意义就往往是广义的，而当"行"和"言"相对出现时，"行"的意义则往往是狭义的。

蛮貊：完全处在自然状态之下的和动物一样生活的文明未开的人群。不难理解，在原始的自然状态下，由于自然界里异常完美的食物链所提供的异常丰富的食物，人类起初是自然而然地完全依赖自然界而生活的，继之是习惯于完全依赖自然界而生活的，纵使到了人口增多，自然界为人类提供的天然食物已不再丰富，人们的衣食已不再是可以在自然界之中唾手可得的时候，人们仍然要按照以往的那种完全依赖自然的方式而生活，从而引发了人们有组织的对各种野生动物的滥捕滥杀。但即使如此，人们仍然不得不过着朝不保夕，不断迁徙的生活。对于发明并掌握了各种可以使自己过上安居乐业的幸福生活的技术手段的中原发达地区的人们来说，这显然是一种原始的、不文明的、野蛮的生活。而当那些人群发现并羡慕起中原人的安居乐业的幸福生活，进而不当地把中原人所创造的财富作为他们像猎取野生动物一样的猎取对象时，他们在中原人看来也就成了罪恶和恐怖的人了。也正因为如此，那种原始的、不文明的、野蛮的生活也逐渐地变成了罪恶与恐怖生活的同意语。原始的自然人群也就变成了嗜杀成性、抢掠成性的人群。野蛮(它最初也许并不具有贬意)也就变成了不义与罪恶。

参：这个字的本意是人类对众星的仰望和向往，因此"参"既具有极力猜测、想像、理解的意思，又有向往、投入、参与的意思。

参于前：参与到队列之中并走在队列之前，引伸为带领，引导，指导。

舆：车厢，引伸为车子。

倚：靠近，接近，相接相连，伴随。

衡：确保马匹的牵引力平衡地作用于车体并从而确保车辆平稳前进的横木，它一方面通过它的两端的缰绳与架在马匹的脖子上的轭相连接，另一方面又通过它的中间的那根牵引木与车体相连接。

倚于衡：倚靠着或倚立在那确保马匹能给予车体以平稳的牵引力的衡木之上。由于那确保马匹给予车体以平稳的牵引力的衡木是在车体之前，因此"倚于衡"的意思与前面所说的"参于前"的意思应是相通的。此外，"倚于衡"的那个位置也就是执鞭驾车的人所坐着的位置，因此我们甚至可以把"倚于衡"理解为那位"倚于衡"的执鞭驾车人的执鞭驾驶。

其：代指"言忠信,行笃敬"。

书于绅：写在长礼服的长而宽的腰带上。把刚刚听到的孔子的重要讲话写在自己礼服的腰带上，反映了孔子时代中那些追随孔子于左右的年轻人对于孔子热烈的崇敬以及他们自己执着热诚的理想主义的浪漫色彩和浪漫情调。

15.7 子曰："直哉,史鱼！邦有道如矢,邦无道如矢。君子哉,蘧伯玉！邦有道则仕,邦无道则可卷而怀之。"

【译解】

孔子说："史鱼,他是一位何等正直的勇士！在国家统治完全遵循道德与正义的原则的时代,他像一支射出的箭一样,勇往直前地追求着他所认定、所信奉的道德与正义；在国家的统治完全背离道德与正义的原则的时代,他也像一支射出的箭一样,勇往直前地追求着他所认定、所信奉的道德与正义。蘧伯玉,他是一位多么明智的君子！在国家统治完全遵循道德与正义的原则的时代,他就积极投身于和他所认定、所信奉的道德与正义的原则相一致的国家的统治活动；在国家统治完全背离道德与正义的原则的时代,他就从这种完全背离道德与正义的原则的国家统治的活动中退出来,并把自己所认定、所信奉的道德与正义的原则珍藏于自己的心中。"

【注释】

直：正直,直率,刚正不阿,守正不屈。这里的"直"与"君子"相对而言,指的是那种正直刚烈而又缺乏深刻的理性的人,因此这种人所追求、所维护的正义往往是表浅层次上的和片面有限的。他们往往免不了要为那些肤浅表面的和片面有限的正义所愚弄,甚至于让这种肤浅表面和片面有限的正义骗取了他们的珍贵的忠诚和生命。

史鱼：卫国政府的高级官员。据《韩诗外传》："正直者顺道而行,顺理而言,公平无私,不为安肆志,不为安敷行。昔者卫大夫史鱼,病且死,谓其子曰：'我数言蘧伯玉之贤而不能进,弥子瑕不肖而不能退。为人臣生不能进贤而退不肖,死不当治丧正堂,殡我于室足矣。'卫君问其故,其子以父言闻,君造然召蘧伯玉而贵之,而退弥子瑕,徙殡于正堂。成礼而后去。生以身谏,死以尸谏,可谓直矣。"

矢：箭,射出的箭是不走弯路的。

蘧伯玉：卫国政府高级官员,孔子周游卫国时曾居住在他家。

卷：卷曲,收回,退缩,它与"直"的意思相反,意为不冒着无谓的生命危险去公开反对那些和自己所奉行的道德原则相对立的东西。

之：指君子所奉行的原则，即道德的原则与正义的原则。

15.8 子曰："可与言而不与之言，失人；不可与言而与之言，失言。知者不失人，亦不失言。"

【译解】

孔子说："对于那些我们可以与之就我们的政治观点和政治主张进行交流对话的人，如果我们不积极主动地去与之进行交流对话，那么这将使我们很不应该地失去那些本来很有可能会支持我们的政治观点和政治主张的人的支持；对于那些我们根本不能与之就我们的政治观点与政治主张进行交流对话的人，如果我们坚持要与之进行交流对话，那么我们与之进行的交流和对话只能是白费口舌。因此对于一位明智的政治活动家来说，他总是既明知他应该去与哪些人进行交流对话，以不使自己失去他们将会给予的支持；也明知他不应该去与哪些人进行交流对话，以免使自己白费口舌，浪费时间。"

【注释】

言：从本章的"失人"可以看出，这里的"言"应是指一种需要扩大其影响力并赢得尽可能多的个人支持的政治观点与政治主张的表达。

失人：失去人的支持。

失言：丢失言语，白费口舌。言语所表达的观点与主张不被他人所接受，而被他人所拒绝和摈弃。言语也就没有达到影响人、说服人的目的和效果。

15.9 子曰："志士仁人，无求生以害仁，有杀身以成仁。"

【译解】

孔子说："对于那些追求真理、献身正义的人来说，他们之中是决不会有人为了求得自身的生存而去损害自己立志为之献身的社会正义的事业的，相反，他们之中倒是有许许多多的人为了实现自己立志为之献身的社会正义的事业而献出了自己的生命。"

【注释】

志士仁人：追求真理、献身正义的人。志以真理为内容，仁以正义为目的。

15.10 子贡问为仁，子曰："工欲善其事，必先利其器。居是邦也，事其大夫之贤者，友其士之仁者。"

【译解】

子贡问:一个人应该通过怎样的努力才能够确保自己的品格臻于道德上的完美无缺?孔子说:"任何一位工艺师如果想要确保他生产制造的产品能够臻于工艺上的完美无缺,都必须首先磨砺他所使用的工具以使之锋利无比。同样,一个仁人志士如果想要确保他的品格能够臻于道德上的完美无缺,就必须首先为自己创造一个可供自己自然正直、堂堂正正地居身为人的完全合于正义的国家,以使自己能够在这个正义的国家的所有贤明的政府官员的统治之下工作,使自己能够与这个正义的国家中的所有具有完美道德的人们建立友谊。"

【注释】

是邦:正义的国家,值得赞许的国家。

事其大夫之贤者:事是邦大夫之为贤者,在这个正义的国家的贤明的政府官员的统治之下工作。

友其士之仁者:友是邦士之为仁者,和这个正义的国家的具有完美的道德品质的人建立友谊。

本章所谈论的是做一个具有完美的道德品质而没有缺憾的人所必须的外部条件:一个正义的国家,在这个正义的国家中,人们可以在贤明的政府官员的贤明的统治之下心情舒畅地从事劳动,可以与那些具有美德的人建立友情。在这样的正义的国家中生活,道德就直接是人们幸福的源泉,而在一个失去正义的国家里生活,人们的美德往往会成为人们不幸的源泉。因为在一个失去正义的国家里美德总是受践踏、受凌辱的。在一个失去正义的国家里,大多数人久而久之地都将失去美德。

15.11 颜渊问为邦,子曰:"行夏之时,乘殷之辂,服周之冕,乐则《韶》《舞》,放郑声,远佞人。郑声淫,佞人殆。"

【译解】

颜渊问:在一个理想的伟大国家建立之后,这个国家应该遵行什么样的道路、奉行什么样的政策,才能使它获得永恒的生命活力并实现它的全部目的?孔子说:"这个国家应该遵行人类文明历史上一切伟大的国家所遵行的全部正确的道路,奉行人类文明历史上一切伟大的国家所奉行的全部正义的政策,正像现在的人们正确地采用了夏代发明的历法,在与殷代建造的国道一样的国道上乘车前进,穿戴着与周代制造的礼服礼帽一样的礼服礼帽,创作演奏着与《韶》《舞》的艺术情调相一致的音乐作品一样。同时,这个国家还应该排斥摈弃人类文明历史上一切国家所遵行的全部不正确的道路及其所奉行的全部不正义的政策,正像我们应该排斥摈弃曾经在郑国流行的音乐,鄙弃远离那些阿谀奉承、投机取巧的小人一样。因为曾经在郑国流行的那些音乐是歇斯底里而又低级下流的,而那些阿谀奉承、投机取巧的小人对于一个理想国家的政治机体则是一种直接的和潜在的危害。"

【注释】

夏之时:夏朝的历法,也即夏朝对一季四季的划分方法和由这种方法所确定的每一个季节的时间长度。

辂(lù):这个字由"车"和"路"(省)构成,意为适宜于各种车辆平稳快速地行驶的大路。

《韶》《舞》:《论语·八佾第三》第 25 章中,与《韶》相提并论的是《武》,而不是《舞》,因此人们都认为《舞》即《武》。但是否确实如此,仍有待于考证。因为孔子对《武》乐的艺术品质似乎不尽满意,并且有一次他只赞美《韶》,而根本没有提到《武》。是否《舞》不同于《武》,而是一部在艺术上足以和《韶》相媲美的歌剧?

放:流放,排斥、鄙弃。

郑声:据说是在郑国流行的一种歇斯底里的音乐。

淫:过分的,过度的,这里指情感情绪上的过分——歇斯底里的、狂暴的激情。

参照《为政第二》第 23 章(子曰:"殷因于夏礼,所损益可知也;周因于殷礼,所损益可知也,其或继周者,虽百世可知也。")和《八佾第三》第 14 章(子曰:"周监于二代,郁郁乎文哉!吾从周。"),我们可以这样理解,本章的意思完全是比喻性的,孔子通过这种比喻所要表达的意思是:要建立一个和西周联邦一样的理想国家,就必须吸取人类文明历史中的一切美好的东西,排斥唾弃人类文明历史中一切丑恶的东西。在这里也可以看出,孔子并非主张盲目地崇拜古代,而是主张理性地批判地学习吸取古代社会中一切美好的方面。他不是一个不分青红皂白的传统主义者,而是一个有所选择的传统主义者。他的传统主义是完全明智、理性和适合于一切时代的。

15.12 子曰:"人无远虑,必有近忧。"

【译解】

孔子说:"如果共同生活于一个国家、一个社会中的一切个人缺乏深远的道德预见能力以充分预见自己的一切行为可能导致的最终结果,从而以严肃认真的态度对待自己所要采取的一切行为,那么令整个国家、整个社会中的一切个人感到担忧害怕的许多事情就会立即出现在人们的眼前并降临在人们的头上。"

【注释】

远虑:虑远,对人们所要采取的一切行动的未来结果的考虑思索。对自己现实的生活、现实的行为所导致的未来结局的考虑思索。这种考虑思索也就是预见和由此所培养起来的预见能力。这里的"远虑"作为名词或动名词,应是指一种道德的预见能力,也即对自己不道德、不正义的行为在社会中所可能产生出来的最终结果的预见能力。

近忧:临近的忧虑,现实的忧虑,忧虑降临在人们的头上,忧虑接近着人们。

15.13 子曰:"已矣乎!吾未见好德如好色者也。"

【译解】

孔子说:"这个世界看来已经完蛋了!因为在我与那些我认为我能够与之打交道的各国政府的高级官员的直接交往与接触之中,我还没有发现一个能够如人们热爱自己冠冕堂皇、华而不实的外表一样地热爱自己内在美德的人。"

【注释】

色:这个字的本意是脸部表情,引申为冠冕堂皇、华而不实的行为举止。把"色"理解为"美色"并进而把"色"理解为"美貌的女人",这种理解显然是牵强附会的。事实上,这里的"色"和"德"同时出现,它具有与"德"相对立的意义。因此,如果说"德"指的是人的内在本质,那么"色"指的就是人的外表。因此"色"在这里的意义正与"色"的本意相一致。

15.14 子曰:"臧文仲其窃位者与?知柳下惠之贤而不与立也。"

【译解】

孔子说:"臧文仲在其政府职位上的工作岂不是已经变成了一种与老鼠在其黑暗的洞穴里所进行的工作一样的偷偷摸摸的工作吗?因为他害怕自己在自己职位上的庸碌无能直接暴露在一个贤能者的理智的目光之下,而这也就是他坚决不肯与人所共知、他也深知的贤能的柳下惠在同一个政府部门里共事的原因。"

【注释】

臧文仲:鲁国政府高级官员臧孙辰,在庄公、闵公、僖公、文公的政府中长期任职。在《公冶长第五》第18章中,孔子曾经嘲笑过他那种怪诞的智慧。

窃:偷偷地占有和享用,这个字的本意是指老鼠不声不响地将大米偷运到它的洞穴之中并将它藏起来。

柳下惠:姓展,名禽,鲁国的知名人士和贵族,他的才能和美德为人所称道。"柳下"是他的封地,"惠"是他的谥号。据《列女传》,这个谥号最初是他的妻子对他的特别称号,结果这个称号流行开来,并为人们所采用。

不与立:不与人站在一起,不与人共事,不赞成和某人共事。这里的"不与立"可能是指这样一个事实:当政府官员中有人提议提拔柳下惠并把他放在臧文仲所主管的部门,以加强这一部门的遭人非议的工作时,臧文仲极力反对这一提议的通过。这种做法表明了臧文仲庸碌无能而又妒贤嫉能的本性。他害怕有一个贤能的共事者每天看到他在他所主管的那个政府部门中的庸碌无能的表现,他害怕自己的庸碌无能直接暴露在人们理智的目光之下,结果他在他的那个职位上的工作几乎变成了一种老鼠在其黑暗的洞穴里所进行的那种工作。

15.15 子曰:"躬自厚而薄责于人,则远怨矣。"

【译解】

孔子说:"珍重自己身体力行的一切行为并努力肩负起自己身体力行的一切行为的全部道德的责任,而决不把责任推卸到他人的身上,这样人们就可以使自己远离悔恨与仇怨了。"

【注释】

躬:肩负,承担,身体力行,行动。

躬自厚:让自己肩负重责,而不是推卸自己的责任,换句话说,也就是反躬自问,多作自我批评。当然"躬自厚"还具有珍重自己身体力行的一切行动,努力肩负起自己一切行为的全部道德责任的意思。

责于人:把责任加在别人的身上,在别人的身上寻找有害结果的原因,换句话说就是指责他人。

怨:悔恨,仇恨,悔恨来自自己,仇恨来自他人。

15.16 子曰:"不曰'如之何,如之何'者,吾未如之何也已矣。"

【译解】

孔子说:"对于那些从不在自己的心灵中暗暗自问'如果自己这样行动结果将怎么样,如果自己这样行动结果将怎么样'的人们,我真不知道拿他们怎么样。"

【注释】

如之何:如果这样行动,那么结果将会是怎样?

之:到,去行动。它作动词或动名词。

吾未如之何也已矣:这句话之中的"之"指的是"不曰'如之何、如之何'者",它作代词。

15.17 子曰:"群居终日,言不及义,好行小慧,难矣哉!"

【译解】

孔子说:"那些整天像羊群一样聚集在一起,过着像羊群一样的集体的生活,从不思考谈论什么是正义,并只热衷于表现自己的小聪明的人们,我们是难以使他们成为我们所希望的那种具有道德心与正义感的人的!"

【注释】

群：像羊一样的君子,他们惟一的爱好与品性就是与同伴聚集在一起,他们的生活与行动不论是好是坏,是善是恶,都以集体的形式出现,因此他们的生活和行为本质上是盲目的,没有道德意识与道德自觉的。

言不及义：从不思考什么是正义,因此在交谈中从不触及正义这一主题。请注意,"言不及义"并非"言不及意"或"言不达意",因为"义"与"意"的意思完全不同。义是在我之上的客观的善,意则是心灵的主观愿望、主观希求、主观意识、主观认识。"义"本是由"善"(省)和"我"构成(上下结构)。

小慧：小智慧,小聪明,它是片面有限和似是而非的,因此这种小聪明往往就是一种十足的愚昧。

15.18 子曰："君子义以为质,礼以行之,孙以出之,信以成之,君子哉!"

【译解】

孔子说："君子把社会正义这种普遍的善作为自己人生追求的最高价值,并以合理的方式去实现它,以谦逊的言语去表达它,以诚信的态度去完成它,这才是国家政治生活中的堂堂正正的君子伟人啊!"

【注释】

义：在我之上的善,超我的善,也即普遍的社会正义。

礼：理,合理,合理的方式,受人尊重的方式。

出：表达,说出。

本章所表达的意思是：君子所追求的正义,它作为社会的一种最高价值,是每一个人的心灵中的内在要求,而不是一种外在的异己的存在,因此君子在追求实现作为每一个人心灵中的内在要求的正义时,就必须采取合理的受人尊重的行为方式以及谦逊诚实的态度。如果人们采用强制和暴力的方式来实现它,那么正义就会改变面貌,正义将由一种每一个人的内在要求变成一种外在的异己的东西,这样正义也就不再是正义了。

15.19 子曰："君子病无能焉,不病人之不己知也。"

【译解】

孔子说："君子所担心忧虑的是他没有能够使自己成为一个真正拥有知识才能的人,而决不担心忧虑别人会将自己的知识才能埋没。"

【注释】

这是孔子反复表述的一种观点,这种观点显然是基于这样一种深刻的认识：由于每一个人天生就具有对于美德、才能、智慧等等一切与人相关的美好东西的爱好,所以任何个人的美德、才能、知识最终是不可能被人埋没的。因此,正如全人类中的大多数的天才伟人的事迹所说明的那样,一个人的成长、完善和成功并不最终地取决于他的外部的社会条件,而是最终地取决于他个人的内在条件,取决于他个人的天生的情感能力、理性能力和意志能力。也正因为如此,我们说每一个人都注定不是适应生活的消极被动的奴隶,而是创造生活的积极主动的主人。也正是在这种意义上,我们说人是绝对自由的,人的自由是不可剥夺的,只要人们立志做一个道德高尚的人,人们就会赢得尊严和自由。

15.20 子曰:"君子疾没世而名不称焉。"

【译解】

孔子说:"君子极度忧虑的是当自己到了就要从这个世界上消失的最后时刻,自己还没有成就任何一种足以使自己的名字值得为世人一提的事业。"

15.21 子曰:"君子求诸己,小人求诸人。"

【译解】

孔子说:"君子从自己身上寻求成功的力量与失败的原因,小人则从他人身上寻求成功的力量与失败的原因。"

15.22 子曰:"君子矜而不争,群而不党。"

【译解】

孔子说:"君子独立不倚而又与人无争,随和合众而又决不盲从。"

【注释】

矜(jīn):自持,坚持自己个体的独立性。

不争:不与他人争斗,不与他人作斗争,相对抗。与人友好相处,友好合作。

群:合群,喜欢过群体的生活,并易为群体所接纳和喜爱。

党:繁体字为"黨",由"尚"和"黑"构成(上下结构),意为盲目崇尚,盲目服从。

15.23 子曰:"君子不以言举人,不以人废言。"

【译解】

孔子说:"君子不根据一个人的美好的言语而一味地赞赏他的任何为人,也不根据一个人的卑劣的为人而一味地鄙弃他的任何言语。"

15.24 子贡问曰:"有一言而可以终身行之者乎?"

子曰:"其恕乎。己所不欲,勿施于人。"

【译解】

子贡问:"有没有一种可以供一切的人们在社会生活与社会交往中永远遵行的普遍有效的理论呢?"

孔子说:"这个可以供一切的人们在社会生活与社会交往中永远遵行的普遍有效的理论显然就是同情。只有心灵的同情才能使人们认识到,在任何形式的社会生活与社会交往中,人们都不应该把任何自己根本不情愿接受的东西强加在他人的身上。"

【注释】

恕:如心,一如己心,一如本心,宽容,体谅,同情,将心比心。通过自己心灵的想像力把自己置于他人的存在和生活的实际情景之中,去亲自体验他人的存在、他人的生活、他人的情感、他人的理性和意志,体验他人对善和正义的特殊要求与理解,从而与他人达成思想上的共识与行动上的协调,以免把自己的思想、主张、意志在不知他人是否愿意接受的情况之下强加在他人身上。反过来说,也是如此。"恕"所表达的是一种广博的同情与宽容的精神,这种精神是社会和谐与社会合作所必需的,它也是构成一个理想社会的必要条件。

15.25 子曰:"吾之于人也,谁毁谁誉?如有所誉者,其有所试矣,斯民也,三代之所以直道而行也。"

【译解】

孔子说:"对于历史上的那些政治人物,我所反对的是什么人?我所赞成的又是什么人呢?如果说我对历史上的有些政治人物表示过赞成的话,那么我的赞成是有根据的,那根据就是人民的赞成,正是因为有了人民的赞成,在夏、商、周这三个伟大的时代里,国家才得以顺利地达到其所要达到的使人民道德高尚、生活幸福的目的地。"

【注释】

试:言式,议论的依据,说话的根据,引伸为寻求言语和行为的依据或事物存在的原因的活动。

直道而行:沿着直接而非曲折的道路前进,直接而无曲折地走向目的地。

15.26 子曰:"吾犹及史之阙文也,有马者借人乘之,今亡矣夫!"

【译解】

孔子说:"我想特别提及的是,以往的文献整理者在他们所要进行整理的历史文献中遇到自己无法分辨的文字时,便慎重地在那些文字无法分辨的地方留下空缺,但是当今的那些文献整理者在他们所要进行整理的历史文献中遇到自己无法分辨的文字时,便凭自己的想像把那些本来是无法分辨的文字任意想像为某些文字,并以这些任意想像出来的文字来充当那些本来是无法分辨的文字,就像那些想要有一匹马来骑一骑的小孩,在自己没有马时便凭着自己的想像把人当马骑一样,于是在那些由当今的文献整理者所整理出来的历史文献里,再也不存在空缺了。"

【注释】

史:历史典籍。也指作为历史的记录者与历史典籍的整理者的文秘人员或历史学家。

有马者借人乘之:想要有马骑的人在没有马的情况下就在想像中把人当马骑,这是一种小孩的作为,这里用来比喻那些文献整理者对于历史文献所持的极不慎重的态度:当他们遇到历史文献中自己也辨别不清的文字或语句时,不是像以前的文献整理者所做的那样,在这个自己也难以分辨或分辨不清的地方留下空缺,而是凭自己的主观想像,用自己所能想像到的文字或语句来取代那些自己无法分辨的文字和语句。

15.27 子曰:"巧言乱德。小不忍,则乱大谋。"

【译解】

孔子说:"对于他人的那些花言巧语如不加提防,那么它们将会扰乱乃至动摇人们的道德信念。同样,对于那些在自己心目中产生的微小动机如不加克制,那么它们将扰乱乃至破坏自己的伟大而长远的计划。"

【注释】

小:这里与"谋"相联系,其意思是指微小的动机与目的。

大谋:伟大而长远的动机、目标、计划。

15.28 子曰:"众恶之,必察焉;众好之,必察焉。"

【译解】

孔子说:"对于那些为大多数人所厌恶的事物,我们必须进行认真的考察,以辨明它们是否真的是一些应该为我们所厌恶的事物;同样,对于那些为大多数人所热爱的事物,我们也必须进行认真的考察,以辨明它们是否真的是一些应该为我们所热爱的事物。"

15.29 子曰:"人能弘道,非道弘人。"

【译解】

孔子说:"每一个人都有能力使道德和正义在人类社会中发扬光大,但人们却不可以借用道德与正义的名义来为自己在人类社会中沽名钓誉。"

【注释】

弘：这个字的本意是指像弓一样的坚韧手臂，人们运用它便能实现自己的理想，达到自己的目的，引伸为实现，促进，光大。

本章所表达的意思是：道德正义是社会的绝对目的，而不是手段，如果人们把它作为达到自己目的的单纯手段，那么它将不再是道德与正义。

15.30 子曰："过而不改，是谓过矣。"

【译解】

孔子说："只有那种明知自己犯下了过错而坚持不改的人，才可以说是犯下了一桩真正的重大过错。"

15.31 子曰："吾尝终日不食，终夜不寝，以思，无益，不如学也。"

【译解】

孔子说："在我获得我现在所拥有的那些知识以前，为了获取知识，我曾经尝试着整日不吃饭，整夜不睡觉，以便不间断地沉思默想，结果我发现，这种单纯的沉思默想与那种单纯的学习相比，在获取真正的知识方面并没有更多的优越性，甚至单纯的沉思默想作为一种获取知识的方法还比不上单纯的学习。"

【注释】

孔子在这里把学与思分别提出来并对两者进行比较。但孔子在这里所表达的思想并不是肯定学的重要性，否定思的重要性，而是指出单独的学与单独的思同样无益。孔子所主张的是学思相结合，继承与创造相结合，只有这样，人类的知识才能得到不断的丰富和发展。孔子说："学而不思则殆，思而不学则罔。"

15.32 子曰："君子谋道不谋食。耕也，馁在其中矣；学也，禄在其中矣。君子忧道不忧贫。"

【译解】

孔子说："君子所思考所追求的是一个理想国家赖以生存的道德与正义，而不是个人赖以生存的食品与衣物。对于一个农民来说，他的报酬就在他的耕种之中；对于一个学者来说，他的报酬就在他的对真理知识的探讨之中；对于一个君子来说，他的报酬就在他的对国家的道德与正义的思考与追求之中。对于一个肩负着政治家的政治使命的君子来说，他所担忧的是整个国家的道德与正义的沦丧，而不是个人生活的贫寒。"

【注释】

馁(něi)：这个字由"饣"和"妥"构成。"妥"意为现成的，齐备的，为一个家庭主妇所支配、所掌管的，可满足家庭主妇的需要并使她感到生活可以安稳无忧。"安妥"、"稳妥"、"妥善"、"妥当"等等词语，都只是"妥"的意义的引申和具体化。从"妥"的这些含意中，我们不难看出"馁"的本意应是满足一个家庭主妇的需要并使她感到生活安稳无忧的食品。因此"馁"也可理解为"有食而妥"，用否定的方式来表达这层意思也就是"无食而不妥"。正因为食品（"饣"）是决定妥与不妥的关键条件，因此由食品的状况便决定了"馁"的具体的含意。当人们拥有丰富的食品时，"馁"的意思就是现实的"妥"；当人们缺乏任何食品时，"馁"的意思就是一种主观希求的"妥"，而这种主观希求的"妥"相对于食品缺乏的现实而言，它所反映的就是现实的"不妥"。不难理解："馁"的客观的含意就是"妥"，而"馁"的主观的含意（"馁"作为一种纯粹主观的希求）就是"不妥"。"不妥"只是"馁"的引申的意义。这个"馁"很类似于英文的 want，它的本意是需要或需求，而它的引申的意思则是短缺，匮乏。不难理解，这里的"馁"应从其客观的本意来理解，即它的意思应被理解为家庭主妇（母亲）所希求获得的以充足的食物为条件的家庭的安乐与幸福。许多注释者把这里的"馁"理解成饥饿，这显然是不正确的，这种理解不仅违背了"馁"的字源学基础，而且与孔子在本章中的语言逻辑和思想逻辑也是很不的协调的。人们的这种显然错误的解释把孔子变成了一个蔑视人类最基本的生产劳动的人。事实上，孔子对人类最基本的生产劳动表达过最崇高的敬仰之情。他曾对樊迟说过"先种而后得，非崇德与？"孔子对樊迟所说的这两句话，无疑是对于一切依靠自己诚实的劳动来获得自己生活的幸福的人们的一首美好的赞歌。

禄：这个字由"示"和"录"构成。"录"的本意是刻木记数。这可能是古代社会在民主选举中所使用的一种最原始的记票方式。人们通过这种方式来确定各个被选举人从人民中获得的支持者的数量，并进而确定各个被选举人是否当选录用。不难理解，"禄"就是通过这种民主选择的记票方式而确定了的被选举录用的人们从社会中所获得的一种最高的报酬与奖赏——得到人民支持这样一种至高无上的荣誉——的最显著的标志。后来人们用"禄"来泛指任何形式的报酬，包括一个仆人从他的雇主那里获得的劳动报酬。当然"禄"也包含着民选者天选、民佐者天佐的意思。这层意思和中国古代哲学中有关民听者天听，民视者天视，民意者天意和人民是宇宙历史（自然历史）的主体的思想是一脉相承的。

忧道：为道德和正义而忧伤，担忧道德的沦丧与正义的失落。

15.33 子曰："知及之，仁不能守之，虽得之，必失之。知及之，仁能守之，不庄以莅之，则民不敬。知及之，仁能守之，庄以莅之，动之不以礼，未善也。"

【译解】

孔子说："对于任何一个政治家或一个自觉自己在国家生活中负有政治

使命的人来说,他可以通过运用自己的政治知识与政治智慧来获取人民的支持,但是如果他没有足够的美德以维持这种支持,那么即使他已经获得了这种支持,最终还是必然会失去它的。如果一个政治家或一个自觉自己在国家生活中负有政治使命的人能够通过运用自己的政治知识与政治智慧来获取人民的支持,同时他也具有足够的美德以维持这种支持,但是如果他不以严肃认真、谨慎持重的态度去培植浇灌这种支持,那么人民最终也就会不再以严肃认真、郑重其事的态度来对待他们曾经给予他的支持的。如果一个政治家或一个自觉自己在国家生活中负有政治使命的人能够通过运用自己的政治知识与政治智慧来获取人民的支持,同时他又具有足够的美德以维持这种支持,并且他也能以严肃认真、谨慎持重的态度去培植浇灌这种支持,但是如果他不能以合理合法的方式去运用这种支持,那么他也只是一个不完善的政治家。"

【注释】

之:人民的支持,这是一个理想社会里人们获得官职的必经之路。

庄:严肃认真,忠实诚恳的态度。

莅(lì):浇灌,培养。"莅"即"涖",可以说,"涖"就是把水浇在植物的根部,即植物扎根的位置上。正因为如此,这个字用来指政府高级官员亲自到人民之中考察民情,访贫问苦的活动,它具有雪中送炭、旱中送水的赞美之意。这也就是说,政府官员到人民之中考察民情、访贫问苦、并解决人民生活中存在的具体问题这一行为所表明的是政府官员对人民的关怀犹如农民对庄稼的护理。我不知道"涖"的这层意思是在什么时候获得的,但我所能知道的是,当"涖"获得这层意思的时候,也正是人们开始对政府官员们阿谀奉承的时候。从这个时候开始,考察民情以制订出符合人民利益和需要的政策已不再被认为是政府官员必须履行的职责,而是政府官员对人民的一种可以给予也可以不给予的恩赐。在本章中,它显然不具备这层引伸的阿谀奉承的意思。

动:动用,使用,运用。

15.34 子曰:"君子不可小知而可大受也,小人不可大受而可小知也。"

【译解】

孔子说:"君子往往不易于为大众的通常见识所理解而却具有容纳理解大众的广博之心,小人不具有容纳理解大众的广博之心而却往往易于为大众的通常见识所理解。"

【注释】

小知:小知和小知者,在这里它既作动词,又作名词,它既指通常的见识,又指只具有通常见识的人。人们通常的见识总是由那些片面有限的表象形成的一种片面有限、似是而非的感性知觉构成的。

不可小知：不可能为那些只具有通常见识的人所认识、所理解。

受：接受、容纳。这里的"受"与"知"相联系，应理解为一个心理认知上的概念，即在心理认知上接受理解对象。

可大受：可受大，可以在心理认知上容纳理解普遍的大众，也即以心理与认知上的巨大容量把一切人都接纳进自己的心灵和理性之中，并设身处地地理解他们，热爱他们，而这也就是一个真正的智者所具有的博爱精神的表现。

15.35 子曰："民之于仁也，甚于水火。水火，吾见蹈而死者矣，未见蹈仁而死者也。"

【译解】

孔子说："作为一个国家而存在的一国国民，他们对于道德与正义的急切需要事实上远远超过了人们对于必须用之以煮饭烧菜的水与火的需要。然而对于人们必须用之以煮饭烧菜的水与火，我曾经见过为了获得它们而行进在水与火之中并因此而死去的人，我却未曾见过为了获得道德与正义而行进在道德与正义之中并因此而死去的人。"

【注释】

蹈：双脚（"足"）像用勺子舀水（"舀"）一样，一次接一次地抬起又放下，因此"蹈"很像一种快速而有节奏的舞蹈动作。在这里"蹈"的意思是双关的和比喻性的，我们可以把它理解为一般意义上的"行进"。

15.36 子曰："当仁不让于师。"

【译解】

孔子说："当你确信自己的观点更接近于真理，自己的主张更符合于道德与正义的时候，你应该勇于和你的老师争辩，并寸步不让、毫不妥协地维护自己所确信的观点与主张。"

15.37 子曰："君子贞而不谅。"

【译解】

孔子说："君子坚定不移、始终如一地以自己切身的行动维护着自己所信奉的全人类的至高无上的价值标准与价值准则，而决不只对全人类的至高无上的价值标准与价值准则说些信誓旦旦、夸夸其谈的大话。"

【注释】

贞：正确的和至高无上的价值标准与价值准则，它是人们应坚定不移、始终如一地加以维护的对象。这个字是由"上"和"贝"构成的。

谅:誓言,夸夸其谈的大话,信誓旦旦的话语。它的本意是和山顶一样高的话,或站在山顶般的高处说的话。

15.38 子曰:"事君,敬其事而后其食。"

【译解】

孔子说:"做一个君子,其优先考虑的应是他的行动选择与事业追求是不是合符道德与正义,而不是自己的行动选择与事业追求是不是可以为自己带来更好的满足自己生活需要的利益和好处。"

【注释】

事实上,孔子在这里表达的思想和他曾经说过"先种而后得,非崇德与?"的思想是一脉相承的。

15.39 子曰:"有教无类。"

【译解】

孔子说:"自人类开创了教育这一文明事业以来,就这一事业的对象来说,它本质上应是普遍的,不分贫富与地位等级的。"

【注释】

类:类别,差别,这里指贫富与地位等级。"类"的本意是有差别的,高低不同的,因此它又有"崎岖不平"的意思。老子说"夷道若类",其意思就是愚昧的人由于其愚昧无知而把平坦的世界之道看作是崎岖不平的。

15.40 子曰:"道不同,不相为谋。"

【译解】

孔子说:"在一个国家、一个社会之中,如果人们不能在道德这一全人类共同的至高无上的价值标准与价值准则之下达成全体一致的统一行动,那么人们在国家、在社会中行动的时候,就不会站在他人的立场上来考虑他人的利益。"

【注释】

道不同:不同道。不能在道德这一全人类共同的至高无上的价值标准与价值准则之下达成全体一致的统一行动。

不相为谋:不会彼此站在对方的立场上来为对方的利益思考、设计、谋划。

15.41 子曰:"辞达而已矣。"

【译解】

孔子说:"当人们的言语达到了完全准确无误地传达人们的思想情感的

目的,那也就足够了。"

15.42　师冕见,及阶,子曰:"阶也。"
及席,子曰:"席也。"
皆坐,子告之曰:"某在斯,某在斯。"
师冕出。
子张问曰:"与师言之道与?"
子曰:"然,固相师之道也。"

【译解】
宣扬一切皆空的虚无主义人生观念的盲人乐师师冕要来拜见孔子,孔子早已在门外恭候着他的到来。当孔子搀扶着师冕来到自己房屋的台阶之前时,孔子对师冕说:"请抬起脚,我们就要走上那实实在在的台阶了。"

当孔子搀扶着师冕走进自己的房屋并来到座席之前时,孔子对师冕说:"让我们一起在上面坐下吧,这就是实实在在的座席。"

当孔子和师冕都坐下后,孔子把在他屋子里的所有摆设都向师冕一一说了一遍:"什么在这里,什么在这里,如果我们都想感觉一下它们的真实存在的话,那么依靠我们的触觉是不难做到这一点的。"

孔子的话使这位宣扬一切皆空的虚无主义人生观念的盲人乐师很生气,于是他气恼而又不得不像孔子一样礼貌周全地离开了孔子的家。

当时在场的子张问孔子说:"这就是你与这位盲人乐师交谈的应有方式吗?"

孔子说:"是的,这就是我们本来应该采用的为这位盲人乐师作向导的正确方法。"

【注释】
师冕:鲁国的一位盲人乐师。
相:向导,引见。

显而易见,子张的问话是具有幽默讽刺和意味深长的意义的,孔子的答话也同样是具有幽默讽刺和意味深长的意义的。把子张的问话与孔子的答话所包含的那种意味深长的意义与孔子对师冕这位盲人乐师所说的每一句话联系起来,我们就不难理解,孔子对师冕这位盲人乐师所说的每一句话的深刻含意,也不难理解这位盲人乐师究竟是一个什么样的人:他是一位虚无主义者,他在他的生活中向人们宣扬一种一切皆空的虚无主义的观点。正因为如此,孔子趁他来访的机会对他所宣扬的那种虚无主义的观点给予了有力而又礼貌周全的回击,结果孔子的有力而又礼貌周全的回击使这位盲人乐师生气了。

当时在场的子张对孔子所说的每一句话的深刻含意显然是心领神会的,因此子张的问话只是为了拿这位盲人乐师的遭遇(他在孔子那里所受到的礼貌周全的回击)来取乐而已。

季氏第十六

16.1 季氏将伐颛臾,冉有、季路见于孔子曰:"季氏将有事于颛臾。"

孔子曰:"求!无乃尔是过与?夫颛臾,昔者先王以为东蒙主,且在邦域之中矣,是社稷之臣也。何以伐为?"

冉有曰:"夫子欲之,吾二臣皆不欲也。"

孔子曰:"求!周任有言曰:'陈力就列,不能者止。'危而不持,颠而不扶,则将焉用彼相矣?且尔言过矣。虎兕出于柙,龟玉毁于椟中,是谁之过与?"

冉有曰:"今夫颛臾,固而近于费,今不取,后世必为子孙忧。"

孔子曰:"求!君子疾夫舍曰欲之而必为之辞。丘也闻有国有家者:不患贫而患不均,不患寡而患不安。盖均无贫,和无寡,安无倾。夫如是,故远人不服,则修文德以来之。既来之,则安之。今由与求也,相夫子,远人不服,而不能来也;邦分崩离析,而不能守也,而谋动干戈于邦内。吾恐季孙之忧,不在颛臾,而在萧墙之内也。"

【译解】

季孙决定要攻占鲁国的邻国颛臾,冉求、子路为此来见孔子,并说:"季孙准备要向我们的邻国颛臾挑起一场战争。"

孔子说:"我的冉求!如果说季孙决定要向鲁国的邻国颛臾挑起战争,那么这难道不是作为季孙宰相的直接部下的你的过错,而是别的什么人的过错吗?因为作为鲁国的邻国颛臾的第一任最高政府首脑的颛臾本人,是早年西周国王所任命的东蒙这一地区的领主,并且东蒙即现在的颛臾是在整个西周联邦的疆域之内的,而作为东蒙领主的颛臾也是西周联邦的创始人之一,因而他也是西周联邦政府的高级官员。如今,我们鲁国为什么要攻占颛臾这个具有和我们鲁国一样的诸侯国地位的邻国呢?"

冉求说:"这是季孙先生想要攻占它,我和子路二位官员都没有这种想法。"

孔子说:"我的冉求!西周政府的书记官周任曾经主张说:'对于任何一个担任政府公职的人来说,他都应充分施展发挥自己的全部力量与才能,以肩负起自己的职位要求自己必须肩负的全部责任,并以此来证明自己完全适合自己的职位,如果人们不能做到这一点,就应该主动自觉地从自己的职位上立即退下来,并终止自己的任职。'眼看自己所看护的盲人就要走进危险之中而你却不去逮住他,眼看自己所看护的盲人就要跟跄摔倒,而你却不去搀扶他,那么人们为什么要为这位盲人配备这样一个看护者呢?此外,你说攻占颛臾是季孙的决定而不是你的想法,因而你在这件事情之中完全没有过错,你的这种说法本身就是错误的。猛虎野兽从木笼里跑出来了,龟甲玉器在匣子中毁坏了,这不是猛虎野兽和龟甲玉器的看护者的过错而又是谁的过错呢?难道这是猛虎野兽或龟甲玉器本身的过错吗?"

冉求说:"今天的颛臾防御坚固,而且与鲁国的费地相邻近,如果我们现在不去占领兼并它,它必将成为鲁国未来的子孙后代的忧患。"

孔子说:"我的冉求!你作为一个堂堂正正的君子应该是非常痛恨那种对某个对象怀有某种可耻的贪欲却偏不承认,反而总是要千方百计地寻找别的借口、别的理由来为自己某种可耻的贪欲作掩盖的人的。我孔丘本人也曾听说过以往那些握有国家权力的人们说,他们不应该担忧他们国家的财富贫乏,而应该担忧他们对于国家财富的分配没有做到最大限度的公平均衡;不应该担忧他们国家的人口稀少,而应该担忧他们不能确保每一个在自己的国家中生活的人们的自由与幸福。因此只要那些握有国家权力的人们能够确保国家的财富(主要是土地资源)能够得到公平均衡的分配,那么他们就不必担心这个国家财富贫乏;只要那些握有国家权力的人们能够确保自己所统治的国家合于全体人民的目的,那么他们就不必担心这个国家人口稀少;只要那些握有国家权力的人们能够确保生活在这个国家中的每一个人都能获得自由幸福的生活,那么他们就不必担心他们所管理的国家的倾覆瓦解。如果这样,人们仍然不能因此而使远在他国的人民投身到自己国家的统治之下,那么那些握有国家权力的人们就应该努力培养增进自己国家的文明与美德,而国家制度上所表现出来的文明与美德就会把世界各国的人民吸引到自己的国家之中,并委身于自己国家的统治之下。一旦世界各国的人民都投奔到自己国家的怀抱,那么人们就应该确保这些人民从国家的制度中获得充分的自由与幸福。如今我的子路和冉求作为季孙宰相的高级助理,远在世界各国的人民不能接受你们的统治,你们也无能为力把世界各国人民吸引到你们的统治之下。并且面对整个西周联邦内的各诸侯国的那种分崩离析、纷争四起的现状,你们置身其中的政府不能坚守自己正义的政治信念,而心甘情愿地想参加到这种分崩离析、纷争四起的现状之中,以至于计划在整个西周联邦之内的分崩离析、纷争四起的现状中大动干戈,大显身手。我想,季孙所担忧的并不在于防御坚固的颛臾对鲁国未来子孙后代的威胁,而在于鲁国政府内部正在进行的政治变革对于他季孙本人的政治权力的现实威胁。"

【注释】

颛(zhuān)臾(yú):东蒙主,也即东蒙这一地区(今山东省蒙阴县)的领主。由于这一地区作为一个国家(与别的诸侯国相比较)确实很小,也由于这一地区的最初的领主是著名的颛臾——他的更为显赫的祖先是伏羲,因此后来人们便在名称上以颛臾取东蒙(蒙山以东地区)而代之,颛臾成为东蒙的国名。

在西周时代,颛臾和周公一样,是西周联邦的开国元勋,因此东蒙作为颛臾的领地,也具有诸侯国的地位。颛臾作为一个诸侯国与鲁国接壤,并且也许因为颛臾本人与周公的特殊关系,颛臾(东蒙)与鲁国便自然而然地成为最友好的政治经济关系最密切的邻国,它们彼此紧密地依附在一起并相互合作,两国从而成为彼此依存、相互为用的国家(这正是附庸的本意)。从孔子的话语中,我们可以理解到,当时颛臾仍然是一个具有独立的诸侯国地位的独立国家,我们没有任何理由像许多人认为的那样,认为它已归属于鲁国并成为鲁国的一部分。正确地理解了本章的意思的人们不难理解这一点。事实上,颛臾作为一个独立的国家,正如冉求与孔子在本章中为我们提供的证据所说明的那样,鉴于近代鲁国所发生的国王权力失落、大臣专权的不幸事件,颛臾已不再把由三家控制的鲁国看作是一个可以信赖、可以继续相互依存、相互合作的友好邻国,而是一个从现实政治的角度来看充满危险的因而必须时刻加以提防的敌对国家。正因为如此,自三家攫取并控制了鲁国政府绝大部分政治、经济乃至军事资源以来,颛臾在悄悄地加强它的国防力量,加固它的防御设施。而这种行为对于以季孙为首的三家从鲁国国王那里非法篡夺的巨大权力无疑是一种公开的挑战。

显然,季孙以确保鲁国子孙后代的安宁为借口而竭力主张攻占军事和国防力量得到了显著加强的颛臾的时期,正是孔子在国际上的影响力以及在鲁国国内的政治权力与社会地位急剧上升的时期,也正是孔子极力主张加强王权并使王权实际上开始加强和有所加强的时期,也正是季孙为首的三家为自己的权力和地位深感担忧并因此而在积极地千方百计地策划政治阴谋、以给孔子的政治改革以致命的打击的时期,也是孔子的学生大批进入鲁国政府并执掌权力的时期。那时孔子把大权在握的鲁国宰相季孙看作是一只被关在笼子里的猛虎野兽,而他交给他的那些学生的一项重要的任务就是严格看守这只被关在笼子里的猛虎野兽,并努力设法将它驯服。也正因为如此,季孙根本没有可能实施他的攻占颛臾的军事计划,尽管他这个习惯于在政治上使用阴谋与暴力的人完全看清楚了,当孔子的政治改革获得成功,而自己不得不把自己从国王那里篡夺的大部分权力交出来,决心捍卫自己的权力的他将要退守到自己与颛臾接壤的领地上并以军事手段对抗鲁国政府时,他可能遭到鲁国政府与颛臾政府的军事力量的联合夹攻的可能性。此外季孙主张攻占颛臾的目的,不仅仅是为了消除那个长期作为鲁国的政治盟友而不是季孙氏的政治盟友的颛臾对他本人构成的潜在的威胁,而且更是为了把鲁国拖入一场旷日持久而又耗费巨大的战争,以转移国人对孔子大力推行的政治改革的注意力,并延缓乃至终止孔子政治改革的进程。况且把鲁国拖入一场旷日持久而又耗费巨大的战争,显然可以加强鲁国对控制了鲁国绝大部分经济资源的三家的依附,从而巩固三家在鲁国的开始动摇的政治地位。

尽管季孙攻占颛臾的政治图谋一眼被孔子所看穿而没有成功,但最后季孙还是通过劫持国王的方式,用阴谋与暴力粉碎了孔子以加强和恢复王权为基本内容的政治改革。那个始终以古代的伟大政治家为楷模,坚持以和平的方式来达到他的改革世界的政治目的,实现他的建立一个正义的和统一的国家的伟大政治理想的孔子,也不得不因此而弃冠出走,周游列国。

有事:起事,无事生非,平白无故地挑起事端,平白无故地制造事端,制造矛盾冲突,引发战争。

夫颛臾,昔者先王以为东蒙主,且在邦域之中矣,是社稷之臣也:在这里,"东蒙主"、"在邦域之中"、"社稷之臣"都是相对于"昔者先王"而言的。因此"东蒙主"应是指西周时期的东蒙地区的领主,"在邦域之中"应是指在西周联邦的疆域之中,"社稷之臣"应是指创建西周联邦的开国元首。就我所知,大多数学者不是把"东蒙主"、"邦域之中"、"社稷之臣"理解为"昔者先王"所开创的整个西周联邦之内的"东蒙主"、"邦域之中"、"社稷之臣",而是把它们理解为季孙为首的三家在其中独断专行的鲁国的"东蒙主"、"邦域之中"、"社稷之臣",这种理解显然是错误的,不合逻辑的。如果东蒙(颛臾)隶属于鲁国,那么大权在握的三家一定早已控制了它,而不再有向它发起战争以便占领它的必要了。

周任:西周的一位史官,《语论正义》说:"周任,古之良史。""史"的本意是能够公平地不偏不倚地判断是非的人,它不是现代意义上的历史学家,而是政府的文秘,主管政府各种政策、法令以及政府的各项重大的活动的记录、整理、编撰工作的官员。

列:这个字本来由"餐"和"刂"构成,意为分餐(从一只猎取的大野兽身上割下一块一块的肉,分给每一个在场的人去享受)引伸为分割、分解、分餐者、分餐者的集体行动或队列活动——这层意思已不再是分割、分解,而是组合或集合。队列、系列都是这种意思。从这种意思中引伸为动词列队或站到队列里的每一个人的固定的位置上。因此"就列"也就是"就位"的意思。再引伸为承担自己所在的位置上所应尽的责任和义务。

陈力就列,不能者止:施展发挥自己所具有的全部力量以承担自己职位要求承担的全部责任,并以此来证明自己完全适合自己的职位,如果人们不能做到这一点,就应该主动地从自己的职位上退下来,并终止自己的任职。

持：扶持，搀扶，拿住，掌握。

颠：跟跄，摔倒。

柙（xiá）：关猛兽的笼子。

椟（dú）：匣子。

固：坚固，牢固。这里相对于军事防御设施而言。

舍曰欲之而必为之辞：对之怀有贪心却偏不承认，反而总是要寻找别的借口、别的理由来为自己贪心的行为作掩盖。

有国有家：有国家，这里指拥有国家权力。把一个完整的概念分割开来（一分为二），以使语言获得一种对称平衡的修辞效果，这是古今中国语言所具有的一种特殊的语言现象。此外应该指出的是，古人把国与家这两个不同的概念联合在一起，使之构成一个统一的国家的概念，而这个统一的国家概念本身就是理想主义的，它的意思就是全体国民的共同之家，它像人们依据爱情所建立的自然的家庭一样，在其中生活的人没有矛盾、没有纷争、没有仇恨、没有欺诈，而只有和谐、合作、互信、互爱与互助。

不患贫而患不均：不应担忧自己国家的财富贫乏，而应该担忧自己国家的财富的分配没有做到最大限度的公平均衡。

不患寡而患不安：不担心生活在国家之内的人口数量少，而担心生活在国家之内的人没有自由与幸福。不难理解，在古代，"安"的概念是一个自由与幸福的概念，而不是我们现代意义上的安全的概念。在古代，"安全"的意思也不是我们现代的安全（它的本意也是万无一失的保全）的意思，而是自由、幸福与美满的意思。当然，现代意义上的安全是人民自由、幸福、美满的生活的重要条件。因此如果说，古人的"安全"的概念指的是自由、幸福与美满的生活的话，那么现代人的"安全"概念指的就只是自由、幸福与美满的生活的条件，或者只是指自由、幸福与美满的生活不受干扰、不受破坏的状态，而这种自由、幸福与美满的生活不受干扰、不受破坏的状态也正是我们现在所说的广意的安全的状态（现代狭意的安全概念只是人身财产不受侵犯或人身不被杀害、财产不被抢掠而已）。说到现代意义上的那种安全，那么我们可以说，人民的安全是国家安定的基础，也是国家安定的反映，而人民的安全感又是建立在国家正义的秩序之上的。没有正义，就意味着国家内部的无休止的战争。国家的安全来自它制度的正义，制度的正义是国家安全的基础，也是国家凝聚力与力量的源泉，同时也是人民安居乐业的幸福生活的源泉。因为在一个正义的制度之中，人们只需依靠自己的完全没有风险的合情合理的努力，便能稳步地提高自己的生活水平，增加自己的收入，乃至提高自己的社会地位。

修文德：培养文明美德。

以来之：以吸引之，以使向往投奔之。

邦分崩离析：这里应是指整个西周联邦的分裂瓦解。

萧墙之内：朝廷之内，鲁国政府内部，国家内部，家庭内部。

本章显然是表明孔子敏锐而深刻的政治判断力的一个辉煌范例。但是这位伟大的思想家的美好心灵使他不敢相信，季孙这个鲁国权贵已经堕落到了惊人的仅靠人类有尊严的文明手段所不能对付的地步。这位仅仅拥有几千名警察可以运用的鲁国司法与公共安全部长(司寇)的善良意志似乎使他没有意识到，这个在鲁国政治舞台上依靠阴谋与暴力经营了上百年，拥有着鲁国的绝大部分领土并在他们的领土上组建了一支完全属于他们自己的庞大军事力量的鲁国权贵，当他们意识到自己被孔子的政治改革步骤请进了一只铁笼并且现在已经成为一只被关在铁笼子里的猛兽时，他们将爆发出多么巨大的反抗的能量！

孔子在本章中所使用的是西周时代人们惯于使用的概念和称谓，从这种概念和称谓中不难看出他创建一个西周联邦式的更臻完善的的文明而统一的中国的雄心壮志。

16.2 孔子曰："天下有道，则礼乐征伐自天子出；天下无道，则礼乐征伐自诸侯出。自诸侯出，盖十世希不失矣；自大夫出，五世希不失矣；陪臣执国命，三世希不失矣。天下有道，则政不在大夫。天下有道，则庶人不议。"

【译解】

孔子说："当国家具有道德和正义时，国家的各种政策法令与战争决定是经由中央政府首脑颁布的；当国家没有道德和正义时，国家的各种政策法令与战争决定则经由各地方政府首脑颁布。从中国的历史来看，如果国家的政策法令与战争决定出自各个地方政府首脑，那么这样的时代就很少能够延续三百年而不烟消云散；如果国家的政策法令和战争决定出自各地方政府中的普通官员，那么这样的时代就很少能够延续一百五十年而不烟消云散；如果国家的政策法令和战争决定出自各地方政府中的普通官员的私人秘书与顾问，也就是说由一个地方政府中的普通官员的私人秘书与顾问来主宰一个国家的命运，那么这样的时代就很少能够延续九十年而不烟消云散。总之，当国家具有道德与正义，决定国家的各种内外政策的权力不会掌握在各地方政府的普通官员手中。当国家具有道德与正义时，那么国家的正义就不会变成每一个普通的人们的纷纷议论的对象。"

【注释】

礼乐：以国民幸福（"乐"）为目的的国家的政治法律制度，或为国家的政治法律制度所保障的全体国民的幸福。礼即理，即国家政治实践着的道德和正义。"礼乐"作为一个词语，有时偏指"礼"，有时偏指"乐"。当它偏指"礼"时，其意思是"乐礼"（"乐"作为定语），当它偏指"乐"时，其意思就是"礼乐"（"礼"作定语）。在本章中"礼乐"的意思是"乐礼"，它所强调的是"礼"。

征：使正，使恢复正义，重建正义。

征伐：以恢复正义秩序或以维护正义为目的的武装干涉、武装占领或武装进攻。征伐是针对他国政府的不义行为所采取的惩罚性的军事行动。

天子：按照中国古代那种系统的宇宙生态学的哲学观点，正像我们从《老子》一书中所了解到的那样，"天子"应该是指每一个人，它最初的意思应该是泛指，后来它用于特指天子中为每一个天子所公认的杰出人物，他是人民公认的领袖和统帅。

出：从……而来，经由……发布。

希不失：很少不失去，很少不丧失。

陪臣：家臣，臣的陪伴者——顾问或助理。

议：关于正义（"义"）的谈论（"讠"），而当正义（"义"）成为社会中每一个人纷纷谈论的对象时，也往往就是国家或社会失去了正义的时候。

孔子在本章中所要表达的意思显然是：国家作为有道德、有理性的人的自觉自愿的联合体（"天下有道"），必然表现出统一的意志和统一的目的，而这种统一意志与统一目的的代表显然就是每一个有道德、有理性的人选举出来管理国家的那个人类品德上与理性上的最杰出的代表。有道德、有理性的人的联合体的统一意志与统一目的只能通过或经由他来表达，否则，有道德、有理性的人的联合体就会四分五裂，失去目标，变成一些自行其是的、没有统一意志与统一目的的、并将最终地失去道德、失去理性的乌合之众。显然，在孔子看来，一个理想国家应该有一个完全符合这个理想国家之理想的最高权威，没有这个为人民所公认的在品德与才能方面无比卓越并为人民所选举的最高权威，那么这个理想国家就不可能是一个现实的理想国家。因为这个最高权威就是每一个有道德、有理性的人联合而成的国家的统一意志与统一目的的象征和代表，削弱乃至取消了他的最高权威，就是消弱乃至取消了国家得以存在的基础，并最终使国家分解，使国家这样一种道德与正义的联合体变成一个没有道德、没有正义、没有理性、没有统一意志与统一目的的乌合之众的纯粹偶然的汇集，在其中尔虞我诈、弱肉强食是它的绝对原则，在其中人们再也不可能找到那种生活在家里的感觉，它变成了一种异于人的冷酷无情的东西，变成了对人的幸福与自由的最可怕的威胁，人们在这个世界中的天赋的自由幸福的生活也将因此而变成无家可归的流浪汉和被迫服从的奴隶的生活。在这种生活中，当有人把未经自己同意的政治法律秩序强加在人们头上的时候，人们不能拒绝，而只能服从。

中国古人所设想的那种真正意义上的国家是那种能够确保人们在其中生活就像在自己的小家庭里生活一样的一定自然地理区域内的人们的完美的联合体，在这样完美的联合体之中，人们把一切人都当作家人看待，都当作兄弟姐妹看待。因为，每一个人都是具有共同的父母、共同的本性的兄弟姐妹，而这个共同的父母就是天，就是宇宙；每一个人的共同本性就是天性，就是每一个人存在的宇宙性。人人都作为为天所生、为天所养的儿女，相亲相爱，互相帮助，彼此亲密合作。因此在这种真正意义上的国家中，互爱、互助与合作是它的绝对原则。这种国家理想也就是早在公元前十一世纪西周时代的政治思想家们所创立的以"天"为中心概念的政治学说中表明的国家理想。这种学说从宇宙的必然性之中来认识人的存在的本原、本质和条件,并依此来认识国家的本质以及构成国家的每一个人在国家生活中所应遵循的原则:国家是以宇宙为本源、以宇宙为家园的人类的联合体,宇宙作为人类从自己的共同父母那里继承下来的财富,国家的目的就是要确保作为宇宙之子(天子)的每一个人都能公平地分享它、有效地利用它和合理地开发它。因此国家应是作为人类的共同父母之于它的每一个儿女的善良愿望以及作为宇宙之子的每一个人的善良愿望的实现。因此国家既是人意的代表,又是天意的代表,是天地人和谐统一的象征,是把天意、地意、人意联系在一起并使之协调一致和谐统一的纽带,而建立并维护这样一条纽带也就是所谓王者的事业与王者的职责。王也就是天、地、人的统一意志的代表,就是从人民中诞生的具有杰出的才能与美德的受到人民普遍的欢迎和拥护的人,人民选举他并通过他来实现自己的意志和目的,那是最自然的,也是最必须的,否则,人民就没有国家的主体性,而没有国家主体性的人也就只是自然的个体,而自然的个体的生存只能是由偶然所支配的生存,人们再也无法确保自己的意志与目的顺利实现。可以说,对于一个理想的国家来说,对于一国希望过自由幸福的生活的人民来说,统一的至高的权威是必要的(当然,这个至高的权威不应理解为任何个人,而应理解为人民根据自己对于国家的理想所设定的一个具有至高权威的职位,并且人民正是根据自己对这一具有至高权威的职位的正确理解来选举担任这一职位的最具资格的理想人选),问题只在于那种统一的至高的权威的产生方法是否能够确保这一权威的理想性质。

孔子在这里所表述的观点完全是基于西周联邦的历史认识。当整个西周联邦经历了美好希望的春天、热烈进取的夏天、硕果累累的秋天,而进入萧条寒冷的冬天,西周政府的政治权威失落了,西周联邦开始进入了一个由各个地方政府官员称王称霸的时代。其中,齐国自桓公称霸,历经孝公、昭公、懿公、惠公、顷公、灵公、庄公、景公、悼公、简公十世,直至简公为陈恒所杀;晋国自文公称霸,历经襄公、灵公、成公、景公、厉公、悼公、平公、昭公、顷公九世,结果是六卿专权;鲁国自季友专政,历经文子、武子、平子、桓子,而险些为阳虎发动的政变推翻。在这整个历史过程中,国家的政治与政治权力已经走过了它的腐化堕落的全过程。在这个过程中人们对国家权力的欲望完全取代了对国家正义的追求。当时的孔子也许还没有预料到,这种势态的发展会导致一种完全变了质的最高的垄断权力的出现,这种权力只靠暴力与阴谋来获得和依靠暴力与阴谋来维持,这种权力最后使人们再也看不清楚道德、正义、法律、政治、乃至国家和权力本身的本来面貌了。

16.3 孔子曰:"禄之去公室五世矣,政逮于大夫四世矣,故夫三桓之子孙微矣!"

【译解】

孔子说:"决定政府官员的任命与报酬的权力脱离只能以鲁国国王为代表的鲁国政府的控制已经有五个时代,而鲁国政府的最高行政权力直接掌握在鲁国政府的普通官员手中也已经有四个时代,因此鲁国三个桓氏家族的子孙们在鲁国的政治舞台上江河日下的时代到了!"

【注释】

禄:报酬,政府对所录用的官员的报酬。由于禄是录的结果,因此这里的"禄"包含着录用任命官员和给予官员以报酬两层相互联系的意义。

三桓:鲁桓公的三个儿子孟孙、叔孙、季孙所构成的三个家族。

政逮于大夫四世矣:鲁国的权力完全掌握在大夫手中已经历了四代,这里的"大夫"指的是三家之中的季氏首领。如果说三家起初是作为一种国际政治阴谋的高明参加者而从中获益的话,那么季氏则是作为一种国内政治阴谋(本家的政治阴谋)的高明参加者而从中获益的。鲁文公死后,在企图称霸的齐国的指使和三家的参加之下,由鲁国的一位政府官员东门襄仲亲手杀死了两位合法的王位继承人,而让一位姬妾的儿子做了鲁国的国王,这也就是宣公。也正是在这时,鲁国国王的权力受到彻底的削弱,而三家的权势却因此而变得非常显赫,以至于三家之一的首领孟氏认为他们可以主宰整个鲁国的命运,控制整个鲁国的局势,并取国王的位置而代之。然而,当孟氏动手谋杀宣公并想取而代之时,作为这一阴谋的参加者的季氏却出卖了孟氏,而救了宣公。季氏在把宣公置于自己保护之下的同时,趁机攫取了鲁国政府的绝大部分权力,而鲁国国王在政府中只具有作为一个国王的名义上的地位。自此鲁国政府的权力一直为季氏所掌握,并经历了文子、武子、平子、桓子四代。

禄之去公室五世矣:也即自宣公始,不仅鲁国政府的权力为三家所瓜分,而且鲁国的几乎十分之九的土地也为三家所瓜分,这样鲁国政府的全部税收也几乎完全落入了三家的腰包。鲁国国王和其他政府官员都成了仰赖三家的施舍而生活的人们。这种状况经历了宣公、成公、襄公、昭公、定公五个时代。

本章显然是孔子和王权联盟并着手对鲁国进行大刀阔斧的政治改革时所说的话,这些话表明孔子深信他的政治改革会获得成功。

16.4 孔子曰:"益者三友,损者三友。友直,友谅,友多闻,益矣。友便辟,友善柔,友便佞,损矣。"

【译解】

孔子说:"对人有益的朋友有三种,对人有害的朋友也有三种。正直的朋友,诚实的朋友,见多识广的朋友,是对人有益的朋友;邪辟的朋友,奸诈的朋友,诡计多端的朋友是对人有害的朋友。"

【注释】

谅:诚实,可信,所说的每一句话都是誓言。

便:为了特殊和额外的利益和好处而不断变更自己的思想、主张和态度的人,引伸为趁机利用,方便,便利。

便辟:从法律(辟)中找到于己有利的("便")漏洞和缺陷,从而把法律的漏洞与缺陷变成一种可以为自己所利用的对象,这种行为就是一种千方百计地逃避正义的法律的惩罚与制裁的不正直乃至邪恶的人的不正义的和邪恶的行为,因此"便辟"直接具有刁钻古怪和邪恶的意义。在这里它作为与"直"相对的反意词,也正是这种意义。

善柔:善于柔(改变)化人们的决心与意志,并从而把别人的决心与意志引导到自己的目的与意图上来。因此"善柔"也就是善于以和善柔软的话语把人变成自己的目的与意图的驯服工具,这种行为也就是一种奸诈与欺骗行为。

便佞:从阿谀奉承("佞")中获取利益与好处("便"),因此阿谀奉承只是人们自利的一种诡计。

16.5 孔子曰:"益者三乐,损者三乐。乐节礼乐,乐道人之善,乐多贤友,益矣;乐骄乐,乐佚游,乐宴乐,损矣。"

【译解】

孔子说:"人们所追求的有益于人的享乐有三种,人们所追求的有害于人的享乐也有三种。追求以受到理性节制的合情合理的享乐为享乐的享乐,追求以引导他人去扬善惩恶为享乐的享乐,追求以能与众多道德高尚、智慧杰出的人交朋友为享乐的享乐,这三种享乐是有益于人的享乐;追求以骄奢淫欲、漫无节制的享乐为享乐的享乐,追求以不问是非与善恶、游戏人生、玩忽人生为享乐的享乐,追求以安于现状、饱食终日、无所用心为享乐的享乐,这三种享乐是有害于人的享乐。"

【注释】

佚(yì)游:失去人之所以为人的理性,以至于不问是非与善恶地游戏人生,玩忽人生。

16.6 孔子曰:"侍于君子有三愆:言未及之而言谓之躁,言及之而不言谓之隐,未见颜色而言谓之瞽。"

【译解】

孔子说:"有待于每一个堂堂君子认真思考、慎重对待的三种因漫不经心所引发的过错是:那种自己根本还没有获得正确的认识以至自己根本不能正确地谈论然而却硬要言不及意地去谈论的浮躁,那种自己已经获得了正确的认识以至自己完全可以正确地谈论然而却根本不去谈论的保守,那种自己见所未见以至根本毫无印象然而却硬要捕风捉影地去谈论的盲目。"

【注释】

侍:《说文》:"侍,承也。"需要一切掌握了理性("士")的尺度("寸")的人们("亻")加以认真思考与认真对待的事情。

愆(qiān):随波逐流("衍")而不能自控的一种心灵状态("心"),这也就是精神不能集中、注意力涣散的状态。在这种心灵状态之下，人们只能是行不由己，言不达意。在这种心灵状态之下，任何可能的过错都会发生。

言未及之：言不及之，言不及意。

躁：人们的行动("足")有如在树上叽叽喳喳、不断歌唱的鸟("喿")：急切、浮泛而不稳妥。

隐：洁身自好，将自己的思想与意图珍藏起来，引伸为保守。我们研究过这个字的本意是珍藏，以确保东西不腐烂变质。

颜色：形式，外貌，外表。"颜"的本意是容貌，或鲜明的、富有特征的容貌。

瞽(gǔ)：蒙住了的眼睛；为白内障(眼病)所害的瞎子，这里的意思是像瞎子一样盲目。

16.7 孔子曰："君子有三戒：少之时，血气未定，戒之在色；及其壮也，血气方刚，戒之在斗；及其老也，血气既衰，戒之在得。"

【译解】

孔子说："君子在其成长的一生之中应对三种易犯的过错保持警惕：在人们还处在青春年少之时，人们的身体与心灵两个方面都还没有完全发育成熟，这时人们应该对之保持警惕的是在追求异性中所易犯下的那种错误；当人们到了风华正茂之时，人们的身体与心灵两个方面都已完全成熟并且坚强有力，这时人们应该对之保持警惕的是在争强好胜中所易犯下的那种过错；当人们到了年高岁老之时，人们的身体与心灵两个方面都已衰弱无力，这时人们应该对之保持警惕的是在对生命的贪恋中所易犯下的那种过错。"

【注释】

血：血液，生命的表征，代指生命的肉体方面。

气：形而上者谓之气，精神，生命的心灵或思想意识方面。

血气未定：身心两个方面都还没有成熟定型，身心两个方面都还处在成长发育阶段，这个阶段也就是人们的所谓青春期。

色：这个字的本意是人的丰富的面部表情，引伸为那些具有美丽的面孔或表情丰富的面孔的年轻的异性。

血气方刚：身心两个方面都已完全成熟，并且坚强有力。

得：本意是指对以每一个日出为量度的生命存在的时光的热衷，引伸为对一切有助于自己生命存在的事物的贪欲或希求。

16.8 孔子曰："君子有三畏：畏天命，畏大人，畏圣人之言。小人不知天命而不畏也，狎大人，侮圣人之言。"

【译解】

孔子说:"君子心目中存在着三个对之感到深深敬畏的对象:对作为宇宙自身的必然性而存在的整个生命世界感到深深的敬畏,对于那些和整个宇宙的必然性保持着统一性的伟大的人感到深深的敬畏,对于那些能够深刻洞察宇宙与人类的统一性并将此形诸清晰的言语表达的圣人们的伟大思想感到深深的敬畏。小人不知道自己生命存在的天赋本质,因而他们对包括自身在内的整个生命世界不会感到敬畏,并且他们也蔑视一切和整个宇宙的必然性保持着完美的统一性的伟大的人,侮辱一切圣人的深刻揭示宇宙和人类的统一性的伟大思想。"

【注释】

天命:天赋的生命,必然的生命,作为宇宙的必然性而存在的生命。正因为如此,生命是无价的,它是整个宇宙中存在的最伟大的奇迹。生命的存在远远超越了人的想像之外,也远远超越了人的能力之外。

大人:伟大的人,作为宇宙而存在的人,与普遍无限的宇宙保持统一的人,自己的存在、欲求、目的都表现出宇宙的普遍无限性及其道德的必然性的人。

圣人:能够深刻地洞察天与人的内在的统一性并将此认识形诸清晰的言语表达的人。

狎(xiá):轻慢的,侮辱性的,狂妄自大的举止行为。

16.9 孔子曰:"生而知之者,上也;学而知之者,次也;困而学之,又其次也;困而不学,民斯为下矣。"

【译解】

孔子说:"那种仅仅依靠自己天生的、与生俱来的理性就能理解一切事物的原因的人,是人类中最优秀的人;那种依靠自己后天的努力学习而能理解一切事物的原因的人,是人类中相对差一些的人;那种对一切事物存在的原因感到困惑并在这种困惑的驱使之下通过学习而理解了一切事物的原因的人,是人类中更差一些的人;那种对一切事物存在的原因感到困惑而又不想通过学习来理解那些事物的原因以消除自己的困惑的人,是人民不得不把他视为人类中的最低下的人。"

【注释】

之:之所以然,一切事物存在的原因。

为:就我所知,几乎所有的学者都把这里的"为"理解为被动态的动词,而不是主动态的动词,这是不可理解的。

民斯为下矣:人民因此而把这种人视为最下等的人并把他置于社会最底层的

地位。我们在许多有关《论语》的注释中发现,几乎所有的学者都把这句话理解为被动语态(即"民斯被为下矣"),而不是主动语态。正像几乎所有的《论语》注释者都把"民可使由之"理解为被动语态而不是主动语态一样,这是令人百思不得其解的。从"王"、"君"、"士"这些概念中("王"指的是具有天德、地德和人德并因此而得天、得地和得人者)不难理解,智慧(它是美德的先决条件)是人们获取官职并从而获得较高的社会地位的必要条件,这个必要条件只有在一个民主的政治体制之下,才有可能确立起来。人民正是根据这个条件来选举他们所要选举的官员的。在这里,我认为,孔子是在谈论一桩仍然被人们广泛谈论着的西周时代的往事:人民通过对自己的选举权的运用来决定一个人能否获得官职并从而决定一个人能否拥有较高的社会地位。从"录"和"举"等词语中,我们不难发现中国古代民主政治的最基本的形式。

16.10 孔子曰:"君子有九思:视思明,听思聪,色思温,貌思恭,言思忠,事思敬,疑思问,忿思难,见得思义。"

【译解】

孔子说:"君子对于自己一切言谈举止有九个方面的问题需要认真思考:对于自己的观点意识需要认真思考的是它们是否清晰明了并合于理性,对于自己的学识见闻需要认真思考的是它们是否确实可靠并正确无误,对于自己的情感态度需要认真思考的是它们是否亲切和蔼并平易近人,对于自己的行为举止需要认真思考的是它们是否公正无私并彬彬有礼,对于自己的谈吐言论需要认真思考的是它们是否中正公允并诚实无欺,对于自己所从事的职业需要认真思考的是是否自己做到了严肃认真并尽责尽力,对于自己所感觉到的令人不解的疑惑需要认真思考的是是否自己做到了深入研究并追根问底,对于自己所遇到的各种令人心烦意乱的事情需要认真思考的是是否自己已充分意识到了这种心烦意乱的情绪将会为自己增添多大的困难,对于自己想要去获取的那些利益和好处需要认真思考的是是否自己已确实认识到了自己想要去获取的那些利益和好处完全合于正义。"

【注释】

思:思考,考虑,反思,担心。

视:认识,观点,见解。

听:见闻,学识。

聪:作为心灵("心")的窗户("囱")的耳朵("耳")。这个字本来由"耳"、"囱"和"心"构成。一位古希腊哲人说,眼睛是心灵的窗户,而中国的古人不仅把眼睛视为心灵的窗户,而且也把耳朵视为心灵的窗户。事实上,对于一个有理性判断力的人来说,人的一切感官——视觉、听觉、嗅觉、味觉、触觉——都可以成为心灵的窗户,并且他往往只要凭借一种感觉就能构建一个对象的全部感觉形象,而这就是知觉联想与知觉创造。

忿：纷乱的心灵，心烦意乱，分心的事，令人心烦意乱的事，使人产生愤怒和仇恨情绪的事。

16.11 孔子曰："见善如不及，见不善如探汤，吾见其人矣，吾闻其语矣。隐居以求其志，行义以达其道，吾闻其语矣，未见其人也。"

【译解】

孔子说："对于一切正直而善良的人们来说，要想在一个失去了道德与正义的世界上继续作为一个正直而善良的人而生活，那就只有一种现实可能的选择，这就是遇见任何从善的人都要像参加赛跑而惟恐落后一样尽快地去追随他，遇见任何邪恶不义的人都要像触到沸水而惟恐受伤一样尽快地去摆脱他，对此，在我的一生中，我既看见过这样生活、这样行动的人，也听见过这样表述、这样主张的人。对于一切正直而善良的人们来说，要想在一个失去了道德与正义的世界上继续作为一个正直而善良的人而生活，那就只有一种现实可能的选择，那就是离群索居、远离尘嚣，去过一种安安稳稳而又与世无涉的家庭生活，以便从这种家庭生活中获得自己一生所希望获得的幸福与自由，并且在这种家庭生活中尽己所能地遵行正义，实践道德，以便在这种家庭生活中实现自己关于一个道德与正义的世界的理想，对此，在我的一生中，我听见过这样表达、这样主张的人，但我从未看见过这样生活、这样行动而又能够如愿以偿的人。"

【注释】

探汤：用手或嘴唇去试探性地感知一下这些热水（"汤"）是否适合于沐浴或饮用，在这种试探性的感知活动中，如果热水的温度很高，人们往往会本能地迅速而急剧地缩回自己的手或嘴唇。这里的"探汤"的意思是比喻性的：像试探热水的温度的人在接触到温度仍然很高的热水时那样急剧地退缩、避开。

志：这里的意思是指人们的意愿、意志所希求、所追求的快乐与幸福，也即作为"志"的对象的那个东西——快乐与幸福。

道：道德，道德意志，道德意愿。

隐居：安安稳稳地在家里居住，安安稳稳地生活在家里，安安稳稳地过一种纯粹家庭的生活，而完全不介入、不参与社会政治事务。"隐居"往往是古代的那些持不同政见者对于现实政治所采取的回避态度。"隐"的本意是安稳的保存，万无一失的收藏。因此"隐"在一种引申或比喻的意义上具有保持自己道德心或政治理想的纯洁无瑕并使之避免受到外界有害的影响与伤害的意思。

行义：在社会生活中遵行正义、实践正义、追求正义。

孔子在本章中所表达的意思是：对于一切正直善良的人们来说，要在一个失去了道德与正义的世界上生活只有一种现实的选择,那就是扬善避恶(如果还不能做到扬善惩恶的话),而完全躲避这个失去了道德与正义的世界以获得纯粹个人的幸福自由的做法,那将是很不现实的。因此那种"隐居以求其志"的主张,只是一种主张而已。那些按照这种主张去过一种离群索居、远离尘嚣的隐居生活的人并没有谁能够真正如愿以偿地获得其幸福与自由。

16.12 (孔子曰):"齐景公有马千驷,死之日,民无德而称焉,伯夷叔齐饿于首阳之下,民到于今称之,其斯之谓与?"

【译解】

孔子说:"齐景公甘心充当当时齐国政府中各个政治阴谋集团的政治傀儡而享受齐国国王的荣华富贵,但几乎就在他临死之日,他却因他的一生没有表现出任何可值得齐国人民称颂的美德而已被人忘记。相反,伯夷、叔齐却为了逃避商朝政府中各个政治阴谋集团强加在他们身上的傀儡王位而历经千辛万苦以至于在逃往西周路途上的首阳山之下的广大山林地区里饱受饥饿,但即使直到相隔久远的今天,他们反叛商朝不义政权的道德壮举仍为世人所称颂,我们应怎样来评说这两个不可同日而语的历史事实呢?"

【注释】

齐景公:齐庄公的儿子杵臼(chǔjiù),他是齐桓公在齐国称霸之后的第九任国君。由于齐庄公被政府中那些虎视眈眈的阴谋集团所杀害,齐景公接任其父亲齐庄公的王位时还只是一个孩子,但没多久(公元前489年)他也被政府中那些阴谋集团谋杀了(道貌岸然、权势显赫的陈恒就是凶手之一),取而代之的是他们扶上台的悼公。悼公的命运与景公也毫无二致。接着是简公。公元前481年,当简公的支持者计划把一切宫庭阴谋的罪魁祸首、权势因其阴谋而急剧膨胀的陈恒驱逐出国时,陈恒抢先发动政变并杀死了简公。从本章以及我们已经了解到的许多与此极为相似的历史事实中,我们不难发现,那个自视强大的齐国的王室和春秋时代许许多多的诸侯国的王室一样,都是那些篡夺了政府大权的一般政府官员的政治阴谋的最可悲的软弱无力的牺牲品。但尽管如此,王室成员,特别是国王本人的物质待遇仍然是非常丰厚的,他们所享有的财富仍然是巨大而惊人的。

民无德而称焉:人民(从齐景公的一生的表现中)没有发现任何值得称道的美德,因此人民早已经将他忘记了。

伯夷、叔齐饿于首阳之下:商朝末年孤竹君的两个儿子,为了逃避那将要由各个无恶不作的阴谋集团强加在他们身上的只能充当这些阴谋集团的政治傀儡的可耻王位,他们曾在逃往西周统治地区的路途上的首阳山的广大山区里饱受饥饿之苦,这与齐景公甘当傀儡而享受那些完全虚幻的荣华富贵的做法形成鲜明的对照(伯夷、叔齐最终还是到达了周文王、周武王所统治的地区,并积极地参加了周文王、周武王反对残暴的商王朝的正义斗争)。

应该指出的是,自汉代以来的官方文人为了宣扬那种专制帝王所要求的不问是非、不辨善恶的所谓节义,他们便把伯夷、叔齐也拿来做他们所宣扬的那种完全背离自然、背离道德与正义的愚节愚忠的说明和标榜,并把"伯夷、叔齐饿于首阳之下"解释为"周灭商后,伯夷叔齐耻食周粟,隐居在首阳山,采薇而食,终于饿死,古人称颂他们的节义"等等。伯夷、叔齐若是因为憎恨仁德的周朝灭掉邪恶的商朝而隐居首阳山这种愚节愚忠而获得人们称赞的话,那么在惟义是从的孔子看来就是不值得称颂的。既然孔子也称赞他们,那么他们肯定不是后代官方文人所宣称的那种愚节愚忠的形象。

关于本章,还应该说的是,我认为在本章之首加上很有可能是传抄者遗漏了的"孔子曰"这几个字的理由是不言自明的。

16.13 陈亢问于伯鱼曰:"子亦有异闻乎?"

对曰:"未也。尝独立,鲤趋而过庭,曰:'学诗乎?'对曰:'未也。''不学诗,无以言。'鲤退而学诗。他日,又独立,鲤趋而过庭,曰:'学礼乎?'对曰:'未也。''不学礼,无以立。'鲤退而学礼。闻斯二者。"

陈亢退而喜曰:"问一得三,闻诗,闻礼,又闻君子之远其子也。"

【译解】

子禽在伯鱼的住处问伯鱼说:"作为孔子先生的儿子,你是不是有一些特别的、与他人不同的有关孔子先生的所见所闻可以告诉人们呢?"

伯鱼回答说:"没有,如果有的话我也早已对人说过了。现在我想再说一遍的是这样一桩我至今仍然印象深刻的可以称得上是见闻的往事:在我还年少时,有一次,父亲独自站立在大厅之中,我胆怯而又敏捷地从大厅之中经过,父亲突然转身问我:'学诗了吗?'我回答说:'没有。'父亲说:'不学诗,那么在你未来的社会生活之中,你就无法参与国家政治事务并与那些从事这些事务的人们进行交谈对话了。'于是我立即返回到我的房间里开始学诗了。又有那么一天,父亲也是独自站立在大厅之中,我胆怯而又敏捷地从大厅之中经过,父亲也和前一次一样突然转身问我:'学礼了吗?'我回答说:'没有。'父亲说:'不学礼,即不学习有关人们的社会生活与社会活动的正义性、合理性、恰当性、合适性的一般道理和一般规定性的知识,那么人们就无法使自己在社会中获得永恒牢固的生活根基。'于是,我立即返回我的房间开始学礼了。这就是我可以对你再说一遍的至今我对它们仍印象深刻的特殊而与他人不同的见闻。"

子禽高兴地对伯鱼告别说:"我对你提出的只是一个问题,而我从你的回答中所获得的却是孔子先生关于诗、关于礼、关于君子应对自己的儿女保持恰当的距离的三方面的知识。"

【注释】

不学诗,无以言:应该指出,引用《诗经》中的诗句与人进行交谈和对话,这是当时在国家的政治生活领域中的人们普遍采用的一种交谈方式与谈话艺术,这种交谈方式与谈话艺术和西方上流社会的人们从古希腊古罗马的那些伟大作家的作品中引经据典的交谈方式与谈话艺术的作用和效果是一致的:表明谈话者的学识和修养,增加谈话本身的重要性和权威性。

君子远其子也:君子与他的儿女保持着相当的距离。

16.14 (孔子曰):"邦君之妻,君称之曰夫人,夫人自称曰小童;邦人称之曰君夫人,称诸异邦曰寡小君;异邦人称之亦曰君夫人。"

【译解】

孔子说:"自西周联邦建立的那个时代以来,西周联邦君王的与之完全平等并与之携手共进的爱人,君王本人称她为把自己造就成顶天立地的伟丈夫的夫人,而那个被君王称之为把自己造就成顶天立地的伟丈夫的夫人则称自己为小学生和小助手。联邦内的所有的人都称她为顶天立地的伟大君王的夫人,而这所有的人在异邦人面前又称她为我们的少见的、独一无二的小君王。异邦人也称她为顶天立地的伟大君王的夫人。"

【注释】

妻:《说文》:"妻,妇与夫齐者也,从中从又……臣铉等曰:'中者,进也,齐之意也。'"因此"妻"的本意是与丈夫平等并与丈夫携手共进的出嫁女(母亲或家庭主妇)。

夫:顶天立地的伟人。这个字可视为由"二"(意为天地)和"人"构成,也可以视为"天"字的转注形式,意为知天、知地、知人并可与天地齐一的哲人学者。《说文》认为"夫"由"一"和"大"构成。《说文》:"……大,天大,地大,人亦大,故大像人形。"因此"夫"也可理解为宇宙中的一大,即伟大的人。

夫人:把自己的爱人造就为顶天立地的伟丈夫的人,或与夫相齐的人。夫人,也即使二人变成"夫"的人。"夫"被视为由"二"和"人"字构成。

小童:智力未开的小学生,或力气有限的小帮工。小小的站在家里靠家人的帮助才能自立的人。

寡小君:少有的、独一无二的、不可多得的小君王。

正像许多学者正确地指出过的那样,本章显然是孔子所言,但在传抄过程中遗漏了"子曰",或"孔子曰",因此我们在本章的句首加上"孔子曰"是合适的。

孔子在本章所谈论的并非只是一个无谓的称谓问题,而且更是一个重大的字源学问题。即从这些称谓的字源学的角度来看,这些称谓反映了中国古人对于人类夫妻关系的以深刻的理性为基础的理想主义的观点,也反映了中国古代以深刻的理性为基础的理想主义的文化本质。在这里我们也不难看出,孔子是赞同这样的一种在中国古代具有正统地位的观点的:女性在人类生活的一切领域中具有与男性完全等值的重要性,因此社会应赋予女性与男性完全平等的权力,并要求男性给予女性以充分的尊重。尽管孔子也会同意认为,谦虚的美德会使女性从男性那里赢得更高的尊敬。

由于自汉代以来的许多学者不能理解这段话的深层意义,因此他们怀疑这段话是后来的传抄者的无聊的插入。但从《古论》、《鲁论》以及其他各种古本《论语》中,人们都可以毫无例外地发现这段话,而这就是对许多学者所持的那种怀疑的观点的有力驳斥。

阳货第十七

17.1 阳货欲见孔子,孔子不见,归孔子豚。
孔子时其亡也,而往拜之。
遇诸涂,谓孔子曰:"来!予与尔言。"
曰:"怀其宝而迷其邦,可谓仁乎?"
曰:"不可。"
曰:"好从事而亟失时,可谓知乎?"
曰:"不可。"
曰:"日月逝矣,岁不我与。"
孔子曰:"诺,吾将仕矣。"

【译解】
　　阳虎早已通过他的部下向孔子表达了他想在朝廷里与孔子相见会面的愿望,但孔子迟迟不去与阳虎相见,于是阳虎亲自把一只蒸熟了的幼猪作为一份小小的礼物送到孔子的家里,但阳虎这次亲自登门仍没有见到孔子,因为孔子当时不在家。
　　出于必不可免的礼貌礼节,孔子特意选择了一个阳虎不在家的时机,前往阳虎之家拜谢阳虎。
　　就在孔子从阳虎家出来之后的回家的路上,阳虎遇见了孔子。就在这相遇的路上,阳虎对孔子说:"来吧,回我家去!我愿就你拒绝我的请求的做法与你争辩一番!"
　　在阳虎家,阳虎说:"藏匿起自己本来可以使自己的国家免于迷误的宝贵的价值重大的政治智慧与政治才能而任由它陷入可怕的迷误的深渊,这种对待自己的政治智慧、政治才能以及自己的国家的方式是否可以说是完全合符道德与正义的呢?"
　　孔子说:"当然不可以这样说。"
　　阳虎说:"自己热衷于从事政治的事业却总是一次又一次地让到来的时

机白白失去,这种做法是否可以说是完全明智的呢?"

孔子说:"当然不可以这样说。"

阳虎说:"时间在日复一日、夜复一夜地不断流逝,而我们谁都没有支配时间从而支配自己寿命的力量。"

孔子说:"是的,你说得对,我将接受你要求我出任政府公职的请求。"

【注释】

阳货:又称阳虎。人们都认为他是在三家控制之下的鲁国的为各种阴谋与野心所充斥的特殊政治环境之中成长起来的想取三家这个阴谋野心集团而代之的政治野心家与阴谋家。因此当他在公元前502年利用他所掌握的作为季氏家宰的权力而发动反对三家并宣称要把三家长期地从鲁公那里篡夺的权力夺回来并将它归还鲁公的政治叛乱时,他成功地囚禁了季桓子,继而又成功地迫使三家就范,并与他签订了权力移交的协定,从而又成功把鲁国国王置于自己的保护之下。许多对他表示支持并在反对三家的共同目标之下愿意与他采取相配合的行动的人对他始终怀着戒备之心。这种戒备之心使他们迟迟不能采取与他协调一致的行动,以扩大他已经取得的反对三家的斗争成果,相反他们对他反对三家的斗争保持一种观望的态度,这就限制了他巩固和扩大他已经取得的成果的速度,并给了那个在自己的广大领地上建有坚固的堡垒和强大的军队的三家重新组织起东山再起的力量提供了时间,最后的结果是阳虎失败并不得不逃亡齐国。

从本章可以看出,孔子也是对阳虎保持着戒备之心并对他反对三家的斗争采取观望的态度的人之一,尽管他是三家的最坚定的反对者。当时的阳虎正在为人们的戒备之心与观望态度以至使他难以取得对三家的最终胜利而深感忧虑。由于孔子对三家所抱持的众所周知的态度,阳虎把孔子视为他反对三家斗争的支持者是顺理成章的。同样,阳虎想利用孔子广受敬重的美德、知识、才华的声誉以及他日益高涨的政治影响力来推进他反对三家的事业,这也是合情合理的。在另一方面(就像我们从本章了解到的那样),在受到阳虎这次强有力的以至孔子本人也不得不接受的责难之后,孔子终于同意了阳虎要求他出仕阳虎政府的请求,这也是顺理成章的。因为孔子作为一个现实的深刻的政治家,他也深知在反对三家的斗争中与自己走到了同一条道路上的阳虎目前所掌握的自己还根本不具备的政治权力资源对于实现自己的政治理想的可供利用的重要价值。因此他需要与阳虎结成政治上的联盟,以为他最终实现他的政治理想、恢复那个颠倒错乱的时代玷污了的政治的本来面目准备条件——这个条件也就是结束三家在鲁国的统治。

也许孔子的决定太迟了,也许几乎就在孔子接受阳虎的出仕请求的同时,阳虎就陷入了失败的境地,并不得不逃离鲁国。

尽管阳虎并不是一个像孔子所希望的那种真正的纯而又纯的革命家,而在相当的程度上是一个野心家(从本章阳虎的言论中,不难看出阳虎具有革命家的特点),但我们丝毫没有理由怀疑孔子愿意与阳虎政治结盟的真实性。因为在阳虎失败后,当孔子获得了鲁国司法与公共安全部长的权力之后所推行的政治改革政策中,他在剥夺三家的权力方面,几乎做了或准备做阳虎一样的事情。况且,孔子作为一个哲学家的政治家,他所看重的显然只是那完全由他的哲学家的头脑中产生出来的政治理想,而不是与它相关的政治权力。因此他作为一个哲学家在与阳虎的政治结盟中,他有足够的能力使阳虎走到由他所设计的那条政治的轨道之上,并最终达到他所要达到的政治的目的地——建立一个大一统的比西周更为完美的西周联邦,在其中统治一切的是孔子已向世人昭示的至高无上的道德与正义的原则,而是否由他执掌最高的权力则完全是一个无关紧要的问题。

涂:我认为这个字的本意应该是泥泞污浊,它作为一切人行小道的主要特征,转指泥泞污浊的地方——路途。

怀其宝而迷其邦:怀有使国家走出迷途的宝贵知识与才能而任由它继续走在迷途中而误入歧途。

亟(qì):屡次,多次,总是。

与:给予,拥有,支配,创造(它们作为"给予"的前提条件)。

17.2 子曰:"性相近也,习相远也。"

【译解】

孔子说:"人们从出生中所获得的共同的天性会使人们相互亲近,而人们在一个闭塞狭隘的精神与物质的环境中逐渐养成的特殊的习惯却会使人们彼此疏远。"

【注释】

性:作为心("忄")身("生")相统一的存在及其本质属性,或作为生命相统一的生命的心灵或精神理性的本质。《周易》说:"成之者性也",意思是使之成为如此这般的存在物的是存在物自身的天生本性,这本性也就是存在物——生命——的天性。《中庸》说:"天命之谓性,以生而限于天,故曰天命,"意思是人的生命之所以称之为一种心身相统一的存在,那是因为人以自己的心灵意识到自己是从宇宙那里获得了生而有限的生命的,所以人也把自己生命的存在称为宇宙的生命的存在。《大戴礼记》:"分于道之谓命,形于一之谓性",其意思是说,生命在于对宇宙之道的分享,而一切心身相统一的生命的本性就是形成它们、产生它们的宇宙的心身相统一的本性,这种本性也就是宇宙的道德本性。孔子在这里所说的"性"显然是就人类的天赋本性而言的,也即就人类的道德本性或良知良心而言的。

近:使接近,我们在这里把它作动词来理解。

习:每一个人在其特殊的生存环境中的特殊活动中逐渐地、日积月累地培养起来的一种特殊的感觉、情感、意识、意志、兴趣、爱好、理想、信念以及由此所决定的言谈举止和生活方式等等系统性的心理定势或惯性,这种心理的定势或惯性决定了人们的思想与行动的特定内容与特定方式,这种思想与行动的特定内容与特定方式也就构成了人们特有的思想与行动的特定模式,这个模式也就是人的固定的个性。如果说这种个性起初是外在环境作用于一个年幼的生命的结果,那么当一个人的生命一旦成熟,那么随着生命成熟而一起形成的个性就会以一种成熟的生命力反作用于他的外在环境,并在这个外在的环境里构筑其独具个性的生活。因此,如果这个决定人的个性的模式是完美的、广博的、与人的自然本性(天性)相统一的,那么这个模式就会成为人的精神与生命的自由欢乐的家园,而且他将把整个人类都纳入到他的家园之中并与他们共享自由与欢乐。否则,这个模式将成为奴役人的精神与生命的监牢。它把人囚禁其中,使人无法自由自在地进入人性的广大领域,因此人们也不再能够和他人进行自由而有效的沟通与了解,从而使自己永远处在与那个监牢所能覆盖的生活空间之外的人们的隔膜和对立之中。更可悲的是,生活在这个监牢里的人们往往并不能自觉地意识到这就是一个监禁自己人性的监牢,相反他们还会习惯性地把它视为自己安全的保护伞,那些想帮助他们从监牢里获得自由的人将被视为与他们不共戴天的敌人。因此对于社会中的每一个成员来说,如果社会不自幼对人们施行教育,特别是在人们成熟之时不对人们施行艺术与哲学的教育,以把整个世界、整个宇宙、整个人类社会都变成他们的感觉、情感、思想、意识和意志活动的对象,以使他们所形成的思想与行动的模式足以容纳整个世界、整个宇宙、整个人类社会,否则,每一个人的有限的思想与行动的模式就会瓜分人类生存的整个空间,并从而把人类生存的整个空间变成一个监牢,从而使每一个人都不能享有自己监牢之外的广大的自由。这样人人画地为牢,人人相互封锁,也相互囚禁。因此,对于任何理想之国来说,除非国家通过对人民施行哲学的教育和为人民提供政治和经济活动的自由的空间,以便战胜人民偏狭的习惯,否则,这个国家就别想指望它的人民普遍地具有完全合于道德与正义的思想与行动,人民也就不再可能是真正意义上的人民,而是一个个画地为牢的个人;国家也不再是真正意义上的国家,而是一个个分割开来的监牢。

17.3 子曰:"唯上知与下愚不移。"

【译解】

孔子说:"使那些聪明智慧的人处在国家统治的上层,并使那些愚昧无知的人处在国家统治的下层,这是架构一个理想国家时人们所应遵循的惟一的一条永远不可更移的原则。"

【注释】

上知:使在上者知,也就是说使知者在上。

下愚:使在下者愚,也就是说使愚者在下。

17.4 子之武城,闻弦歌之声,夫子莞尔而笑曰:"割鸡焉用牛刀?"

子游对曰:"昔者偃也闻诸夫子曰:'君子学道则爱人,小人学道则易使也。'"

子曰:"二三子!偃之言是也,前言戏之耳。"

【译解】

孔子来到当时鲁国的一个边远小城武城,孔子的学生,当时武城的长官子游特意跑到城外来迎接孔子。就在进城的路上,孔子听到只有可能是从全城的所有成年居民都参加的盛大集会上传过来的音乐歌舞之声,便对子游直率、亲切而又温和地笑起来了,并且说:"你作为这个小小武城的长官,却使用上了古代国王统治一个国家的方法,对此你是否想到过那句俗话,杀鸡时怎么用得上杀牛的大刀呢?"

子游回答说:"你的子游以前曾经听到先生这样说过:'对于那些有资格和希望成为国家的统治者的君子来说,如果他们学会了有关道德与正义的知识,那么他们将会在将来的统治国家的活动中把热爱每一个人作为他们统治国家的最高宗旨,而对于那些只有资格和希望成为一个普普通通的国民的人们来说,如果他们学会了有关道德与正义的知识,那么他们就将易于把自己造就成一个合于道德与正义的行动者。'现在武城中所举行的歌舞集会,只是我遵照先生的教导而采取的一种对人民施行教育的寓教于乐的方法而已,通过这种方法可以达到促进人们的公民意识,并进而增进人们的道德意识与正义观念的目的。"

孔子说:"现在和我在一起的你们几位年轻的先生们!请你们注意,我们子游的话是完全正确的,而我刚在所说的话只是开开玩笑而已。"

【注释】

武城: 鲁国的一个边远小城,在季氏领地费地的北面,当时子游是它的行政上的总管(宰)。

弦歌: 弹琴歌唱,有琴瑟伴奏的歌唱和舞蹈。在古代,诗、歌、舞往往是三位一体的,特别是在公共集会的场合。这种集诗、歌、舞于一体的公共集会无疑是使参加集会的人摆脱个体存在的偏狭性而获得国家存在(即作为国家公民而存在)的普遍性的有效形式。通过这种形式,可以培养人们相互热爱的情感、相互尊重的意识和相互协调与合作的精神,这种诗、歌、舞三位一体的集会本身就是一种人与人学会协调一致、相互合作的最初的尝试,因此这种诗、歌、舞的集会形式显然是古代那些伟大的建国者的一项最伟大和最富远见的发明创造。在至今仍然保持着这种古代的集会传统的民族中,我们仍然可以看到这个民族的人民最缺乏的只是个人专断的意识与自私自利的欲望。在他们之间,我们很难看到那种在许多社会中已是那样司空见惯、那样根深蒂固的不道德行为。在他们的生活中,在他们的言语行动中,我们可以发现美德、幸福与自由在人类可能企及的生活中的最完美的结合。

我们古老的祖先之中那些伟大的建国者显然是这种寓教于乐的集会形式的最伟大的创造者、倡导者和普及者。《乐记》说:"古之教者,家有塾,党有庠。春秋时,庠塾之教废,故礼乐崩坏,雅颂之声不作。子游武城宰,乃始复庠塾之教,于是受学者众。"那种寓教于乐的集会,那种诗、音乐、歌唱、舞蹈的艺术与大众教育相结合的活动,使我们认识到,闻名于世的古希腊的公共剧场也许并不是整个人类文明中的一种独一无二的现象。

莞(wǎn):《说文》:"莞,草也,可以作席,从草完声。""莞"指的是一种完整的、无分化、无枝蔓的、保持了自身最高的整一性的枝叶一体的草,这也就是人们用来织席的草。由于这种草是完整的、无分化的、无枝蔓的和轻质柔软的,因此它也转而用来形容人们的直率的、无掩饰的、然而又是温柔的、和缓的言谈举止,这种言谈举止总是亲密、友好和信任的表示。

使:此字解释见14.41。

戏:逗着玩,开玩笑,说笑话。

由于两千多年来人们一直把"小人学道则易使也"理解为小人学道则易于听指挥、听使唤、好役使,我们在此且不去追究这种解释和中国在两千多年前产生形成的专制政治与专制制度之间的联系。我们只需指出,道德与服从不能混为一谈,如果让人学习道德的目的只是为了让人更好地被役使,那么道德就失去其应有的价值,作为伟大思想家的孔子怎么会如此言说呢?

17.5 公山弗扰以费畔召,子欲往。

子路不说曰:"末之也已,何必公山氏之之也?"

子曰:"夫召我者,而岂徒哉?如有用我者,吾其为东周乎?"

【译解】

由于他所公开支持并参与阳虎反对三家的政变在鲁国首都失败,身为鲁国边远地区季氏领地的长官公山弗扰宣布他所管理的费地为一个独立于三家所控制的鲁国之外的独立国家,并且他立即向孔子发出呼吁和请求,要求孔子参加他刚刚宣布独立的新的国家的政府,孔子立即表示愿意前往。

得知孔子的决定之后,子路很不高兴地对孔子说:"如果说根本没有什么政府可以去加入也罢,何必要去加入公山弗扰刚刚宣布独立的那个小小国家的政府呢?"

孔子说:"公山弗扰吁请我去加入的那个刚刚宣布独立的小小国家的政府,难道不也是一个实实在在而仅仅是一个徒有虚名的政府吗?正如西周的历史所告诉我们的那样,如果有那怕是一个非常非常小的国家的政府想要我加入其中,难道我就不能最终把这个政府造就成一个成功而非失败的伟大而又统一的东周联邦的政府吗?"

【注释】

公山弗扰:季氏边远领地费地的总管(宰)。他积极参与了阳虎发起的针对三家的武装政变,但也许是公山弗扰身处鲁国的边远地区而远离鲁国政治活动的中心

——鲁国首都,因此他担心鲁国的绝大部分权力会落入已经控制了鲁国首都的阳虎一个人的手中,因此当阳虎控制着(也仅仅是控制着)鲁国的首都之时,他并没有给阳虎以军事上的有力配合与支持,从而使阳虎失去了彻底战胜三家的机会。当阳虎在没有足够的军事与经济资源战胜据守在自己广大的领地上的坚固城堡中的三家的庞大军队的情况之下而万不得已采取的暗杀三家首领的计划失败,阳虎也就立即为三家从其领地上开到首都的庞大军队所包围而不得不接受失败的现实,并逃亡他国(齐国)。在此之后,曾经在口头上公开宣称支持阳虎的武装政变的公山弗扰也就只好一个人在自己所控制的地处边远地区的费地上孤军奋战了。他把费地上的人民作为自己的依靠,并据守费地,准备与季氏即将开过来的在首都取得了对阳虎的军事胜利的庞大军队战斗到底。

也许在他对阳虎控制首都之后的鲁国政治形势因担心阳虎专权而持犹豫观望的态度时,公山弗扰从内部得知孔子已接受阳虎要求加入他们的反对三家的政治联盟的请求,因此当阳虎在首都遭到失败之后,公山弗扰不得不面对在一个边远的小地方与三家的军队孤军战斗的局面时,为了壮大自己的阵营,提高自己的权威性与号召力,他也立即向深孚众望的孔子发出了热烈的呼吁与请求。而此时的孔子也许正在为他曾经对阳虎的请求所采取的那种犹豫不决的做法而后悔,因此孔子几乎是立即答应了公山弗扰的请求。但几乎和阳虎一样,也许就在子路千方百计劝说孔子不要接受公山弗扰的请求的同时,公山弗扰很快地失败了。因为那时信息的传递是很慢的,公山弗扰要使孔子得到他的请求的信函需要相当长的时间。

畔:割据,占领,并宣布独立。把一块田地分做两半,引申为把一个国家一分为二。《说文》:"半,物中分也。"因此"畔"可理解为对田地的分割,而它的引申意也就不言自明了。

末之也已,何必公山氏之之也:没有什么政府可以去加入也罢,何必要去加入公山弗扰刚刚宣布独立的那个小小国家的政府呢?我想子路的话没有别的意思,他只是说,原来属于鲁国的季氏领地的费地作为一个独立的国家实在大小,孔子加入这样一个小小国家的政府与孔子已经享有的名声与威望不相称。但是,对于熟知历史的孔子来说,他并不这样看待这样一个小国家。因为周文王、周武王、周公所建立的西周联邦最初也是从一个小小的地方开始发展起来的。西周联邦的历史可以作为一个范例,说明一个政治家获得成功的关键并不在于他一生下来就掌握了一个大国的权力,而在于他所追求的政治目标完全合于道德与正义,并且他本身的行为就是一个道德与正义的典范。

17.6 子张问仁于孔子,孔子曰:"能行五者于天下为仁矣。""请问之。"

曰:"恭,宽,信,敏,惠。恭则不侮,宽则得众,信则人任焉,敏则有功,惠则足以使人。"

【译解】

子张来到孔子的住所向孔子请教有关人们应该如何履行自己对于他人的道德义务以实现孔子为每一个人所树立的道德理想的问题,对此孔子说:"如果在整个人类的社会生活中人人都能按照我所设想的五条原则行事,那么整个人类社会就能实现我所设想的人人都应努力达到的道德理想。"

子张说:"请将你所设想的这五条原则告诉我!"

孔子说:"我所设想的这五条原则就是公平正义,宽宏大量,诚实无欺,勤于思考,互利互惠。如果人们能够始终按照公平正义的原则行事,那么人们在任何时候都不会使自己的人格蒙受侮辱;如果人们能够始终按照宽宏大量的原则行事,那么人们在任何时候都可以使自己获得众多的朋友;如果人们能够始终按照诚实无欺的原则行事,那么人们在任何时候都可以使自己获得他人的信任倚重;如果人们能够始终按照勤于思考的原则行事,那么人们在任何时候都可以使自己的行动卓有成效;如果人们能够始终按照互利互惠的原则行事,那么人们在任何时候都可以使任何与自己交往的人变成公平正义的行动者。"

【注释】

恭:共心(这个字本来由"共"和"心"构成),能够站在他人的立场上理解他人的情感、思想、意愿、目的和利益,从而和他人保持情感的沟通、思想的交流、行动的协调、目的和利益的一致。这种"恭"的人生态度正是一个道德、正义、民主、自由、合作、理性的社会所要求的那种人生态度。这种人生态度既是人们公平正义的思想行为的具体体现,同时又是人们公平正义的思想行为的基础。因此"恭"与共心、公心的意思又是相通的。

惠:比较一下"惠"与"耑(专)"的关系,我们便不难理解"惠"的含意。"专"的本意是指纺织这一受人崇敬的工作所生产出来的受人崇敬的产品作为商品生产中一切劳动成果——作为商品的劳动产品——的统一的价值尺度("寸")。在古代,正是由于这种纺织技术以及它的作为一切劳动成果(商品)的统一的价值尺度的纺织产品的出现,导致了人们生产的专业化和商品化,而人们生产的专业化和商品化又导致了人们对生产技术与生产技能的精益求精的追求,而这两者的最终结果就是人们都把自己造就成了专业化的生产者以及专业化的生产专家。在纺织产品即布匹作为一切劳动产品的统一的价值尺度的情况下,如果说其他的一切劳动产品的价值是用纺织产品即布匹来衡量和计算的话,那么布匹的价值又是通过尺子来衡量和计算的。因此在"专"的本意中,如果"专"指的是用测量布匹的尺子来测量计算人们生产的产品的价值并以此进行产品的等价交换的话,那么在"惠"之中,就是用心灵来衡量人们生产的产品的价值并以此进行等价交换。事实上用心灵来衡量人们生产的产品的价值并以此进行等价交换,只不过是一种比喻的说法,它的真实的意思是人们在专业化的商品生产与商品交换中所持的一种公平而又互利的态度。当人们把这种公平而又互利的态度扩展到生活的广大领域，即正如人们在专业化的商品生产与商品交换中所发现的那样，任何利己的目的都要以利他为出发点并以利他的方式来实现。为自己着想，就必须首先为他人着想，要想利己就必须首先利他。在这种商品生产与商品交换中培养起来的互利与利他的观念中，人们将习惯于一种利他的行为，也习惯于帮助他人。在这种情况之下，人们将不会怀疑，利他的行为必然会导致利己的结果，人们帮助他人必然导致他人帮助自己，人们对他人的友善必然导致他人对人们自己的友善，这就是一种普遍化了的互利态度与互利行为了，而普遍化了的互利态度与互利行为事实上也就变成了仁爱和仁义的态度与行为，因此《说文》说："惠，仁也。"因此，作为人们获得个人幸福的利益机制和利益杠杆的专业化的商品生产与商品交换，其结果应该是普遍的仁爱的实现。正和中国古人所正确认识到的那样，既然专业化的商品生产与商品交换必然导致互利互惠的观念的产生、流行和普及，而随着这种互利互惠的观念的产生、流行和普及，普遍的仁爱不是实现了吗？当然互利互惠的原则不应该在那种一手交钱、一手交货的商品经济中停滞不前，否则人们就会成为一种冷血的经济动物。显然互利互惠应是一个发展的原则，它的结果应是仁爱，即人们对于自身存在的崇高价值的互相认同与互相尊重。此外，应该指出，人们对于商品生产与商品交换中的互利互惠的原则的认识要晚于商品生产与商品交换。但是互利互惠作为商品生产与商品交换所带来的一种客观的结果，它同时又是商品生产与商品交换得以存在和发展的先决条件。因为只有在互利互惠的条件之下，人们生产的产品才能转化为商品并成为别人所购买和消费对象。否则产品永远只是个人的产品。

功：工力，一种完全被理性加工驯服了的完全合于目的的力量，这种力量必然会产生出一种为他人所称颂的结果。因此"功"是一种产生出令人满意效果的力量。

使人：把一切人都造就成为公平正义的行动者。"使"作为名词，其意思就是指执一持中的人；作为动词，其意思则是指做一个执一持中的人，做一个始终一惯的公平正义的行动者。

17.7 佛肸召，子欲往。

子路曰："昔者由也闻诸夫子曰：'亲于其身为不善者，君子不入也。'佛肸以中牟畔，子之往也，如之何？"

子曰："然，有是言也。不曰坚乎？磨而不磷；不曰白乎？涅而不缁。吾岂匏瓜也哉？焉能系而不食？"

【译解】

佛肸趁与他的上司范中行一派政治势力相对立的赵简子一派的政治势力在晋国发动的劫持国王的军事政变之机，宣布他所管辖的中牟地区脱离由赵简子篡夺的晋国政府而独立，并邀请孔子加入他的新独立的国家的政府，孔子表示愿意前往这个新独立的国家。

子路说:"以前嘛,你的子路曾经听到过先生这样说:'对于那种热衷并欣赏自己身体力行地做着的种种不仁不义的坏事的政府,任何一个真正的堂堂正正的君子都是决不会想要加入其中的。'如今,曾经做过不少不仁不义的坏事的佛肸将他所管辖的中牟地区从晋国之中独立出来,而你却想要去加入他的政府,我怎么才能弄明白你现在的这种想法是与你以前宣扬的那些思想主张不相矛盾的呢?"

孔子说:"是的,我确实曾经表达过这种思想主张。但是,假如我们要继续等待,等待到一个我们按照我们冰清玉洁的纯粹理论可以加入的一个完全由绝对善良的人所组成的绝对善良正义的政府出现,那么我们的政治使命也就将要结束了,我们也就不能发挥我们应有的作用了。我们不是常常听到人们这样说到过时的没有及时采摘的匏瓜吗?它的外壳尽管坚硬如石,可是人们始终也无法将它磨出石块的光泽;它的内心尽管洁白如雪,可是人们始终也无法将它榨出可以把棉纱漂成白色的液体。难道我也要使自己成为一个这样的虽然好看但却根本无用的匏瓜不成?我又怎么能够使自己成为一个过时的匏瓜,当它可以食用的时候却没有被人食用,以至再也找不到什么用场而只能被人系在腰间,做一个名为匏瓜、实为水壶的不伦不类东西呢?"

【注释】

佛肸(bì xī):晋国大夫范中行的家臣,范中行的中牟领地的长官。其时在中国北方称霸一方的晋国国王的周围已经形成了以大夫赵简子和大夫范中行为代表的两大敌对的政治派别,他们争风买宠,纷纷讨好国王,以使自己获得高于敌对一方的政治权力与地位。而当赵简子发现自己在这场争风买宠的竞争中处于不利的地位时,他便立即采取阴谋和暴力的手段劫持国王,并盗用国王的名义和权力逮捕自己原来的政敌范中行。也就是在这时,范中行在中牟领地上的行政总管佛肸却借此机会以范中行的名义宣布他所管辖的领地独立。在佛肸宣布中牟独立之后,自认为自己这样做完全合于正义并深知孔子的政治主张及其在政治上所享有的世界声誉的佛肸便邀请孔子来帮助他组建政府,以巩固中牟作为一个国家而存在的合法地位。

当佛肸向孔子发出组阁邀请时,孔子在鲁国推行的限制剥夺三家权力、加强王权的和平革命早已失败,鲁国君被劫,孔子被迫放弃鲁国司法及公共安全部部长(司寇)的权力和职位而离开鲁国,开始了其周游列国的政治旅程。那时,孔子正滞留在陈国或者蔡国,并计划访问北方的强国晋国。就在孔子来到黄河口并准备渡过黄河前往晋国时,突然得到晋国发生了赵简子劫持晋国国王的军事政变的消息,这样孔子便不得不停下来重新考虑他的访晋计划。正是在孔子重新考虑他的访晋计划并静观政变发生后的晋国的形势演变的时候,他得到了佛肸的邀请。尽管佛肸的为人确实像子路所说的那样不人道,不善良,但孔子仍然希望到他新独立的国家中一试身手。孔子这样做的理由很简单:对于一个像他那样的还没有获得他所希望的政治权力和政治地位的政治家来说,任何不善的行为都莫过于那些掌握了大权的人们决定把他永远排斥在国家政治权力的大门之外,不管这种排斥行为是以礼貌周全的方式还是以粗暴无礼的方式出现。相反,而对于任何一个愿意邀请孔子加入他的政府并委以他政治重任的人来说,不管他在现实生活中的具体为人究竟如何,都无异于公开表示对孔子的政治主张与政治理想的在相当程度上的支持与赞赏,而这种在相当程度上的公开支持与赞赏本身就是非常可嘉的。此外,不难理解,不论对于任何一位大权在握的国家领导人或任何一个政府来说,接纳或拒斥一个具有自己独立的政治主张的至今仍没有获得政治权力的政治家,都是这个领导者或这个政府所奉行的政治主张与政策的最直接、最确定无疑的表示,是这个领导者或这个政府究竟仅仅是追求政治权力还是国家正义的理想的最直接、最确定无疑的表示。

也许是由于与阳虎和公山弗扰相同的原因,佛肸很快地陷入了失败之中,因此孔子在黄河南岸等待进一步的更为确定的消息之后,最终还是没有渡过黄河。对此,孔子的心情是非常沉重的。他不得不把他的政治目光从北方的强国晋国身上转移到南方的强国楚国的身上。但是,也许楚国的国王具有古希腊国王亚历山大的征服和统治世界的野心,却完全没有古希腊国王亚历山大的征服和统治世界的智慧,因为他没有像亚历山大从小拜亚里斯多德为师一样拜孔子为师。孔子曾经期待着与他相见一面,但最终得到的却是他战死沙场的噩耗。

亲于其身不为善者:亲近热爱自己所身体力行地做着的那些不善良的行为的人,对自己亲身参与和亲身从事的各种不善良的行为表示亲近热爱的人,也即对自己的不善良不人道的行为持欣赏的态度并热衷于自己的这种不善良、不人道的行为的人。

磷:一种自身会发光的非金属元素。这里的"磷"的意思是像发磷光的石块一样光滑闪亮。

涅:这个字由"氵"和"捏"(省)构成,意为用手从某种东西中榨出来的液体。

缁(zī):有人把这个字解释成黑丝或黑布,但我从这个字本身所具有的形象性之中,发现它的意思是染色和染色后的漂洗,黑色只是这个字的引伸意。

匏(páo)瓜:这种瓜果在它成熟之后如果不及时采摘食用,它就会纤维化或木质化,而当它一旦纤维化或木质化之后,就不能再食用了,而只能把它摘来挂在屋檐下让它晾干,晾干后人们可以把它制成水壶或勺子。古人外出时腰间系的水壶就是由这种完全木质化或纤维化的匏瓜制成的。孔子在这里显然是用匏瓜来比喻自己作为一个致力于社会正义的政治家,如果不及时地抓住现实中为自己所提供的政治机会,以便使自己的政治才能发挥效用,那么自己就将像一个没有及时采摘的匏瓜,只是看起来像是一种如它原来所是的那种可以食用的瓜果,而实际上不再是可以食用的任何东西一样,成为一个有其名而无其实的政治家。这种有名无实的政治家尽管在现实中保持了自己的高洁而不再有被现实生活的黑色染缸所染黑的危险,但他在整个人类历史上的地位也将不会有什么令人注目的光彩的。它将像老化的匏瓜所制作而成的水壶一样,无论人们怎样爱护它,即使人们使出磨石匠的本领磨磋它,人们也无法像磨石匠将粗糙的石块磨成光滑闪亮的石块一样,使它获得任何光泽。

17.8 子曰:"由也! 女闻六言六蔽矣乎?"

对曰:"未也。"

曰:"居! 吾语女。好仁不好学,其蔽也愚;好知不好学,其蔽也荡;好信不好学,其蔽也贼;好直不好学,其蔽也绞;好勇不好学,其蔽也乱;好刚不好学,其蔽也狂。"

【译解】

孔子说:"我的子路哟! 你曾否听到过人们一一列举的六种由不爱好学习所产生的弊端呢?"

子路回答说:"没有。"

孔子说:"请你记住它们,我讲给你听! 一个爱好道德正义而不爱好学习的人,他对道德正义的爱好将因其不爱好学习而产生出愚昧无知以至受人愚弄的弊端;一个爱好知识而不爱好学习的人,他对知识的爱好将因其不爱好学习而产生出主观随意、空泛虚假、似是而非、大而无当的弊端;一个爱好信念而不爱好学习的人,他对信念的爱好将因其不爱好学习而产生出偏听偏信、盲目崇拜、盲目听从、以至于使自己对社会造成祸害的弊端;一个爱好正直而不爱好学习的人,他对正直的爱好将因其不爱好学习而产生出为别人的阴谋所陷害、为他人的圈套所羁绊、以至于使自己难以脱身的弊端;一个爱好勇气而不爱好学习的人,他对勇气的爱好将因其不爱好学习而产生出鲁莽冲动、捣乱闯祸的弊端;一个爱好刚强而不爱好学习的人,他对刚强的爱好将因其不爱好学习而产生出狂妄自大、刚愎自用的弊端。"

【注释】

六言六蔽:一言一蔽,六言六蔽,也即被人们一一说出的六种弊端,这里指的是被人们一一言说的六种由不好学所引起的弊端。孔子在这里显然是在说明为人们的各种美德指明方向的知识的重要性,即没有只能由学习得来的广博系统的知识,人们就无法为自己的美德辨明方向,从而也无法使自己避免误入歧途,以至于干出只有恶人才能干出的种种坏事,结果是一个热爱崇尚美德的人,由于缺乏知识而在一种完全不自觉的状态中干出了许许多多坏事恶事,并且在这些坏事恶事之中,人们再也发现不了他所热爱崇尚的美德的影子了。因此在这种意义上来说,知识是最高的美德,因为只有知识才能使人们认识自己所要追求的真正美德,没有知识就不能识别那些伪装成美德并以美德的面貌出现的丑恶。

居:居守自身,集中注意力,保持冷静。作动词时,意为居守,掌握,记住。

荡:放荡,摇摆不定,没有定准,没有节制,没有稳固性。

绞(jiǎo)：缠绕，羁绊。

17.9 子曰："小子何莫学夫《诗》？《诗》可以兴，可以观，可以群，可以怨。迩之事父，远之事君；多识于鸟兽草木之名。"

【译解】

孔子说："我的年轻的先生们，你们为什么不去认真学习研读《诗经》这本书呢？《诗经》为我们提供了可以作为我们的想像能力、观察能力、分析综合能力和表达批评意见的能力的榜样和依据。并且，就其内容的浅近的方面来说，它为我们提供了做一个合格父亲的知识，就其内容的深远的方面来说，它也为我们提供了做一个合格君王的知识。此外，就其谈论涉及到的鸟兽草木的名称而言，它还为我们提供了许许多多的有关自然界里的各种动植物的知识。"

【注释】

兴：兴志，兴趣，兴志和兴趣是为想像力所驱动的，因此"兴"的状态就是心灵中的想像力活跃的状态。

群：分群，分类，这里可理解为分析综合。

怨：表达怨恨的感情或情绪，指责，批评。

17.10 子谓伯鱼曰："女为《周南》、《召南》矣乎？人而不为《周南》、《召南》，其犹正墙面而立也与！"

【译解】

孔子对伯鱼说："你认真地学习研究过《周南》、《召南》中的那些诗篇为我们展现的人类古代所达到的文明与道德的理想状态的生动图景吗？如果像你这样的年轻的人们不去认真学习研究《周南》、《召南》中的那些诗篇为我们展现的人类古代所达到的文明与道德的理想状态的生动图景，而只去认识研究人类现实生活中的实际情况，那么他们将犹如一个正面贴近墙壁而站立的人只能看到眼前的一片空白一样，只能看到人类生活中的文明与道德的一片空白。"

【注释】

为：与"其犹正墙面而立也与！"这句话的意思相联系，它的意思是认认真真地做学问，即认认真真地学习研究。

墙面：屋面，墙壁。

正墙面而立：与墙壁面对面地站立，身体面对并贴近墙壁而站立。这句话的喻意是显而易见的：人与现实太贴近了，人们就会被眼前的现实蒙住眼睛，并以为现实中的一切所代表的就是人类历史的必然的和全部的真实。如果那些生活在一个罪恶的时代里的人们这样把现实的真实看作是整个人类历史的必然的和整体的真实,他们就会屈从认同这个罪恶的现实而丧失自己与之进行斗争的道德勇气,放弃自己在这个罪恶的时代里重建道德与正义的努力。

孔子在这里显然是要求自己的儿子去努力展望人类古代所达到的文明与道德的理想状态,而不要只看到当时人类文明与道德的空白。显然《诗经》中《周南》、《召南》里的诗篇曾对人类古代所达到的文明与道德的理想状态作了生动形象的描绘。那时,人们的全部情感、意识和行为都浸透了一种芳香四溢、令人狂喜、令人陶醉的自然纯朴的美好气息。

不难理解,孔子这个彻底的理性主义者所提出的向古代学习的口号并非出于他对古代文明的迷信,而是出于他对古代文明的深刻理性的认识。可以说,向人类的古代文明学习、回复到人类古代的文明状态、复兴人类古代的文明,这不仅是孔子的口号,而且也是老子的口号。在西方,这也是柏拉图以及文艺复兴时期与思想启蒙时期的许许多多的伟大思想家、哲学家、历史学家的口号。

17.11 子曰:"礼云礼云,玉帛云乎哉?乐云乐云,钟鼓云乎哉?"

【译解】

孔子说:"那些为统治者们不断高喊的国家的正义、国家的正义,难道只是要求他们的人民每年都能向他们贡献一些玉石布帛就能够说明的吗?那些为统治者们不断高喊的国民的幸福、国民的幸福,难道只是请来一批乐师敲敲钟、打打鼓以示国民的幸福就能够说明的吗?"

【注释】

礼:人类理性根据自己对于宇宙及人类自身的道德本质和道德必然性的认识对什么是人类的合理的、合适的、应该的、恰当的、也即正义的和道德的政治制度、法律制度、行为方式、交往方式、生活方式的自觉规定或规范。人们通常所说的礼节、礼貌也只是对人们合理的、恰当的、正义的、道德的交往方式的一种规定或规范。这里的"礼"和"乐"一样,是就一个国家所应实现的自身本质或自身目的——国家的正义和人民的幸福——而言的。

乐:幸福、快乐,这里指作为国家所追求的最高目的的全体人民的幸福。

17.12 子曰:"色厉而内荏,譬诸小人,其犹穿窬之盗也与!"

【译解】

孔子说:"那种内心软弱胆怯而又想表现得十分坚强勇敢以至于使自己看起来显得像磨石一样生硬冷漠的人,他们与那些普通的内心软弱胆怯的人相比,假如说那些普通的内心软弱胆怯的人只是一些胆怯的、谨小慎微地提防着主人的小偷小摸的窃贼的话,那么,他们就是一些胆大妄为,从不提防,毫无警惕,一旦被主人发现便立即被吓破了胆,以至于仓惶地钻进狗洞并企图从狗洞里迅速出逃的公开抢劫的强盗。"

【注释】

厉:磨石,像磨石一样坚硬而又寒冷。

荏(rěn):荏弱,所能承受的重力("任")就像野草("艹")所能承受的一样,软弱无力。

小人:普通的人,这里与"盗"的意思相联系又相对比,它又具有"小偷小摸的人"的意思。

穿:《说文》:"穿,通也,从牙在穴中。"又:"牙,牡齿也,像上下相错之形。"不难理解,"穿"的本意是用尖牙在物体上咬一个洞("穴")以便用绳子或类似于绳子的植物把一些物体串在一起。《说文》所说的"通"应理解为动词:使形成一个通口,使能够通过。

窬(yú):《说文》:"窬,穿木户也,从穴俞声。"这个字可视为由"穴"和"踰"(省)构成,"踰"的本意是用足("足")跨越本来只能用船("俞")才能跨越的河流。因此"窬"的意思是妄图用跨越宽阔的河流的那种方式穿过洞穴,它表达的是人们在一种十分恐惧的情况下做出来的一种完全失去理性、完全不可能和不恰当的荒唐可笑的举动。

盗:公开的抢劫,它是一种胆大妄为的冒险的偷窃。一种不得已而求其次的获取生活享受品的愚鲁非法的行为。

17.13 子曰:"乡愿,德之贼也。"

【译解】

孔子说:"那种不分青红皂白、不辨是非善恶而一味地投合本乡本地、本国本土的人的一切好恶与意愿的行为,无疑是对人类道德的一大祸害。"

【注释】

乡:帮助,满足,迎合,相互帮助、相互满足,彼此迎合。"乡"这个字本来由两个相对的"邑"字中间加一个"良"字构成,因此它的本意应是指两个相邻的具有着良好而亲密的关系的地方(村庄)的人,这种良好而亲密的关系表现在邻居(相邻而居的村民)之间的来往密切、也常常相互款待和相互宴请。他们常常在一起集会,也总是相互帮助;他们生活在一起,没有什么个人的困难不能克服,没有什么个人的愿望不能满足。因为个人总是准备着去帮助每一个他人,每一个他人也总是准备着来帮助自己。因此,"乡"就是一个相互帮助、相互满足的关系亲密的群体。正如安子介先生所指出的那样,有些词源学家认为"乡"、"飨"、"卿"是一些从同一个字源中产生出来的字,它们之间的意思是相互联系、相互说明的。孔子在这里显然是贬意地使用这个"乡"字,意思是不分青红皂白、不辨是非善恶而一味地去满足、迎合他人的意愿的行动。显然,这种行为也往往就是那些传统地具有自然纯朴的良好关系但现在已使这种良好关系完全退化变质的腐化堕落的乡民们所具有的行为。这种行为总是狭隘的、排他的,以本乡本地的人的利益和意愿为转移的。

愿：原心原意，本心本意，实际的动机和欲望。

17.14 子曰："道听而涂说，德之弃也。"

【译解】

孔子说："那种学习的是冰清玉洁的真理而宣扬的却是肮脏污秽的谬误的人，他们的道德品质完全堕落腐化了。"

【注释】

道：道理，纯粹真理，绝对的真理。

道听：听道，道作为听的对象——听的是道。

涂：浊水污泥。这里与"道"的意思相联系，意喻肮脏污秽的谬误，这个字本来由"氵""余"和"土"构成。有的学者把这里的"涂"改写解释成"途"，这是不恰当的。

弃：掉落（"亡"）的树叶（"艹"）（这个字本来由"亡"和"叶"字构成），它必然会腐烂，因此它将成为人们扫除、抛弃的对象。

17.15 子曰："鄙夫可与事君也与哉？其未得之也，患得之。既得之，患失之。苟患失之，无所不至矣。"

【译解】

孔子说："这种可鄙的庸夫俗子的可鄙的行事方式怎么能够与那种堂堂正正的正人君子的堂堂正正的行事方式同日而语呢？这种可鄙的庸夫俗子，当他们还没有得到他们希望得到的东西时，他们为之担心忧虑的只是自己怎样才能得到它们，而丝毫不去担心忧虑自己这样得到它们是不是合于道德、合于正义。但当他们在丝毫不考虑道德与正义的情况之下得到了他们所希望得到的一切时，他们又会担心忧虑他们所得到的一切可能会因为其得来不合道德、不合正义而失去。当他们一旦开始担心忧虑他们所得到的一切可能会因为其得来不合道德、不合正义而失去时，那么世界上将没有什么样的过激防卫的行动是他们所做不出来的。"

【注释】

与：归与，归属。这里的意思是：把……放在一起并在两者之间进行比较。

无所不至：没有什么样的行为不会做出来，这里显然是指那种因担心自己已经获得的非法利益的丧失而采取的过激防卫的行为。

17.16 子曰："古者民有三疾，今也或是之亡也。古之狂也肆，今之狂也荡；古之矜也廉，今之矜也忿戾；古之愚也直，今之愚也诈而已矣。"

【译解】

孔子说:"如果说古代的人们也具有什么缺点毛病的话,那么我要说的是,古代的人们具有三种可贵的缺点毛病,而当今的人们或许这三种可贵的缺点毛病也没有了。古代的人们的狂妄自傲是无所顾忌的,当今的人们的狂妄自傲却是看风使舵的;古代的人们的自高自大是洁身自好的,当今的人们的自高自大却是趋炎附势的;古代的人们的愚鲁笨拙是正直诚实的,当今的人们的愚鲁笨拙却是邪恶奸诈的。"

【注释】

之亡:走向消亡,已尽灭亡。

肆:公开,不加掩饰,无所顾忌,大力炫耀。

荡:像水中的草一样随波飘摇,这里喻指摇摆不定,看风使舵。

矜:此刻的持矛者:妄自尊大。

廉:秉公而不贪,洁身自好。

戾(lì):蹲在门户("户")之下的看门犬("犬");趋炎附势。

17.17 子曰:"巧言令色,鲜矣仁!"

【译解】

孔子说:"那些巧于美好的言辞而拙于美好的行动的人和那些只注重自己华丽的外表而无视自己的内心世界的人,他们是很少具有什么真正的道德与正义之心的!"

【注释】

本章孔子所说的话出现过多次,这可能是孔子在不同的场合、不同的情况,面对不同的对象与问题所说的同一句话,但这同一句话在不同的场合、不同的情况之下应具有不同的意旨,因此我们根据这句话的基本的意思对它作不同的理解和翻译是恰当的。

17.18 子曰:"恶紫之夺朱也,恶郑声之乱雅乐也,恶利口之覆邦家者。"

【译解】

孔子说:"人们应该厌恶那种依靠卖弄伶俐的口舌而把本来远非鲜艳的紫色赞美得光彩照人,把本来光彩照人的红色贬低得黯然失色的人;应该厌恶那种依靠卖弄伶俐的口舌而把本来低级庸俗、混乱刺耳的郑国民歌赞美成高雅优美的音乐艺术,把本来高雅优美的音乐艺术贬低为低级庸俗、混乱刺耳的声音的人;同样,就像我们从历史中所了解到的那样,人们也应该厌恶那种依靠卖弄伶俐的口舌来贬低一个本来理想的已成为每一个公民的温馨的大家庭的联邦国家并企图以此来颠覆它的人。"

【注释】

紫:《说文》:"紫,帛青赤色,从系此声。"

朱:《说文》:"朱,赤心木,松柏属,从木一在其中。"深红色,大红色。

利口:使用像刀剑一样锋利的嘴巴以迅速地达到自己的宣传目的的活动,这种宣传活动事实上也就是公开的政治煽动。

在一个具有言论自由的民主的社会里(正如我们在西周后期,在古希腊的社会历史中所看到的那样),阴谋家常常采用政治煽动的手段来达到自己的政治目的(这显然是全体公民的政治素养不高和政治经验不足的必然结果)。政治煽动的手段总是和政治阴谋及其不光彩的政治目的紧密相联的。一个具有光明正大的政治目的的政治家决不采用那种政治煽动的手段来达到自己的政治目的。他只希望堂堂正正地与他的政治对手展开对话,因此他对于他的政治对手采用的只是说服的方法而不是采用煽动——即用单纯的攻击之词在群众中煽起对于他的政治对手的反对的声浪——的方式。说服总是面对面地进行的,而煽动则总是背着自己的政治对手自行其是、不受约束地进行的。

邦家:国家,联邦国家。"邦家"和"国家"的组词方式是一致的,"邦家"和"国家"一样,它表达的是古代人们对于"邦"或"国"的理想:一个作为每一个公民的温馨的大家庭的国家或联邦。

17.19 子曰:"予欲无言。"

子贡曰:"子如不言,则小子何述焉?"

子曰:"天何言哉？四时行焉,百物生焉,天何言哉?"

【译解】

孔子说:"仰望浩瀚无际的宇宙星空,我真不想再说任何一句话了。"

子贡说:"先生如果不再说任何一句话了,那么我们那些年轻的作为你的学生的人们怎么可以从你那里学到将来我们也必须要向别人讲述的那些珍贵的知识呢?"

孔子说:"浩瀚无际的宇宙可曾对我们说过一些什么呢？浩瀚无际的宇宙使四时运行、百物生长,可是这浩瀚无际的宇宙可曾对我们说过一些什么呢？——年轻的先生们,去认识宇宙吧！因为一切自然与人类社会的真理都直接存在于那使四时运行、百物生长的宇宙之中。"

17.20 孺悲欲见孔子,孔子辞以疾。将命者出户,取瑟而歌,使之闻之。

【译解】

有一次,那个平时使孔子感到实在无法恭维的孺悲来到孔子住所的门前,想要拜见孔子,孔子不得不以病得厉害为托辞加以拒绝。但当他的信使走出门外将他的这一托辞向孺悲传达时,孔子却立即取来琴瑟弹奏起乐曲,并且伴随着弹奏的乐曲之声大声地歌唱起来,以便使他的高亢的歌唱能够为站在屋外的孺悲所听见。

【注释】

孺悲:据说他是鲁国政府中一位年轻而低级的官员,鲁国国王曾派他来向孔子学习有关古代的丧葬礼仪的知识,以便将来在鲁国政府中担任为去世的政府官员举行丧葬礼仪的工作,但被孔子拒绝了。

将命者:传达口信和信函的人。

这里表达的是孔子采用一种既直截了当又幽默风趣的方式来表达他对他所蔑视的人的蔑视。这种行为方式表现了孔子的机敏的智慧、直截了当的作风、坚定不移的信念以及敏感仁慈的心灵。他希望通过这种否定之否定等于肯定的方式明白无误地表达他对这个人的轻蔑,但又希望这种轻蔑不至对这个人造成很大的心理上的伤害。在这里我们发现,孔子通过他的信使用谎言表达了他对孺悲这个人的基于人道的最基本的尊重(我不是不愿意接见你,而是我病得厉害)。一般说来,谎言是道德所反对的,但有时谎言也可以用来达到道德的目的。而孔子在这里所使用的谎言就是一个例证。

17.21 宰我问:"三年之丧,期已久矣。君子三年不为礼,礼必坏;三年不为乐,乐必崩。旧谷既没,新谷既升,钻燧改火,期可已矣。"

子曰:"食夫稻,衣夫锦,于女安乎?"

曰:"安。"

曰:"女安,则为之!夫君子之居丧,食旨不甘,闻乐不乐,居处不安,故不为也。今女安,则为之!"

宰我出,子曰:"予之不仁也!子生三年,然后免于父母之怀。夫三年之丧,天下之通丧也。予也有三年之爱于其父母乎?"

【译解】

宰我问:"为死去的亲人所进行的为期三年的守丧,我想这个期限未免太长太久了。假如全世界所有的有道德心、有正义感的君子都去为他们死去的父母守丧三年而不去献身于社会的正义,那么以社会的正义为基础的国家制度就会为他人所败坏;假如全世界所有的有道德心、有正义感的君子都去为他们死去的父母守丧三年,而不去建造全体人民的幸福,那么以全体人民的幸福为目的的国家制度就会倒塌。旧的一年里收获的稻谷既然已经吃完,新的一年里的稻谷既然已经收割,新旧之间是一年的时间,况且从人们现在都已抛弃原来的钻木取火的方法而采用更为先进的钻燧取火的方法这一事实中,我们发现我们的全部生活方式、全部社会风俗都有改进的可能,因此,我认为人们为期三年的守丧期限应改为一年就可以了。"

孔子说:"假如现在你的父母去世了,而你仍然像现在那样过着一种锦衣玉食的生活,对此你难道仍然会感到心安理得并觉得这样生活是妥当的吗?"

宰我说:"我觉得这是妥当的。"

孔子说:"既然你觉得这是妥当的,那么你就照着这样做好了!然而,当一个堂堂正正的君子背负着失去父母的巨大悲伤的时候,他无论吃什么美味佳肴都是没有滋味的,无论听什么优美的乐曲都是没有感触的,无论住什么舒适的房子都是不舒服的。正因为如此,他决定不吃任何美味佳肴,不听任何优美乐曲,不住任何舒适的房子,而甘心过着清苦的生活,以陪伴自己的亡父亡母。现在你既然认为当你父母去世之后你仍然可以感到心安理得地去过一种锦衣玉食、享乐无度的生活,那么你就照你所认为的去做吧!"

宰我表示不服气,孔子说:"看来我的宰我是一个不仁不义、没有仁爱慈悲之心的人!任何一位做儿做女的人都是只有到了出生三年之后,才可以离开自己父母的怀抱。因此父母去世之后,做儿做女的人为去世的父母守丧三年,这乃是全世界通行的守丧期限。难道我的宰我就不曾获得过那两个做你父母的人的三年的特别优厚的爱护,以至于你对你将来死去的父母要如此绝情吗?"

【注释】

三年:根据孔子所说的"子生三年,然后免于父母之怀",它应是实指,而不是虚指。

期:宰我在这里显然是在两种意义上使用这个"期"字的,一种意义是"期"的引伸意:人们为守丧确定的三年的时间长度或期限,一种意义是"期"的本意:一年的时间周期或时间长度。

钻燧改火:用敲击燧石以取得火种的方法来改进更替以前的那种钻木取火的方法。它与钻木取火的方法相比,可以说得上是一种真正现代的取火方法。宰我在这里以钻燧改火来说明改革丧葬制度的合理性和必要性。

稻:稻米是我国古代西北地区人民的一种较珍贵的粮食,因此,这里的"稻"和"锦"(锦衣)相提并论,可以说得上是玉食了。

旨:令人喜悦的美味佳肴。

出:诎,表示不服气,表示不接受,表示拒斥。

夫三年之丧,天下之通丧也:孔子所赞成的古代那种普遍采用的为去世的父母守丧三年的礼仪,以我们现代人的观点来看,它不仅无法接受,也无法理解。但是我要指出的是,它在古代并非像在现代那样没有可接受性和可理解性。在《泰伯第八》第4章中,曾子曾为人类为什么会如此重视人的死亡这一事件提出了三条理由:"动容貌,斯远暴慢矣;正颜色,斯近信矣;出辞气,斯远鄙倍矣。"不难理解,重视死亡是生者在面对死亡、特别是亲人的死亡时感受到生命的意义与价值的丧失的沉重忧伤之后重新追求生命的永恒意义与价值的一种完全发自心灵内部的精神尝试;这种尝试也就是哲学的反思、宗教的皈依,是对于有限的生命的永恒意义与价值的基点的寻求、发现与确立的过程,而这基点也就是道德、正义与普遍的爱,它们是人类生命的永恒意义与价值的坚固基石,也是人类文明的坚固基础。人类生命的意义与价值只能立足于这些基石之上,人类的文明也只能立足于这些基石之上。因此三年的守丧对于人们来说是一次彻底的精神的洗礼,一次彻底的心灵的净化,一次彻底的有限生命向无限生命的超度。通过它,人们将永远远离罪恶,永远抛弃个人那狭隘有限的生活的意图,而开始去过一种真正的精神的生活、理性的生活、道德的生活与正义的生活。因此三年的守丧对人们来说完全具有宗教修道的意义。从物质方面来考虑,由于古代自然的富饶,自然生态体系的优越完美,以及人们生活朴素,欲望有限,再加上完美的人际关系和古朴的民风民俗所促成的人们对于守丧者提供的物质上的必要帮助,因此守丧者一家人三年的基本物质需要是绝对不会成为一个什么问题的。也正因为如此,三年守丧作为一种为人们普遍接受的风俗才具有可行性。当然随着生态环境的人为破坏,人们为获得自己所必须的物质生活条件所应付出的劳动越来越多,三年守丧的可行性也就随之消失,社会风俗(它是人们全部社会生活方式的总和)的变革也就不可避免。在这里,宰我也许是最先发现三年守丧的可行性已经正在消失因而改革势在必行的人。人们必须寻找新的进行精神洗礼的方法。

正如维柯在其著名著作《新科学》中所指出的那样,对死者表示哀悼并以一定的方式为他举行葬礼,这是人类文明的一大普遍的特征之一。孔子在这里提出的对三年守丧的辩护理由之一是人们对死亡的悲哀。当亲人死亡之后,人们似乎只有通过长达三年之久的守丧才能向死亡的亲人倾吐完自己的全部悲伤。并且在孔子的话语的喻意之中,这种悲哀是人们仁慈、善良的心灵的表征。这显然是非常正确的。因为冷漠的道德心处于僵持状态之中的人对死亡将是无动于衷的。同样对于那些将对他人造成明显伤害的事情,他们也将是无动于衷的。这种人,当他完全陷入非义的状态,完全生活在非义之中时,他将仍然毫无感觉,并且他将把这种非义的生活视为正常、视为自然。因此,当人们都变成一些见哀不哀的人,这将会是多么可怕的事情。显然,孔子为三年守丧的风俗礼仪的辩护理由是深刻的。尽管对于大多数人来说,由于面对越来越大的生活压力,他们越来越感觉到他们没有可能坚持这样做。但对于少数有能力这样做的人是否仍然应该坚持这样做呢?因为那确实是人们重新对自己的生命和生活作全面系统而深刻的哲学思考与反思的极好的机会。在我的头脑中,我似乎还依稀记得,在西方,在俄国,在印度也有类似守丧三年的风俗,在这三年守丧期间,贵族将完全退出公共政治生活。

17.22 子曰:"饱食终日,无所用心,难矣哉!不有博弈者乎?为之,犹贤乎已。"

【译解】

孔子说:"一个人想要做到每天吃饱喝足之后什么也不想、什么也不做是非常困难的。正因为如此,每当人们处在无所事事的状态中的时候,便不免会感到空虚和忧虑。为了解除人们因无所事事所引发的空虚与忧虑,人们不是发明了围棋吗?所以,当人们处在无所事事的时候,和他人一起下围棋总比完全无所事事要好。"

【注释】

弈(yì):《说文》:"弈,围棋也。"泛指棋类。

博弈:棋类中最大的棋种,我想它指的就是围棋。

本章可视为孔子对于那种无意识、无意志论的一种批判:意识、意志、情感是人类与生俱来的精神本性,人们无法否定它,也无法回避它。它是我们生命中的一种比我们所能感知到和意识到的存在本身更为强大的东西,它支配了我们的活动、我们的生命、我们的存在。它促使我们不断地去感受、去思考、去认识、去行动、去追求,并且只有当我们找到了恰当的感觉、恰当的思想、恰当的认识、恰当的行动与恰当的追求时,我们才能感到安适、自由、快乐、幸福、满足与强大,相反,我们将感到不安、限制、压抑、不幸、不满与软弱渺小。意识与意志是人的存在的绝对本质,那些放弃意识与意志活动而甘于无所作为的人,他的放弃本身就是一种意识与意志的活动。

17.23 子路曰:"君子尚勇乎?"

子曰:"君子义以为上。君子有勇而无义为乱,小人有勇而无义为盗。"

【译解】

子路说:"君子应该崇尚勇气吗?"

孔子说:"君子当然应该崇尚勇气,然而君子并不把勇气而是把正义看得至高无上。在君子的心灵中如果只有勇气而没有正义,那么他们就会成为一些没有思想与行动的统一性的自相矛盾的人;然而在小人的心灵中如果只有勇气而没有正义,那么他们就会成为一些公然抢劫的强盗。"

【注释】

乱:混乱的自相矛盾的行为。

17.24 子贡曰:"君子亦有恶乎?"

子曰:"有恶,恶称人之恶者,恶居下流而讪上者,恶勇而无礼者,恶果敢而窒者。赐也!亦有恶乎?"

曰:"恶徼以为知者,恶不孙以为勇者,恶讦以为直者。"

【译解】

子贡说:"君子也应该有令他厌恶的对象吗?"

孔子说:"君子当然应该有令他厌恶的对象,也即他应该厌恶那种称赞别人的丑行劣迹的人,应该厌恶那种自己品质才能卑劣低下却诽谤别人杰出卓异的品质才能的人,应该厌恶那种胆大包天而又蛮横无礼的人,应该厌恶那种见利忘义而不顾一切的人。我的子贡!你也有什么令你厌恶的对象吗?"

子贡说:"我厌恶那种把自己的一知半解视为了不起的知识的人,厌恶那种把自己的粗暴无礼视为勇敢无畏的人,厌恶那种把自己对他人的公开的毁谤视为直率坦诚的人。"

【注释】

讪(shàn):讥笑,诽谤。

果敢:敢果,鲁莽无知地去获取果实,见到果实便不顾一切地获取它。我认为"果敢"的本意是指那种见利而行的鲁莽行为,而"果断"的本意就是见到利益便立即作出决断,不犹豫、不迟疑只是它的引伸意。

窒(zhì):《说文》:"窒,塞也。"窒息,死亡。

讦(jié):公然而毫无根据地攻击指责他人。

徼(jiào):边沿,这里指一知半解,只沾到一点知识的边。

17.25 子曰:"唯女子与小人为难养也,近之则不孙,远之则怨。"

【译解】

孔子说:"只有那些还离不开母亲的怀抱的童男童女才和那些庸俗的小人一样使人感到难以伺候,对于这样一些人,当人们亲近他们时,人们只会得到他们的无所顾忌的对待,而当人们疏远他们时,人们又会遭到他们毫无根据的埋怨。"

【注释】

女:母亲、家庭主妇,家庭的维系者,这是"女"的本意。

女子:母亲的儿女,还在母亲怀里的儿女,还只有依靠母亲的照料喂养才能生活的儿女,也即幼儿幼女。我发现有些《诗经》的注释者都将《诗经》中的"女子"两字释解为"女孩子"或"小女孩",这种释解显然是正确的。但是就"女"的本始的意义来说,它作为一个与"男"相对应的概念,显然是指妻子和母亲,并且它和许多名词一样,具有动词的含意,其意思是"对……尽母亲的职责"。因此,这里的"女子"也可理解为"需要母亲对其尽责照料的小孩子"。在古文中,"女"指的是家庭主妇,即家庭生活的维系者,也即指母亲。因此"女"在它的原始的意义中并非指一般的女性,而是指已成为家庭主妇的也即已经出嫁的女性。至于没有出嫁的女性,她们将仍然被称作"子",她们在家庭里享有和男孩一样的称呼——"子"。从"女"和"子"的本始意义中,我们不难发现,中国固有文化中并没有那种令所有文明人都感到耻辱的重男轻女的观念。

17.26 子曰:"年四十而见恶焉,其终也已。"

【译解】

孔子说:"一个年龄已达四十岁而仍然没有获得任何一种受人尊重的才能以从事一种受人尊重的职业的人,我想这个人的一生也就完结了。"

【注释】

见恶:被厌恶,这里只是一种不被喜欢、不被欣赏的一种夸张的表达。

微子第十八

18.1 微子去之,箕子为之奴,比干谏而死。
孔子曰:"殷有三仁焉。"

【译解】

微子因劝说纣王放弃其荒淫无度的生活与惨无人道的暴政无效而公开辞去了他所担任的一切职务并离开了殷朝政府所统治的这个国家,箕子因当面批评指责纣王的荒淫无度的生活与惨无人道的暴政而被纣王贬为奴隶,比干也因与箕子一样的原因而献出了自己的生命。因此,孔子说:"纵使在纣王统治之下的那些最黑暗的岁月里,殷朝政府中也曾经有过三位献身于正义与人道的志士仁人。"

【注释】

微子:总管微封国的殷朝贵族,一位名启的子爵。他因为多次劝说纣王放弃其荒淫无度的生活和惨无人道的暴政无效而公开辞去他所担任的各种职务,并离开纣王所统治的国家,这是对纣王的一种最强烈的抗议与最公开的蔑视的表示。不过看样子,纣王还没有残暴到对一切不满他个人和他所统治的国家的人都格杀勿论的程度。

箕子:总管箕封国的殷朝贵族,一位名胥馀的子爵。有一次他特别找到纣王,并当面批评指责纣王的所作所为,纣王因此对他说:"只有自认自己是十全十美的圣人的人才有权力这样对我说话。据说凡圣人之心都有七窍,现在我倒想证实一下你是不是一位真正的圣人。"他于是叫人用剑切开箕子的胸膛并取出他的心脏,箕子感到恐惧,拒绝接受显然是要置他于死地的试验,这样,纣王便说:"既然你不愿意让他人来证实你是否是一位真正的圣人,那么你显然就是一位假冒的圣人。今天你作为一位假冒的圣人竟然以一位真正的圣人的口吻对我说话,那么,从今以后你就只能做我的奴隶了。"于是箕子也就沦为纣王的奴隶了。

比干:他当面批评指责纣王的暴行,纣王把他曾经对箕子说过的那一番话对比干重复了一遍,但比干并没有像箕子那样拒绝接受纣王的暴行,而是无所畏惧地承受了它,并因此而献出了自己的生命。人称比干王子,可能比干本来是一位具有王位继承权的人。他与纣王应是同父异母兄弟,但由于比干的母亲早死,作为后来得势的后母的亲生儿子的纣在身为国王的老父去世之后,便在生母的帮助之下获得了他本不应该获得的王位。

18.2 柳下惠为士师,三黜。

人曰:"子未可以去乎?"

曰:"直道而事人,焉往而不三黜?枉道而事人,何必去父母之邦?"

【译解】

柳下惠在鲁国政府担任主管刑罚的法官这一职务期间,曾多次被免职。

有人有见于此,便问柳下惠说:"你不可以离开鲁国而到别的国家的政府中去谋取职位吗?"

柳下惠回答说:"在如今我们所生活的世界上,一个只想按照自然而正义的原则行事为人的人,到哪一个国家的政府中去任职才有不被一而再、再而三地免职的可能呢?然而对于一个不想按照自然而正义的原则而愿意按照非自然与非正义的原则行事为人的人,又何必要离开自己的父母曾经生活和居住过的那个国家而到别的国家去谋取官职呢?"

【注释】

士师: 主管刑罚的法官,就这一名称本身所直接包含的意义而言,这一职位应由具有较高的思辨能力与逻辑推理能力的人所充任。

黜(chù): 《说文》:"黜,贬下也。"即降职,通常情况下,这是不名誉的、黑色的、不光彩的。因此"黜"的本意是给予或受到黑色的、不光彩、不名誉的拒斥。因此"拒斥"或"不让进入"是"出"的本意。"入"作为"出"的反意词,本意为容入某一个对象之中,因此"入"也具有接纳的意思。

枉: 曲,具有很多很多的分枝的树木,这种树木不可能长得很直很高。引伸为弯曲,不正直,不正义。

事人: 做人,行事为人。

父母之邦: 父亲母亲曾经生活和居住的国家。

18.3 齐景公待孔子曰:"若季氏,则吾不能;以季、孟之间待之。"

曰:"吾老矣,不能用也。"

孔子行。

【译解】

齐国的国王齐景公在会见带着他的政治理想与政治使命来访的孔子时说到他所能给予孔子在齐国政府的权力与职位的设想时说:"如果你想要我

给予你在齐国政府中像季氏在鲁国政府中的同样的权力与职位,我是无力办到的;我想我所能给予你的在齐国政府之中的权力与职位只能介于季氏和孟氏这两者在鲁国政府中的权力与职位之间。"

对于齐景公的这番话孔子感到无言以对,齐景公便接着又说:"我已经老了,我可能对你不会有什么用处了。"

在这次接见之后,孔子便离开了齐国。

【注释】

待:接待。

在这里,齐景公把孔子视为一个为了谋取官职而周游列国的人,而不是一个为了一种崇高的政治理想与政治使命而周游列国的人。正因为如此,齐景公在给予孔子什么样的官职的问题上疑虑重重,并存有戒心,孔子因此而愤然离开了齐国。确实,在国家政治生活中,如果人们仅仅为了个人权力,那么人们就不可能建立起真正的互信与合作。对孔子这样的理想主义者来说,权力无法使他与人接近起来,只有共同的政治理想才能使他与人接近起来。他无法与那种只关心自己所拥有的权力的人打交道。

18.4 齐人归女乐,季桓子受之,三日不朝,孔子行。

【译解】

齐国政府的有关人士决定要把齐国的一大批优秀的歌姬舞女赠送给鲁国政府,当时鲁国政府的宰相季桓子代表鲁国政府高兴地接受了齐国政府的这一馈赠,于是整个鲁国政府的几乎所有的官员们都被这批歌姬舞女所迷住,而不再顾及政府的日常工作。一连几天,他们几乎不再来政府部门上班办公了。在这种丑陋而自己又感到无能为力的现象面前,孔子终于毅然作出了他久久未能作出的离开鲁国的决定。

【注释】

归:赠送。"归"的本意是嫁或嫁给,它之所以获得了赠予或赠送的意思,这显然是由于"归"这个字直接反映了古人对于婚姻的正确理解和正确观念:婚姻是无偿的赠予,而不是有价的买卖。

季桓子:季孙斯,鲁国定公及哀公初年时的宰相。

本章的背景可能是,孔子限制三家权力的政治努力失败,孔子司法与公共安全部部长之职已被罢免,但考虑到孔子的世界声誉以及孔子仍然具有的巨大的政治影响力,季氏仍然不想使自己与孔子的对立加剧、分歧扩大,因而仍然为孔子在鲁国政府保留了一个名誉性的职位(其中的更为直接的原因显然是孔子在季氏劫持鲁国国王并以此要挟孔子放弃其政治改革及其权力时孔子所作出的令世人尊重的高尚妥协)。但那时的三家的气焰已比以前更为嚣张了。他们想在鲁国政府以及整个国家生活中培植一种享乐主义的倾向,以转移人们对鲁国政治的注意力。在这种情况之下,孔子终于毅然作出了他很久以前就想到过但一直都未能作出的断然决定:离开鲁国,到各国去寻求实现自己的政治理想的可能和机会。尽管他敏锐地感觉到希望和前途渺茫,但他还是决定尽力一试。正像许多有远见的评论家所评论的那样,如果没有这次列国之行,孔子思想的影响力将会是非常有限的。没有这次列国之行,他的政治声望就不会遍及整个东方世界。由于这次列国之行,他的政治思想已深入整个中国大地上每一个有抱负、有正义感的人们的心灵深处,以至于他的思想武装了一代又一代的有抱负、有正义感的人们,使他们投身到了实现国家正义的政治活动之中。

18.5 楚狂接舆歌而过孔子曰:"凤兮凤兮,何德之衰?往者不可谏,来者犹可追。已而已而,今之从政者殆而!"

孔子下,欲与之言。趋而避之,不得与之言。

【译解】

楚国的狂人接舆在孔子访楚的住地门前走来走去并反反复复地高声唱着一首歌:"凤凰呀凤凰!你这理想世界的鸟儿!为什么要到我们的世界里来生活?难道你不知道我们这个世界的道德已经何等的衰微?很久很久以前,你就已经来到我们这个世界里生活,对此我们现在已无法劝阻;但是在未来的日子里,你是否还要在我们的世界里生活,我们却要奉劝你重新作出选择。我们这个世界的道德已经完蛋,我们这个世界的道德已经无可挽回!当今那些献身于政治的正义的人是多么危险,当今那些献身于政治的正义的人是多么易于丧命!"

孔子在自己的住所里完全听清楚了接舆在屋外反反复复地唱出的一切,他于是从自己的住所里走出来,并走下台阶想与接舆交谈。接舆看见孔子走下台阶并想与他交谈,他迅速地避开了,孔子无法得到与他交谈的机会。

【注释】

接舆:楚国的著名隐士,人称狂人,楚昭王曾召他治理河南之地,他拒绝应召,而和妻子隐居山中。他之所以认为从政危险,那显然是因为在那些大权在握的人们的操纵之下,官员们互相怀疑、互相戒备,每一个大权在握的人都纷纷把自己的亲信党羽安插在自己周围,以致造成了一种人人自危的局面,使从政失去了最基本的安全保障。

据《孔子世家》说,孔子访问楚国期间,楚昭王本打算把他祖先自西周获得的一块五十平方里的封地赠给孔子以及弟子,以作为孔子及其弟子讲学读书之用。楚昭王这一计划立即引起了楚令尹(宰相)子西的恐慌。子西说:"今孔丘述三王之法,明周召之业,王若用之,则楚安得世世代代方数千里乎?夫文王在丰,武王在镐,百里之君,卒王天下。今孔丘得据土壤,贤弟子为佐,非楚之福也。"于是楚昭王也就取消了他本来打算给予孔子的慷慨赠予。也正是这时,楚国的著名隐士接舆在听到这些事情之后,便跑到孔子在楚国的住所面前唱起了那首庄子在《人间世》一文中作了显著不同的记述的劝隐之歌：

"凤兮凤兮，何如德之衰也。来世不可待，往世不可追也。天下有道，圣人成焉；天下无道，圣人生焉。方今之时，谨免刑焉。福轻乎羽，莫之能载；祸重乎地，莫之知避。已乎已乎，临人以德；殆乎殆乎，画地而趋。迷阳迷阳，无伤吾行；吾行却曲，无伤吾足。山木自寇也，膏火自煎也。桂可食故伐之，漆可用故割之。人皆知有用之用，而莫知无用之用也。"

《庄子》所记和《论语》所记显然具有思想情调上的显著差异——庄子总是习惯于把一切都纳入他的消极的、玩世不恭的、虚无主义的思想情调，因此我们不可把《庄子》所记和真实混为一谈，也不能把《庄子》所记和《论语》所记混为一谈。我们只能根据《论语》本身来理解《论语》。

隐士在这首劝隐之歌之中所表达的意思是清楚的：隐士认为，为了个人的人身安全计，一切正直的人们既然不能主宰这个世界，就应该从那个不利于正直的人们生存的世界中完全退出来，退回自然之中，退到自然的状态，而不是认为那个越来越不适合于一切正直的人们立身和生活的社会现实是对于一切正直的人们的人格、智慧、意志和勇气的真正的挑战，因此一切正直的人们应该冷静、沉着而又坚定地站立起来，团结起来，聚集在道德与正义的旗帜之下，勇敢地接受这一挑战，为建立一个适合于一切正直的人们生存的世界而奋斗。

18.6 长沮、桀溺耦而耕，孔子过之，使子路问津焉。

长沮曰："夫执舆者为谁？"

子路曰："为孔丘。"

曰："是鲁孔丘与？"

曰："是也。"

曰："是知津矣。"

问于桀溺。

桀溺曰："子为谁？"

曰："为仲由。"

曰："是鲁孔丘之徒与？"

对曰："然。"

曰："滔滔者天下皆是也，而谁以易之？且而与其从辟人之士也，岂若从辟世之士哉？"耰而不辍。

子路行以告，夫子怃然曰："鸟兽不可与同群，吾非斯人之徒与而谁与？天下有道，丘不与易也。"

【译解】

　　一个长长的汗流满面的人和一个高高的衣服浸透了汗水的人手拿铁齿耙在那里翻动捣碎土块,整理土地,孔子乘车路过他们耕作的那个陌生的地方时远远地发现了他们,便要子路去向那两个人打听过河的渡口在什么地方。

　　当子路向那个离他较近的长长的汗流满面的人走过去并彬彬有礼地向他请教渡口的去处时,那个长长的汗流满面的人避而不答,反而向子路询问说:"那个在那边牵住缰绳,扶住马车的人是谁呢?"

　　子路说:"他是孔丘。"

　　那个长长的汗流满面的人说:"他就是鲁国的孔丘吗?"

　　子路说:"是的。"

　　那个长长的汗流满面的人说:"据我所知,他既然是一位深知整个世界及人类历史发生发展的全部必然性的道路的人,那么我想他也应该是一位每到一处都能知道渡口在什么地方的人。"

　　子路发现那个长长的汗流满面的人似乎是在不怀好意地回避问题,拖延时间,便离开了他,而走上前去问另一个高高的衣服浸透了汗水的人。

　　那个高高的衣服浸透了汗水的人说:"先生你是谁?"

　　子路说:"我名叫仲由,字子路。"

　　那个高高的衣服浸透了汗水的人说:"就是鲁国孔丘的那个有名的信徒和追随者吗?"

　　子路回答说:"正是。"

　　那个高高的衣服浸透了汗水的人说:"我们现在那个世界上的没有道德心和正义感的人就像泛滥成灾的滔滔洪水,遍地都是,而有谁有能力扭转乾坤,改变这一局面呢? 看你那副身强力壮的样子,我对你倒有一个好的建议,不知你是否愿意采纳? 我的建议是,你与其跟随孔子那个处处都在逃避坏人的伟大政治家生活,倒不如跟随我们那些根本就不和这个败坏透顶的世界打交道的普普通通的农夫生活。你跟随着孔子这样一个处处都在逃避坏人的人生活,怎么比得上跟随着我们那些根本不和这个败坏透顶的的世界打交道的普普通通的人生活呢?"那个高高的衣服浸透了汗水的人一边这样说,一边仍在不停地用铁齿耙翻动捣碎田里的土块。

　　子路感到他再也没有耐心等待那个高高的衣服浸透了汗水的人回答他所询问的问题了,便立即离开了那个人,并把他从那个人那里听到的一切告诉了孔子,孔子带着自爱而又自傲的口吻非常不以为然地说:"我们只是逃避坏人而已,但我们仍然坚持要和一切好人生活在一起。我们深信我们既然不可以和鸟类与兽类作为同一种生物生活在一起,那么我们如果不与我们人这样一种生物共同生活,难道我们还能与别的什么生物共同生活在一起吗?此外,如果这个世界拥有道德与正义,并且个个都是好人,那么我孔丘就用不着想要和一切好人联合一道,来改造这个世界了。"

【注释】

沮(jù):水流("氵")满布并不断地往下流,这里相对于一个劳动者而言,显然是指汗水满布并不断地往下流。

长沮:个子高高的汗流满面的人。

溺(nì):浸透了。

桀:从这个字的原始的符号形式中可以看出,这个字的本意是指两个人爬树比赛,结果两个人难分胜负地都爬到了树木的最顶端,因此这两个难分胜负的人都具有爬树的杰出能力。由于爬树也是一种形式的登高,因此"桀"既具有杰出的意思,也具有高或高大的意思。

桀溺:一个高大的衣服浸透了汗水的人。

长沮、桀溺:从子路仅仅以他们的外表特征及其当时所处的劳动情景来称呼他们这一点来看,他们并不像许多学者所理解的那样是什么隐士,而是普普通通的农夫。不过他们像许多普普通通的农夫一样,对于他们自身所处的时代的政治环境具有深切而又深感无能为力的感受和认识,而这种深切而又无能为力的感受和认识是那些普普通通的人们对于一个黑暗的政治时代的感受与认识的一般特点。他们仅以单独的个人即以他一个人自身的力量为法码来称量整整一个社会的黑暗的力量,结果他发现,整个社会的黑暗力量几乎是无法称量的,而自己个人的力量与这整个社会的黑暗的力量相比几乎就等于零。因此根据这样一种认识,他们认为反抗是无望的。在这股强大的黑暗势力面前,他们只有忍气吞声并不断地抱怨自己生不逢时。他们也总是抱着一种慈悲善良的好心肠劝说别人放弃任何改变这个世界的努力和打算。而且他们之中的一些人往往还会出于自私与利己的狭隘的观点而认定一切企图改变这个世界的人们是一些愚蠢不智的人。因为他们理解到,这样做的风险以及由此所引起的痛苦是任何像他们那样的个人都难以承受的。由于他们只希望能以一种完全不冒风险、也不受任何痛苦的绝对理想的方式来改变这个世界,因此他们认定只有神才能做到这一点,而人是绝对做不到这一点的。因为在他们看来,和他们一样的任何个人都没有神的无穷力量,并且和他们一样的任何个人都承受不了这种风险和苦难。事实上,社会黑暗的力量远远没有像他们所想像的那样强大。因为黑暗的力量只是这样形成的:在完全无知的情况下,许多人选择了邪恶作为他们更迅速地达到幸福的生活目的的手段,结果误入歧途,掉进了罪恶与苦难的双重深渊之中。许多人首先是为幸福而作恶,而当人们一旦作恶,人们便掉进了罪恶的陷阱:这样人们就不得不为作恶而作恶。于是人们在作恶中越陷越深,以至到头来人们只看见自己和他人的有如海洋般的罪恶,而再也看不见自己当初为了追求它而作恶时所看见的那个幸福的目的的彼岸。正如人们所说,任何一种用罪恶的手段获取的幸福都必须依靠比当初获得它的罪恶手段多十倍的罪恶手段才能将它维护,在这种情况下,人们哪里真正有时间和心思去享受那些通过罪恶获得的幸福呢?在这种情况下,人们不得不抛下自己用罪恶手段获得的幸福而被迫去与那些他在用罪恶手段获取幸福时所伤害的人们作战。并且除非人们自愿地交出自己用罪恶手段获取的幸福,这场战争的规模与激烈程度只会逐渐地升级——这是任何人都将感到难于应付、难以支付其高昂代价的战争,这就是任何一种开始了的罪恶都必须陷下去的深渊。并且这还仅仅是一个罪恶的人所面临的全部战争的一个方面:与那些被他伤害了的人的战争。事实上,他还必须与那些他根本没有伤害而他们却要不断地伤害他的那些如他一样的罪恶的人进行战争。因此一个人一旦陷入罪恶,他就同时面临着两条战线上的战争,一是与正义的人的战争,一是与和他一样罪恶的人的战争。从此他就完全走到了他所要追求的幸福的反面,他再也不会有安全感、有幸福和自由感了。因此,对每一个选择了以作恶作为其获取人生幸福目的的手段的人来说,在他们的内心世界里也是希望彻底结束他们已经越陷越深的所有罪恶的,只是他们往往看不到有结束这种罪恶的现实的可能性而已。也正因为如此,人类历史上任何一个生逢其时的伟大的思想家都这样深信不疑地认为,只要让他们在这个罪恶的世界里施行思想与道德的启蒙,他们就能把这个世界从罪恶里拯救出来,而我们的孔子显然就是这样一位生逢其时并这样认定的伟大思想家。

耦(ǒu):《说文》:"耦,耒广五寸为伐,二伐为耦。"根据这种解释,"耦"可能并不是那种带着很长的木齿或铁齿的前面用牛拉、后面由人用手操纵并同时给它施压的耙,而是像锄头一样使用的耙。不过它并不是像锄头一样可以用来锄草,而是用来把翻耕的大土块捣碎。在现在的农业生产中,人们仍然在使用它。常见的有二齿耙,四齿耙。二齿耙的宽度是四五寸,四齿耙的宽度为六七寸。

耕:在井田里使用耕作工具,全部的耕作或种植庄稼的活动。

津:在河岸边停靠的船头插着的一支笔一样的用于撑船的竹篙的渡口,由于过河的人远远地便能看见那根像一支笔似地竖立在渡口船头的竹篙,结果这支笔似的竹篙便成了渡口的象征:人们可以经此乘船过河。由于渡口是人们到达目的地的关键性的必经之路,而渡口的渡船是人们能够渡过河流的必须乘坐的交通工具,因此"津"是人人无不关心、无不谈论的对象,因此人们用"津津乐道"来形容那些为人广为关注、广为谈论的对象,而用"无人问津"来指那些反常的、照理说来不应该这样遭到冷淡或冷遇的对象。这里的"知津"具有这样双关的含意:对于孔子这样一个认识到世界以至人类历史发生、发展的全部必然道路的人,不应该对人们现实生活中行走的整个道路系统中的具有关键意义的渡口("津")知之不详,以至还要向他人请教。这显然具有讽刺挖苦的意思,因此子路认为这两个农夫的话语是对孔子大大地失敬了,他再也不去向他们问津了。而当子路回忆并向人们讲述这件事时,他用"长沮"、"桀溺"来称呼这两个农夫,这种称呼也显然具有轻蔑的含意。

易:更易,更改,扭转,改变。

耰(yōu):这个字可视为由"耒"和"擾"(省)构成,意为用耦齿翻动并捣碎土块。

忤(wǔ)：《说文》："忤，爱也，……一曰不动。"我们可以这样理解它的含意：自珍自爱，对一切不以为然、超然物外。

斯人之徒：斯人之类，这样的一种人类。

18.7 子路从而后，遇丈人，以杖荷蓧。

子路问曰："子见夫子乎？"

丈人曰："四体不勤，五谷不分，孰为夫子？"植其杖而芸，子路拱而立。

止子路宿，杀鸡为黍而食之，见其二子焉。

明日，子路行以告。

子曰："隐者也。"使子路反见之，至则行矣。

子路曰："不仕无义，长幼之节不可废也；君臣之义，如之何其废之？欲洁其身，而乱大伦。君子之仕也，行其义也。道之不行，已知之矣。"

【译解】

一次子路在跟随孔子出游的途中因故远远落在孔子的后面。在追赶孔子的路上，子路遇到一位迎面走过来的年迈的老人，他依靠着手杖的支持，背着一捆捆扎好了的秸秆缓慢而又艰难地行走着（这位老人显然就是沿途的农民，刚从田地里回来，现在正走在回家的路上）。

子路对这位年迈的老人询问说："老先生一路上遇见过我的老师吗？"

这位年迈的老人说："对不起，先生！我我这个人的四肢已使不上劲了，眼睛也不管用了，现在我已经对我每天要吃的那几种主要粮食都分辨不清了，我哪里还能在路上这么多的过往行人中分辨得清哪一位是你的老师呢？"他停下脚步，把他背负的那捆秸秆放下，把手杖支在地上说，子路则毕恭毕敬地站在老人的对面听老人说话。

那时眼看就要天黑了，那位年迈的老人劝说子路在他家住了一晚。老人杀鸡做饭，热情地款待了子路，并带子路去认识了他那两个已经结婚成家并在另一栋房子里居住的儿子。

第二天天一亮，子路便告别了老人而上路了。当子路在孔子已经下榻的住所见到孔子时，他把他在路上遇见那位年迈老人的事告诉了孔子。

孔子说："这是一个珍惜自己的道德良心而不与世人同流合污的洁身自好的好人。"他吩咐子路再次返回去见这位老人，并请这位老人来与自己相见。

子路一到达老人的家里,老人二话没说就动身,跟随着子路一道去见孔子。

一路上,子路对老人所关切的一些问题作了这样的回答:"我们虽然不愿意在那些非义的政府里任职并公然蔑视那些执掌着这些非义的政府中的非义权力的人们,但是对于那些普普通通的年老的人我们还是非常尊重的,对于那些普普通通的年幼的人我们还是非常爱护的,因为我们认为在我们与任何老人和少年儿童的交往中,我们所一贯遵循的那种理想的、合情合理的敬老爱幼的行为规范是永远不应该被废弃的;同样,虽然我们不愿意在那些非义的政府里任职做官,并公然对那些执掌非义的政府中的非义权力的人们表示蔑视,但是对于在一个理想的世界里本应由君主和人民共同承担的追求、实现并维护国家的正义的神圣责任与义务,我们又怎么可能会将它们抛弃呢?如果每一个人都像您老所做的那样,只为了保持自己的道德良心的纯洁无瑕而洁身自好,而任凭那些掌握了国家政治权力的人们胡作非为,那么那些与人类生活关系更为重大的人类政治领域内的根本的政治制度与根本的政治秩序就会完全背离正义而陷入混乱。君子之所以决心要投身于政治并努力参与国家的政治统治,其目的也就是要以自己切身的行动来实现人类社会生活中的那种重大的根本的政治制度和根本的政治秩序上的正义。至于我们这个时代的那些掌握了统治社会的现实政治权力的人们不再关心也不再追求政治的道德与正义这一点,我们也是早就知道得十分清楚的。"

【注释】

丈人:有十尺高(相当于当今的2.31米)的高度的人,达于人所能达到的高度极限的人,引伸为年龄的高度达于人所能达到的年龄极限的人。因此"丈人"不仅是作为对老人的尊称,而且还具有预祝老人长寿的意思。

子路在本章中用"丈人"这一具有褒意的称呼与他在前一章用"长沮"、"桀溺"这两个具有贬意的称呼来分别称呼他一路上所遇到并向其问话的人,两者形成了鲜明的对照。

荷(hè):《说文》:"荷,芙蕖叶也。"一种负载着大而厚的沉重的叶片的植物,引伸为负载,肩负。

蓧(diào):条理化了的捆扎成束的草(芦苇或秸秆)。

以杖荷蓧:依靠着手杖的帮助,背着一捆捆扎好了的秸秆缓慢而艰难地行走着。

勤:努力,艰难地努力。它作为动词,也就是指气力的付出或使出力气(这层意思可以从"出勤"、"勤奋"、"勤劳"等词语中发现)。

四体不勤：四体不能勤，即四肢使不上劲。

五谷不分：五谷不能分辨，即眼睛不好以至于不能分辨五谷。

"四体不勤，五谷不分，孰为夫子？"这几句话显然是老人针对自己而说的。他这样说的目的仅仅是友好地向子路说明他之所以不能回答子路的问话的原因：我这个人的四肢已不再适合于那些艰苦的劳动了，眼睛也不管用了，我已经对我每天要吃的这几种主要粮食都分辨不清了，我哪里还能在路上这么多的过往行人中分辨得清哪一位是你的先生呢？正因为这位老人说话这么诚恳友好，所以子路对他表现得特别尊敬，几乎是毕恭毕敬（"子路拱而立"）。如果老人的话像许多学者所理解的那样，是针对孔子或子路的严厉指责，那么性格暴躁并对孔子的事业充满着崇高的敬仰信念，以致它贡献着他的全部生命与全部热情的子路是绝对不会对他表示这般的尊敬的。正如我们在前一章所看到的那样，子路对那些仅仅对孔子的事业和活动开些轻微的玩笑，表现出轻微的不敬的人都不能容忍——他还没有询问到他想要询问的问题便愤然离去，并在后来的回忆中只以长长的汗流满面的人和高高的衣服浸透了汗水的人来称呼他们。子路怎么可能会容忍什么人对孔子的事业加以这般无礼而又无知的指责呢（仿佛一个政治家应该就是一位辛勤的耕作者，一位农业专家）？许多学者之所以对这段话作了我们通常所看到的那种不合情理的理解（它被理解为："你这人，四肢不劳动，五谷不认识，谁晓得你的老师是什么人？"或者"四肢不劳动，五谷分不清，哪里算得老师呢？"）①，显然是由于他们受到了庄子那个诋毁了人类社会中一切正经的人与一切正经的事业的人的肆意歪曲的理解的影响。这种影响不仅见于本章，而且见于一切古代文化研究领域中。就像我们可以从全部古代思想文化的研究中所感觉到的那样，我们可以从整个《论语》的研究领域中感觉到一股强烈的庄子式的玩世不恭的思想观念的气息。正如我在《老子新解》一书中曾经指出过的那样，谁接受了庄子思想的影响，谁也就将失去正确可靠的理解力与判断力。

对于以往的注释者对"四体不勤，五谷不分"所作的显然是与本章的语境完全相矛盾的解释，俞樾在他的《古书疑义举例》卷四中说："《论语·微子篇》'四体不勤，五谷不分'，两'不'字皆语词。丈人盖自言：'惟四体是勤，五谷是分而已，安知尔所谓夫子？'若是以'不勤'、'不分'责子路，则不情甚矣。安有萍水相逢，剧加面斥者乎？"唐满先先生完全接受了俞樾先生的理解，并在他后来的新著《论语直解》（见 1993 年 12 月江西人民出版社出版的《十三经直解》第四卷）中说："此说很有道理。老人当晚留子路在家住宿，并杀鸡款待，对子路很有礼貌，决不会一见面就指责。"不过，我想说的是，从情理上看，俞樾的理解显然是正确的，但他所示的词语学上的理由却是完全错误的。正像人们把《诗经》中的许多词语都视为无意义的语气词一样，这种做法是非常粗暴而危险的。照俞樾的解释，老人说话时的语气已不像是老人，而倒像是一个年轻气盛的青年人。我

---

① 分别见于杨伯峻《论语译注》第 197 页和唐满先《论语今译》第 194 页。杨唐两位先生所沿袭的是两千年前的汉代人的解释，甚至连自称具有革新思想的康有为的《论语注》也同样是沿袭这种解释。不过唐满先先生后来纠正了自己原来所作的解释。

认为,只有我的理解才是完全正确和合情合理的。

云:本意是指一切事物的活动,引申为人的特定的言语活动——说话。

植其杖而云:一边撑住手杖停下来,一边说。我们现在所能见到的《论语》版本都是"植其杖而芸"。我认为"芸"应是"云"之误,"艹"是由于传抄者错误地理解了这句话的意思而错误地加到"云"字上面去的。

拱:两只手的手指叠在一起,构成一个弧形;这是对人敬重的表示。

黍(shǔ):黄米或粘米,当时属于较珍贵的谷物。

隐者:珍藏起自己的道德良心以免受到外界的污染腐化的人,这也即我们通常所说的洁身自好的人(这应是"隐者"的本意)。

使子路反见之,至则行矣:孔子吩咐子路返回去见他,请他来与自己相见,子路一到他家,他二话没说,便与子路同行,来见孔子。不言而喻,孔子吩咐子路再返回去见那位老人的目的,是要子路去请这位老人来孔子的住地做客,孔子想与他见见面,认识认识,交谈交谈(流行的解释却是:孔子吩咐子路返回去见那位老人,可是子路一到那里,老人就立即避开了子路,不想再与子路相见,仿佛那个曾经杀鸡做饭款待子路的人已经完全变成了另一个人。这种流行的解释是为了说明这位老人不仅是一位庄子式的隐士,而且和庄子一样对孔子的政治事业充满了轻蔑与敌意。所以我说,汉代以来的人们对于《论语》所作的一切解释表面上是对孔子的赞颂,实际上却是对孔子的诅咒。正因为有这种否曲颠倒的解释,接下来的这段话的意思也就变成了孤独的子路一路上的自言自语,而不是他与这位老人相伴而行时两人之间的亲切而诚恳的对话)。

不仕无义,长幼之节不可废也;君臣之义如之何其废之?欲洁其身,而乱大伦。君子之仕也,行其义也。道之不行,已知之矣:这段由子路说出来的话,显然是子路对这位老人在一路上所提出的各种问题的回答。即这位老人在一路上向子路提出了下列问题:①你们这些不愿意在非义的政府里任职做官的人为什么对我这位普通的老人这么尊敬呢?对此子路的回答是:"不仕无义,长幼之节不可废也。"②但是,既然你们不去那些非义的政府里任职做官,你们为什么还要在这个世界从事政治活动并追求政治的正义呢?对此,子路的回答是:"不仕无义,君臣之义如之何其废之(子路把追求政治的正义视为每一个君主和每一个公民所应尽的社会责任)?"③在一个由无义的人们把持政治权力的世界上追求政治的正义是非常危险的,你们为什么敢冒风险而不像我一样只做到洁身自好呢?对此子路的回答是:"欲洁其身,而乱大伦。"意思是如果每一个人都来洁身自好,而不管政治上的大事大非的问题,那么人类在那些根本的政治制度方面就会出现颠倒错乱。④大多数从事政治活动的人都只是为了获取权力,而你们却为什么对权力不感兴趣呢?对此,子路的回答是:"君子之仕也,行其义也。"⑤你们想在这个世界上现实道德与正义,难道你们不知道这个世界上的许许多多的从事政治活动并执掌政治权力的人都已不再关心道德与正义了吗?子路的回答是:"道之不行,已知之矣。"

18.8 逸民:伯夷、叔齐、虞仲、夷逸、朱张、柳下惠、少连。

子曰:"不降其志,不辱其身,伯夷、叔齐与!谓柳下惠、少连降志辱身矣,言中伦,行中虑,其斯而已矣。谓虞仲、夷逸隐居放言,身中清,废中权。我则异于是,无可无不可。"

【译解】

伯夷、叔齐、虞仲、夷逸、朱张、柳下惠、少连都是从自己直接置身其中的殷朝政府所统治的国家里逃离出来的著名的政治反对派人士。

对于这些著名的政治反对派人士,孔子说:"在这些著名的人士中做到了不降低自己的道德人格,也不使自己所坚守的道德原则蒙受侮辱的人就是伯夷、叔齐二人,对此我想谁都不会有什么异议;但是人们既说柳下惠、少连都降低了自己的道德人格,辱没了自己所坚守的道德原则,又说他们的一切言论都合情合理,他们的一切行为都有节有制,显而易见,这种说法本身就是自相矛盾的。至于人们以赞赏的口吻说到虞仲、夷逸的洁身自好的独居生活以及他们的自由大胆、无所顾忌的言论,说到他们对他们现在所过的那种生活的追求是完全纯净高洁的,说到他们对他们曾经所过的那种生活的摈弃是完全合乎时宜的明智之举,对于这些说法,我要说的是,我与人们对于虞仲、夷逸的所作所为所抱的那种完全赞赏的态度有所不同,我既无法赞赏他们,也无法谴责他们。"

【注释】

逸民:逃离自己国家的统治的国民,这些人之所以为历史所记录,为他人所谈论,是由于他们本身就是属于他们所逃离的那个国家中的统治阶层内的地位相当显赫的著名人物,他们是他们所逃离的那个国家的政府中的公然或秘密的政治反对派。当然在历史上也有大批地集体逃离自己的国家统治的普通人民,只是他们不常被历史所记录、为他人所谈论而已。

虞(yú)仲、夷逸、朱张、少连:对于这四个人,我们至今还没有获得任何有关他们的可信的历史资料。可以肯定的是,他们是殷朝末年殷朝政府中有相当地位的政府官员和贵族。

不降其志,不辱其身:意志是人格的中心内涵,行为举止是人格的标记,而人格就是人所认识到的关于自身存在与行为的合理性或道德性的被内化为人的存在与行为所依据、所遵循的规范与原则。因此这两句话可理解为:不降低自己的道德人格,也不使自己所坚守的做人的道德准则蒙受侮辱。

伦:关于作为社会、作为国家而存在的一切人的存在与行为的合理性与恰当性的规定与规范的总和。这是就广义的"伦"的概念而言的,它包括政治、法律和经济制度的全部内容;但就其狭义的意义来说,它指的只是关于人的社会存在与社会交往所要求的一般的合理性的规定与规范。

身中清：身体力行的一切都完全合于纯净高洁、洁身自好、与世无涉、与世无争的原则。这里的"身"具有动词的身体力行或坚守的意义，而"中"则具有达于目的、合于目的的意义。

废中权：放弃、摈弃、谴责的一切都合于事实，合于实际。"权"仍是一种理性的权衡、评判与抉择。正因为如此，权力是一个与人们在社会中所承担的责任与义务相统一的概念。

可：肯定，认可，赞许。

无可无不可：它与整个语境相联系，意为不赞许也不反对(指责)，这正是孔子对那些洁身自好的人所抱的一贯态度。

18.9 太师挚适齐，亚饭干适楚，三饭缭适蔡，四饭缺适秦，鼓方叔入于河，播鼗武入于汉，少师阳、击磬襄入于海。

【译解】

随着西周联邦的解体，曾经在节日期间在首都的巨型的公共剧场里担任每天的首场音乐会的指挥的首席音乐家挚选择了齐国作为他未来生活的适当场所；担任第二场音乐会的指挥的首席音乐家干选择了楚国作为他未来生活的适当场所；担任第三场音乐会的指挥的首席音乐家缭选择了蔡国作为他未来生活的适当场所；担任第四场音乐会的指挥的首席音乐家缺选择了秦国作为他未来生活的适当场所。此外著名的鼓乐乐师方叔则到了黄河两岸，著名的摇鼓乐乐师武则到了汉水之滨，小音乐家阳和小击磬乐乐师襄则到了东南沿海地区。

【注释】

太师：首席乐师，即全体音乐家的指挥和首领，他主持首场音乐会的演出。

亚饭：第二次用餐，这里指第二次用餐即午餐后举行的音乐会，也即中场音乐会。

三饭：第三次用餐，即晚餐，这里指晚餐后的音乐会，即第三场音乐会。

四饭：第四次用餐，即夜餐，这里指夜餐后的第四场音乐会。

入：自由的进去，它与"出"的本意相反，"出"的意思是被迫离开、无法进去。

播鼗(táo)：应该是相似于朝鲜人还在使用的那种伴随着舞蹈家的舞蹈动作而自然敲响的小鼓。这种鼓可能既有系在腰间的，也有拿在手里的。在小鼓的两端系敲鼓的小木槌，小木槌随着舞蹈家的舞蹈动作而摇动，当摇动的小木槌敲击着鼓面，鼓于是就发出了声响。"播鼗"可直接理解为播动着的跳鼓。作为这个字的构字字素之一的"兆"字可视为"跳"的省略。

磬(qìng)：一种最初是用石块的非金属物质，后来是用金属物质制成的打击乐器。

河、汉、海：分别指黄河地区、汉水地区和海滨地区。

挚（zhì）、干、缭（liáo）、缺、方叔、武、阳、襄（xiāng）：这些人应该都是西周时代的音乐家，而不是鲁国政府的音乐家，因为当时的鲁国显然不可能拥有这样一批可以让人长久地记得其名字的音乐家。这些人显然代表了我们的文明所曾经达到的水平的一个方面。不过随着使这种文明得以存在和发展的政治制度和政治体制的解体，这种文明也就随之解体了。

应该指出，在西周，"乐"作为一种教育人民和凝聚人民的情感、思想、意志的手段，它应该是像古希腊和古罗马在公共剧场里所举行的音乐及其他艺术活动一样，是对全体人民开放的。现在许多的考古发现表明，中国古代曾经拥有在古希腊流行的那种体育竞技活动（这些珍贵的考古发现已珍藏在中国的博物馆中，并向世人展示）。我相信未来的进一步的考古发现将也会证实，中国古代曾经拥有和古希腊古罗马相似的大型的由公众普遍参与的艺术活动，否则孔子就不会对这种活动这样重视，并把它与国家的幸福相提并论了。并且，正像我们在《论语》中已经了解到的那样，孔子的学生子游曾经就在他所主管的武城中举行过这种公共的音乐、歌唱及舞蹈的艺术活动。此外，我们还应该指出，像中国封建社会曾经出现的那种艺术的私有化（它为少数有权有势的人独享）是与艺术的本质相对立的。因为艺术的本质在于让每一个人共享共同的情感、共同的思想、共同的信念、共同的价值与共同的理想。

18.10 周公谓鲁公曰："君子不施其亲，不使大臣怨乎不以。故旧无大故，则不弃也。无求备于一人。"

【译解】

作为西周联邦政府的最高行政长官，周公曾经对他亲自派往鲁国担任鲁国最高行政长官之职的鲁公说："作为一位君子，因而也作为一个完全合格的国家的领导人，我们决不要在国家领导人的职位上玩忽职守地对自己应该担当起来的维护那些被全体国民视为确保整个联邦繁荣昌盛、人民幸福自由的至高无上的神圣而亲爱的原则的重大责任敷衍搪塞，决不要做那些使全体热爱并服从我们联邦的原则与宪法并因此而自觉自愿地成为我们整个联邦之一员的国民为他们曾经对联邦的原则与宪法所表达的热爱、效忠与服从之情而后悔莫及、辗转难眠的事情。这样我们联邦内部本身就不会出现大的变故，我们这些作为这个联邦的统治者的人们也就不会像秋天里的树叶被寒风吹落一样，被愤怒的人民所抛弃。此外，应该注意重视发挥我们所直接管辖的那些政府官员的每一个人身上所具有的每一种优点和才能，而决不要企图在一个人身上寻找我们所需要的全部优点和全部才能。"

【注释】

鲁公：人们都说他是周公的儿子伯禽，对此显然还有待于考证。但可以肯定的是,本章所记述的应是周公担任了西周联邦政府的国王之职之后的事。

施:《说文》:"施,旌旗之游也。""施"既具有大张旗鼓地推行的意思,也具有只做冠冕堂皇、兴师动众的虚假宣传而不做脚踏实地、切实有效的实事的意思,并且它还具有轻描淡写地弄一点或轻描淡写地给一点的意思。如施粉,施肥。在这里,"施"的意思显然是贬意的,它指的就是一种虚假不实、玩忽职守、敷衍搪塞的行为。

亲:繁体字为"親",本意是指高高地站立在树梢之巅的为人所仰视的对象——上帝。这个字由"立"、"木"和"见"构成[左(上下)右结构]。这个字与"帝"在构字上是同源的,"帝"所表达的观念是站立("立")在四面八方("冂")的森林("巾"——"木"字的变形)之上的对象,或者站立在遍地都是森林的中央大地之上的对象,也即至高的神——上帝(至高的神是上帝的本意),因此,"亲"与我们的古老祖先的上帝的观念是相通的。这里的"亲"作为一种引伸意,其意思就是指那些为人类所景仰、为人类视为亲爱的一切、善的一切、对于一个国家的人民来说就是确保国家繁荣昌盛与人民幸福自由的那些至高无上的神圣原则:道德与正义,而这些原则仿佛就是直接来自上帝的意旨。

大臣:广大的臣民,普遍的国民。周公作为整个西周联邦政府的最高行政首长显然不会把一个小小的地方政府中的官员称作"大臣"(他们通常只被称作"大夫")。这里的"大臣"指的应是那些热爱并服从联邦的原则与联邦的宪法法律并因此而自觉自愿地成为联邦之一员的每一个公民。

旧:本意是指鸟儿栖息的鸟巢,这里指的是家园内、国家内。

弃:掉落,丧失,衰败腐化,就像秋天的树叶一样。

无求备于一人:不要在一个人身上寻求人们希望寻求到的全部优秀的才能,并不要因为在一个人身上寻求不到人们希望找到的全部优秀的才能就一概否认轻视这个人所具有的某个方面的优秀才能,而是要重视发挥每一个人所具有的任何或大或小、或多或少的才能。

18.11 周有八士:伯达,伯适,仲突,仲忽,叔夜,叔夏,季随,季骗。

【译解】

根据我们所搜集到的全部古代的历史资料与古代著作的整理研究的结果,我们发现,在西周联邦时代曾经具有八名著名的善于抽象的逻辑思辨的智者和哲学家,他们分别是:伯达,伯适,仲突,仲忽,叔夜,叔夏,季随,季骗。

【注释】

士:精通抽象的逻辑思维的智者(孔子说"推十合一为士"),它同样是一种文明所达到的水平与高度的一个重要的表征,一个重要的尺度,而"周有八士"反映的正是西周文化的繁荣与西周文明的昌盛。对于这八位智者(或哲学家),在孔子的时代可能还可以找到他们的著述,甚至孔子及其弟子还曾经对他们的著述作过艰辛的搜集整理的工作。不过在孔子逝世之后,随着季氏对于因孔子的逝世而重新聚集一堂的孔子学生的镇压,这些被搜集整理的著述和那些很有可能被孔子及其弟子搜集整理的周文王、周武王、周公的著述一样,落入了季氏的手中并被季氏付之一炬,而没有像《论语》这样十分珍贵并被每一个孔子学生熟记于心的著述那样被保存并流传开来。本章显然是孔子学生对于他们和教师一道展开的全部古代学术著作的搜集整理工作所获得的结果的一般记述,而他们之所以要作此记述,显然是因为他们所获得的结果意义非常重大,并且是根本不为当时的绝大多数人所知晓的。因此本章所展示的显然就是孔子及其弟子所获得的一项古代学术及古代历史的重大研究成果。不难理解,许多类似的章节也有类似的意义。

骃:读 guō,根据《说文》的解释,它的本意指的是黑喙黄马。

子张第十九

19.1 子张曰:"士见危致命,见得思义,祭思敬,丧思哀,其可已矣。"

【译解】
子张说:"作为一个人类社会中的智者,当他发现人类社会生活中的完全依据人类自己的崇高理性所确立起来的那些神圣的生活原则遭受到了致命的危险时,他就应该能够做到不惜献出自己的生命去捍卫这些原则;当他发现自己通过某一活动便可以从人类社会生活的某一个方面获取个人的某种利益和好处时,他就应该能够做到在自己采取行动去获取这种利益和好处之前认真思考这一可以使自己获取利益与好处的行动是否合于正义;当他面对一切神圣的事物并对之表示崇敬、景仰和热爱的时候,他就应该反思自己所表示的崇敬、景仰与热爱之情是不是严肃认真和真心诚意的;当他面对一切人间的不幸并对之表示悲哀之情时,他就应该反思自己所表示的悲哀之情是不是深切诚恳和实心实意的。如能这样,他就是人类社会中的一个真正的智者了。"

【注释】
祭:作为名词,它的意思是指人们对于自己对之表示敬仰、崇信、感激的对象的一种宗教礼仪,或者这个字作为名词,它指的就是人们对之表示敬仰、崇信、感激的对象——天神或上帝本身。这里的"祭"的意思主要是比喻性的,它指的是一切令人敬仰,令人热爱的事物,也即一切善的事物,一切合于道德与正义的事物,一切理想的事物,一切神圣的事物。此外"祭"在这里还同时具有动词的意义:崇敬,景仰,热爱。

敬:严肃认真,真心诚意。

丧:每一个人的一生中所遭遇到的极其重大的以致人们不禁要因此而悲伤落泪的损失:亲人(父母)的去世。这里的"丧"的意思同样是比喻性的,它指的是人所遭遇的一切形式的损失与伤害。

哀:伤悲,这里意指像遭遇损失与伤害的人一样感到伤悲、痛苦和难过,也即真心实意地同情那些遭遇不幸的人,而这也正是一个人的善良、仁慈与博爱之心的表现。只有那种对他人所遭遇的不幸具有真心实意的深切同情的人才不会想到要去做伤害他人的非义之举。

19.2 子张曰:"执德不弘,信道不笃,焉能为有?焉能为亡?"

【译解】
子张说:"如果一个人在坚守道德的原则时不全力以赴,在信奉道德的原则时不全心全意,那么,当人们因此而认定他是一个没有道德之心的人时,他又怎么能够说明自己是一个完全具有道德之心的人呢?或者当人们因此而认定他是一个具有邪恶之心的人时,他又怎么能够说明自己是一个完全没有邪恶之心的人呢?"

【注释】
德:在这里,其意思是与"道"相互联系、相互包含的,"德"指的是道德,"道"指的也是道德。

19.3 子夏之门人问交于子张,子张曰:"子夏云何?"
对曰:"子夏曰:'可者与之,其不可者拒之。'"
子张曰:"异乎吾所闻:君子尊贤而容众,嘉善而矜不能。我之大贤与,于人何所不容?我之不贤与,人将拒我,如之何其拒人也?"

【译解】
子夏的一个学生特意来向子张请教一个有关人们之间的社会交往的问题,子张说:"关于人们的社会交往的问题,子夏已经给你讲过一些什么呢?"
这个学生回答说:"子夏说:'我们应该积极主动地去和那些具有令人赞赏的才能与品德的人交往,而拒绝和那些根本没有任何才能与品德的人交往。'"
子张说:"子夏的观点和我曾经听到过的那种观点完全不同,这种观点是:君子应该在尊崇那些具有优秀才能与品德的人们的同时,亲近容纳那些普普通通的人民群众;在嘉许赞美那些才能品德优异的人们的同时,同情怜悯那些还没有能够使自己获得这种优异才能品德的人们。假如我能作为一个品德才能完美无缺的人去与人交往,人们有什么理由不想亲近容纳我这个人呢?这是完全应该的。但是假如我只能作为一个根本没有任何特殊的才能品德的人去与人交往,那么照子夏的观点,人们不是都将拒绝亲近容纳我吗?还谈什么我要拒绝亲近容纳人们呢?显然,仅仅因为我们没有如人们所期待的那些品德才能,人们就因此而拒绝和我们交往,这是我们所无法接受的。因此,根据这种自我设定的原则,我们怎么能够认为子夏所说的拒绝和任何没有令人赞赏的才能与品德的人交往的观点是正确合理的呢?"

【注释】

交:建立在平等、自由与相互尊重、相互友爱的基础上的社会交往,它是达到社会合作与社会和谐,促进社会乃至人类的一体化的最基本的方式与最基本的条件。

可者:可称许的人,可嘉许的人。

矜:自持,引申为同情、怜悯。

显然,子张在这里阐述了一种博爱的精神与博爱的主张,这种博爱的精神和主张也就是,只要他是上天之子,只要他是宇宙之子,只要他是人,我们就应该关心他,热爱他,并与他交往。确实,没有一种博爱的精神,没有一种在上天面前、在宇宙之下、在人的基点上的人人平等自由的思想观念,那么人类的交往就将会受到限制,交往也就不成其为社会交往,而只能是私人交往或集团交往。这样,一个理想社会所要求的全体人民情感、思想、意志的一体化就不可能实现,社会就不能成为一个有机的统一的社会,而为各个集团所分割,人与人之间的对立就难以避免和消除。

19.4 子夏曰:"虽小道,必有可观者焉;致远恐泥,是以君子不为也。"

【译解】

子夏说:"任何非系统,非全面的片面有限的理论,虽然它片面有限,但它也必然有其迷人的看似正确的方面;然而对于一个有志于达到普遍无限的绝对真理的思想理论家来说,这些迷人的从其局部来看似乎是正确的理论恐怕对于他是一种致命的危险,要是不小心陷入其中,他就会像人陷入了泥沼之中一样难以自拔,所以一个具有真正的思想与理论兴趣的君子绝对不应该使自己陷入这样的一些迷人的看似正确的片面有限的理论观点的泥沼之中。"

【注释】

小道:小的道理,局部的真理性的认识,看似正确的片面的观点、学说、理论。

致远:达到最终的目的,达到最终的真理,也即达到普遍无限的绝对真理。

19.5 子夏曰:"日知其所亡,月无忘其所能,可谓好学也已矣。"

【译解】

子夏说:"如果一个学生能够确保自己在每一个白天学习领会一些自己还没有学习领会的知识,在每一个夜晚不忘记那些自己在白天里学习领会了的知识,那么这个学生就可以称之为热爱学习的学生了。"

【注释】

日：以太阳为标志的白天。

月：以月亮为标志的夜晚。

19.6 子夏曰："博学而笃志，切问而近思，仁在其中矣。"

【译解】

子夏说："如果一个人能够努力把自己培养造就成一个学识广博而又意志坚定的人，一个积极地提出问题而又积极地思考问题的人，那么这个人在把自己培养造就成一个学识广博而又意志坚定的人和一个积极地提出问题而又积极地思考问题的人的过程中，同时也就把自己培养造就成了一个具有完美的道德品质的人了。"

【注释】

笃志：诚实的、持之以恒的、坚定不移的意志与决心。不过这里的"笃"和这里的"博"、"切"、"近"、"仁"一样，具有动词的意义：使笃。

切：切割，分析。当然"切"还具有累积、组合、构建、综合的意思，也具有密切、切近的意思。这里的"切"与"近"相联系，其意思就是密切、切近、热爱、喜欢、多多地、经常地。

近思：经常反复地进行思考。

19.7 子夏曰："百工居肆以成其事，君子学以致其道。"

【译解】

子夏说："各种各样的能工巧匠之所以要定居在可以向公众直接公开地展示自己的劳动过程、劳动技能与劳动产品的作坊之中，其目的是为了迅速地实现自己的劳动产品的商品化，而君子之所以要学习许许多多的知识，其目的是为了实现自己对于整个人类社会所抱定的道德理想。"

【注释】

肆：显著的标志。公开的展示，公开的陈列，公开的召示，引申为一切公开召示、陈列、展示人们自己的活动和自己的产品的场所（作为动词）。这里指的是直接向公众公开展示自己的劳动过程、劳动技能与劳动成果（产品）的作坊。

成其事：不能仅仅理解为完成其工作，而且更应该理解为完成其产品的交易，把自己的产品成功顺利地推广销售出去。

道：道德理想，政治理想。

19.8 子夏曰："小人之过也必文。"

【译解】

子夏说:"小人对于自己所犯下的各种过错总是要千方百计地去寻求一些辩护的理由以掩盖他所犯下的各种过错的真相。"

【注释】

之:去,对待,做。

文:作为动词,意为把……说成是文明的,为……说出一切使文明人信服的理由,这种做法实际上只是为了掩饰、掩盖事情的真实的面貌,以便愚弄他人,逃避他人的指责和惩罚。

19.9 子夏曰:"君子有三变:望之俨然,即之也温,听其言也厉。"

【译解】

子夏说:"君子具有三种需要人们认真细致地加以分析思考才能正确理解的看起来纷繁无序、自相矛盾、令人费解的特点:当人们远远地望着他们的时候,他们是威严而令人感到难以接近的;当人们走到他们身边并与之接近的时候,他们是温和亲切的;当人们听到他们的说话的声音时,他们又好像是磨石一样坚硬而又冷漠的。"

【注释】

变:我们曾经在前面详尽地分析了这个字的原始含意是:认真细致地分析思考以使自己获得对那些纷繁复杂的事物的理解。

三变:三种需要人们认真细致地分析思考才能正确理解的特点(这三种特点看起来是纷繁无序、自相矛盾、令人费解的)。

厉:磨石,它坚硬而又冷漠。

19.10 子夏曰:"君子信而后劳其民,未信,则以为厉己也;信而后谏,未信,则以为谤己也。"

【译解】

子夏说:"对于一个具有君子的美德并因此而成为一个理想国家的理想君王的人来说,只有当他所奉行的全部政策得到了人民的肯定、同意和信任之后,他才会认为自己有权力要求他的人民为他所奉行的全部政策效力;如果他所奉行的全部政策得不到人民的肯定、同意和信任,那么他将把人民的不肯定、不同意和不信任视作对自己所奉行的全部政策的最坚决的抵制和反对,并因此而认定自己无权要求人民为自己所奉行的政策效力。在他看来,只有当自己所奉行的全部政策得到了人民的肯定、同意和信任,自己才有权对人民的行为的某些不当的方面提出批评和告诫,否则,当自己所奉行的全部政策得不到人民的肯定、同意与信任,那么,在他看来,人民的不肯定、不同意和不信任无异就是对自己所奉行的全部政策的公开的诅咒和谩骂了,在这种情况下自己又有什么权力对人民的不当行为提出批评和告诫呢?"

【注释】

君子:这里与"民"的意思相联系,它指的是具有君子的美德并因此而成为理想国家的理想国王的王君、君主。

谏:直截了当的、当面的批评,劝告。

厉:抵制,反对。

谤:贬低的言辞,毁谤,诋毁,诅咒,谩骂。

19.11 子夏曰:"大德不逾闲,小德出入可也。"

【译解】

子夏说:"人们决不可带着一种悠然自赏、等闲视之的态度来逃避自己在社会生活中所遇到的那些重大的和根本的涉及整个社会、整个国家、整个人类的道德问题,然而对于那些细微的、只涉及个人的生活小节的道德问题,如果人们愿意带着这种悠然自赏、等闲视之的态度出入其中,这也就无所谓了。"

【注释】

大德:那些涉及重大的、根本的道德问题的事,也即那些重大的涉及面广的有关国家根本的政治制度问题。

闲:门内的一棵树,犹如生长在温室里的一朵花娇生惯养,悠然自得,悠然自赏,面对周围的一切都习以为常,并以一种与自我欣赏的态度完全相同的态度欣赏着周围的一切——这也许就是"等闲视之"这一固定用语的本意。

有些学者把这里的"闲"理解为"栅栏",这是没有根据的。

不逾闲:不可带着一种悠然自赏、等闲视之的态度来跨越(那些重大的道德问题)。

小德:细微的道德问题,无关紧要的道德问题,也即那些只涉及个人的细小问题。

出入:小的差错,小的偏离,不中不正。

许多伟大的思想家都认为,政治正义问题是社会道德中的最重大、最关键的问题。没有政治的正义,那么社会就不可能存在道德,因此个人之间的道德还不足以构成真正的社会道德。仅仅在私人之间、家庭之间、小团体之间讲道德,这种道德的意义是非常有限的,甚至是令人怀疑的。我甚至可以说,在本家庭、本单位、本集体、本派别、本组织、本地、本国之间讲道德,这种道德往往就意味着一种更大的、有组织的、有纲领的、有理论的、有统一意志和统一行动的不道德。也许正是基于这样的理由,子夏说那些仅仅涉及个人的细小的道德问题是无关紧要的,而只有那些涉及全社会、全人类的道德问题才是人们应该严重关注的。

19.12 子游曰:"子夏之门人小子,当洒扫应对进退,则可矣,抑末也。本之则无,如之何?"

子夏闻之曰:"噫!言游过矣!君子之道,孰先传焉?孰后倦焉?譬诸草木,区以别矣。君子之道,焉可诬也?有始有卒者,其惟圣人乎?"

【译解】
子游说:"在子夏门下学习的那帮年轻的先生们,在洒扫地面、应答提问以及在与人交往中的迎来送往方面是相当不错的,然而这些都只是人们所应接受的全部教育内容中的细枝末节。至于他们在接受人们所应接受的那些带根本性的教育内容方面,则几乎完全无从谈起,这样的一种状态如果继续下去怎么行呢?"

子夏听到子游说的这番话之后说:"唉呀!子游这样看待我对学生的教育完全错了!作为一种以培养具有完美的道德品质的人为根本目的的教育,就其方法本身来说,究竟什么教育内容应该放在最优先、最重要的位置上,什么教育内容放在最次要、最微不足道的位置上呢?这些最优先、最重要的教育内容和那些最次要、最微不足道的教育内容犹如自然界里的小草与大树一样,是应该加以分门别类并区别对待的。作为一种以培养造就具有完美的道德品质的人为根本目的的教育,就这种教育的方式方法而言,怎么可以像先民们跳舞时所唱的对天帝的歌颂一样在一刻半时里就可以结束的呢?应该明白,培养造就具有完美的道德品质的君子的教育工作是一项需要很长时间才能完成的工作,因此对教育的内容分门别类并因此而有区别地、有先有后地、有主有次地进行,我想这难道不正是圣人所曾采用的惟一的教育方法吗?"

【注释】
洒扫:先洒水后扫地,这是扫地的恰当步骤,这样可以防止尘土飞扬。

应对:以恰当的、应有的、应当的方式回答问题。"应"的本意也许是心灵对于所遇到的问题所作出的迅速及时、准确无误的反应,因此"应"具有应当,应该,恰当,准确,及时……等等含意。

进退:日常生活中迎来送往的活动。

君子之道:培养君子之道,造就君子的方法。

传：把人（"亻"）造就成为专家（"专"）的过程，这个过程也就是知识的教授或讲授的过程。这里的"传"意思也就是教授或讲授。应该指出的是，教授、讲授应是"传"的引伸意。

倦：结束，作罢，从工作状态退到休息状态。《说文》："倦，罢也。"

讴：唱赞美诗（它所需要的时间是很少的）。《说文》："讴，加也。从言从巫。"又："巫，祝也。""巫"是原始人类所跳的一种以取悦天神为目的的舞蹈（从这个字本身来看，它似乎是双人竹杠舞），而"讴"则就是与这种以取悦天神为目的的舞蹈相联系、相伴唱的对天神（天帝）的赞美诗了。当然，"讴"可能同时也包含着对魔鬼、对人世的诅咒的意思，并且随着文化与历史的变迁，这层意思完全取代了这个字本来所具有的最基本的意义。

卒：《说文》："卒，隶人，给事者衣为卒，卒衣有题识者。"可以说，"卒"就是那种隶属抓获他的人的战俘，他成了抓获他的人的奴隶，而抓获他的人却成了他的主人。主人为奴隶提供工作，并给他穿上具有奴隶标记和编号的衣服，甚至主人还会给他们戴上锁链，所以他们只能一个跟一个（"从"）地行动。显然这些作为战俘的奴隶，他们本来是被认为没有生存权并随时可以为胜利者处死的敌人，只是因为他愿意做胜利者的奴隶，才使自己从胜利者那里获得了最基本的生存权利。正因为如此，"卒"具有"死"或"濒于死亡"、"达到生命的终点"的意思。"卒"从其"死亡"或"濒于死亡"的意义中还引伸出"最后"、"终点"、"结束"的意思。在这里，"卒"与"始"相联系，显然具有"终点"、"结束"的意思。

从本章我们可以看出，子夏所采用的教育方法似乎是与他的"大德不逾闲，小德出入可也"的道德主张相矛盾的，因为他在教育中似乎也非常注重那些细枝末节的问题。

19.13 子夏曰："仕而优则学，学而优则仕。"

【译解】

子夏说："在一个理想国家中，那些在国家的各级政府中的行政管理工作中具有优秀的表现的政府官员必然是那些学习过并通过学习吸取了人类在其全部历史发展过程中所创造的全部文明成果的人；而那些学习并通过学习吸取了人类在其全部历史发展过程中所创造的全部文明成果从而使自己成为人类中的优秀成员的人，也必然会有机会跻身于政府官员之列，并在国家各级政府的行政管理工作中获得优秀的表现。"

【注释】

优：这个字的本意也许是一个具有一颗可爱的脑袋的人，引伸为可爱的，优秀的，智慧的。人们把"优"理解为多余的时间和多余的精力，这种理解显然不是基于"优"的本意，而是基于"优"的引伸意：丰厚的，充足的，享用不完的。这种意思是从"优"的比较性意义中引伸出来的：优于人的，长于人的，多于人的。

19.14 子游曰:"丧致乎哀而止。"

【译解】

子游说:"一个人的忧伤的情感所能达到的最大程度也只不过是悲哀而已。"

19.15 子游曰:"吾友张也,为难能也,然而未仁。"

【译解】

子游说:"我的亲密的朋友子张,他使自己的美德达到了一个为许许多多的人们所难以达到的高度,然而我还得说的是,他的美德还远没有臻于完美无缺。"

19.16 曾子曰:"堂堂乎张也,难与并为仁矣。"

【译解】

曾子说:"子张的美德是多么伟大而辉煌,任何现在还生活在这个世界上的人都难以在追求完美无缺的美德方面与他并驾齐驱,因此任何现在还生活在这个世界上的人所具有的美德都难以与他所具有的美德相提并论。"

19.17 曾子曰:"吾闻诸夫子,人未有自致者也,必也亲丧乎。"

【译解】

曾子说:"我曾在先生那里听到先生说过,人是这样一种具有同情心和同情能力的存在物,因此,当他自己并没有置身于别人所置身的那些痛苦、悲伤与不幸之中时,他也必然地能够像自己亲自置身于别人的痛苦、悲伤与不幸之中一样地感受到与别人所感受到的一样的痛苦、悲伤与不幸。"

【注释】

夫子:先生,老师,这里指孔子。

自致:自致于丧,自己陷入痛苦、悲伤和不幸之中。

亲丧:表现得像是自己亲身处在痛苦、悲伤与不幸之中。

19.18 曾子曰:"吾闻诸夫子,孟庄子之孝也,其他可能也,其不改父之臣与父之政是难能也。"

【译解】

曾子说:"我曾经在先生那里听先生说过,在孟庄子对自己的父亲所尽的作为一个理想的儿子所应尽的全部责任之中,对于那些与孟庄子具有同样出身的贵族子女来说,其他方面都是可能做到的,但是他的在他父亲去世之后完全不更换自己的父亲在管理自己的领地中所任命的每一个部下与完全不改变自己的父亲在管理自己的领地中所奉行的每一种政策方面,却是人们难以做到的,因为人们很难都具有一位像孟庄子的父亲完全一样的仁慈贤明的父亲,并且这位仁慈贤明的父亲在管理自己的领地时所任命的每一个部下和所奉行的每一个政策都是和他本人一样仁慈贤明的。"

【注释】

孟庄子:仲孙速,鲁国大夫孟献子,也即仲孙蔑之子。据信孟献子在其封地上所奉行的政策是非常仁慈贤明的,而他的那些部下也是忠实于他的那套仁慈贤明的政策的。也正是因为如此,并不是所有的人都有一位像孟庄子的父亲那样的父亲,以至于使那些为人之子的人们都能够像孟庄子一样乐意于将自己的父亲所奉行的一切原原本本地继承下来,并使之发扬光大。

19.19 孟氏使阳肤为士师,问于曾子,曾子曰:"上失其道,民散久矣。如得其情,则哀矜而勿喜!"

【译解】

鲁国三大官僚贵族家庭之一的孟氏任命曾子的学生阳肤为他的领地上的司法首长,阳肤在走马上任之前来到曾子的住地以向曾子求教,曾子说:"由于那些高居于人民之上的国家统治者完全背弃了他们所应遵循服从的道德与正义,人民陷入一种道德迷失与价值失落的状态的时间已经很久了。因此,在你在孟氏的领地上行使你的司法首长的职权并履行你的司法首长的职务期间,如果你有机会了解获悉人民之中的许多人走向犯罪的情节,那么你对此所要感到的应该是悲哀怜悯而不是高兴喜悦!"

【注释】

孟氏:孟孙氏,鲁国三大家族之一的首领。

阳肤:据说是曾子的学生。从本章的意思本身来看,他也应是曾子的学生。这时,孔子肯定已经去世多年了。

其道:其所应遵行的道德与正义,也即其所应遵行和服从的绝对的国家理念。

散:据安子介先生的考证,这个字的原始的意义是:在一只手的人为的打击之下,树上的树叶纷纷飘落于地。这里指的是人民在国家存在和国家生活中所遭遇的一种道德迷失与价值失落的状态,这种状态所导致的必然结果是人民不再具有共同的情感、共同的意识、共同的目的、共同的理想和信念,人人都在一种互相矛盾、互相冲突、互相对立、互相倾轧与互相奴役的状态中挣扎沉沦,而这种状态是统治者造成的。它是统治者使国家背离道德与正义,而不是把道德与正义作为国家的最高目的与最高追求的必然结果。所以人民所处的那种道德迷失、价值失落的状态应该是令人同情的,人民走向违反道德与正义的道路并因此而沦为罪犯,这也应该是令人同情的。

其情:民情,这里指人民的犯罪的情节。

19.20 子贡曰:"纣之不善,不如是之甚也。是以君子恶居下流,天下之恶皆归焉。"

【译解】

子贡说:"殷朝纣王实际上所犯的各种罪恶以及他所做出的各种不道德的行为,并不像人们通常所说的那样无以复加。正因为如此,每一个正人君子都十分担心害怕自己的道德水准会落在众人的道德水准之下,他们深知,一旦自己的道德水准落在众人的道德水准之下,那么全世界所发生的一切罪恶都将像一切高处的雨水都要汇聚到低处一样汇聚到他们的名字之下。"

【注释】

纣:殷商王朝的最后一位国王,由于其残暴的恶行最终使他落得一个众叛亲离、自焚而死的下场。也正因为是这种众叛亲离的结果,周武王只花了一个早晨的时间便和平地接管了殷朝的首都。

纣之不善,不如是之甚也:纣王实际上所犯的各种罪恶,并不像人们通常所说的那样无以复加。应该指出,纣王被他那个时代的人们普遍地视为最不道德的国王,这反映了他所处的那个时代的全体国民的道德的觉悟、道德的敏感与道德的水准。因此纣王的不道德从一个反面反映了他那个时代的文明化程度,而这也就是周文王、周武王之所以能够采用和平的道德与政治启蒙的方式达到他们所要达到的道德与政治革命目的的根本原因。如果在一个道德沦丧,全体国民道德情感麻木不仁的时代里,正像我们从春秋战国以来的全部历史中所看到的那样,人们对统治者的比之纣王更为残暴更为不道德的行为不仅毫无感知,而且习以为常,这样,这些比之纣王更为残暴、更为不道德的统治者也就因此而享有比之纣王完全不同的幸运。他们不但可以逃避世人的谴责,而且那些从他们的残暴和不道德的行为中得到好处的人们还可以无所顾忌地赞美他们,使他们不仅在世的时候享有最高的尊荣,而且使他们不在世的时候也同样享有最高的尊荣。不难理解,由于人类历史的不道德的发展,这使得不道德的统治者不仅可以对人民进行不道德的统治,而且可以把一种不道德的思想理论体系灌输给他们,从而使他们的不道德的统治永久化,并使他们的不道德的统治在世人中享有尊荣。

19.21 子贡曰:"君子之过也,如日月之食焉:过也,人皆见之;更也,人皆仰之。"

【译解】

子贡说:"一个君子,或者说一个具有令人注目的完美品德的人,当他犯错误的时候,他所犯的错误就像天空中发生的日食月食一样,会引起每一个人的注意,因此对于他所犯的错误每一个人都能看得清清楚楚;当然当他改正错误时候,他对自己所犯的错误的改正也会像日食月食的消除一样会受到众人的景仰的注目。"

【注释】

日月之食:日食,月食,一种在太阳、地球和月球的运动中,月球挡住了太阳照射到地球上的光线,或地球挡住了太阳照射到月球上的光线的现象。

更:改正,恢复原状,恢复到自然状态,恢复到正常状态。"更"的本意指的是太阳的再现或复现,而当太阳再现或复现的时候,新的一天也就开始了。

19.22 卫公孙朝问于子贡曰:"仲尼焉学?"

子贡曰:"文武之道,未坠于地,在人。贤者识其大者,不贤者识其小者,莫不有文武之道焉。夫子焉不学?而亦何常师之有?"

【译解】

卫国政府官员公孙朝曾在子贡的住处问子贡说:"孔子是怎样学到了周文王、周武王所创立的全部政治学说与国家学说的呢?"

子贡说:"周文王、周武王所创立的那一整套以宇宙道德和正义为基础的政治学说和国家学说,虽然历时久远,但它直至今日也并没有完全为人们所遗弃,相反它以它自己的理论的力量持续不断地深入到了一代又一代的人们的心灵之中并为一代又一代的人们所珍藏牢记。伟大杰出的人们记住了它的那些根本重大的方面,普普通通的人们记住了它的那些具体细小的方面。因此,不论在圣人君子还是在平民百姓的言谈举止中,无不渗透着周文王与周武王所宣扬并实践而对后人产生深远影响的政治道德理想。因此,我们的先生从他的生活环境之中的哪一个人身上不可以学习领会周文王、周武王的政治理念和国家理念呢?既然这样,他又何必要有一个固定不变的教师呢?"

【注释】

公孙朝:这里指卫国政府官员公孙朝,那时,姓名为公孙朝的人在鲁国、楚国和郑国都有。

道:以"天"为中心概念、以宇宙道德和正义为基础的政治理念和国家理念。

识:记住,牢记。

大者:根本的,重大的方面。

小者:一般的,细小的方面。

子贡在这里所回答的是孔子的政治学说与国家理念的来源问题,即孔子是通过一种什么样的途径认识、理解、掌握并进而发展了在历时久远的时代里由周文王、周武王、周公等所创立的那套以"天"为中心概念的政治学说和国家学说的问题。显然子贡在这里的回答既简单而又深刻:犹如一个深入系统地认识理解了整个地球的地质面貌的人往往只要根据地球上的一些十分平常的蛛丝马迹就可以作出重大的地质学的发现一样,一个深入系统地认识理解了整个人类文明的面貌的人往往只要根据人们的一些十分平常的言谈举止就能够发现这些言谈举止所体现的文化本质。确实,即使到现在,对于任何一个对人类文明的整体面貌有着深刻的洞察与理解的人来说,只要当他置身于中国的广大乡村,置身于边远封闭的少数民族生活的地区,他就立即可以令人惊喜地感受到从我们民族那个非常非常遥远的文明时代里飘过来的股股浓烈的自然清新、芳香醉人的气息,而这种气息往往是一个文化学者获得真正的思想灵感的丰富源泉——这种灵感是使人们所获得的全部文化信息自然地获得组织结构并成为一个统一的整体,从而使人们获得对于它们的统一的整体性的认识的必要条件。

19.23 叔孙武叔语大夫于朝曰:"子贡贤于仲尼。"

子服景伯以告子贡,子贡曰:"譬之宫墙,赐之墙也及肩,窥见室家之好。夫子之墙数仞,不得其门而入,不见宗庙之美,百官之富。'得其门者或寡矣',夫子之云,不亦宜乎!"

【译解】

鲁国政府官员,鲁国孟、叔、季三大家族之一的叔氏家族的首领叔孙武叔在鲁国政府中对那些政府官员们说:"我认为子贡的智慧与才能比之孔子更为优异。"

当鲁国政府中的另一位官员子服景伯把叔孙武叔的话告诉子贡后,子贡说:"我的智慧和才能与先生的智慧和才能相比犹如两座完全不同的宫殿,我的这座宫殿只是和人的肩膀一样高,因此人们可以毫不费力地窥见到其中的几件好摆设;然而先生的宫殿却有数丈之高,如果人们找不到进入其中的大门,人们就根本不可能看到它所具有的全部庙宇般的高大宏伟、富丽堂皇、金碧辉煌的内部陈设以及它所具有的无以计数、无以估量的财富。仅就先生所拥有的全部思想学说来说,正如先生曾经所说过的那样:'对于我的整个思想学说,它有如一座严谨的、结构纷繁复杂而又和谐一致的大厦,能够找到它的正门并因此而有可能完全进入其中的人或许是很少的。'先生所说的这些话,如果拿来用在叔孙武叔身上,不也是非常恰当合适的吗?"

【注释】

叔孙武叔:鲁国政府官员,名州仇,武叔是他的谥号,他应是鲁国孟、叔、季三大家族之中的叔氏家族的首领。

宫墙:宫殿。

仞:古时七尺为一仞。

不得其门而入：找不到宫殿的大门以至根本不能进入其中。

百官之富：所有的政府官员加在一起的全部财富。

我认为本章和下一章所记述的事件应是发生在孔子担任鲁国政府的司法及公共安全部部长（司寇）并着手在鲁国政府中大力推行其政治改革的政策的时期，那时子贡和孔子的其他许多杰出的学生一样都进入了鲁国政府。作为三家之一的首领的叔孙武叔之所以在朝廷中这样评价子贡，其目的是为了毁谤贬低孔子，并间离孔子和他的最优秀的学生子贡之间的关系。对此子贡给予了他以有力的和针锋相对的回击。在子贡的话语中，叔孙武叔的无知小丑的形象暴露无余。

19.24 叔孙武叔毁仲尼，子贡曰："无以为也！仲尼不可毁也。他人之贤者，丘陵也，犹可逾也；仲尼，日月也，无得而逾焉。人虽欲自绝，其何伤于日月乎？多见其不知量也。"

【译解】

鲁国政府官员，鲁国孟、叔、季三大家族之一的叔氏家族的首领叔孙武叔诋毁孔子，对此子贡说："叔孙武叔想要诋毁孔子，这是根本办不到的事情！因为孔子是不可诋毁的。其他的人在人类文明历史中所享有的杰出地位，只不过是一座座小山丘陵，是许多人都可以逾越的；然而孔子在人类文明历史中所享有的杰出地位，就像高高在上的太阳和月亮一样，是没有人能够逾越的。人们如果想要攻击诋毁孔子，犹如人们想要攻击诋毁太阳和月亮一样，这种做法除了表明他们自己不想再活下去了之外，怎么有可能真的对太阳和月亮造成什么伤害呢？做出这种行为的人只能使人们更清楚地看到他们是多么不知道怎样衡量自己、判断事物。"

【注释】

毁：这个字的本意是捣碎，破坏，引伸为攻击，贬低，诋毁。

仲尼，日月也："仲尼之贤者，日月也"的省略。

自绝：自己结束自己的生命。

19.25 陈子禽谓子贡曰："子为恭也，仲尼岂贤于子乎？"

子贡曰："君子一言以为知，一言以为不知，言不可不慎也。夫子之不可及也，犹天之不可阶而升也。夫子之得邦家者，所谓立之斯立，道之斯行，绥之斯来，动之斯和。其生也荣，其死也哀，如之何其可及也？"

【译解】

子禽感叹地对子贡说："就你的乐善好施、处处为他人着想这一点来看，我们的孔子的杰出伟大又怎么能够超过你呢?"

子贡说:"君子根据一个人的一句话就可以判断出这个人是一个知识丰富的人,同样,君子根据一个人的一句话就可以判断出这个人是一个根本无知的人。因此为了不让任何一位正人君子把自己视为一位根本无知的蠢人,一个人在那些正人君子面前说话的时候就不可不格外小心谨慎。我们的先生所具有的任何人都无法企及的伟大高度,犹如人们并不能沿着阶梯而上升到它之上的天空一样。先生通过其政治学说为人类所建立的人人都可以像生活在自己的家庭里一样地生活在其中的理想国家,真可以说,如果人们想在其中实现自己所追求的全部人生的价值并把自己造就成为一个伟大的人,那么人们就能够实现自己全部的人生价值并把自己造就成为一个伟大的人;如果人们想在其中追求道德与正义,那么人们就能够使道德和正义在其中畅行无阻;如果人们想在其中获得自己生活的幸福与满足,那么人们想要获得的幸福与满足就会到来;不论人们想在其中如何行动,人们都可以找到自己的行动与他人的行动之间的不变的协调一致与和谐统一。因此,由于他所创立并亲身为之奋斗不息的政治学说为他所确立起来的世界声誉,当他活着的时候,全世界的一切善良的人们都因他的活着而深感荣耀;当他死去的时候,全世界的一切善良的人们都因他的死去而深感悲哀。我如今遵照先生的教诲而做的那些微不足道的事情,怎么就能够使我达到先生的伟大高度呢?"

【注释】

陈子禽:姓陈,名亢,字子禽。对于这个姓、名、字都和孔子的一名学生完全相同的人,有的学者肯定他就是孔子的学生,有的学者否定他就是孔子的学生。然而从这个人说话的语气(他显然是在开玩笑)以及子贡对他相当客气友好的态度来看,我可以肯定他就是孔子的那位似乎很笨的、不太聪明的学生。

恭:共心,善于为每一个人的利益着想并尊重每一个人的利益。

为恭:为他人着想并为他人出力,这里可能是指因善于经商而成为中国首富人物的子贡的乐善好施的行为。

邦家:可使人们像生活在家里一样的理想的联邦国家。

绥:安心,满足,应有尽有。其本意是指具有衣食保障的美好家庭("妥")。

立:这个字本来由"大"(张开手臂的人)和"一"构成,意为只要人们想把自己造就成一个完善的崇高伟大的人,就可以把自己造就成为一个完善的崇高伟大的人。因此"立"首先是立志,其次是立身。

尧曰第二十

20.1 尧曰:"咨尔舜:天之历数在尔躬,允执其中。四海困穷,天禄永终。"

舜亦以命禹。

(商王)曰:"予小子履敢用玄牡,敢昭告于皇皇后帝:有罪不敢赦。帝臣不蔽,简在帝心。朕躬有罪,无以万方;万方有罪,罪在朕躬。"

(周王曰:)"周有大赉,善人是富。虽有周亲,不如仁人。百姓有过,在予一人。

"谨权量,审法度,修废官,四方之政行焉。兴灭国,继绝世,举逸民,天下之民归心焉。

"所重:民食、丧、祭。

"宽则得众,信则民任焉;敏则有功,公则说。"

【译解】
当尧王在一个公开的仪式上把他所执掌的国家权力移交给他的优秀的继任者舜王的时候,尧王对舜王说:"在我将我的权力移交给我的继任者之后,我想对作为我的权力的继任者并因此而将成为舜王的你提出如下劝告:今后你作为这个上天所造就的国家的最高统治者,上天必然性的历史使命也就落到了你的肩上,请你不偏不倚、公正无私地执行上天赋予你的这一重大的使命吧!请你记住,当你管理的这个土地连接四海的伟大国家中的每一个人都找不到发挥自己的才智、实现自己的价值、获得自己的幸福自由的可能机会而使这个国家变成为禁锢每一个人的聪明才智的监牢时,上天对于我们作为它的选民的这个美好国家中的每一人的全部慷慨的赐福也就永远的结束了。"

当舜王在一个同样的公开场合将自己所执掌的国家权力移交给他的优秀的继任者禹王时,舜王原原本本地将尧王曾经用来告诫自己的那些话用来告诫禹王。

商王在一个公开的就职仪式上说:"上天的向人类召示了一切真理而从不显露自身的上帝呵!你的幼小的永远需要你扶持的孩子商汤以拥抱一匹老年的诚实忠厚的大公牛来向你公开宣誓:在我担任这个你所赐福的国家的统治之职期间,如果我对你犯下了任何一桩罪过,我决不敢妄想获得你的赦免。我的上帝啊!你有一双永远不受蒙蔽的明亮眼睛,你有一颗永远洞察一切、记录一切的卓越心灵,请你用你明亮的眼睛监护我的每一举止,请你用你卓越的心灵记录我的每一言行!我自己亲自对你犯下的任何罪行,我决不把它归咎于我的人民;而我的人民对你犯下的任何罪行,我将把这些罪行的责任完全归咎于我自己,并请你惩罚我,而不要惩罚我的人民。"

西周联邦的国王也在一个公开的就职仪式上说过:"西周联邦拥有上帝对于它的巨大无比的赐福,而它的整个善良的人民就是它取之不尽、用之不竭的财富。尽管人类历史上曾经有过那种完全由自己周围的各种各样的亲戚朋友所组成的国家,但它永远也比不上我们这个由一切善良的人们所组成的人人平等自由、相亲相爱的国度。如果在这样一个美好的国度里有任何一个地方的国民犯下了任何罪行,那责任完全在我自己。

"因此,我要谨慎地对待我所使用的权力的量度,决不让它超过我的职责的界限;我要认真地审查我所运用的法律的尺度,决不让它背离国家的正义;我要摈斥剪除政府机构中一切不称其职和腐化堕落的官员,以确保那适应于整个国家的四面八方的合理正义的政策在整个国家的每一个地方畅行无阻。复兴古代世界那已被覆亡了的国家理想,继承古代世界那已被断绝了的美好传统,恢复那些在以前非义的政府中因逃避非义的政治与法律的迫害而离井背乡的人们曾经失去了的权利和地位,以获得全世界一切热爱正义的人们对我们国家的衷心热爱。

"作为这个国家的代表,我们所要重视的是构成这个国家的全体人民的衣食住行、生老病死与宗教信仰。

"我们坚信,只有一个宽容的、为每一个人提供了最大的自由活动空间的政府,才能得到大众的拥护;只有一个诚实无欺地履行了自己上任时曾经对全体人民所作出的全部神圣庄严的承诺与誓言的政府官员,才能得到人民的重新任命;只有当我们那些身为全体人民的国家的统治者的人们的行为都是经过理性的反复思考并合于理性的时候,我们的行为才能获得我们所期望的成功;只有当我们那些身为全体人民的国家的统治者的人们的行为完全符合公平正义的原则,我们的行为才能取悦于全体人民。"

【注释】

咨：咨询，补充说明，格外阐述，提出劝告。

咨尔舜：我要对你舜提出的劝告是。

天之历数：宇宙历史的必然命运，宇宙历史的必然使命，也即宇宙的道德使命。这里的"历"的意思是规律性和周期性的必然的运动过程(本意是两次禾苗生长种植所需要的一个太阳周期)，"数"的意思是数学运算或以数学运算为依据的逻辑推论。因此"历数"的意思是历史的必然逻辑，历史的必然法则，历史的必然目的与使命。

天之历数在尔躬：宇宙历史的必然使命已经落到了你的身上。这句话显然清楚地表达了中国古人的自然历史观：人类社会和人类文明的历史只是宇宙的自然历史的继续，而人类作为宇宙的一员，它也就是宇宙历史的主体，因此它也应该肩负起宇宙的历史使命，而这个宇宙的历史使命也就是宇宙道德的实现，就是宇宙的人本主义本质的实现，就是宇宙人道的实现，也就是"仁"的实现。

允：《说文》："允，信也。"它的本意应是表示肯定、同意、信任、赞成、许可和支持。通常的意思是允许、允当、公允(在这些词语中，"允"的意思是"可"或"许可")。不过在这里，"允"表示的是一种希望，一种意愿，一种出自信赖的请求。

允执其中：请你公正无私、不偏不倚地执行上天赋予你的这一重大使命。"其"代指"天之历数"。

四海：为海洋所环抱的大陆上的人类，这里指东方大陆上的全体人民。

天禄：上天对于它的选民("录")的全部恩赐。上天为人类提供的全部幸福。

困：树木的生长和发展受到禁锢，喻指人们的聪明才智的形成和发展受到了社会政治制度本身的禁锢，这使人们的价值得不到实现。

穷：繁体字为"窮"，由"穴"和"躬"构成(上下结构)，意为人们在低矮的洞穴里屈背弯腰地生活，这种生活并不是一般的劳苦的生活，而是指受奴役的生活。

四海困穷，天禄永终：这显然是一个假设句，其意思是：作为一个肩负宇宙的历史使命的国家的统治者，如果你不能把这个国家造就成为一个使每一个人的聪明才智都能得到充分发展发挥的自由幸福的乐园，而是把这个国家变成为一个禁锢每一个人的聪明才智、奴役每一个人的心灵肉体的悲哀苦难的监牢，那么上天对于它的全部选民的全部恩赐也就永远地结束了。其言下之意是，那个以自身的客观历史必然性将整个人类诞生出来的宇宙为整个人类的自由幸福提供了一切客观的条件，如果人们不珍视它，如果人们不按照宇宙的道德意志行事，那么人类自身所创立的国家制度就会最终葬送人类天赋的自由与幸福，并把地球这个人类的乐园变成人类的一座监牢。

予小子：我这幼小的孩子，它相对于天帝或商汤所说的"皇皇后帝"而言，其言下之意就是我是你天帝的幼小的孩子，或我作为你天帝的孩子。这段以"予小子"开始的话显然是当选为国王的人在行使权力之前对上天所作的公开的(在大庭广众面前，在国民面前)誓言。

履：商汤的名。

用：占有，抱住，拥抱。

玄：《说文》："玄，幽远也，黑而有赤色者为玄，象幽而入覆之也。""玄"的原始符号的直接喻意是根深叶茂、因而也是年代久远的树木。因此"玄"所具有的"幽远"的意义显然是双关的：就树木深入土地的根系来说，其意思就是深远，就树木生长的年龄来说，其意思是久远，而这两者又是相互联系的。"黑色"只是"玄"的引伸意，即就树木的根系所深入的土地的深处而言，它当然是黑色、黑暗的、不被太阳光线直接照耀的。

玄牡：老年的公牛，对于曾经完全依靠它的力量耕作的人类来说，它是诚实忠厚、可信可靠的象征。

昭：明白无误的、光天化日般的昭示、表白。公开的、明确无疑的表示。

皇：对于天地人的统一性（"王"）的明白昭示（"白"），因此，从字源学的角度来看，"皇"与"圣"(圣)具有相关的含意。也许正因为如此，"凰"指的是预示圣人诞生的神鸟。"惶"的本意应是指对圣人或神所启示的真理的敬畏之情，而"徨"指的是走向神所启示的真理时所感受到的一种信心与勇气的失落，仿佛自己不适合于拥有这样的真理。

皇皇后帝：在人类的背后（心灵的深处）向人类明白昭示人与宇宙的统一性的真理的天帝。

赦：宽恕，赦免，使免于受到法律的制裁与惩罚。

帝臣不蔽：上帝的眼睛不受蒙蔽，它能洞察一切隐秘的东西。

简在帝心：一切都记载、镌刻在上帝的心中，换句话说，也就是上帝对一切都心中有数，心中有谱。

朕（zhèn）：切身，关于（"关"）自身（"月"），也即自身。

无以万方：不要依靠多方寻找原因（来为自己开脱罪责），也即不要千方百计地把自己犯罪的原因与责任归咎于他人。

万方有罪，罪在朕躬：这句话显然表达了这样一种深刻的认识：人民之所以会走上犯罪的道路，这完全是作为人民的统治者管理不善所造成的，因此人民犯罪的责任应该由人民的统治者来承担。也正因为如此，作为人民的统治者在国家政治生活中所担当的责任是相当重大而艰巨的。在这里，商汤并不认为统治者的职责就是运用统治者所掌握的国家权力来防止人民犯罪、维护社会秩序与国家制度的稳定，相反，他认为人民的犯罪是统治失当的表征。因此统治者的职责应该是确保国家制度与国家统治自身的道德性与正义性，从而把人民造就成道德高尚、行为正义、生活幸福的人。

赉（lài）：赏赐，恩赐。

周有大赉，善人是富：西周联邦秉持着上天的巨大恩赐，而整个善良的人民就是它取之不尽、用之不竭的财富。这里"大赉"和"善人"具有互相包含的意义。任何一位伟大的哲学家都把善人看作国家的至高无上的财富，因而善人也应在国家的政治生活中享有至高无上的地位。正是他们主宰着国家的繁荣与富强。善人所代表的是一种构成乃至赋予国家以生命与活力的生机蓬勃的创造性与建设性的要素，而不善的人则吸取乃至于摧毁国家的生命与活力。善人在国家的生活中是财富的创造者,而不善的人则总是企图不劳而获。

周亲:周全的、应有尽有的亲戚朋友。

仁人:具有善良品德的、人人平等自由、相亲相爱的人们。

虽有周亲,不如仁人:这两句话显然是周王在拿自己的国家与人类历史上曾经有过的别种形式的国家相比较,其意思是:尽管人类历史上曾经有过那种都是由自己周围的各种各样、应有尽有的亲戚朋友所组成的国家,但它永远也比不上我们那个由一切善良的人们所组成的人人平等自由、相亲相爱的国度。这里的"仁人"与前面的"大赍"、"善人"是相联系的。

审法度:细致考查、衡量法律的尺度,看看它是否偏离了正义。"审"具有反复比较、精心挑选的意思(就其本意来说)。法律是根据作为国家的构成者的全体人民的共同意愿与意志确立的具有普遍一致的适应性的国家生活准则(包括国家制度本身的一切原则),是确保一切对自己和他人的幸福与自由都怀有善良美好的意愿的人们通过国家这样一种自由联合与合作的组织形式以促进每个人的共同幸福与自由的这样一种道德意愿与道德意志的体现,是对全体参与国家构成的人民共同的道德意愿与道德意志的维系,是对作为全人类共同的价值准则的仁爱与人道的护卫,是一切善良仁爱的人们对于与他共同组成一个国家的一切个人所应尽的全部道德的责任与道德义务的庄严承诺。尽管法律的语言表达与法律的措施手段本身是消极的和否定的,但它的意义却是积极的和肯定的。法律本质上就是组成国家的全体人民用消极和否定的语言所表达的一种承诺与誓言,从古代到现代的人类生活的一般领域,我们处处都可以发现这种承诺与誓言的最原始最基本的形式("如果我做了什么损人的事,我愿意砍去我自己的一只手。"这只是这种最原始最基本的形式的一个最一般的例证)。国家法律作为这种最原始、最基本的形式的普遍化了的因而也具有普遍的适应性的普遍形式,它就必须确保自己的绝对的公平与正义,并且全体国民的一致同意才能使它发挥其应有的作用。

修废官:将那些不称职的和腐化堕落的、在自己的职位上不能发挥其应有的作用的政府官员摈斥剪除。修——剪除。

兴灭国:复兴那被覆亡了的理想国家或国家理想。国家应是组成它的全体国民的大家庭,因此平等、自由、博爱应是它的绝对原则,没有这些原则,人民对于国家的理想也就覆灭了。没有这些原则,国家就会成为少数人剥夺压迫大多数人,或一个集团压迫另一个集团的工具。

继绝世:接续那已被断绝了的人类古老世界的美好传统,这也就是尧舜时代的科学与民主的传统。

举逸民:恢复那些曾经为逃避非义的国家的非义统治而流落各地的人们在国家生活中的一切合法的权利和地位(这里的"举"在与这里的"兴"、"继"的关联中,把它理解为恢复是合适的)。

所重:民食,丧,祭:所重:民食,民丧,民祭。国家所要重视的是人民的食品

(全部生活必需品的指一斑代全豹的表达),人民的丧葬(生老病死),人民的祭礼(宗教信仰)。

宽则得众:只有宽容的、为每一个人提供了最大的自由活动空间的政府,才能得到大众的拥护。

信则民任焉:只有一个诚实无欺地履行了自己上任时曾经对全体人民所作出的全部神圣庄严的承诺与誓言的政府官员,才能得到人民的重新任命。这句话显然表达了西周政治制度的一般特点:政府官员的任命权最终地掌握在全体国民的手中,而这一特点,正是民主的政治制度的最一般、最基本的特点。这是中国古代"君权民授"的民主政治制度的一个证明。

敏则有功:只有勤加思考("敏")的行动才有可能富有成效,换句话说,也就是只有那种经过理性的认真思考并合于理性的行动(这里指国家的政治统治)才有可能是富有成效的行动。

公则说:对于一个国家的统治者来说,只有公平正义的行为才能取悦于全体人民。

本章所记述的显然是我们最古老的历史中的一种根深蒂固、源远流长而又为西周联邦所发扬光大了的充分民主的政治理念与政治制度,在其中统治者只有对自己因掌握统治国家的权力而应担当的极其重大的责任的清醒意识,而丝毫没有特权的观念;在其中,支配统治者的思想和行动的是自己对于国家和人民的神圣的使命感与责任感,而不是发号施令的兴趣嗜好。

20.2 子张问于孔子曰:"何如斯可以从政矣?"

子曰:"尊五美,屏四恶,斯可以从政矣。"

子张曰:"何谓五美?"

子曰:"君子惠而不费,劳而不怨,欲而不贪,泰而不骄,威而不猛。"

子张曰:"何谓惠而不费?"

子曰:"因民之所利而利之,斯不亦惠而不费乎?择可劳而劳之,又谁怨?欲仁而得仁,又焉贪?君子无众寡,无小大,无敢慢,斯不亦泰而不骄乎?君子正其衣冠,尊其瞻视,俨然人望而畏之,斯不亦威而不猛乎?"

子张曰:"何谓四恶?"

子曰:"不教而杀谓之虐;不戒视成谓之暴;慢令致期谓之贼;犹之与人也,出纳之吝谓之有司。"

【译解】

子张在孔子的住所向孔子请教说:"什么样的一种人才有资格从事政治活动,并担当起统治国家的政治职责呢?"

孔子说:"只有那种能够尊崇五种政治美德、摒弃四种政治恶习的人才有资格从事政治活动,并担当起统治国家的政治职责。"

子张说:"什么是你所说的那五种政治美德呢?"

孔子说:"一个具有君子的完美品德与智慧才能的完全合格的政治家在他从事政治活动并担当起统治国家的政治职责时应该全心全意地致力于如下五种政治理想,即致力于使国家的制度与国家的统治本身能够确保全体国民能以最少的付出取得最大的收益,确保全体国民毫无怨言地从事劳动,确保全体国民拥有一种高尚的没有贪心的欲望,确保全体国民过上一种丰富充实、泰然自若而又不骄不傲的生活,确保全体国民获得一种有充分的个人尊严而又毫不妄自尊大的人格。"

子张说:"你所说的致力于使国家的制度与国家的统治本身能够确保全体国民以最少的付出取得最大的收益等等五种应该致力的政治理想的具体意思是什么呢?"

孔子说:"当一切从事政治活动并担当起统治国家的政治职责的人们都致力于使国家的制度与国家的统治能够有效地因势利导地促进一切被人民认为是有益的事业的时候,人民不也就可以以最少的付出取得最多的收益吗?当一切从事政治活动并担当起统治国家的政治职责的人们都致力于使国家的制度与国家的统治能够确保人民可以自由地从事自己所选择的职业的时候,这样又有谁会抱怨自己所从事的劳动呢?当一切从事政治活动并担当起统治国家的政治职责的人们都致力于使国家的制度与国家的统治能够确保人民获得他们所希望获得的美德的时候,这样,他们在对美德的高尚的欲求中又怎么容得下那种卑贱的贪婪之心呢?当一切从事政治活动并担当起统治国家的政治职责的人们都致力于使国家的制度与国家的统治能够确保人民都成为只以美德为追求的堂堂君子的时候,他们将既不会看重那些在财富与地位方面优越于自己的少数人,也不会轻视那些在财富与地位方面还不如自己的大多数人,不论他们的财富和地位将发生什么样的变化,他们将始终不会对任何人抱着一种愚鲁的傲慢无礼的态度,这样他们不也就拥有了一种富有充实、泰然自若而又不骄不傲的生活了吗?当一切从事政治活动并担当起统治国家的政治职责的人们都致力于使国家的制度和国家的统治能够确保人民都成为只以美德为追求的堂堂君子的时候,他们将不仅会成为一些衣冠端庄、举止正派、行为正义的人,而且他们也将懂得怎样以自己的每一言行的公正性来维持自己作为一个堂堂正正的君子而生活的价值与尊严,使那些行为非义的人不得不对自己望而生畏,这样,他们岂不也都获得了一种具有充分的个人尊严而又毫不狂妄自大的人格吗?"

子张说:"什么是你所说的四种政治恶习呢?"

孔子说:"这四种政治恶习是:一、从事政治活动并担当起统治国家的政治职责的人们使国家制度与国家统治完全忽视它对全体国民所应肩负的为全体国民提供教育的责任,无视全体国民从国家中获得教育的权利,而只以杀戮人民的手段来维护这种国家制度与国家统治之自身;这种不对人民提供接受教育的条件而坐视人民在无知中犯罪并因此而杀害人民的做法,无异于那种为了加害于人而放纵他人来冒犯自己的野蛮做法;二、从事政治活动并担当起统治国家的政治职责的人们不把他们所制定的法律清楚明白地告诉人民而坐视人民承受他们所制定的法律所规定的那种违反法律的后果,这种做法无异于残暴;三、从事政治活动并担当起统治国家的政治职责的人们坐视人民陷入一种不得不铤而走险的犯罪的生活条件之后才傲慢地对人民颁布禁止任何铤而走险的犯罪活动的法令,这种做法无异于阴谋陷害;四、从事政治活动并担当起统治国家的政治职责的人们对待那种用来惩治犯罪的法律就像对待一本必须做到收支平衡的账簿,仿佛国家法律之于人民就是必须有人接受它的制裁和惩罚,在这些人看来,既然国家向人民支出了法律条文,那么国家就应该向人民收入违反这些法律条文的罪行,这种对待法律的态度可以说它根本不是那些伟大的执法者对待法律所应抱持的态度,而只能说是一个小管家对待他的支出与收入的账簿所应抱持的态度。"

【注释】

从政:从事以追求并确保国家正义为目的的政治活动。

五美:五种政治家在其治理国家的活动中所应具备的政治美德。

四恶:四种政治家在其治理国家的活动中所应抛弃的政治恶习。

惠而不费:国家统治要处处为人民的利益着想,并做到在国家制度上确保全体人民能以最少的付出获取最大的利益。"惠",作动词,意为获取利益。"不费"意为尽量不付出,最少的付出。这只有在一个理想的、正义的,因而拥有最高的和谐的社会中才能产生出来的泽及每一个国民的最大社会效益。没有国家的正义,就没有国家的和谐,没有国家的和谐,国民所具有的聪明才智就会消耗在彼此之间的互相矛盾冲突与相互倾轧陷害之中,人们就要付出十倍百倍的努力才能获得他们希望获得的一份利益。

劳而不怨:国家统治要确保人民在国家中毫无怨言地劳动,不管这些劳动是为了自己,为了他人,还是为了国家。这种毫无怨言的劳动,也就是所谓自由自觉的人们认为是应该的和必须的劳动。这也就是说国家统治应该确保人民能够自由地选择自己的劳动、工作或职业。在制度上确保人民能够做自己劳动的主人，而不是劳动的奴隶。

欲而不贪：国家统治应确保人民只怀着一种没有贪心的欲望，这种欲望也就是追求道德的欲望，追求正义的欲望，追求仁爱与人道的欲望。

泰而不骄：国家统治（它作为一种合于道德的政治的目标）应该确保人民过上一种不卑不骄、朴实而充实的生活。

威而不猛：国家的统治应该确保人民过上一种不狂妄而又具有充分的个人尊严的生活。"威"的本意是指母亲或家庭主妇在一个人口众多的家庭里所享有的权力与尊严。说到有尊严的生活，它不是由权力、地位和财富所构筑，而是由人们对自己问心无愧的道德和正义的行为价值的认同感所构筑。一个行为不道德、不正义的人，不论他拥有多大的社会权力、多高的社会地位、多富有的财富，尊严对于他始终只是一种空虚的骄饰，他不可能在自己的心灵深处感受到自己做人的真正尊严。任何不道德、不正义、野蛮残暴和无理地蔑视他人的存在的行为，对于这种不道德、不正义、野蛮残暴的、无理地蔑视他人的存在的行为者来说，始终只意味着一种自我价值的否定，一种自轻自贱与自暴自弃。孔子在这里所说的"猛"指的就是那种狂妄的、野蛮的、无理蔑视他人的存在、践踏他人的权力与利益的不道德、不正义的行为表现。

无众寡：不看重少数人的权力、地位和财富。"众"作为动词，意为把……视为众，把……视为多，也即看重、重视。

无小大：不贬低、轻视、小看大多数人。

无敢慢：不愚鲁地对他人抱一种轻慢无礼的态度。"敢"的本意是大胆而盲目无知地冒犯侵害他人。《说文》："敢，犯也。"因此"敢"也是指一种愚鲁无礼的行为。

正其衣冠，尊其瞻视：这只是一种比喻的说法，其意思只不过是使其（人民）能够正义地行动、有尊严地生活。

不教而杀：作为一个政治家，一个国家的统治者和国家的代表，无视国家对人民所应尽的教育的责任，而只把杀戮作为一种维护国家（社会）正义的手段。孔子把这种行为视为一种政治上的恶习，一种政治上的不道德和不正义的行为，这是完全正确的。统治者不通过政治和法律的手段来确保人民接受教育的权力，而坐视人民在无知中误入罪恶非义的歧途，并因此而杀死他们，这样做，无异于使国家的政治法律的统治变成了一口使无辜的人丧命的陷阱。奉行这样一种政策的统治者总是把国家的统治视为神圣不可侵犯的，而人民只有绝对服从的义务。他们只从犯罪者身上寻找犯罪的原因，而从不从国家的统治本身寻找犯罪的原因。这事实上就是把国家的统治仅仅看作是国家对于人民的一种至高无上的权力，而不同时是对人民的一种至高无上的义务。这样国家的统治也就异化为一种与构成它的全体人民相对立的东西。理想的正义的国家所强调的是国家统治对于人民的义务，国家的权力只是为了实现国家对于人民所应尽的义务所必须的一种受到人民认可和信任的由统治者的远见卓识和美德才能所驱动的功能，一种确保每一个国民都能顺利地达到自己的目的地的功能，一种组织管理和调节控制的功能。因此当其中有人脱离道德与正义的正轨而误入罪恶非义的歧途时,只意味着国家本身的功能的失效。也许正因为如此,中国古代那些伟大的政治家都说:"万方有罪,罪在朕躬";"百姓有过,在予一人"。

虐:猛虎的利爪,它张开着,并等待那些无辜的弱小而又莽撞的动物来碰它。因此"虐",包含着"放纵他人,以便加害他人"的意思。现在它往往只具有"不公正、不人道、野蛮无理地加害他人"的意思。

不戒视成:不预先将那些戒律告诉人们,而坐视人们成为冒犯那些戒律的所谓"犯人"。或者说,不预先告诉人民那些是法律所禁止的事情,而坐视人民承受自己在无知中的犯法行为的结果:成为犯法者并受到法律的惩罚制裁。

暴:洪水犯日,泛滥的洪水,狂妄无极,它纵容一切而又倾覆一切;它使一切都浮到它的表面然后又将一切吞没,引伸为一种强大的、反复无常的、无情而又可怕的力量和行为。

慢令致期:致期慢令,在坐视人们做出了某种犯法的行为之后才慢吞吞地和傲慢地命令禁止说:"这是犯法的行为,请接受法律的制裁与惩罚。"这句话还包括着这样一层相反的意思:一个具有美德的对国家对人民真正负责的政治家,应该致力于消除一切促使人们铤而走险的犯罪的条件,而不应该只是被动地运用法律来惩治犯罪;应该致力于培养造就人民的美德,而不应该只是被动地惩治犯罪。因此包括教育制度在内的全部国家制度本身的正义才应是一个政治家关注的中心,因为一旦国家制度是正义的,那么人民就可以顺利地达到他的幸福的生活目标,而犯罪往往只是普遍的人们在自己正常合理的生活目标难以达到的外部环境之下的一种扭曲了的行为。

贼:《说文》:"贼,害也。"有意谋财害命。为获得金钱("贝")而不惜使用武器("戎")杀害他人。

出纳:支出与收入。

吝:文口(上下结构),也即文明的、合理的消费("口"),也即量入为出的消费,能够确保收支平衡的消费。

有司:司有,对于人们所占有的一切形式的财富的管理者,家庭财产的管理者。小管家。

20.3 孔子曰:"不知命,无以为君子也;不知礼,无以立也;不知言,无以知人也。"

【译解】

孔子说:"不知道自己生命存在的宇宙本质,就不可能使自己成为一个具有完美的道德品质的堂堂君子;不知道人类社会的全部事务中的全部合理与正义的规定性,就不可能获得使自己能够确立于社会生活之中的永恒牢固的基础;不知道用言语表达自己对于人类社会的全部事务的情感、思想、意识和信念,就不可能使自己对于人类社会的全部事务的情感、思想、意识和信念为人类社会中的每一个他人所理解。"

【注释】

命：生命,这里指人的生命存在的宇宙的客观历史必然性的本质。生命是宇宙的客观历史必然性的表现和结果,因此不是人类自己创造了自己的生命,而是宇宙创造了自己的生命,不是人类使自己成为存在,而是宇宙使人类成为存在。并且就宇宙使人类成为存在的这种人道的或道德的本质而言,人类是生而自由,生而幸福的。人类的自由与幸福不是为人类主观地决定了的,而是为宇宙的客观历史必然性所客观地决定了的。因此,生命本质上只是宇宙的生命,只是天命。天就是人的生命之本,生命之源,就是人的自由与幸福的依靠。天既是人类的父母,又是人类的家园。

礼：全部合理、正义、恰当、适宜的规定性。

知人：告知人,使人知,通过语言的表达使自己的情感、意识、思想、信念为他人所知晓、所了解。